1 MONTH OF
FREE
READING

at
www.ForgottenBooks.com

By purchasing this book you are eligible for one month membership to ForgottenBooks.com, giving you unlimited access to our entire collection of over 1,000,000 titles via our web site and mobile apps.

To claim your free month visit:

www.forgottenbooks.com/free987318

ISBN 978-0-267-03401-7
PIBN 10987318

Geschichte

der Deutschen Gesellschaft

von Pennsylvanien.

———

1764—1917

Verfasser: 1. Teil: Oswald Seidensticker
2. Teil: Max Heinrici.

Erster Teil

der

Geschichte

der

Deutschen Gesellschaft

von

Pennsylvanien.

Von der Gruendung im Jahre 1764 bis zur Jubelfeier
der Republik 1876.

Auf Veranlassung der Deutschen Gesellschaft verfaßt

von

Oswald Seidensticker.

Philadelphia, Pa.

Reudruck von Graf & Breuninger, 1631 Germantown Avenue.
1917.

Vorwort zum ersten Teil.

Ein vom Verwaltungsrath der Deutschen Gesellschaft eingesetztes Committee empfahl in seinem Berichte vom 30. März 1874 die Veröffentlichung einer Geschichte der Gesellschaft aus folgenden Gründen:

1) Für die Mitglieder sollte eine Kenntniß der frühern Zustände, Gesichtspunkte und Leistungen der Gesellschaft erschlossen werden. Es wird ihnen dadurch ein weiterer und freierer Blick über die Aufgaben der Gesellschaft eröffnet.

2) Auch der Außenwelt gegenüber ist es wünschenswerth, daß die hundertjährige Thätigkeit unserer Gesellschaft ans Licht trete, um so mehr, da sie unter allen in den Vereinigten Staaten bestehenden deutschen Vereinen der älteste ist.

3) Dankbarkeit gegen die vielen ausgezeichneten Männer, welche als Leiter der Gesellschaft Jahrzehnde lang gewirkt haben, erheischt es, daß ihre Namen und Verdienste der lebenden Generation und vor Allem den Gesellschaftsmitgliedern bekannt gemacht werden.

4) Die Geschichte der Deutschen Gesellschaft, deren Gründung noch vor die Zeit der amerikanischen Unabhängigkeit fällt, ist ein wichtiger Beitrag zur Geschichte des Deutschthums in den Ver. Staaten.

5) Eine bessere Kenntniß dieser Geschichte wird nicht nur den Mitgliedern zur Befriedigung gereichen, sondern auch einen heilsamen Anstoß zur Ausdehnung der Gesellschaft geben und somit den Interessen derselben direct förderlich sein.

Der Verwaltungsrath nahm den Vorschlag des Committees mit Beifall auf und gegenwärtige Arbeit ist die Folge der damals gefaßten Beschlüsse.

Wohl darf jetzt, da Aller Blicke über das Schfeld eines Jahrhunderts rückwärts schweifen, auch die Deutsche Gesellschaft auf das entrollte Blatt ihrer Geschichte hinweisen. Sie hat eine edle Aufgabe während eines langen Zeitraums in ehrenvoller Weise erfüllt, und ihr zweites Jahrhundert, nicht mit Anzeichen greisenhaften Verfalles, sondern kräftiger und zur Arbeit gerüsteter, als je, angetreten. Sie führt den Reigen einer Anzahl wohlthätiger Vereine in den Ver. Staaten, die sich der nothleidenden Landsleute schützend und helfend annehmen. (Die Deutsche Gesellschaft in Charlestown, Süd-Carolina 1766, von New York 1784, von Maryland 1817, von St. Louis 1847, von New Orleans 1847, der allgemeine Einwanderungs-Verein von Cincinnati 1854, die Deutsche Gesellschaft von Chicago 1855.)

Mit der Geschichte unserer Gesellschaft ist ein gutes Stück der Einwande=
rungsgeschichte, namentlich der älteren, verwoben und Thatsachen kommen
zur Sprache, die ein Gefühl der Scham und des Unwillens hervorrufen
müssen, dagegen auch dem Bewußtsein Halt geben, daß sich der Fortschritt
des Jahrhunderts im Einwanderungswesen nicht minder offenbart, als in
allen andern Erscheinungen des Culturlebens. Der „Deutschen=Handel,"
wie Schlözer mit bitterem Anklang an Sclavenhandel das ehemalige Trans=
port= und Verdingungs=System der Emigranten bezeichnete, liegt weit hinter
uns, wie so manche Unehre vergangener Zeiten. Und so darf denn auch
diese Erinnerung im Jubeljahre der Republik den Deutsch=Amerikaner ge=
mahnen, daß sein altes Vaterland, geeint, mächtig und achtunggebietend, im
Wettlauf des Fortschritts nicht zurückgeblieben ist.

Als Quellen zu dieser Geschichte dienten vornehmlich die Protokolle der
Gesellschaft und des Verwaltungsrathes, welche vollständig vorliegen, aber
nicht immer gleich ergiebig sind. Die Serie der Cassabücher hat zwei Lücken,
nämlich von 1780 bis 1792 und von 1808 bis 1829; es ließ sich daher eine
Uebersicht der Finanzen nicht ohne Unterbrechung herstellen.

Ihre Regeln veröffentlichte die Gesellschaft 1794, 1813, 1820, 1830,
1843, 1860 und 1870. „Die erste Frucht der Deutschen Gesellschaft" er=
schien 1765. Sonstige Aufzeichnungen oder Drucke von historischem Werth
hat sie nicht bewahrt. Die deutschen Zeitungen des letzten Jahrhunderts in
der Philadelphia Library und der Historischen Gesellschaft lieferten hie und
da eine willkommene Ergänzung, ebenso manche Schriften, die der Leser an=
geführt finden wird.

Für viele Gefälligkeiten, die dem Verfasser bei seiner Arbeit mit liebens=
würdiger Bereitwilligkeit erwiesen wurden, ist hier pflichtschuldiger Dank
abzustatten. Die Bibliotheken der Philadelphia Library Company, der
Historical Society of Pennsylvania und des Herrn Abraham H. Cassel
in Montgomery Co. standen ihm zur Benutzung offen. Für biographische
Notizen ist er sehr Vielen verbunden, namentlich den Nachkommen und
Freunden der Gesellschaftsbeamten. Manchen schätzenswerthen Nachweis
gaben die Herren Thompson Westcott und John Jordan, jr. Auch Anfra=
gen beim statistischen Bureau in Washington wurden gefällig und prompt
beantwortet.

Schließlich ist noch zu bemerken, daß über verstorbene und lebende Perso=
nen das Thatsächliche allerdings von Andern zu erholen war, daß diese aber
für die Fassung der Notizen in keiner Weise verantwortlich sind.

Philadelphia, im März 1875.

Oswald Seidensticker.

Vorwort zum zweiten Teil.

Die Fortsetzung der Geschichte der Deutschen Gesellschaft von Pennsylvanien und der Neudruck des völlig vergriffenen Seidensticker'schen Werks wurden auf Anregung des Präsidenten, Dr. C. J. Hexamer, in der Verwaltungsratssitzung am 28. Juli 1913 beschlossen, und zwar anläßlich des bevorstehenden 150jährigen Jubiläums der Gesellschaft. Es sollte am 26. Dezember 1914 in großartiger Weise gefeiert werden. Der Krieg veranlaßte das Fallenlassen des letztgenannten Planes. Von einer größeren Feier wurde Abstand genommen. Er verzögerte auch die Fertigstellung des zweiten Teils der Geschichte. Die Vervollständigung des biographischen Anhangs bereitete bedeutende Schwierigkeiten und erforderte einen Zeitaufwand, der nicht immer dem Resultat entsprach.

Wie beim ersten Teil wurden als Quellen zur Fortsetzung der Geschichte die Protokolle der Gesellschaft und des Verwaltungsrats benutzt. Für das Kapitel „Die Deutsche Gesellschaft und der Zeitenlauf" mußten frühere Jahrgänge deutscher Zeitungen, der „Gazette" und des „Demokrat", herangezogen werden, sowie die wertvollen „Mitteilungen des Deutschen Pionier-Vereins von Philadelphia". Das Kapitel „Die Deutsche Gesellschaft und der Zeitenlauf" gibt eine nahezu vollständige Geschichte des Deutschtums unserer Stadt von 1876—1916.

Besonderer Dank gebührt der Bibliothekarin der Deutschen Gesellschaft, Frl. Lina Hertzog, die stets bereit war, Auskunft zu erteilen und ergänzendes Material aus den Schätzen des Archivs dem Verfasser zur Verfügung zu stellen, und dem Sekretär des Verwaltungsrats, Herrn F. H. Harjes, der beim Sammeln biographischer Notizen wertvolle Hilfe leistete, sowie Herrn Pastor Georg von Bosse, welcher der mühevollen Arbeit der Durchsicht der Druckbogen sich unterzog.

Der biographische Anhang hat selbstverständlich eine bedeutende Vermehrung erhalten. Zu den 92 Biographien des Seidensticker'schen Buches traten 125 hinzu. Sie geben in kürzerer oder längerer

Form Aufschluß über das Leben deutscher Männer der Stadt, die um das hiesige Deutschtum sich verdient gemacht haben oder noch dafür wirken. Eine Reihe derselben hat nationalen Ruf erlangt.

Auch eine kurze Geschichte des Frauen-Hilfsvereins der Deutschen Gesellschaft, der am 22. Mai 1900 gegründet wurde und so segensreich im Interesse der Notleidenden wirkt, ist in dem zweiten Teil aufgenommen worden. Der Verein hat durch seine Weihnachtsbescherungen Freude und Behagen in manche arme Familie getragen. Das Hilfswerk der Frauen hat vollen Anspruch auf weitgehende Anerkennung sich erworben.

Die Kapitel-Einteilung des Seidensticker'schen Werkes ist auch für den zweiten Teil beibehalten worden, soweit das möglich war. Die einzelnen Abschnitte des letzteren schließen sich an die des Seidensticker'schen Buches an und führen die Geschichte der verschiedenen Bestrebungen und Arbeitsgebiete der Deutschen Gesellschaft bis auf den heutigen Tag.

Die in diesem 633 Seiten starken Bande enthaltene Geschichte der Deutschen Gesellschaft von Pennsylvanien ist das beste Denkmal, welches sie ihrer Tätigkeit setzen konnte. Sie zeigt, daß die Gesellschaft dem Merkspruche ihrer Gründer alle Ehre gemacht hat, der lautete: „Religione, industria et fortitudine Germana proles florebit" (durch Religion, Fleiß und Tapferkeit wird die deutsche Nachkommenschaft blühen).

Philadelphia, im Mai 1917.

Max Heinrici.

Inhalts-Verzeichnis des ersten Teils.

Erster Abschnitt.

Zweiter Abschnitt.

Dritter Abschnitt.

Vierter Abschnitt.

Fünfter Abschnitt.

Sechster Abschnitt.

Siebenter Abschnitt.

Achter Abschnitt.

Neunter Abschnitt.

Zehnter Abschnitt.

Inhalts-Verzeichnis des zweiten Teils.

Erster Abschnitt.

Zweiter Abschnitt.

Dritter Abschnitt.

Vierter Abschnitt.

Fünfter Abschnitt.

Sechster Abschnitt.

Siebenter Abschnitt.

Achter Abschnitt.

Anhang.

Erster Abschnitt.

Die deutsche Einwanderung nach Pennsylvanien.

Wie der Dichter bei der Vertheilung der Erde leer ausging, so waren die Deutschen nicht dabei, als die Nationen Europa's von dem neuentdeckten Welttheil Amerika Besitz nahmen. Hätte auch der Hansebund die nöthigen Transportmittel beschaffen können, die traurigen Zustände des Reiches in Folge religiöser und politischer Zerwürfnisse ließen an keine Machtentwickelung nach Außen, an keine überseeischen Anpflanzungen denken. So kam es denn, daß, während Spanier, Portugiesen, Franzosen, Engländer und Holländer ihre Fahnen an den Gestaden der neuen Welt aufsteckten und sich große Ländergebiete aneigneten, den Deutschen, die ihr Vaterland verlassen wollten, Nichts übrig blieb, als in die von andern Nationen gegründeten Colonieen auszuwandern.

Es dauerte überdies sehr lange, ehe sich in bemerklicher Weise eine Neigung kund gab, die heimischen Wohnstätten gegen überseeische zu vertauschen. „Bleibe im Lande und nähre dich redlich," das Wort hatte mehr Gewicht, als der kosmopolitische Grundsatz, daß unser Vaterland da sei, wo es uns gut geht.

Anfänge der Auswanderung.

Die deutsche Auswanderung nach Amerika nahm ihren Anfang im Jahre 1683, fast zwei Jahrhunderte nach der Entdeckung der neuen Welt. Was vorher seinen Weg in die Colonieen fand, verlief sich so gut wie unbemerkt unter Holländern, Engländern und Schweden. Es waren eben versprengte Vorläufer, denen sich keine Verstärkungen anschlossen, kein regelmäßiger Nachzug folgte. Dahin gehören z. B. die Deutschen, welche, unter die Schweden gemischt, vor Wm. Penn's Zeiten nach Pennsylvanien gelangten.

Die Anregung zu eigentlichen Wanderzügen aus Deutschland nach Amerika gab kein Anderer als Wm. Penn selbst. Er war dreimal in Deutschland und zwar die beiden ersten Male vor der Gründung Pennsylvaniens (1671 und 1677). Die älteren Quäker waren nämlich, wie jede Sekte die einen lebendigen aggressiven Glauben vertritt, ernstlich darauf bedacht, die ganze übrige Christenheit zu bekehren. Machten sie auch zunächst und hauptsächlich ihr eigenes Land zum Felde ihres Wirkens, so wurde doch das Festland nicht aus den Augen gelassen und schon vor Penn hatten Wm. Ames, George Rolfe

(7)

und Stephan Crisp nicht ohne einigen Erfolg den Samen der neuen Lehre in Holland und Deutschland ausgestreut.

Der Drang, der sich damals in manchen Kreisen kund gab, die Religion innerlicher und tiefer zu erfassen, die Gährung, welche die „Erweckten,“ die „Inspirirten,“ die „Pietisten,“ die „Engelsbrüder“ u. s. w. in's Leben rief, gab den Quäker-Missionaren den Boden, worauf sie fußten. Wm. Penn traf mit Leuten dieses Schlages in Lübeck, Emden, den rheinischen Städten und in Frankfurt zusammen. In Kriegsheim *) bei Worms predigte er vor einer kleinen Quäkergemeinde. In Frankfurt lernte er den Kaufmann Van de Walle und das Fräulein Elenore von Merlau, nebst andern pietistischen Besuchern des Saalhofs kennen.

Eben diese Kreise waren es, in denen das Project einer Pennsylvanischen Ansiedelung ernstlich zur Sprache kam, sobald Wm. Penn den Besitz des großen, zu Ehren seines Vaters benannten, Landgebietes antrat. Das Manifest, worin Penn die Vortheile und Bedingungen der Uebersiedelung nach Pennsylvanien zur öffentlichen Kenntniß brachte, war kaum erschienen (1681), als es auch in deutscher Uebersetzung verbreitet wurde, †) und an mehreren Orten, wo der Quäker-Apostel vier Jahre zuvor die Seelen gerührt hatte, fing man an, für einen gottseligen Lebenswandel in Pennsylvanien zu schwärmen.

In Frankfurt bildete sich 1682 eine Gesellschaft, die von Penn's Agenten 25,000 Acker Land kaufte. Mehrere Mitglieder derselben, wie Van de Walle, Dr. Mastricht, Eleonore von Merlau und wahrscheinlich noch Andere, gehörten zu denen, die 1677 Wm. Penn's persönliche Bekanntschaft gemacht hatten. Eine ähnliche Gesellschaft entstand im selben Jahre in Crefeld.

Die Frankfurter Compagnie ersah zu ihrem Bevollmächtigten einen jungen, dem Spenerschen Kreise zugethanen Juristen, Namens Franz Daniel Pastorius. Dieser begab sich den nächsten Sommer auf den Weg und erreichte Philadelphia, wo erst wenige Häuser im Buschwerk sichtbar waren, am 20. August 1683. Wm. Penn bewillkommnete ihn auf's freundlichste.

Am 6. October desselben Jahres folgten die ersten Ansiedler, dreizehn Familien, ‡) deren erstes Geschäft es war, sich ein geeignetes Stück Land

*) Dies ist der Platz, der in alten Schriften Krisheim, Cresheim u. d. gl. genannt wird. Kriegsheim wurde noch in der Mitte des letzten Jahrhunderts Krißheim geschrieben. Die Erinnerung an Penn's Aufenthalt ist dort, wie überhaupt in Deutschland, erloschen.

†) Eine Nachricht von der Landschaft Pennsylvania in Amerika u. s. w. Amsterdam bei Christ. Cunraden 1681.

‡) Kein Mitglied der Frankfurter Compagnie ist nach Amerika ausgewandert, obschon mehrere die Absicht gehabt haben mögen. Von den Crefeldern dagegen kamen einige nach Germantown.

für ihre Niederlassung auszusuchen und verbriefen zu lassen. Sie fingen noch in demselben Herbste an, etwa sechs Meilen von Philadelphia sich Wohnstätten zu errichten. Das war die „Deutsche Stadt" **Germantown**, die erste deutsche Heimathsstätte, die der deutsche Auswanderer auf diesem Continente sich bereitete. „Und mag," schreibt Pastorius, „weder genug beschrieben, noch von denen vermöglicheren Nachkommen geglaubt werden, in was Mangel und Armuth, anbey mit welch einer christlichen Vergnüglichkeit und unermüdetem Fleiße diese Germantownship begonnen sei."

Als er die Hand ansetzte, den Grundbesitz der ersten Einwanderer in das große „Grund= und Lagerbuch" einzutragen, da war's ihm als stiege die endlose Reihe ihrer Nachkommen vor seinem Geiste auf, und warmen Herzens brachte er der unsichtbaren Schaar seinen Gruß dar. Aus dem feierlichen Latein, das Pastorius gern gebrauchte, in's schlichte Deutsch übertragen, lautet derselbe:

Sei gegrüßt, Nachkommenschaft! Nachkommenschaft im Germanopolis! Und erfahre zuvörderst aus dem Inhalte der folgenden Seite, daß deine Eltern und Vorfahren Deutschland, das holde Land, das sie geboren und genährt, in freiwilliger Verbannung verlassen haben (oh, ihr heimischen Herde!) um in diesem waldreichen Pennsylvanien, in der öden Einsamkeit, minder sorgenvoll den Rest ihres Lebens in deutscher Weise, d. h. wie Brü= der, hinzubringen.

Erfahre auch ferner, wie mühselig es war, nach Ueberschiffung des atlan= tischen Meeres in diesem Striche Nord=Amerikas den deutschen Namen zu gründen. Und du, geliebte Reihe der Enkel, wo wir ein Muster des Rech= ten waren, ahme unser Beispiel nach. Wo wir aber, wie reumüthig aner= kannt wird, von dem so schweren Pfade abgewichen sind, vergieb uns, und mögen die Gefahren, die Andere liefen, dich vorsichtig machen. Lebewohl, deutsche Nachkommenschaft! Lebe wohl deutsches Brudervolk! Auf immer lebe wohl!   Franz Daniel Pastorius.

Den ersten dreizehn Familien folgten bald andere; es waren ihrer etwa fünfzig, als die Feldmark von Germantown 1689 getheilt und unter den Ansiedlern verlost wurde.*) Ihrer Beschäftigung nach waren es meist Handwerker, namentlich Weber, die zugleich auf ihrer kleinen Farm (von fünfzig Acker) Ackerbau und Viehzucht trieben. Die Frauen waren fleißige Strickerinnen und die in Germantown gefertigten wollenen Strümpfe er= hielten eine gewisse Berühmtheit. Im Jahr 1691 bekam der Ort städtische Gerechtsame und die Deutschen hatten nun (bis 1707) ihre eigenen Bürger=

---

*) Das Gebiet von Germantown enthielt 5700 Acker Landes, wovon die Hälfte den Crefeldern gehörte. Das übrige der Frankfurter Compagnie zustehende Land blieb vor der Hand ein Anrecht. Das meiste wurde erst 1701 in Besitz genommen.

meister, Stadtschreiber, Verordnete u. s. w. Das städtische Siegel enthielt ein Kleeblatt mit dem Bilde eines Weinstocks, einer Flachsblume und einer Weberspule auf den drei Blättlein und die Umschrift: Vinum, Linum et Textrinum (der Wein, der Lein und der Webeschrein). Dies sollte ein Hinweis auf die Mission der Deutschen in der neuen Welt sein, Ackerbau, Gewerbfleiß und heiteren Lebensgenuß.

Bemerkenswerth aus der älteren Zeit von Germantown ist der von den deutschen Quäkern erlassene Protest gegen Sklaverei, der in einer Versammlung am 18. April 1688 angenommen und successiv der monatlichen, vierteljährlichen und jährlichen Versammlung der Quäker zur Beachtung vorgelegt wurde. Die englischen Quäker scheuten sich, über diese heikele Frage eine Erklärung abzugeben; erst viel später sprachen sie sich mißbilligend gegen Sklaverei aus; die Deutschen von Pennsylvanien aber sind nie Sklavenhalter gewesen.*)

Germantown blieb über hundert Jahre seinem Namen entsprechend, eine deutsche Stadt. Dort war auch die erste deutsche Druckerei, von Christoph Saur im Jahr 1738 gegründet; dort erschien die erste deutsche Zeitung und die erste in einer europäischen Sprache auf diesem Continent veröffentlichte Bibel, die deutsche Quartbibel von 1743. Es blieb lange Zeit der Stütz- und Sammelpunkt für die deutsche Einwanderung, das erste Lager, von wo aus die eintreffenden Schaaren sich nach ihren Bestimmungsplätzen weiter landeinwärts verbreiteten.

Politische und religiöse Ursachen der Auswanderung.

Die Ursachen, welche gerade um diese Zeit, das Ende des siebenzehnten und den Anfang des achtzehnten Jahrhunderts, die kaum eröffnete Auswanderung mächtig förderten, liegen auf der Hand. Die Pfalz und andere Theile von Westdeutschland waren Jahrzehnte lang den Raubzügen und Mordbrennereien der Franzosen ausgesetzt. Straßburg fiel ihnen 1681 zur Beute. Mit dem Jahre 1688 aber begann ein System unerhörter Barbarei; Städte und Dörfer, darunter Heidelberg, Speier, Worms, Kreuznach, Mannheim, wurden eingeäschert, andere gebrandschatzt; Jammer und Noth hatten kein Ende; der Bürger, der Landmann, fanden beim Vaterlande keinen Schutz, bei den uniformirten Räuberbanden Ludwigs des Vierzehnten kein Erbarmen. Dazu gesellte sich noch, seit der bigotte von Jesuiten gegängelte Johann Wilhelm die Regierung in der Pfalz angetreten (1690), die religiöse Intoleranz. Die Protestanten erfuhren eine schnöde, unerträgliche Behandlung; die früher unter Kurfürst Karl (1680—1685) eingewander-

---

*) Vollständigere Nachrichten über die ältere Geschichte von Germantown finden sich in des Verfassers Mittheilungen an den deutschen Pionier; Jahrgang 1870 und 1871.

ten Hugenotten und Waldenser mußten das Land wieder verlassen und be=
gaben sich theils nach Preußen, theils nach Amerika. Noch überboten ward
Johann Wilhelm von seinem Nachfolger Karl Philipp (1716—1742) der
seinen jesuitischen Beichtvater, Pater Seedorf, zum Conferenz=Minister
machte und in Liederlichkeit, Prachtliebe und Verschwendung mit dem fran=
zösischen Hofe wetteiferte. Natürlich mußten die Unterthanen für die kost=
spieligen Passionen ihrer Fürsten sich bis auf's Blut schinden lassen.
Auch als dieser Landesvater das Zeitliche segnete, erhielt die Pfalz keine
besseren Zeiten, denn die Regierung Karl Theodor's, die beinahe die ganze
übrige Zeit des Jahrhunderts deckte, war, was Genußsucht der Machthaber,
Schlechtigkeit der Verwaltung und Verarmung des Volkes betrifft, wohl die
unheilvollste, welche die schwer heimgesuchte Pfalz zu ertragen gehabt hat.

In andern süddeutschen Ländern ging es nicht viel besser her. Die eben
so verächtliche wie kostspielige Nachäffung des französischen Wesens, indem
jeder Fürst seinen Stolz darin suchte, ein Miniaturbild von Ludwig XIV.
vorzustellen, drückte schwer auf die Unterthanen. Dies gilt vornehmlich von
Würtemberg, das eben so wie die Pfalz, nur etwas später, Massenzüge von
Auswanderern nach Amerika sandte, das erstemal 1709, dann wieder 1717
und öfter.

So wirksam indessen der Sporn war, den die angedeuteten politischen
Zustände Deutschlands für die Auswanderung abgaben, so hatten religiöse
Motive am Ende noch einen mächtigeren Einfluß. Denn der Mensch läßt
sich jede Mißhandlung lieber gefallen, als einen Eingriff in Glaubens= und
Gewissenssachen. Es ist unläugbar, daß ein sektirerischer Familienzug die
frühere Einwanderung kennzeichnet. Noch im Jahre 1747, zwei Menschen=
alter nach der Gründung von Germantown, fand sich der ehrwürdige Pfarrer
H. M. Mühlenberg zu der Bemerkung veranlaßt:

„Unsere teutsche evangelische Einwohner in Pennsylvanien sind größ=
tentheils am spätesten in diese Landschaft gekommen. Die Englische und
Teutsche Quakers, Inspirirte, Mennonisten, Separatisten und dergleichen
kleine Gesinntheiten sind in den ersten Zeiten hereingekommen, da das Land
noch sehr wohlfeil war. Solche haben sich die besten und fettesten Gegenden
ausgelesen." (Hall. Nachrichten p. 216.)

In der That bildet die deutsche Einwanderung, ihrem Ursprung nach, eine
Parallele zu der der Quäker und neuengländischen Puritaner. Auch in
Deutschland gab es Sekten, welche mit den anerkannten Confessionen in
Zwietracht lebten und bitter verfolgt wurden. Zu Ende des siebenzehnten
Jahrhunderts war gegen die starre Kirchentheologie eine Reaction entstan=
den, welche eine tiefere Ergründung religiöser Wahrheiten und eine genauere
Befolgung der Vorschriften des Christenthums anstrebend, hier als Pietis=
mus, dort als grübelnder Mysticismus auftrat und in allerlei ascetischen,

inspirirten, erweckten Conventikeln, die nicht ohne schwärmerische Entartung blieben, zum Vorschein kam.

Dazu gesellten sich noch die Mennoniten oder „Taufgesinnten,“ welche von Menno Simon (1495—1561), einem Zeitgenossen der Reformatoren ausgingen. Gegen solche der Kirche entfremdete Christen richtete sich die Entrüstung der geistlichen, und das Zornesschnauben der weltlichen Behörden in fast allen deutschen Landen. Mit besonderer Härte verfuhren auch die Regierungen einiger Schweizercantone (Bern, Zürich, Schaffhausen) gegen die Mennoniten. Sie wurden eingekerkert, bei Renitenz mit dem Tode bestraft, des Landes verwiesen.

Gewissensfreiheit in Pennsylvanien.

Für alle diese gedrückten und maltraitirten Frommen, die Andern kein Härchen krümmten, wurde Pennsylvanien ein Asyl, ein Pella, wie schon Pastorius sich ausdrückt, wo sie ihre besondern Cultusformen und Glaubenssätze ohne alle Widerrede hegen und pflegen durften. Lange ehe der große Friedrich das berühmte Edict erließ: „Alle Religionen müssen tolerirt werden und muß der Fiscal nur ein Auge darauf haben, daß keine der andern Abbruch thue, denn hier muß Jeder nach seiner Façon selig werden,“ hatte Wm. Penn es aller Welt verkündet, daß in seiner Provinz Niemand des Glaubens halber beunruhigt werden solle.

Daß es das Kleinod der Gewissensfreiheit war, welches mit fröhlichem Blinken die deutschen Einwanderer nach Pennsylvanien lockte, dafür haben wir viele ausdrückliche Beweise. Man höre was Christoph Saur, selbst ein sogenannter Sektirer, ein Dunker, darüber sagt (Pennsylvanische Berichte 16. October 1754):

„Pensilvanien ist ein solches Land, von desgleichen man in der gantzen Welt nicht höret oder lieset; viele tausend Menschen aus Europa sind mit verlangen hierher gekommen, bloß um der gütigen Regierung und Gewissensfreyheit wegen. Diese edle Freyheit ist wie ein Lockvogel oder Lockspeiße, welche die Menschen erst nach Pensilvanien bringt und wann der gute Platz nach und nach enge wird, so ziehen die Menschen auch von hier in die angrenzende englische Collonien und werden also die englischen Collonien um Pennsilvanien willen mit vielen Einwohnern aus Deutschland besetzt zum Nutzen der Krone.“

Die verfolgten Sekten.

Und so bildeten denn unter den Schaaren, welche zuerst nach Pennsylvanien übersiedelten, diese mißliebigen Sekten ein vorwiegendes Element. Zuerst kamen die Quäker (aus Kriesheim, Crefeld) die sich in Germantown niederließen. Unmittelbar darauf (1694) folgte ein Häuflein wunderlicher

Heiliger, denen Jakob Böhmische Theosophie und das Grübeln über die Wiederkunft Christi ihre Richtung vorzeichnete. An der Spitze dieser über= spannten Menschen stand ein gelehrter Mystiker aus Würtemberg, Johann Jacob Zimmermann; doch dieser starb, ehe das Vorhaben zur Ausführung kam, und nun übernahm Johann Kelpius, ein junger Schwärmer aus Sie= benbürgen, ein Schüler und Freund des Professor Fabricius in Helmstedt, die Leitung. Die Schwärmer ließen sich am Wissahickon „auf der Ridge" nieder und Kelpius nannte die des Herrn harrende Gemeinde „das Weib in der Wüste." In zahlreichen Zuzügen trafen die Mennoniten aus Deutsch= land, dem Elsaß und der Schweiz ein. Sie bauten ihre erste Kirche 1708 in Germantown und verbreiteten sich später hauptsächlich über Lancaster County.*) (Aus Bern gingen 1710 viele nach Nord=Carolina und gründeten dort die Colonie Neu=Schweiz mit der Stadt New=Bern).

Am Pequea=Flusse nahmen Mennoniten im Jahr 1709 Besitz von 10,000 Acker Landes und bildeten den Kern einer sich rasch vermehrenden, fleißigen Bevölkerung in jenen waldreichen und fruchtbaren Strecken, die damals noch der kupferfarbene Sohn der Wildniß durchstreifte. Auch am Perkiomen und in Oley ließen sich diese Pioniere der Cultur nieder, die den Urwald und die Einöde zu einem der gesegnetsten Striche unseres Staates umschufen. Jetzt bilden die Mennoniten nicht in Pennsylvanien allein, sondern auch im We= sten eine der zahlreichsten Sekten, und sie haben ihren Charakter als fried= same, fleißige und tugendhafte Bürger unangetastet bewahrt. In unsern Tagen sind ihnen ihre deutschen Glaubensgenossen aus Rußland zu Tausen= den gefolgt, um im fernen Westen dieselbe Rolle zu übernehmen, welche vor mehr als anderthalb Jahrhunderten den Pennsylvanischen Mennoniten zufiel.

Ferner sind die Dunker zu erwähnen, die auch zu einer mehr als tausend Gemeinden zählenden Sekte angewachsen sind. Sie entstanden 1708 in Schwarzenau bei Berleburg, erhielten ihren Namen vom Eintauchen bei der Taufe (sie selbst nennen sich übrigens „Brüder"), verwerfen Rache und Feindschaft als unchristlich, daher auch alle Mittel zur Ausübung derselben, wie Soldatendienst und haben (wie Mennoniten und Quäker) keine bezahl= ten Prediger. Ein Theil derselben kam 1719, ein anderer 1729 (unter Alexander Mack) nach Pennsylvanien. Ihre erste Kirche bauten sie 1729 in Beggarstown (zu Germantown gehörig). Andere ließen sich in Skippack, am Conestoga, und in Bucks und York County nieder. Einer ihrer berühm= testen Anhänger war der Drucker Christoph Saur, der Sohn, 1702 in Laasphe geboren. Eine Abzweigung der Dunker, die den Samstag statt des Sonntages feiern und mancherlei mystische Ideen in ihr Glaubensbekennt=

*) Siehe Rupp, History of Lancaster County p. 75; und desselben Verfassers dreißig Tausend Namen, p. 26 und 27.

niß aufnahm, ist die Brüderschaft von Ephrata. Ihr Stifter und langjähriges Haupt war Conrad Beissel, von Haus aus ein Bäckergesell, der nach
seiner Erweckung in verzückte Zustände gerieth und seltsame theosophische
Grillen hatte. Mit der Taufe im Pequea (12. Nov. 1724) constituirte sich
die Gesellschaft. Anfangs führten die Mitglieder ein Einsiedlerleben, später
(1735) gründeten sie das noch stehende Kloster in Ephrata, das für „Brüder" und „Schwestern" besondere Gebäude hatte.

Eine andere verfolgte Sekte, die in Pennsylvanien Zuflucht fand, ist die
der Schwenkfelder. Ihr Stifter war Caspar Schwenkfeld von Ossing, ein
Zeitgenosse Luthers und wie dieser ein Bekämpfer des Papstthums. Aber
seine Auslegung des Abendmahls und die an's Quäkerthum streifende Lehre
vom Licht in der Seele verhinderten eine Einigung mit Luther und dessen
Nachfolgern. In Schlesien und in der Lausitz fristeten die Schwenkfelder
ein precäres, durch stete Verfolgungen beunruhigtes Dasein. Sie wurden,
als sie den Kaiser Karl VI. um Schutz anflehten, durch dessen Mandat (19.
Aug. 1725) „ein für allemal abgewiesen" und erst recht der Willkür der
Jesuiten und weltlichen Behörden überantwortet. Ein großer Theil derselben entschloß sich 1734 zur Uebersiedelung nach Pennsylvanien, wo ihrer
vierzig Familien den 22. September 1734 anlangten. Die Schwenkfelder
haben sich vornehmlich in der Nachbarschaft von Philadelphia, in Montgomery, Lehigh, Bucks und Berks County angesiedelt.

Die Auswanderung von Herrnhutern aus Deutschland knüpfte sich an die
der Schwenkfelder*) und wandte sich zuerst nach Georgien. Dort langten
im Frühjahr 1735 die ersten Ansiedler unter Spangenberg an; ihnen folgten im Sommer andere unter Nitschmanns Anführung. Da aber einerseits
die Zwistigkeiten zwischen den Engländern und Spaniern und die den Herrnhutern gestellte Zumuthung, für den Schutz des Landes Waffen zu ergreifen,
den friedseligen Brüdern ihren Aufenthalt in Georgia verleideten, andererseits Pennsylvanien ein sehr günstiges Feld für die Bekehrung der Indianer
(worauf die Herrnhuter es besonders absahen) zu eröffnen schien, so wech-
selten sie in den Jahren 1738 und 1739 ihre Wohnsitze. Es ward ihnen
nicht weit von den „Gabeln des Delaware" eine Fläche Landes unter vor-
theilhaften Bedingungen angeboten und so ließen sie sich denn in der Wald-
einsamkeit 60 Meilen von der nächsten Stadt nieder und nannten den Ort,
den sie bauten, Bethlehem. Kurze Zeit darauf erwarben sie auch den Platz,
worauf sich Nazareth erhob. Der Graf von Zinzendorf selbst kam 1741
nach Pennsylvanien und hielt in Philadelphia Gottesdienst, wozu ein in der
Archstraße befindlicher Raum benutzt wurde. Eine Zeitlang verband er sich

*) Ueber die besondern Umstände siehe G. H. Loskiel, Geschichte der Mission
der evangel. Brüder in Nord-Amerika p. 210.

mit den Lutheranern; aber dieses Verhältniß führte zu Streitigkeiten, und es bildete sich bald eine besondere aus 34 Personen bestehende Herrnhuter= gemeinde, die sich eine Kirche in Racestraße zwischen der Zweiten und Drit= ten baute (Grundstein gelegt 10. Sept. 1742; eingeweiht 20. Nov. 1742.*)

Zu der Thatsache, daß die große Menge der ersten Einwanderer nach Pennsylvanien aus Separatisten bestand, stimmt sehr wohl eine andere sonst unerklärt bestehende Erscheinung, nämlich die separatistisch gefärbte deutsch=amerikanische Litteratur der frühesten Zeit. —

Das erste uns bekannte Buch in deutscher Sprache, das hier gedruckt wurde, ist ein kleiner Band aus Benjamin Franklin's Presse vom Jahre 1730, betitelt: Göttliche Liebes= und Lobesgethöne. — Es sind Lieder von entschieden mystischer Richtung. Das erste Werk der Saur'schen Druckerei aus dem Jahre 1739, ist ein starker Octavband (820 Seiten): „Der Zioni= tische Weihrauchhügel oder Myrrhenberg," wiederum eine Sammlung phan= tastischer Poesieen für Erweckte, und die bizarren Titel bald folgender Bücher „Die Paradiesische Aloe" und das „Blumengärtlein inniger Seelen" verrathen einigermaßen den Geist der sie durchweht. Dies gilt auch ganz besonders von den Erzeugnissen der Ephrataer Presse, z. B. dem „Para= diesischen Wunderspiel," dem „Gesäng der einsamen und verlassenen Turtel= taube" (1747), aus denen eine betäubende Mystik moschusartig duftet. Selbst die Herrnhutischen „Hirtenlieder von Bethlehem" (1742) und das für die Dunker herausgegebene „Davidische Psalterspiel" (1744) gingen den lutherischen und reformirten Andachtswerken voraus. Genug, die Bibliographie bestätigt die anderweitig festgestellte Thatsache, daß in der älteren deutschen Einwanderung nach Pennsylvanien die Separatisten stärker vertreten waren, als die Confessionen.

Reformirte und Lutheraner.

Der anfangs dünne Strom der letzteren gewann allerdings bald an Größe und Stärke. Wir hören von Lutheranern und Reformirten sehr wenig, bis sie zahlreich genug waren, Geistliche zu berufen, oder zugesandt zu bekommen. Der Zeit nach hatten die Reformirten darin einen kleinen Vorsprung. Das pfälzische Consistorium sandte 1727 den Ehrw. Georg Michael Weiß †) als Seelsorger und Prediger. Er ließ sich in Skippack nieder und übernahm später die Gemeinde zu Goschenhoppen. Johann Bechtel, der kurze Zeit vor= her in's Land gekommen, predigte 1728 in Germantown, Philipp Böhm etwa um dieselbe Zeit in Whitpain, wo ihm 1740 eine Kirche gebaut wurde.

---

*) Die neue Herrnhuterkirche an der Ecke der Franklin und Wood Str. wurde den 26. Jan. 1856 eingeweiht.

†) S. Harbaugh Fathers of the Reformed Church in Europe and America. Vol. I, p. 266.

Andere Gemeinden entstanden in Neu=Goschenhoppen (1730), Langen=
schwamm (1734), Oley, Egypten (in Lehigh County), Tulpehocken und
Lancaster (1736.) Tulpehocken wurde 1723 von Protestanten, theils Re=
formirten, theils Lutheranern besiedelt, die unzufrieden mit dem rücksichts=
losen Verfahren der New=Yorker Provinzial=Regierung gegen sie, vom
Schoharie fortgezogen waren, um unter Conrad Weisers Führung sich
neue Heimstätten in Pennsylvanien zu suchen.

In Philadelphia selbst bildeten die Reformirten bis gegen die Mitte des
letzten Jahrhunderts ein schwaches Häuflein. Im Jahr 1734 mietheten sie
in Gemeinschaft mit den Lutheranern ein bretternes Haus *) zu gottesdienst=
lichen Zwecken für vier Pfund mit dem Einverständniß, daß ihnen der Ge=
brauch desselben ein Viertel der Zeit für ein Viertel des Miethpreises zustehen
solle. Ihr damaliger Seelsorger war Johann Philipp Böhm. Im Jahre
1746 kam Michael Schlatter, aus St. Gallen gebürtig, an, von der holländi=
schen Synode hierher gesandt, um die reformirte Gemeinde in Philadelphia
zu übernehmen und die in Pennsylvanien zerstreuten Schaaren seiner Glau=
bensbrüder zu organisiren. Schlatter, eben so thätig, wie gelehrt und fähig,
wurde für die hiesigen Reformirten, was H. M. Mühlenberg den Luthera=
nern war. Seinem Berichte zufolge befanden sich zur Zeit seiner Ankunft
in Pennsylvanien etwa 30,000 Reformirte, die 46 mehr oder weniger zahl=
reiche Gemeinden bildeten.†)

Die Lutheraner, die einzeln und truppweise hier anlangten, waren über
eine große Fläche Landes verbreitet und fanden sich erst allmählig und lang=
sam zu Gemeinden zusammen. Die erste, von welcher wir hören, war die
in Falkner's Swamp, Montgomery County. Dort predigte um's Jahr
1703 Justus Falkner, der von schwedischen Geistlichen in Wicaco ordinirt
war.‡) Aber so recht wollte es mit der deutschen lutherischen Kirche nicht
vorwärts, bis Mühlenberg kam. Die Seelenhirten, welche umher vagirten,
waren „abgesetzte Prediger und Schulmeister die zu Haus nicht viel ge=
taugt." §) Im Jahr 1742 bestanden nur fünf regelmäßige Gemeinden,
nämlich in New=Hannover, in Trappe, in Germantown, in Philadelphia
und in Lancaster. In Germantown sollen die Lutheraner 1730 den Grund=
stein zur Kirche gelegt haben; ||) in Philadelphia existirte eine kleine Gemeinde
um 1733 doch gingen die Meisten in die schwedische Kirche, deren Geistliche

---

*) Es stand in Archstraße zwischen der 4ten und 5ten Str. und hatte früher als
Scheune gedient.

†) Harbaugh. Life of Rev. Mich. Schlatter, p. 37.

‡) Acrelius. History of New Sweden. Translation, p. 214.

§) Hallische Nachrichten, p. 142.

||) Acrelius. History of New Sweden, p. 237.

einen Frühgottesdienst in deutscher Sprache hielten. Dieß that wenigstens regelmäßig Pastor Dylander (1737 — 1741), der auch die deutsche Gemeinde in Lancaster versorgte. Wie zuvor bemerkt, mietheten die Lutheraner um's Jahr 1740 ein Haus gemeinschaftlich mit den Reformirten; sie hatten zu jener Zeit einen gewissen Pyrläus als Prediger, der durch seine Gefügigkeit gegen Zinzendorf die Selbstständigkeit der Gemeinde gefährdete und dadurch dem 1742 eintreffenden Mühlenberg Schwierigkeit und Aerger verursachte. Der Grundstein zur Michaeliskirche wurde 1743, der zur alten Zionskirche 1766 gelegt. Das noch stehende lutherische Schulhaus in der Cherrystraße ist 1761 gebaut worden.

Von dieser Zeit an nahmen aber die Lutheraner in Philadelphia außerordentlich zu. Während im Jahr 1743 Manche geglaubt hatten, daß die Michaeliskirche für eine so kleine Gemeinde zu groß und zu kostspielig sei, zählte diese dreißig Jahre später sechs bis sieben Hundert Communicanten.*) Im Jahre 1763 gab es lutherische Gemeinden an folgenden Orten von Pennsylvanien: Philadelphia, Germantown, Barrenhill, Lancaster, Yorktown, Providence (Trappe), Neu=Hannover, Reading, Tulpehocken, Carletown, Conestoga, Muddy=Creek, Easton, Maguntschi, Heidelberg, Jordan, Indianfield, Saccum, Upperdoublin, Uppermilford, Allentown, Oley, Whitenbal, Canawaga, Manchester, Paradies.

Der deutschen Katholiken gab es bis zur Mitte des vorigen Jahrhunderts nur wenige in Pennsylvanien. Die Zahl aller um jene Zeit hier befindlichen Katholiken wird auf höchstens 2000 veranschlagt.

Zahlenangabe.

Was nun die Anzahl der jährlich nach Pennsylvanien ausgewanderten Deutschen betrifft, so ist bei dem Mangel jeglicher Statistik nichts Zuverlässiges zu ermitteln und die Vermuthungen laufen sehr weit auseinander. In einzelnen Jahren, wie 1711, 1717 und den folgenden war die Einwanderung sehr stark; überhaupt war die ganze Periode von 1702—1727 eine in dieser Hinsicht reich gesegnete. Im Herbst 1749 kamen 25 Schiffe mit deutschen Einwanderern nach Philadelphia, worauf 7049 Personen anlangten.†) Der Reisende Kalm schlägt die Anzahl der deutschen Einwanderer im Sommer von 1749 auf 12,000 an.‡) Auch im nächsten Jahre kamen

---

*) Fest=Gruß zum Zions=Jubiläum von den Pastoren W. J. Mann und A. Späth, p. 16; wo über die Anfänge der deutsch=lutherischen Kirche in Philadelphia viele interessante Notizen zusammengestellt sind.

†) Hall. Nachrichten p. 125. „Die Provinz krimmelt und wimmelt voll Leute." Daselbst p. 391.

‡) Kalm's Reise. Bd. 2 p. 208.

viele Schiffe mit Deutschen∸) und wiederum 1755. · Während des sieben=
jährigen Krieges lag die Einwanderung nieder.

Auch über die Gesammtzahl der Deutschen in Pennsylvanien liegen
außerordentlich abweichende Anschläge vor. Nach Ebeling †) rechnete
man 1752 unter 190,000 Einwohnern 90,000 Deutsche und im Jahre 1755
von 220,000 die Hälfte. Eine noch stärkere Proportion giebt ihnen eine
Bemerkung des Gouverneur George Thomas, nämlich drei Fünftel der Ge=
sammtbevölkerung.‡) Mäßiger ist Dr. Benjamin Franklin's Anschlag. Im
Verhör vor dem Hause der Gemeinen 1764 nach der Volkszahl von Penn=
sylvanien befragt, schätzte er diese auf 160,000 und die Deutschen auf etwa
den dritten Theil. Er fügt indessen hinzu: „Ich kann es nicht mit Gewiß=
heit sagen."§) Fünf und zwanzig Jahre später setzt Dr. Rush das Ver=
hältniß der Deutschen zu der ganzen Bevölkerung eben so an.‖) Die in
Philadelphia nachgedruckte Encyclopedia Britannica berichtet im Artikel
Pennsylvania, daß bis zum Jahre 1776 überhaupt 40,000 Deutsche einge=
führt wären. Das ist offenbar eine Unterschätzung. Wir werden uns von
der Wahrheit nicht weit entfernen, wenn wir die Anzahl der Deutschen in
Pennsylvanien um die Mitte des letzten Jahrhunderts auf 70–80,000 schätzen.

Regungen des Nativismus.

Die großen Zuzüge aus Deutschland, die den ländlichen Districten Penn=
sylvaniens eine deutsche Bevölkerung gaben, wurden nicht allerseits mit
gleicher Gunst angesehen. Die Einwanderung aus Deutschland schien die
englische überholen zu wollen; wer konnte wissen, ob die Fremdlinge sich
nicht am Ende zu Herren des Landes machten?

Dieser Gedanke drückte wie ein Alp auf manche ängstliche Gemüther,
welche in jedem deutschen Ankömmling einen möglichen Rebellen erblickten.
James Logan, der berühmte Secretär William Penn's klagt, die Deutschen
kämen so massenhaft herüber, daß sie über kurz oder lang eine deutsche Co=
lonie bilden würden. Wer wisse, ob sich dann nicht an den hiesigen Anglo=
sachsen dasselbe Schicksal vollziehe, das die Anglosachsen des fünften Jahr=
hunderts den britischen Celten bereitet.¶)

Auch die gesetzgebende und vollziehende Gewalt der Colonie wurde von
ähnlicher Gespensterfurcht ergriffen.

---

*) Hall. Nachrichten p. 369.
†) Erdbeschreibung und Geschichte von Amerika IV. p. 203.
‡) Nach Rupp, in dessen Ausgabe von Dr. Benjamin Rush, Manners of the
German Inhabitants in Pennsylvania, p. 5.
§) S. die Verhörung Dr. Benjamin Franklins. Philadelphia 1766. p. 6.
‖) S. Manners of the Germans in Pennsylvania.
¶) Siehe Logan's Brief bei Rupp, History of Berks and Lebanon Counties
p. 62.

Bereits im Jahre 1717 äußerte sich Gouverneur H. Keith in einer Mittheilung an den Provinzialrath, daß viele Einwanderer sich gleich nach ihrer Ankunft im Lande verbreiteten, ohne über ihren Charakter und ihre Absichten Ausweis gegeben zu haben. Auf die Art könnten sich ja Fremde in's Land einschmuggeln; die Leute sollten wenigstens von sich hören lassen und dem Könige von England den Treueid oder, falls sie Gewissens halber nicht schwören wollten, ein Gelöbniß der Treue ablegen.

Dies geschah denn auch in der Folge. Alle Deutsche, oder wie es gewöhnlich heißt, Pfälzer, wurden registrirt und leisteten dem Könige den Unterthanen-Eid.*)

Aber die Furcht vor den „Fremden" war damit keineswegs gebannt. Im Jahre 1727 ward der Gouverneur Patrick Gordon darauf aufmerksam gemacht, daß eine Anzahl Deutscher, eigenthümlich in ihrer Tracht, Religion und Vorstellung vom Staatswesen, sich am Pequea niedergelassen hätten und entschlossen wären, der gesetzmäßigen Obrigkeit Widerstand zu leisten. Sie wollten ihre eigene Sprache reden und keinen Oberherren anerkennen als den großen Schöpfer des Weltalls.†)

Ob der Gouverneur darob erblaßte, steht nicht verzeichnet. Die Ansiedler am Pequea begingen allerdings das Verbrechen, ihre eigene Sprache zu reden und sich altväterisch zu kleiden, aber das Revolutioniren fiel ihnen gar nicht ein; dazu waren sie viel zu fromm.

Patrick Gordon, der Gouverneur, erhielt im nächsten Jahre (1728) eine officielle Anmahnung von Seiten der Assembly, die Mißstände, welche aus der großen Einwanderung von „Fremdlingen" (d. h. Nicht-Engländern) erwüchsen, ernstlich in Betracht zu ziehen. Es ward nicht in Abrede gestellt, daß sich unter den Einwanderern ordentliche und fleißige Leute befänden. Viele aber ließen sich ohne Weiteres auf dem Lande der Erbeigenthümer nieder. (Alles noch nicht verkaufte Land, mithin der größte Theil Pennsylvaniens, gehörte nämlich den Nachkommen Wm. Penn's, den Erb-Eigenthümern.) Der dauernde Zufluß von Fremden könnte leicht den Frieden und die Sicherheit der Provinz gefährden. Der Gouverneur möge daher sehen, ob sich nicht Maßregeln ergreifen ließen, um die fernere Einfuhr von Fremdlingen in die Provinz zu verhindern oder wenigstens zu beschränken.‡)

Hierauf Bezug nehmend, theilte der Gouverneur am 17. Februar 1729 der Assembly mit, daß die Regierung jene Befürchtungen theile und ihn instruirt habe, durch ein geeignetes Gesetz dem Einströmen von Fremdlingen Einhalt zu thun. Man sei nicht gegen diese Leute selbst eingenommen, von

*) Colonial Records vol. 3, p. 29.
†) Rupp. History of Lancaster County, p. 194.
‡) Votes of Assembly April 18, 1728.

benen viele fleißig, friedsam und gut gesinnt seien. Aber die Absicht sei zu verhindern, daß aus einer englischen Anpflanzung eine Colonie von Fremdlingen werde. Desgleichen solle man der Einfuhr irländischer Katholiken und Verbrecher ein Ende machen.*)

Demgemäß wurde am 1. Mai desselben Jahres ein Gesetz erlassen, welches den angeblich übermäßigen Andrang von Fremden beschränken sollte. Die zu diesem Behuf beliebte Maßregel war ein Eingangszoll von zwanzig Shilling für jeden irländischen Dienstboten und für jeden Käufling (persons of redemption), von vierzig Shilling für sonstige „Fremdlinge" und von fünf Pfund für jeden Neger. In der letzten Bestimmung erkennen wir die Absicht, die Einfuhr von Sklaven zu erschweren. Die Deutschen versuchten eine Ermäßigung des Kopfgeldes zu bewirken, aber ohne Erfolg (20. August 1729).

Die Gesetzgeber scheinen indessen bald inne geworden zu sein, daß sie sich höchst thörichter Weise hatten in's Bockshorn jagen lassen, und daß ihr Sperrgesetz gegen die Einwanderung ein empfindlicher Schlag gegen das Erblühen der jungen Colonie war. Obendrein waren gerade in den letzten Jahren gar nicht so erschrecklich viele Fremde in's Land gekommen, und der Mangel an hinreichenden Arbeitskräften machte sich vielleicht schon fühlbar.

Genug, im nächsten Jahre (14. Febr. 1730) widerrief die Assembly das Gesetz, indem sie ein anderes substituirte, das sich auf die Einfuhr arbeitsunfähiger oder sonst dem Gemeinwesen zur Last fallender Personen bezog.†) Für alle solche hatte der Capitän, der sie brachte, Bürgschaft zu leisten, während gesunde und unbescholtene Einwanderer ungehindert eingingen und nur für den Beglaubigungsschein, daß sie nicht zu den prohibirten Classen gehörten, 21 pence entrichteten.

Nicht lange darauf hatten die Deutschen die Genugthuung, daß dieselbe Regierungsbehörde, welche sich der Einwanderung ängstlich abwehrend entgegen gestellt hatte, deren Segen für die Colonie öffentlich anerkannte. Mit Rücksicht auf die Deutschen, die aus den rauhen Waldungen Pennsylvaniens einen fruchtbaren Garten gemacht, erklärte Gouverneur Thomas 1738: „Diese Provinz ist seit einigen Jahren das Asyl der bedrängten Protestanten der Pfalz und anderer Theile Deutschlands; ich glaube, es kann der Wahrheit gemäß behauptet werden, daß der jetzige blühende Zustand größtentheils dem Fleiß dieser Leute zu verdanken ist und sollte eine entmuthigende Maßregel sie abhalten, hierher zu kommen, so steht zu befürchten, daß der Werth eurer Ländereien fallen und die Zunahme des Wohlstandes sich verlangsamen wird, denn es ist nicht allein die Ergiebigkeit

---

*) Votes of Assembly Feb. 17, 1729.
†) Charters and Acts of Assembly. Philadelphia 1762, p. 123.

des Bodens, sondern die Menge und der Fleiß der Bebauer, wodurch ein Land zur Blüthe gelangt." *)

Dies ist im Allgemeinen das Urtheil über die deutschen Ansiedler Pennsylvaniens geblieben.†) Ausnahmsweise, namentlich zu Zeiten politischer Aufregung und aus Partei-Motiven entsprungen, ließen sich auch wohl gehässige Stimmen vernehmen. So klagt Wharton 1755 darüber, daß die Deutschen in Schwärmen ihre Stimmen zum Unheil des Landes abgeben. „Alle die nicht zu ihrer Partei gehören, nennen sie Gouverneurs-Leute und sie halten sich stark genug, das Land zu dem ihrigen zu machen. In der That kommen sie in solcher Menge, — über 5000 im letzten Jahre, — daß sie bald im Stande sein werden, uns Gesetz und Sprache zu geben oder sich den Franzosen anschließend, alle Englischen zu vertreiben." Gut gebrüllt, Wharton!

Daß die Deutschen es mit der Quäker-Partei hielten, brachte auch den Dr. Franklin in Zorn und in einer unglücklichen Stunde entschlüpfte ihm das Wort "German boors." Das wurde ihm bei passender Gelegenheit aufgemutzt, und obschon seine Anhänger unter den Deutschen versicherten, er habe nichts anderes als „deutsche Bauern" gemeint, so verlor er doch 1764 seine Wahl zur Assembly.

Weiße Sklaverei.

Da die meisten Auswanderer zu arm waren, die Kosten ihrer Ueberfahrt (45—50 Dollars) zu zahlen, aber durchaus willig und im Stande, sie nach ihrer Landung durch Arbeit abzuverdienen, so trafen sie mit den Schiffseigenthümern ein Uebereinkommen, demgemäß sie sich verpflichteten, für ihre Passage in Amerika ein Arbeitsaequivalent zu leisten. Ein solcher Dienstcontract war übertragbar und konnte daher am Landungsplatze in baares Geld umgesetzt werden. Die Länge der Dienstzeit richtete sich nach dem Belauf der schuldigen Summe Geldes und dem Arbeitswerthe des Käuflings. Ein guter Arbeiter mochte mit drei oder vier Jahren abkommen; Umstände konnten aber eintreten, wie wir sehen werden, welche die Zeit auf sieben und mehr Jahre ausdehnten. Kinder verblieben in diesem Abhängigkeits-Verhältniß bis zur Zeit ihrer Mündigkeit. Der Contract war, wie erwähnt, übertragbar und der verbundene Knecht, oder wie man ihn auf deutsch-pennsylvanisch nannte, der Serve, mußte es sich gefallen lassen, wie ein Handelsartikel von Hand zu Hand zu gehen. Solche Einwanderer hießen in der officiellen Sprache: "persons of redemption oder redemptioners."

---

*) Colonial Records IV, p. 315.

†) Siehe die genaue und eingehende Schilderung der Deutschen in Pennsylvanien durch Dr. B. Rush 1789 im Columbian Magazine. Neu herausgegebn von J. D. Rupp, Philadelphia 1875.

In den frühesten Zeiten der deutschen Einwanderung kamen derartige Fälle selten vor.*) Erst in den vierziger Jahren des letzten Jahrhunderts kam das System zur Blüthe. Die Vortheile dieser Einrichtung waren für die Rheder so groß, daß sie ihren Agenten und Zuführern gute Procente abgeben konnten und damit waren die Bedingungen für einen förmlichen Menschenschacher gegeben. Die Agenten, welche den Armen und Aermsten die Ueberfahrt in das neue Land so leicht, gewissermaßen kostenfrei machten, hießen „Neuländer‟ oder auch mit einem minder schmeichelhaften Beinamen: „Seelenverkäufer.‟ Wir haben über diese Zustände von Zeitgenossen und Augenzeugen so genaue und lebensvolle Schilderungen, daß wir die Gelegenheit, aus den Quellen zu schöpfen, gern benutzen. Unser erster Gewährsmann ist der Cantor Gottlieb Mittelberger, der im Jahre 1750 eine in Heilbronn gebaute Orgel nach Philadelphia begleitete, als Schulmeister und Organist drei Jahre in Neu=Providence, Pa., fungirte und 1754 nach Deutschland zurückkehrte, um nach dem beliebten:

„Wenn Einer eine Reise thut
So kann er was erzählen,‟

seine Erfahrungen und Beobachtungen in Pennsylvanien der Welt kund zu thun.

Unserem Gottlieb hat es hier nicht besonders gefallen, aber sein Bericht, wenn auch in etwas verdrießlichem Tone, ist sonst zuverläßig und die von ihm erwähnten Thatsachen werden durch andere Zeugen bestätigt.

Wir übergehen seine Jeremiade über die Seereise mit ihrem „jammervollen Elend, Gestank, Dampf, Grauen, Erbrechen, mancherlei See=Krankheiten, Fieber, Ruhr, Kopfweh, Hitzen, Verstopfungen des Leibes, Geschwülsten, Scharbock, Krebs, Mundfäule und dergleichen,‟ und hören was er uns über die Erlebnisse der Einwanderer bei ihrem Eintreffen in Philadelphia zu erzählen hat.†)

„Endlich wann nach langwühriger und beschwerlicher Reise die Schiffe nahe an dieses Land kommen, da man schon das Vorgebürge derselben sehen kann, welches die Leute zuvor so sehnlich und mit größtem Verlangen zu sehen gewünschet, kriechet alles aus den Schiffen oben auf das Verdeck des Schiffs, das Land noch von ferne zu schauen, worüber man vor Freuden weinet, betet und dem lieben Gott lobsinget, danket und preiset. Es machet solches Anschauen des Landes das Volk im Schiff, insbesondere die Kranken

---

*) Schon 1686 traf Wigard Levering ein Abkommen mit der Frankfurter Gesellschaft, die Kosten seiner Passage durch Arbeit abzutragen. H. Papen machte sich 1685 verbindlich fünfzig Acker Land auf diese Weise zu bezahlen.

†) Gottlieb Mittelberger's Reise nach Pennsylvanien im Jahr 1750 und Rückreise nach Deutschland im Jahr 1754. Stuttgard 1756. p. 13.

und die halb Todten wiederum lebendig, daß auch ihr Geist, wie schwach man war, in ihnen hüpfet, jauchzet und sich freuet, und wollen solche Leute all ihr Elend vollends mit Geduld ertragen, wenn sie nur bald glücklich in diesem Land austreten dörften. Aber, ach leyder!

„Wenn die Schiffe bei Philadelphia nach der so langen Seefahrt angelandet sind, so wird Niemand herausgelassen, als welche ihre Seefrachten bezahlen, oder gute Bürgen stellen können, die andern, die nicht zu bezahlen haben, müssen noch so lange im Schiffe liegen bleiben, bis sie gekauft und durch ihre Käufer vom Schiff los gemacht werden. Wobey es die Kranken am schlimmsten haben, dann die Gesunden werden allezeit lieber und mithin zuerst erkauft, da dann die elenden Kranken vielmals noch zwey oder drey Wochen vor der Stadt auf dem Wasser bleiben und öfters sterben müssen, dahingegen ein mancher von denselben, wann er seine Schuld bezahlen könnte und gleich aus dem Schiff gelassen würde, mit dem Leben noch hätte davon kommen können.

„Ehe ich beschreibe, wie dieser Menschenhandel vor sich geht, muß ich noch melden, was diese Reise nach Philadelphia oder Pennsylvanien kostet.

„Eine Person, die über zehn Jahr, zahlt für die Seefracht von Rotterdam bis nach Philadelphia zehn Pfund oder sechzig Gulden. Kinder von fünf bis zehn Jahren geben eine halbe Fracht mit fünf Pfund oder dreißig Gulden. Alle Kinder unter fünf Jahren sind frey. Dafür werden sie in's Land geliefert, und so lange sie auf dem Meer sind, obwohl sehr schlecht, wie oben gemeldet, verköstet.

„Dieses ist nur die Seereise, die übrigen Kosten zu Land, nemlich von Hauß bis Rotterdam, sammt der Fracht auf dem Rhein, sind wenigstens vierzig Gulden, man mag so genau leben, als man will. Hier sind keine außerordentliche Zufälle mit eingerechnet. So viel kann ich versichern, daß viele von Hauß bis nach Philadelphia bey aller Sparsamkeit denn noch 200 Gulden gebraucht haben.

„Der Menschenhandel auf dem Schiff=Markt geschiehet also: Alle Tage kommen Engelländer, Holländer und hochteutsche Leute aus der Stadt Philadelphia und sonsten aller Orten zum Theil sehr weit her, wohl zwanzig, breißig bis vierzig Stund Wegs, und gehen auf das neu angekommene Schiff, welches Menschen aus Europa gebracht und fail hat, und suchen sich unter den gesunden Personen die zu ihren Geschäften anständige heraus und handeln mit denenselben, wie lange sie vor ihre auf sich habende Seefracht, welche sie gemeinniglich noch ganz schuldig sind, dienen wollen.

„Wann man nun des Handels eins geworden, so geschieht es, daß erwachsene Personen für diese Summe nach Beschaffenheit ihrer Stärke und Alter drei, vier, fünf bis sechs Jahre zu dienen sich schriftlich verbinden. Die ganz jungen Leute aber von zehn bis fünfzehn Jahren müssen serviren bis sie 21 Jahre alt sind.

„Viele Eltern müssen ihre Kinder selbst verhandeln und verkauffen wie das Vieh, damit nur die Eltern, wann die Kinder ihre Frachten auf sich nehmen, vom Schiff frey und los werden. Da nun die Eltern oft nicht wissen, zu was vor Leuten oder wohin ihre Kinder kommen, so geschicht es oft, daß nach dem Abscheiden vom Schiff manche Eltern und Kinder viele Jahre oder gar Lebenslange einander nicht mehr zu sehen bekommen.

„Wenn Leute hinein kommen, die sich nicht selbst frey machen können und hätten doch Kinder, welche unter fünf Jahren seynd, so können die Eltern sich nicht dadurch frey machen, denn solche Kinder müßen sie Jemand umsonst hingeben, daß man solche auferziehet und die Kinder müssen vor ihrer Auferziehung dienen bis sie einundzwanzig Jahre auf sich haben. Kinder von fünf bis zehn Jahren, die eine halbe Fracht, das ist dreißig Gulden, geben, müssen dafür ebenfalls stehen bis sie einundzwanzig Jahre alt seynd, und können also ihre Eltern nicht frey machen, noch derselben Fracht auf sich nehmen. Hingegen Kinder, die über zehn Jahre alt sind, können etwas von der Eltern Fracht auf sich nehmen.

„Ein Weib muß von ihrem Manne, wann er krank hinein kommt und eben so ein Mann muß vor sein krankes Weib stehen und die Fracht auf sich nehmen und also nicht nur allein vor sich, sondern auch vor seinen kranken Ehegatten fünf bis sechs Jahre serviren. Liegen aber beide krank, so können solche Personen vom Schiff in's Krankenhaus, eher aber nicht, als bis sich vor dieselben gar kein Käufer findet. Sobald sie gesund sind, müssen sie vor ihre Fracht bienen oder bezahlen, wann sie Vermögen haben.

„Oefters geschieht es, daß auch ganze Familien, Mann, Weib und Kinder, indem sie an verschiedene Käufer kommen, separirt und getrennt werden, sonderheitlich wann solche gar nichts an der Fracht bezahlen können.

„Wann über halb Wegs auf der See ein Ehegatte vor dem andern gestorben, so muß das Hineinkommende nicht allein vor sich, sondern auch noch vor das Verstorbene die Fracht bezahlen und serviren.

„Wann beide Eltern auf dem Meer über halb Wegs von ihren Kindern gestorben, so müssen solche Kinder, sonderheitlich wenn sie noch jung sind und nichts zu versetzen oder zu bezahlen haben, vor ihre sammt der Eltern Fracht serviren und stehen, bis sie einundzwanzig Jahr alt sind. Wann sodann Eins frei worden, so bekommt es ein neues Freykleid bei seinem Abschied, und nachdem es eingedingt ist, ein Mannsbild noch ein Pferd und ein Weibsbild eine Kuh.“

Gottfried Mittelberger machte seinem gepreßten Herzen noch in vielen anderen sehr gepfefferten Auslassungen Luft und ist namentlich sehr bitter gegen die Neuländer, welche den armen Leuten den Mund nach Amerika wässerig machten. Aber wir wollen über das Treiben dieser Menschenklasse und die Einzelheiten des Menschenverkaufs hier einen andern Gewährsmann reden lassen, und zwar keinen geringeren, als den Ehrw. Heinrich Melchior Mühlenberg, den Patriarchen der lutherischen Kirche in Pennsylvanien. Dieser hat ein recht anschauliches aus eigener Erinnerung gezeichnetes Bild von dem „Deutschen-Handel," wie Schlözer diese Einrichtung hieß, entworfen. In einer Note zu den Hallischen Nachrichten, p. 997, läßt er sich folgender Maßen darüber vernehmen:

„Diese Neuländer machen sich zuvörderst mit einem und anderen Kaufherren in den Niederlanden bekannt, von welchen sie nebst der freyen Fracht noch ein gewisses Douceur bekommen für eine jede Familie oder auch jede ledige Person, die sie in Teutschland anwerben und nach Holland zu den Kaufherren bringen. Damit sie nun ihren Zweck, recht Viele anzuwerben, desto besser erreichen mögen, gebrauchen sie alle möglichen Kunstgriffe. Sie pflegen, so lange es die Aufführung der Comödie erfordert, in Kleidern großen Staat zu machen, die Taschen-Uhren fleißig zu besehen und in allen Stücken sich als reiche Leute aufzuführen, um die Leute dadurch desto begieriger zu machen, in ein so glückliches und reiches Land zu ziehen. Sie machen solche Vorstellungen und Beschreibungen von Amerika, daß man glauben sollte, es seien darinnen lauter Elisäische Felder, die sich selber ohne Mühe und Arbeit besaameten und als wenn die Berge voll gediegen Gold und Silber wären, und die Brunnen nichts als Milch und Honig quöllen und dgl. m. Wer mitgehet als Knecht, der wird ein Herr; als Magd, die wird eine gnädige Frau; als Bauer, der wird ein Edelmann; als Bürger und Handwerksmann, der wird Baron. Die Obrigkeit wird von dem Volke gewählet und nach Belieben wieder abgesetzt. Da nun ein jeder Mensch von Natur einen sinnlichen Trieb bey sich hat, seinen Zustand zu verbessern, wer wollte dann nicht gerne mit in eine solche neue Welt reisen, zumal da in der alten Welt die Menschen überflüssig, und insonderheit die Armen sehr unwerth, und die Abgaben und Frohndienste unerträglich seyn sollen. Die Familien brechen auf, machen ihre geringen Habseligkeiten zu Gelde, bezahlen ihre Schulden, und was etwa übrig ist, geben sie den Neuländern aufzuheben und begeben sich endlich auf die Reise. Die Rheinfahrt kommt schon auf ihre Rechnung.

„Von Holland können sie nicht allemal gleich abfahren und nehmen oft etwas Geld von den Kaufherren zum Vorschuß auf ihre Rechnung. Die theure Seefracht von Holland nach Amerika komt darzu, wie auch eine Kopfsteuer. Ehe sie von Holland abfahren, müssen sie einen Accord oder Obligation in Englischer Sprache unterschreiben und die Herren Neuländer bereden die Leute, daß sie als unpartheyische Freunde bei dem Accord dahin sähen, daß ihren Landsleuten nicht Unrecht geschehen möge. Je mehr Frachten an Perſonen der Kaufherr und Capitain in ein Schiff bringen können, deſto vortheilhafter iſt es, wenn ſie nicht unterwegs ſterben; ſonſt thut es wol Schaden. Dahero werden die Schiffe reinlich gehalten und allerley Mittel gebraucht, um die Menſchen beim Leben zu erhalten und geſunde Waare zum Markte zu bringen. In ein und andern Jahrgängen waren ſie wol nicht ſo vorſichtig, ſondern ließen ſterben, was nicht leben konte. Wenn etwa Eltern auf den Schiffen ſtarben und Kinder hinterließen, ſo pflegten die Herren Capitains und verſtändigſten Neuländer als Vormünder und Waiſen=Väter zu agiren; die Kiſten und Hinterlaſſenſchaft in ſichere Ver= wahrung zu nehmen, und wenn die Waiſen an's Land kamen, wurden ſie für ihre eigene und ihrer verſtorbenen Eltern Fracht verkauft, und die gar zu kleinen verſchenkt, und ihrer Eltern Nachlaſſenſchaft ging gerade auf für die vielerlei gehabte Mühe der Vormünder.

„Solche himmelſchreyende Betrügerei bewog verſchiedene wohlmeinende teutſche Einwohner in Penſylvanien, beſonders in und um Philadelphia, daß ſie eine Geſellſchaft aufrichteten, um ſo viel als möglich bey der Ankunft der armen Emigranten Aufſicht zu halten, daß Recht und Billigkeit gehand= habt werden möchte.*)

„Sobald die Schiffe in Holland befrachtet ſind, ſo geht die beſchwerliche und gefährliche Seereiſe an. Die harten Zufälle auf der Seereiſe in Krank= heiten, Stürmen und dergleichen werden etwas erleichtert durch die ſüſſe Hoffnung, daß man bald die neue Welt und in derſelben das Paradies er= reichen werde.

„Nach langem Warten kommt endlich ein Schiff nach dem andern im Phi= ladelphiſchen Hafen an, wenn der rauhe und bittere Winter vor der Thür iſt. Ein und andere hieſige Kaufherren empfangen die Liſte von den Frach= ten und den Record, welchen die Emigranten in Holland eigenhändig unter= ſchrieben, benebſt den übrigen Rechnungen von der Rheinfracht und dem Vorſchuß der Neuländer für Erfriſchungen, welche ſie auf dem Schiffe von ihnen auf Rechnung empfangen. In vorigen Zeiten war die Fracht für eine einzelne erwachſene Perſon ſechs bis zehn Louisd'or, nun aber beträgt die= ſelbe vierzehn bis ſiebenzehn Louisd'or. Ehe die Schiffe vor der Stadt Anker werfen dürfen, müſſen ſie erſt nach hieſigem Geſetz von einem Doktore Medicinä viſitiret werden, ob keine anſteckenden Seuchen darauf graſſiren. Nächſtdem werden die Neuankommer in Proceſſion zum Landes=Raths=Hauſe geführt und müſſen allda dem König von Großbritanien huldigen und dann werden ſie wieder zurück auf's Schiff geführet. Darauf wird in den Zei= tungen kund gethan, daß ſo und ſo viele teutſche Leute für ihre Fracht zu verkaufen ſind. Wer aber ſo viel Vermögen hat, daß er ſeine Fracht ſelber

---

*) Die deutſche Geſellſchaft von Pennſylvanien.

bezahlen kann, der wird freigelassen. Wer vermögende Freunde hat, der suchet bei ihnen Vorschub um die Fracht zu bezahlen, deren giebt es aber wenige.

„Das Schiff ist der Markt. Die Käufer suchen sich welche aus, accordiren mit ihnen auf Jahre und Tage, führen sie zum Kaufherrn, bezahlen die Fracht und übrigen Schulden und lassen sie sich, vor der Obrigkeit durch ein schriftlich Instrument, auf die bestimmte Zeit als ihr Eigenthum verbinden.

„Die jungen ledigen Leute beyderley Geschlechts gehen am ersten ab und kriegen es entweder gut oder böse, besser oder schlimmer, je nachdem die Käufer beschaffen sind, und die Vorsehung oder Zulassung Gottes es bestimmet. Man hat oft angemerket, daß diejenigen Kinder, welche ihren Eltern ungehorsam gewesen und aus Eigensinn ohne ihrer Eltern Willen weggegangen, hier solche Herren gefunden, bey denen sie ihren Lohn bekommen haben. Alte verehelichte Leute, Wittwen und Gebrechliche will Niemand kaufen, weil der Armen und Unbrauchbaren schon zum Ueberfluß da sind, die dem gemeinen Wesen zur Last werden. Wenn sie aber gesunde Kinder haben, so wird der Alten ihre Fracht zu der ihrer Kinder geschlagen und die Kinder mußten desto länger dienen, werden desto theurer verkauft und weit und breit von einander, unter allerley Nationen, Sprachen und Zungen zerstreuet, so daß sie selten ihre alten Eltern, oder auch die Geschwister sich einander im Leben wieder zu sehen bekommen, auch ihre Muttersprache vergessen. Die Alten kommen solchergestalt frey vom Schiffe, sind arm, nackend und trostlos, sehen aus als ob sie aus den Gräbern kämen, gehen in der Stadt bey teutschen Einwohnern betteln, denn die Englischen schließen meistentheils die Thüren vor ihnen zu, weil sie befürchten angesteckt zu werden. Bei so gestalten Sachen möchte einem das Herz bluten, wenn man siehet und höret, wie die arme Menschenkinder, die aus dem Sitz christlicher Länder in die neue Welt kommen, zum Theil winseln, schreien, lamentiren und die Hände über dem Kopf zusammen schlagen über den Jammer und Zerstreuung, den sie sich nicht vorgestellet; und wie hingegen Andere alle Elemente und Sakramente, ja gar alle Gewitter und schrecklichen Einwohner der Höllen beschwören und anrufen, daß sie die Neuländer, Holländische Kaufherren, die sie verführet, in unzählige Theilchen zerknirschen und martern möchten. Die weit davon sind, hören nichts davon, und die eigentlich sogenannten Neuländer lachen nur darüber und geben keinen andern Trost, als die Pharisäer dem Juda Ischarioth ertheilten, Math. 27, 5: „Was gehet uns das an? Da siehe Du zu.“ Die Kinder selber, wenn sie hart gehalten und gewahr werden, daß sie ihrer Eltern willen desto länger in Dienstbarkeit bleiben müssen, bekommen einen Haß und Bitterkeit gegen sie.

„Die obgedachte annoch neue teutsche Gesellschaft oder ihre Vorsteher haben den größten Anlauf. Die Glieder derselben legen alle Vierteljahr ihre

Gaben und Scherflein zusammen, und bekommen auch ein und andere Beyhülfe von liebthätigen Christen aus dem Lande, welches aber nicht viel beträgt. Sie kaufen Brodt und andere erfrischende Nahrungsmittel und vertheilen solche unter die Nothleidenden; aber was ist das unter so viele?
Sie lassen die sehr Kranken in Häuser bringen, mit Arzeney und Pflege
versorgen, sprechen auch bei der Obrigkeit ein gut Wort, wenn etwa einem
oder andern Unrecht oder zu viel geschehen sollte. Damit ist aber der ganzen Noth noch nicht abgeholfen. Die leichtgläubig betrogenen Emigranten
bilden sich wohl gar ein, daß die teutsche Gesellschaft der Neuländer ihre
Beschreibung möglich machen und das neue rauhe Land in Elisäische Felder
verwandeln sollten; das ist aber unmöglich und die Gesellschaft schicket auch
keine Neuländer auf die Werbung aus. Dem ohngeachtet prätendiren die
Neuangekommenen, daß die Gesellschaft doch wenigstens alle Arme, Alte,
Unbrauchbare, Kranke, Schwangere, Lahme und Säuglinge loslaufen, ver-
pflegen, ernähren, kleiden und nach dem Tode begraben müsse. Auch das
ist unmöglich, denn es würde einen Fundum von viel tausend Pfunden erfordern, da die Einlagen der Gesellschafts-Glieder nicht so viele Kreuzer
betragen und ein jeder mit sich selber zu thun hat, wenn er sich und die
Seinigen ehrlich durchbringen will.

„Dann ergehet der Anlauf auf die armen Prediger, weil die Leute, welche
aus wohlbestellten protestantischen Ländern kommen, sich erinnern, daß die
Herren Pfarrer ihre ordentliche Besoldungen und zum Theil den Zehnten
von allerley Früchten und Wein 2c. zum Salario haben, und meinen, die
Arbeiter in der neuen Welt müssen noch weit mehreren Vorrath und Ueberfluß besitzen. Daher bitten sie um leibliche Hülfe von den Predigern, oder
aus dem Gotteskasten. Aber, ach leider! woher sollen wir helfen, von der
Tennen oder Kelter? Weil Kirchen und Schulen von den Liebesgaben und
Scherflein gottfürchtender Glieder aufgerichtet sind und noch kümmerlich
unterhalten werden müssen 2c.“

So weit der Ehrw. Pastor Mühlenberg. Die Anzeigen in den Zeitungen, wovon er spricht, klingen unseren Ohren seltsam genug. Man fragt
sich verwundert, ist es möglich, daß die Deutschen so verhandelt und wie
Verkaufswaare angepriesen wurden?

Damit der Leser selbst urtheilen und sich nach authentischen Belegen ein
Bild von dem Zustande der Einwanderung machen könne, geben wir hier
eine kleine Musterkarte dieser Anzeigen, die verschiedenen Jahrgängen des
Staatsboten und der Philadelphia Correspondenz entnommen sind.*)

---

*) Im Besitz der Philadelphia Library und der Historical Society.

Deutsche Ankömmlinge.

Philadelphia, ben 9. Nov. 1764.

Heute ist das Schiff Boston, Capitän Matthäus Carr, von Rotterdam hier angelangt mit etlichen Hundert Deutschen, unter welchen find allerhand Handwerker, Taglöhner und junge Leute, sowohl Manns= wie Weibsper= sonen, auch Knaben und Mädchen. Diejenigen, welche geneigt find, sich mit dergleichen zu versehen, werden ersucht, sich zu melden bei David Runble, in der Front=Straße.

Es fehlte auch nicht an händlerischer Anpreisung der Waare in einem Styl, der an die „frischen holländischen Heringe" erinnert; z. B.:

„Das Schiff Polly, Capitän Robert Porter, ist von Rotterdam angelangt mit 250 deutschen Leuten. Selbige find alle überaus frisch und gesund. Man melde sich u. s. w."

Der Philadelphische Staatsbote, 1765.

So wird einige Jahre später die Ankunft der Brittania mit „250 gesun= ben Reisenden" und der Union mit „250 gesunden deutschen Reisenden" gemeldet. Es mochte allerdings wohl der Versicherung bedürfen, daß diese Reisenden gesund, und daß sie frisch seien.

Die Anzeigen specificiren zuweilen die Gewerbe der zum Dienst verkäuf= lichen Einwanderer. So enthält der Staatsbote vom 9. Hornung 1768 die Ankündigung, daß sechzehn Familien und auch lebige Leute zu haben seien, meistens Bauern, dazu ein Schreiner, ein Schneider, ein Leineweber, ein Schuhmacher, ein Musikant und eine Nähterin.

Deutsche Leute.

Es find noch 50—60 deutsche Leute, welche neulich von Deutschland hier angekommen find, vorhanden, so bei der Wittwe Kreiberin im golbenen Schwan logiren. Darunter find zwei Schulmeister, Handwerksleute und Bauern, auch artige Kinder, sowohl Knaben als Mädchen. Sie möchten für ihre Fracht dienen.

Der Pennsylvanische Staatsbote, 18. Jan. 1774.

Unübertroffen in der genauen Aufzählung der Gewerbebeflissenheit der Ankömmlinge ist eine Anzeige aus dem folgenden Jahre:

Es find eben angelangt

in dem Schiffe London Paquet, Capitän John Cook: Ueber hundert wohl aussehende deutsche und englische Leute, Männer und Knaben, worunter die unten gemeldeten Handwerker find, und beren Fracht zu be= zahlen ist an Jeremiah Warder und Söhne: Bauern, Schröter, Netzmacher, Backsteinbrenner, Pfläſterer, Schneider, Schreiner, Seiler, Vergülder, Grob= schmiede, Geelgießer, Schreiber, Weber, Färber, Wollkämmer, Bäcker, Zim=

merleute, Strumpfweber, Haarfrisirer, Säger, Kunstschreiner, Kupferdrucker, Maler und Vergülder, Schnallenmacher, Schuhmacher, Bewerfer, Bildschnitzer, Metallputzer, Buchdrucker, Maurer, Müller, Bootbauer, Gerber, Küfer, Hutmacher, Tabackspinner, Hosenmacher, Gärtner, Schiffszimmerleute u. s. w."

Pennsylvanische Staatsbote, 3. Jan. 1775.

So reichhaltig dieser Frachtbrief menschlicher Waare ist, er erschöpft nicht sämmtliche zum Verkauf vorkommende Artikel, es sind darin keine Studenten angeboten. Denn, daß auch Bruder Studio in Pennsylvanien auf den Markt kommen, zu einem Verkaufsgegenstande werden konnte, wissen wir aus einer Mittheilung des Pastor Kunze an die Hallischen Nachrichten. Dieser erzählt dort (p. 1317) von einem „Gedanken, der ihm gekommen sei", mit folgenden Worten: „Sollte ich einmal in einen Vorrath von 20 Pfd. kommen, so wollte ich den ersten teutschen Studenten, der an unserer Küste anlanden und Fracht schuldig sein würde, kaufen, in meine oberste Stube setzen, eine kleine lateinische Schule anfangen, in den Morgenstunden selbst lehren und alsdann meinen Servant lehren lassen und durch ein geringes Schulgeld mich bezahlt machen." Und in der That kam der menschenfreundliche Pfarrer auf diesen damals nicht ungewöhnlichen Wege in den Besitz eines Gymnasiasten, des Herrn Lehman, den er zum Prediger heranbildete. (Hall. Nachrichten p. 1414.)

Diejenigen, welche durch Bezahlung der Fracht sich die Dienste des Einwanderers für eine Reihe von Jahren erkauft, durften ihre Ansprüche wieder an Andere veräußern. Die gekaufte Dienstzeit wurde ein Handelsartikel. Verkaufsanzeigen dieser Art sind in den Zeitungen sehr häufig; sie sind fast alle in derselben Weise formulirt. Hier folgen einige:

Dienstzeit-Verkaufung.

Es ist einer verbundenen Magd Dienstzeit zu verkaufen. Sie ist erst diesen Herbst in das Land gekommen, etwa 22 Jahre alt, ein stark, frisch und gesundes Mensch, das sich für die Stadt und das Land schickt, insonderheit aber schwere Arbeit gewohnt zu sein scheint. Nachzufragen u. s. w.

Staatsbote, 10. Dec. 1764.

Es ist zu verkaufen:

Einer deutschen verbundenen Magd Dienstzeit. Sie hat noch fünf Jahr und acht Monate zu stehen und wird keines Fehlers wegen verkauft, sondern nur, weil sie lieber auf dem Lande wohnen wollte.

Staatsbote, 6. April 1773.

Es ist zu verkaufen einer deutschen verbundenen Magd Dienstzeit.

Sie ist ein starkes, frisch und gesundes Mensch, nicht mehr als 25 Jahr alt, ist letzt verwichenen Herbst in's Land gekommen und wird keines Fehlers wegen verkauft, sondern nur weil sie sich nicht für den Dienst schickt, in welchem sie jetzt ist. Sie versteht alle Bauernarbeit, wäre auch vermuthlich gut für ein Wirthshaus. Sie hat noch fünf Jahr zu stehen.

Staatsbote, 4. August 1766.

Einer verbundenen Magd Dienstzeit zu verkaufen.

Sie hat noch fünf Jahre und vier Monate zu stehen; sie ist ein ehrlich und gottesfürchtig Mädchen, das ein besonderes Vergnügen an der Feldarbeit hat. Staatsbote, 7. Juli 1771.

Da es gebräuchlich war, Kinder für den vollen Preis der Ueberfahrt ihrer Eltern verantwortlich zu halten und sie auf eine längere Reihe von Jahren in Dienstbarkeit zu verkaufen, wenn die Alten keinen Preis brachten, so mußten jüngere Leute wohl sieben und mehr Jahre als redemptioners dienen. Wir finden dies oft genug in Anzeigen bestätigt.

Eines verbundenen deutschen Mädchens Dienstzeit ist zu verkaufen.

Sie hat noch neun Jahre zu stehen. Man kann bei dem Herausgeber dieser Zeitung erfahren, wo sie ist und sich sobann wegen der übrigen Umstände erkundigen. Staatsbote, 16. Aug. 1768.

Es ist zu verkaufen.

Die Dienstzeit eines verbundenen Weibsmenschen und ihres Kindes. Die Mutter ist zwischen 23 und 24 Jahre alt und das Kind, welches ein Knabe ist, etwa ein und ein halbes Jahr; die Mutter hat noch sechs Jahre zu stehen und das Kind bis auf sein mündiges Alter. Nachzufragen u. s. w.

Staatsbote, 28. Sept. 1773.

Wiewohl gewöhnlich vom Verlauf der Zeit die Rede ist, so sträubte man sich doch nicht immer gegen die richtigere Bezeichnung, daß es die Person sei, welche auf eine gewisse Zeit zur Ausbeutung ihrer Arbeitskräfte verkauft werde. Siehe einige der abgedruckten Anzeigen und die folgende im Staatsboten vom 25. März 1775:

Es ist zu verkaufen die Dienstzeit einer verbundenen Magd.

Sie ist groß und stark, einige Arbeit zu thun und kann sowohl die Stadt- als Landarbeit verrichten. Sie wird keines Fehlers wegen verkauft, nur darum, weil ihr Meister so viel von dem weiblichen Geschlecht beysammen hat. Sie hat noch vier und ein halb Jahr zu stehen. Wer sie hat, kann man bey dem Herausgeber dieser Zeitung erfahren.

Und eine englischen Anzeige:

To be Sold.

A Dutch apprentice lad, who has five years and three months to serve; he has been brought up to the taylor's business. Can work well. Staatsbote, 14. Dec. 1773.

Eine Abscheulichkeit, worüber lange und vergebens Klage geführt wurde, war das gewissenlose Verfahren der Rheder mit dem Gepäcke der Passagiere. Dies wurde nicht immer auf dasselbe Schiff verladen, worauf jene kamen, entweder weil jeder Fußbreit des Raumes zur Unterbringung der Auswanderer dienen mußte, oder weil es auf Schmuggelei mit Waaren, die für Passagiergut passirten, abgesehen war.

Christoph Saur stellte diesen Mißbrauch in einem, an Gouverneur Morris am 12. Mai 1755 geschriebenen Briefe, bloß. Er sagt darin:

„Die englische Krone fand es zu ihrem Vortheil, die amerikanischen Colonien zu bevölkern und zu diesem Ende auch der Einwanderung und dem Transport deutscher Protestanten Vorschub zu leisten. Es wurden aus diesem Grunde die Zollbeamten in den englischen Häfen angewiesen, es mit den Sachen der deutschen Passagiere nicht zu strenge zu nehmen, da die größere Volkszahl der Colonien der Regierung von wesentlicherem Nutzen sein würde, als die Eintreibung der geringfügigen Abgaben.

Die Kaufleute und Importeure merkten dies und füllten die Schiffe mit Passagieren und Kaufmannsgütern, während das Gepäck der Emigranten zurückgelassen und in besonderen Schiffen nachgeschickt wurde. Die armen Leute rechneten natürlich darauf, ihre Habe bei sich zu haben, denn sie nahmen sich Lebensmittel mit: getrocknete Aepfel, Birnen, Pflaumen, Butter, Senf, geräucherten Schinken, Essig, auch Liqueur und Medicin; dazu Kleidungsstücke, Leibwäsche, Geld u. s. w. Blieben ihre Koffer zurück, oder wurden sie in anderen Schiffen nachgeschickt, so geriethen sie in große Noth wegen des Lebensbedarfs, sie selbst und ihre Familien litten Hunger, starben, oder wenn sie lebend anlangten, hatten sie kein Geld, Brod zu kaufen, ihre Kleider zu ersetzen und durch Wechsel der Wäsche der Unreinigkeit und Plage durch's Ungeziefer ein Ende zu machen. Kamen ihre Kisten am Ende an, so waren sie in den meisten Fällen geöffnet und des besten Inhalts beraubt; langten sie vor ihnen an, so wurden sie von unbefugten Personen durchmustert und gleichfalls geplündert. — — — Würde es mir geheißen, eine Aufforderung zu drucken, daß alle Leute, die in der vorher erwähnten Weise ihr Gepäck entweder ganz eingebüßt, oder durch Oeffnung der Kisten theilweise verloren haben, sich melden sollten, um Ersatz, sei es auch nur zur Hälfte, zu erhalten, Sie würden, verehrter Herr Gouverneur, sich über den Schwarm von 2—3000 Menschen höchlichst wundern."

In einem anderen Theile dieses Schreibens an den Gouverneur bemerkt Chr. Saur:

„Aber Geldgier verleitete Steadman, die armen Passagiere wie Heringe zusammen zu packen und da nicht alle unter Deck Platz fanden, lagerte er viele auf dem Deck. Mangel an Raum und Wasser, so wie die Sonnenhitze bei dem südlichen Curse verursachten Krankheit und Tod. So viele starben, daß allein in einem Jahre nicht weniger als zweitausend Leichname in die See versenkt wurden.*)

„Steadman hatte sich in Holland das Privileg erkauft, daß kein Capitän oder Rheder Passagiere annehmen durfte, so lange er nicht selbst zweitausend Kopf geladen hatte. Dieser mörderische Handel that meinem Herzen weh, besonders da ich erfuhr, daß Todesfälle den Profit vergrößerten."

Wie es mit den Habseligkeiten der verstorbenen Passagiere erging, ist leicht zu errathen. Noch zwanzig Jahre später hatte Ludwig Weiß, damals An= walt der Deutschen Gesellschaft, Veranlassung, an den Gouverneur John Penn eine ernste Vorstellung über die diebischen Praktiken der Schiffsmann= schaft zu richten. Nach einigen einleitenden Worten schildert er die Lage der Dinge folgender Gestalt:

„Passagiere, welche Hab und Gut von einigem Werthe auf dem Schiffe, womit sie reisen, mitnehmen, lassen sich fast nie einen Frachtbrief darüber ausstellen, indem die Kaufleute, Capitäne, oder deren Subalterne ihnen weiß machen, daß solches von keinem Nutzen sei und ihnen bei ihrer Ankunft nur Schererei verursachte. Wenn sie ihr Gut dem Frachtverwalter in Ver= wahrung geben, so bekommen sie dann und wann ein kleines Memorandum, daß der Kaufmann die betreffenden Kisten, Fässer, Ballen u. s. w. hat und mit dem nächsten Schiffe frachtfrei nachschicken wird. Der Passagier steckt das Papier in sein Taschenbuch, wo er auch ein Verzeichniß seiner Sachen hat; sein Geld verwahrt er in einem zugenähten Lappen, oder in einem Gürtel, den er um den Leib trägt. Aber auf der Reise wird er oder seine Frau oder seine Kinder oder die ganze Familie krank. Dann geht die Plün= derung der Kranken oder Todten los. Wenn die Aeltern besser werden, oder die Kinder sie überleben, so sind die Sachen fort, so wie die Beweise, daß sie etwas besaßen. Die Capitäne berichten an die Behörden nicht, mit wie viel Passagieren sie den fremden Hafen verlassen haben und wie viele unterwegs gestorben sind; auch legen sie kein Manifest über die den Passa= gieren zugehörigen Güter vor. Dagegen kommt kaum ein Schiff an, ohne daß Lamentieren und Klagen über Diebstahl und Plünderung des Eigen= thums der Kranken und Todten gehört wird."†)

Für die Arbeitgeber war der Ankauf von Deutschen oder Irländern (denn auch diese bequemten sich dem Redemptions=System an) die billigste Art und Weise, sich mit Arbeitskräften zu versehen.

---

*) Auf dem Schiffe, womit H. Keppele, der erste Präsident der Deutschen Gesell= schaft, 1738 kam, starben 250 Personen. Ganz ähnlich wie C. Saur sagt Pastor P. Brunnholz: Man packt sie ins Schiff hinein als wenns Häring wären und wenn sie herkommen, sind so viele Kranke und Sterbende darunter, daß es ein Elend ist anzusehen. (Hall. Nachricht, p. 392.)

†) Pennsylvania Archives IV. 472, 3.

„Dergleichen Dienstboten," sagt Kalm,*) nimmt man vor den übrigen, weil sie nicht so theuer sind. Denn um einen schwarzen Sklaven oder sogenannten Neger zu kaufen, wird zu viel Geld auf einmal erfordert. Und Knechte und Mägde, denen man einen jährlichen Lohn geben muß, kosten auch zu viel. Hingegen sind diese Ankömmlinge für das halbe Geld und einen noch geringeren Preis zu haben. Denn wenn man für die Person vierzehn Pfund in Pennsylvanischer Münze bezahlt, so muß sie gemeiniglich vier Jahre dienen. Und darnach ist das übrige Verhältniß zu berechnen. Es beträgt also der Lohn nicht viel mehr als drei solcher Pfunde im Jahre."

Ob es die Käuflinge in ihrem Dienstverhältniß gut oder schlecht hatten, hing ganz von den jedesmaligen Dienstherren und besonderen Umständen ab, gerade wie bei der Negersklaverei. Wir dürfen im Allgemeinen wohl annehmen, daß die „verservten" Knechte und Mägde, Lehrlinge und Arbeiter human behandelt wurden, und die Jahre ihrer Dienstbarkeit keine des Trübsals waren. Aber Härte, Grausamkeit und Uebervortheilung kamen doch vor. Sobald die Deutsche Gesellschaft gegründet war, wurden Klagen über ungerechte und unmenschliche Dienstherren vor sie gebracht. Das Entweichen verbundener Knechte war etwas sehr Gewöhnliches. Die Zeitungen jener Zeit bringen häufige Anzeigen mit steckbrieflicher Beschreibung, worin für die Festnahme der Flüchtlinge eine Belohnung von fünf Schillingen bis fünf Pfund versprochen wird. Bedürfte es eines Beweises, daß die zeitweilige Knechtschaft nicht gerade Zuckerbrod für die Betheiligten war, so möchte folgender Vorfall dazu dienen, der sich in den Hall. Nachrichten p. 1453 verzeichnet findet:

„Heute früh wurde ein todter Körper bei der Stadt im Wasser gefunden. Es wird vermuthet, der elende Mensch habe sich selbst seine Tage abgekürzt. Er ist mit dem letzten Schiffe von London oder Amsterdam vor einigen Tagen angekommen und hat nicht so viel gehabt, daß er seine Fracht hätte bezahlen können; mochte aber zu stolz sein, sich auf eine Zeit zum Dienst verkaufen zu lassen, oder wie man's hier nennt, zu verserven, und dies wird vermuthet, sei die Ursache seines Selbstmordes gewesen."

Fast unglaublich und jedenfalls nicht hinlänglich verbürgt ist eine Nachricht, die der englische Reisende Isaac Wald (Reisen durch die Ver. Staaten von Nord-Amerika in den Jahren 1795, 1796 und 1797. Aus dem Englischen übersetzt. Berlin 1800. Bd. 1., p. 112) mittheilt. Er sagt: „Mehrere empörende Beispiele von Grausamkeit kamen bei diesem Handel vor, den man gewöhnlich den „weißen Sklavenhandel" nennt. Ich führe nur eines dieser Beispiele an. Im Jahre 1793, als das gelbe Fieber

---

*) Peter Kalm, Beschreibung der Reise nach dem nördlichen Amerika. Deutsche Uebersetzung. Bd. 2, p. 534.

in Philabelphia so sehr wüthete, daß nur wenige Schiffe der Stadt näher
als bis Fort Mifflin, vier Meilen unterhalb der Stadt, fahren mochten,
kam ein solcher Handelscapitän im Flusse an. Er hörte, die Krankheit habe
so um sich gegriffen und sei so ansteckend, daß man für keinen Preis Wärter
für die Kranken bekommen könne; sogleich kam ihm der menschenfreundliche
Gedanke ein: es könne vielleicht diesem Mangel durch die Passagiere seines
Schiffes abgeholfen werden. Er segelte keck an die Stadt und bot seine
Ladung öffentlich zum Verkaufe aus. „Einige gesunde Bedienten,“ hieß
es, „beinahe alle zwischen siebenzehn und achtzehn Jahren, sind eben in der
Brig — angekommen; das Nähere kann man an Bord erfahren.“ — Man
kann leicht denken, daß er seine Ladung bald los wurde. Diese Anekdote
ist mir von einem Manne mitgetheilt, welcher die Ankündigung im Originale
besitzt.“

Obwohl das System der freiwilligen Knechtschaft zur Abtragung der
Ueberfahrtskosten in Pennsylvanien den günstigsten Boden und die größte
Verbreitung fand, war es in andern Staaten doch nicht unerhört; auch blieben die hier abgeschlossenen Contracte anderswo gültig. Aber die Passagiere
durften nur mit ihrer Einwilligung nach andern Staaten verkauft werden.

Es muß daher eine gröbliche Verletzung der Gesetze statt gefunden haben,
wenn wirklich vorgekommen ist, was Fürstenwärther (der Deutsche in Nord-
Amerika p. 53) erzählt, daß „gemeinsüchtige Spekulanten aus fernen, vorzüglich südlichen Staaten hier (in Philadelphia) ganze Haufen von Angekommenen kauften, mit sich hinwegführten, sie unterwegs sehr mißhandelten
und dort wie Sklaven an den Meistbietenden öffentlich verkauften.“ Und
dies soll sich in dem Jahre vor der Ankunft des Freih. v. Fürstenwärther,
also 1816 ereignet haben.

Derselbe Berichterstatter theilt aus Baltimore mit (p. 56), daß gleichfalls
im Jahre 1816 freie Neger sich eine ganze deutsche Familie von einem Am-
sterdamer Schiffe kauften, daß die deutschen Bewohner von Baltimore, darüber empört, Geld zusammenschossen, um sie wieder loszukaufen, und daß
dieser Vorfall zur Bildung einer deutschen Gesellschaft Anlaß gab.

Wir schließen diesen Abschnitt über die deutsche Einwanderung in der
ersten Hälfte des letzten Jahrhunderts mit einem letzten zeitgenössischen
Zeugniß, einem Artikel aus Chr. Saur's Zeitung (Nachrichten aus dem
Natur- und Kirchenreiche) vom 1. Februar 1750, worin die wahrhaft grauen-
erregenden Zustände in einfacher, aber um so eindringlicherer Weise geschildert werden.

„Schon so viele Jahre ist mit Leidwesen angesehen worden, daß viele
Teutsche Neukommer gar schlechte Seereisen gehabt, daß manche haben sterben müssen, und absonderlich dieses Jahr sind über zwei Tausend gestorben,
meistens weil sie nicht menschlich tractirt worden, hauptsächlich weil sie zu

dichte gepackt worden, daß ein Kranker des andern Othem hat holen müssen
und von dem Gestanke, Unreinigkeit und Mangel an Lebensmitteln Schar=
bock, Gelbfieber, Ruhr und dergleichen ansteckende Krankheiten entstanden.
Zuweilen war das Schiff so sehr mit Waar beladen, daß zu wenig Platz
vor Brod und Wasser war, viele dorfften nicht kochen was sie selbst bey sich
hatten. Der Wein ward von den Seglern heimlich gesoffen. Einige Le=
bensmittel und Kleider wurden in andere Schiffe gepackt und kamen lange
hernach, daß viele Leute mußten betteln und sich verserben*), weil sie das
ihrige nicht bey sich hatten. Viele mußten bezahlen vor die, die Hungers
und Durst gestorben sind. War ein Kind in Holland dreizehn Jahr und
neun Monat alt nach dem Taufschein und hat also nur vor halbe Fracht
bezahlt, oder war's schuldig, bekam auch nur halben Platz, halb Wasser und
halb Brod u. s. w. und kam in drei Monaten nach Philadelphia, so war er
vierzehn Jahr alt und mußte vor ganze Fracht bezahlen per force. Auch
mußten viele für die Todten noch Kopfgeld geben, Leuten, die bezahlt hatten,
wurden ihre Kisten verkauft, gestohlen oder ausgeleert.“

*) D. h. sich in Knechtschaft verbingen, serfs werden.

Die Stiftung und „erste Frucht" der Deutschen Gesellschaft.

Wie schrecklich das Elend war, das den deutschen Emigranten auf seiner Reise nach Amerika erwartete, wie hülflos er bei seiner Ankunft an den „gastlichen" Ufern der neuen Welt dastand, ist im vorigen Abschnitt nach den Aussagen von Zeitgenossen geschildert worden.

Wie kam es, darf man fragen, daß so himmelschreiende Mißstände nicht gehörig untersucht, daß die Schuldigen nicht zur Rechenschaft gezogen wurden? Die Antwort giebt Christoph Saur, der unermüdliche Freund des Einwanderers, indem er bedeutungsvoll sagt: Er war keine Maus, die der Katze wollte die Schellen anhängen. Die Leute, welche von der Ausbeutung der armen Passagiere ihren Nutzen zogen, hatten beim Gouverneur mehr Einfluß als entrüstete Menschenfreunde. Die Legislatur erließ im Jahre 1750 (17. Jan.) ein Gesetz, das den Einwanderern hinreichenden Raum und Schutz ihres Eigenthums während der Ueberfahrt sichern sollte, aber, wie Christ. Saur in einem Briefe an Gouverneur Morris versichert, es blieb unbeachtet. Ein alter, armer Schiffscapitän, Namens Spofford, war zum Inspector der Passagierschiffe ernannt. Sein geringes Salär setzte ihn der Versuchung aus, für ein gereichtes Douceur ein Auge zuzudrücken; er verschwieg, sagt Saur, „daß Leute zuweilen nicht mehr als zwölf Zoll und nicht halb genug Brod und Wasser hatten. Nach dessen Tode stellte die Assembly einen Herren Trotter an, der die Schiffe gleichfalls durchschlüpfen ließ, wiewohl manche Passagiere gar keinen Raum hatten, außer im langen Boote, was so gut wie ein Todesurtheil war."

So blieb es denn trotz des Gesetzes von 1750 und bitterer Beschwerden, bei'm Alten. Es war eine Schmach für Pennsylvanien und eine empfindliche Mißachtung des deutschen Volksstammes, der dem Lande so viele nützliche und ehrenwerthe Bewohner geliefert hatte. Da wiederholte sich im Herbst von 1764 das jammervolle Schauspiel, das Emigrantenschiffe nur zu häufig boten, in besonders eclatanter Weise. Mehrere derselben langten in Philadelphia mit Kranken und Sterbenden an; die Zahl der unterwegs

Geſtorbenen wird nicht berichtet. Folgende Mittheilung, die der „Staats=
bote" am 19. November brachte, lenkte die öffentliche Aufmerkſamkeit in
etwas ungefügigen aber tiefe Erregung bezeugenden Worten auf dies friſche
Beiſpiel des unmenſchlichen und mörderiſchen Transportes deutſcher Paſ=
ſagiere.

An den Verleger des Philadelphia Staatsboten.

Geehrter Herr:

Nachdem der Herr Doctor Sarninghauſen, welcher in der kurzen Zeit ſeines
Hierſeins ſchon ſo viele Proben ſeiner ausnehmenden Wiſſenſchaft, Geſchick=
lichkeit, Fleißes und Treue abgelegt hat, mir eine lebhafte Beſchreibung des
elenden Zuſtandes, worin ſeine Patienten von einigen der letztangekommenen
Schiffe ſich befanden, gegeben, ſo ließ ich mich bewegen, heute in ſein Laza=
reth zu gehen. Aber hier überzeugten mich alle meine Sinne, daß das Elend
dieſer armen Menſchen mit Worten nicht zu beſchreiben ſey. Hier war ein
rechtes Tophet, ein Land lebendiger Todten, ein Gewölbe voll lebendiger
Leichen, von welchen nichts als ihr Gewinſel und die thränenden Augen zu
erkennen gaben, daß die Seelen noch in ihren verweſenden Leibern ſeyen.
Der Geſtank und die Rührung der Sinnen, ſowohl meines Leibes als Ge=
müths, ja die Regungen der ganzen Menſchlichkeit erlaubten mir nicht, mei=
nen Vorſatz, zu ihnen zu reden, oder mit ihnen zu beten, auszuführen, zu
geſchweigen, daß weder Platz noch Gelegenheit da war. Ich mußte mich
nur, ſo geſchwinde ich konnte, zu meinem Kämmerlein verfügen, um mein
Herz vor dem mitleidigen Hohenprieſter auszuſchütten; und darauf mich an
Sie wenden, um denen Philadelphiſchen Chriſten die Noth ihrer Brüder
bekannt und ihre Bruderliebe und Mitleiden rege zu machen, woran ich um
ſo weniger zweifele, weil das höchſt ruhmwürdige Exempel der Großbritta=
niſchen Freygebigkeit und Großmuth in ähnlichen Umſtänden noch in friſchem
Andenken iſt. Der Gott, welcher die Fremblinge lieb hat, daß er ihnen
Speiſe und Kleidung gibt, und ſo oft befohlen, die Fremblinge zu lieben, ja
das ewige Leben verheiſſen denen, die Ihn in den Hungrigen ſpeiſen, in den
Nackenden kleiden und in den Kranken beſuchen, wolle die Herzen Derer, die
das Vermögen dazu haben, bewegen, bey dieſer Gelegenheit zu zeigen, daß
ſie der zeitlichen und ewigen Güter nicht unwürdig ſind. Ich verharre

Meines geehrten Herren

Ergebenſter Diener, J. C. H.

Dazu macht der Herausgeber folgende Bemerkung:

„Diejenigen Deutſchen, welche ihre Mildthätigkeit gegen dieſe ihre noth=
leidenden Mitchriſten bezeigen wollen, können die Gaben bei Rudolph Bon=
ner oder Daniel Etter, beyde Gaſtgeber in der Zweiten Straße, einliefern.

„Ehe Obiges noch geſetzt war, wurde dem Verleger angezeigt, daß durch mündliche Vorstellung des Elendes dieser Leute Fünf Pfund und Elf Shillinge zu ihrem Behuf eingekommen; worauf sogleich zwei Wärterinnen angenommen und die nöthigen Teppiche und Erfrischungen angeschafft worden."

Es traten auf diese Weise eine Anzahl deutscher Männer, anfangs ohne alle gesellschaftliche Einigung, eben nur zur Steuer der augenblicklichen Noth ihrer Landsleute, zusammen.

Da nun voraussichtlich der Anlaß zu ähnlichem Einschreiten öfters wiederkehren mußte, so entschlossen sie sich, durch die Stiftung einer Deutschen Gesellschaft ihre wohlthätige Wirksamkeit zu einer bleibenden und planmäßigen zu machen. Am zweiten Christtage 1764, Nachmittags um 4 Uhr, trafen sie auf Verabredung im lutherischen Schulhause in der Cherrystraße, unterhalb der Vierten Straße, zusammen. Nach dem Wortlaut einer öffentlich erlassenen Anzeige und des ersten Protokolls, betrachteten sie sich als „Mitglieder der Deutschen Gesellschaft," die also schon kurze Zeit vor dem 24. Dezember formlos existirte. Ludwig Weiß, ein deutscher Rechtsgelehrter, hielt eine Ansprache; dann wurden die „Articul der Gesellschaft aus dem Secretariatbuch" verlesen und von den Anwesenden unterzeichnet. Ludwig Weiß, Blasius Daniel Mackinet und Heinrich Keppele sind die ersten Namen auf der noch vorhandenen Liste. Die Gesellschaft zählte bei ihrer Gründung 65 Mitglieder und man schritt nun sogleich zur Beamtenwahl.

Das Ergebniß war wie folgt:

> Präsident: Heinrich Keppele.
> Vicepräsident: Peter Miller.
> Sekretäre: Blasius Daniel Mackinet.
>   Johann Wilhelm Hoffmann.
> Schatzmeister: Jacob Winey.
> Anwalt: Ludwig Weiß.
> Aufseher: David Schäfer.
>   Christian Schneider.
>   Jacob Bertsch.
>   Philipp Ulrich.
>   Joseph Kaufmann.
>   Johann Odenheimer.

Die Regeln, welche die Gesellschaft in dieser constituirenden Versammlung zur Richtschnur ihres Handelns annahm, haben im Laufe der Zeit allerdings manche Abänderung erlitten, neue Verhältnisse schufen neue Aufgaben und diesen mußte wiederum das äußere Gerüst entsprechen, aber trotz aller Zusätze und Anpassungen, die von Zeit zu Zeit nöthig wurden, ist der Zuschnitt der Deutschen Gesellschaft im Wesentlichen derselbe geblieben wie er sich in den ältesten Regeln darstellt.

Die ältesten Regeln der Deutschen Gesellschaft.

Hier folgt nun dies ehrwürdige Document, dessen naive Ausdrucksweise und altväterliche Einfachheit uns in die längst vergangenen Zeiten unserer lieben Vorgänger zurückversetzen; wir folgen in der Orthographie dem von Christoph Saur 1766 gedruckten Texte.

IN NOMINE DOMINI NOSTRI JESU CHRISTI. AMEN.

Wir, Seiner königlichen Majestät von Groß=Brittanien Teutsche Unter= thanen in Pensylvanien, sind bey gelegenheit der Mittleidenswürdigen Um= stände vieler unserer Landsleute, die in den letzten Schiffen von Europa in dem Hafen von Philadelphia angekommen sind, bewogen worden, auf Mittel zu denken, um diesen Fremdblingen einige Erleichterung zu verschaffen und haben mit unserer Vorsprache und einem geringen Beytrage in Gelde man= chen Neukommern ihre Noth etwas erträglicher gemacht.

Dies hat uns auf den Schluß gebracht, so wie wir zusammengekommen sind, zusammen zu bleiben, eine Gesellschaft zur Hülffe und Beystand der armen Fremdblinge Teutscher Nation in Pensylvanien zu errichten und einige Re= guln fest zu setzen, wie dieselbe Gesellschaft von Zeit zu Zeit sich vermehren und ihre Gutthätigkeit weiter und weiter ausbreiten möge.

1.

Der Name dieser Gesellschafft soll seyn:

Die Teutsche Gesellschaft zu Philadelphia in der Provinz von Pennsylvanien.

2.

Die Mitglieder derselben Gesellschafft sollen viermahl des Jahrs in der Stadt Philadelphia zusammenkommen, nämlich, am zweiten Christtage, am Tage der Verkündigung Mariae, am Tage Johannis des Täuffers und am Tage des Ertzengels Michaels; wenn aber einiger dieser Tage auf einen Sonntag fallen solte, dann an dem nächst darauf folgenden Montag. Der Ort, wo diese Gesellschafft zusammen kommen soll, muß von Zeit zu Zeit wenigstens vierzehn Tage vorher in den teutschen Zeitungen auf Order des Presidenten oder Vicepresidenten durch den Secretarius der Gesellschafft bekannt gemacht werden; in diesen vierteljährigen Zusammenkünften mögen die gegenwärtige Mitglieder durch Mehrheit der Stimmen sothanige fernere Regeln und Ordnungen ihrer Gesellschafft machen, als Sie nöthig und er= sprießlich zu seyn urtheilen werden.

3.

In der Christtags=Versammlung sollen die Aemter und Bedienungen der Gesellschafft durch die mehreste Stimmen besetzt werden, nämlich ein Presi=

bent und ein Vicepresident, fünff*) Auffseher, ein Casier und zwey Secretarii oder Schreiber.†) Vorgemeldte Beamte sollen Einwohner der Stadt Philadelphia seyn und ein gantzes Jahr ihre respective Aemter behalten. Der Vicepresident und der zweite Secretarius sind nur beswegen anzustellen, damit die Stelle eines Presidenten oder Secretarii desto gewisser versehen werde, wenn einer dieser Beamten krank oder abwesend seyn möchte.

4.

Die gegenwärtigen Mitglieder einer jeden vierteljährigen Gesellschafft sollen Macht haben, durch Mehrheit der Stimmen einigen ehrlichen und unbescholtenen Mann, der in Pennsylvanien wohnet, von Teutschem Blut entsprossen ist, und aufgenommen zu werden begehrt, in dieser Gesellschafft aufzunehmen. Und wenn Einiger der obengemeldten Beamten innerhalb dem Jahr, worin er zu dienen erwählt ist, mit Tode abgehen oder aus der Stadt ziehen solte, so sollen die gegenwärtigen Mitglieder der vierteljährigen Versammlung durch die Mehrheit der Stimmen andere Beamten in die Stelle der verstorbenen oder abgegangenen erwählen, welche von der Zeit an bis zur nächsten Christtags=Versammlung ihre respective Aemter bedienen sollen.

5.

Wer solcher gestalt von einer der vierteljährigen Versammlungen zu einem Amt erwählt ist, und weigern wird solches Amt über sich zu nehmen, der soll eine Geldbuße von drey Pfund Pensylvanisch Geld in die Cassa der Gesellschafft bezahlen und die gegenwärtige Glieder der Gesellschaft sollen sogleich einen andern Beamten an seine Stelle erwählen.

6.

Jedermann, welcher ein Mitglied dieser Gesellschafft geworden ist, soll sich zu den vierteljährigen Versammlungen derselben persönlich einfinden, oder für jedesmalige Abwesenheit eine Geldbuße von fünf Schilling und für seine Abwesenheit in der Christtags=Versammlung von zehn Schillingen zur Cassa der Gesellschafft bezahlen; es seye dann daß er seine Entschuldigung, ehe die Versammlung angeht, vor den Präsidenten bringt, welcher den gegenwärtigen Mitgliedern die Sache vorstellen und ihrer Entscheidung überlassen soll, ob das Strafgeld nachgelassen werden soll oder nicht.

---

*) Seit der Zeit ist wegen Anwachs der Geschäfte noch ein Aufseher hinzu gethan worden, so daß nunmehr Sechs derselben sind.

†) In der Ersten Versammlung derselben Gesellschafft am zweiten Christtag 1764 ist noch ein anderes Amt zu errichten nöthig gefunden, nämlich das Amt eines Solliciteurs.

7.

Die vierteljährige Versammlungen sollen in keinem wirthshause gehalten werden und in dem Versammlungssaal soll nichts getrunken werden, doch soll der President Sorge tragen*), daß in einem Nebenzimmer einige Erfrischung sein möge, wovon jederman, dems beliebt, ein wenig vor sein eigen geld haben könne.

8.

Alle und jede Personen, welche nunmehro Mitglieder dieser Gesellschafft sind oder ins künfftige seyn werden, sollen bey ihrer ersten Zulassung die Regeln der Gesellschafft unterschreiben und an den Cassier wenigstens zwantzig Schillinge Pensylvanisch Geld bezahlen.

9.

Jedes Mitglied dieser Gesellschafft soll alle Vierteljahr an den Cassier wenigstens†) fünff schillinge zahlen.

10.

Alle Gaben und Geschencke, welche ein oder anderm der Mitglieder dieser Gesellschafft zu Händen gestellet werden mögten (wen solche Gaben oder Geschencke in Geld bestehen), im gleichen alle Strafgelder sollen an den jedesmahligen Cassierer bezahlt werden, welcher sogleich nachdem er gewählt ist, eine rechtsförmliche Obligation von sich an den Presidenten, Vicepresidenten und die sechs Auffseher geben soll vor den doppelten Wehrt alles dessen, was zu seinen Händen komt, zur Versicherung, daß er der Gesellschaft und Ihren Beamten treue und wahrhaffte Rechenschaft geben will von allem, das er bereits empfangen und von allen Geschenken, vierteljährigen Zahlungen und Strafgeldern und andern Zugängen, die hiernächst zu seinen Händen kommen werden (Feuer und andre unvermeidliche Zufälle ausgenommen), alles übrige in die Hände dieser Beamten oder dem Cassier, der ihm in seinem Amt folgen wird oder an einige andere Person oder Personen welche die Gesellschafft in ihren vierteljährigen Versammlungen dazu ernennen wird, treulich ausliefern wolle. Im fall aber einige Kleidung oder Proviant für die Armen geschenkt werden sollte, selbiges soll an die sechs Auffseher, oder wohin selbige solches orderen werden, überliefert werden.

11.

Bis unsere Einkünfte sich vermehren und andere Regeln und Ordnungen desfals werden gemacht werden, soll niemand aus dieser Casse besorgt werden, als diejenige arme Teutsche Leute, welche in dem letzten Herbst von

---

*) Dis ist nicht mehr im Gebrauch.

†) Dis ist auf eine halbe Krohne heruntergesetzt.

Teutschland hier übergekommen sind, und diejenige welche hiernächst auf gleiche Weise überkommen werden; wenn einige dergleichen Leute einiger Beyhülfe äußerst benöthigt sind und sich deßfals bey einigem der Mitglieder melden, soll selbiger solche nothleidende Menschen zu einem oder andern der sechs Aufseher weisen, welche so oft zusammen kommen sollen als sie nöthig finden. Die Aufseher oder einiger von Ihnen sollen die Umstände eines solchen Fremdblings so genau untersuchen als möglich und miteinander überlegen, ob solchem Fremdbling Etwas gegeben werden soll und wie viel und ollen von den Umständen solches Fremblings dem Presidenten oder Vicepresidenten Nachricht geben, von dem Namen solches Fremblings, in welchem Schiffe er angekommen, von der Zahl seiner Familie, und worin seine Noth und Bedürffniß hauptsächlich bestehe, wovon der President an welchen solcher Bericht gemacht wird, ein kurtzes Memorial machen soll und darunter schreiben, wie viel solchem Menschen gegeben werden soll und eine Order schreiben an den Cassier für dieselbe Summa und wenigstens zwey von den Aufsehern sollen dieselbe mit unterschreiben und der Cassier soll dieselbe Order sogleich auf Vorweisung bezahlen.

12.

Der Cassier soll aus dem Gelde der Gesellschafft die nöthigen Rechnungsbücher anschaffen, worin er alles was an ihn bezahlt wird, gehörig eintragen soll mit dem Namen der Person, welche solches bezahlt hat und den Tag der Zahlung; imgleichen alle Ausgaben, die er auf Order des Presidenten und der Aufseher gemacht hat und ein Buch für den Secretarius, welcher diese Articul und alle anderen Regeln und Ordnungen, die hiernächst gemacht werden, darin eintragen soll mit den Namen der Mitglieder dieser Gesellschaft und der Zeit Ihrer Aufnahme und also die Wahl der Beamten der Gesellschafft und wann Einer von Ihnen oder von den andern Mitgliedern dieser Gesellschafft mit Tode abgehen solte; gleicherweise soll der Secretarius alle Memoriale des Presidenten und Vicepresidenten und derselben und der Aufseher Orders vor die Bezahlung der armen Leute wie auch alle Geschencke und Strafgefälle und sonst alles was in der Gesellschafft abgehandelt wird kurtz und deutlich anzeichnen. Auch soll der Cassier eine Kiste mit einem guten Schloß wohl verwahrt anschaffen, um die Rechnungsbücher der Gesellschafft und alles Geld nebst der Orders der Presidenten und Aufseher darin zu bewahren, welche Kiste Er in der Christtagsversammlung seinem Nachfolger mit aller Zubehör überliefern soll. Auch soll der Cassier dem Presidenten und Vicepresidenten so oft solches begehrt wird, wissen lassen, wie viel Geld er in Händen hat, damit sich die Presidenten mit Ihren Orders darnach richten können.

13.

Es soll ein großes Siegel der Gesellschaft gemacht werden mit einem ge=
theilten Schild. In dem einen Theil soll eine Pflugschaar seyn, und im
andern ein Schwerdt, über dem Schwerdt und Pflugschaar soll die Bibel
liegen mit der Ueberschrifft: Religione Industria et Fortitudine Germana
Proles florebit, das ist: Gottseligkeit, der Arbeitsfleiß und der tapfere Muth
werden die Kinder unserer Teutschen durchbringen. Unter demselben Siegel
sollen alle Mitglieder der Gesellschafft und alle diejenige, welche künftig
darin werden aufgenommen werden ein Certificat erhalten, welches von dem
Presidenten oder Vicepresidenten unterschrieben werden soll in solcher Form.

Hiermit wird beurkundet, daß.............................aus.............................
unter die Mitglieder der Teutschen Gesellschafft zu Philadelphia in der Pro=
vinz von Pensylvanien in einer Versammlung derselben Gesellschaft am
.... anno domini........... durch Mehrheit der Stimmen auf und
angenommen worden.

Gegeben unter unserer Hand und der Gesellschaft Insiegel

Presibent.
Secretarius.

14.

Die Aufseher mögen mit Erlaubnis des Presidenten oder Vicepresidenten,
wenn sie es so für gut finden, gelegentlich bey einigen oder anderen
fremden Herren und Freunden von Mildthätigkeit Ihre Aufwartung machen
und solchen Personen den Zweck dieser Gesellschaft wissen lassen und Ihren
Beytrag dazu ersuchen und was sie solcher Gestalt ausrichten werden,
sollen sie von Zeit zu Zeit der Vierteljährigen Versammlung der Mitglie=
der bekannt machen: jedoch sollen sie von Niemand etwas fordern der
nicht entweder Ein gebohrner Teutscher oder von gebohrnen Teutschen ab=
stammend ist.

15.

In jeder Versammlung, sobald der Presibent oder Vicepresident Ihren
Sitz genommen haben, soll der Secretarius die Regeln und Ordnungen der
Gesellschaft verlesen. Sobald das geschehen, sollen die vorseyende Geschäfte
der Gesellschaft vorgenommen werden und Niemand soll von etwas reden,
das nicht zu diesen Geschäften gehöret, so lang der Presibent seinen Sitz
behält. Wer gegen diese Regel, nachdem er einmal von dem Presidenten
oder Vicepresidenten desfals erinnert worden, handeln wird, soll zwei bis
sechs Sh. Strafe in die Casse erlegen. Und wer sich ungebührlich oder un=
sittlich in einer Versammlung der Mitglieder der Gesellschaft aufführen
wird, worüber die gantze Gesellschaft durch die Mehrheit der Stimmen zu
urtheilen Recht hat, soll sogleich eine Straffe in die Casse bezahlen, welche
Straffe aufs höchste nicht mehr als zehn Schilling sein muß.

16.

In den Verhandlungen der Gesellschafft selbst soll gute Ordnung und Ehrbarkeit beobachtet werden und jedes Mitglied der Gesellschafft, der etwas zu sagen hat, soll seine Anrede an den Presidenten richten, welcher nachdem jederman geredt hat, der etwas zu sagen hatte, die gantze Sache in kurtze Worte zusammen fassen und zu Stimmen bringen soll und die Mehrheit der Stimmen soll in allen Dingen zur Entscheidung dienen.

17.

In einigen besondern Umständen, wenn es die Noth erfordern solte, ist dem Presidenten oder einem von ihnen die Macht gelassen, eine Versam= lung zusammen zu berufen von den Mitgliedern der Stadt Philadelphia und zwölf Meilen rund üm die Stadt, wozu sie wenigstens drei Tage vorher Warnung haben sollen. Und eine Versamlung, welche dergestalt zusammen berufen wird, soll in ansehung der auszutheilenden Gaben dieselbe Macht haben, die eine vierteljährige Versammlung hat.

18.

Wer ein Mitglied dieser Gesellschafft geworden und nicht den Ordnungen derselben sich unterwerffen will, dessen Name soll aus dem Register der Ge= sellschafft ausgestrichen und Er selbst nicht länger vor ein Mitglied derselben angesehen werden.

19.

Vorgehende Artikel sollen als die Grundregeln und Ordnungen der Ge= sellschafft angesehen werden und soll keiner derselben mögen abgeschafft oder verändert werden, es sey denn daß mehr als zwey Drittheil von den Mit= gliedern jedesmaliger vierteljähriger Versamlung damit zufrieden sein werden.

Philadelphia, am 2ten Christtage, 1764.

L. Weiß und die andern Unterschriften.

Die ersten Verhandlungen.

Was sonst noch in der ersten Versammlung geschah, war dieses:

1. Joh. Wilhelm Hoffmann verlas die bis dahin geführte Rechnung über Empfang und Verwendung der für die nothleidenden deutschen „Fremd= linge" ihm anvertrauten Geldsummen.

2. Es wurde beschlossen, dem Gouverneur eine Uebersetzung der Regeln zuzustellen und um seinen Beistand zu bitten.

3. Gleichfalls beschlossen, eine Bittschrift an die Assembly zu richten, daß durch ein Gesetz die Transportation deutscher Einwanderer in diese Provinz besser geregelt werde.

4. Die Beamten sollen für ihre Mühe nie eine Rechnung oder Forderung machen.

5. Der Cassirer soll jährlich am zweiten Christtage Rechnung ablegen.

6. Der Beitrag wird auf 20 Shilling festgestellt.

7. Die Beamten werden ermächtigt von dato bis Mariä Verkündigung Unterschriften neuer Mitglieder anzunehmen.

„Darauf schied die Gesellschaft in Liebe und Freundschaft von einander."

Damit war denn die Deutsche Gesellschaft gegründet und ihre Laufbahn begonnen.

Die erste Frucht der Deutschen Gesellschaft.

Unter den in der ersten Versammlung angenommenen Beschlüssen war der dritte der wichtigste. Er bezeichnete die nächste Aufgabe, die der Gesellschaft vorlag, die Erwirkung eines geeigneten Gesetzes, um den Passagiertransport besser zu regeln. Man ließ keine Zeit darüber verstreichen. Zunächst wurde in einer außerordentlichen Versammlung, die am 1. Januar 1765 im Hause des Herrn Klampfer stattfand, eine Adresse an den Gouverneur der Provinz, John Penn, angenommen, um diesen von der Gründung der Deutschen Gesellschaft in Kenntniß zu setzen.

Es heißt darin, daß die Deutschen der Gastfreundschaft und dem Edelmuth der Engländer, namentlich der Bewohner von London, die ohne Unterschied des Standes sich der deutschen Auswanderer warm angenommen hätten, die größte Anerkennung zollen, daß sie es sich aber selbst schuldig sind, die Noth ihrer dürftigen und leidenden Landsleute zu lindern. Dazu seien sie (die Deutschen) zahlreich genug in der Provinz vertreten und auch an hinreichenden Mitteln gebreche es nicht. Nur dies werde von den Engländern und deren Stammverwandten in Amerika erwartet, daß sie in den Fällen, wo das Elend der Einwanderer die Folge erlittenen Unrechts sei, zur Abwehr und Verhütung von dergleichen Unbilden hülfreiche Hand bieten werden.

Zu gleicher Zeit wurde dem Gouverneur eine englische Uebersetzung der Gesellschaftsregeln zugestellt.

Die Bittschrift an die Assembly, um ein Gesetz zum Schutz der Einwanderer nebst einem Entwurfe der wichtigsten Bestimmungen, die es enthalten müsse, wurde rasch befördert. Schon am 11. Januar 1765 kam die Angelegenheit in der Assembly zur Sprache.*)

Es waren neun Punkte, welche die Deutsche Gesellschaft als wesentlich für die Regulirung des Einwanderungswesens aufstellte:

1. Den von der Regierung angestellten Inspector soll ein Deutscher als Dolmetsch auf jedes ankommende Passagierschiff begleiten, um den Einwanderern über alle sie angehenden Dinge Aufklärung zu ertheilen.

---

*) Siehe Votes of Assembly for 1765, pp. 386, 387.

2. Der Schiffscapitän soll jedem Passagiere über abgelieferte und in Verwahrung genommene Effecten, Kisten, Koffer u. d. gl. einen Empfangsschein ausstellen.

3. Wird nach der Landung Passagiergut als Pfand für Zahlung der Transportkosten zurückbehalten, so ist der Einwanderer zu einer Bescheinigung darüber mit genauer Angabe des Betrages, den er schuldet, berechtigt.

4. Bezahlt der Passagier den ausbedungenen Frachtpreis oder bietet er den richtigen Belauf an, so hat der Capitän kein Recht, ihn oder seine Sachen länger an Bord des Schiffes zurück zu halten.

5. Für Passagiere, die auf der Reise gestorben sind, sollen deren Verwandte nicht verbunden sein, die Fracht zu bezahlen. Ueberhaupt soll Niemand für einen Andern haftbar sein, außer der Mann für seine Frau und Kinder.

6. Passagiere, welche für ihre Ueberfahrt schulden, sollen nicht rücksichtslos wie Gefangene behandelt und auf unbestimmte Zeit eingesperrt werden. Für Kinder, Kranke und Schwangere ist besonders Sorge zu tragen. Haftbefehle wegen unbezahlter Fracht sind nicht zulässig, außer wenn ein Passagier nach zwölf Monaten die Hälfte der Fracht noch nicht bezahlt hat oder die Provinz zu verlassen versucht.

7. Kein Kaufmann oder Capitän hat das Recht, von Passagieren eine Verschreibung zu nehmen, wodurch zwei oder mehr Personen sich gegenseitig für die Bezahlung ihrer Frachten verpflichten. Schriftstücke jedweder Art, vermöge deren ein Ankömmling sich anheischig macht, mehr als seine eigene Fracht zu bezahlen, sollen ungültig sein.

8. Ein Dienstcontract erstreckt sich nur auf diese Provinz. Kein Passagier kann, ohne seine Zustimmung und ohne sein Wissen an Leute in andern Provinzen verkauft oder übertragen werden.

9. Beim Verkauf der Passagiere sollen Mann und Frau nicht getrennt werden.

Dies waren, kurz gefaßt, die Vorschläge, welche die Deutsche Gesellschaft der Assembly zur geneigten Berücksichtigung empfahl. Es erfolgte sehr bald eine Remonstration von Seiten der betheiligten Kaufleute. Gegen einige der Aufstellungen hatten sie Nichts einzuwenden, desto entschiedener bestritten sie die Zulässigkeit anderer, namentlich des 2., 6., 7. und 8. Paragraphen.

Am meisten wehrten sie sich gegen den Vorschlag, daß künftighin Niemand mehr verbunden sein solle, für Andere — es sei denn für Weib und Kind — die Ueberfahrtskosten zu bezahlen, selbst wenn eine contractliche Verpflichtung der Art eingegangen sei. Der Kaufmann, der sein Kapital in ein Geschäft gesteckt habe, müsse darauf sehen, daß er möglichst gute Bürgschaft für die Sicherheit seines Guthabens erlange.

Es war dies gerade der Mißbrauch, über den schon so lange geklagt war und den die Gesetzgebung bereits 1755 abgeschafft hätte, wäre nicht der damalige Gouverneur, Robert Hunter Morris, mit seinen Einreden dazwischen gekommen.*)

Des Pudels Kern war eben, daß sich die Rheder auch für solche Passagiere, die unterwegs starben, und also nicht verkauft werden konnten, den Fahrpreis sichern wollten, und das ließ sich nur durch eine Art von Solidarität zwischen mehreren erreichen. Die Lebenden hafteten dann für die Todten. Die Kaufleute machten ferner geltend, wenn nicht die Androhung von Gefängnißstrafe einigen Druck auf die Passagiere ausübe, so werde Mancher die Verpflichtung, seine Fracht abzuverdienen, in den Wind schlagen und sich zu keinem Dienste bequemen. Ferner, wenn es ungesetzlich sei, Einwanderer an Herren in andern Colonien zu verkaufen, so leide darunter der Handel von Philadelphia, da die hiesigen Kaufleute nicht allein Waaren sondern auch Arbeiter importirten und die vorgeschlagene Beschränkung diesen Handelszweig zum Theil von Philadelphia ablenken würde.

Der letzte Paragraph, die Trennung von Eheleuten betreffend, habe zwar einen recht guten Zweck, sei aber ganz unnütz, da Mann und Frau ohne beiderseitige Einwilligung ohnehin nicht getrennt werden könnten. Begehrten sie dies aber, so wäre es ja Schade ("remonstrants think it a pity") sie durch ein Gesetz daran zu hindern.

Trotz dieser und mancher anderer Einwände erhielt dies vorgeschlagene Gesetz die Billigung der Assembly und ging am 13. Februar durch. Der Gouverneur John Penn, dem es am letzten Tage der Sitzung vorgelegt wurde, lehnte indessen ab, es zu unterzeichnen, da eine in ihren Folgen so wichtige Maßregel erst reiflich überlegt werden wolle.

In der nächsten Sitzung der Assembly, die im Sommer desselben Jahres stattfand, kam die Bill als unerledigtes Geschäft wieder auf's Tapet. Es scheint, daß die Freunde und Gegner des vorgeschlagenen Gesetzes, vielleicht mit Zuziehung des Gouverneurs, die Sache mittlerweile erwogen hatten und zu einer Verständigung gekommen waren. Wenigstens ging ein etwas verändertes Gesetz zum Schutz der Einwanderer am 18. Mai 1765 ohne Opposition durch und erhielt die Zustimmung des Gouverneurs.

Dasselbe enthält mehrere neue ganz zweckmäßige Verfügungen; die erste bezieht sich auf den Raum für die Schlafstätten der Passagiere. Das Gesetz von 1750 setzte als das Maaß eine Länge von mindestens sechs Fuß und eine Breite von anderthalb Fuß für jeden Erwachsenen fest, ließ

*) In einer, von der Assembly ausgegangenen Beschwerdeschrift, heißt es, in Bezug auf diesen Punkt: Wir hielten es für zweckmäßig, dem Importer zu verbieten, Leuten, welche in keiner Verbindung zu einander stehen, eine gegenseitige Gewährleistung für Frachtzahlung abzunöthigen, aber der Gouverneur hat sich genöthigt gesehen, auch dies so zu ändern, daß der gute Zweck verfehlt wurde.

aber die Höhe unbestimmt. Diese mußte der neuen Vorschrift zufolge mindestens drei Fuß und neun Zoll im vordern Theil des Schiffes und zwei Fuß und neun Zoll in der Steerage betragen. Auch wurde verboten, mehr als zwei Passagieren, welche volle Fracht bezahlten, dieselbe Bettstätte (natürlich mit entsprechender Breite) anzuweisen.

Ferner wird es den Schiffseigenthümern zur Pflicht gemacht, den Auswanderern einen geschickten Wundarzt zu stellen und die nöthigen Arzeneien zu liefern. Das Schiff soll zwei Mal jede Woche zwischen den Decken mit angezündetem Theer durchräuchert und eben so oft mit Essig ausgewaschen werden.

Den gebräuchlichen Erpressungen während der Seereise ward wenigstens eine Grenze gesteckt. Der Proviantmeister, welcher den Passagieren Wein, Branntwein, Kaffee, Gewürz, Bier u. dgl. verkauft, soll sich mit fünfzig Procent Profit auf seine Waare begnügen und Niemanden mehr als für dreißig Shilling auf Borg geben, davon höchstens ein Drittel für starkes Getränk.

Besonders nöthig und heilsam war die Verfügung, daß der Inspector der Passagierschiffe, bei Ankunft von Einwanderern, einen beeidigten deutschen Dolmetscher mit sich nehmen und allen deutschen Passagieren das zu ihrem Schutz erlassene Gesetz vorlesen und erklären lassen solle. Es war aber unterlassen, diese Verständigung durch einen Dolmetscher auch beim Verdingen der Passagiere anzuordnen und so kam es denn, daß Einwanderer, welche die schuldige Fracht abzuverdienen hatten, sich auf Jahre in ein Dienstverhältniß begaben und drückende Verbindlichkeiten eingingen, ohne ein Wort von den Verhandlungen zu verstehen, deren Gegenstand sie waren. Das war ein Fehler, der sich bald fühlbar machte und den die Gesellschaft bei einer späteren Gelegenheit Anlaß nahm zu verbessern.

Die Forderungen, welche die Deutsche Gesellschaft im Interesse der Einwanderer gestellt hatte, fanden in dem Gesetze von 1765 volle Berücksichtigung. Nur in wenigen Punkten ist ein Zurückweichen von der ersten strengeren Fassung bemerkbar. So ward allerdings erklärt, daß Schuldscheine, wodurch Passagiere sich für die Ueberfahrtskosten von Mitreisenden haftbar machen, ungültig seien, aber es folgte der Zusatz, falls ein Passagier zuerst seine Fracht berichtigt habe und dann Willens sei, für andere Passagiere sich zugleich mit diesen für die Bezahlung ihrer Fracht zu verbinden, daß ein solcher Contract rechtliche Kraft haben solle. Und zu dem Verbote, die Fracht für die auf der Seereise gestorbenen Passagiere von deren Verwandten zu erheben, ward der Vorbehalt hinzugefügt, daß diese Bestimmung sich nicht auf die Kinder der Verstorbenen erstrecke, diese also allerdings angehalten werden könnten, die Ueberfahrtskosten für ihre unterwegs verstorbenen oder hierher eingewanderten Eltern abzuverdienen.

Passagiere, die ihre Fracht nicht bezahlen konnten, erhielten das Recht, dreißig Tage bei freier Kost auf dem Schiffe zu verbleiben. Dies gab ihnen Zeit, ihre Schuld durch Verwandte oder Freunde bezahlen zu lassen oder einen Dienstcontract einzugehen.

Ueber das Verdingen nach andern Colonien enthielt das Gesetz keine Vorschrift. Es wurde indessen bei einem vorkommenden Falle vom Staats-anwalt McKean (1808) erklärt, ein Einwanderer könne nicht gegen seinen Willen über die Grenzen von Pennsylvanien verdungen oder abgetreten werden.

Wiewohl das Gesetz von 1765 manche Härten nicht ganz beseitigte, war damit doch ein erheblicher Schritt zum Bessern gethan und vor allen Dingen ein Rechtsboden für den Schutz der Einwanderer gewonnen. Auf diesem fußend konnte die Gesellschaft, die eben so wachsam wie bereitwillig ihren übernommenen Pflichten nachkam, dem armen „Frembling" gegen die Kniffe und Erpressungen gieriger Harpyen beistehen. Mit freudiger Ge-nugthuung blickte sie auf dies Gesetz als ihr Werk, ließ dasselbe in's Deut-sche übertragen und veröffentlichte die Ueberseßung unter dem Titel: Die erste Frucht der Teutschen Gesellschaft. (Germantown, gedruckt bei Christoph Saur 1765.)

Folgender Zeitungsbericht (Staatsbote vom 25. Januar 1765) über die-sen ersten Erfolg der Deutschen Gesellschaft, bestätigt und ergänzt obige Darstellung in willkommener Weise.

„Da bereits aus verschiedenen leßtern Stücken der deutschen Zeitungen erhellet, wie viele mitleidige Deutsche sich den erbärmlichen Zustand ihrer im leßten Jahre in großer Anzahl angekommener Landsleute zu Herzen gehn lassen und daß solches eine Deutsche Gesellschaft veranlasset hat, die sich besonders der Noth dieser Leute zu unterziehen gedenket, und auf Mittel bedacht ist, wie denen, bisher von manchen, mit deutschen Leuten Handlung treibenden Kaufleuten und Schiffs-Capitäns an solchen Menschen verübten Gewaltthätigkeiten und Unrechte geseßmäßig abgeholfen werden könne: So haben daher verschiedene deutsche Einwohner und Bürger dieser Stadt zu dem Zweck eine Bittschrift bey der jeßt allhier sißenden achtbaren Landraths-versammlung eingegeben, worin sie unterthänigst vorstellen, wie höchst nöthig es sey, diese Art von Handelschaft zum Besten der Provinz unter solche Ein-schränkung und Ordnung zu bringen, vermöge welcher allen, bisher geübten Gewaltthätigkeiten durch die gesetzgebende Gewalt kräftigst gesteuert werden möge. Sie stellen in neun Punkten die mancherlei Arten der Vervortheilun-gen, des Betrugs, der Unbilligkeit, Härte und schnöden Behandlungen vor, so diese arme, neu ankommende Deutsche bisher erlidten und schlagen Mittel und Wege vor, wie allen den Arten der Ungerechtigkeit gesetzmäßig vorge-beuget und solche verbrechlich gemacht werden können. — — Ihre überge-bene Bittschrift ist dem Hause zweymal vorgelesen und beschlossen worden, daß den Bittenden verstattet werden solle, den ersten Aufsaß eines sich hier-auf beziehenden Landesgesetzes zu machen; demzufolge am 22. d. M. Nach-mittags ein solcher Aufsaß eingegeben worden."

Dritter Abschnitt.

Die vier Perioden in der Geschichte der Gesellschaft

Das allgemeine Gesetz der Veränderlichkeit, das sich eben so wohl an Kör=
perschaften und Einrichtungen, wie an Einzelwesen bewahrheitet, hat auch
der Deutschen Gesellschaft während ihres hundertjährigen Lebens von Zeit
zu Zeit neue Züge, um nicht zu sagen einen verschiedenen Charakter, aufge=
prägt. Die Umwandlungen, welche sie erfahren hat, sind in der That auf=
fallend genug, um vier Perioden in ihrem bisherigen Laufe unterscheiden
zu lassen.

Die erste Periode umfaßt die Zeit von der Stiftung 1764 bis zur
Erwirkung des Freibriefs 1781. Die Gesellschaft hatte den einzigen Zweck,
armen hülfsbedürftigen Einwanderern Beistand zu gewähren, sei es durch
Gewährung von Rechtsschutz, oder durch Verabreichung von milden Spenden.
Dies war in den Regeln ausdrücklich als die Aufgabe der Gesellschaft be=
zeichnet, allerdings mit dem Vorbehalt, daß diese Einschränkung gelten sollte,
„bis unsere Einkünfte sich vermehren und andere Regeln und Ordnungen
desfalls gemacht werden.‟

Die Mitglieder, deren Zahl fünfundsiebzig bis hundert betrug, gehörten
zum großen Theil zur lutherischen und reformirten Gemeinde. Die Ver=
sammlungen waren zahlreich besucht, auf Abwesenheit stand eine Ordnungs=
strafe; bei den Verhandlungen herrschte ein zutraulicher Ton. Am Ende
der Protokolle fügte der Sekretär zuweilen hinzu: „Die Gesellschaft schied
in Einigkeit und Liebe von einander,‟ oder „Nach nunmehro verrichteten
Geschäften schied die Gesellschaft friedlich und vergnügt von einander.‟
Beim Tode eines Mitgliedes begleiteten die übrigen die Leiche. Einige
Jahre war es eingeführt, daß die Wittwe aus der Gesellschaftskasse eine
jährliche Unterstützung von drei Pfund (acht Dollars) bezog.

Die jährlichen Einnahmen, wozu auch Nicht=Mitglieder dann und wann
Geschenke beisteuerten, betrugen im Durchschnitt weniger als fünfzig Pfund;
das war mehr als hinreichend für die Ausgaben, so daß sich nach und nach
ein unverbrauchter Rest ansammelte. Alle Arbeit, wie Besuch der Schiffe

(51)

und des Hospitals, Vermittelung zwischen Passagier und Kaufmann oder Capitän, und Unterstützung der Nothleidenden, ward von den Beamten und Aufsehern verrichtet.

Das Grundstück in der Siebenten Straße, worauf unser Gebäude steht, erwarb die Gesellschaft in dieser ersten Periode und war im Begriff, darauf „einen deutschen Hof" aufzuführen, als die Revolution dazwischen kam. In diese Zeit fällt auch die Occupation von Philadelphia durch die Englischen, wodurch die Zusammenkünfte der Gesellschaft eine Unterbrechung erlitten.

Während der ganzen Periode behielt der Präsident, Herr Heinrich Keppele, ein wohlhabender Kaufmann und geachteter Bürger, durch jährliche Wiederwahl sein Amt.

Die zweite Periode reicht von 1781 bis etwa 1818. Seit dem März 1779 bemühte sich die Gesellschaft, einen Freibrief zu erhalten. Die erste Bittschrift an die Assembly entwarfen C. Cist und L. Weiß. Im September 1780 berichtet Michael Schubart, daß er in der Assembly zweimal darüber gesprochen, aber Niemanden gefunden habe, ihm zu secundiren. Der Entwurf ward im Januar des nächsten Jahres noch einmal geprüft und der Assembly von Neuem empfohlen; doch mußte im Juni ein besonderes Committee, bestehend aus den Herren Joh. Fritz, Christoph Ludwig und H. Kämmerer, ernannt werden, um die Sache bei der Gesetzgebung in Erinnerung zu bringen. Nun erhielt das Anliegen die kräftige Unterstützung F. A. Mühlenberg's, welcher ein Mitglied der Assembly geworden und zum Sprecher gewählt war.

Der Freibrief ward am 20. Sept. 1781 von der Gesetzgebung gewährt und von F. A. Mühlenberg unterzeichnet, dessen dienstfertigen Eifer die nächste vierteljährige Versammlung dankend anerkannte.*)

Der Freibrief wies der Gesellschaft, neben den alten Aufgaben, noch ein neues Feld der Wirksamkeit an, nämlich das der Erziehung. Als die Einwanderung während der Revolution aufhörte, suchte sich der Wohlthätigkeitssinn der Gesellschaft ein neues Ziel und fand es in der Sorge für Erziehung deutscher Kinder, so wie in der Pflege geistiger Interessen überhaupt. Diesen Zweck hebt der Freibrief auf's bestimmteste hervor. „Die Einkünfte," heißt es im 8. Abschnitte, „sollen verwendet werden zum Beistande armer nothleidender deutscher Einwanderer, die über See hier anlangen, zur Einrichtung und Erhaltung von Schulen, einer oder mehreren Bibliotheken in diesem Staate, zur bessern Erziehung und Unterweisung von Kin-

---

*) Es stimmten 28 Mitglieder für und 20 gegen die Gewährung des Freibriefs. Unter den Opponenten war ein Deutscher, Peter Roth, der seinen Namen in „Rhodes" englisirt hatte und wegen seines undeutschen Charakters eine öffentliche Rüge erhielt.

bern und Jünglingen deutscher Geburt oder Abstammung, zur Erbauung, Ausbesserung und zum Unterhalt von Schulanstalten und andern zu obigen Zwecken nöthigen Häusern, zur Besoldung von Schulmeistern und Lehrern" u. s. w.

Ist die Gesellschaft auch nie, weder damals noch später, auf die ausgedehnte pädagogische Thätigkeit, welche hier in Aussicht gestellt wird, eingegangen, so nahm doch, wie an einem andern Orte nachzuweisen ist, die Erziehung von Kindern und Jünglingen in dieser zweiten Periode unter den anerkannten Aufgaben der Gesellschaft eine wichtige Stelle ein, und die dazu nöthigen Mittel wurden gern und freigebig aufgeboten.

Man kann von dieser zweiten Periode sagen, daß sie mit besonderem Eifer für die Pflege deutscher Bildung anhob und mit der Verbannung der deutschen Sprache aus der Gesellschaft endete. Eine Zeitlang ward der 20. September, der Jahrestag der Incorporirung, mit einer Rede in deutscher Sprache gefeiert und die Regeln von 1782 enthalten darüber eine ausdrückliche Bestimmung. Wurde es begehrt, so mußte diese Rede auf Gesellschaftskosten gedruckt werden. Bei der ersten Jahresfeier (1782) hielt Pastor Kunze die Rede, worin er kräftig und eindringlich für deutsche Sprache und Bildung auftrat. Im Jahre 1788 ging die Gesellschaft damit um, eine goldene Medaille als Preis für die beste Beantwortung folgender Frage auszusetzen:

„Wie kann die Aufrechterhaltung und Ausbreitung der deutschen Sprache in Pennsylvanien am besten bewirkt werden?"

Aber bei der schwachen Einwanderung gewann die Gesellschaft wenige Mitglieder, deren Muttersprache das Deutsche war und den hier geborenen war natürlich das Englische geläufiger. Der Sprachconflict brach zu Anfang des Jahrhunderts in der lutherischen Gemeinde aus und wurde durch die Gründung der englisch-lutherischen St. John's Gemeinde, die 1807 den Dr. Philipp F. Meyer zu ihrem Prediger berief, geschlichtet. Die Beamten der Deutschen Gesellschaft waren damals fast ohne Ausnahme Mitglieder und Würdenträger dieser Gemeinde; Dr. Meyer übte viele Jahre einen starken Einfluß auf die Deutsche Gesellschaft. Nach einigem Schwanken ging denn auch 1818 der Beschluß durch, die Verhandlungen künftig in englischer Sprache zu führen.

Von der Verkümmerung des Deutschthums zeugen noch manche andere Spuren. Die Philadelphier deutschen Zeitungen, die seit fünfzig Jahren bestanden hatten, konnten sich nicht mehr halten. Deutsche Bücher wurden mehr auf dem Lande als in der Stadt gedruckt. In Reading kam eine Bibel 1805, in Somerset 1813, in Lancaster 1819 heraus; in Philadelphia erschien die erste im Jahre 1827. Die Vorrede zu der Readinger Bibel bemerkt, dies werde wohl die letzte deutsche sein, die in den Ver. Staaten, erscheine, da es mit der deutschen Sprache hier rasch zu Ende gehe.*)

Während die Deutsche Gesellschaft von 1791 bis 1800 einen Zuwachs von 253 neuen Mitgliedern erhielt, wurden in den zehn darauf folgenden Jahren nur 90 aufgenommen.

Mit den Finanzen stand es leiblich gut. Schon 1773 hatte man angefangen, kleine Ueberschüsse auf Interessen auszuleihen; 1788 besaß die Gesellschaft drei Antheile an der Bank von Nord-Amerika, 1806 fünf Antheile an der Bank von Nord-Amerika und zehn an der Bank von Philadelphia.

So konnte denn der Hallenbau 1806 aus eigenen Mitteln unternommen werden, und die vermietheten Räume warfen sogleich wieder ein Einkommen ab. Eine nicht unbedeutende Summe erwuchs der Gesellschaft aus dem Vermächtniß des Herrn John Keble, eines Engländers, der sein Vermögen 1807 den Wohlthätigkeits-Vereinen von Philadelphia hinterließ. Diese günstige Lage der Finanzen machte es auch möglich, den oft angeregten Plan einer Bibliothek endlich zur Ausführung zu bringen.

Als charakteristisch für die zweite Periode mag ferner noch bemerkt werden, daß drei der Präsidenten Männer des Revolutionskrieges waren, nämlich Oberst Ludwig Farmer, General Peter Mühlenberg und der Staatsmann F. A. Mühlenberg.

Für den Schutz der Einwanderer gegen Uebervortheilung diente sehr wesentlich die im Jahre 1785 auf Antrag der Gesellschaft errichtete Registratur der sich verdingenden Passagiere.

Als dritte Periode (1818—1859) fassen wir die Zeit während welcher das Englische die bevorzugte Sprache der Verhandlungen war. Dieser Umstand isolirte die Gesellschaft mehr und mehr vom deutschen Elemente. Während die deutsche Bevölkerung in Philadelphia gerade in dieser Zeit so massenhaft anwuchs, daß sie schon vor 1848 auf fünfzig tausend Seelen und darüber veranschlagt wurde, während das Erblühen täglicher deutscher Zeitungen, gesellschaftlicher und musikalischer Vereine, die Errichtung von

---

*) Nach S. Blodget's Berechnungen betrug die Einwanderung nach den Ver. Staaten von 1784—1794 nicht mehr als durchschnittlich vier Tausend Personen das Jahr; nach Seibert's statistischen Annalen von 1790—1810 etwa sechs Tausend jährlich. Wie viele nach Philadelphia kamen und wie viele darunter Deutsche waren, läßt sich bei der Vernachlässigung statistischer Aufnahmen nicht estimmen. Die Philadelphische Correspondenz vom 20. Januar 1792 berichtet, es seien vom 27. October 1790 bis 27. October 1791 in Philadelphia 2744 Personen aus ausländischen Häfen angelangt. Die Kriege, Handelsstörungen und Blockaden hemmten die Einwanderung, erst mit dem Jahre 1817 setzte sie von Neuem ein; sie belief sich in diesem Jahre auf 22,240 Personen, von denen 7085 (unter diesen 3102 Deutsche und Schweizer) in Philadelphia landeten. (S. Bromwell History of Immigration, New York 1856.)

Militär=Compagnien und das Entstehen des Logenwesens von der Stärke und Regsamkeit der deutschen Einwohnerschaft zeugten, ging die Deutsche Gesellschaft in ihrem Bestande zurück. Sie zählte im Jahre 1850 weniger Mitglieder als im Jahre 1820, nämlich kaum zweihundert; in einzelnen Jahren traten nicht mehr als zwei bis fünf neue Mitglieder bei (1820 drei, 1823 zwei, 1826 vier, 1849 fünf, 1853 vier). Die Gesellschaft entschwand der öffentlichen Aufmerksamkeit; viele Deutsche, die lange in Philadelphia gelebt hatten, wußten nicht von ihr.

Eine entsprechende Erschlaffung bekundet sich in ihrem Wirken. Die Aus= gaben für Erziehungszwecke werden spärlicher und beschränken sich am Ende auf Stipendien für Studenten der Theologie, bis sie nach 1835 ganz weg= fallen. Die mildthätigen Spenden gingen vorzugsweise bedürftigen Witt= wen und andern Bedrängten zu, die sich zu bestimmten Zeiten ihre Gabe holten und in den Aufzeichnungen wohl als old pensiouers bezeichnet sind. Vom Rechtsschutz ist kaum noch die Rede. Der Bericht von 1850 macht die Gesellschaft auf diese Pflicht aufmerksam, als wäre es eine ganz neue Sache, aber die Mahnung blieb unbeachtet. Ueberhaupt wird von Einwanderern äußerst wenig Notiz genommen und es bildete sich 1843 eine „Einwande= rungs=Gesellschaft," welche das von der Deutschen Gesellschaft geräumte Feld in Besitz nahm.*) Die Folge davon war, daß innerhalb der Deutschen Gesellschaft eine Reaction entstand, die am Ende zur Errichtung der Agentur und der Wahl des Herrn Herbert zu diesem Posten (1847) führte. Hiermit war im Grunde das Programm der Einwanderungs=Gesellschaft acceptirt und diese löste sich wieder auf.

Eine andere bankenswerthe Neuerung, welche dieser Periode angehört, ist die unentgeltliche Behandlung armer Patienten durch Aerzte der Deutschen Gesellschaft, seit 1818. Auch die werthvolle Sammlung von Büchern, welche den Mitgliedern als unversiegliche Quelle geistiger Belebung und Belehrung dient, erfreute sich sorgsamer Pflege.

Die Halle bekam 1821 zwei vorspringende Seitenflügel und wurde 1846 zwanzig Fuß nach Westen vergrößert. Dadurch vermehrten sich die Einnah= men aus den vermietheten Räumen in erheblicher Weise. Während 1820 der Miethzins (für das untere Geschoß und den Keller) 280 Dollars betrug, stieg er 1821 auf 530, 1847 auf 1000 und 1857 auf 1250 Dollars. Das

*) Die Einwanderungs=Gesellschaft stellte als ihren Zweck auf: „Die hier ein= wandernden Deutschen mit Rath und That in ihrem gedeihlichen Fortkommen zu unterstützen," ihre Beförderung aus der Heimath zu erleichtern und ihnen gegen Erpressungen Schutz zu gewähren. Die Beamten für 1843 waren: Präsident: H. Kohlenkamp; Sekretär: W. Wiedersheim; Schatzmeister: Christian Hahn; Controlleur: J. H. Schomacker; Verwaltungsräthe: F. Schreiber, Zöll, Diet= richs, J. B. Kohler, L. Rösch, Couturier. Herr Lorenz Herbert war der Agent.

Einkommen aus Miethe und Dividenden war die hauptsächliche Hülfsquelle der Gesellschaft und belief sich auf mehr als das Fünffache der jährlichen Beisteuern.

Die vierte Periode (1859 bis auf die Gegenwart). Wir dürfen die von 1859 datirende Periode wohl die des Wiedererwachens der Deutschen Gesellschaft nennen. Die strebsameren Elemente gewannen endlich die Ober= hand, die achtundvierziger Emigrationswelle brach über die vergeblich be= wachten Dämme und an die Stelle der Exclusivität trat der Ruf nach Fort= schritt. Noch andere Umstände begünstigten einen Umschwung und ein fri= scheres Leben. Das erste Anzeichen dieses neuen Geistes war die mit Erfolg gestellte Forderung, der deutschen Sprache ihre alten Rechte zurückzugeben. Deutsch ward wieder die Sprache der Deutschen Gesellschaft und so regene= rirt, durfte sie, ohne zu erröthen, den hundertjährigen Geburtstag Schillers feiern.

Die Gesellschaft nahm nun rasch an Mitgliedern zu; das Minimum des jährlichen Zuwachses seit 1859 ist immer noch bedeutend höher als das Maximum der vorhergehenden Periode. Ihre Anzahl ist von zweihundert bis auf tausend gestiegen und hoffentlich ist der Höhepunkt noch lange nicht erreicht. Bei der Erhöhung des Beitrages hat sich die jährliche Einnahme aus dieser Quelle seit 1854 mehr als verzehnfacht; denn die Jahresbeiträge beliefen sich im Jahre 1854 auf $343.50, 1874 auf $4183.00 und 1875 auf $3595.00. Zu gleicher Zeit machte sich in allen Functionen der Gesellschaft ein kräftigerer Trieb bemerkbar.

Der Rechtsschutz ward seit 1869 wieder als eine legitime Aufgabe der Gesellschaft anerkannt und einem ständigen Committee delegirt. In dem= selben Jahre traten die Abendschulen für den englischen Unterricht Erwach= sener ins Leben und damit fing die Gesellschaft an, ihrer erziehenden Mission wieder nachzukommen.

Für die Unterstützung Armer und Nothleidender konnte in Folge der reich= licheren Mittel mehr gethan werden als je zuvor. Vor dem Jahre 1860 überschritten die Baarunterstützungen nur zweimal die Summe von tausend Dollars per Jahr. Im Jahre 1874 wurden dafür über dreitausend, 1875 über zweitausend siebenhundert Dollars verausgabt, und dazu kam noch ein etwa gleicher Betrag von Weihnachtsgaben, welche arme Kinder unter den Auspicien der Gesellschaft erhielten. Dennoch bleiben diese Leistungen weit hinter dem zurück, was bei einer so großen und wohlhabenden deutschen Be= völkerung unserer Stadt geschehen könnte und der Verwaltungsrath glaubt nicht die Hände in den Schooß legen zu dürfen. Mittel und Wege für eine noch segensreichere Wirksamkeit zu suchen, sieht er als eine gebieterische Auf= gabe an.

Ein selbstbewußtes und leitendes Auftreten bei öffentlichen Gelegenheiten ist ein ferneres Merkmal der neueren Phase der Deutschen Gesellschaft. War es nicht statthaft, daß sie sich officiell betheiligte, so ließen sich ihre Beamten doch immer bereit finden, gemeinnützige und patriotische Zwecke zu fördern. Die Halle, welche seit dem Neubau im Jahre 1866 ein stattliches Aussehen hat, ist oft der Sammelplatz für berathschlagende Körper gewesen, wenn es sich um allgemeine deutsche Interessen handelte.

Es wäre eine Unterlassungssünde, von dem Aufschwunge unserer Gesellschaft seit 1859 zu reden und dabei nicht dem verstorbenen Präsidenten W. J. Horstmann den Tribut dankbarer Erinnerung zu zollen. Erwählt als das regere Leben bereits begonnen hatte, brachte er dies neue Erblühen zu voller Entfaltung, indem er, strebsam, rathend, hülfreich, leitend der Gesellschaft den rüstigen Drang seiner geschäftlichen Thätigkeit und die zeitigende Wärme seines humanen Wesens zu Gute kommen ließ.

Vierter Abschnitt.

Die inneren Zustände der Gesellschaft.

Indem wir uns nun zur eigentlichen Geschichte der Deutschen Gesellschaft wenden, haben wir zunächst über die Organisation selbst, deren Schicksale und Veränderungen Auskunft zu geben. In den spätern Abschnitten wird von den Leistungen die Rede sein.

Es mag dieser Theil unserer Aufgabe für Außenstehende vielleicht von geringerem Interesse sein. Die jetzigen und künftigen Mitglieder der Gesellschaft aber haben ein Recht zu erfahren, was für eine Bewandtniß es mit den gesellschaftlichen Einrichtungen hat, wie sie sich gestaltet und im Laufe der Zeiten verändert haben. Es kommen Gelegenheiten vor, wo eine Kenntniß des früheren Status von besonderer Wichtigkeit ist, aber eines einzelnen Falles halber hundertjährige Akten zu durchstöbern, ist eine beschwerliche Arbeit, die Niemand gern übernimmt.

Was in dem gegenwärtigen Abschnitt zu sagen ist, betrifft 1. die Mitglieder; 2. die Versammlungen; 3. den Verwaltungsrath; 4. Agentur und Committeen; 5. das Gesellschafts=Gebäude.

Von den Mitgliedern.

Eine Bedingung der Mitgliedschaft ist von je her deutsches Blut gewesen; aber über die Proportion ist Nichts vorgeschrieben und es giebt wenige Philadelphier Familien, die in ihrem Stammbaum nicht einen Deutschen oder eine Deutsche hätten. Ob auch Holländer zu uns zu rechnen sind, kam 1853 zur Sprache und es wurde dagegen entschieden. Uebrigens hat man sich in der Praxis nicht immer streng daran gehalten. Eine andere Frage, ob die Mitgliedschaft auch auf Damen ausdehnbar sei, wurde 1849 berathen. Der Freibrief redet nur von „Personen" im Allgemeinen, schließt also das andere Geschlecht nicht ausdrücklich aus. Es ließe sich auch Manches zu Gunsten des Eintritts von Frauen und Jungfrauen in den Kreis einer wohlthätigen Gesellschaft, wie die unsere, vorbringen, aber die Jahresversammlung von 1849 stimmte gegen die Neuerung. Vielleicht hegte man eine geheime Furcht vor gemischten Debatten. Auch ohne Mitglieder der Gesellschaft zu sein, haben übrigens Damen beim Committee für die Weihnachtsbescheerung die

(58)

eifrigsten Dienste geleistet und sind bei diesen Gelegenheiten wirklich unent=
behrlich gewesen.

Wittwen verstorbener Mitglieder, welche fortfahren den Jahresbeitrag zu
bezahlen, sichern sich dadurch das Recht auf den Gebrauch der Bibliothek,
und gehören in dieser beschränkten Weise zum Personal der Gesellschaft.

Für die Würdigkeit neu eintretender Mitglieder machen Diejenigen, welche
sie vorschlagen, sich gewissermaßen verantwortlich. Ehedem ging man darin
noch weiter. Im März 1766 beschloß die Gesellschaft, daß sich Candidaten
für die Mitgliedschaft bei einem der Beamten anzumelden haben, damit ihr
guter Leumund festgestellt werden könne, ehe sie vorgeschlagen werden.

Daß die Mitglieder in der Stadt Philadelphia ansässig sind, ist nie er=
forderlich gewesen. Einer der Gründer der Gesellschaft, der „Baron" W.
H. Stiegel, lebte in Lancaster County und auch heute hat die Gesellschaft
einige Mitglieder in Reading, Allentown und andern Orten. Ein Versuch,
die Deutsche Gesellschaft von Pennsylvanien thatsächlich über den Staat,
wornach sie genannt ist, auszudehnen, wurde auf Dr. G. Kellner's Anre=
gung und nach einem von ihm entworfenen Plane im Jahre 1869 gemacht.
Aber die schöne Idee, die ganze deutsche Bevölkerung unseres Staates zur
Theilnahme an unserem humanen Streben zu berufen, durch die Bildung
von Sectionen in den Landstädten die eingebildeten Schranken hinwegzu=
räumen und durch regelmäßige Correspondenz mit den Zweigvereinen die
Vertheilung und Beschäftigung der hier brach liegenden Arbeitskräfte zu er=
möglichen, fand nicht die entgegenkommende Aufnahme, die man sich ver=
sprochen hatte und mußte vorläufig bei Seite gelegt werden

Zur Ausschließung von Mitgliedern ist eigentlich nur ein Grund, und
dieser nur zu oft unumgänglich in Anwendung gekommen, nämlich die Nicht=
Entrichtung der Beisteuern. Die Klagen über säumige Zahler, die Anmah=
nungen, die Gewährung nachsichtiger Fristen, die Bedrohung mit strengern
Maßregeln und schließlich das Streichen der Unverbesserlichen, zieht sich wie
ein rother Faden vom Anfang bis zur Gegenwart durch die Geschichte der
Gesellschaft. Aber der Gegenstand ist kein erbaulicher, weder für den Leser,
noch den Berichterstatter und sei denn hiermit abgethan.

Die Aufnahmegebühr wurde 1771 auf fünfzig Schillinge ($6.66),
1781 (während der Geld=Entwerthung) auf $200 Continental=Geld, 1782
auf drei Pfund Pennsylvanisch ($8.00), 1790 (Juni) auf vierzig Schillinge
($5.33), im September 1790 auf $4.00, 1807 auf $8.00 und 1859 auf
$5.00 gesetzt.

Die Jahresbeiträge wurden bis 1866 als vierteljährliche Einlagen
berechnet. Anfangs betrug die Leistung fürs Jahr zwanzig Schill. ($2.66),
doch wurde sie bereits 1765 für die bei den Versammlungen anwesenden
Mitglieder und solche die über zwölf Meilen entfernt wohnten, auf die

Hälfte rebucirt.*) Nach den Regeln von 1782 war der Beitrag $1.25. Dabei verblieb es sehr lange, nämlich bis 1845. Nachdem die Sache von 1843 an wiederholt den Gegenstand ernstlicher und verzögerter Erwägungen abgegeben hatte, kam es endlich 1845 zu dem öfter verschobenen Beschlusse, den Jahresbeitrag auf $2.00 zu erhöhen. Zehn Jahre darauf stieg derselbe auf $3.00 und 1866, als die Halle mit Schränken und Mobiliar auszustatten war, auf $4.00.

Der große Nothstand vieler in Philadelphia ansässiger deutscher Familien erregte im letzten Jahre den lebhaften Wunsch, die Gesellschaft durch vermehrte Einnahmen in den Stand zu setzen, die Armenunterstützung in ausgedehnterer Weise zu üben. Es wurde deshalb 1875 beschlossen, den Beitrag von $4.00 als ein Minimum bestehen zu lassen in der Erwartung, daß viele Mitglieder freiwillig eine höhere Beisteuer leisten werden.

Seit 1822 ist es gestattet, die lebenslängliche Mitgliedschaft, welche der jährlichen Zahlungen überhebt, für eine gewisse Summe zu erkaufen. Der Preis dafür war anfangs $20.00, wurde 1855 auf $30.00 und 1870 auf $50.00 erhöht. Die Eintrittsgebühr ist darin nicht eingeschlossen.

Der Aufnahme von Ehrenmitgliedern stand vor der Veränderung des Freibriefs im Jahre 1870 der Wortlaut desselben im Wege. Seit dies Hinderniß beseitigt ist, hat die Gesellschaft ihren ehemaligen Präsidenten, Herrn Jacob H. Fißler, der seit 1817 Mitglied ist und Herrn Wm. J. Mullen, den unverdrossenen Freund der Gefangenen, zu Ehrenmitgliedern erwählt 1871).

Von einem engeren, geselligeren Verhältniß der Mitglieder zu einander in frühen Zeiten zeugt der Gebrauch, den die Regeln zu einer Pflicht machten, das Leichenbegängniß verstorbener Gesellschaftsbrüder zu begleiten. Der Bote trug die Einladungen aus und einem besonderen Beschlusse (25. März 1784) gemäß, hatte sich Jeder mit Trauerflor zu versehen und diesen vorkommenden Falles um den linken Arm zu tragen. Die Gesellschaftsglieder schritten vor dem Leichenwagen her. Diese rücksichtsvolle Theilnahme war auch bei Sterbefällen der Frauen und Wittwen eine Zeitlang, nämlich bis 1790, üblich.

Der Vorschlag (1784), ein Leichentuch mit dem eingestickten Gesellschaftssiegel anzuschaffen, um bei Begräbnissen eines Mitglieds dessen Sarg während der Feierlichkeit damit zu umhüllen, wurde wohl erwogen, aber nicht angenommen.

Bei dem Leichenbegängniß eines Mitglieds, des Herrn Georg Biegler, im

---

*) Das entwerthete Papiergeld brachte natürlich auch in die Finanzen der Gesellschaft seltsame Unregelmäßigkeiten. Ein Beschluß von 1780 erhöhte die Leistungen der Mitglieder temporär aufs fünfzehnfache.

Dezember 1795, ereignete sich eine Störung, welche, nach den Protokollen zu urtheilen, viel böses Blut machte. Die schläfrige Monotonie dieser ehrwürdigen Documente schlägt plötzlich in einen warmen gereizten Ton um; grollender Unmuth spricht aus scharfen Worten, Special=Versammlungen werden berufen, der renommirteste Advocat des Staates consultirt und Alles über einen — Kutscher. Während nämlich die Deutsche Gesellschaft im Zuge vor dem Leichenwagen einherschritt, versuchte es ein ungeduldiger und höchst frecher Rossebändiger, sein Fuhrwerk quer durch die Linie zu treiben, wobei er unglücklicher Weise dem Sarge ganz nahe kam und diesen fast umgeworfen hätte. Dann gab er seinen Pferden die Peitsche und jagte schleunigst davon.

Sogleich ward eine Extra=Versammlung des Beamtenrathes berufen, um den Fall zu berathen und entsprechende Maßregeln zu verfügen. Der Präsident, F. A. Mühlenberg, richtete an den Anwalt, Herrn Michael Keppele, ein Schreiben, welches anhebt: „Eine empörende Beleidigung ist dem ganzen Körper der Deutschen Gesellschaft von einem Kutscher zugefügt worden,“ und nach Erzählung des Vorgangs den Anwalt ermächtigt, zur Bestrafung des Schuldigen alle erforderlichen Schritte zu thun, auch nöthigen Falles den Beistand eines vorzüglichen Advocaten anzunehmen.

Darauf antwortet der Anwalt, er habe in Folge dieser Instruction mit dem berühmten Advocaten, Herrn Ingersoll, Rücksprache genommen; auch dieser halte dafür, daß eine so unehrerbietige und unziemliche Handlung vor das Forum der strafenden Gerechtigkeit gehöre. Sobald man den Namen des Kutschers erfahre, werde man ihn zur Rechenschaft ziehen.

Es waren somit alle Vorbereitungen getroffen, den Schändlichen zu zermalmen, sobald man seiner habhaft werden konnte. Es gelang, ihn aufzufinden und er führte den unverfänglichen Namen, Nathaniel Sweet. Eine zweite außerordentliche Versammlung wurde nun auf den 30. Januar 1796 berufen, um zu hören, was der Kutscher über seine Unthat zu sagen habe.

Nathaniel leistete einfach Abbitte. Er versicherte, daß er Leichenbegängnisse ganz besonders respectire und eine Störung nicht beabsichtigt habe. Er habe geglaubt, zwischen dem Geistlichen und der Leiche eben noch durchfahren zu können, ohne Anstoß zu geben. Sollte er bittere Gefühle verursacht haben, so thue es ihm unendlich leid, u. s. w.

Die Deutsche Gesellschaft nahm von dem zerknirschten Gemüth des Kutschers mit Wohlgefallen Notiz und vergab ihm seine Schuld. Im Cassabuche aber findet sich zu selbiger Zeit eingetragen: Bezahlt an Jared Ingersoll £7 und 10 Shillings.

Es scheint, daß die Verpflichtung, den Leichenbegängnissen der Mitglieder beizuwohnen, durch förmlichen Beschluß nie aufgehoben worden ist. Im Jahre 1811 ward ein Antrag zur Abschaffung dieses Gebrauchs gemacht und es stimmten 28 dafür und 16 dagegen. Da die Majorität für die Veränderung weniger als zwei Drittel der Anwesenden betrug, so galt der Antrag für durchgefallen.

Ehe die Gesellschaft sich durch den Freibrief die Grenzen ihrer Zwecke und Befugnisse gesteckt hatte, ging sie damit um, mit der Wohlthätigkeitspflege eine Sterbekasse zu verknüpfen. Der in der September=Versammlung 1771 gefaßte hierauf bezügliche Beschluß lautet:

„Wenn ein Mitglied, der seine Einlage richtig bezahlt und nichts schuldig ist, mit Tod abgehen sollte, so soll seine hinterlassene Wittib nach Verfließung der nächsten Christtagsversammlung jährlich drei Pfund Sterling aus der Gesellschaftscasse bekommen, nämlich in vierteljährlichen Terminen so lange sie des Mitglieds Wittib bleibt."

(Auch erwähnt im „Philadelphier Staatsboten vom 3ten Dec. 1771.)

Lange ist indessen diese Einrichtung nicht in Kraft geblieben. Weder die Artikel des Freibriefs (1781), noch die in Uebereinstimmung damit abgefaßten Regeln, enthalten ein Wort darüber.

Die Zahl der Mitglieder. Nach der ursprünglichen Fassung des Freibriefs (Abschnitt 6) sollte die Gesellschaft zu keiner Zeit weniger als fünfundsiebenzig, noch mehr als dreihundert Mitglieder zählen. Diese Beschränkung wurde im Jahre 1810 durch einen von der Legislatur gebilligten Zusatz zum Freibrief aufgehoben.

Authentische Angaben über die Anzahl der Mitglieder finden sich eigentlich erst seit dem Druck der Namenslisten in den Jahresberichten und auch diese sind nicht ganz zuverlässig. Für die Beurtheilung des Bestandes der Gesellschaft sind die folgenden annähernd richtigen Zahlen hinreichend:

Jahr.	Mitglieder.	Jahr.	Mitglieder.
1765	76	1830	150
1770	85	1840	175
1780	106	1850	200
1790	140	1860	250
1800	175	1865	550
1810	155*)	1870	960
1820	210	1875	999

(Eine vollständige Liste sämmtlicher Mitglieder von 1764 bis auf die Gegenwart findet sich im Anhange.)

Neue Mitglieder wurden zu Anfang in derselben Versammlung aufgenommen, worin sie zum Vorschlag kamen; es galt für selbstverstanden, daß der Vorschlagende sich für den Charakter des Candidaten verbürgte. Ein Beschluß, daß der Name bis zur nächsten Versammlung überliege, ging 1781 durch, blieb aber unbeachtet, bis er im Juni 1805 nochmals gefaßt wurde.

---

*) Im Jahre 1805 wurden 65 Mitglieder wegen rückständiger Beiträge gestrichen.

Die Wahlkugeln sind 1790 angeschafft. Der Gebrauch, Candidaten in einer Versammlung anzumelden und in der nächsten über sie abzustimmen, erhielt sich bis 1859. Von da bis 1870 erforderten die Regeln, die Namen der vorgeschlagenen Mitglieder mindestens zehn Tage auf einer in der Halle aufgehängten Tafel bekannt zu machen; seit 1870 ist aber nur erforderlich, daß dies „vor der Wahl" geschehe, und wenn nicht sechs Mitglieder Ballotage verlangen, wird die Abstimmung über sämmtliche Candidaten auf einmal viva voce vorgenommen.

Es folgt hier eine Uebersicht über die

Anzahl der jährlich beigetretenen Mitglieder.

1764	65	1787	7	1810	10	1833	21	1856	7
1765	27	1788	6	1811	16	1834	9	1857	8
1766	16	1789	3	1812	8	1835	18	1858	22
1767	3	1790	7	1813	26	1836	11	1859	63
1768	3	1791	29	1814	5	1837	16	1860	102
1769	0	1792	25	1815	7	1838	26	1861	35
1770	1	1793	28	1816	6	1839	13	1862	40
1771	4	1794	22	1817	22	1840	16	1863	110
1772	1	1795	27	1818	19	1841	11	1864	77
1773	7	1796	60	1819	16	1842	3	1865	79
1774	6	1797	24	1820	3	1843	9	1866	72
1775	14	1798	12	1821	11	1844	8	1867	117
1776	4	1799	8	1822	9	1845	20	1868	174
1777	2	1800	11	1823	2	1846	11	1869	158
1778	18	1801	4	1824	11	1847	12	1870	104
1779	21	1802	14	1825	7	1848	9	1871	48
1780	20	1803	5	1826	5	1849	4	1872	94
1781	7	1804	7	1827	6	1850	9	1873	92
1782	8	1805	7	1828	11	1851	11	1874	64
1783	14	1806	4	1829	5	1852	9	1875	37
1784	13	1807	14	1830	6	1853	4		
1785	13	1808	14	1831	20	1854	11		
1786	9	1809	12	1832	16	1855	18		

Die Versammlungen.

Im siebenten Abschnitt der ersten Regeln wurde bestimmt, daß die vierteljährigen Versammlungen in keinem Wirthshause gehalten, auch im Versammlungssaal keine Getränke genossen werden sollen. „Doch soll der Präsident Sorge tragen, daß in einem Nebenzimmer einige Erfrischung sein möge, davon Jedermann, dem's beliebt, ein wenig vor sein eigen Geld haben könne."

Aber schon im Jahre 1766, werden wir belehrt, waren diese nebenzimmerlichen Erfrischungen nicht mehr im Gebrauch und es ist diese Enthaltsamkeit wohl zum Besten der Gesellschaft ausgeschlager mögen auch die

Spötter sagen, daß im entgegengesetzten Falle die Versammlungen zahlreicher besucht sein würden.

Um volle Versammlungen zu erzielen, bediente man sich in früheren Zeiten eines andern Mittels. Die Abwesenden hatten eine Strafe zu entrichten und zwar für eine gewöhnliche Versammlung drei Sechzehntel, für die jährliche einen halben Thaler. Diese Einrichtung dauerte bis zum Jahre 1818.

Eine bemerkenswerthe Thatsache ist es, daß während des mehr als hundertjährigen Bestehens der Gesellschaft, die Versammlungen an nicht mehr als zwei Plätzen gehalten worden sind; nämlich von 1764 bis 1807 im lutherischen Schulhause in der Cherry-Straße unter der Vierten*) und seitdem in der eigenen Halle der Gesellschaft. Nur einmal war eine Ausnahme nöthig. Die Gesellschaft kam im Dezember 1856 im Lesesaal des Franklin Institute zusammen, weil in Folge einer Feuersbrunst (29. November 1856) die Halle der Gesellschaft gelitten hatte und noch unter Reparatur war. Während des Umbaues im Jahre 1866 fanden die Versammlungen einige Mal im alten lutherischen Schulhause statt.

Die Versammlungstage waren nach dem Wortlaute des Freibriefs und der älteren Regeln der zweite Christtag, der Tag der Verkündigung Mariä (25. März), der Tag Johannis des Täufers (24. Juni) und der Tag des Erzengels Michael (29. September). Seit 1870 sind dafür die dritten Donnerstage der betreffenden Monate angesetzt.

Das erste Geschäft in den Versammlungen war ehedem das Verlesen „der Artikul" d. h. der Regeln. Die Namen der abwesenden, mitunter auch der anwesenden Mitglieder wurden im Protokoll verzeichnet; die vierteljährlichen Beiträge an den Schatzmeister entrichtet. Letzteres geschah noch in den sechziger Jahren.

Die Versammlung ohne Erlaubniß des Präsidenten zu verlassen, erklärte ein im September 1790 gefaßter Beschluß für regelwidrig. Wer sich beim Reden nicht an die Sache hielt, durfte nach geschehener Erinnerung vom Präsidenten um drei Sechzehntel Thaler und wer sich ungebührlich aufführte, durch Mehrheit der Stimmen bis auf $2.00 gestraft werden. (Regeln von 1782 und 1794). In den Regeln von 1813 sind diese Strafen auf fünf Sechzehntel und vier Dollars erhöht.

Die Sprache der Verhandlungen und Protokolle war geraume Zeit nach der Gründung der Gesellschaft ausschließlich die deutsche. In den 1794 gedruckten Regeln heißt es: „Daß vorkommende Umstände durch deutsche

---

*) Das Gebäude steht noch und diente als Schulhaus bis zum 28. Juni 1872; es ist jetzt an zwei Geschäftsleute Alex. H. Riehl und Wm. C. McPherson vermiethet.

Vor- und Gegenreden in's Licht gesetzt werden dürfen," und daß der Präsident darauf „das Gesagte in kurze Worte deutsch zusammenfassen soll." So blieb es indessen nicht immer. Zuerst schlich sich das Englische in Committee-Berichte ein. Es ist vorhin bemerkt worden, daß die Einwanderung zu Anfang dieses Jahrhunderts abnahm, und den Nachkommen der Deutschen, welche in die Gesellschaft traten, das Englische geläufiger war als das Deutsche. Im Jahre 1812 erhob sich die Frage, ob nicht die Protokolle in beiden Sprachen geführt werden sollten; ein dahin zielender Antrag ward in einer Versammlung angenommen, in der nächsten widerrufen. Nach den Regeln von 1813 erhielt bei den Verhandlungen die englische Sprache dasselbe Recht, wie die deutsche; in den eingereichten Berichten fängt erstere an vorzuwiegen.

So schwankte die Entscheidung zwischen Deutsch und Englisch hin und her. Im Jahre 1817 wurde der Antrag gestellt, die Bücher künftig englisch zu führen. Noch einmal raffte sich der deutsche Sinn zusammen und verwarf den Vorschlag. Aber im nächsten Jahre (1818), ging folgender Beschluß durch:

"Whereas inconveniences have been felt in keeping the records of this Society in the German language, therefore, resolved, that it is expedient that all the proceedings of this Society be conducted in the English language," etc.

Dabei verblieb es bis 1842. In diesem Jahre wurden beide Sprachen wieder auf denselben Fuß gesetzt;*) die Protokolle haben bald die eine, bald die andere, oder wurden doppelsprachig geführt, bis 1849 das Englische von Neuem zur alleinigen Geltung kommt.

Wie bereits an einem Orte dargestellt ist, fand die Einwanderung, die nach den achtundvierziger Ereignissen einsetzte, allmälig Zutritt in die Deutsche Gesellschaft und gewann hinreichenden Einfluß, um eine neue Ordnung der Dinge durchzusetzen. Dies geschah im Jahre 1859 und seitdem wird in keiner andern als der deutschen Sprache verhandelt.

Der durchschnittlich zahlreichste Besuch der Versammlungen fällt in die Jahre 1782—1810. Häufig waren über 100 Mitglieder anwesend und selten weniger als 75. Im Dezember 1797 finden sich 165 verzeichnet. Die am besten besuchte Versammlung war wohl die im Dezember 1859, als zwei streitende Parteien ihre Kräfte musterten. Das Quorum wurde 1827 von 30 auf 20 und wiederum 1860 auf 15 reducirt.

Ausgesetzt wurden die vierteljährigen Versammlungen bei einigen besonders merkwürdigen Gelegenheiten. Das erstemal während der englischen Occupation von Philadelphia. Der Verlust der Schlacht von Brandywine

---

*) Siehe die 1843 gedruckten Regeln, Abschnitt 22.

gab Philadelphia den Feinden preis und am 26. September 1777 rückte die englische Armee unter General Howe von Germantown die Dritte Straße entlang marschirend ein. Die Versammlungen der Gesellschaft und des Verwaltungsrathes unterblieben bis zum Dezember 1778.

Das gelbe Fieber, welches unsere Stadt zu verschiedenen Malen heimsuchte, verursachte gleichfalls Unterbrechungen, jedesmal im September. Am bekanntesten ist die furchtbare Epidemie von 1793, die in unserer Stadt mit beispielloser Heftigkeit wüthete. Auch in den Jahren 1798, 1799 und 1805 mußten die September-Versammlungen wegen des grassirenden gelben Fiebers ausfallen.

Wie viele Deutsche 1793 in den wenigen Herbstmonaten der Krankheit erlagen, mag man daraus abnehmen, daß die deutsch-lutherische Gemeinde (nach M. Carey's Listen) 659 Opfer, die deutsch-reformirte 241 zu beklagen hatte. Philadelphia zählte damals etwa 45,000 Bewohner und von diesen verließ beinahe ein Drittel die Stadt, um der Pestilenz zu entgehen. Es starben vom 1. August bis zum 9. September 4041 Personen. Schrecklich wüthete die Krankheit in dicht bevölkerten Quartieren. In der Appletree Alley, die zwischen Cherry und Archstraße von der Vierten zur Fünften Straße läuft, starben nahe an 40 Menschen.

Von den Beamten der Gesellschaft.

Der Beamtenrath, welcher für die Zwecke der Gesellschaft nöthig erachtet wurde, bestand zur Zeit als dieselbe zusammentrat und sich organisirte aus dem Präsidenten, einem Vicepräsidenten, zwei Sekretären, einem Schatzmeister, fünf Aufsehern und einem Diaconus. Bereits im ersten Jahre wurde indessen die Anzahl der Aufseher, „wegen Anwachs der Geschäfte," auf sechs vermehrt und das Amt eines Anwalts hinzugefügt.

Dieser Beamtenstab hat der Gesellschaft ohne erhebliche Aenderung ein Jahrhundert genügt. Am Ende aber wuchsen die Geschäfte und vermehrte sich der Anspruch an die Zeit der Aufseher (Directoren) in dem Maaße, daß die alte Zahl nicht mehr hinreichte.

Nach der im Jahre 1870 eingeführten Einrichtung, wählt die Gesellschaft jährlich zwölf Directoren, desgleichen zwei Vicepräsidenten. Auch sind seit derselben Zeit die Vorsitzer aller stehenden Committees in den Verwaltungsrath als Mitglieder eingetreten.

Die den Beamten auferlegten Pflichten und zukommenden Befugnisse sind zu allen Zeiten wesentlich dieselben gewesen, wie sie in den jetzt geltenden Regeln der Gesellschaft beschrieben sind. Zu bemerken ist allenfalls, daß zu Anfang der zweite Sekretär bestimmt war, den ersten während dessen Abwesenheit zu ersetzen; es kam aber bald dazu, wie in den Regeln seit 1794 angeordnet ist, daß der eine Sekretär die Protokolle der Gesellschaft, der andere die des Verwaltungsrathes führt.

Vor der Anstellung eines Agenten (1847) unterzogen sich die Aufseher aller Mühwaltung, welche die Armenpflege mit sich brachte. — Seit 1785 theilten sie sich in drei Paare, deren jedes vier Monate im Jahre diente. Diese Einrichtung dauerte bis 1856 und wurde in einer andern Gestalt, nämlich durch die Vertheilung der zwölf Monate an vier dreizählige Committeen im Jahr 1872 erneuert.

Da in den Functionen der Beamten nur geringfügige Veränderungen eingetreten sind, so ist darüber kaum Etwas zu berichten. Der Schatzmeister collectirte früher (bis 1870) die Gefälle für die Gesellschaft, während es jetzt der Sekretär thut. Das bessere System der Buchung und Finanzverwaltung, das seit 1870 beobachtet wird, hat der damalige Sekretär, Herr H. Zeuner, vorgeschlagen und eingeführt.

Der Diaconus, einer der ursprünglichen Beamten, wahrscheinlich aus der Verfassung kirchlicher Gemeinden herübergenommen, hatte für die Ordnung in der Halle und allerlei Aeußerlichkeiten Sorge zu tragen. Er war indessen kein bezahlter Diener, sondern vollzähliger Beamter wie die übrigen. Das Amt wurde bei der Amendirung des Freibriefs im Jahre 1810 abgeschafft.

Schon in der ersten Versammlung der Gesellschaft (Dez. 1764) wurde beschlossen und wiederum im März 1767 „als unveränderlicher Articul" festgestellt, daß kein Beamter für seine Dienste eine Entschädigung zu beanspruchen habe.

Hieran ist treu festgehalten. Wie zeitraubend, lästig und verantwortlich auch die Stellen der Verwaltungsbeamten waren, es fanden sich unter den Deutschen Philadelphia's stets Männer, die aus Menschenliebe ihre werthvolle Zeit der Gesellschaft zu Gebote stellten und Pflichten, die wahrlich keine leichten sind, uneigennützig erfüllten. Das Bewußtsein, einer guten Sache zu dienen, war ihnen genugsamer Lohn für alle Mühe und Opfer, welche ihre Stellung ihnen auferlegte. Die Beamtenliste der Gesellschaft ist eine Ehrenliste, sie enthält die Namen von Männern, welche in ihren Berufskreisen hoch geachtet dastanden und das in sie gesetzte Vertrauen in jeglicher Weise rechtfertigten.

Die Beamten haben sich, abgesehen von außerordentlichen Gelegenheiten, monatlich versammelt; nur in den ersten Jahren bestand darüber keine bindende Regel. Vor dem Baue der Halle in der Siebenten Straße, kamen sie an verschiedenen Orten zusammen; anfangs in ihren Privatwohnungen, auch wohl in einem Wirthshause, wie bei Martin Kreiber in der Dritten Straße (1771), bei General Heß und bei „Wittib Heß" (1782). In naiver Weise verrathen die Protokolle, wie viel oder vielmehr wie wenig bei solchen Gelegenheiten verzehrt wurde. Andere Versammlungsplätze waren Leonhard Kühmle's Schulhaus, und die „Akademie." Auf Abwesenheit oder Verspätung stand eine Ordnungsstrafe, über deren Verwendung das Protokoll vom 2. März 1782 folgenden Aufschluß giebt. „Alle Strafgelder sollen vom Sekretär eincassirt und nach der Christtags-Versammlung von den Beamten bei einer Abend-Mahlzeit verzehrt werden." Diese alte Sitte ist erst innerhalb der letzten zehn Jahre in Wegfall gekommen. Dagegen haben neuerdings zuweilen Gesellschafts-Essen beim Jahresschluß stattgefunden, woran sich jedes Mitglied betheiligen konnte. Es ist ein erfrischender Gedanke, daß während einer so langen Reihe von Jahren die Vertreter der Gesellschaft wenigstens einmal im Jahreslauf zu heiterem Thun zusammen trafen. Wer will in Abrede stellen, daß ein geselliges Mahl mit gutem Humor und gutem Weine gewürzt, dem gesunden Gedeihen eines Vereins zuträglich ist?

Nach dem Freibriefe waren zu Beamten nur solche Mitglieder wählbar, die in der „Stadt," d. h. zwischen Vine und South-Straße, wohnten. Diese Schranken wurden durch Amendirung im Jahre 1810 für die Aufseher, die Sekretäre und den Anwalt nördlich bis zur Poplar, südlich bis zur Christian-Straße hinausgerückt. Zufolge eines abermaligen Zusatzes zum Freibrief im Jahre 1847, ist jedes in Philadelphia County wohnhafte Mitglied zu irgend einem Amte wählbar.

Ehedem gesellte sich zu dem Rechte eine entsprechende Pflicht. Wer durch die Wahl zu einem Amte berufen wurde, mußte es annehmen und führen, oder er verfiel in eine Geldstrafe.

In den ursprünglichen Regeln (von 1764) heißt es, Paragraph 5: „Wer solcher gestalt von einer der vierteljährigen Versammlungen zu einem Amt erwählt ist und weigern wird, ein solches Amt über sich zu nehmen, der soll eine Geldbuße von drey Pfund Pennsylvanisch Geld in die Cassa der Gesellschaft bezahlen."

Diese sanfte Nöthigung blieb bis 1821 in Kraft.*)

Präsident und Vice-Präsident sind natürlich die Häupter des Verwaltungsrathes; von sonstiger Rangordnung ist keine Rede. Bei einer frühern Gelegenheit (Sept. 1788) kam es indessen einmal zur Sprache, in welcher Folge bei Aufzügen z. B. bei Leichenbegängnissen die Beamten sich zu rangiren hätten und es wurde festgesetzt, daß folgendes die Ordnung sein solle: 1. Präsident und Vice-Präsident. 2. Schatzmeister und Anwalt. 3. Die Sekretäre. 4. Der Diaconus. 5. Die Aufseher. Dann folgten die Mitglieder der Gesellschaft paarweise.

Unter den Beamten der Gesellschaft haben nicht wenige in ihrem Berufe

---

*) Herr Singer, der 1808 zum Schatzmeister gewählt wurde, aber ablehnte, kam der Verordnung durch Zahlung von $8.00 nach. Im nächsten Jahre begleitete der zum Vice-Präsidenten gewählte Joh. Gräff sein bedauerndes Ablehnungsschreiben mit der freiwilligen Gabe von $20.00.

ober als öffentliche Charaktere eine hervorragende Stellung eingenommen. Um nur an solche zu erinnern, die sich im öffentlichen Leben einen ehrenvollen Namen erwarben, zwei unserer Präsidenten, Peter Mühlenberg und F. A. Mühlenberg, haben sich Denksteine in der Geschichte der Republik gesetzt, der Eine als General, der Andere als Staatsmann; beide waren persönlich mit Washington befreundet. Während der Revolution thaten sich auch hervor der patriotische Bäcker Ludwig, H. Keppele jun., ein Mitglied des Sicherheitsausschusses und Oberst Farmer. In der Assembly saßen H. Keppele sen., Joh. Steinmetz, Jacob Hiltzheimer, F. A. Mühlenberg, Peter Mühlenberg (der auch Vice=Gouverneur war), M. Schubart, Charles H. Kerk, L. Krumbhaar. Drei unserer Beamten und ein Mitglied sind Mayors von Philadelphia gewesen, Hilary Baker, M. Keppele, John Geyer und D. M. Fox.

Mitglieder des Stadtraths waren Charles Schaffer, J. C. Lowber, Fr. Erringer.

Hafen= und Zollhausämter versahen Peter Mühlenberg, Andrew Geyer, Peter Opeas, J. Kern.

Die Deutsche Gesellschaft hat in 112 Jahren neunzehn Präsidenten gehabt, einen mehr als die Ver. Staaten in hundert Jahren. Drei derselben waren nur ein Jahr im Amte; läßt man diese außer Rechnung, so war die durchschnittliche Amtsdauer der übrigen sechs Jahre. Der erste Präsident, H. Keppele, war am längsten im Amte, nämlich von 1764—1781, siebzehn Jahre; und doch eigentlich nur sechszehn, denn während der englischen Occupation 1778 wurden keine Beamten gewählt. Auch Isaac Wampole (germanice Wambolot) war 16 Jahre Präsident.

Vier Präsidenten sind während ihrer Amtsdauer gestorben, nämlich Peter Mühlenberg (1807), Georg A. Baker (Becker) 1816, Ludwig Krumbhaar (1836) und W. J. Horstmann (1872).

Gesellschaftsboten und Agenten.

Seit das Amt eines Diaconus nicht mehr bestand, machte sich die Nothwendigkeit fühlbar, für mancherlei Verrichtungen, die sich an die Benutzung der Halle u. dgl. knüpften, einen Diener anzustellen. Als solche wurden ernannt 1812 Friedrich Reinboldt, 1813 Johann Eschert, der in demselben Jahre starb, 1813—1821 Friedrich Fullmer, 1821—1836 Jacob Berkenbach, 1837—1849 Benjamin Freymuth, 1850—1853 Christian Fees, 1854 bis April 1864 Gottlieb Töpfer. Letzterer bekleidete seit Anfang des Jahres 1857 zugleich die Stelle des Agenten, welche 1847 geschaffen war und es sind seit jener Zeit die Functionen des Agenten und des Gesellschaftsboten in derselben Person vereint geblieben.

Die Agentur. Die eingreifendste Veränderung im Mechanismus der Gesellschaft ist die mit dem Jahre 1847 eingeführte Agentur. Da aber im

Abschnitt über die Wohlthätigkeitsübung die Rede davon sein wird, so folgen hier nur die Namen der bisherigen Agenten:

1847—1852 Lorenz Herbert, 1853—1856 F. G. Dreßler, 1857 bis April 1864 Gottlieb Töpfer, 1864 bis April 1867 C. W. Widmaier, 1867 bis März 1870 Theodor Werlhof, 1870—1873 Hermann Brandt, 1873—1876 W. R. Ackermann.

Die stehenden Committees.

Mit einem Theil der Geschäfte, denen sich die Gesellschaft unterzieht, sind stehende Committees betraut. Ueber die Thätigkeit derselben wird an einem andern Orte Auskunft gegeben werden. Hier ist nur die Zeit ihrer Ein-setzung zu erwähnen

Das älteste stehende Committee ist das für Schulen und Schüler. Es datirt sich aus dem Jahre 1782, indem damals Pastor Helmuth und der Buchhändler Cist zu „Aufsehern" über die Schüler ernannt wurden. Noch lange, nachdem die Gesellschaft aufgehört hatte, in dieser Richtung zu wirken (1833), bestand das Schul-Committee durch jährliche Ernennung fort; erst 1862 verschwindet es aus den Protokollen, worin es fast dreißig Jahre lang ein schattenhaftes Dasein gefristet. Im Jahre 1868 entschloß sich die Ge-sellschaft, der Erziehung von Neuem ihre Aufmerksamkeit zuzuwenden, und seitdem besteht wiederum ein Schul-Committee.

Das Bibliothek-Committee	wurde eingesetzt 1817.
Das Rechts-Committee	„ „ 1867.
Das Archiv-Committee	„ „ 1868.
Das Medicinal-Committee	„ „ 1869.
Die Einwanderungs-Commission	„ „ 1873.

Das Gesellschaftssiegel mit dem Motto: "Religione, Industria et Fortitudine Germana proles florebit", ist so alt wie die Gesellschaft. Es ist bereits in den 1764 angenommenen Regeln beschrieben. Ursprünglich war das Schild zweitheilig, in einem Felde die Pflugschaar, in dem andern das Schwert, und über dem Schilde lag die Bibel. Aber 1786 kam diese in ein drittes Feld und der Platz über dem Schilde ward dem amerikanischen Adler eingeräumt.

Die Halle.

Die Halle der Deutschen Gesellschaft ist an der westlichen Seite der Sie-benten Straße, zwischen Market und Chestnut Straße belegen, hat eine Front von 74 Fuß und steht auf einem Grundstücke, das diese Breite bei einer Tiefe von 104 Fuß hat. Der Bau wurde 1806 unternommen; das damalige Ge-bäude, das von der Häuserlinie beträchtlich zurücksprang, war viel kleiner als das jetzige, welches mit Benutzung des hintern Theiles des ältern Baues im Jahre 1866 aufgeführt worden ist.

Zwar hatte die Gesellschaft schon ihr vierzigstes Jahr überschritten, als sie ihr eigenes Haus baute, aber der Vorsatz dazu ist fast gleichzeitig mit ihrem Entstehen und nur widrige Umstände verhinderten die Ausführung.

Bereits am 24. Juni 1765 wurde die südliche Hälfte des Platzes, worauf die Halle jetzt steht, dem Metzger Johann Odenheimer abgekauft und zwar für 125 Pfund Pennsylvanischen Geldes. Als Käufer sind in der Urkunde (datirt 16. Juli 1765) genannt: Heinrich Keppele, Peter Miller, Blasius Daniel Mackinet, J. W. Hoffmann, Jacob Winey, Christian Schneider, Philipp Ulrich, David Schäffer, Jacob Barge, Joseph Kaufmann, Lewis Weiß und Leonhard Melchior aus Philadelphia, Christoph Saur in Germantown und Heinrich W. Stiegel in Lancaster County. Die in Philadelphia ansässigen Käufer waren keine andern als die Mitglieder des ersten Verwaltungsraths der Gesellschaft, nur daß auch der Verkäufer, Joh. Odenheimer, einer der Directoren war und L. Melchior die Stelle eines solchen erst im nächsten Jahre bekleidete.

Um den Kaufpreis abzutragen, ward im Juni 1765 eine Subscription eröffnet, und wenige Jahre später dachte man ernstlich daran, auf dem Grundstück ein Gebäude von der Größe des lutherischen Schulhauses in der Cherry-Straße zu errichten. Die Kosten glaubte man durch eine abermalige Subscription, wenn nicht ganz, doch theilweise aufbringen zu können und die Beamten wurden im März 1782 instruirt, dies Mittel zu versuchen. Es scheint aber an der rechten Bereitwilligkeit gefehlt zu haben, denn das Protokoll der nächsten Versammlung, in welcher sich von sechsundachtzig Mitgliedern nur fünfzehn eingestellt hatten, sagt sehr lakonisch: Weil nur sehr wenige Glieder da waren, so wurde nichts aus dem Haus bauen. Etwas Anderes schlug besser an, nämlich eine Lotterie, ein damals sehr beliebter Weg, um für gemeinnützige Unternehmen den nervus rerum zu beschaffen.*) Der Vorschlag dazu ging von einem Gesellschafts-Mitgliede, dem bekannten „Baron" Heinrich Wilhelm Stiegel aus. Dieser sicherte (Februar 1773) der Gesellschaft einen Profit von hundert Pfund zu, wenn sie die Lotterie durch einen ihrer Beamten überwachen und Loose verkaufen wolle. Der Plan ward, wenn auch gerade nicht in dieser Gestalt, angenommen und so sanguinisch waren die Herren in Betreff des Erfolgs, daß sie schon im April 1773 die ungelegten Eier zu zählen begannen. Sämmtliche Beamte der Gesellschaft sollten ein Bau-Committee bilden „und so lange sie Gott beim Leben erhält, Baumeister, Verwalter oder Trustees über besagtes Haus und Gebäu sein und bleiben, und sterben besagte Trustees nach Gottes Rath und Willen bis auf fünf, so wird ein andrer an des sechsten statt am nächsten vierteljährlichen Versammlungstag durch die Mehrheit der Stimmen erwäh-

---

*) Nach S. Westcott's History of Philadelphia waren 1761 nicht weniger als zweiundzwanzig Lotterien für Kirchen u. s. w. im Gange.

let, so daß hinführo nicht mehr als sechs Trustees sein und bleiben. Besagte Trustees sollen Macht haben an dem Haus oder Gebäu zu verbessern oder zu verändern nach ihrem Gutbefinden und die nachherige Beamte können nichts an besagtem Haus machen oder verändern ohne zwei Drittel der besagten Trustees und besagte Trustees können im besagten Haus zusammenkommen, wann und wo sie wollen."

Die nächste Beamten=Versammlung (10. Mai 1773) wurde durch ein Ge= witter auseinander gescheucht. „Die Herren fürchteten sich, sie möchten naß werden, so gingen sie auseinander ohne etwas auszumachen." Indessen wurde die Lotterie in den Gang gesetzt und war lange ein Hauptgegenstand des Interesses. Ludwig Weiß unterzeichnete die Zettel und schrieb eine „Preambel" zur Empfehlung. Heinrich Keppele jun., war Schatzmeister. Der Beamtenrath bemühte sich um den Verkauf der Loose, Agenten erhielten „auf hundert Zettel zwei Zettel Commission;" in den deutschen Zeitungen ist von der „Deutschen Gesellschafts=Lotterie" häufig die Rede. Die erste Ziehung fand den 13. September, die zweite den 4. October auf Petty's Island statt.

Der Erfolg dieser Finanz=Operation unter den Fittigen Fortuna's war ein günstiger, und im nächsten Jahre ward das Glücksrad nochmals in Be= wegung gesetzt. Der Reinertrag aus den Ziehungen beider Jahre war für die Gesellschaft etwa 800 Pfund Pennsylvanischen Geldes. Nun sollte es an's Bauen gehen. Im Januar 1774 beschloß der Verwaltungsrath, im Frühjahr damit zu beginnen und beauftragte die Beamten, das Material anzukaufen. Die politische Atmosphäre fing um diese Zeit an, sehr schwül zu werden. Wegen der Schließung des Bostoner Hafens herrschte die größte Aufregung und am 5. September versammelte sich der erste Continentale Congreß in der Carpenter's Halle. Das mochte wohl Verzug veranlaßt haben; wenigstens erfolgte am 25. November 1774 ein neuer Beschluß, den Zimmerleuten Bartling und Forbach, den Bau des Hauses zu übergeben.

Am 7. Januar 1775 ward bestimmt, daß das Haus eine Front von 28 Fuß und eine Tiefe von 34 Fuß haben solle, und Herr Ludwig erhielt den Auf= trag, die ihm angebotenen Bretter zu dem geforderten Preise zu nehmen und auf das Grundstück schaffen zu lassen.

Am 14. Januar 1775 wurde ein Committee ernannt, den Gouverneur um die Erlaubniß zu ersuchen, die nöthigen Steine aus den öffentlichen Stein= brüchen zu nehmen.

Herr Ludwig berichtet, daß er den Auftrag, in Bezug der Bretter, ausge= führt habe. Ein Committee, bestehend aus Michael Schubart, Heinrich Kep= pele jun., Christ. Ludwig und Leonhard Melchior, soll den Ankauf von Ma= terial, die Dingung von Arbeitern und die Beaufsichtigung des Baues besorgen.

Am 4. Februar ward die Mauerarbeit Herrn Jacob Gräf übergeben und der Schatzmeister angewiesen, auf ordnungsmäßige Anweisung, Zahlungen für Material und Arbeit zu leisten.

Am 18. Februar erhielt Jacob Eckfeld den Contract für Schmiedearbeit, Johann Häflein für das Behauen der Steine und die Anfertigung eines steinernen Thürrahmens (letzteren zum Preise von 25 Pfund), Martin Fischer für's Anstreichen.

Hiernach hätte man denken sollen, das Haus werde in einigen Monaten fertig bastehen. Aber trotz aller Beschlüsse, Contracte u. s. w., kam man nicht von der Stelle. Eine unsichtbare Gewalt schien die Hand zu lähmen, welche sich erhob, das Werk in Ausführung zu bringen.

Es war die Zeit, als die schweren Gewitterwolken des politischen Himmels anfingen sich zu entladen, der Donner der ausgebrochenen Revolution in allen Ohren hallte. Philadelphia, zwar nicht so alt wie Boston oder New-York, war zu der größten und angesehensten Stadt der Colonieen herange-blüht und bildete jetzt den Mittelpunkt der politischen Agitation. Der Um-sturz der bisherigen Colonial-Regierung von Pennsylvanien und die Ein-setzung einer neuen Gewalt, die großen Volksversammlungen, welche den Gefühlen und Entschlüssen des Volkes Ausdruck liehen, die Berathungen des zweiten Continentalen Congresses, der am 10. Mai 1775 in der Carpenter's Halle zusammengetreten war, die große Aufregung, welche sich aller Gemüther nach dem Treffen bei Lexington und der Schlacht auf Bun-kerhill bemächtigte, die Spannung, mit welcher man den weitern Verlauf der Ereignisse entgegen sah, kurz, der Geist der Zeit stemmte sich der Aus-führung eines so friedfertigen und gewöhnlichen Unternehmens, wie der projektirte Hallenbau war, übermächtig entgegen.

Während so die Angelegenheit unentschieden in der Luft hing, gelang es den Bemühungen des Präsidenten, Heinrich Keppele, das nördlich angren-zende Grundstück, welches dieselbe Größe hatte, wie der bereits erworbene Bauplatz, für die Gesellschaft anzukaufen. Der Kaufpreis war 200 Pfund Pennsylvanischen Geldes und der Handel wurde den 19. Juni 1775 zwi-schen dem früheren Eigenthümer, Thomas Asheton, und Herrn H. Keppele, abgeschlossen. (Registrirt den 6. Februar 1776).

Nun ruhte die Sache bis März 1776. Dann beschloß der Verwaltungs-rath, der Gesellschaft die Frage vorzulegen, ob in Anbetracht der gefährlichen Zeitläufte der Bau noch diesen Sommer unternommen werden solle.

Die vierteljährliche Versammlung vom 25. März 1776 entschied sich da-für, den „Deutschen Hof" noch dieses Jahr in Angriff zu nehmen. Aber der Verwaltungsrath hatte nicht das Herz, bei dem wachsenden Waffen-lärm den Auftrag auszuführen. In der Juni-Versammlung sollte noch einmal darüber geredet werden.

Dies geschah, und die Gesellschaft verharrte am 24. Juni bei ihrem Willen. Nun blieb denn doch Nichts übrig, als zum Bau zu schreiten. Wirklich verfügte der Verwaltungsrath zwei Tage darauf, daß der deutsche Hof auf der Mitte des nunmehr 74 Fuß breiten Platzes errichtet werden solle und zwar von der Größe des lutherischen Schulhauses. Georg Walker ward den bereits ernannten Baumeistern zugesellt, den Zimmerleuten Christlieb und Georg Bärtling die Entwerfung eines Planes überwiesen und als gälte es zu zeigen, daß man nach so langer Saumseligkeit auch resolut sein könne, beschlossen „daß gleich morgen mit der Arbeit begonnen werde."

Morgen! — es dauerte dreißig Jahre ehe das Haus bastand. Denn es galt ein ganz anderes Gebäude zu zimmern, die große Republik des westlichen Continents! Die edeln Baumeister, Jefferson, Abams, Franklin, Hancock und deren Genossen waren in der Stadt Philadelphia versammelt, den Grundstein zu legen. Dies geschah am 4. Juli 1776. Die Unabhängigkeit der bisherigen Colonien vom Mutterlande wurde von den vereinigten Delegaten erklärt, in jener weltberühmten Halle, die ihren Namen von dem geschichtlichen Ereigniß erhalten hat.

Jetzt, da die Grundmauern des neuen Staatenwesens zu legen und zu festigen waren, wer dachte da noch an den Hallenbau der Deutschen Gesellschaft? Die Arbeiter vertauschten Axt und Kelle mit Gewehr und Patrontasche und reihten sich in die patriotischen Schaaren ein, welche das in der Unabhängigkeitshalle gesprochene Wort zu einer geschichtlichen That machten.

Denn mit begeisterter Seele folgten die Deutschen Philadelphia's dem Rufe, der an die Jugend und Mannheit des Landes erging. Der Congreß forderte alle waffenfähigen Leute vom sechzehnten bis zum fünfzigsten Lebensjahre auf, Vereine (associations) zur Vertheidigung des Landes zu organisiren in allen Colonieen, in allen Städten. Eine solche militärische Verbindung bildete sich auch unter den Deutschen Philadelphia's und die beiden Sekretäre der Deutschen Gesellschaft, Michael Schubart und Heinrich Kämmerer waren die ersten Beamten derselben, der eine nämlich Präsident, der andere Sekretär.

Das Local, worin sich die Deutsche Gesellschaft zu versammeln pflegte, diente auch dieser patriotischen Verbrüderung zum Versammlungsplatze. Dies sehen wir aus folgender Anzeige, die im Staatsboten (Juli 1776), erschien:

„Die Glieder der Deutschen Associationsgesellschaft werden ersucht, morgen Abend um sechs Uhr, im Lutherischen Schulhaus zusammenzukommen. Auf Order des Herren Vorsitzers.

Heinrich Kämmerer, Sekretär.

So blieb denn das Material, woraus die Gesellschaftshalle erbaut werden sollte, unbenutzt auf dem Grundstück in der Siebenten Straße liegen.

Die ersten Kriegsjahre waren der Sache der Amerikaner nicht günstig; nach dem unglücklichen Ausgang der Schlacht am Brandywine rückten die Engländer in Philadelphia ein (26. September 1777). Sie hatten keine Veranlassung die Deutschen mit Schonung zu behandeln, denn diese gehörten ja zu den feurigsten Anhängern der Freiheitspartei. Die Deutsche Gesellschaft und die deutschen Kirchen hatten ein Pamphlet drucken und verbreiten lassen, das den Bewohnern anderer Staaten die Pflicht des bewaffneten Widerstandes gegen brittische Tyrannei an's Herz legte. Von hier aus waren Versuche gemacht, die Hessen eines Besseren zu belehren und zum Desertiren zu verleiten. Nun hatten die Engländer die beste Gelegenheit heimzuzahlen und sie benutzten sie reichlich. Sie zerstörten H. Miller's Druckerei, erbrachen die Zionskirche, wandelten diese und die reformirte Kirche in Lazarethe um und das auf dem Grundstück der Deutschen Gesellschaft liegende Baumaterial war ihnen ein rechter Fund zur Errichtung von — Pferdeställen.

Als nach dem Abzuge der Feinde die Sitzungen des Verwaltungsrathes wieder aufgenommen wurden, lautete einer der ersten Beschlüsse (26. September 1778):

„Daß der Solicitor Weiß eine Petition an den Congreß mache wegen der Bretter, Balken, Steine u. s. w., welche die Englischen genommen und einen Stall davon gebauet."

Das endete den ersten Versuch zur Errichtung einer Halle. Die nicht confiscirten Schindeln wurden verkauft, und der Platz einige Jahre später (1782) eingezäunt.

Entschädigung für den erlittenen Verlust scheint nicht geleistet zu sein; wenigstens erwähnen die Bücher davon Nichts. Doch gelang es im Jahre 1785 die Steine, welche die Engländer verschleppt hatten, wieder aufzufinden und es wurden dieselben zum Besten der Gesellschaft verkauft. Auf dieselbe Weise verwerthete man das steinerne Thürgestell, das der Steinmetz Häflein in Verwahrung hatte. Im Jahre 1794 kaufte es die lutherische Gemeinde für das in den Northern Liberties oder Campington aufgeführte Schulhaus für 7½ Pfund.

Da der Plan zum Bauen vorläufig ruhen mußte, wurde das Grundstück in vier Parcellen auf die Dauer von fünfzehn Jahren vermiethet; es brachte etwa achtundzwanzig Pfund jährlich ein. Die ersten Miether waren: Jacob Hiltzheimer, Weygand, Carl Stulz und Elisabeth Lorenz. Später kommen die Namen J. Daum, Ph. Merkel, Stephan Henderson, W. Tilghman und H. Orth vor.

Ein Vierteljahrhundert verging, ehe der vereitelte Plan von Neuem in

Erwägung kam. Im März 1801 schlugen die Beamten vor, ein anderes Grundstück anzukaufen und darauf zu bauen, aber die Gesellschaft ging nicht darauf ein. Auf Beschluß der December=Versammlung von 1804 wurde endlich ein Committee beauftragt, einen Plan für den Bau einer Halle aus= zuarbeiten und nebst Kostenanschlag der Gesellschaft vorzulegen. Dasselbe bestand aus den Herren: Daniel Trump, Johann Gräf, Christlieb Bärt= ling, Johannes Stock, Peter Kraft, Peter Fritz und Johannes Daum.

Das Committee kam seinem Auftrage nach, und die Sache schien, nach so langem Aufschube, im besten Fahrwasser, als eine ungünstige Strömung das ganze Unternehmen nochmals dem Scheitern nahe brachte. Der Beamten= rath sprach sich nämlich dahin aus, daß es unnütz sei, einen Bau aufzuführen und empfahl der Gesellschaft das Grundstück wieder zu vermiethen. So geschah denn vorläufig Nichts. Bei der entschiedenen Befürwortung des Baus durch John Stock bekräftigte die Jahresversammlung von 1805 nicht nur den früheren Beschluß, sondern verwilligte zugleich fünftausend Dollars zur Ausführung desselben. Das nunmehr ernannte Bau=Committee bestand aus den Herren: Peter Mühlenberg (Präsident der Gesellschaft), Conrad Weckerly, Christlieb Bärtling, Peter Kraft, Daniel Trump (Baumeister), Johann Stock und Michael Kitz.

Man sagt zwar, viele Köche verderben den Brei, aber die Gesellschaft ver= sah sich von recht vielen Bauräthen eines Besseren, denn sie fügte in den nächsten Versammlungen den sieben genannten noch neun andere hinzu, die Herren B. Emmering, Johann Singer, Andreas Geyer jun., G. Bantleon, Karl Kugler, G. A. Baker, A. May, S. Long und S. Thumb (Daum?)

Wenn es wahr ist, was im Bericht des Bau=Committees von 1867 als historische Reminiscenz (denn die Protokolle schweigen davon) erzählt wird, so hätte sich das alte Sprüchwort von den Köchen denn doch in empfindlicher Weise bewahrheitet. „Als der Bau beinahe fertig war," heißt es dort, „so wurde die Entdeckung gemacht, daß der Baumeister vergessen hatte, die Stiege zum zweiten Stock zu errichten."

Wie dem auch sei, dem Uebelstande wurde jedenfalls in befriedigender Weise abgeholfen und die Mitglieder brauchten auf keiner Hühnerstiege von außen in ihr Versammlungszimmer zu klettern.

Das Grundstück, worauf sich das Gebäude erhob, mißt 74 Fuß Front und ist 104 Fuß tief. Das 1806 gebaute Haus stand von allen Seiten frei und wich von der Häuserlinie der Siebenten Straße etwa 24 Fuß zurück. Die beiden Seitengebäude, welche die Zwischenräume nördlich und südlich von der Halle ausfüllten, kamen später hinzu. Es war ein zweistöckiges Gebäude mit gut gediehltem Keller, der sich zu einem Waarenlager eignete.

Der feierliche Umzug, zu welchem auch die Beamten anderer Gesellschaften eingeladen waren, fand am 9. April 1807 statt. Man kam im lutherischen

Schulhause um 12 Uhr Mittags zusammen und nach der Erledigung einiger
Geschäfte *) formirte sich die Gesellschaft in folgender Ordnung:

1. Der Botschafter der Gesellschaft.
2. Das Bau-Committee mit dem Schlüssel der neuen Halle.
3. Der Sekretär, in Begleitung des Diaconus, mit dem Freibrief.
4. Der Präsident (Peter Mühlenberg) und einer der Redner.
5. Der Vicepräsident (G. A. Becker) und der andere Redner.
6. Das Anordnungs-Committee.
7. Die Beamten der Deutschen Gesellschaft.
8. Die Beamten anderer Gesellschaften.
9. Die Glieder der Deutschen Gesellschaft.

So bewegte sich der Zug denn vom alten Schulhause nach der neuen
Halle. Als Alle Sitze genommen hatten, wurde zuerst der Beschluß gefaßt,
der Lutherischen Gemeinde für die seit so langer Zeit gestattete Benutzung
des Schulhauses zu danken und die größte Bereitwilligkeit zur Leistung von
Gegendiensten auszusprechen. Der Ehrw. Herr Samuel Helfenstein hielt
eine deutsche, der Ehrw. Ph. F. Meyer eine englische Rede. Gesang und
Musik verschönten die Feier. Daß die Gelegenheit zu einem fröhlichen
Mahle nicht verabsäumt wurde, versteht sich wohl von selbst

„Worauf,“ steht im Protokolle, „sich die Gesellschaft zu einem vorbereite-
ten Mittagsmahle im Hause des Herrn Ludwig Young verfügte und diesen
Tag in guter Ordnung und Fröhlichkeit beschloß.“

Die Gesammtkosten für die Aufführung des Gebäudes und die Ausrüstung der Halle betrugen $6959.71¼, welche Summe durch den Verkauf von
Werthpapieren erhoben wurde.

Zufolge eines 1808 gefaßten Beschlusses, gab man den Schlüssel zur Halle
dem gegenüberwohnenden Herrn Joh. Stock in Verwahrung, dessen Lehrling
und Nachfolger, Herr George Gardom, diesen freundlichen Dienst der Gesellschaft bis auf den heutigen Tag erweist.

Da das zweite Stockwerk für Versammlungen und sonstige Gesellschaftszwecke hinreichte, so ist der übrige Theil des Gebäudes von Anfang ausge-
miethet worden.

Der erste Miether des untern Geschosses war Karl Keyser, der eine in gu-
tem Rufe stehende deutsche Schule daselbst bis zum Jahre 1822†) hielt.
Er bezahlte $180 und später $200 Miethe. Den Keller miethete Simon
Gratz für $120 das Jahr.

---

*) Die Hauptbeschlüsse waren, einen Kronleuchter anzuschaffen, und "that a
necessary ought to be dug and erected on the south-east corner of the lot."

†) Das nöthige Schulgeräth schaffte die Gesellschaft an und ließ es 1822 wieder
verkaufen.

Im Jahre 1821 wurden zwei einstöckige Seitengebäude nördlich und süd=
lich von der Halle auf den offenen Stellen mit einer Auslage von $1600
aufgeführt. Das südliche erhielt 1848 ein zweites Stockwerk auf Kosten
des Miethers A. W. Harrison; das nördliche im Jahre 1860 auf Kosten
der Gesellschaft.

Wir schließen noch einige Notizen über die Miethsleute des Hauptgebäu=
des und der angebauten Seitenflügel an.

Nach Keyser's Abgang in 1822, nahm das College of Pharmacy das
untere Stockwerk. Jährliche Miethe $210. Diesem folgte 1833 (17. Juni)
die Schuylkill Navigation Company. Miethe $325. Im Jahre 1846
ward die Halle nach hinten zu um 20 Fuß vergrößert, indem sich die Schuylkill Navigation Company erbot, unter dieser Bedingung einen neuen
Miethscontract auf zehn Jahre, zu $600 jährlicher Miethe, einzugehen. Den
Bau führte Herr McArthur nach Herrn Köler's Plan aus. Die Kosten
beliefen sich auf $1828.00; dazu kamen noch $175 für ein neues Dach auf
das alte Gebäude und $458.99 für Reparaturen, Gaseinrichtung, Mobiliar,
Teppiche u. f. w. Im Jahre 1849 traten die Trustees der Philadelphia
Gaswerke in den Miethscontract ein, und erneuerten ihn 1856 auf zehn
Jahre Zugleich nahmen sie die beiden Seitenflügel und den Keller.
Miethe $1250.

Von den andern vermietheten Räumen war der nördliche Flügel im
Besitz der Schuylkill Navigation Company, bis diese den 17. Juni 1833
in's Hauptgebäude einzog. An ihre Stelle trat die American Coal Company, welcher 1842 John Stobbart und 1847 John M. Gumry folgte.
Im Jahre 1854 ging dieser Theil des Gebäudes an die Gascompagnie über.

Den südlichen Flügel hatte George Fox, Esq., bis 1836, dann nahm die=
ser ein kleines Zimmer, das im obern Stockwerk von dem Hauptraume ab=
geschnitten war, und Charles E. Lex, Esq., bezog die geräumte Office.
Ihm folgten 1842 A. W. Harrison und Augustus Mitchel, welche bis zur
Besitznahme der Gascompagnie blieben. Ein jedes der Seitengebäude
brachte $200 Miethe ein.

Der Keller war Anfangs an S. Gratz für $120, später an John Bohlen
für $80.00 vermiethet. Im Jahre 1838 nahm ihn die Schuylkill Naviga-
tion Company für $100, und 1856 die Gas=Trustees.

Am 29. November 1856 beschädigte ein Feuer, das im nordwärts angren=
zenden Hause des Herrn Hymen Gratz ausbrach, die Halle und einen Theil
der Bücherschränke und Bücher. Zur Aufnahme der Mobilien und Bücher
wurde ein Zimmer in einem Herrn H. Wiener zugehörigen, in der Neunten
Straße, unterhalb der Arch belegenen Hause, gemiethet. Die nördliche
Office war gänzlich zerstört und wurde von der Franklin Fire Association
neu gebaut.

Der Neubau im Jahre 1866.

Etwa ein Jahr vor dem Ablauf des Miethvertrages mit der Gas-Gesell-schaft geschahen Schritte, um einen neuen Contract zu vereinbaren. Das zu diesem Behuf ernannte Committee der Deutschen Gesellschaft bestand aus den Herren: J. Theophilus Plate (der indeß vor Abschluß der Verhandlun-gen nach New York übersiedelte), M. R. Muckle und J. H. Shoemaker, das der Trustees aus den Herren: Wm. Elliott, John A. Houseman und C. A. Miller.

Nach längeren Verhandlungen kam ein Vertrag zu Stande, der am 16. April 1866 unterzeichnet wurde und folgende Bestimmungen enthält:

Die Gas-Compagnie übernimmt es, das Haus der Gesellschaft nach den von Collins und Autenrieth ausgearbeiten beiderseitig gebilligten Plänen umzubauen. Sie erhält den Besitz des Gebäudes mit Ausnahme der für den Gebrauch der Deutschen Gesellschaft reservirten Theile auf zwanzig Jahre vom 17. Juni 1866 an und zwar für einen jährlichen Miethzins von $1250 und die Bezahlung der auf das Eigenthum fallenden Abgaben. Außerdem entrichtet die Gas-Compagnie an die Deutsche Gesellschaft $1000 als Entschädigung für Umzugskosten und versichert das Gebäude gegen Ver-lust durch Feuer. Nach Ablauf der Miethzeit sind alle Gebäulichkeiten und Zubehör in den ausschließlichen Besitz der Deutschen Gesellschaft ohne Aus-nahme und ohne Belastung zurückzuliefern.

Mit dem theilweisen Abbruch des alten Gebäudes wurde am 23. April 1866 begonnen. Das neue Gebäude, welches die ganze Breite des Grund-stücks ausfüllt und mit den übrigen Häusern in einer Linie steht, wurde im September 1866 fertig und die in diesem Monat fallende Versammlung fand in dem neuen Saale statt. In der Zwischenzeit hatte das alte Schulhaus in der Cherry-Straße der Gesellschaft und dem Verwaltungsrathe die früher so lange benutzten Räume nochmals geöffnet.

In dem neuen Gebäude occupirt die Deutsche Gesellschaft für ihre eigenen Zwecke den 62 Fuß langen und 40 Fuß breiten Saal im zweiten Stockwerk, der zugleich als Bibliothek dient, das daran stoßende Nebenzimmer, ein vom Saal aus zugängliches geräumiges Zimmer im dritten Stockwerk des Hinter-hauses und die im untern Geschoß des Hauptgebäudes befindliche Office für den Agenten.

Da die alten Bücherschränke sich in den neuen Saal nicht recht einpassen ließen und eine unschöne Versperrung des Raumes verursachten — ein Miß-stand der mit dem Zunehmen der Bibliothek sich nur verschlimmern konnte — so entschloß sich die Gesellschaft, die Halle mit neuen bis zur Zimmerdecke reichenden Schränken von Walnußholz zu versehen und in der halben Höhe eine Gallerie anzubringen. Die dazu erforderlichen Mittel wurden durch eine Anleihe von $5000 beschafft und die Tilgung dieser Schuld durch die

Erhöhung der jährlichen Beisteuer um einen Dollar innerhalb dreier Jahre zu Wege gebracht.

In Folge dieser neuen Ausstattung der Halle, wobei der Präsident, Herr W. J. Horstmann und der Vorsitzer des Bau-Committees, Herr M. R. Muckle durch zweckmäßige Anordnungen und persönliche Aufsicht die dankenswertheste Hülfe leisteten, hat die Bibliothek jenes stattliche und geschmackvolle Ansehen erhalten, das jedem Besucher angenehm auffällt.

Die Gypsbüsten deutscher Dichter, Denker und Staatsmänner, welche der Gallerie entlang aufgestellt sind, so wie die Colossalbüsten von Goethe und Mendelssohn sind von einigen Herren, die ihre Namen verschwiegen haben, 1870 der Deutschen Gesellschaft zum Geschenk gemacht worden. Die Büste Fr. Schillers ist das Werk des hier verstorbenen Künstlers Stauch und wurde für das Schillerfest im Jahre 1859 angefertigt. Das Piedestal dazu ist 1860 gekauft.

Die meisten der alten Schränke haben in den Nebenzimmern Platz gefunden, wo sie noch gute Dienste leisten.

Der alte Stein mit dem eingegrabenen Namen der Deutschen Gesellschaft und der Jahreszahl 1807, der an der Vorderseite des früheren Baues angebracht war, befindet sich jetzt im Treppenraume als ein Denkzeichen an die erste Gesellschaftshalle.

Im Berichte des Vorsitzers des Bau-Committees, des Herrn R. M. Muckle, woraus die meisten hier angeführten Thatsachen entnommen sind, wird einer Schenkung von $500 für den Zweck der Hallenausstattung gedacht. Der Name des Gebers blieb ungenannt, denn stets bereitwillig zu helfen und zu fördern, war der verstorbene Herr W. J. Horstmann jeder öffentlichen Anerkennung seiner Freigebigkeit abgeneigt.

Die Steuern und der Proceß gegen die Stadt Philadelphia.

An die Geschichte der Halle schließt sich passender Weise ein Bericht über die Versuche, das Eigenthum der Gesellschaft von der Steuerlast zu befreien und über die unerwartete Wendung, welche zu dem noch schwebenden Processe gegen die Stadt Philadelphia, resp. die Gas-Compagnie, geführt hat. Von Anfang an ward die Besteuerung des Gesellschafts-Eigenthums für unbillig erachtet. Es schien den Herren, die es sich Mühe und Geld kosten ließen, dem Gemeinwesen die Armenpflege zu erleichtern, indem sie bedürftigen Einwanderern Hülfe gewährten, nicht ganz in der Ordnung, daß Stadt und Staat ihre Anerkennung dafür in keiner andern Weise auszudrücken wußten, als durch eine jährlich einlaufende Rechnung. Als eine solche im Jahre 1808 zum erstenmal präsentirt wurde, legte der Präsident der Deutschen Gesellschaft Einsprache dagegen ein, aber ohne Erfolg. Der Betrag war damals ein geringer, nämlich $15.00. Das Eigenthum war auf $3000 geschätzt und die städtische Verwaltung so öconomisch und ehrlich, daß ein halb Procent des abgeschätzten Werthes zur Deckung aller öffentlichen Aus= gaben hinreiche. Wiederum ward 1813 ein vergeblicher Versuch gemacht, Erlaß der städtischen Steuern zu erlangen. Im Jahre 1830 waren diese auf $73 gestiegen und dabei konnte man sich unmöglich beruhigen, ohne neue Anstrengungen zu machen. Ein Committee, bestehend aus den Herren John Reim und Georg Fox, richtete im Namen der Gesellschaft ein Gesuch um Steuerbefreiung an die Legislatur, dem ein entsprechender Gesetzesentwurf angeschlossen war. Die Gründe für die erbetene Erleichterung sind kräftig und schlagend dargestellt. „So viel aus der Kasse genommen werde, um die Steuern zu bezahlen, so viel weniger bleibe für Wohlthätigkeitszwecke übrig. Sei die Gesellschaft der Abgaben ledig, so könne sie um so freigebi= ger gegen die Armen sein." Daß doch auch andere Institute Steuerfreiheit genießen (es sind wohl die Kirchen damit gemeint) wird in geziemender Weise betont. Aber es half Nichts. Man ließ einige Jahre verstreichen und ver= suchte es von Neuem. Im December 1845 (die Steuern betrugen jetzt $141) erging eine abermalige Bittschrift an die Legislatur, worin die alten Punkte wo möglich noch klarer und bestimmter ins Licht gesetzt werden. Unter Anderem wird geltend gemacht, daß die von der Deutschen Gesellschaft verausgabten Summen der Stadt Philadelphia jährlich eine beträchtliche Ersparniß an den Unkosten für Erhaltung der Stadtarmen erwirken und daß schon aus diesem Grunde die Nützlichkeits=Sphäre der Gesellschaft nicht durch Besteuerung beschränkt werden sollte.

Die Bemühungen waren eben so erfolglos wie die vorausgegangenen.

Nach der Consolidation der Stadt und umliegenden Bezirke zu einer ein= zigen Municipalität im Jahre 1854 gingen die Steuern, wie Jeder weiß, in die Höhe. Die Deutsche Gesellschaft zahlte 1854 $148.00 und 1855 „für zwei Jahre" $706.40, 1856 $440.00 Abgaben. Der Präsident (Fisler) reiste 1855 nach Harrisburg, um eine Reduction zu erwirken, und er erreichte wenigstens, daß ihm eine geringere Werthansetzung des Eigenthums in Aus= sicht gestellt wurde. Aber es geschah auch in dieser Hinsicht während der zwei nächsten Jahre Nichts; erst 1858 wurden die Lasten etwas leichter ($389.30 gegen $460.00 des vorhergehenden Jahres).

Das Verlangen, sich einer so bedeutenden Auslage zu entledigen, ließ die Gesellschaft nicht ruhen. Auch nach einem abermaligen Fehlgesuch im Jahr 1862, steuerte sie beharrlich auf dasselbe Ziel los. Allerdings war durch den Miethcontract von 1866 mit der Gas=Compagnie die Zahlung der Ab= gaben dieser auferlegt, indem das Uebereinkommen dahin lautete, daß die Gas=Compagnie für die Zeit von 20 Jahren einen jährlichen Miethzins von $1250 an die Deutsche Gesellschaft und den Belauf der Abgaben an die Stadt bezahlen solle. Man glaubte nun, es lasse sich ein Einverständniß mit unseren Miethsleuten zu Wege bringen, wodurch die eventuelle Befreiung von Steuern der Gesellschaft zu Gute kommen werde und rechnete auf die bereitwillige Mitwirkung der Gas-Trustees um so mehr, da die Gas-Gesellschaft keine unabhängige Körperschaft, sondern ein Zweig der städtischen Verwaltung ist.

So geschah es denn, daß der Verwaltungsrath, um das Nützliche mit dem Angenehmen zu verbinden, bald nach Vollendung des Neubaus, im Frühjahr 1867, die Gas-Trustees zu einem festlichen Mahle bei A. Proskauer, No. 222 Süd Dritte Straße, einlud, wobei die Frage über Steuerbefreiung und die Folgen derselben zur Sprache gebracht wurde.

Herr Horstmann und Herr Muckle wiesen darauf hin, daß in Folge des Wortlautes des Miethcontracts, eine Steuerbefreiung der Gesellschaft nur dann nützen könne, wenn die Gas-Trustees (i. e. die Stadt Philadelphia) den Belauf der Steuern künftig in die Gesellschaftskasse statt in die städtische zahlten. Hierauf erhob sich ein Mitglied der Gas-Trustees, pries das edle Wirken der Deutschen Gesellschaft in beredten Worten, erklärte deren Ansprüche auf Exemption von Abgaben recht und billig und schloß, es verstehe sich von selbst, daß im Falle die Legislatur der Deutschen Gesellschaft die Abgaben erlasse, dieser Akt nicht der städtischen Kasse, sondern dem Wohlthätigkeitsfond der Deutschen Gesellschaft zu Gute kommen müsse.

Es fiel von den Lippen der Anderen kein Wort, das auf Hindernisse hätte deuten können. Im Gegentheil beeiferte man sich, der Deutschen Gesellschaft den besten Willen bei der Erreichung ihres Vorhabens kund zu geben und so schieden denn die Vertreter deutscher Wohlthätigkeit und des philadelphischen Gases in Fröhlichkeit und mit Freundschaftsversicherungen.

Erst nach diesen Präliminarien wurden die Schritte, welche zur Steuerbefreiung führten, eingeleitet.

Das Verdienst, die so oft aber vergebens beanspruchte Steuerfreiheit der Deutschen Gesellschaft verschafft zu haben, ist vornehmlich dem Hrn. Charles Klecner, einem Mitgliede der Legislatur während der Session von 1868—1869, zuzuschreiben. Mit mehreren Mitgliedern des Verwaltungsrathes persönlich befreundet und von den wärmsten Sympathieen für die humanen Zwecke der Deutschen Gesellschaft beseelt, befürwortete er zu Anfang des Jahres 1869 vor der Gesetzgebung ein Specialgesetz für den erwähnten Zweck, ernst und eindringlich. Mit großer Stimmenmehrheit ging der Beschluß durch, daß das Eigenthum der Deutschen Gesellschaft in der Siebenten Straße steuerfrei sein solle, einschließlich für das Jahr 1869, so lange als das Einkommen von dem Gebäude auf wohlthätige Zwecke verwandt werde. Der Gouverneur, John W. Geary, unterzeichnete das Gesetz den 18. Februar 1869.

Im März richtete Herr M. R. Muckle, seitens der Deutschen Gesellschaft,

an den Vorſitzer des Finanz-Committees der Gas-Truſtees die Anfrage, wann
es den Herren genehm ſei, mit unſern Bevollmächtigten in Betreff der
Steuerbefreiung zu conferiren.

Nicht lange darauf erſuchte der Präſident der Deutſchen Geſellſchaft, Herr
W. J. Horſtmann, die Gas-Truſtees, den Miethcontract in Anbetracht der
erlangten Steuerfreiheit dahin zu modificiren, daß nebſt dem bisherigen
Miethzins fortan der Belauf der Abgaben d. h. die Geſammtſumme von
2350 Dollars jährlich an die Geſellſchaft entrichtet werde.

Es klang unglaublich, als ſich bald darauf das Gerücht verbreitete, die
Truſtees ſetzten ſich (sit venia verbo) auf die Hinterbeine und wollten nicht
einen Cent mehr zahlen als zuvor. Nur zu bald beſtätigte ſich die gemun-
kelte Neuigkeit durch ein officielles Schreiben an Herrn Muckle, datirt den
8. Juni 1869, das folgenden Beſchluß enthielt:

„Die Truſtees halten es nicht für angemeſſen, den Miethcontract mit der
Deutſchen Geſellſchaft zu ändern.“

Das war kurz und deutlich. — Herr Horſtmann ſuchte zwar die Herren
umzuſtimmen, indem er ihnen die offenbare Abſicht der Geſetzgebung und die
von den Truſtees bei dem Gaſtmahl kundgegebene Geſinnung vorhielt, aber
es verſchlug Nichts. Zu ihrer Rechtfertigung erholten die Gas-Truſtees eine
Anſicht vom City Solicitor, dem geſetzlichen Vertreter der ſtädtiſchen Inter-
eſſen, wornach ihnen die Zahlung des Steuerbetrags an die Deutſche Geſellſchaft nicht zuſtehen ſollte. Die bei der gaſtlichen Gelegenheit im Jahre
1869 geſchehenen Aeußerungen wurden nach dem Maaß der after-dinner
speeches gemeſſen.

So blieb denn nichts Anderes übrig, als die von der Geſetzgebung ge-
ſchenkten Steuern durch Richterſpruch zu reclamiren. Der Rechtsanwalt,
Herr J. G. Roſengarten, rieth in ſeinem Jahresbericht von 1871 zu einer
Klage gegen die Stadt Philadelphia und erhielt vom Verwaltungsrathe den
Auftrag, dieſen Weg einzuſchlagen.

Im Januar 1872 leitete Herr Roſengarten, unterſtützt von Herrn Jun-
kins, Namens der Geſellſchaft die Klage ein und machte darin folgende
Punkte geltend:

1. Die Steuern wurden erlaſſen zum Zweck der Wohlthätigkeit und
nicht zu Gunſten der Stadt, welche nicht den Vortheil der Steuerbefreiung
beanſpruchen kann.

2. Der Miethscontract wird nicht durch den Act der Aſſembly beein-
flußt, da die Stadt nicht mehr zu bezahlen hat, als zuvor; die Beſtimmung
des Geldes hat nur einen andern Zweck erhalten.

3. In Equity iſt die Geſellſchaft berechtigt an die Stelle der Stadtbehörden bezüglich der Steuern zu treten, welche früher zu Stadtzwecken ver-

wendet wurden, jetzt aber durch das Gesetz für wohlthätige Zwecke bestimmt sind.

Im März 1872 entschied der Richter Agnew in der Supreme Court für
Nisi Prius zu Gunsten der Deutschen Gesellschaft und sprach dieser den
Belauf der Taxen für 1869, 1870, 1871 sowie der künftig zahlbaren zu.

Hiergegen appellirte die Stadt und so kam der Proceß vor das Obergericht, welches zunächst einen Examiner, den Herrn James B. Roney (1. Mai
1872) ernannte. Der Bericht desselben ward am 21. März 1873 entgegen-
genommen und am 24. März beauftragte der Gerichtshof Herrn Roney, als
'Master' oder Referent in der Sache zu fungiren. Das zwei Jahre später
(24. Februar 1875) abgegebene Gutachten des Referenten ist wiederum zu
Gunsten der Deutschen Gesellschaft ausgefallen und bestimmt die derselben
zukommende Summe, nämlich das Aequivalent der für die Jahre 1869—74
zahlbaren Steuern nebst Interessen als neuntausend zweihundert dreiund-
achtzig Dollars und zweiundfünfzig Cents ($9283.52). Auch mit den Ko-
sten des Processes wird der Beklagte (die Stadt Philadelphia) belastet.

Ueber dies Referat hat nun der volle Gerichtshof zu entscheiden, nämlich
sobald die Reihe an den Fall kommt. Das Obergericht ist immer einige
Jahre mit seinen Geschäften im Rückstande, und erst nachdem alle vorher
entrirten Klagen überwunden sind, findet die der Deutschen Gesellschaft Berücksichtigung. Man braucht nicht beim Reichskammergericht in Wetzlar
practicirt zu haben, um von „Gesetz und Rechten" sagen zu können:

>„Sie schleppen von Geschlecht sich zu Geschlechte
>Und rücken sacht von Ort zu Ort."

Indessen, wie lange es auch währen möge, bis unsere Sache zur endlichen
Entscheidung vorrückt, die Zeit muß einmal kommen, und bestätigt alsdann
das Obergericht das Gutachten seines Referenten—wie wir es billiger Weise
erwarten dürfen — so fällt der Deutschen Gesellschaft eine schöne Summe
Geldes in den Schooß, womit sie viel Gutes wird ausrichten können.

Alsdann wird man sich auch jenes Banquets bei Proskauer, das jedem
deutschen Theilnehmer $15 und den Gas-Trustees Nichts kostete, ohne alle
Bitterkeit erinnern und lachend zugestehn, daß sich der Verwaltungsrath der
Deutschen Gesellschaft durch die schönen Reden seiner Gäste, der Gas-Liefe-
ranten, einmal „hinters Licht führen" ließ.

So weit hatten wir es mit der Geschichte der Körperschaft, mit dem Aufbau und Ausbau der äußeren Formen, mit dem Material und den Organen
der Gesellschaft zu thun.

Wir wenden uns nunmehr zur Betrachtung des Haupttheils, zur Geschichte
der Leistungen der Gesellschaft. Wie hat diese ihre Aufgabe erfüllt? Worauf

gründet sich ihr Anspruch auf Achtung und Vertrauen, ihre Anwartschaft auf Fortbestand und Zunahme? Um die Antwort auf diese Fragen klar und übersichtlich vorzulegen, erscheint es zweckmäßig, die einzelnen Thätigkeits-äußerungen, welche im Gesammtwirken der Gesellschaft zusammenlaufen, von einander zu scheiden. Wir werden finden, daß je nach Zeit und Umständen, die eine oder andere Richtung vorwaltete.

Es läßt sich nun die Wirksamkeit der Gesellschaft als eine vierfache beschreiben, nämlich:

1. Bemühungen für den Rechtsschutz der Einwanderer.

2. Sorge für deren Wohl durch Geldleistungen, Nachweis von Arbeit, freie Behandlung in Krankheit, Rath und sonstige Hülfe.

3. Veranstaltungen für Unterricht und Erziehung.

4. Gründung und Erhaltung einer Bibliothek.

Fünfter Abschnitt.

Rechtsschutz.

Wir geben diesem die erste Stelle, weil er der Hauptzweck bei der Gründung der Gesellschaft war und auch eine Reihe von Jahren verblieb.

Von den Zuständen, welche um die Mitte des letzten Jahrhunderts den
Transport der Einwanderer zu einem unseligen Seitenstück des Sklaven-
handels machten, von dem Pesthauche der vollgestopften Schiffe, der Ausbeutung der hülflosen Passagiere und vieler anderen Ungebühr ist in dem
einleitenden Abschnitte zur Genüge die Rede gewesen. Auch das ist bereits
erzählt, daß die Deutsche Gesellschaft durch eine kräftige und erfolgreiche
Vorstellung bei dem gesetzgebenden Körper der Colonie, ein am 18. Mai
1765 erlassenes Gesetz zum Schutz der Passagiere erwirkte, wodurch die
heillosesten Mißbräuche straffällig wurden.

Es lag nun der Deutschen Gesellschaft ob, darüber zu wachen, daß dies
Gesetz zur Ausführung kam und die Uebertreter zur Rechenschaft zu ziehen.
Dies geschah denn auch in vielen Fällen. Aber man darf den Nutzen der
Gesellschaft nicht etwa nach der Häufigkeit ihres Einschreitens bemessen wollen. Schon dadurch, daß sie bestand und offen aussprach, was sie wollte,
verhütete sie viel Unrecht; auch ohne daß sie handelnd auftrat, hielt sie ihre
schirmende Aegide über den Einwanderer.

Dies bemerkt bereits Pastor J. G. Kunze ausdrücklich in einer 1782 gehaltenen Festrede,*) welche ein lebhaftes Bild der Einwanderungszustände
vor der Stiftung der Deutschen Gesellschaft entwirft. Von den Thatsachen,
die er anführt, mußten die ältern Mitglieder der Gesellschaft noch aus persönlicher Erinnerung Kenntniß haben, und da Herr Kunze die Abstellung
dieser Mißbräuche mit dem Bestehen der Deutschen Gesellschaft in Verbindung setzt, so lassen wir ihn als einen wohl unterrichteten Zeugen in Betreff
des von der Gesellschaft ausgehenden Rechtsschutzes hier eintreten. Die
betreffende Stelle lautet:

„Auf manches Schiff wurden neunhundert Personen gethan, davon vier-

---

*) Abgedruckt in J. D. Schöpf's Reisen, Bd. I., p. 613 und Dr. E. Braun's
Mittheilungen aus Nordamerika, p. 440.

hundert vor Erreichung ihres Zieles starben. Im Lande wurden sie für ihre Fracht auf gewisse Jahre als Knechte und Mägde verkauft und die Summen, auf die sich gemeiniglich ihre Schuld belief, übertrafen alle Erwartung und Billigkeit. Fand sich nicht sogleich ein Käufer, so mußten sie ins Gefängniß. Starb Jemand auf der See, so schien es, daß der übrig gebliebene Geist beim Kaufmann doch noch immer zur Kost gegangen, denn der Rest der Familie mußte für die völlige Zahlung stehen. Starben Eltern den Kindern weg, so war das Meer der höllischen Lethe nicht ungleich, denn nachdem das Schiff herübergefahren war, hatte Jedermann die Umstände der Verstorbenen vergessen und die Kinder kamen um ihr Vermögen. Beim Verbinden der nun verkauften Dienstboten zur Knechtschaft für ihre Fracht, ging Alles gerichtlich, advokatenmäßig und englisch zu. Der Deutsche setzte seinen Namen unter eine englische Schrift, von der ihm vorher ein dabei Stehender eine landesmäßige freie Uebersetzung gab. Der Neuankommende versteht hier weder Sprache, noch Gesetz, noch Kunstwörter und ich habe von guten und ehrlichen Deutschen sehr vielfältige Betheuerungen gehört, daß ihnen ihre Verbindungsschrift anders ausgelegt worden, als sie sie befunden, nachdem sie Englisch gelernt.

„Die Deutsche Gesellschaft unternimmt nicht, alles Widrige zu heben, das mit dem Wegziehen aus der alten Welt in die neue verknüpft sein muß. Sie ist auch nicht im Stande, in der Art und Weise eine wesentliche Aenderung zu machen, wodurch der Schiffeigner überhaupt zu seiner Zahlung kommt. Allein sie ertheilt Rath und bringt auf Gerechtigkeit. Die hiesigen Landesgesetze sind gut, wenn ehrliche und unpartheiische Leute die Ausübung übernehmen und die Deutsche Gesellschaft hat schon besondere neue und vortheilhafte Gesetze veranlaßt, wie ich zuletzt noch erwähnen werde. Wenn die Deutsche Gesellschaft in Ansehung der neu ankommenden Landsleute auch gar keinen Geschäften sich unterzöge, so wäre sie vielleicht die einzige in der Welt, die blos durch ihr Dasein einem Lande nützlich ist. Der bloße Name und ihre durch den Druck bekannt gemachten Absichten sind Kaufleuten ein Besserungsmittel und Deutschen eine Ermunterung zum Hereinziehen in dies Land gewesen."

So weit Pastor Kunze. Es liegt uns nun ob, aus den Protokollen beizubringen, was die Gesellschaft zum Schutz der Einwanderer gethan. Es versteht sich von selbst, daß nicht jeder einzelne Fall zu erwähnen ist. Obendrein ermangeln die kurzen, geschäftsmäßigen Notizen gerade des Details, das für uns, ein Jahrhundert später, von besonderem Interesse wäre. Aber der ganze Hintergrund der Verhältnisse schimmert denn doch unverkennbar durch und selbst in den trockenen Protokollen offenbart sich ein bemerkenswerthes Stück amerikanischer Culturgeschichte.

In der September-Versammlung von 1765 wurde von Jacob Bärtsch berichtet, daß Capitän Smith seine deutschen Prssagiere habe zwingen wollen, in Hasenclever's Dienste zu treten, unter der Androhung, daß er sie sonst in den Schiffsraum „schmeißen würde, wo sie verrecken möchten." Ein besonderes Committee, bestehend aus L. Weiß, Jacob Bärtsch und dem Vicepräsidenten, Peter Miller, übernahm die Untersuchung der Angelegenheit. Zu derselben Zeit lief eine Beschwerde gegen John Dorn ein, nämlich, daß dieser einen ihm verbundenen Knaben unmenschlich behandle. Ein anderes Committee erhielt den Auftrag, sich des Falles anzunehmen, „damit gehörige Mittel zu des Kindes Besten mögen gebraucht werden."

Die erhaltenen Aufzeichnungen des Beamtenrathes heben mit dem Jahre 1770 an. Sogleich die erste Verhandlung hat es mit einem eigenthümlichen Gebrauche jener Zeit zu thun. Nämlich Johann Zimmermann und Frau klagen darüber, daß ihr vormaliger Dienstherr, Matthias Kopplin, ihnen das ausbedungene Freikleid vorenthalten habe. In den Dienstverträgen war in der Regel ausgemacht, daß der Dienstpflichtige bei seiner Entlassung ein Freiheitskleid (customary freedom suits) oder auch deren zwei erhalten solle. Manchmal wurde statt dessen eine gewisse Summe Geldes stipulirt. War der Herr gütig, so gab er seinem scheidenden Knechte auch wohl ein Pferd und der Magd eine Kuh zum Geschenk. Jener Matthias Kopplin war aber weder gütig noch gerecht und die Deutsche Gesellschaft brachte die Angelegenheit vor ein Schiedsgericht. Dieses sprach der Klägerin einen Schadenersatz von fünf Pfund Pennsylvanischen Geldes zu.

Ein ganz ähnlicher Fall ereignete sich in demselben Jahre noch einmal und wurde gleichfalls zur Zufriedenheit der Klage führenden Magd geschlichtet.

Nicolas Busing macht im Mai 1770 Anzeige, daß er drei Jahre über seine Zeit „verserved," d. h. zur Dienstbarkeit angehalten sei. Der Sachwalter L. Weiß und der Aufseher Christ. Ludwig erhielten den Auftrag, die Sache zu untersuchen.

Die meisten Klagen beziehen sich auf Versuche, dem Einwanderer für seine Ueberfahrt eine höhere Summe als die ausbedungene abzuschwindeln. — Darüber beschweren sich Andreas Weißert im October 1772 und Wittwe Christina Martin in demselben Monat. Hören wir, was für ein Klagelied letztere zu singen hat.

Im Sommer 1772 hatte sich die ganze Familie Martin, bestehend aus den Eltern und sechs Kindern, in Rotterdam auf dem Schiff Minerva eingeschifft. Die Kosten der Ueberfahrt, die für sechs volle „Frachten" 54 Guineen oder 91 Pfund 16 Schilling betrugen, sollten in Amerika auf gewöhnlichem Wege abverdient werden. Georg Martin hatte auch noch vierzig holländische Gulden vor seiner Abreise vom Rheder entlehnt, so daß sich seine Verbindlichkeit auf etwa 97 Pfund belief. Nun starb unterwegs zuerst das jüngste Kind, dann Martin selbst. Bei der Ankunft in Philadelphia kam noch das Kopfgeld für fünf Personen dazu und die Familie war nun mit £98, 12 sh. 1⅓ d. in der Schuld. Die drei erwachsenen Söhne „wurden ein jeder für 30 Pfund verkauft" und der Schwager der Wittwe, Jacob Kißner, der die jüngern Kinder zu sich nahm, gab den consignees Willing und Morris außerdem eine Schuldverschreibung von 10 Pfund, so daß die ganze Schuld mehr als getilgt war. Dennoch ließen die Herren Willing und Morris die Frau Martin auf fünf Jahre verkaufen. ("That nevertheless she being near forty-six years of age has been sold to John Brown for £22 6 sh. to serve him and his assignees for five years.") Diese wandte sich nun an die Deutsche Gesellschaft mit der Bitte, ihr Gerechtigkeit, nämlich Befreiung von dem ihr aufgenöthigten Dienstverbande zu verschaffen.

Die Herren Christoph Ludwig und L. Weiß übernahmen es, mit Willing und Morris zu verhandeln. Diese beriefen sich auf eine eigenhändige Verschreibung des verstorbenen Martin, woraus hervorgehn sollte, daß sie nicht zu viel genommen hätten. Eine Abschrift ihrer Rechnung verweigerten sie indeß zu geben. Die Sache schien sich in die Länge ziehn zu wollen; da ging der Präsident der Deutschen Gesellschaft, der Greis H. Keppele, zu Morris und redete ihm ins Gewissen, er möge doch Erbarmen mit der armen verlassenen Wittwe haben. Das schlug an. Das Protokoll schließt mit den Worten: „und er thäte die Wittwe frei gehen lassen."

Auch an Beispielen herzloser Grausamkeit, welche sich Capitäne gegen deutsche Passagiere erlaubten, fehlt es nicht.

Im September 1773 berichtet Herr Peter Dick, der damalige Diaconus der Gesellschaft, daß nach der Aussage Johann Ziegler's die Passagiere auf Capitän Brison's Schiff drei Tage lang ihre Schiffskost nicht erhalten hätten. Als Ziegler im Namen aller Passagiere den Steuermann darum anging, ließ dieser mit Wissen und Betheiligung des Capitäns ihn in den untern Theil des Schiffes bringen, in Ketten schließen und so eine ganze Nacht gefesselt liegen. Christoph Ludwig und Peter Dick erhielten den Auftrag, sich der Leute anzunehmen und nöthigen Falls mit Proviant zu versehen.

Starben die Eltern (und bei dem Zustande des Zwischendecks hielt der Tod fast bei jeder Ueberfahrt eine reichliche Ernte) so mochten die Kinder zusehen, wie sie in den Besitz der Hinterlassenschaft kamen. Im October 1773 wurde dem Verwaltungsrath angezeigt, daß auf dem Schiffe des Capitän Gill "Charming Molly" zwei Waisen wären. Ein Neuländer habe die Schlüssel zu den Kisten und bediene sich der darin enthaltenen Sachen nach Belieben. Christoph Ludwig und Hr. Hagner wurden vom Verwaltungsrath auf das Schiff gesandt, um den Kindern Beistand zu leisten. Der brave Bäcker Ludwig war immer bereit, dem Rufe der Menschenliebe zu folgen.

Die an und für sich hohen Fahrpreise wurden durch die Commissionen an die „Neuländer," die hohen Forderungen für Lebensmittel und den Wucher-zins (25 Procent) auf vorgeschossenes Geld, noch beträchtlicher. Eine darauf bezügliche Klage gegen Capitän Demster kam 1773 vor den Verwaltungs-rath; H. Keppele und M. Schubart untersuchten die Rechnungen und er-wirkten einen Abzug.

Aus demselben Jahre findet sich in den Protokollen ein Beleg zu dem öffentlich gerügten Mißbrauche, Passagiere mit Zurücklassung ihrer Habselig-keiten zu verschiffen. Der Capitän Regenstein brachte Leute, deren Koffer und Kisten in Amsterdam zurückgeblieben waren. Die Beamten der Gesell-schaft wurden angewiesen, den Klagestellern allen möglichen Vorschub zu lei-sten. Ludwig Weiß war damals der Anwalt der Gesellschaft und solche Fälle mögen ihn veranlaßt haben, die an einem andern Orte (p. 33) mit-getheilte Vorstellung an den Gouverneur zu richten.

Gegen den vorhin erwähnten Capitän Brison beschwerten sich im folgen-den Jahre (1774) die Passagiere wegen Erpressung. Statt der bedungenen 15 Pfund 6 Schilling Pennsylvanischen Geldes verlangte er 18 Pfund 10 Schilling für jeden Passagier.*) Die Deutsche Gesellschaft brachte die Sache vor ein Schiedsgericht†), welches die Passagiere zwar vor der Ueberforde-rung schützte, dem Capitän aber 20 Procent Aufschlag für vorgeschossenes Geld als reasonable profit zuerkannte. Auch hatte die Deutsche Gesell-schaft sich dazu verstehen müssen, die bereits gemachten Zahlungen von der schiedsrichterlichen Entscheidung auszunehmen.

Die der Revolution vorangehenden Unruhen drückten die Einwanderung herunter und mit dem Ausbruche des Unabhängigkeitskrieges kam dieselbe zu völligem Stillstande.‡) Damit ergab sich dann von selbst eine zeitweilige Pause in den Hülfsleistungen der Deutschen Gesellschaft.

Dennoch hatte sie wenigstens einmal Gelegenheit ein ungerechtes Dienst-verhältniß aufzulösen. Wilhelm Conrad, von seinem Landesvater, dem Landgrafen von Hessen, an die englische Regierung verkauft, emancipirte sich, wie so mancher hessische Soldat, durch Flucht, wurde aber bald darauf

---

*) 15 Pfund 6 Schilling betrug so viel wie 9 Guineen. Der Fahrpreis zu jener Zeit war etwa 60 Procent höher als jetzt in Dampfschiffen bei besserer Kost und größerer Bequemlichkeit. Dennoch versuchten die Schiffseigenthümer und Capitäne aus den armen Passagieren einen noch höheren Preis herauszuschinden, wofür diese sich auf eine entsprechend längere Zeit in Knechtschaft verkaufen lassen mußten.

†) Das Schiesgericht bestand aus den Herren: Joseph Swift, Thomas Wharton, William West, Peter Chevalier und Joseph Howell.

‡) In Rupp's "Thirty thousand names" sind für das Jahr 1773 fünfzehn in Philadelphia mit deutschen Passagieren eingelaufene Schiffe verzeichnet; für 1774 deren sechs und für 1775 nur zwei.

(1780) — unter welchem Vorwande, wiſſen wir nicht — zum zweiten Male verhandelt und zwar an John Mifflin in vierjährige Knechtſchaft. Das war ihm doch gegen den Strich und er klagte der Deutſchen Geſellſchaft ſeine Noth. Dieſe brachte den Fall durch Ludwig Weiß und Jacob Lawersweiler vor's Gericht und erwirkte die Freiheit des Mannes.

Nach dem Friedensſchluſſe (1783) nahm Schifffahrt und Paſſagier-Beför= berung einen neuen Aufſchwung, und Anläſſe, die Einwanderer in ihren gerechten Anſprüchen zu ſchützen, boten ſich ſogleich wieder dar.

Die Losreißung der Colonien vom Mutterlande gab dieſen nicht allein ſtaatliche Unabhängigkeit, ſondern ſchuf auch einen neuen Rechtsboden für viele der inneren Verhältniſſe. An die Stelle der alten Charters traten nunmehr Verfaſſungen. Pennſylvanien nahm eine ſolche im Jahre 1776 an.

Wir haben hiervon Notiz zu nehmen, weil in Folge dieſer Neugeſtaltung der den Einwanderern bis dahin geleiſtete Schutz einen ernſtlichen Abbruch erlitt, ſo daß die Deutſche Geſellſchaft ſich veranlaßt ſah, die Legislatur des Staates Pennſylvanien um einen verbeſſernden Zuſatz zu den ältern Ge= ſetzen anzugehn.

Unter dem Freibrief der Stadt Philadelphia, der im Jahre 1776 in Folge der Revolution erloſch, war es die Sache des Mayors, alle auf die Einwan= derung bezüglichen Maßregeln zu überwachen und zu ordnen. In ſeinem Büreau wurden die Ankömmlinge regiſtrirt, und die Contracte mit deren Dienſtherren ausgefertigt. Nun aber gab es von 1776 bis 1789 keinen Mayor, und die Stadtregierung wurde während dieſer Zeit von verſchiede= nen Behörden ausgeübt. Die Folge davon war, daß in Sachen der Ein= wanderung die größte Unordnung einriß und der ſchreiendſten Willkür Thür und Thor offen ſtanden. Das Regiſtriren hatten die Friedensrichter über= nommen, ohne daß ſie geſetzliche Autorität dazu hatten; ſie handelten ganz nach Belieben, und ohne Einverſtändniß mit einander.

Dieſe Mißſtände kamen in der Deutſchen Geſellſchaft 1784 zur Sprache. Es lag auf der Hand, daß die alten Geſetze ungenügend und unwirkſam ge= worden waren. Daher erging im Frühling 1785 an die Legislatur eine Bittſchrift, welche die Mängel der beſtehender Einrichtung darlegte und Ab= hülfe begehrte.

Die Eingabe an die Legislatur hebt mit einer gedrängten Ueberſicht der bisherigen Geſetzgebung in Bezug auf die Einwanderer an. Mit Ausnahme des von der Deutſchen Geſellſchaft im Jahre 1765 veranlaßten Geſetzes war wenig genug für deren Schutz geſchehen.

Anfänglich ſei es eher darauf abgeſehen geweſen die Einwanderung zu be= ſchränken als zu begünſtigen. Den 19. April 1728 ſei ein Beſchluß gefaßt des Inhalts, daß die große Zufuhr von Ausländern, die einem fremden Fürſten unterthan ſeien, zu einander hielten und eine fremde Sprache rede=

ten, mit der Zeit für den Frieden der Provinz gefährlich werden könnte. In diesem Geiste seien denn auch die im Mai 1729 angenommenen Gesetze abgefaßt, welche eine Eingangssteuer von 40 Shilling auf Neger und 40 Shilling auf Ausländer, dagegen 20 Shilling auf irländische Dienstboten gelegt habe.*)

Es sei der Mayor ermächtigt worden, von den Umständen und dem Charakter der Einwanderer Einsicht zu nehmen, ihnen die Erlaubniß zum Landen zu ertheilen oder zu verweigern und die Gelandeten als Dienstpflichtige zu verkaufen. Keine Rücksicht sei darauf genommen, ob der Mayor Deutsch verstehe oder nicht. Bei den Verhandlungen sei es zugegangen, als wären alle taubstumm; man habe sich durch Pantomimen verständigt. Von sämmtlichen Mayors hätten nur zwei Deutsch verstanden und gerade diese zwei wären am Handel mit importirten Deutschen betheiligt gewesen, daher ungeeignet, als gerichtliche Personen die Bedingungen des Verkaufs zu überwachen. Die deutschen Namen seien oft bis zur Unkenntlichkeit entstellt;†) es sei eine gewöhnliche Bemerkung gewesen: "any thing would do for the name of a Dutchman." Oft genug wären diese armen Dienstleute mit ihren neuen Herren aus der Office des Mayors getreten, ohne zu wissen, mit wem und wohin sie gingen, oder was ihr Dienstcontract besage. Die Folge davon seien laute Klagen, Fluchtversuche, ja Selbstentleibungen gewesen, namentlich wenn sie gesehen hätten, daß sie bei ihrer Ankunft in diesem Lande betrogen waren. Nicht einmal seien die Listen, wie es das Gesetz erheische, dem jedesmaligen Nachfolger im Amte überliefert worden.

Was von den Mayors gelte, treffe in demselben Maße die Friedensrichter, welche die Functionen Ersterer übernommen hätten. Es bestehe gar keine gesetzliche Bestimmung darüber, welchem Beamten die Registratur der Einwanderer zukomme. Es werde daher die Legislatur ersucht, in Gemäßheit mit den dargelegten Erfordernissen eine Registratur der Einwanderer anzuordnen und dabei auf deren Schutz vor Uebervortheilungen in Folge ihrer Unkenntniß des Englischen, Rücksicht zu nehmen.

Diese Vorstellung der Deutschen Gesellschaft fand bei der gesetzgebenden Körperschaft gebührende Berücksichtigung. Ein Gesetz vom 8. April 1785 verfügte, daß ein Bureau zur Registrirung deutscher Einwanderer in Philadelphia errichtet werde und knüpfte die Anstellbarkeit zu diesem Amte an eine hinreichende Kenntniß der englischen und deutschen Sprache. Der Registrator wurde außerdem befugt, die Dienstcontracte der deutschen Einwanderer, womit sie die Kosten ihrer Ueberfahrt ausglichen, zu legalisiren und die Gesetze, welche das Landen der Einwanderer betreffen, zur Ausführung zu bringen.

---

*) Dies ist nicht ganz genau. Siehe über den Thatbestand p. 20.
†) Dazu liefern Rupp's Thirty thousand Names nur zu zahlreiche Belege.

Der Erste, welcher diese Stelle bekleidete, war Oberst Ludwig Farmer, in jenem Jahre (1785) Vicepräsident und in den beiden folgenden Präsident der Deutschen Gesellschaft. Spätere Registratoren der Passagiere, die sich bei ihrer Ankunft verdingen ließen, waren die Herren Peter Miller, Andreas Geyer (Amtsantritt 1794), Joh. Keehmle (1818), Andreas Leinau und Jacob F. Hockley. Nur letzterer war kein Mitglied der Deutschen Gesellschaft. Die Bücher, welche die Registratoren führten, befinden sich jetzt im Besitz des Herrn B. F. Hockley, eines Bruders des Letztgenannten. Sie geben eine lehrreiche Einsicht in das Detail des Systems. Diese Verzeichnisse heben mit Mai 1785 an; der letzte Contract (eine Uebertragung an einen andern Herrn) ist datirt den 1. Dezember 1831. Aber von 1820 an kommen die Verdingungen nur in sehr geringer Anzahl vor. Während sich für 1819 noch 255 verzeichnet finden, giebt es für 1820 nur 35 und in den elf Jahren von 1821 bis 1831 nur 34 solcher Contracte. Das Redemptionersystem brach also um 1820 zusammen, nicht in Folge gesetzlicher Hindernisse, sondern veränderter Zeitumstände.*)

Die gewöhnliche Form dieser Dienstbriefe ist die folgende:

Dieser öffentliche Contract (indenture) bezeigt daß............................
von freyen Stücken und mit seines Vaters Einwilligung sich als Diener verpflichtet hat dem A. B. von Philadelphia wegen den achtzig Thalern bezahlt an Capitän N. N. für die Ueberfahrt von Amsterdam, wie auch aus andern Gründen hat sich der genannte .... verpflichtet und überlassen und überläßt sich auch durch gegenwärtige Verbriefung als Diener an den A. B. um ihm, seinen Vollziehern, Verwaltern und Agenten vom heutigen an für und auf volle Zeit von drey Jahren von nun an gerechnet. Während welcher ganzen Zeit der genannte Diener seinem genannten Herrn, dessen Vollziehern, Verwaltern und Agenten treulich und gehorsam dienen wird, wie es einem guten und redlichen Diener geziemt. Und der genannte A. B., seine Vollzieher, Verwalter und Agenten sollen während dem besagten Zeitraum dem genannten Diener verschaffen und reichen hinreichende Speise, Trank, Anzug, Wäsche und Wohnung, ihm auch sechs Wochen lang Schulunterricht geben lassen in jedem Jahre seiner Dienstzeit, und am Schluß derselben ihm belassen zwei vollständige Ankleidungen, wovon eine neu. Und für die genaue Haltung haben beyde benannte Theile sich gegen einander durch diese Urkunde festiglich verbunden. — Zur Beglaubigung haben sie es wechselseitig mit eigner Handschrift und Siegel versehen.

Datirt den............................ a. d. 18......

Verpflichtet von..... ....

---

*) Ein Gesetz vom 9. Februar 1820 verfügte, daß die auf Lehrlinge bezüglichen Erlasse sich auch auf die redemptioners oder Käuflinge erstrecken sollten.

Nach dem Friedensschlusse von 1783 hob sich die Einwanderung und blieb bis zum Anfang der neunziger Jahre ziemlich lebhaft. Klagten die Passagiere über erlittenes Unrecht, so begab sich seitens der Deutschen Gesellschaft ein Committee an Bord, um die Sache zu untersuchen. Wir führen einige Belege dazu aus den Protokollen hier an.

1784. Januar. Mehrere Passagiere des Schiffes Paragon, welches bei Marcus Hook lag, hatten das Schiff ohne Erlaubniß des Capitäns verlassen, um der Deutschen Gesellschaft ihre Beschwerden vorzulegen. Es wurden contractwidrige Forderungen an sie gestellt, und sie litten sehr von der Kälte. Der Anwalt der Deutschen Gesellschaft ging mit den Leuten zu Herrn Fitzsimmons, an welchen das Schiff consignirt war, und konnte in der nächsten Versammlung berichten, daß dieser die Einwanderer „mit Vergnügen befriebigt" habe.

In ähnlicher Weise sorgte im Juli 1784 ein Committee (L. Farmer, G. Walder und Peter Kraft) dafür, daß die deutschen Passagiere des Schiffes Bloodhound gegen Uebervortheilung geschützt wurden.

Im September desselben Jahres ließ Herr Bibble zwei Deutsche wegen unbezahlter Fracht ins Gefängniß stecken. Das kam in früherer Zeit oft vor, wenn sich nicht gleich Käufer fanden, und die Deutsche Gesellschaft hatte sich dann ins Mittel zu schlagen. Mit der Freiheitsberaubung war gewöhnlich auch schlechte und unzureichende Kost verbunden. In diesem Falle setzte es das an Herrn Bibble abgesandte Committee (Weckerly und Kämmerer) durch, daß den Gefangenen bessere Nahrung verabreicht und ihr Fahrpreis um ein Drittel ermäßigt wurde.

Im März 1785 schickte Caspar Kurtz, ein unlängst angekommener Deutscher, eine Bittschrift ein, worin er vorstellt, daß die Kaufherrn Donaldson und Wallace ihn seiner Fracht wegen ins Gefängniß gelegt haben und daß er nun sehr krank ist. Er „bittet flehentlich," daß sich die Gesellschaft seiner gütigst annehmen möge. — Vier Beamte, nämlich die Herren L. Farmer, M. Schubart, P. Ozeas und J. Keimle wurden beauftragt, das Nöthige zu thun.

Zu derselben Zeit klagen die Passagiere eines andern Schiffes über die große Kälte, die sie auf dem Schiffe zu leiden haben und bitten um Einquartierung in einem Hause. Ihre dreißig Tage wären bald vorüber*) und dann würde ihnen Kostgeld angerechnet. Der Beamtenrath beschloß, sich der Leute anzunehmen und die entstehenden Unkosten aus der Gesellschaftskasse zu brzahlen.

Aehnliche Fälle kamen öfter vor. Im Jahre 1798 erbarmte sich Heinrich Drinker mehrerer Passagiere, die sich auf dem Schiffe John, Capitän Folger,

---

*) So lange hatten sie Anspruch auf freie Beköstigung auf dem Schiffe.

„in betrübten Umständen" befanden. Er verschaffte ihnen während des kalten Winters Obdach, bis sich Leute fanden, die ihre Fracht bezahlten, natürlich für einen Dienstvertrag. Es traf sich auch wohl, daß sich Einwanderer hartnäckig erwiesen und keinen Dienstherrn begehrten. Solchen war dann nicht zu helfen; sie mußten im Gefängniß lernen, wie mißlich es ist, gegen den Stachel zu lecken.

Für Manchen mochte es beim besten Willen nicht leicht sein, einen Markt für seine Fähigkeiten zu finden. So bittet im September 1785 Friedrich Wilhelm Marcus, der auf der Universität Wittenberg studirt hatte, die Deutsche Gesellschaft möge ihn doch „von dem Schiffe losmachen" oder ihm eine Condition verschaffen. Er wolle sich zur Rückzahlung verpflichten. — Wer mochte auch einen Studenten kaufen? Der Pfarrer der Zionskirche, Dr. Helmuth, wurde ersucht, „sich dieses Gelehrten anzunehmen."*) In demselben Monate erschien die Frau eines Silberschmieds, Fr. W. Guthe, und jammerte, daß ihr Mann vom „Kaufmann" der Fracht wegen in's Gefängniß gesetzt sei und nicht genug zu essen bekomme. Die Frau eines Bauern, Peter Röbers, welche ihrer Niederkunft entgegen sah, klagte gleichfalls, daß man ihren Mann eingesteckt habe und sie nun hülflos dastehe. — Die Deutsche Gesellschaft nahm sich beider Fälle an.

Noch öfter wurde die Deutsche Gesellschaft um Beistand angegangen, wenn die Passagiere glaubten bei der Berechnung ihres Fahrgeldes geprellt zu sein. 1785. März. Jacob Kayser und Andere stellen vor, daß der Kaufmann Wallace ihnen anstatt 11 Guineen 24 Pfund und etliche Shilling berechne. P. Ozeas und Wecker wurden als Committee deputirt.

1785. Ein junger Bursch auf dem Schiff Oloff beklagt sich, daß ihm statt des halben Fahrgeldes, wie ausbedungen, das ganze abverlangt werde und er auf seine Weigerung in's Gefängniß gesetzt sei. Die Gesellschaft ließ den Capitän durch die Rechtsanwälte Sergeant und Jngersoll verklagen und das Gericht entschied zu Gunsten des Jungen.

1785. September. Die Passagiere des Schiffes Adolph, Capt. Clarkson, beschweren sich über schlechte Beköstigung. Es wurde Abhülfe geschafft. Im November desselben Jahres heißt es wiederum: Johannes Keßler und Adam Kerber vom Schiff Adolph, Bauerleute, klagen und begehren Lebensmittel, damit sie nicht Hungers sterben." P. Kraft und M. Schubart wurden beauftragt, sich der Leute anzunehmen

---

*) Wenn auch selten, mochte es dennoch vorkommen, daß ein Gelehrter einen Käufer fand. Der Pfarrer der Zionskirche, Herr J. Kunze, sicherte sich auf diesem mercantilen Wege einen Gymnasiasten, der sich zum Prediger entwickelte. „Herr Lehmann wurde von Herrn Pastor Kunze frey gemacht und aufgenommen und, weil er einen Anfang in humanioribus auf Schulen gehabt, weiter zubereitet und als Präceptor am Seminario gebraucht, auch nebenbey in der Theologie unterrichtet. (Hall. Nachrichten p. 1414.)

Die Vertreter der Gesellschaft fanden sich bei solchen Gelegenheiten öfters zu einem gerichtlichen Verfahren genöthigt. Der Beistand von Advocaten ist aber ein kostspieliger Artikel und es war daher sehr liebenswürdig, daß zwei geschickte Rechtsanwälte, die Herren Wm. Rawles und Wm. Barton ihre Dienste der Gesellschaft unentgeldlich zu Gebote stellten (1787). Es wurde ihnen dafür auf's verbindlichste gedankt.

Der Schutz, zu dessen Uebung die Gesellschaft angesprochen ward, bezog sich übrigens nicht immer auf die Tasche. Auch der Rücken bedurfte dessen. Im Frühling 1794 langte das Schiff John von Amsterdam mit deutschen Passagieren an, welche bittere Klagen über die erlittene Behandlung vorbrachten. Der Capitän, er hieß Wilhelm Whitwell, habe ihnen nicht allein den Proviant verkürzt, sondern drei Frauen körperliche Züchtigung ertheilen lassen. Sobald der Anwalt der Gesellschaft von dieser Brutalität Kunde erhielt, leitete er gegen den Capitän eine Klage ein. Das Gericht der Common Pleas ernannte drei Commissaire zur Abgabe eines Entscheids. Diese verurtheilten den Prügel=Capitän zu einem Schadenersatz von $25, worin sich die drei Frauenzimmer theilten. Das war allerdings ein billiges Abkommen, aber diente doch zur Erinnerung, daß dergleichen pöbelhafte Ausbrüche von Zorneslaune nicht ganz unbestraft hingingen.

Auch nachdem der Einwanderer hier untergebracht war, fand die Deutsche Gesellschaft Veranlassung, für seinen Schutz aufzutreten. Nicht immer ging in dem Dienstverhältnisse Alles eben her und Klagen über schlechte Behandlung waren nicht selten. Es folgen hier einige Belege aus den Protokollen. Unter dem Datum vom 26. August 1785 wird berichtet:

„Erstens kam Joh. Martin Ottinger, beklagte sich über seinen Meister Fried. Kisselman in Burlington, daß dieser ihn barbarisch behandelt, mit dem dicken Ende der Peitsche geschlagen, auch mit einer Schaufel, daß ihm das Blut vom Kopf und aus einem Ohr gelaufen und ihm drohte, er wolle es ihm noch ärger machen. Auch ist er lahm an der Hüfte, weiß aber nicht ob es vom Schlagen oder Fallen gekommen."

Der Verwaltungsrath gab den Mann in Verpflegung und beauftragte ein Committee (M. Steiner, M. Schubart und Peter Kraft) den Weg des Gesetzes zu beschreiten, und „allen möglichen Fleiß anzuwenden" um dem Manne zu helfen.

Im Jahre 1788 klagt Joh. Seitz, daß ihn sein Meister W. Coates unmenschlich behandle. Auf Vermittlung der Gesellschaft ward er an einen andern Herrn verkauft.

Im März 1790 schritten einige Mitglieder bei einem ähnlichen Falle ein und lösten das drückende Verhältniß. 1793 nahm sich die Gesellschaft einer Frau, Barbara Hain, an, die von ihrem Herrn öfters mißhandelt wurde. Er mußte drei Pfund Strafe bezahlen und Bürgschaft geben. Später verstand er sich dazu, sie an einen Andern für 20 Pfund abzutreten. Die Deutsche Gesellschaft gab dazu fünf Pfund. 1796 erhielten Blumner und Busch durch den Beistand der Gesellschaft das ihnen zukommende Geld nebst Zinsen. 1798 findet sich folgender Bericht über einem Beschwerdefall protokollirt:

„Das Committee, welches in der letzten Versammlung beauftragt wurde, die Zwistigkeiten des Herren Ellis und seines Serben zu untersuchen, stattete folgenden Bericht ab: Daß sie die Sache genau untersucht haben und überzeugt sind, daß unter den obwaltenden Umständen es besser sei, den Zwiespalt in Güte beizulegen. Herr Ellis, auf Verlangen des Serben und wegen der friedlichen Beilegung des Zwiespaltes, verschrieb die Indenture (Dienstcontract) an Herrn Johannes Hay, ein Mitglied dieser Gesellschaft, wo der Serbe nun ist und sich gänzlich vergnügt befindet."

Unterzeichnet von Johannes Singer, Georg Klähr, Isaac Wampole.

Im Jahre 1802 erhielt ein Deutscher, Namens Schultz, der körperlich mißhandelt war, den Beistand des Anwalts und durch diesen eine Schadloshaltung von $20.00. — Auf ähnliche Vermittlung sprach das Gericht der Elisabeth Hartmann $30.00 und ihr „Freiheitszugehör" zu.

1803 ward Jos. Zehner durch richterlichen Entscheid von zu langer Dienstzeit frei gesprochen.

1804 ernannte der Präsident ein Committee, um die Gesetze zum Schutz der Einwanderer zu prüfen und Vorschläge zu Verbesserungen zu berichten.

1805 nahm sich die Gesellschaft zweier Käuflinge an, die sich über schlechte und ungerechte Behandlung beschwerten.

Im Ganzen waren die Rechtskränkungen die vom Anfang des Jahrhunderts bis gegen 1816 zur Kenntniß der Gesellschaft kamen, keine bösartigen. Es waren Uebertretungen wie sie in der einen oder andern Gestalt stets vorkommen werden. Mit der Abnahme der Einwanderung hörten auch die ernstlicheren Beschwerden auf; wir werden sehen, daß bei größerem Zudrang die alte Barbarei auf dem Meere in ihrer ganzen Häßlichkeit wieder zum Vorschein kam.

Trübsale auf dem „General Wayne."

Ein Vorspiel dazu liefert bereits das Jahr 1805. Der Fall, welcher sich der Jurisdiction unseres Staates entzog, gehört allerdings nur insofern hierher, als die Deutsche Gesellschaft davon Kenntniß nahm. Das betreffende Schiff. „General Wayne," Capitän Conklin, war von Hamburg nach New York bestimmt und lief in Perth Amboy ein. Die Passagiere, welche über äußerst grausame Behandlung des Capitäns gegen sie Klage führten, wandten sich an unsere Deutsche Gesellschaft und erwarteten von ihr, daß sie den Capitän zur Rechenschaft ziehen werde. In der Beamtenversammlung vom 11. April erhielt demnach Andreas Geyer jun., den Auftrag, sich

nach Perth Amboy zu begeben, um an Ort und Stelle Erkundigungen ein=
zuziehen. Dieser traf in Amboy ein, gerade als das Schiff „General
Wayne" die Anker lichtete und nach New York abfuhr. Die Passagiere be=
fanden sich im Gefängniß, ohne übrigens strengerer Haft unterworfen zu sein.

Hier besuchte sie der Delegat der Deutschen Gesellschaft und vernahm haar=
sträubende Dinge. Das Aussehen der Passagiere, schreibt er, bestätigte in
schrecklicher Weise die erhobenen Anklagen. Es schien, als schaue ihnen der
Tod aus den Augen. Geyer erfuhr von ihnen, daß sie von Hamburg nach
Tönningen in Schleswig gereist und dort mit Capitän Conklin wegen ihrer
Passage auf dem „General Wayne" übereingekommen waren. Zwei Wochen
nach ihrer Abfahrt lief das Schiff in einen englischen Hafen nahe bei Ports=
mouth ein und hielt sich daselbst vier Wochen auf. Während dieser Zeit
kam ein englischer Werbe=Agent an Bord und der Capitän versuchte, die
Passagiere zum Eintritt in John Bull's Dienste zu überreden. Es lief also
auf einen handgreiflichen Seelenverkauf hinaus. Zehn Männer ließen sich
auch in der That willig finden und zwar weil sie fürchteten, der Proviant
werde nicht bis New York reichen. Einer dieser Recruten war verheirathet
und ließ Weib und Kind auf dem Schiffe im Stich.

Ehe das Schiff den Hafen verließ, kam der Werbe=Officier nochmals an
Bord, um nach Recruten zu fischen. Der Steuermann rief in Gegenwart
des Capitäns vier oder fünf Passagiere mit Namen auf und gebot ihnen, dem
Officier zu folgen. Als sie sich weigerten, faßten Capitän und Steuermann
einen derselben, Namens Vogel, und warfen ihn gewaltsam in das Boot des
Engländers. Doch gelang es ihm, sich los zu machen und auf das Schiff
zurück zu flüchten, wo er sich unter dem Deck versteckte. Er wurde gefunden,
hervorgezogen und überwältigt. Aber der brittische Officier war nicht ge=
neigt, unter solchen Umständen Recruten abzuführen und versicherte, nur auf
bringende Einladung des Capitäns sei er überhaupt gekommen. So blieben
die Uebrigen denn an Bord. Das Mißlingen seines Anschlags versetzte den
Capitän Conklin in üble Laune und er ließ die Passagiere ihre Widerspenstig=
keit entgelten. Er entzog ihnen Alles, das ihnen zustand, außer Brod und
Fleisch und von diesen gab er ihnen sehr kleine Rationen, zwei Schiffszwie=
backe und ein achtel Pfund Fleisch. Nach zwei bis drei Wochen machten sie
dagegen Vorstellungen, aber ohne Erfolg. Durch das Jammern der Kinder
nach Brod und eigenen Hunger getrieben, erbrachen einige Leute den Ver=
schluß, wo das Brod war und nahmen davon. Dies kam heraus und die
Uebertreter erhielten zur Strafe kräftig applicirte Hiebe auf den bloßen
Rücken. Bald darauf wurde die geringe Kost noch geschmälert, das Brod
auf die Verabreichung eines Schiffszwiebacks beschränkt, und einmal sogar
ein vollständiger Fasttag eingeschaltet. Die Lage der Elenden war eine ent=
setzliche, jeder Knochen auf dem Schiffe ward hervorgesucht, zerstoßen und

zur Stillung des nagenden Hungers verwendet. Vor Erschöpfung fast ohn-
mächtig, krochen diese Jammergestalten zum Capitän und gingen ihn flehentlich um einen Bissen Brod an; er hatte kein Ohr für ihre Bitten. Fünfund-
zwanzig seiner Passagiere sah der Unmensch sterben, darunter zehn Säuglinge, die an der versiegten Mutterbrust keine Nahrung fanden; ihr Wim-
mern ward als herzzerreißend geschildert.

Als Andreas Geyer diese schrecklichen Dinge vernommen, reiste er nach
New York und erzählte dem Präsidenten der Deutschen Gesellschaft, Philipp
J. Arcularius, was nach der übereinstimmenden Aussage der Passagiere
vorgefallen war. Arcularius berief den Beamtenrath und dieser beauftragte
ein besonderes Committee, in der Sache weiter zu handeln und den Capitän
Conklin zur Verantwortung zu ziehen.

Eine Anfrage bei der New Yorker Deutschen Gesellschaft über den Verlauf des Falles führte zu keinen Aufschlüssen, da die darauf bezüglichen
Papiere vermuthlich zu denen gehören, die durch eine Feuersbrunst zerstört
wurden.

Gesetz über Schulunterricht 1810.

Da Minderjährige eben so wohl wie Erwachsene die Kosten ihrer Ueberfahrt durch Leistung persönlicher Dienste abzutragen pflegten, so kam es nicht
selten vor, daß rücksichtslose Herren die ihnen übergebenen Kinder ohne allen
Schulunterricht aufwachsen ließen. Um so mehr Arbeit konnte den Unmündigen ja dann aufgebürdet werden. In der Jahresversammlung der Deutschen Gesellschaft von 1809 kam diese tadelnswerthe Ausbeutung jugendlicher
Käuflinge zur Sprache und ein Committee, bestehend aus dem Präsidenten
und den beiden Sekretären wurde beauftragt, bei der Legislatur von Pennsylvanien auf gesetzliche Abhülfe anzutragen.

Diesem Begehren entsprach die Legislatur durch Annahme eines am 19.
März 1810 unterzeichneten Gesetzes, welches bestimmte:

„Daß alle Herren und Herrinnen deutscher minderjähriger Käuflinge, diesen während ihrer Dienstzeit jährlich sechs Wochen Schulunterricht ertheilen
lassen sollen und daß der Registrator deutscher Passagiere angewiesen sei,
solches im Dienstcontracte ausdrücklich zu bemerken."

Sechs Wochen aus zweiundfünfzig war allerdings eine sehr bescheidene
Spanne Zeit. Es konnte eben nur auf das Beibringen von Lesen, Schreiben
und der vier Species abgesehen sein, aber auch dies geringe Zugeständniß
war immerhin besser als die Fortdauer der alten Willkür.

Siebenzehnjährige Knechtschaft. Aus derselben Zeit steht ein Fall
verzeichnet, der einen traurigen Beleg zu den Enormitäten gesetzlich bestehender Zustände liefert.

Im Mai 1810 rief ein Deutscher, Namens Frederickson, die Hülfe der
Deutschen Gesellschaft an, um von seinem Herren, Thomas Leiper, dem er

beinahe siebenzehn Jahre gedient, frei zu kommen. Ein Committee, bestehend aus dem Schatzmeister David Seeger und dem Anwalt Caspar Rehn, wurde beauftragt, sich nach dem Sachverhalt zu erkundigen und dem Gekränkten Recht zu verschaffen. Die Angelegenheit kam vor die Mayor's Court und endete mit folgendem Urtheil: Daß der Kläger seine in der Indenture genannte Zeit ausdienen muß und daß ihm eine Geldstrafe von $20 auferlegt wird. Die Berichterstatter setzen hinzu: „Wenn die Beamten vernehmen, daß die Court den Taufschein und alles andere billige Zeugniß, welches sein Alter unstreitig bestätigen konnte, verworfen, so wird diese Entscheidung mit nicht so großer Entsetzung erfahren werden."

Frederickson war seines Dienstes so überdrüssig, daß er seine Entlassung (er hatte noch fünf Wochen zu dienen) durch Verzicht auf die gebräuchlichen Freiheitskleider erkaufte. Wie es zuging, daß über einen Einwanderer, sei sein Alter welches es wolle, siebenzehnjährige Dienstbarkeit verhängt wurde, darüber wird uns keine Aufklärung gegeben.

Bericht eines Fremden.

Uebrigens ist nicht zu übersehen, daß die Protokolle der Deutschen Gesellschaft — wie es ja nicht anders möglich ist — uns eben nur die Härten und düstern Seiten des Käuflingswesens vor die Augen führen. Um daher die Darstellung nicht zu einem Zerrbilde werden zu lassen, nehmen wir gern Gelegenheit, aus einem damals geschriebenen Buche eine Stelle herzusetzen, welche die dunkeln Schatten etwas mildert. Vielleicht war der Verfasser geneigt, die Zustände in einem zu rosenfarbenem Lichte erscheinen zu lassen, aber wir dürfen wohl zugestehen, daß nicht alle Dienstverhältnisse drückend waren. Es ist erfreulich, daß auch die Deutsche Gesellschaft in diesem Reisebericht eine so rühmende Erwähnung erhält.

„Damit aber diese dienende Klasse—erzählt ein Rheinländer—nicht vervortheilt, noch der Habsucht zum Raube, und ihr Schicksal so leicht als möglich gemacht werde, so sind auch jedesmal zwei Deputirte von der Deutschen Gesellschaft an Bord. Diese leiten die Unterhandlung zwischen dem Eingebornen und dem Fremden; durch ihre Vermittelung, wobei sie jederzeit für des Fremden Beste sorgen, wird ein Contract abgeschlossen, worin die Dauer der Dienstzeit, der Lohn und die sonstigen Vergütungen, wie auch die Behandlung auf das genaueste bemerkt werden. Dieser Contract wird in ein dazu bestimmtes Buch eingetragen, bei der Gesellschaft aufbewahrt; *) und der Brodherr, so wie der Dienende erhalten jeder eine Abschrift davon. Diese Art von Dienstverpflichtung hat übrigens nichts Beschwerliches oder Sclavenartiges; und ein solcher Dienender hat sich einer weit humaneren und bessern Behandlung zu erfreuen, als die Handwerksgesellen und andere Dienstboten

*) Das ist ein Irrthum.

in Deutschland gewöhnlich genießen. Er erhält nahrhafte und hinlängliche Kost, gemeiniglich am Tische des Brodherrn, bei dem Antritte des Dienstes, so wie auch am Ende desselben, doppelte Kleidung, einen Anzug für den Werktag und einen für den Sonntag, auch des Sonntags ein gewisses Taschengeld zu seinen Vergnügungen.

„Sollte es sich zutragen, welches aber selten der Fall ist, daß er sich über seinen Dienstherrn zu beschweren nöthig hätte, z. B. daß die im Contracte stipulirten Punkte nicht genau erfüllt würden, oder man ihm zu häufige und zu harte Arbeit auflegte, so darf er sich nur an die Deutsche Gesellschaft wenden, welche ihn in allen seinen Rechten treulich vertritt, seinen Beschwerden augenblicklich abhilft, oder ihn bei einem andern Herrn unterbringt.

„Nach Verlauf dieser Dienstzeit ist er sein eigner Herr, und kann sein Brod nach beliebiger Wahl suchen. Ein Künstler, z. B. Buchdrucker, Maler, Uhrmacher, Goldarbeiter u. dgl. kann meistens seine Schuld in einem Jahre abdienen; ein anderer Handwerker, als Schuhmacher, Schneider u. s. w. in anderthalb bis zwei, ein Landmann in zwei bis höchstens drei Jahren.

„Wo finden wir in Deutschland eine Anstalt, die sich ihrer verlassenen hülfsbedürftigen Landsleute, geschweige denn der Fremden mit solcher Großmuth, Menschenfreundlichkeit und Uneigennützigkeit annimmt?" (Reise eines Rheinländers durch die Nordamerikanischen Staaten, Frankfurt, 1813, S. 8—10.)

Zu diesem idyllischen Sittengemälde ist zu bemerken, daß eine kürzere als dreijährige Knechtschaft für den Ueberfahrtspreis (etwa 70 Dollars) in den uns vorliegenden eigenhändigen Einzeichnungen der Registratoren höchst selten zu finden ist, wohl aber bei Kindern eine Dienstzeit von 12—14 Jahren. Aber zugegeben, das Schicksal der Käuflinge sei erträglich gewesen, eine um so schlimmere, wahrhaft grauenhafte Behandlung erfuhren die Passagiere gerade um die Zeit, als nach dem Friedensschlusse von 1815 die Einwanderung wieder stärker einsetzte.

Lägen uns nicht glaubhafte Berichte von Augenzeugen vor, kaum würden wir glauben, daß solche Dinge im neunzehnten Jahrhundert vorgekommen sind. Die Protokolle des Verwaltungsraths erschließen einen Thatbestand, der einfach als haarsträubend zu bezeichnen ist. Wir beginnen mit einem Briefe, der über ein Unrecht der mildesten Art Beschwerde erhebt. Derselbe wurde den 23. Juni 1816 verlesen und lautete:

„Unbekannt, unbemittelt und hülflos wage ich es den Beistand der Deutschen Gesellschaft zu erflehen und hoffe, daß Sie mir denselben um so eher werden angedeihen lassen, wenn ich versichere es beweisen zu können, daß ich auf eine seelenverkäuferische Art hierher gebracht und nachdem niederträchtiger Weise bin verlassen worden. In Erwartung einer geneigten Antwort.

Hochachtungsvoll

An Bord der Brig Barilla.   Giesbert Vorster."

Der Vorgang auf welchen Vorster sich bezog, war ein verwickelter; auch hatte er bereits bei den Gerichten Schritte gethan, um die „Seelenverkäufer" Caspar und Carl Hobrecker zur Rechenschaft zu ziehen. Der Anwalt der Deutschen Gesellschaft, Andreas Leinau, nahm sich des Klagestellers an und nöthigte Hobrecker 140 Dollars als Ersatz an Vorster zu zahlen.

Grausamkeiten gegen die Passagiere auf der „Ceres."

Bald darauf kam in Philadelphia die „Ceres" an, deren Passagiere über schlechte Kost und Grausamkeit die bittersten Klagen führten. Der schurkische Capitän hatte sich sogar erfrecht, die Passagiere, welche seiner Hut anvertraut waren, körperlich zu züchtigen, weil sie ihrer Unzufriedenheit Worte liehen. Die Unglücklichen hatten von der Deutschen Gesellschaft und deren edlem Werke gehört; daß aber ein Verein schlichter Bürger befugt sei, gegen die Missethaten von Capitänen und Schiffseigenthümern aufzutreten, scheint diesen einfachen Leuten über ihren unterthänlichen Horizont gegangen zu sein, und so ertheilten sie denn in ihrem Schreiben unserer Gesellschaft ein Prädicat von Hoheit und Machtvollkommenheit, das uns trotz der trübseligen Veranlassung ein Lächeln entlocken muß. Am 19. October 1816 kam folgender Brief im Beamtenrath zur Verlesung:

Hochpreisliche deutsche Regierung der Nordamerikanischen Freystaaten.

„Ein ganz mit Passagieren aus Deutschland und der Schweiz beladenes Fahrzeug ist in die betrübte Nothwendigkeit versetzt, sich über ihren Capitän, Namens Schulz, beklagen zu müssen und um dero Hülfe und Beistand unterthänigst zu bitten.

„Wir machten unsern Accord mit gedachtem Capitän, so daß wir täglich erhalten sollten ein Quart oder viertel Schoppen Brantewein, ein Pfund Rindfleisch oder ein halb Pfund Schweinefleisch, nebst einem Maaß Bier, zwei Wasser, wo von letzterem die Hälfte zum Kochen abzugeben war. Accordirt war wohl, aber der Capitän hielt so viel als er wollte, indem er uns gleich nach einigen Wochen den Brantewein ganz entzog und auch Fleisch und Zugemüse über die Hälfte schmälerte.

„Nun war es nicht der Mangel oder die vorhandene Bedürfniß unserer Reise, sondern wer Geld hatte, konnte gegen gute Bezahlung seinen Hunger stillen."

Nach Angabe einiger andern Details, fährt der Brief fort: „So mußten wir die lieben Unsrigen, besonders die Kinder, dahin schmachten sehen, ohne Hülfe und Atzung, daß es zum Erbarmen war, wie es aus der Anzahl von Todten und noch Kranken abzunehmen ist.

„Nur Freunden der Menschheit können wir diese große Noth klagen, auch ist es nicht nur dieses, sondern der Capitän und Steuermann behandelten uns übrigens als Hunde und trugen zu diesem Behuf immer ein Stück Tau bei sich, um gleich peitschen zu können. Nun sind wir endlich nach einer so schweren Reise, die volle fünfzehn Wochen währte, im Spital angekommen und müssen die Zeit der Quarantaine abwarten; aber welche neue Angst erfüllt uns, wenn wir wieder an Bord gehen sollen, und so lange bleiben müssen, bis diejenigen welche ihre Fracht nicht bezahlt haben, verdingt sind.

„Wir bitten daher hochpreisliche Regierung, solche Maßregeln zu treffen, daß wir doch ferneren Mißhandlungen, die uns dann gewiß erwarten, unausgesetzt bleiben und durch Untersuchung unserer Beschwerden und Ab=hülfe von diesem Schiff unserem Elend ein Ende zu machen.

„Dieses, was wir bis hier angezeigt haben, ist noch nicht das Volle unserer Beschwerden, sondern eine gnädigst verordnete Commission wird noch eine Menge anderer finden. Wir bitten daher um Beschleunigung unserer Sache und um Hülfe von diesem Schiff und Capitän, mit dem gewissen Ver=sprechen, uns bald als biedere und fleißige Menschen zu zeigen.

Mit Hochachtung verharren 2c.

sämmtliche Passagiere des Schiffes Ceres.‟

Der Verwaltungsrath instruirte demzufolge ein Committee, das aus dem Rechtsanwalt nebst den Herren Weckerle und Cook bestand, die vorgebrach=ten Klagepunkte zu untersuchen, und die geeigneten Maßregeln zum Besten der Passagiere zu treffen.

Der Weg, den diese Herren einschlugen, führte zu keinem Ergebniß und sie versuchten keinen andern. So bedauerlich das lahme Ende ihrer Be=mühungen war, es kann sie wenigstens nicht der Vorwurf treffen, daß sie die Sache ohne Vorbedacht und rechtskundigen Beistand anfaßten. Sie be=gaben sich zunächst auf's Schiff und überzeugten sich, daß ein großes Unrecht gegen die Passagiere verübt sei. Der Capitän konnte die Bezichtigungen gegen ihn nicht widerlegen; aber er war auch nicht geneigt, irgend welche Genugthuung zu leisten. So kam es denn zu einem gerichtlichen Verfahren, nachdem man einen berühmten Advocaten, den Herrn Jos. Hopkinson, zugezo=gen. Dieser glaubte die beste Handhabe zu gewinnen und den Capitän an der empfindlichsten Stelle zu treffen, wenn er die Passagiere, die ihre Fracht ja noch schuldeten, durch ein writ of habeas corpus vor den Richter bringe und ihre Freisetzung auf Grund des Contractbruches gegen sie verlange. Der habeas corpus Befehl wurde ertheilt und der Thatbestand durch das Zeugenverhör vor dem Richter festgestellt. Dieser entschied aber, obgleich der Capitän sich ein Unrecht habe zu Schulden kommen lassen, so könne die Sache doch nicht auf diese summarische Weise erledigt werden. Auf dieser Angriffslinie zurückgeworfen, erholte sich das Committee Rath, ob auf irgend einem andern Wege Rechthülfe zu beschaffen sei. Es erhielt die Versicherung (von wem, ist nicht gesagt aber ohne Zweifel doch von dem Advocaten), daß nach den bestehenden Gesetzen über die redemptioners kein günstiger Erfolg in Aussicht stehe. Und so ließen sie denn ihren Fall als einen hoffnungslosen im Stiche.

Die der Gesellschaft für das Gerichtsverfahren entstandenen Ausgaben betrugen $71.41, darunter $50.00 für J. Hopkinson, Esq.

Daß übrigens Herr Schulze, der unmenschliche Capitän, ganz straflos davon kam, ist keineswegs so gewiß. Als er nach Memel heimkehrte, war seine Niederträchtigkeit dort ruchbar geworden und er wurde zur Rechenschaft gezogen. Die Preußische Regierung ließ sich durch ihren Gesandten, Herrn Greuhm, berichten, was das Zeugenverhör in Philadelphia an's Licht gebracht. Greuhm wandte sich auch an die Deutsche Gesellschaft und erhielt von dieser alle Auskunft, die sie geben konnte.

Der vergebliche Anlauf, den das Rechts-Committee im Falle der Ceres genommen hatte, um den contractbrüchigen brutalen Capitän die Strenge des Gesetzes fühlen zu lassen und den mißhandelten Passagieren — so viele ihrer nicht ein Grab im Meere gefunden — einigen Ersatz zu verschaffen, begründete die Ansicht, daß die Gesetze in Betreff der Einwanderer einer Revision bedürften, wenn ihre Verheißung von Schutz nicht illusorisch sein sollte. Vor allen Dingen war ein prompteres Verfahren in Streitsachen zwischen Capitän und Passagieren nöthig. Die Gesellschaft schickte sich daher an, diese Reform in die Hand zu nehmen. Am 31. Dezember 1816 ernannte der Verwaltungsrath ein Committe (Harmes, Roland, Keehmle), das beauftragt wurde, ein Memorial an die Legislatur behufs besseren Schutzes der importirten Deutschen und sonstigen Passagiere abzufassen. Am 18. Januar 1817 wurde das Schriftstück verlesen, angenommen und mit der Unterschrift des Präsidenten (J. Wampole) versehen.

Noch ehe in der Sache Etwas geschehen, bestätigten es höchst beklagenswerthe Vorfälle von Neuem, daß der Passagier-Transport in den Händen habgieriger, kieselherziger Harpyien war, welche sich kein Gewissen daraus machten, die Emigranten allen Greueln eines schlecht gelüfteten und unzureichend proviantirten Schiffes auszusetzen, und daß die bestehenden Gesetze keine genügenden Mittel zur Abhülfe boten.

Schiffspest und Tod auf der „Hope."

Auf das Gerücht hin, daß sich im Lazareth deutsche Passagiere eines eben angekommenen holländischen Schiffes, „Hope," Capitän Klein, in gar erbärmlichen Zustande befänden, versammelte sich der Beamtenrath zu außerordentlicher Sitzung am 14. August 1817 und ernannte ein Untersuchungs-Committee aus den Herren Harmes, Erringer und Cook bestehend. Dies stattete zwei Tage darauf einen Bericht ab, der die Wahrheit der verlauteten Trübsale nur allzusehr bestätigte. Die Herren begaben sich zuerst zu den

Kaufleuten, an welche das Schiff consignirt war, die Herren Glaser & Smith und erfuhren von ihnen, daß das Nöthige geschehen sei, um die leidenden Passagiere mit frischen Lebensmitteln, Gemüse, Milch u. s. w. zu versorgen. Auch sei ihnen ein deutscher Krankenwärter beigegeben.

Im Lazareth selbst, das sie den nächsten Morgen besuchten, erklärt ihnen der Hausarzt, es sei, so viel er wisse, hier nie ein Schiff in so abscheulichem Zustande, mit so abgezehrten siechen Passagieren eingelaufen, wie die Hope. Dreizehn wären seit ihrer Ankunft gestorben, fünfzig lägen noch krank darnieder, die Uebrigen wären auf der Besserung. Die verpesteten Kleider habe man verbrannt, und neue müßten beschafft werden. Es kamen dann vor die Gitterthür etwa ein Dutzend Männer, Frauen und Kinder, die mit Ausnahme eines Mannes sämmtlich krank gewesen waren. Ihrer Aussage nach hatten sie sich nach Amsterdam begeben und dort auf Zureden eines der Supercargos, Namens Kallenbach, Passage auf der „Hope" genommen. Sie erhielten von diesem die Versicherung, sie könnten keine bessere Reisegelegenheit nach Philadelphia finden; unterwegs würden sie so gut leben wie in einem guten Hotel auf dem Lande. Sie setzten in Kallenbach's Wort, zumal dieser ein Landsmann war, Vertrauen, bezahlten ihre Ueberfahrt und gingen an Bord, wo sie 300—400 andere Passagiere antrafen. Der schriftliche Contract, den diese vorzeigten, lautete auf eine tägliche Ration von Lebensmitteln, Wasser, Brantewein, Essig u. s. w.; das schien ihnen genügend. Am 9. Mai stach das Schiff in See und schon im Englischen Kanal wurden kleinere Rationen verabreicht, da nach Aussage des Supercargos nicht Lebensmittel und Wasser genug eingenommen waren. Für Medicin und ärztliche Behandlung war ebenfalls schlecht gesorgt; der Arzt, ein Pferdedoctor, wurde auf der Reise entlassen, um einem andern Platz zu machen, der eben so unfähig war. Einige der Passagiere ersuchten den Capitän in einen englischen Hafen einzulaufen, um das Schiff mit Arzeneien und anderem Nothbedarf zu versehen, aber der Rath blieb unbeachtet.

In Folge der Ueberladung des Schiffes mit Passagieren, der schlechten Ventilation, des Mangels an Wasser, Essig und Reinlichkeit brach die Schiffspest aus, die so um sich griff, daß nur vier Matrosen diensttüchtig blieben; mit Ausnahme des Capitäns, des Steuermanns und eines Passagiers wurden Alle an Bord mehr oder weniger krank.

Das Aussehen der Passagiere, mit welchen das Committee sich unterhielt, war zum Erbarmen; die abgemagerten Gestalten mit langen spitzen Gesichtern und glanzlosen Augen, erinnerten an wandelnde Gespenster. Der von ihnen ausgehende Geruch war fast unerträglich; obgleich wir, heißt es im Bericht, in einiger Entfernung von ihnen standen, mußten wir unsere Zuflucht zu Cigarren nehmen. Sie waren jetzt mit guter und genügender Nahrung versorgt.

Der Capitän, den man zunächst befragte, sagte aus, er habe sein Schiff an das Haus Zwißler & Co. in Amsterdam für den Personen=Transport von Amsterdam nach Philadelphia verfrachtet und zwar um die Summe von 14,000 Gulden zahlbar in Amsterdam und 7500 Gulden zahlbar in Phila= delphia. Er habe sich nur verbunden, Schlafstätten und Matratzen zu lie= fern, mit der Proviantirung habe er Nichts zu thun gehabt.

Die vier Supercargos schoben die Verantwortlichkeit für knappe Vorräthe auf Zwißler & Co.; diese hätten nicht mehr geliefert. Nachdem das Schiff Amsterdam verlassen, hätten sie — die Supercargos — in Helder Alles ge= kauft, was sie bekommen konnten und auf der Reise die Passagiere regel= mäßig mit Proviant versehen. Der Typhus, welcher der Unreinlichkeit der Passagiere mit zur Last falle, habe sich über das ganze Schiff verbreitet und auch die Matrosen ergriffen, die doch eigene Zehrung und hinlänglich Wasser gehabt hätten. Der Contract laute nur auf neunzigtägige Beköstigung und die 25 Tage, die sie bei Texel gelegen, müßten mit eingerechnet werden. Es seien auch 25 Wasserfässer ausgelaufen oder geborsten.

Diese Vertheidigung, die sich bei einem Kreuzverhör ebenso widersprechend wie haltlos erwiesen haben würde, war augenscheinlich darauf berechnet, die Verantwortlichkeit von den anwesenden auf abwesende Personen zu wälzen. Weder Capitän noch andere Schiffsbeamte hatten es für ihre Pflicht ange= sehen, für genügenden Mundbedarf und die Gesundheit der Passagiere Sorge zu tragen. Es ging just her, wie vor sechzig, siebzig Jahren. Die alte Habgier mit schnöder Behandlung des lebenden Cargo. Ein kranker Mann, erzählten die Passagiere, sei elend verschmachtet, weil er nicht einmal einen Trunk Wasser erhalten konnte, wiewohl seine Frau dreimal in die Cajüte ging und flehentlich darum bat, während die Matrosen so viel Wasser hatten, „wie sie trinken konnten."

Das Committee der Deutschen Gesellschaft begab sich den nächsten Tag zu Glaser & Smith und ersuchten sie, Kleidungsstücke für 25 bis 30 Passagiere zu liefern. Sie lehnten dies ab, sowie auch fernere Lieferung von Nahrungs= mitteln.

So weit der Bericht. Der Verwaltungsrath beauftragte die Herren Reehmle, Harmes und Graff in Verbindung mit dem Anwalt oder der Sa= nitätsbehörde die geeigneten Maßregeln in Betreff der unglücklichen Passa= giere des Schiffes „Hope" zu ergreifen und eine gerichtliche Verfolgung be= Schuldigen einzuleiten, wenn eine solche auf Grund der Landesgesetze statt= haft sei; auch andere Personen, die sich gegen die Gesetze zum Schutz deut= scher Passagiere vergangen hätten, sollten sie zur Rechenschaft ziehen.

Ein anderes Committee (F. Erringer, J. U. Fraley und G. F. Cook) wurde ermächtigt, die Beschaffung der erforderlichen Kleidungsstücke in die Hand zu nehmen.

Die Kleidung, deren die Unglücklichen bedürftig waren, wurde reichlich geliefert. Der Verwalter des Hospitals erkannte brieflich den Empfang folgender Artikel an: 63 Frauenkleider, 89 Hosen und Unterhosen, 86 Westen 20 Paar Strümpfe, 111 Hemden, 38 Röcke, 20 Unterröcke, 55 Taschentücher, 13 Mützen, 9 Hüte. Auch wollene Decken standen zur Verfügung und das Committee setzte seine Bemühungen zur Herbeischaffung alles Nöthigen fort.

Das Committee dagegen, das den Schutz der Gesetze und die strafende Gerechtigkeit der Behörden anrufen sollte, konnte auch in diesem Falle Nichts ausrichten. Es wandte sich wiederholt an das Sanitätsamt (Health Office), um dieses zum Einschreiten gegen die verantwortlichen Vertreter des Schiffes „Hope" zu veranlassen, aber vergebens. Am 27. October bat das Committee mit dem Bedauern, daß sein Bemühen fruchtlos geblieben, um Entlassung und erhielt dieselbe.

Das Schiff, auf dem diese deutschen Auswanderer sich nach der neuen Heimath eingeschifft, trug den schönen Namen „Hoffnung." Ach, wie bitter hatte die Hoffnung sie getäuscht!

Petition an die Gesetzgebung.

Unter dem Sporn dieses abermaligen Fiasco that der Verwaltungsrath unverzüglich Schritte, um das im Anfang des Jahres der Legislatur proponirte Gesetz, das während der damaligen Sitzung wohl gedruckt aber nicht zur Debatte gekommen war, der Berücksichtigung und Gunst des gesetzgebenden Körpers zu empfehlen. Er richtete an die einzelnen Vertreter von Philadelphia ein gleichlautendes Schreiben, das diesen die Sache der mißhandelten Einwanderer warm an's Herz legte.

Nach einigen Präliminarien, die sich auf eine beabsichtigte Aenderung der für das Sanitätsamt gültigen Regeln beziehen, fährt das Schreiben fort: „Seitens der Deutschen Gesellschaft, welche die Wohlfahrt der unglücklichen*) alljährlich in größerer oder geringerer Anzahl importirten Deutschen bezweckt, ersuchen wir Sie, nicht allein als Mitglied der Legislatur und Bewohner dieser Stadt, sondern auch im Namen der Menschlichkeit, Ihren Einfluß für den Erfolg unserer Bemühungen in die Wagschale zu legen. Einem unabweisbaren Pflichtgefühle gehorchend, bitten wir Sie, als Repräsentanten dieses Theiles des Staates, das Memorial und den Gesetzesvorschlag, welche wir bei der vorigen Sitzung einreichten, als neues oder überliegendes Geschäft vorzubringen, so daß wo möglich die Theile, welche das vorgeschlagene Sanitäts-Gesetz nicht enthält, als ein besonderes Gesetz angenommen werden.

*) Man sollte hiernach fast glauben, daß die damals ankommenden Deutschen der Regel nach Unglückliche waren.

Wir wollen nicht auf die Grausamkeiten und Entbehrungen zurückkommen, welche eine Anzahl der unglücklichen Einwandrer, für die wir sprechen, erduldet haben, und denen so viele bei Mangel an Wasser, Lebensmitteln, ärztlicher Hülfe, Medicin und andern Bedürfnissen erlegen sind, indem wir glauben, daß Ihnen diese Umstände genügend bekannt sind; nur dies wollen wir noch bemerken, daß, sollten die bezeichneten Sectionen (des Sanitäts= gesetzes) widerrufen und keine andere ähnlichen Inhalts an deren Statt an= genommen werden, die Lage jener unglücklichen Wesen in der That eine jammervolle sein wird.

Isaac Wampole, Präs.
F. H. Harmes, Vice=Präs.

Den 11. December 1817. Für die Deutsche Gesellschaft.

Herr John Read, einer der Vertreter, an welche dies Schreiben adbressirt war, antwortete den 17. December, daß er den darin enthaltenen Aufstellun= gen beistimme, und auf die Ernennung eines Committees "with power to report a bill" antragen werde. Er wolle der Gesellschaft alsdann eine Abschrift des vorgeschlagenen Entwurfes zusenden und deren Bemerkungen dazu die gebührende Aufmerksamkeit schenken.

Furchtbares Sterben auf dem Schiff „April."

Es war, als sei der böse Feind in den Auswanderer=Transport gefahren. Kaum hatte sich die Aufregung über die „wandelnden Gespenster" des Schiffes Hope gelegt, so schlug abermals ein Nothschrei aus schwimmenden Pesthöhlen an die Ohren der Philadelphier Bürgerschaft. Innerhalb weni= ger Tage liefen zwei Schiffe in den Delaware ein, welche deutsche Passagiere in elendiglichem Zustande an Bord hatten. Das eine war die Brigg „Wil= liams," Capitän Arrowsmith, das andere die „April," Capitän Degroot.

Von der Brigg und den Kümmernissen ihrer Passagiere erfahren wir wenig. Den 22. December 1817 zeigte der Anwalt der Deutschen Gesell= schaft, Samuel Keehmle, dem Verwaltungsrath an, daß die deutschen Passa= giere der Brigg Williams sich in kläglicher Lage befänden, und eine Woche darauf berichtet einer der Aufseher, daß dem so sei, daß mehrere krank seien und es ihnen an Feuerung fehle. Die Vorsteher des Hospitals von Penn= sylvanien hatten sich geweigert, die Kranken aufzunehmen und zwar ihrer Unreinlichkeit halber. Es wurde zwei Aufsehern empfohlen, sie sollten die Leute besuchen und sich bemühen, sie im Stadt=Hospitale unterzubringen. Das ist Alles, was die Protokolle enthalten.

Desto ausführlicher ist die Auskunft über die Zustände auf dem Schiffe „April." Dies war in New=Castle gelandet und die Aufmerksamkeit des Verwaltungsraths wurde durch einen an Herrn C. L. Mannhard adbressir= ten, vom Präsidenten am 12. Januar 1818 verlesenen Brief, auf die elende Lage der deutschen Passagiere dieses Schiffes gelenkt.

Herr H. T. Virchaux, einer der Sekretäre, begab sich auf Ersuchen des Präsidenten und Vicepräsidenten nach New-Castle und stattete den 22. Januar einen Bericht ab, dem wir das Folgende entnehmen.

Virchaux kam den 15. Januar nach New-Castle und wandte sich zunächst an einen Steuerbeamten, den Capitän Sawyer, an den er schriftlich empfohlen war. Auf dem Schiff April traf er eine Anzahl Herren vom Lande, welche eben im Begriff waren, sich Passagiere zu kaufen ("to purchase passengers"). Er hatte nicht sogleich Gelegenheit, den Capitän oder Supercargo des Schiffes zu sprechen, und ließ sich mittlerweile von einer deutschen Familie, die in einem von Capitän Sawyer's Häusern Aufnahme gefunden, die Leidensgeschichte der Passagiere erzählen.

Ist es schon schrecklich, wenn auf dem Lande der Tod wie ein verzehrendes Feuer hinwegrafft was ihm in den Weg kommt, wenn eine Seuche die geängstigten Menschen bald in dieser, bald in jener Straße hinstreckt, wie viel entsetzlicher muß es sein, wenn in der engen, meerumwogten Umschalung des Schiffes, worin übermäßig viele menschliche Wesen zusammen gepfercht sind, die gemeinsame Luft den Todessamen verbreitet, wenn der verpestete Athem des Einen den Anderen ansteckt, Leiche nach Leiche dem öden Meere verfällt und die noch Lebenden, vom Fieber durchwühlt, der Stunde entgegensehen, da auch ihr entseelter Leib unter den Wellen verschwindet. —

Das Grauen, womit uns ein solches Bild erfüllt, kann jedoch nicht tiefer sein als die Entrüstung über die verbrecherischen Urheber so namenlosen Elends. Aber hören wir was Virchaux von den Passagieren erfuhr:

Sie hatten sich in Amsterdam auf der „April" nach Philadelphia eingeschifft. Es waren 233 volle Frachten (ein Erwachsener oder je zwei Kinder zählten als eine Fracht) an Bord und das Schiff legte einige Meilen von Amsterdam an, in der Erwartung, es würden sich noch andere Passagiere einstellen. Da dies nicht geschah, so entschlossen sich die Schiffsmakler Kreß und Robenbroek, welche bei der vorhandenen Anzahl zu kurz zu kommen glaubten, zu der herzlosen Speculation, die Passagiere anderer Schiffe, welche sich in ähnlicher Lage befanden, nach getroffenem Uebereinkommen mit den Rhedern, zu übernehmen. Viele derselben waren in Folge langen Zuwartens und schlechter Pflege bereits erkrankt und voll Ungeziefer. So wurden denn nicht weniger als 1200 Seelen in dem engen Raum des einen Schiffes zusammengedrängt. Die eingeschleppte Krankheit griff um sich und es starben 115 Personen, ehe das Schiff den Hafen verließ. Trotzdem, daß noch 130 Andere krank darnieder lagen und der Mundvorrath augenscheinlich nicht zureichte, bestanden die niederträchtigen Makler darauf, das Schiff zu expediren. Der Capitän nahm Anstand, diesem Geheiß Folge zu leisten, und da der Zustand der Dinge den Behörden zu Ohren kam, verfügten diese eine ärztliche Untersuchung. Die Folge war, daß das Schiff sogleich nach der Insel Wieringen in Quarantäne mußte. Man trennte die Gesunden von den Kranken und brachte Letztere in einem Hospital unter. Sieben Wochen dauerte hier der Aufenthalt und während dieser Zeit kamen noch 300 Todesfälle vor. Auch einer der Schiffsmakler, der das Schiff als Supercargo begleiten sollte, fiel dem Pesthauche zum Opfer. An seine Stelle trat Herr J. E. Schmidt. Als die Ueberlebenden sich hinlänglich erholt hatten, um die Reise anzutreten, nöthigte sie Schmidt, einen Revers zu unterschreiben, der ihm die Freiheit gab, nach Beschaffenheit der Umstände irgend einen Hafen der Vereinigten Staaten zum Landungsplatze zu wählen. Der Erzähler versicherte, er würde Alles unterzeichnet haben, um aus seiner Lage erlöst zu werden und nach Amerika zu gelangen. Während der Ueberfahrt scheint weiter nichts Erwähnenswerthes vorgekommen zu sein. In New-Castle bestanden mehrere Passagiere auf die Gültigkeit ihres ersten Contractes, der ihnen Transport nach Philadelphia zusicherte, auch herrschte große Unzufriedenheit mit der verabreichten Kost.

Schmidt, der Supercargo, war etwas besorgt geworden und zeigte sich bereit, den Grund zu Klagen abzustellen. Die Frage, ob die Passagiere vertragsmäßig zur Beförderung nach Philadelphia berechtigt seien, kam zur Erörterung vor einem Richter und die Parteien verstanden sich zu einem Vergleiche. Mittlerweile verbingte sich ein Theil der Passagiere zur Bezahlung ihrer Fracht, die in einzelnen Fällen aus Rücksicht reducirt wurde. Der Delegat der Deutschen Gesellschaft, Herr Birchaux, blieb mehrere Tage in New-Castle und leistete als Vermittler und Rather gute Dienste. Er hielt zweierlei für nöthig, erstens daß Jemand am Platze das Interesse und die Rechte der Passagiere, namentlich auch das Verdingen verwaister Kinder überwache; und zweitens, daß die Nothleidenden mit den erforderlichen Mitteln zur Erleichterung ihrer Lage versehen würden.

Als Ursache der großen Sterblichkeit, — mehr als ein Drittel sämmtlicher Passagiere waren des Todes Beute geworden — ward die Ueberfüllung des Schiffes und die schlechte Qualität der Nahrungsmittel bezeichnet.

Auch dieser Fall entzog sich bei aller seiner Entsetzlichkeit dem Einschreiten der Deutschen Gesellschaft. Das Verbrechen war in Europa von den dortigen Rhedern und Schiffsmaklern begangen; das Schiff und dessen Beamte hätten haftbar sein sollen, aber unter den Staatsgesetzen von Delaware und Pennsylvanien fehlte es an der nöthigen Autorität, die Schuld an den Personen und Sachen, an die sich Hand legen ließ, heimzusuchen. Es that Noth, daß die Vereinigten Staaten durch geeignete Gesetzgebung dem schon zu lange straflos fortdauernden Unfuge steuerten.

Die Deutsche Gesellschaft traf Maßregeln, um den Bedürftigen und Nothleidenden des in New-Castle gelandeten Schiffes Beistand zu leisten. Sie bediente sich dabei der Vermittlung des Capitän Sawyer.

Neue Gesetzgebung.

Wie sie aber bereits in Harrisburg auf den Erlaß eines besseren Staats=
gesetzes zum Schutz der deutschen Einwanderer gedrungen hatte und zwar,
wie wir bald sehen werden, mit gutem Erfolg, so suchte sie auch die Verei=
nigte Staaten Regierung im Namen der beleibigten Menschlichkeit und der
Würde der deutschen Nation zur Abstellung der bestehenden Mißbräuche zu
veranlassen.

Dies geschah in derselben Versammlung des Beamtenrathes, in welcher
die Vorgänge auf dem Schiff April zur Sprache kamen, am 12. Januar
1818. Es heißt im Protokoll unter dem genannten Datum: „Der Herr
Präsident (Isaac Wampole) las dann einen Brief vor, den er an Herrn
John Sergeant, Mitglied des Congresses in Washington geschrieben, worin
derselbe im Namen der Deutschen Gesellschaft ersucht wird, sich dafür zu
verwenden, daß ein Gesetz gemacht werde, welches Schiffen erlaube nur eine
gewisse Anzahl Passagiere im Verhältnisse mit ihrem Raume hierher zu
bringen. Das schreckliche Elend, das aus einer zu großen Anzahl von Passa=
gieren entspringt, war darin mit lebhaften Farben geschildert und durch meh=
rere den Beamten bekannte Thatsachen erläutert.

Der Inhalt dieses Briefes fand einstimmige Billigung und es wurde be=
schlossen, ihn an Herrn John Sergeant abzuschicken.

Die Legislatur entsprach den Wünschen der Deutschen Gesellschaft und
erließ zu Anfang des Jahres 1818 zwei Gesetze, welche den schreienden
Mißbräuchen ein Ziel zu setzen bestimmt waren. Das eine bezog sich direct
auf den Import der deutschen Einwanderer (An Act for regulating the
Importation of German and other passengers), das andere gab dem Sa=
nitäts=Amte ausgedehntere Machtvollkommenheit, um namentlich die Ueber=
füllung von Passagierschiffen und deren ungenügende Proviantirung zu ver=
hindern.

Das Einwanderungs=Gesetz von 1818 bezweckte am Ende nichts Anderes
als das von 1765, nämlich Schutz des Eigenthums und der persönlichen
Rechte des Einwanderers. Aber das spätere Gesetz ging darin theils weiter
als das frühere, theils war es bestimmter und bündiger gefaßt, und darum
wirksamer. Wer seine Ueberfahrt baar bezahlte, mußte ohne Weiteres ent=
lassen werden. Die Uebrigen durfte der Capitän zurückbehalten, bis sie
einen Dienstherrn oder Freunde gefunden, welche die schuldige Fracht be=
zahlten. Nach dem 1. December mußten solche Leute in einem passenden
Hause untergebracht werden und dreißig Tage ging die Beköstigung auf Rech=
nung der Schiffseigenthümer.

Aber eine wesentliche Neuerung bestand darin, daß Passagiere, die sich in
ihren Rechten gekränkt glaubten, ihre Sache ohne Verzug vor besondere Ge=
richtshöfe bringen konnten. (The judges of said courts upon application

to them made shall grant to such plaintiff or plaintiffs special courts.) Daburch war wenigstens dem entmuthigenden law's delay vorgebeugt. Auch barauf ward gesehen, daß die Effecten verstorbener Passagiere in die richtigen Hände gelangten. Eine besondere Macht erhielt der Registrator deutscher Passagiere. Es lag ihm ob, die Geldbußen, in welche Capitäne und Schiffseigenthümer in Folge von Uebertretungen verfielen, zu collectiren, einzuklagen und in Empfang zu nehmen. Aus seinen Händen gingen sie in die der Armenpfleger.

Das eben zu derselben Zeit erlassene Gesetz, welches die Einrichtung eines Sanitäts=Bureaus und Maßnahmen gegen die Einschleppung ansteckender Krankheiten anordnete, beschränkte die Anzahl der Passagiere für alle in Pennsylvanien landenden Schiffe in der Weise, daß auf je zwei Tonnen ihres Maßes nicht mehr als ein Erwachsener oder zwei Kinder zulässig waren. Zugleich ward verfügt, daß bei Ankunft jedes Schiffes mit Passagieren der diensttuende Sanitäts=Beamte einen achtbaren deutschen Bewohner der Stadt Philadelphia, des Englischen und Deutschen mächtig, als Dolmetscher mitnehmen und sich von diesem die Aussagen der Passagiere erklären lassen solle. Andere Paragraphen schärfen Sorge für Reinlichkeit und Gesundheitspflege ein und die Unterlassung dieser gesetzlichen Vorschriften wird mit entsprechenden Strafen ($200—$1500 für jede Uebertretung) bedroht.*)

Auf Anlaß der erzählten Vorfälle und der dringenden Vorstellung der Deutschen Gesellschaft nahm auch der Congreß der Vereinigten Staaten die Sache des überseeischen Passagier=Transports in die Hand. Ein Vertreter des Staates, wo das Schiff April den zusammengeschmolzenen Rest seiner Passagiere gelandet hatte, Herr McLane von Delaware, brachte am 10. März 1818 eine Bill zum Schutz der Einwanderer ein und am 2. März 1819 erhielt ein darnach abgefaßtes Gesetz die Bestätigung des Präsidenten. Es gab dem Passagier noch mehr Raum als das vorhin erwähnte Pennsylvanische, indem es auf je fünf Tonnen eines Schiffes nur zwei erwachsene Personen aufzunehmen erlaubte.

Für eine besser geregelte Beförderung der Einwanderer waren also die gesetzlichen Garantieen gewonnen und es hat allen Anschein, daß die ärgsten Mißbräuche und Abscheulichkeiten des Passagier=Transports ihr Ende erreicht hatten. Nicht, als ob von 1818 an keine Verstöße vorgekommen wären, keine gegründete Beschwerde wegen Ueberladung, Schmutz, schlechter Kost u. s. w. hätte stattfinden können. Aber das Haarsträubende und Un=

---

*) Die Deutsche Gesellschaft ließ diese Gesetze besonders abdrucken. An Act for regulating the importation of German and other passengers and extracts of other acts on the same subject. Philadelphia, 1818.

menschliche, das der Geschichte der Einwanderung anklebt, liegt um ein halbes Jahrhundert hinter uns.

Die durchschnittliche Sterblichkeit während der Passage von europäischen nach amerikanischen Häfen beträgt auf Dampfschiffen etwa ein Sechstel bis ein Fünftel Procent. (Siehe Census of 1860, p. XX und Auswanderungs-Zeitung von 1868 Nov. 20.*) Auf Segelschiffen ist die Sterblichkeit größer. Hamburg hatte 1867 auf diesen über zwei Procent Todte, auf seinen Dampfern dagegen etwa nur ein fünfzehntel Procent. Bremer Segelschiffe standen in demselben Jahre in Betreff der Sterblichkeit fast so günstig wie Dampfschiffe, sie hatten weniger als drei viertel Procent. (Auswanderungs-Zeitung von 1868 Nro. 32) — Beispiele eines Rückfalls in die fürchterliche Sterblichkeit der älteren Zeit sind in Folge ausgebrochener Seuchen wohl vorgekommen. Das Hamburger Schiff, Lord Brougham, hatte gegen Ende von 1867 auf seiner Reise nach New York 75 und der „Leibnitz" auf derselben Route wenige Wochen darauf 105 Todesfälle. Das erregte einen zornigen Aufschrei durch die ganze civilisirte Welt; das Kanzler-Amt des Norddeutschen Bundes sah sich veranlaßt, eine Untersuchung zu verfügen, die Deutsche Gesellschaft von New York erließ eine öffentliche Warnung an deutsche Auswanderer gegen die Linie, der jene Schiffe zugehörten.

Das Ver. Staaten Gesetz vom 2. März 1819 war das erste, das von der Bundesregierung im Interesse der Einwanderer ausging, aber nicht das letzte. Das vom 22. Februar 1847 gab jedem Passagier 14 Fuß Oberfläche des untern Decks; das vom 17. Mai 1848 16 Fuß, wenn die Höhe des Zwischendecks weniger als 6 Fuß und nicht weniger als 5 Fuß ist, im letztern Falle sind für jeden Passagier 22 Fuß zu berechnen. Das Gesetz vom 3. März 1855 erlaubt jedem Passagier 16 Fuß Fläche des obern und 18 Fuß des untern Decks; die Schlafstätten für Erwachsene müssen 6 Fuß lang und 2 Fuß breit sein; über Proviant, Ventilation, Reinlichkeit, Wasservorrath u. dgl. enthält es ausführliche Verordnungen.

Pause im Rechtsschutz von 1818 bis 1868.

In der Deutschen Gesellschaft erreichten die Bemühungen um Rechtsschutz der Einwanderer mit dem Jahre 1818 vorläufig ihr Ende. Der Passagier-Transport suchte sich andere Wege; vornehmlich war es New York, das zum bevorzugten Ausschiffungshafen wurde, wie sich dort ja auch der überseeische Handel mehr und mehr concentrirte. Zudem kamen die wenigen Einwanderer, welche sich direct nach Philadelphia wandten, meistens auf Bremer Schiffen hierher und hatten keine ernste Klage zu führen. Als der Rechts-

---

*) Von den 260,874 Auswanderern nach den Ver. Staaten im Jahre 1874 starben unterwegs 238, d. i. etwa ein elftel Procent.

schutz nach einer Pause von fünfzig Jahren wieder auf das Programm der Gesellschaft gesetzt wurde, handelte es sich, wie wir sehen werden, um ganz andere Beschwerden. Nur Folgendes ist etwa aus der langen Zwischenzeit anzumerken.

Im September 1832 wurde dem Beamtenrathe angezeigt, daß die Passagiere des holländischen Schiffes Netherlands Welvaron, anstatt, wie ausbedungen, in Pennsylvanien, wider ihren Willen in Delaware an's Land gesetzt seien. Der Rechtsanwalt der Gesellschaft wandte sich an den Ver. Staaten District Attorney George Read und in Folge der eingeleiteten Schritte verstand sich der Capitän dazu, die Passagiere auf seine Kosten nach Philadelphia zu befördern.

Im Jahr 1849 kam eine gerichtliche Klage gegen die Camden und Amboy Linie vor, wobei die Deutsche Gesellschaft insofern betheiligt war, als sich ihr Agent, Herr Lorenz Herbert, des Klagestellers aufs eifrigste annahm und ihm den Rechtsbeistand des Herrn Gust. Remak verschaffte.

Die Sache war diese. Ein Herr Balbauf, der mit der genannten Linie von New York nach Philadelphia reiste, und einen Koffer mit Kleidungsstücken und 2105 Fünffrankenstücken bei sich hatte, vermißte diesen als er mit dem Dampfschiff Independence in Philadelphia anlangte. Es wurde nicht in Abrede gestellt, daß der Koffer der Transportations-Linie in Verwahrung gegeben war, aber diese wollte für das Geld nicht verantwortlich sein, weil sie sich auf den gedruckten Fahrscheinen angeblich gegen solches Risico ausdrücklich verwahrt hatte. Im Februar 1849 wurde gegen die Linie ein Proceß angestrengt und vom Kläger gewonnen. Darauf kam die Sache auf Appellation vor die Supreme Court und Herr Gust. Remak vertrat Herrn Balbauf. Er machte geltend, daß eine dem Passagier unverständliche auf den Fahrschein gedruckte Notiz keine wirkliche Kundmachung ist und führte noch andere gesetzliche Gründe für die Haftbarkeit der Transport-Gesellschaft an. Der obere Gerichtshof bestätigte das Urtheil der ersten Instanz und erkannte Herrn Balbauf $2245.95 zu. Diese Entscheidung war eine wichtige, indem sie einen fraglichen Punkt, die Verantwortlichkeit von Transport-Linien betreffend, zu Gunsten der Reisenden und Versender erledigte.

Europäische Ersatzmänner während des Bürgerkriegs.

Eine Erklärung, welche die Deutsche Gesellschaft im Jahre 1864 ergehen ließ, gehört, streng genommen, vielleicht nicht unter die Rubrik des Rechtsschutzes und doch besser hierher, als an irgend eine andere Stelle, da die erlassene Warnung den Zweck hatte, einer Täuschung und Rechtskränkung von Einwanderern entgegen zu treten.

Während des Bürgerkrieges bediente man sich bekanntlich aller möglichen Mittel (und war bei der Auswahl nicht sehr wählerisch), um die Mannschaftsquoten aufzubringen. Es kam selbst der Versuch vor, zu diesem Ende Einwanderer zu benutzen, die drüben als „Arbeiter" gedungen wurden.

Ein Gesetz „zur Ermunterung der Einwanderung" bestätigt am 4. Juli 1864, war der Boden für dieses Manoeuvre. Als sollte das alte Redemptioner=Unwesen noch einmal für einen besondern Zweck in's Leben gerufen werden, gab dies Gesetz, allerdings mit manchem löblichen Vorbehalt, Autorität zur Abschließung von Contracten, wornach die Auswanderungskosten durch ein hier zu leistendes Arbeitsaequivalent abgetragen werden konnte.

Der Einwanderungs=Commissär, der das Gesetz auszuführen und zu überwachen hatte, schrieb zwar vor, daß kein Contract bestätigt werden solle, wodurch sich Einwanderer im Auslande verpflichteten, in den Militär= und Flottendienst der Vereinigten Staaten einzutreten, aber es war Nichts leichter als dies Verbot — das schwerlich ernstlich gemeint war — zu umgehen.

Die „Amerikanische Auswanderungs=Gesellschaft," die sich auf den Boden dieses Gesetzes stellte, errichtete Agenturen in vielen Ländern Europas und lud durch weitverbreitete Circulare die Europamüden ein, an den Segnungen der im Bürgerkriege begriffenen Vereinigten Staaten Theil zu nehmen. Ein solches Schreiben, von Henry Ward Beecher unterzeichnet, datirt den 5. Januar 1865, sagt: „Kein Unternehmen entsprang je einem rechtmäßigeren Bedürfnisse und die von der Gesellschaft angewendeten Mittel entsprechen ganz und gar ihrem Zwecke. Die Gesellschaft empfängt von Manufacturisten und andern Arbeitgebern, welche Arbeiter suchen, Aufträge für eine bestimmte Anzahl von Arbeitern. — — Der Arbeitgeber, welcher den Auftrag ertheilt, streckt die Auslagen der Auswanderung vor und die Arbeiter verpflichten sich ein Jahr für ihn zu arbeiten und den erhaltenen Vorschuß aus ihrem Lohne zurückzubezahlen."

Der Krieg absorbirte so viele Arbeitskräfte, daß in manchen Zweigen allerdings ein Bedarf an Arbeitern eintrat und es braucht nicht angezweifelt zu werden, daß die „Auswanderungs=Gesellschaft" es darauf absah, diesem Mangel abzuhelfen. Aber andrerseits lehrten constatirte Thatsachen auch, daß unter dem Deckmantel dieses Gesetzes Soldaten im Auslande angeworben wurden. Als daher die Hamburger Auswanderungsbehörde durch ein Schreiben vom 20. August 1864 um nähere Auskunft über die Arbeitgeber und den verheißenen guten Lohn bat, hielt der Verwaltungsrath es für angemessen, mit einer offenen Warnung hervorzutreten. Dieselbe wurde, nachdem sie von der Gesellschaft adoptirt war, veröffentlicht und lautete:

„Die Deutsche Gesellschaft warnt Auswanderungslustige vor den Vorspiegelungen gewisser Emigranten=Agenten, die ihnen freie Fahrt nach den Vereinigten Staaten und Beschäftigung auf drei Jahre versprechen, während sie in der That billige Ersatzmänner für die Armee aufzukaufen suchen. Ein im Courier des Etats Unis veröffentlichter Brief vom 20. September läßt kaum bezweifeln, daß jene Menschenmäkler mehrere Schiffsladungen solcher Opfer hierher befördert haben und daß solche Einwanderer, die ein in englischer Sprache geschriebenes Document unterzeichnet haben, unfreiwillige Soldaten geworden sind. Die verehrlichen Redactionen deutscher Zeitungen werden gebeten, diese Mittheilung zu veröffentlichen.'' —

Zu gleicher Zeit ließ der Verwaltungsrath durch ein Committee ein Memorial an den Congreß ausarbeiten, das um die Zurücknahme des betreffenden Gesetzes nachsuchte. Mit dem Ende des Krieges fiel dieser künstliche Anreiz zur Einwanderung von selbst weg.

Die Einwanderer seit 1820 und deren Weiterbeförderung.

Seit die Einwanderung über die atlantischen Staaten hinaus dem Westen zuströmt, ist die Art und Weise ihrer inländischen Beförderung ein nicht minder wichtiger Gegenstand rechtlicher Schutznahme und humaner Rücksichten geworden, als der Transport über das Meer. Und da Philadelphia einen beträchtlichen Theil dieser Beförderung übernimmt, unsere Deutsche Gesellschaft auch in Verbindung mit denen anderer Städte über alle dahin einschlagenden Fragen und Probleme öfters Rath gepflogen hat, so ist eine Besprechung der Sache hier wohl am Platze.

Wir geben zunächst eine Uebersicht über die Anzahl der Einwanderer seit 1820. Ueber die vorausgehende Zeit finden sich nur unbestimmte Schätzungen in Bausch und Bogen (s. Seite 17 und 54). Der erste Census wurde 1790 genommen. Weder in diesem noch in den nächst folgenden, erhält die Einwanderung gebührende Berücksichtigung. Es sollen von 1790 bis 1800 etwa 50,000, von 1801 bis 1810 etwa 70,000 und von 1811 bis 1820 etwa 150,000 Personen aus andern Ländern in den Häfen der Vereinigten Staaten angelangt sein. (Siehe Bromwell's History of Immigration). Auch nach 1820 bleiben die Zahlenangaben längere Zeit durchaus unzuverlässig. Denn was haben wir davon, wenn uns aus amtlichen Quellen erschlossen wird, in den Jahren von 1820 bis 1829 seien aus Deutschland 5611 (!), aus Frankreich 7694 (!!), aus anderen Ländern so und so viele Personen angekommen, daneben aber noch 15,915, deren Geburtsländer nicht bezeichnet werden können. Erst mit 1835 wird das Verhältniß dieser unbestimmten Größe zur Gesammtsumme ein mäßig kleines, wovon wieder das Jahr 1850 auszunehmen ist. — Es ist also auf die Angabe des deutschen Antheils an der Einwanderung vor 1835 gar kein Gewicht zu legen. Hier folgen nun die Zahlen nach Ed. Young's Special Report on Immigration. Washington 1870, und nach desselben Verfassers späteren Berichten.

Einwanderer nach den Vereinigten Staaten.

	Gesammt-summe.*)	Deutsche, Oesterreicher und Schweizer.		Gesammt-summe.	Deutsche, Oesterreicher und Schweizer.
1820	8,385	999	1848	226,527	58,784
1821	9,127	476	1849	297,024	60,248
1822	6,911	258	1850 c)	369,980	79,121
1823	6,354	230	1851	379,466	72,909
1824	7,912	483	1852	371,603	148,706
1825	10,199	616	1853	368,645	144,694
1826	10,837	756	1854	427,833	222,962
1827	18,875	729	1855	200,877	76,351
1828	27,382	3,443	1856	200,436	72,808
1829	22,520	911	1857	251,306	92,861
1830	23,322	2,085	1858	123,126	46,366
1831	22,633	2,476	1859	121,282	42,617
1832 a)	60,482	10,323	1860	153,640	55,404
1833	58,640	7,622	1861	91,920	32,717
1834	65,365	19,075	1862	91,987	28,276
1835	45,374	8,859	1863	176,282	33,909
1836	76,242	21,152	1864	193,416	58,862
1837	79,340	24,123	1865	249,061	86,413
1838	38,914	11,806	1866	318,494	119,763
1839	68,069	21,635	1867	298,358	138,243
1840	84,066	30,204	1868	297,215	126,718
1841	80,289	16,042	1869	395,922	130,819
1842	104,565	20,853	1870	378,796	99,536
1843 b)	52,496	14,994	1871	367,789	107,201
1844	78,615	21,570	1872	449,483	155,595
1845	114,371	34,826	1873	437,004	143,007
1846	154,416	58,259	1874	260,874	66,254
1847	234,968	74,473	1875	191,231	44,245

Wir müssen es uns versagen, an diese Tabelle, welche nur zur Orientirung dienen soll, Betrachtungen anzuknüpfen; bleibe das dem Leser überlassen, dem weder die Größe der zugeführten Volksmenge, noch das Steigen und Fallen und der in der Neuzeit eingetretene Tiefstand der Einwanderungs= fluth entgehen wird.

Auch über die Vertheilung der Ankömmlinge auf die verschiedenen Hafen= plätze ist es hier nicht geboten, weiter einzugehen. Es genügt zu bemerken, daß die weit überwiegende Mehrzahl aller Einwanderer in New York lan= dete. Schon 1820 kamen in New York etwa doppelt so viele an wie in

*) Die Zahlen dieser Reihe schließen die Fremden ein, deren Aufenthalt in den Vereinigten Staaten nur ein temporärer war. Um die Zahl der wirklichen Ein= wanderer zu erhalten, muß man davon etwa 1¾ Procent abziehen.

a) Fünf viertel Jahr.   b) Drei viertel Jahr.   c) Fünf viertel Jahr.

Philadelphia, 1830 sieben Mal, 1840 fünfzehn Mal so viele. Es gab Jahre, in denen kein einziges Schiff mit Einwanderern sich unserem Hafen zuwendete. Erst innerhalb der letzten Jahre ist die directe Einwanderung nach Philadelphia durch die American Steamship Company und die Red Star Line wieder in den Gang gekommen und im Zunehmen begriffen.

Deutsche Einwanderung über Philadelphia.

Die älteren statistischen Berichte über die Anzahl der in Philadelphia gelandeten Einwanderer scheiden diese nicht nach Nationalitäten ab und sind daher für unsern Zweck unbrauchbar. Auch die Aufzeichnungen der Deutschen Gesellschaft geben vor der Einsetzung der Einwanderungs-Commission im Jahre 1873 nur wenig Aufschluß.

Zwischen 1840 und 1860 kamen Bremer Paquetschiffe hier an, die uns deutsche Einwanderer zuführten, eine Zeitlang monatlich, später aber seltener. Solche waren die Barke Philadelphia, Capitän Greve, die Brigg Bremen, Capitän Köper, die Brigg Luise, Capitän Wende, ferner die Elisabeth, Washington, Hohenstaufen. Mit diesen mögen bis 1861 durchschnittlich wohl drei- bis vierhundert deutsche Einwanderer (in einzelnen Jahren allerdings viel mehr) hier eingetroffen sein. Von 1862 bis 1866 trat ein völliger Stillstand ein. Dann kamen wieder einige Schiffe von Bremen, nämlich 1867 mit 623, 1868 mit 825 und 1869 mit 187 Passagieren aus Deutschland, Oesterreich und der Schweiz. Von 1870 bis 1872 hörte die directe Einwanderung über Philadelphia wiederum auf.

Die directe Dampfschiff-Verbindung zwischen Philadelphia und europäischen Häfen.

Mit dem Jahre 1873 hebt eine neue Periode für die Beziehungen Philadelphia's zu der Einwanderung an. Die zwei Dampferlinien, welche unseren Hafen mit Liverpool (American Line) und mit Antwerpen (Red Star Line) verbinden, traten in's Dasein.

Es gelangen auf diese Weise, vornehmlich mit der zweitgenannten Linie, wieder deutsche Einwanderer direct nach Philadelphia. Die Anzahl derselben war in den drei letzten Jahren:

	Gesammtzahl der Passagiere.	Deutsche, Oesterreicher und Schweizer.
1873	3689	1578
1874	8869	1881
1875	7789	2240

Während also in allen andern Häfen die Einwanderung bedeutend abgenommen hat, ist die Zahl der Deutschen, welche sich in Philadelphia ausschiffen, gestiegen. Dieser Zuwachs stellt sich für 1875 noch weit erheblicher heraus, wenn man die deutschredenden Mennoniten, welche aus Rußland nach den Ver. Staaten über Philadelphia einwanderten, 1113 an Zahl, hinzurechnet.

Was nun die den Passagieren erwiesene Rücksicht, das heißt, Bequemlichkeit, Kost, Sicherheit und billigen Fahrpreis betrifft, so dürfen wir darüber die von der Deutschen Gesellschaft am 19. März 1873 gerade auf Anlaß dieser neuen Beförderungslinie eingesetzte

Einwanderungs=Commission,

welche sich übrigens nur dem Namen nach von einem Committee unterscheidet, reden lassen. In mehreren Berichten, die sich auf persönliche Kenntnißnahme und die Aussagen der Passagiere berufen, hat dieselbe ein sehr günstiges Urtheil über die Leistungen der Philadelphier Linie und die den Einwanderern durch sie gebotenen Vortheile gefällt. Der Bericht von 1873 sagt:

„Am 19. März wurde von der General=Versammlung der Deutschen Gesellschaft die vom Verwaltungsrath eingesetzte Einwanderungs=Commission bestätigt. (Sie bestand aus den Herren L. Herbert, Dr. Kellner, Jos. G. Rosengarten, Dr. J. Ph. Trau, F. Ehrlich, Jos. Kinike, Geo. Doll.) Unter dem Vorsitz des Vicepräsidenten, Hrn. Lorenz Herbert, und der thätigen Beihülfe des Agenten haben deren Mitglieder der Landung aller Dampfer der zwei neuen Dampferlinien, welche zwischen Liverpool und Antwerpen seit Beginn dieses Jahres in Gang gebracht wurden, beigewohnt und ihre ganze Aufmerksamkeit auf die Behandlung der deutschen Einwanderer gerichtet, sowohl am Bord der Schiffe, wie am Landungsplatz und bei deren Weiterbeförderung und auch deren Aufenthalt in Antwerpen. Am Landungsplatz selbst waren sie bemüht, allen Rath= und Beistand=Bedürftigen sofortige Beihülfe zu leisten; auch war stets ein Arzt der Deutschen Gesellschaft zugegen, um sich der Kranken anzunehmen.

Die Wichtigkeit der neuen Dampferlinien für Philadelphia, Pennsylvanien und das ganze Land, kann nicht hoch genug angeschlagen werden. — Nicht blos die Humanität, sondern auch das materielle Interesse Aller fordert die größtmögliche Fürsorge und Unterstützung der hier anlangenden Einwanderer und seitens der hiesigen Deutschen und der Deutschen Gesellschaft namentlich die Fürsorge für die deutschen Emigranten.

Die Vortheile für deutsche Einwanderer, welche die Landung in Philadelphia bietet, sind sehr bedeutend; sie haben dadurch die beste und kürzeste Ueberfahrt von Europa, die schnellste und billigste Beförderung in das Innere und die sichere Garantie vor jeder Beschwindelung und Uebervortheilung. Die betreffenden Dampfschiff=Compagnien und die Pennsylvanische Eisenbahn=Compagnie haben die größte Fürsorge für eine humane, zufrieden stellende Behandlung und Verpflegung der Einwanderer auf der Reise, für deren gute Aufnahme und Weiterbeförderung bewiesen. Praktische und großartige Einrichtungen für das Unterbringen der landenden Einwanderer sind getroffen; eine bequeme Halle nimmt sie auf, womit Ticket=Office, Wech=sel=Bureau und eine gute billige Restauration verbunden ist. Das Wichtigste ist, daß alle Weiterreisende direkt aus jener Halle die Eisenbahnwagen be=steigen, die sie südlich, nördlich, östlich und westlich nach ihren Bestimmungs=plätzen führen. — Der Ausschluß aller Emigranten=Runner u. s. w. vom Landungs=Depot wurde streng aufrecht erhalten und die Weiterbeförderung der Fortreisenden stets innerhalb weniger Stunden und selbst noch mitten in der Nacht bewerkstelligt."

An diesen Bericht der Einwanderungs=Commission, womit die der folgen=den Jahre im Wesentlichen übereinstimmen, darf wohl die Bemerkung ge=knüpft werden, daß die Vorzüglichkeit der Beförderungsmittel, welche die Pennsylvania Eisenbahn bietet, bereits vor zwanzig Jahren von der Ver=waltung der Deutschen Gesellschaft in empfehlender Weise anerkannt worden ist. Es geschah dies im Jahre 1856 (26. Januar) als die Direction der Pennsylvania Eisenbahn die Herren Scherff und Johnson als Agenten in Europa accreditirte. Sowohl die Stadtbehörden von Philadelphia wie die Beamten der Deutschen Gesellschaft hielten es bei dieser Gelegenheit für an=gemessen, ihre Kenntniß von der vortrefflichen Einrichtung und soliden Ver=waltung dieser Linien in officieller Weise zu erklären. Die einstimmig ge=faßten Beschlüsse des Beamtenrathes lauteten wie folgt:

„Nachdem wir den Bericht unseres Agenten (F. J. Dreßler) über die Be=mühungen der Pennsylvania Eisenbahn, Einwanderungs=Agenturen in Eu=ropa zu errichten, mit Befriedigung vernommen haben, erklären wir:

Daß nach unserer Ansicht die Pennsylvania Eisenbahn die beste Route vom atlantischen Meere nach dem großen Westen ist, indem die Emigranten=wagen mit gepolsterten Sitzen und Lehnen, Trinkwasser und water closets versehen sind, auch in geeigneter Weise geheizt und erleuchtet werden.

Daß die Gepäck=Beförderung ausgezeichnet ist; durch ihr Quitirungs= und Check-System wird ein Verlust beinahe zur Unmöglichkeit.

Daß nach unserer Ansicht Passagiere auf der Pennsylvania Eisenbahn vor Betrügereien geschützt sind, wie dieselben auf andern Bahnen vorkommen.

Da die Pennsylvania Eisenbahn Agenten in Europa zu dem Behufe an=gestellt hat, Auswanderer für ihre Weiterbeförderung einzuzeichnen, so können wir, gestützt auf unsere Kenntniß der Behandlung der Emigranten seitens jener Gesellschaft, dieselbe der Gunst des Publikums unbedenklich empfehlen."

Damals hatte Philadelphia noch keine Dampfschiff=Verbindung mit Eu=ropa. Jetzt ist durch die Errichtung der beiden Linien, welche Liverpool und Antwerpen zu ihren jenseitigen Auslaufshäfen haben, diesem Mangel abge=holfen und der Einwanderer kann direct und ohne Aufenthalt über Phila=delphia jedwede amerikanische Stadt erreichen.

Der mächtige Zauberer, der Dampf, hat kaum auf einem andern Gebiete unseres Culturlebens einen größeren Segen, einen erstaunlicheren Umschwung erwirkt, als bei der überseeischen Passagier-Beförderung. Eine kurze Reise, die man nicht mehr nach Wochen oder Monaten, sondern nach Tagen berechnet, reichliche und gute Kost, Zuführung frischer Luft, saubere Schlafstätten, und in Folge alles dessen Gesundheit und Frohsinn, dazu eine freundliche Behandlung seitens des Schiffspersonals — das sind Sachen, die sich jetzt von selbst verstehen. Daneben gehalten erscheinen die ehemaligen Greuel wie scheußliche Traumbilder, an deren Wirklichkeit es schwer hält zu glauben.

Verbindung mit andern deutschen Gesellschaften. Conventionen.

Abgesehen von der Noth, welche den einzelnen Einwanderer trifft und zum Gegenstande der Unterstützung wohlthätiger Individuen oder Gesellschaften macht, giebt es allgemeine Interessen der Einwanderung, welche von den betreffenden Gesellschaften in's Auge zu fassen, zu fördern, zu schützen sind. Die Wanderung so großer Menschenmassen aus einem Lande in das andere, ist eine Sache von nationaler Bedeutung; ihr Transport, ihre Verpflegung unterwegs, ihr Unterhalt in der Hafenstadt nach ihrer Ankunft, ihre Weiterbeförderung, Nachweis von Arbeit für sie, der Ankauf von Land zu neuen Heimstätten, alles dies ist von höchster Wichtigkeit für die Betheiligten und, soll nicht der blinde Zufall oder selbstsüchtige Habsucht das Spiel mit ihnen treiben, so müssen wohlthätige Vereine zum Besten der Einwanderer wachsam und wirksam sein.

Solche Aufgaben aber lassen sich nicht wohl von einer einzelnen Gesellschaft übernehmen, sie können nur durch ein verbündetes Auftreten der zahlreichen Auswanderungs-Vereine in den Ver. Staaten gelöst werden.

Daher ist der Gedanke an einen Bund der betreffnden Gesellschaften oder wenigstens an die Veretnbarung gemeinschaftlicher Maßregeln durch dieselben ein sehr nahe liegender. Bis jetzt ist es dazu freilich nicht gekommen und auch die Conventionen, an welchen sich mehrere Gesellschaften betheiligten, haben kein dauerndes Zusammenwirken zur Folge gehabt. Ob die isolirt stehenden, aber ein gemeinsames Ziel verfolgenden Vereine, die über das weite Gebiet der Ver. Staaten verbreitet sind, dereinst zu einem verbundenen Gliedwesen erwachsen werden, muß die Zukunft lehren. Die Herausgabe eines die Interessen der Einwanderer und die Zwecke der Gesellschaften vertretenden Organs wäre wohl der nächste Schritt dazu. An diesem Platze aber ist nachzuweisen, was bis jetzt in dieser Richtung geschehen ist, so weit die hiesige Deutsche Gesellschaft dabei betheiligt war.

Freundlich entgegenkommend erwies sich die Deutsche Gesellschaft von

New York bald nach ihrer Gründung.*) Im Jahre 1786 faßte sie Beschlüsse, die der Sekretär, Joh. Meyer, der Philadelphier Gesellschaft über-
mittelte und die folgende Vorschläge enthalten:

1. In den „für die deutsche Nation in Amerika ersprießlichen Dingen"
gemeinschaftliche Sache zu machen und zu dem Ende vorkommenden Falles
in Correspondenz zu treten.

2. Daß Mitglieder der einen Gesellschaft das Recht haben sollen, an den
Berathungen der andern Theil zu nehmen.

3. Daß bei der Uebersiedelung aus der einen Stadt in die andere ein
wohlberufenes Mitglied ohne neue Eintrittsgebühren in die Schwester-
Gesellschaft treten könne.

Da die Constitution der bereits incorporirten Philadelphier Gesellschaft
die Bedingungen und Befugnisse der Mitgliedschaft ganz bestimmt definirt,
so war es nicht thunlich, den beiden letzten Vorschlägen beizutreten; aber der
Wunsch und die Bereitwilligkeit mit der New Yorker Gesellschaft freund-
schaftlichen Verkehr zu pflegen, ward im Antwortschreiben ausgesprochen.

Als sich 1820 die Deutsche Gesellschaft in Harrisburg bildete, deren Präsident Georg Lochmann war, erfolgte gleichfalls ein Austausch freundlich-
collegialischer Gesinnungen und Wünsche.

Mit einem bestimmteren Ziel im Auge wendete sich die New Yorker Gesellschaft durch ein Schreiben vom 20. April 1849 an die unsrige. Der damalige Sekretär, Herr Hermann E. Ludwig, übersandte den Jahresbericht
und bemerkte dazu: „Haben wir bisher gethan was in unsern Kräften stand,
so sind wir entschlossen, dies auch fernerhin zu thun und um für den Zweck
unseres Vereins immer kräftiger wirken zu können, ist es unser innigster
Wunsch, mit den übrigen deutschen Gesellschaften der Union in nähere Verbindung zu treten.

Sobald sich dadurch nur erst eine Uebersicht deutscher Vergesellschaftung
zum Schutz der eingewanderten Deutschen in der Union gewinnen läßt, wird
es auch thunlich werden, geeignete Vorschläge zu einem einzuleitenden engeren Verkehr zu machen, durch welchen den im Inlande Wohnenden die Verbindung mit hier Ankommenden und umgekehrt, nicht blos erleichtert, sondern oft erst ermöglicht und jedenfalls gesichert wird." —

Die unserseitige Antwort enthält die gewünschte Auskunft über den Zu-

---

*) Unter den dreizehn Bürgern, die sich am 23. August 1784 versammelten, um
eine Deutsche Gesellschaft in New York zu stiften, befanden sich Oberst Emanuel
von Lutterloh (Präsident), welcher bereits 1779 in die Deutsche Gesellschaft von
Pennsylvanien gewählt war, aber — vielleicht seiner Uebersiedelung nach New York
halber, — seine Mitgliedschaft nicht antrat, und Isaac Melcher, ein früheres Mitglied unserer Gesellschaft.

stand und das Thun der Gesellschaft und erklärt deren Bereitwilligkeit, für gemeinsame Zwecke mit der New Yorker Hand in Hand zu gehen.

Die Convention in New York, 1858.

Die erste Convention deutscher Gesellschaften verschiedener Staaten trat auf die Einladung der New Yorker den 1. October 1858 in der Pythagoras-Halle in New York zusammen und tagte bis zum 6. October. Vertreten waren New York, Philadelphia, Baltimore, Chicago, Cincinnati und St. Louis. Die Delegaten von Philadelphia waren die Herren J. Th. Plate (Sekretär) und F. Funk; der Präsident der Gesellschaft, Herr Fisler, hatte wegen Unpäßlichkeit nach Philadelphia zurückkehren müssen.

Einstimmig erklärte sich die Convention gegen das in vielen Häfen Europa's eingeführte System der Buchung von Auswanderern, d. h. den Verkauf von Eisenbahnbillets für ihre Weiterreise in Amerika, und die damit verbundene Empfehlung von Gasthäusern. Es sei die Quelle endloser Betrügereien und beeinträchtige die Wirksamkeit der deutschen Vereine zum Schutz der Einwanderer. Im besten Falle erhalte der Passagier sein Billet nicht billiger als er es hier kaufen könne, und laufe Gefahr, sein gutes Geld für eine werthlose Karte auszutauschen. Es wurde beschlossen, dem Uebel durch Vorstellungen an die Eisenbahn-Directionen, an die amerikanischen Consuln, die Ver. Staaten Regierung, so wie durch öffentliche Warnungen entgegen zu treten.

Der Beschluß, den Congreß um den Erlaß besserer Schutzgesetze für die Einwanderer anzugehen, wurde mit vier gegen zwei Stimmen angenommen. Philadelphia stimmte mit Baltimore dagegen, theils weil die Delegaten keine hinreichenden Vollmachten von ihren resp. Gesellschaften hatten, theils auch weil die in den Beschlüssen sich kundgebenden Wünsche, nach ihrer Ansicht, den deutschen, nicht den hiesigen Behörden zunächst vorzulegen wären. Sodann wurde einstimmig beschlossen, „ein Gesetz zu beantragen, welches den Capitän verpflichte, das Eigenthum der an Bord gestorbenen Passagiere sofort bei seiner Ankunft an die Agenten des Schiffes zu überliefern und deren Empfangs-Bescheinigungen an den betreffenden Consul zu übergeben. Andere von der Convention angenommene Beschlüsse hatten Bezug auf größere Sicherheit des Einwandererguts auf See und zu Lande und Abstellung der durch Mäkler und Agenten entstandenen Mißbräuche. Auch ging der Vorschlag durch, einen Wegweiser für Auswanderer unter Autorität sämmtlicher deutscher Gesellschaften der Ver. Staaten zu publiciren.

Schließlich empfahl die Convention den Einwanderern, sich vorzugsweise in deutschen Häfen einzuschiffen, weil dort die besten Anstalten zu ihrem Schutze bestehen und auf deutschen Schiffen am besten für sie gesorgt wird.

Um nun dem Congresse der Ver. Staaten die Ansichten und Wünsche der

Convention in Betreff der begehrten Gesetzesverbefferungen zur Kenntniß zu bringen, und um den Beschlüffen eine für Gesetzentwürfe geeignete Faffung zu geben, ward ein Committee ernannt, das aus den Herren Hennig, Jelling-haus, Lindemann und dem Vorfitzenden, Herrn S. Kaufmann, beftand.

Dies Committee hat sich seines Auftrags ohne Zweifel entledigt, aber der Congreß hat vor 1864 kein neues auf die Einwanderung bezügliches Gesetz paffirt und die alsdann angenommenen Neuerungen hatten mit den Vor-schlägen der New Yorker Convention Nichts gemein, sondern bezweckten ver-mehrte Einwanderung während der Kriegszeit.

Die Convention in Baltimore, 1868.

Die nächste Convention, worin die Deutsche Gesellschaft von Pennsylva-nien vertreten war, fand in Baltimore am 17., 18. und 19. October 1868 ftatt. Es waren hauptsächlich Gesellschaften der weftlichen Staaten, die sich dort durch ihre Abgeordneten vernehmen ließen.*) Am 19. October paffir-ten folgende (hier in gekürzter Faffung mitgetheilte) Beschlüffe:

1. Den Congreß zu erfuchen, an allen Haupthafenplätzen der Union die Einwanderer durch geeignete Einrichtungen und Vorkehrungen bis zu ihrer Abreife zu schützen.

2. Die Convention hofft, daß ein Gesetz zum Schutz der Einwanderer auf hoher See (ähnlich wie das von Senator Morgan proponirte) paffi-ren möge.

3. Es ift die Pflicht der Staaten, wohin die Einwanderer sich vorzugs-weife wenden, denselben durch Anweifung der erforderlichen Geldmittel Bei-ftand, Schutz und Unterftützung zu gewähren, namentlich auch Emigranten-Depots und Arbeits-Nachweifungs-Bureaus zu errichten.

4. Die Commiffäre in Caftle Garden in New York sollten dafür sorgen, daß die mit der Beförderung der Einwanderer beauftragten Eisenbahn-beamten den Einwanderern über die zu bezahlende Ueberfracht außer dem Zettel noch eine besondere Quittung ertheilen, damit die vorkommenden Uebervortheilungen beseitigt werden.

5. Den Eisenbahn-Compagnien, welche die langsamen Emigranten-Züge abgeschafft haben und Einwanderer zu ermäßigten Preifen mit den Expreß-Zügen befördern, wird der ungetheilte Beifall der Convention ausgesprochen.

6. Es wird empfohlen, daß alle Einwanderungs-Gesellschaften der Ver. Staaten einen Bund mit einer Centralbehörde bilden.

7. Der Congreß werde erfucht, die Angelegenheit wegen Erhebung des

*) Pennsylvanien, Maryland, Weft-Virginien, Tenneffee, Illinois, Wisconsin, Miffouri, Nebraska, Kansas, Diftrict Columbia. Aus New York schickten zwei böhmische Gesellschaften Abgeordnete; auch eine böhmische Gesellschaft in Balti-more war vertreten.

hohen Kopfgeldes an der canadischen Grenze zu untersuchen und Abhülfe des Uebelstandes zu veranlassen.

Die Convention erwählte schließlich einen Ausschuß zur Organisirung des vorgeschlagenen Bundes und trug demselben auf, eine Eingabe an den Congreß zu entwerfen.

Es scheint indessen, daß alle diese Beschlüsse weiter Nichts waren, als der Ausdruck wohlgemeinter Wünsche. Ein greifbares Resultat kam nicht dabei heraus.

Die Convention in Indianapolis, 1870.

Die Gouverneure von sieben westlichen Staaten (Minnesota, Jowa, Nebraska, Missouri, Kansas, Michigan und Wisconsin) veranlaßten die Abhaltung einer Einwanderungs=Convention im Spätherbst 1870, indem sie die Executiv=Behörden der Staaten einluden, je vier Delegaten, die Handelskammern und Einwanderungs=Gesellschaften, je einen Delegaten nach Indianapolis zu schicken.

Der in dem Rundschreiben ausgesprochene Zweck der Zusammenkunft sollte sein:

„Die besten Mittel zum Schutze des Einwanderers vor Betrug und Ueber= vortheilung zu erwägen und ihm die rascheste und bequemste Beförderung zu sichern."

Das alte Problem! Aber es ist denn doch in ein neues Stadium getreten. Im Jahre 1764 fragten einige mitleidige deutsche Bürger von Philadelphia: Wie können wir den armen Einwanderer vor Betrug und Mißhandlung schützen, ihn während der Seereise vor den Schrecknissen des Hungers und der Seuchen bewahren? Sonst kümmerte sich Niemand um die Gemißhandelten. Es waren ja eben nur "Palatines."

Hundert und sechs Jahr später beriefen sieben Gouverneure der Ver. Staaten von Nordamerika eine Convention nach Indianapolis, um über das Wohlergehen derselben Menschenclasse zu berathschlagen. Hat sich denn Nichts gebessert? Gewiß. Abscheulichkeiten wie sie vor hundert oder auch noch vor fünfzig Jahren vorkamen, sind jetzt unerhört. Aber Habsucht und Hartherzigkeit sind darum nicht ausgestorben und auch jetzt bedarf der Ankömmling wachsamer Fürsorge, daß er nicht in die Netze schlauer und gewissenloser Geldschneider falle.

Sieben Gouverneure! Die Zeiten sind anders geworden. Der Einwanderer ist nicht mehr ein Gegenstand des Mitleids, das oft nur eine veredelte Verachtung ist. Man hat rechnen gelernt und weiß, wie viel Capital in der zugeführten Einwanderung steckt. Denn jeder Mensch, der Arbeit leistet, repräsentirt — wie eine fertige Maschine — ein auf ihn verwendetes Capital. So lange er heranwächst, verursacht er Kosten, sobald er arbeitsfähig wird, fängt er an, diese Auslagen dem Lande, das ihn herangezogen hat, wieder zu ersetzen. Er wird Producent. Die Auswanderung verpflanzt aber diese Producenten in ein anderes Land, das die Unterhaltungskosten während der Kinderjahre derselben nicht getragen hat und aus diesem Umstande Gewinn zieht. Es ist nun berechnet, daß ein leistungsfähiger Einwanderer nach allen Abzügen im Durchschnitt einen Capitalwerth von $800—$1000 repräsentirt und Dr. Young veranschlagt den Gewinn, welcher den Ver. Staaten für das eine Jahr 1870 aus der aufgenommenen Einwanderung erwuchs auf 285 Millionen Dollars und für ein halbes Jahrhundert auf 6000 Millionen Dollars. Und Fr. Kapp zeigt gleichfalls durch ein Rechenexempel, daß die Ver. Staaten, hätte keine Einwanderung seit 1800 stattgefunden, im Jahre 1870 an Volkszahl um volle vierzig Jahre zurück gewesen wäre. Das rasche Emporblühen der hundertjährigen Republik, ihr Wohlstand, die Unterwerfung der endlosen Landstrecken unter die Controlle des Menschen, die Ausbeutung des Bodenreichthums, die Entwickelung der Industrie, was wäre dies Alles ohne die Einwanderung? Was wäre insbesondere ohne sie der Westen?

Wir dürfen uns solchen Ueberlegungen wohl hingeben, wenn wir, so zu sagen, von der Höhe des heutigen Standpunktes auf den bescheidenen Anfang der Bemühungen für den Schutz des Einwanderers, auf die erste Versammlung der Deutschen Gesellschaft im lutherischen Schulhause am 26. December 1764 zurückblicken.

Die Convention von Indianapolis, die am 23. November 1870 zusammentrat und an welcher seitens unseres Staates Dr. E. Morwitz und seitens unserer Gesellschaft Herr M. Richards Muckle Theil nahmen, behandelte die ihr vorgelegte Frage mit gebührender Rücksicht auf deren national-ökonomische Wichtigkeit. Sie stellte auf, daß es eine Pflicht der Bundesregierung sei, die Einwanderung zu fördern und zu schützen. Ein Mittel dazu sei die Errichtung eines Emigrations-Bureaus, das zuverlässige, statistische und andere, den Einwanderern nützliche Aufschlüsse, sammle und veröffentliche.*)

Auch sollte, den Beschlüssen der Convention gemäß, die Regierung der Ver. Staaten durch Verträge mit andern Mächten für den Schutz der Einwanderer während ihrer Passage auf fremden Schiffen Sorge tragen.

Eine wichtige von der Convention empfohlene Aenderung im gesetzlichen Status des Einwanderers war diese: Vom Augenblicke seiner Landung bis er das Endziel seiner Reise erreicht hat, stelle man ihn unter die Jurisdiction des Bundes, nicht wie bisher, unter die des Staates, worin er sich augenblicklich befinden mag.

Geleitet von der Idee, daß der Einwanderer als Schützling der Bundes-

---

*) Dem ist durch die Herausgabe des Report on Immigration von Dr. E. Young, Chief of Bureau of Statistics 1871, entsprochen worden.

regierung anzusehen sei, sprach sich die Convention gegen das von Local=
behörden auferlegte Kopfgeld aus und hielt dafür, daß der gute Zweck, für
welchen es erhoben werde, durch andere Veranstaltungen erreicht werden sollte.

Dieser Beschluß richtete sich gegen die New Yorker Einwanderungs=Com=
mission und das Castle=Garden System. Es ist hier nicht der Platz, auf
die Sache selbst und die darüber heftig geführten Debatten einzugehen.
Nur sei bemerkt, daß das Kopfgeld inzwischen von $2.50 auf $1.50 herab=
gesetzt wurde, und daß die Einwanderungs=Commission dadurch in große
Geldverlegenheiten gerathen ist. Es spielen dabei noch ganz andere Inter=
essen als die der Einwanderer mit.

Uebrigens haben die von der Indianapolitaner=Convention gemachten
Empfehlungen den Congreß bis jetzt zu keiner neuen Gesetzgebung angeregt
und es sind die dort besprochenen Reformen als schwebende Fragen anzusehen.

Der Rechtsschutz seit 1868.

Als nach einer Unterbrechung von fünfzig Jahren der den eingewanderten
Deutschen zu gewährende Rechtsschutz von Neuem unter die Aufgaben der
Deutschen Gesellschaft aufgenommen wurde, hatten sich die Zeiten und Ver=
hältnisse durchaus geändert. Es konnte sich nicht mehr um die Trübsale
während der Seereise handeln, denn die große Menge der deutschen Ein=
wanderer schifft sich nach anderen Häfen, vornehmlich New York, ein und
die Dampfschifffahrt hat ohnehin dem alten Unwesen ein Ende gemacht.
Von „verservten" Knechten, verbundenen Mägden, verkauften Passagieren
weiß das lebende Geschlecht Nichts aus eigener Erfahrung. Was hat denn,
fragt vielleicht Mancher, der Rechtsschutz jetzt zu bedeuten? Worauf er=
streckt er sich?

Die Antwort darauf giebt — das Gefängniß. Nicht Jeder, der in den
traurigen Zellen von Moyamensing hinter Schloß und Riegel sitzt, ist darum
ein Verbrecher, ein gefährlicher Mensch, oder Frevler gegen das Gesetz.
Der Untersuchungshaft verfällt nur der, dem Freunde und Bürgen fehlen
und oft sind es geringfügige Beschwerden, Mißverständnisse oder Ränke,
wodurch ein unbescholtener Mann der Freiheit verlustig wird. Wie schwer
wird es da dem Fremden, wenn er der Sprache und der Landesgesetze un=
kundig ist, wenn ihm kein Freund zur Seite steht, die Erklärungen zu geben,
die Entlastungszeugen zu finden, durch die er seine Unschuld darthun kann!
Aber auch der, welcher das Gesetz übertreten hat, verliert nicht den An=
spruch auf gerechte Behandlung und auf Berücksichtigung milderner Um=
stände, falls solche vorhanden sind. Wie kann nun der freundlose Auslän=
der, der sich nicht einmal verständlich auszudrücken weiß, Alles geltend
machen, was zu seinem Gunsten spricht?

Es leuchtet ein, daß es Rechte der Eingewanderten zu schützen giebt, auch wenn nicht ein Einziger derselben in Philadelphia landen sollte und daß Niemand durch einen langjährigen Aufenthalt in Amerika seinen Anspruch auf humanen Beistand in der Noth verwirkt.

In der März=Versammlung von 1867 machte Herr F. Dittmann auf die bedauerliche Lage vieler deutscher Gefangener aufmerksam und berief sich dabei auf seine eigene Erfahrung als Rechtsanwalt. Die Sache wurde dem Verwaltungsrath zur Kenntnißnahme überwiesen und dieser lud Herrn Dittmann und den Gefängniß=Agenten, Herrn Wm. J. Mullen, zu seiner nächsten Sitzung ein, um von ihnen weitere Aufschlüsse zu erbitten und die ganze Angelegenheit ernstlich in Betracht zu ziehen.

Herr Mullen erschien in der October=Versammlung und schilderte seine Wirksamkeit als Agent für die Gefangenen. Was die Deutschen betreffe, so seien ihrer zwar nicht viele im Moyamensing Gefängniß, aber es komme doch vor, daß Fremde für ihre Unkenntniß mit der Landessprache unverdienter Weise zu büßen hätten. Wäre ein Mitglied der Deutschen Gesellschaft im Besuchs=Ausschuß der Gefängniß=Association, so würde sich ihm ohne Zweifel ein Feld segensreicher Wirksamkeit eröffnen.

Der Präsident, Herr Horstmann, ernannte darauf den Herrn J. Kinike zum Vertreter der Deutschen Gesellschaft in Sachen des Rechtschutzes. Sollte er — wie erwartet wurde und geschah — als Mitglied der Gefängniß=Association in deren Besuchs=Ausschuß gewählt werden, so war er befugt, zu den Gefangenen Zutritt zu verlangen und konnte die ihm von der Deutschen Gesellschaft verliehene Vollmacht zur Geltung bringen.

Herr J. Kinike nahm die ihm auferlegte Verpflichtung an und hat sich seit jener Zeit den deutschen Gefangenen als Rather und Freund sehr nützlich erwiesen, manche Ungerechtigkeit verhütet und Härte gemildert.

Der Vorsitzer des (1871 errichteten) Rechts=Committees, Herr J. G. Rosengarten, ließ sich in dem Jahresbericht von 1871 darüber folgendermaßen aus:

„Ihrem Rechtsanwalt sei es hier noch gestattet, seinen aufrichtigen anerkennenden Dank dem Herrn J. Kinike für dessen uneigennützigen Beistand und unermüdlichen Eifer auszusprechen, womit er sich den Pflichten eines Mitgliedes des Rechtsausschusses in der menschenfreundlichsten Weise unterzog. Seine Verwendung bei den Richtern wurde immer mit dem besten Erfolge gekrönt und seinen Bemühungen und seinem Einflusse gelang es stets, die betreffenden Gerichtshöfe in den von ihm empfohlenen Fällen im Namen der Deutschen Gesellschaft zur Unterstützung irgend einer guter Sache zu vermögen. Ebenso widmete Herr Kinike, wie bereits in frühere Jahren, seine besondere Aufmerksamkeit den deutschen Gefangenen, deren Loos er nach Kräften zu erleichtern suchte und denen er nach erfolgter Frei-

laffung eine paſſende Beſchäftigung und ein geeignetes Unterkommen zu ver=
ſchaffen raſtlos bemüht war."

Während der Jahre 1868 und 1869 unterzog ſich Herr Joſ. Kinike dieſen
menſchenfreundlichen Pflichten als alleiniges Committee=Glied. Im Jahre
1870 wurde bei der Neugeſtaltung des Vorſtandes ein Rechts=Committee
geſchaffen. Dies beſtand 1871 aus den Herren F. Heyer, Joſ. Kinike, Joſ.
M. Reichard, Joſ. G. Roſengarten, Henry Tilge, H. Van Tronk. Im
nächſten Jahre trat Herr Roſengarten an die Stelle des erkrankten Herrn
Heyer als Vorſitzender und J. W. Wheeler wurde neues Mitglied. Im
Jahre 1873 ſchied Herr Kinike aus dem Committee, um ſeine Bemühungen
in gewohnter Weiſe unabhängig fortzuſetzen; Herr G. Doll wurde dem
Committee hinzugefügt. An die Stelle des Herrn Wheeler trat 1874 Herr
Friedrich Schmidt und an die des Herrn Roſengarten 1876 Herr H. D.
Wireman.

Wir wollen nun verſuchen, durch Mittheilung einzelner Fälle, ein Bild
von dem ſeit 1868 geübten Rechtsſchutz zu entwerfen. Jeder wird ſich über=
zeugen, daß die Gefängnißmauern Nichts weniger als die Grenzſperren un=
ſerer Sympathie ſein ſollten und daß nicht Alle, welche ſich dahinter befinden,
zum Auswurf der Geſellſchaft gehören.

1868. Ein junger Deutſcher, der Sohn eines Predigers, der engliſchen
Sprache nicht mächtig, wurde wegen Unterſchlagung vor Gericht geſtellt.
Ohne Vertheidiger und Rathgeber antwortete er auf die ihm geſtellte Frage
„ſchuldig" und wurde darauf einfach in's Gefängniß zurückgeführt. Hier
verblieb er, ohne daß ein Urtheil gefällt war, faſt fünf Monate, vergeſſen
und unbeachtet. So gut gehalten die Zellen der verurtheilten Sträflinge
ſind, ſo unſauber ſind die für Unterſuchungshaft benutzten. Auch erhalten
die Gefangenen keine Matratzen, ſondern liegen in ihre dünne wollene Decke
eingehüllt auf dem Fußboden. Der junge Mann brachte auf dieſe Weiſe
die Wintermonate zu, wurde, wie es nicht anders möglich war, krank und
konnte ſich des ekelhaften Ungeziefers nicht mehr erwehren. Er kam ſo her=
unter, daß er nicht im Stande war, ſich aufzurichten und ſein Leben hing
augenſcheinlich an einem dünnen Faden. So fand ihn Herr Kinike, der den
Fall ſogleich zur Kenntniß des Richters brachte. In Anbetracht der ſchon
abgeſeſſenen Zeit verurtheilte ihn dieſer zu einem Tage Gefängniß. Herr
Kinike ſandte ihn in's Hoſpital und verſchaffte ihm nach ſeiner Herſtellung
Arbeit im Lande. Der junge Mann ernährt ſich jetzt ſehr anſtändig mit
Muſikunterricht.

Ein anderer Deutſcher, ein Schuhmacher, war von einem Alderman in
Arreſt geſchickt, aber die Grand Jury ſah keinen Anlaß, gegen ihn zu ver=
fahren. Trotzdem erhielt er ſeine Freiheit nicht und ſaß bereits vier Wochen
als ſich Herr K. für ihn verwandte. Er kam ſogleich frei und erhielt Hand=

werkzeug, um für sein Fortkommen sorgen zu können. — Herr Kinike besuchte das Gefängniß wenigstens zwei Mal monatlich und verwandte sich in
neun erheblichen Fällen erfolgreich für deutsche Gefangene.

1869. Die meisten Deutschen, berichtet Herr Kinike, die ich im County
Prison in Untersuchungshaft fand, waren wegen kleiner Vergehen, wegen
Unkenntniß der Gesetze und in manchen Fällen unschuldig eingesteckt worden.
Wo es mir nicht gelang, eine Befreiung zu erwirken, vermochte ich die Leiden
der Gefangenen zu lindern. In elf Fällen erwirkte ich Freilassung, worun-
ter drei Fälle von Wichtigkeit waren."

Einer dieser Fälle war sehr eigenthümlicher Art und erinnert an die Ruch-
losigkeit, welche zu den Zeiten Ludwigs XIV. und XV. oft den Unschuldig-
sten zum Opfer einer schändlichen Intrigue machte. Es ist bekannt, welcher
Mißbrauch mit den lettres de cachet getrieben wurde, wie Günstlinge des
Hofes vermittelst derselben ihre Feinde in die Bastille beförderten oder auch
eifersüchtige Ehemänner über die Seite schafften, um desto ungenirter auf
verbotenen Wegen zu wandeln. Wer sollte glauben, daß diese Niedertracht
hier im Lande der Freiheit vorkommen könne? Ein grundschlechter Mensch ging
im Hause eines ehrsamen Handwerkers, der eine liebenswürdige Gemahlin
besaß, als Freund ein und aus und fand am Ende die stete Anwesenheit
des wachsamen Ehemanns beschwerlich. Da sann er auf ein Schelmenstück
und in der Tücke seines Herzens begab er sich zu einem Alderman, vor welchem er eine aus der Luft gegriffene Anschuldigung gegen seinen Gastfreund
beschwor. Dieser sah sich trotz aller Proteste auf einmal in den Händen der
Sicherheitswärter und, da er zu arm war, Bürgschaft zu leisten, bald innerhalb der traurigen Mauern von Moyamensing. — Herr Kinike erfuhr von
ihm den Zusammenhang der Geschichte und hatte keine Schwierigkeit, ihn
durch richterlichen Entscheid dem häuslichen Glücke zurückzugeben.

Im Jahre 1869 kam der zu einer cause celèbre gewordene Fall des in
Carlisle eingekerkerten und wegen angeblichen Giftmordes zum Tode verurtheilten Paul Schöppe zur Kenntniß der Deutschen Gesellschaft. Auf Ersuchen des Präsidenten (Horstmann) hatte Herr Dittmann sich mit den Einzelheiten des geführten Processes bekannt gemacht und berichtete in der
September-Sitzung des Verwaltungsrathes, daß nach dem wissenschaftlichen
Gutachten der Doctoren Kämmerer, Schrotz, Demme, Wittig, Möhring,
Fricke, Körper, Fischer und des Chemikers Dr. Genth keine Vergiftung erwiesen worden sei, daß er selbst von der Unschuld des Paul Schöppe vollständig überzeugt, Schritte zur Begnadigung desselben übernommen habe
und darauf antrage, einige Geldmittel zur Bestreitung von Druckkosten
u. s. w. durch freiwillige Beiträge zu erheben.

Der Antrag wurde angenommen und ein Committee, bestehend aus den
Herren Kinike und Kusenberg, ernannt, um eine Collekte zu veranstalten.

Die Mitglieder des Verwaltungsrathes und Andere steuerten $250.70 bei, um die Druckkosten einer neuen Auflage des Proceß-Berichtes zu decken. Der Anwalt der Gesellschaft, Herr Dittmann, erhielt die nachgesuchte Audienz beim Gouverneur; dieser aber schlug auf den Rath des General-Anwalts Brewster die Bitte um Begnadigung ab und setzte den 22. Dezember als Tag zur Hinrichtung an. Die Bemühungen der Deutschen Gesellschaft für Schöppe hatten hiermit ein Ende. Die Ueberzeugung, daß er an dem ihm zur Last gelegten Verbrechen unschuldig sei, verbreitete sich indessen in weiten Kreisen und führte schließlich zur Befreiung des Gefangenen.*)

1870. Herr Kinike berichtet:

„In sieben Fällen gelang es mir, die Freilassung der Verhafteten zu erwirken, ehe die Klage vor das Gericht kam. Eben so erlangten zwei zur Zahlung der Gerichtskosten verurtheilte Männer, die zahlungsunfähig waren

---

*) Da der gedachte Fall die Aufmerksamkeit des Publikums in ungewöhnlichem Grade erregt hat, so mögen folgende Daten hier Platz finden. Paul Schöppe, zu Baubach am 29. Februar 1840 geboren, erhielt auf dem Gymnasium zu Züllichau seine Erziehung und verließ dasselbe Ostern 1860 mit dem Zeugniß der Reife. Er studirte in Berlin Theologie, wurde am 10. Dezember 1862 der Urkundenfälschung und des Diebstahls überführt und zu fünf Jahren Zuchthaus verurtheilt. Nach Absitzung seiner Strafe begab er sich nach Amerika, und betrieb in Carlisle unter Annahme des Doctortitels ärztliche Praxis. Wegen des plötzlichen Todes (28. Januar 1869) des von ihm behandelten Fräuleins Steinecke auf Giftmord angeklagt, wurde er am 3. Juni 1869 vor das Schwurgericht zu Carlisle gestellt, schuldig erklärt und am 20. August zum Tode durch den Strang verurtheilt. Aerzte, Chemiker und Toxikologen des ersten Ranges erklärten die vorgebrachten Beweise für unglaublich und absurd. Ein Committee des College of Physicians unterwarf das gegen Schöppe abgelegte ärztliche Zeugniß einer eingehenden und vernichtenden Kritik, welche den 3. November einstimmig angenommen und durch den Druck veröffentlicht wurde. Herr Fr. Dittmann hielt am 11. November vor dem Gouverneur Geary eine Anrede, um diesen von der Unschuld des Verurtheilten zu überzeugen. Geary, sich auf ein Gutachten des Attorney General F. Carroll Brewster stützend, unterzeichnete am 24. November das Todesurtheil und beraumte als Tag der Hinrichtung den 22. Dezember an. Am 4. Dezember legte eine Massenversammlung unter dem Präsidium des Dr. A. Fricke, gegen die Vollstreckung des Todesurtheils Protest ein und beschloß, den Gouverneur nochmals um Begnadigung anzugehen. Dieser weigerte sich, trotz der von allen Seiten sich häufenden Vorstellungen, den Gefangenen freizugeben, gestattete aber Verschub der Hinrichtung. Im nächsten Jahre erfolgten vergebliche Versuche, durch das Obergericht eine Revision des Processes zu Wege zu bringen. Vermittelst eines Special-Gesetzes ward aber von der Legislatur 1872 eine neue Untersuchung des Falles verfügt. Der neue Proceß gegen Schöppe begann gegen Ende August und endete den 7. September 1872 mit seiner Freisprechung. Aber er genoß seine Freiheit nicht lange. Etwa ein Jahr darauf ließ er sich auf ungesetzlichen Finanzoperationen betreten und büßt derweilen eine Gefängnißstrafe in einer westlichen Stadt ab.

und deshalb im Gefängniß festgehalten wurden, durch meine Verwendung ihre Freilassung. Bei meinen Besuchen in der Abtheilung für Verurtheilte fand ich zwei Männer, die mir geisteskrank zu sein schienen. Ich ließ dieselben sofort ärztlich untersuchen und da sich meine Vermuthung bestätigt fand, erwirkte ich deren Freilassung aus dem Gefängniß und sorgte dafür, daß sie im Irrenhause untergebracht wurden.''

Einer dieser Leute war ein Schlosser, der in Folge eines Todesfalles in seiner Familie tiefsinnig geworden war, sich für Christus hielt und glaubte, die Todten lebendig machen zu können. Ein roher und unverständiger Polizist traf den Geisteskranken auf einem Kirchhofe beim Versuche, das Grab seines Kindes zu öffnen, wollte seine Autorität geltend machen und verarbeitete dabei dem Unglücklichen den Kopf in empörender Weise. Dann ließ er ihn als Uebertreter des Gesetzes festnehmen. Herr Kinike fand ihn im Gefängniß und überzeugte sich, daß er nicht bei Sinnen sei, worauf ihm ein Unterkommen im Hospitale verschafft wurde.

Bei Gelegenheit einer andern widerrechtlichen Verhaftung eines Deutschen, bemerkt Herr Kinike, daß die Gebühren, worauf die Aldermen für ihren Unterhalt angewiesen sind, viel mit dem Mißbrauche ihrer Gewalt zu thun haben. Aber auch eine böse Xantippe mag einen ehrlichen Mann, der sich keiner Schuld bewußt ist, in die unwirthlichen Gemächer des Zwingers von Moyamensing bringen. Ein deutscher Schuhmacher, der nach dem Tode seiner ersten Frau sich wieder verehelicht hatte, erlebte vielen Verdruß, da seine zweite Frau ein aus der ersten Ehe stammendes Kind nicht leiden mochte. Am Ende übertrug sie ihre stiefmütterliche Gesinnung auf ihn selbst und ließ ihn eines schönen Tages wegen böswilliger Verlassung arretiren, in seinem eignen Hause! Sie hatte den erforderlichen Eid vor dem Alderman geleistet, d. h. die Bibel geküßt, und so wurde denn ihr bestürzter Gatte trotz aller Proteste nach Moyamensing abgeführt. Dort fand ihn Herr Kinike, hörte ihn sein Leid klagen und verhalf ihm wieder zur Freiheit. Als er sich zu Haus begab, war seine saubere Ehegenossin mit allem Hausrath, aller Kleidung, sogar seinem Handwerkszeug verschwunden. Nur das Kind hatte die herzlose Stiefmutter in dem öden Hause zurückgelassen.

Ein Schlosser G. ward in der Nähe seines Hauses von einem Irländer angegriffen und arg geschlagen. Seine Frau, welche den Lärm hört, eilt ihrem Manne zur Hülfe und wird gleichfalls aufs gröbste mißhandelt. Sobald der Schlosser frei ist, läuft er in sein Haus, holt sein Gewehr, das mit Vogeldunst geladen ist und feuert es auf seinen Angreifer ab. Deshalb vor Gericht gestellt, erhielt er 2½ Jahr Gefängnißstrafe.—Die mildernden Umstände waren bei der Verhandlung nicht zur Geltung gebracht; als Herr Kinike dem Richter F. dieselben vorstellte, reducirte dieser die Strafe auf ein Jahr.

Um sich für Angeklagte und Gefangene so erfolgreich verwenden zu können, müssen die Vertreter der Deutschen Gesellschaft das unbedingte Vertrauen der Gerichtshöfe besitzen und dieses wahren sie sich dadurch, daß sie ihre Fürsprache und Vermittelung auf Fälle beschränken, die dazu einen unfraglichen Anlaß bieten. Es handelt sich um Gerechtigkeit, nicht um Abwendung verdienter Strafe.

In wie hohem Maaße die mit dem Rechtsschutz betrauten Glieder der Deutschen Gesellschaft dies Vertrauen des Richterstandes besitzen, möge folgender Fall beweisen:

Ein übelberufenes Frauenzimmer glaubte sich von einem Deutschen, Namens Schmidt, einem unbescholtenen verheiratheten Manne, mit dem sie zufällig bei einer Waschfrau zusammentraf, unhöflich behandelt und gab ihm zu verstehen, daß sie sich empfindlich rächen werde. Der Mann kümmerte sich um diese Drohung nicht und war den nächsten Morgen nicht wenig erschrocken, als er auf Anklage des Diebstahls verhaftet wurde. Das elende Weib, das er Tags zuvor gesehen, bezichtigte ihn, ihr ein Portemonnaie mit $5.65 gestohlen zu haben. Da sie diese Aussage vor einem Alderman eidlich bekräftigte und der Deutsche der boshaften Verläumdung nur Worte der Entrüstung entgegen setzen konnte, so mußte er in Untersuchungshaft und wurde bald darauf vor das Geschworenengericht gestellt. Auch hier halfen ihm Thränen und Unschuldsbetheuerung Nichts gegen das meineidige Zeugniß seiner Anklägerin und der Arme ward zu einem Jahre Zuchthausstrafe verurtheilt. Im Gefängniß klagte er Herrn Kinike sein Leid und so häufig es auch vorkommt, daß überführte Missethäter sich als unschuldige Opfer der Intrigue hinstellen, so hielt Herr Kinike es doch für gerathen, dem Thatbestande etwas genauer nachzuspüren. Es stellte sich nun wirklich heraus, · daß die verlogene Person, auf deren alleiniges Zeugniß hin Schmidt verurtheilt war, am Tage des angeblichen Diebstahls keine 25 Cents im Besitz gehabt hatte. Der Alderman, der die Voruntersuchung geführt, ließ sich durch die beigebrachten Beweise überzeugen, daß dem Angeklagten Unrecht geschehen sei und unterzeichnete eine dahingehende Erklärung. Darauf hin bezeigte sich der Richter P., welcher das Urtheil gesprochen, willig, den nächsten Samstag, der der letzte Tag der Session war, sein Urtheil in Wiedererwägung zu ziehen. Aber als der Samstag kam, war er bettlägerig krank und konnte nicht im Gerichtshofe erscheinen. Ging der Tag vorüber, ohne daß das Urtheil auf Grund neuen Zeugnisses zurückgenommen wurde, so blieben nur die weitläufigen Wege einer höheren Instanz oder eines Gnadengesuches an den Gouverneur und der Gefangene hätte mittlerweile eine unverdiente Strafe erleiden müssen. Herr Kinike begab sich zum Hause des Richters und schickte, als das Dienstpersonal versicherte, jeder Besuch bei dem Patienten sei untersagt, seine Karte mit einigen Worten ins Krankenzimmer.

Er erhielt Zulaß und der Richter unterzeichnete im Bette liegend eine Order, welche, vor den Gerichtshof gebracht, die Freisetzung des verleumbeten und unschuldig verurtheilten Mannes zur Folge hatte.

1871. Die Ausübung des Rechtsschutzes kam insofern auf einen andern Fuß, als ein aus sechs Mitgliedern bestehendes Committee, unter dem Vorsitze des Rechtsanwalts damit betraut wurde. Letzterer, Herr G. J. Rosengarten, der dem schwer erkrankten Herrn F. Heyer im März nachfolgte, und sich derer, die bei ihm Hülfe suchten, mit humanem Eifer annahm, stattete am Ende des Jahres einen Bericht ab, dem wir folgende Thatsachen entnehmen:

„Der besonderen Erwähnung werth hält der Rechtsanwalt der Deutschen Gesellschaft acht und zwanzig Fälle, in welchen er unbemittelten Deutschen seinen Rechtsbeistand zu Theil werden ließ. In einem dieser Fälle wandte er sich an den Rechtsanwalt für die städtischen Armenpfleger, um einer von ihrem Manne verlassenen Frau die nöthige Rechtshilfe zu verschaffen; in einem andern Falle wurden für eine arme Mutter bei deren Schwiegersohn und Tochter zweihundert und fünfzig Dollars unter Androhung einer gerichtlichen Klage von ihm erhoben; in wieder einem andern von der Schweizer-Gesellschaft ihm übertragenen Falle wurde eine Tochter reclamirt und von Lynchburg zu ihrer hier lebenden Mutter zurückgebracht und in weiteren zwei oder drei ihm übergebenen Fällen ließ er einigen Leuten, welche Rechtsansprüche gegen Versicherungs-Anstalten hatten, in umfassender Weise seinen Beistand angedeihen, ehe es zu einer gerichtlichen Klage kam.“

Im Laufe dieses Jahres erwies sich die Verwendung der Deutschen Gesellschaft in dem Falle eines zu mehreren Jahren Zuchthaus unschuldig verurtheilten Deutschen von großem Nutzen. Den vereinten Bemühungen des Rechts-Committees und eines menschenfreundlichen Advokaten, Georg P. Rich, verdankt das Opfer eines unseligen Irrthums die Wiederherstellung seiner Freiheit und seines guten Namens. Die Umstände waren die folgenden:

Mehrere maskirte Schurken brachen zur Nachtzeit in ein Haus in Germantown, überfielen und knebelten daselbst ein altes Ehepaar und verübten einen Raubdiebstahl. Einer derselben hatte mit der rechten Hand ein Licht gehalten. Der Verdacht fiel auf eine Bande verrufener Gesellen und mit diesen wurde auch ein Deutscher, Namens August Lehmann, eingezogen, der in demselben Quartier mit Jenen gesehen war. Die alte Frau glaubte in diesem den Mann zu erkennen, der das Licht gehalten hatte und auf ihre beschworene Aussage wurde Lehmann auf zehn Jahre Zuchthaus verurtheilt. Sein Advokat, Herr Rich, war nichts destoweniger von seiner Unschuld fest überzeugt, und brachte dafür so triftige Gründe bei, daß das Gericht das gefällte Urtheil annullirte und eine zweite Untersuchung bewilligte. Er wandte sich zu gleicher Zeit an den Rechtsanwalt der Deutschen Gesellschaft, der ihm jeglichen Beistand leistete. Bei der zweiten Untersuchung, sagt Herr Rosengarten, wurde vorzüglich durch das umsichtige Verfahren, womit die Beamten und Vertreter der Deutschen Gesellschaft die Vorschläge des Herrn Rich zur Ausführung brachten, die Freisprechung des Beklagten gesichert. — Für die fähige und erfolgreiche Vertheidigung Lehmann's sprach der Verwaltungsrath der Deutschen Gesellschaft (Sitzung 30. Mai 1871) dem Herrn Rich anerkennenden Dank aus.

Während des Jahres bot sich mehr als ein Anlaß dar, die Interessen der Gesellschaft selbst unter den Schutz der Gesetze zu stellen, wozu der Anwalt durch Rathschläge und zweckmäßige Maßregeln behülflich war. Der wichtigste dieser Schritte war die Einleitung eines gerichtlichen Verfahrens gegen die Trustees der Gas-Compagnie, worüber bereits auf Seite 80 bis 84 berichtet worden ist.

1872. Wie in den vorhergehenden Jahren nahm sich Herr Kinike der deutschen Gefangenen an, die aus Unkenntniß der Sprache oder anderen Gründen außer Stande waren, ihre Unschuld darzuthun. Er bewirkte die Freisprechung verschiedener Personen und verschaffte Anderen, die aus dem Gefängniß entlassen wurden, Beschäftigung.

Die Thätigkeit der Gesellschaft erhielt eine ehrende Anerkennung in einem Falle von besonderer Wichtigkeit. Am 29. April 1872 ersuchte der vorsitzende Richter des Criminal-Gerichts den Rechtsanwalt der Deutschen Gesellschaft das Interesse eines deutschen Matrosen, Karl Schmidt, aus Hannover, der des Todschlags angeklagt war, wahrzunehmen. Um dieser Aufforderung aufs wirksamste entsprechen zu können, wandte sich der Rechtsanwalt, Herr Rosengarten, an den deutschen Consul in Philadelphia. Da dieser nicht ermächtigt war, für den Rechtsschutz des Angeklagten einzutreten und auch der General-Consul in New York, welchem die Sache vorgestellt wurde, sich weigerte, die begehrte Hülfe zu leisten, nahm sich die Deutsche Gesellschaft des Angeklagen an, obwohl er kein Eingewanderter war. Ein anerkannt fähiger Advokat, J. T. Pratt, Esq., führte in Verbindung mit dem Anwalt der Gesellschaft die Vertheidigung. Schmidt wurde des Mordes im zweiten Grade schuldig erklärt und zu zwölf Jahren Gefängniß verurtheilt.

Der Anwalt der Deutschen Gesellschaft, Herr J. G. Rosengarten, nahm übrigens Gelegenheit, in einem officiellen Schreiben an das deutsche Consulat d. d. 6. December 1872, darauf hinzuweisen, daß die deutsche Regierung in derartigen Fällen allerdings berufen sei, ihren Unterthanen Rechtsschutz zu verschaffen. Er bemerkt: „Der Deutschen Gesellschaft verursacht es große Schwierigkeiten, deutschen Einwanderern und Bewohnern in der Noth beizustehen und es ist nicht ihre Sache für die zu sorgen, welche noch deutsche Unterthanen sind. Meine Ansicht ist, daß die Regierung der Ver. Staaten durch ihre Consuln immer ihren Bürgern in Processen in fremden Ländern Schutz gewährt, wenn dieselben um solche Hülfe angesprochen werden. Ich bin sehr entschieden der Meinung, daß die deutsche Regierung wohl thun würde, Bestimmungen für ähnliche Fälle zu treffen."

Die Weigerung stützte sich seltsamer Weise auf den Vorhalt, daß die Unschuld des Angeklagten nicht ausgemacht sei, während es sich gerade darum handelte, die Mittel zur Vertheidigung zu beschaffen, um die mögliche Unschuld oder das richtige Maaß der Schuld festzustellen. Uebrigens erhielt die Deutsche Gesellschaft recht freundlichen Dank — ohne Kostenvergütung — für ihre Bemühungen.

1873. Eine Wittwe, deren Mann — ein Deutscher — durch die Explosion einer Locomotive an der Nord Pennsylvania Eisenbahn getödtet war, wandte sich an die Deutsche Gesellschaft mit dem Ersuchen, ihr zur Erlangung eines Geldersatzes behülflich zu sein. Nach erfolglosen Verhandlungen des Rechts-Committees mit der Eisenbahn-Compagnie, strengte dasselbe eine Klage an, um der Wittwe zur Befriedigung ihrer Ansprüche zu verhelfen. Ehe die Sache vor Gericht kam, beeilte sich die Compagnie, ein gütliches Abkommen mit der Frau zu treffen, die sich auch mit einer Summe von $2000 abfinden ließ. Das Rechts-Committee war mit diesem Verfahren hinter seinem Rücken durchaus nicht zufrieden; der gebotene und angenommene Ersatz stand in keinem Verhältniß zu dem Verlust, den die Wittwe erlitten und für den die Eisenbahn-Gesellschaft verantwortlich gemacht werden konnte. Aber der rechtsgültige Vergleich, zu dem die Klägerin sich hatte überreden lassen, schloß natürlich die Acten, und die Deutsche Gesellschaft hatte zudem die Kosten für die eingeleiteten Schritte selbst zu tragen.

Herr J. G. Rosengarten, der Anwalt der Gesellschaft, bemerkt in seinem Bericht für 1873 ferner:

„Die Behörden der Stadt Philadelphia haben dieser Gesellschaft in ihren Bemühungen, Kinder zum Unterhalt ihrer Eltern zu veranlassen und in allen andern Fällen, wo die Durchführung unserer Gesetze bezüglich der Armen und Bedürftigen verlangt wurde, stets kräftigen Beistand geleistet. Auf der andern Seite haben aber auch die Behörden die Hilfe dieser Gesellschaft in Anspruch genommen, um Erkundigungen einzuziehen und die Interessen armer Deutscher zu wahren, welche die Behörden um Unterstützung angegangen hatten. — —

„Herr Jos. Kinike hat seine thätige Vermittlung bezüglich armer, hilfloser Deutscher, welche sich unter Anklagen, die sich oft als unbegründet erwiesen oder wegen Vergehen von geringer Bedeutung inhaftirt waren, fortgesetzt. — — In fast allen Fällen haben die Gerichtshöfe, die städtischen Behörden, wie die Staatsregierung die Maßnahmen der Gesellschaft gutgeheißen. — — Der Rechtsbeistand hat alle die Hilfleistungen gewährt und die Rathschläge ertheilt, welche von Ihrem Committee für Einwanderung von ihm verlangt wurden und die Dienste beider sind häufig von den großen Corporationen, welche den Transport von deutschen Emigranten nach diesem Hafen, sowie von hier nach dem Westen vermitteln, in Anspruch genommen und vollständig anerkannt worden. Unzweifelhaft wird die wachsame Fürsorge der Deutschen Gesellschaft viel dazu beitragen, die Mißbräuche abzustellen, welche bisher die Zufuhr dieses mächtigen Elements späteren Reichthums und späterer Bevölkerung dieses Landes charakterisirt haben."

1874. Auszüge aus dem Bericht des Rechts-Committees:

„Ihr Solicitor, unter Mitwirkung der Herren Van Tronk und G. Doll, half Bedürftigen mit Rath und That in Civil-Angelegenheiten, während die Herren Jos. Kinike und F. A. Schmidt die Interessen der Deutschen, die sich im Gefängniß befanden, zu wahren suchten.

„Der Mayor der Stadt nahm die Hülfe der Gesellschaft in einem Falle in Anspruch, als eine deutsche Frau wahnsinnig wurde und für mehrere ihrer Kinder gesorgt werden mußte.

„Herr Van Tronk verschaffte einem Deutschen, der unschuldiger Weise der Herausgabung falscher Banknoten angeklagt war, in der Person des General McCandleß einen tüchtigen Vertheidiger, der die Freisprechung des Angeklagten erlangte. Auch in andern Fällen war Herr Van Tronk bereit, bedürftigen Deutschen Rath und That zu leisten.

„Herr J. Kinike war, wie seit Jahren, während des laufenden Jahres unermüdlich in Besuchen von Deutschen, die sich im Gefängniß befanden. — Herr F. A. Schmidt verwendete sich in vielen Fällen bei den Richtern des Criminal-Gerichts für Deutsche, welche verschiedener Vergehen angeklagt und der englischen Sprache nicht mächtig waren. Einige Deutsche wurden noch vor ihrer Verurtheilung, nach Anrechnung der Untersuchungshaft entlassen; Andere, die aus Unkenntniß der Gesetze des Landes gefehlt, wurden nur leicht gestraft. Einige Knaben, die nach dem Gefängniß geschickt worden waren und sich dort mit Verbrechern in einer Zelle befanden, wurden auf speciellen Wunsch des Rechtsschutz-Committees von den Richtern aus dem Gefängniß entfernt und im House of Refuge untergebracht. — Es würde zu weit führen alle Fälle anzuführen, in welchen sich die Mitglieder des Rechtsschutz-Committees für die Interessen von Deutschen verwendeten. Mit Anerkennung ist indeß zu erwähnen, daß die Richter und Beamten der verschiedenen Gerichte den Anträgen des Rechtsschutz-Committees stets Gehör schenkten und in vielen Fällen deren Angaben in Erwägung zogen."

1875. Besonders wichtige Fälle kamen nicht vor. Das Rechts-Committee bemühte sich im Interesse zweier Kinder, deren Vater (Rau oder Rowe) gestorben und deren Mutter ohne Hoffnung auf Genesung im Irrenhause ist. Die Verwandten in Deutschland scheinen nicht geneigt, sich der Kinder anzunehmen. Die Hinterlassenschaft befindet sich im Gewahrsam der Fidelity Trust Compagnie; das Committee empfiehlt die Ernennung eines Vormunds für die Kinder und Maßregeln zur Wahrung der Interessen der Wittwe.

Ein anderer Vorschlag des Committees bezieht sich auf das House of Correction, zu dessen Insassen auch manche Deutsche und darunter vielleicht Unschuldige, gehören. Wohl angebracht ist ferner die Erinnerung, daß der Mayor ersucht werden möge, nicht allein — wie jetzt der Fall — in der Central=Station einen deutschen Polizeidiener anzustellen, sondern auch an den Landungsplätzen und Bahnhöfen, wo deutsche Einwanderer anlangen, dieselbe Fürsorge zu treffen. Bei der herannahenden hundertjährigen Gedächtnißfeier ist die Gegenwart deutschredender Schutzmänner an den Plätzen, wo so viele Deutsche eintreffen, unumgänglich.

————o————

Aus diesen Anführungen, die nur das Wichtigste berühren, geht unzweifelhaft hervor, daß sich für den Rechtsschutz unserer hiesigen Landsleute aller Zeit Gelegenheit bietet, daß ohne solchen humanen Beistand gar Viele unverschuldetes Leid erfahren, und daß die Deutsche Gesellschaft ein löbliches Theil ergriffen hat, wenn sie ihren ursprünglichen Zweck nach dieser neuen und zeitgemäßen Auslegung erfüllt.

Je lauer die öffentliche Sympathie für Personen ist, auf denen der Verdacht einer entehrenden Handlung lastet, desto verdienstlicher ist es, den unschuldig Betroffenen aus seiner beklagenswerthen Lage zu retten. Die Wohlthaten welche auf diese Weise erwiesen werden, sind nicht nach der Anzahl verausgabter Dollars zu messen, wohl aber nach den getrockneten Thränen, der abgenommenen Unglücksbürde, der Wiederherstellung des Lebensglücks. Möge es der Deutschen Gesellschaft zur Ehre angerechnet werden, daß sie

„Eilet, wo sie helfen kann.
Ob er heilig oder böse
Jammert sie der Unglücksmann."

Sechster Abschnitt.

Wohlthätigkeitspflege.

Keine Art der Thätigkeit, wodurch die Deutsche Gesellschaft ihrer Bestimmung gerecht zu werden strebt, hat den Ruf derselben als Wohlthätigkeitsanstalt so sehr begründet, keine ihrer Functionen tritt, namentlich seit Errichtung der Agentur, so regelmäßig und bemerkbar vor die Augen des Publikums, als die Unterstützung der Bedürftigen.

Es ist daher kaum zu verwundern, wenn die Darreichung von milden Gaben an Nothleidende mancherseits als der einzige oder doch vorzugsweise rechtmäßige Zweck der Gesellschaft angesehen wird. Dies ist zwar eine einseitige Auffassung, denn wie aus dem Grundgesetz und der Geschichte der Gesellschaft deutlich genug hervorgeht, hat diese noch andere Pflichten zu erfüllen, aber daß die Linderung leiblicher Noth unter Allem, was ihr obliegt, die vornehmste Stelle einnimmt, das kann wohl kaum in Frage kommen. Einer geschichtlichen Darstellung dieser besonderen Thätigkeitssphäre stellen sich erhebliche, nicht ganz zu überwindende Schwierigkeiten in den Weg. Das Gute, das die Gesellschaft seit 112 Jahren an Armen und Bedürftigen geübt hat, entzieht sich zum besten Theil aller Beobachtung. Wie wenig ist am Ende damit gesagt, wenn die Summe der in jedem Jahre für mildthätige Zwecke verausgabten Gelder aufgeführt wird? Das gewährt nimmermehr ein treues Bild von dem segensreichen Wirken, dessen sich die Gesellschaft befliessen. Wer kann die Folgenkette der geleisteten Hülfe bemessen und verzeichnen? Hat doch jeder einzelne Fall seine eigene Geschichte. Und selbst die trockene Zahlenstatistik ist für die ältern Zeiten weder vollständig noch genau zu ermitteln. Bei der Führung der Protokolle waren nicht immer dieselben Gesichtspunkte maßgebend. Jahresabschlüsse finden sich erst in späteren Zeiten eingetragen. Bei den numerirten Geldanweisungen ist die Art der Verwendung nicht selten unbezeichnet gelassen.

Noch aus einem andern Grunde geben die Zahlen keinen genügenden Anhaltspunkt zur Schätzung dessen, was für die Nothleidenden wirklich geschehen ist. Ein großer Theil der Nebenausgaben, die unter eine andere Rubrik fallen (z. B. der Gehalt des Agenten) wird im Interesse der Hülfsbedürftigen verwendet und kommt diesen indirect zu Gute. Manchem, der in Drangsal ist, wird durch die Vermittlung der Agentur geholfen, ohne daß er gerade baares Geld erhält, sei es durch Nachweis von Arbeit oder Verschaffung freien Transports nach andern Landestheilen, oder durch Unterbringung in öffentlichen Anstalten (Spitälern, dem Armenhause u. s. w.) oder Versorgung mit ärztlicher Hülfe, am Ende auch durch vernünftigen Rath und Belehrung. Man muß also den Belauf der vertheilten Baargelder nicht ohne Weiteres als den Maßstab für die geleistete Hülfe ansehen. Eine sich nach so vielen Richtungen hin erstreckende Verleihung von Beistand ist freilich erst seit der Einführung der Agentur möglich geworden, d. h. seit dem Jahr 1847. Vorher hatten die Aufseher alle Arbeit selbst zu verrichten und es gab nicht einmal ein Bureau, wohin sich die Bedürftigen wenden konnten. Sie mußten den dienstthuenden Director ausfindig machen und diesem ihr Anliegen vortragen. Derselbe handelte dann in gewöhnlichen Fällen nach eigenem Ermessen; waren die Ansprüche ausnahmsweise groß oder besonderer Art, so erholte er sich Instructionen vom Beamtenrathe. Natürlich war diese einfache und directe Art der Geschäftsführung nur so lange statthaft, als sich die Bittsteller nicht allzu häufig einfanden. An einem Tage sind jetzt mitunter mehr Hülfesuchende in der Office des Agenten, als sich vor dreißig oder vierzig Jahren während eines Monats meldeten.

Im Jahre 1795 belief sich die Anzahl der Fälle in denen Unterstützung verabreicht wurde auf etwa 35,

im Jahre	1800	auf	41	im Jahre 1870 auf	1137
„ „	1810	„	150	„ „ 1871 „	792
„ „	1820	„	142	„ „ 1872 „	838
„ „	1830	„	190	„ „ 1873 „	1380
„ „	1840	„	203	„ „ 1874 „	2160
„ „	1850	„	291	„ „ 1875 „	2120
„ „	1860	„	379		

Hieraus geht zur Genüge hervor, in welchem Maße die Anzahl der Empfänger gestiegen ist. Einer Nachzählung des Sekretärs zufolge erhielten in den zwanzig Jahren von 1826 bis 1845, 5385 Personen Baarunterstützungen, also nicht ganz so viele, wie in den letzten drei Jahren.

Einwanderer und ansässige Arme.

Da nun die Einwanderung über Philadelphia vor 1873 bis zum gänzlichen Wegfall herabsank und auch die Passagiere mit den Dampferlinien während der letzten Jahre der Gesellschaft nicht zur Last gefallen sind, da nur Wenige derselben hier verbleiben, so mag man fragen: Wie kommt es, daß die Applicationen zu Zeiten, wo gar keine oder sehr wenige Deutsche im hiesigen Hafen anlangten, so viel zahlreicher geworden sind?

Die Antwort darauf ist nicht schwer zu finden. Erstens strömen Einwanderer, die in Noth sind, in großer Anzahl von New York hierher, und darunter viele, die eben dort ihre letzten Ersparnisse ausgegeben oder eingebüßt haben. Zweitens aber erstreckt sich der von der Gesellschaft geleistete Beistand nicht ausschließlich auf jüngst angelangte Einwanderer, sondern auch auf ansässige Arme.

Die Frage, ob Letztere der Bestimmung der Gesellschaft zufolge auf Unterstützung Anspruch haben oder nicht, ist bei verschiedenen Gelegenheiten aufgeworfen worden, und es ist angesichts einer kürzlich erneuten Verhandlung über diesen Gegenstand wohl angebracht, wenn wir unsere geschichtliche Uebersicht der Armenpflege mit einer Darlegung des von der Gesellschaft vorgeschriebenen und eingeschlagenen Verhaltens in Bezug auf die zu unterstützende Personenklasse beginnen.

Ursprünglich hatte man nur eben Angekommene im Auge. Der elfte Paragraph der ältesten Regeln (1764) besagt ausdrücklich: „Es soll Niemand aus dieser Casse besorgt werden, als diejenigen arme deutsche Leute, welche in dem letzten Herbst von Deutschland hier übergekommen sind, und diejenigen, welche hiernächst auf gleiche Weise überkommen werden."

Demgemäß wurde denn auch verfahren. Indessen ließ sich die Frage, wie sich die Deutsche Gesellschaft den Stadtarmen gegenüber zu benehmen habe, nicht ignoriren. Die Revolution verhängte schwere Prüfungen über die Bewohner von Philadelphia und die Deutschen trugen ihr redlich Theil daran. Geschäftsstockung und Theuerung verursachten viel Noth; das Continental-Papiergeld sank bis auf ein Sechzigstel seines Nominal-Werthes. Wir haben gesehen, daß alle Versammlungen und Geschäfte der Deutschen Gesellschaft während der englischen Occupation von Philadelphia suspendirt waren. Als sich die Mitglieder nach dieser Unterbrechung am 26. December 1778 zum ersten Male wieder versammelten, bildete die bittere Noth der Zeit und die Bekümmerniß der vielen in Armuth darbenden Landsleute den Hauptgegenstand ihrer Gedanken und Reden. Es wurde vorgeschlagen, während der Theuerung den Armen eine Unterstützung aus der Gesellschaftskasse zufließen zu lassen. Aber die Zweifel an der Rechtmäßigkeit einer solchen Verwendung ließen den Vorschlag nicht einmal zur Abstimmung kommen. Dagegen schaffte man auf andre Weise Rath. Die Gesellschaft veranstaltete unter den eigenen Mitgliedern und andern Menschenfreunden eine Collecte. Acht Mitglieder bildeten ein Committee, das sich der Sache warm annahm. Auf Bitte der Gesellschaft lenkten die deutschen Prediger Kunze, Mühlenberg, Weiberg und Fries die Aufmerksamkeit ihrer Gemeinden auf dieß wohlthätige Unternehmen. Die Zeitungen wurden ersucht, von der beabsichtigten Geldsammlung Notiz zu geben, damit auch die Leute auf dem Lande Gelegenheit fänden „ein liebes Scherflein beizutragen." Wie dieß geschah, lehrt der folgende Aufruf, den der Philadelphische Staatsbote am 6. Januar 1779 enthielt:

Die Deutsche Gesellschaft zu Philadelphia. An die guther-
zigen deutschen Einwohner in Pennsylvanien.

Der betrübte Zustand, worin viele arbeitsame und redliche Familien unserer Nazion in und nah bey der Stadt Philadelphia durch die muthwillige
Grausamkeit des Feindes, die darauf erfolgte Theurung aller Lebens-Noth-
wendigkeiten und die jetzige strenge Jahrszeit versetzt worden sind, ist ein
trauriges Schauspiel, bey dem kein empfindliches Herz ohne innige Rührung
stehen bleiben kann. Das Elend unserer Mitbrüder ruft laut um eiligen
und kräftigen Beistand. Die Deutsche Gesellschaft hat zu diesem Zweck den
Anfang gemacht und ihr Exempel wird ohne Zweifel großmüthige Nachfolge
finden. Sie hat unter sich eine freywillige Geldsammlung angestellt und die
erhaltene Summe wird sogleich zur Abhelfung der dringendsten Noth ange-
wandt. Da aber ihre Kräfte allein zu gering sind, und das in ihrer Cassa
vorhandene Geld bloß für die aus Europa ankommenden Armen Deut'schen
bestimmt ist, so ersucht sie alle edelmüthig denkende Deutschen und insbesondere diejenigen Einwohner im Lande, die Gott in Ruhe vor dem Feinde
und im Besitz des ihrigen erhalten, ihren Nothleidenden Mitbrüdern in der
Stadt hülfreich beyzuspringen. Jeder Beytrag sowohl an Gelde als an
Lebensmitteln soll, wenn er an die Beamten der Gesellschaft geschickt wird,
mit Dankbarkeit angenommen und getreu zu obigem Zweck verwendet werden.

Derjenige, bei dem keine Thräne verloren gehet, wird das vereinigte Gebet der Erretteten gewiß erhören, und auf ihre Wohlthäter Ströme von
Segen herabgießen. — (Philadelphischer Staatsbote 1779, 6. Jenner.)

Es kam auf diese Weise eine erkleckliche Summe zusammen. Schon in der
nächsten Beamtenversammlung konnten 670 Pfund 9 Shilling 2 Pence an-
gemeldet werden. — Franconia Township, (zu Philadelphia County gehörig)
steuerte 238 Dollars bei.*)

Die Vertheilung fand im Beisein der Beamten der Gesellschaft am 2.
Februar „im Thurn" der lutherischen Kirche statt. Die Familien, die Beistand erhielten, wurden nach dem Grade ihrer Bedürftigkeit in drei Classen
getheilt, für welche die Spenden je acht, sechs und vier Dollars betrugen,
oder einen Dollar weniger, falls der Andrang der Armen über Erwarten
groß sein sollte.

Der im Jahre 1781 gewährte Freibrief bestimmt, daß aus dem Einkommen der Gesellschaft „arme nothleidende Deutsche, die aus überseeischen
Ländern in diesen Staat kommen (poor distressed Germans arriving in
this State from parts beyond sea)" zu unterstützen sind. Die gewählten
Ausdrücke sind unbestimmt genug, um dem jedesmaligen Ermessen der Ge-

---

*) Beide Arten der Geldrechnung, nach Pfund und Dollars, waren damals ge-
bräuchlich. 8 Pfund sind gleich 8 Dollars.

sellschaft freien Spielraum zu lassen, aber die Ueberzeugung, es seien damit die frischen Einwanderer gemeint, behauptete sich. Die am 8. December 1783 gestellte Anfrage, ob die Beamten verpflichtet sind, den einheimischen nothleidenden Einwohnern deutscher Nation nach Vermögen der Gesellschaft zu helfen, fand ihre Erledigung durch die Antwort, es sei nach dem Freibrief und den Regeln der Gesellschaft nicht erlaubt.

Dagegen kennen die Regeln, welche bald darauf angenommen wurden, keine derartige Ausschließung. Alles was darin verlangt wird, ist, daß vornehmlich bedrängte neu angekommene Deutsche berücksichtigt werden."

(„Außer denen Gaben für leidende und verarmte Deutsche und für Schul= anstalten und andern nützlichen und nöthigen Umständen sollen auch vor= nehmlich bedrängte neuangekommene Deutsche in Betrachtung genommen werden.")

Als demnach Herr Daniel Bräutigam neben andern Vorschlägen, die er im März 1787 der Gesellschaft vorlegte, diese zu der Erklärung aufforderte, daß nur neuangekommene nothleidende Deutsche zu unterstützen seien, drang er nicht durch. Ein Committee, mit der Prüfung der empfohlenen Beschlüsse beauftragt, machte darauf aufmerksam, daß nach dem vorhin angeführten Paragraphen auch andere verarmte und leidende Deutsche zur Unterstützung seitens der Gesellschaft zulässig sind.

Dies geschah denn auch und wie es scheint, in einem Maße, das nach dem Urtheile des Präsidenten F. A. Mühlenberg über das rechte Ziel hin= aus ging. Wenigstens sah sich dieser veranlaßt, 1791 mahnend zu bemerken, daß die Gaben an dürftige Einwohner der Stadt mit Vorsicht und Spar= samkeit verabreicht werden sollten, da die Gelder der Gesellschaft laut der Verfassung den bedürftigen Neuankommenden gewidmet seien.*)

Lange Zeit wurde die Frage nicht wieder erörtert. Die Vertheilung der Wohlthätigkeitsspenden unter die eben Eingewanderten und die sogenannten Stadtarmen blieb dem Ermessen der jedesmaligen Aufseher überlassen. Bei abnehmender Einwanderung durften natürlich die hiesigen Armen mehr be= dacht werden. Noch einmal unternahm es indessen der Verwaltungsrath, Letztere durch eine scharfe Grenzlinie von der Berücksichtigung der Gesellschaft auszuschließen. Im December 1834 ward den Aufsehern empfohlen, keinen Personen, die zwölf Monate und darüber in der Stadt und im County von Philadelphia ansässig gewesen, Unterstützung zu gewähren, da es der Zweck der Gesellschaft sei, den Neuangekommenen zu helfen, andere Nothleidende aber an die städtische Armenpflege Anspruch hätten.

Es erfolgte bald darauf in Folge der übermäßigen Emission von Papier=

---

*) Um diese Zeit (1. Februar 1790) wurde die Gesellschaft zur Unterstützung hülfsbedürftiger Hausarmen von der evangel.=lutherischen Gemeinde gestiftet.

geld und der dadurch hervorgerufenen Speculationswuth der große Zusam=
menbruch aller Geschäfte, und ein bitterer Nothstand unter den unbemittelten
Klassen. Wie hätte man daran denken können, den Darbenden Hülfe zu
verweigern? Der angeführte Beschluß, der ohnehin nur auf eine Empfeh=
lung hinauslief, ward zum todten Buchstaben, förmlich zurückgenommen aber
erst am 26. December 1854.

Die drückende Noth, in welche seit der Geschäftsstockung im Herbst 1873
so viele deutsche Familien unserer Stadt gerathen sind, rief bei der Verwal=
tung der Deutschen Gesellschaft das lebhafte Bedauern wach, daß nicht noch
mehr als bisher zur Abhülfe nagender Sorge geschehen könne und im März
1875 ward ein Committee ernannt, das die Frage einer erweiterten Armen=
unterstützung in Betracht ziehen und der Gesellschaft Vorschläge unterbreiten
sollte. Der Bericht des Committees, der den 26. April 1875 vom Verwal=
tungsrath acceptirt wurde, giebt einen Ueberblick über die von der Gesell=
schaft bisher befolgten Grundsätze bei der Mildthätigkeitsübung und fährt
dann fort:

„Gerade dadurch hat die Gesellschaft ihre Lebensfähigkeit behauptet, daß
sie den wechselnden Verhältnissen mit glücklicher Elasticität Rechnung zu
tragen wußte und das Maß ihrer Nützlichkeit wird sich auch in Zukunft
darnach bestimmen, wie sie neuen Aufgaben und neuen Erfordernissen, so
weit diese innerhalb ihrer allgemeinen Zwecke fallen, gerecht wird.

„Die Einwanderung, welche sich seit der Eröffnung directer Dampfschiff=
fahrt zwischen Philadelphia und Europa von Neuem unserem Hafen zuge=
wandt hat, ist der Gesellschaft wenig zur Last gefallen.

„Dagegen ist unter der ansässigen deutschen Bevölkerung, welche sich mit
der ansehnlicher deutscher Städte wie Elberfeld, Stettin, Frankfurt u. s. w.,
mißt, bei der langen Dauer der Geschäftsstockung in vielen Familien trau=
rige Noth eingetreten, welche zu lindern die Deutsche Gesellschaft wohl beru=
fen wäre, wenn ihr die erforderlichen Geldmittel zu Gebote ständen. Könnte
die Deutsche Gesellschaft, statt hie und da mit einigen Dollars die Ansprache
um Almosen zu befriedigen und augenblicklicher Verlegenheit abzuhelfen, den
verschämten Armen in reichlicherer Weise beispringen und Familien aus
wirklicher Noth retten, so würde das edle Ziel, das sie sich gesteckt hat, nicht
mehr so fern vor uns liegen und der Ruf der Mildthätigkeit, auf den wir
stolz sind, besser verdient sein.“

Um eine ausgedehntere Armenunterstützung zu ermöglichen, schlägt der
Bericht vor, die Einnahmen der Gesellschaft entweder durch Erhöhung des
Jahresbeitrages, oder durch die Beibehaltung des jetzigen Belaufs als eines
bloßen Minimum mit Selbstbesteuerung (wie bei der New Yorker Gesell=
schaft und andern) zu vergrößern. Die September=Versammlung von 1875
zog die letztere Methode vor und so wird mit dem Jahr 1876 der Versuch

gemacht werden, die Finanzen durch freiwillige Mehrzahlungen auf beſſern Fuß zu ſetzen und damit die Leiſtungsfähigkeit der Geſellſchaft für wohlthätige Zwecke zu erhöhen.

Baarunterſtützungen an Rothleidende.

Ohne Unterbrechung finden ſich Caſſabücher erſt ſeit 1830 vor; gleichfalls eins von 1793 bis 1811; von 1812 bis 1829 bieten die Protokolle des Beamtenraths genügende Anhaltspunkte und für die erſten elf Jahre (1765 bis 1775), ſowie für 1782 und 1783, konnten die im Staatsboten veröffentlichten Finanzberichte benutzt werden. Die Pfund Shilling und Pence der älteſten Zeit ſind auf Dollars und Cents (3 Pfund = 8 Dollars) reducirt worden.

Jahr	Betrag	Jahr	Betrag
1765	$114 68	1809	$229 00
1766	77 60	1810	400 00
1767	230 74	1811	400 00
1768	51 96	1812	559 40
1769	171 80	1813	242 64
1770	22 78	1814	172 66
1771	51 50	1815	232 58
1772	86 67	1816	321 62
1773	103 66	1817	587 66
1774	62 81	1818	396 91
1775	43 33	1819	703 36
* * *		1820	485 75
1782	199 15	1821	444 85
1783	91 72	1822	506 00
* * *		1823	459 25
1785	110 00	1824	460 00
* * *		1825	410 00
1793	91 50	1826	532 31
1794	149 38	1827	432 50
1795	181 97	1828	618 50
1796	282 04	1829	577 70
1797	299 48	1830	441 56
1798	195 34	1831	646 41
1799	171 66	1832	656 33
1800	183 00	1833	618 95
1801	266 00	1834	760 3
1802	382 00	1835	399 50
1803	387 52	1836	639 50
1804	700 02	1837	609 03
1805	379 62	1838	580 36
1806	260 00	1839	714 34 a)
1807	231 00	1840	814 97
1808	156 74	1841	996 37

a) Von 1839 bis 1849 wurde Holz für Arme gekauft und vertheilt; die Koſten dafür ſind mit eingerechnet.

1842	$523	17	1859	$582	18
1843	656	92	1860	906	05
1844	756	04	1861	1698	14
1845	915	10	1862	1204	21 b)
1846	1040	90	1863	1035	74
1847	1062	30	1864	1351	38
1848	705	39	1865	1237	72
1849	828	98	1866	1478	65
1850	790	84	1867	1472	15
1851	828	67	1868	1237	13
1852	916	22	1869	1636	53
1853	665	39	1870	2345	78
1854	855	93	1871	1755	92
1855	738	62	1872	1866	65
1856	424	29	1873	2473	34
1857	1085	68	1874	3100	81
1858	1227	95	1875	2734	73

Einzelne Züge aus der Armenunterstützung.

So unangemessen und zwecklos es sein würde, ein langweiliges Detail der Armenunterstützung unter dem Namen „Geschichte" figuriren zu lassen, so müssen wir es doch versuchen, aus den geschäftsmäßig trockenen Protokollen Einzelnes, das ein Bild der Vergangenheit geben kann, hervorzuheben. Wir wählen dazu Thatsachen und Angaben, die für die Zeiten und Zustände charakteristisch sind oder aus einem sonstigen Grunde Erwähnung verdienen.

Den Anfang machen wir mit den Ausgabenposten, wie dieselben im ersten Finanzbericht erscheinen, und geben das Document in seiner liebenswürdigen Naivität buchstäblich wieder.

£ sh. d.

Vor Ausgaben vor drey Familien, die nach Maryland verkauft, von bannen wieder nach Philadelphia gebracht und von den Meistern ohne Lebensmittel gelassen worden; an Andreas Ring vor Kost und Hausraum täglich 1 Shilling und vor Begräbniß eines Kindes bezahlt . . 14 16

Dieses Geld hoffen wir durchs Recht wieder zu erhalten, wenn die Court offen seyn wird.*)

Vor Rechts=Unkosten gegen die Kaufleute, welche den Leuten mehr Geld ausgepreßt haben, als ihnen zukommt, und sie so lange im Schiff gefangen gehalten, bis sie zu ihrem Genügen bezahlt haben 10 6

b) Die für Kranke bezahlte Arznei, die mit eingerechnet ist, belief sich von 1862 bis 1875 durchschnittlich auf etwa 120 Dollars das Jahr.

*) Die Hoffnung erfüllte sich.

	£	sh.	d.
Vor ein Rechnungsbuch der Gesellschaft . . .		15	0
Vor Doctor Wagner vor Heilung eines Beinbruchs .	2	0	0
Vor Reisegelder, Unterhalt, Lohn, vor Wärterinnen, Begräbnißkosten, Teppiche u. s. w., vor arme teutsche Fremblinge		15	2	6
Vor Salbo was noch übrig ist in der Casse . .	86	8	9

Philadelphia, ben 3. Januarii 1766.

Bei der Schweigsamkeit der Protokolle in den nächsten Jahren kommt uns ein Zeitungsartikel im Staatsboten vom 21. December 1767 sehr gelegen: „Die Noth der armen neu angekommenen beutschen Leuten ist sehr groß. Einige von benen Kaufleuten haben sie zwar ans Land gehen lassen, aber jetzt bekommen sie keine Schiffmannskost mehr, sie gehen in der Stadt herum und haben weder Holz noch Lebensmittel. Die löbliche Deutsche Gesellschaft that sehr viel an ihnen, es fällt aber schwer, daß die Last allein auf ihnen liegt — sie hat die Armen bis dato mit Gelb und Lebensmitteln versorget, es sind aber der Leute gar zu viel. Es werden baher alle mitleidige Deutsche ersucht, ihre milde Hand aufzuthun und eine Beisteuer zu geben für die armen Neukommenden. Ihre Noth ist nicht zu beschreiben, das Schreien der armen Kinder ist so erbärmlich, daß es auch ein steinernes Herz zum Mitleid bewegen möchte bei dieser rauhen Wintersszeit."

Der erste im Protokoll des Beamtenrathes (das mit dem Jahre 1770 anhebt) verzeichnete Fall ist der eines armen Deutschen, der sich bei dem Brauer Zacharias befand. Man nahm bamals solche Ansprachen gemächlicher als jetzt. Am 17. März wird seine Hülfsbebürftigkeit angezeigt und ein Committee ernannt „die Sache zu untersuchen." Dieses berichtet benn auch am 12. Mai, daß es den Auftrag erfüllt habe und daß der Mann hülfsbebürftig sei. „Es wurde ihm eine Beisteuer zuerkannt."

Sehr oft kam es vor, daß die Einwanderer, ehe sie einen Dienstherrn gefunden, entweder auf dem Schiffe oder im Gefängniß oder an andern Orten unzureichend proviantirt wurden. Die Deutsche Gesellschaft trat öfter bei solchen Gelegenheiten ein und lieferte Lebensmittel.

Sept. 13, 1770. „Beschlossen, daß die Leute so in James Pemberton & Co. Schiff letzhin von London gekommen sind, sollten mit Lebensmitteln auf Kosten der Gesellschaft versehen werden."

Dec. 3, 1770. „Beschlossen, daß Hr. Schaffer und Hr. Graff die armen beutschen kranken Leute in Story Str. besuchen und für ihre Noth sorgen sollen und überhaupt soll sich ein jeder von den Beamten die Noth der Armen am Herzen liegen lassen."

An bemselben Tage „beschlossen, daß Hr. Reinhold und Seckel die armen kranken neuangekommenen Leute im blauen Haus aufsuchen sollen und wenn sie etwas bedürftig sind, mit Lebensmitteln versehen."

Die erste ärztliche Behandlung auf Anlaß und Kosten der Deutschen Gesellschaft, wovon die Protokolle erzählen, liefert den Beweis, daß sich schon vor mehr als 100 Jahren weibliche Jünger Aesculap's, wenn auch ohne Doctordiplom, in unserer Stadt befanden. Und Maria Unger steht um so hervorragender da, weil sie nicht nur die erste, sondern wie es scheint, auch die letzte Aerztin ist, deren sich unsere Gesellschaft bedient hat. Ob sie bei ihrer Chirurgie das Bistouri, Salben oder Besprechung gebrauchte, steht nicht verzeichnet, denn Alles was vermeldet wird, ist dieses:

5. Jan. 1771. Beschlossen, daß der Maria Ungerin soll aus unserer Kasse 7 Shilling 6 Pence bezahlt werden vor eines armen Neukommers Paul Kolbe's Hand zu curiren.

Einwanderer im Gefängniß. — In derselben Versammlung wurde Anweisung gegeben, „die beiden Leute so Samuel Howell hat wegen ihrer Fracht einsetzen lassen" nicht mehr auf Unkosten der Gesellschaft zu verköstigen. Ludwig Weiß soll die Rechnung bei dem Kerkermeister berichtigen.

24. Nov. 1771. Hr. Paris schenkt einen Sack Mehl, das zum Theil verschenkt, theils zu Brod für Arme verbacken wird. — Aehnliche Gaben von Naturalien kommen öfter vor.

15. Febr. 1772. Eine Zahlung von 8 Pfund wird an Kerkermeister Jones für Kost neuangekommener Deutscher angewiesen.

Dezember 1772. Kranke Leute, nämlich fünf Erwachsene und drei „nackende" Kinder, die im „blauen Hause" *) untergebracht sind, erhalten Unterstützung an Kleidern, Schuhen, Brod, Thee und Zucker.

30. Jan. 1773. Begräbnißkosten für Jacob Bauscherl bezahlt.

28. Sept. 1773. Die Passagiere auf Capt. Brison's Schiffe erhielten drei Tage keine Schiffskost und als einer derselben den Steuermann darum anging, wurde er in den untern Raum gebracht und dort mit eisernen Ketten in eine Art von Stock gelegt. Chr. Ludwig und Peter Dick werden beauftragt, Erkundigung einzuziehen und sollte Proviant nöthig sein, die Leute auf Gesellschaftskosten damit zu versehen.

Zu derselben Zeit wird berichtet, daß die Passagiere auf Capitän Osman's Schiffe Nahrungsmittel bedürfen.

Im November 1773 wird Michael Schubart, Sekretär der Gesellschaft, beauftragt, die Hinterlassenschaft des am Bord eines Schiffes verstorbenen Martin Wicks zu administriren. In derselben Versammlung kommt zur Sprache, daß auf dem Schiff Charming Molly, Capt. Hill, von der Familie Ulkinger Vater, Mutter und drei Kinder gestorben sind.

---

*) Scheint die Bezeichnung des Armenhauses zu sein, das sich an der Ecke der Vierten und Sprucestraße befand.

20. Nov. 1773. Es soll angefragt werden, ob Battherles Halle für kranke Leute zu haben sei.

Januar 1774. Die Herren Keppele und Ludwig werden beauftragt, wollene Decken „für die armen Neukommer" anzuschaffen.

Bei der vierteljährigen Versammlung am 24. März 1775 erschien ein armer Mann, Jacob Oß, mit Frau und zwei Kindern und bat um eine kleine Beihülfe, die ihn in den Stand setzen würde, ins Land zu gehen. Er erhielt eine Anweisung auf 20 Schilling. Das ist wohl das einzige Beispiel einer so ganz unvermittelten Hülfsleistung.

December 1775. Jacob Womry hat einen Einwanderer wegen Nichtbezahlung der Fracht ins Gefängniß stecken lassen und versorgt ihn mit keinem Essen. Herr Keppele wird ersucht, sich des Falles anzunehmen

Unterstützung nach der Revolution.

Aus diesen Anführungen ergiebt sich ein ungefähres Bild von der Art und Weise wie die Armenpflege der Deutschen Gesellschaft vor der Revolution gehandhabt wurde. Gegenstand derselben waren die ankommenden Einwanderer, die Noth, der abzuhelfen war, bestand in Mangel von Nahrung, Kleidungsstücken u. dgl. Sobald sich ein Dienstherr fand, der sie „kaufte," hatten sie keinen Beistand mehr nöthig.

Während des Revolutionskrieges gab es kaum Etwas für die Gesellschaft zu thun, denn die Einwanderung hörte auf.*) Der Nothstand der ansässigen Armen veranlaßte, wie bereits erzählt ist, eine allgemeine Geldsammlung, wobei die Deutsche Gesellschaft die Initiative ergriff. Auch in den ersten Jahren nach dem Friedensschlusse blieben die Ansprüche an die mildthätige Hülfe der Gesellschaft unbedeutend. Mehr gab der Rechtsschutz zu thun.

Leidende, die sich im Hospital, im Gefängniß oder auf einem angekommenen Schiffe befanden, wurden auf Geheiß des Verwaltungsraths besucht und unterstützt. Fälle von erheblichem Interesse kamen selten vor. Beispielsweise mögen hier denn doch einige den Protokollen entnommene Notizen folgen:

Juni 1784. Passagiere auf dem Schiffe Washington mit Erfrischungen versehen.

1785. Bittere Klagen über die Beköstigung auf dem Schiff Adolph. Einige der Passagiere bitten dringend um Lebensmittel, „damit sie nicht Hungers sterben." Es wurde ihnen geholfen.

December 1787. Wieder die alte Leidensgeschichte. Acht Leute sitzen wegen unbezahlter Fracht im Gefängniß, warten auf Käufer und müssen

---

*) Die Ausgaben für 1776 waren 15 Schilling, die für 1777 2 Pfund 5 Schilling.

mittlerweile darben. Alles was ihnen geliefert wurde, war ein Laib Brod. Der Verwaltungsrath ordnete an, daß ihnen bis auf Weiteres wöchentlich 16 Pfund Fleisch mit Gemüse auf Kosten der Gesellschaft verabreicht werde.

1788. Schriftliches Anliegen eines preußischen Veteranen. Christ. Fr. Brenneißen hat fünfzehn Jahre unter Friedrich dem Großen gedient und seinen Abschied „in Gnaden" erhalten, mit der Erlaubniß sein Glück in fremden Diensten zu suchen. Trotz „ausgezeichneter Empfehlungen" hat er indessen dies Glück nicht gefunden, sondern bittere Enttäuschung, Noth und Elend. Der alte Soldat, der ein liebendes Weib und ein fünfjähriges Kind besitzt, wendet sich daher an die Deutsche Gesellschaft, „von deren Großmuth und Menschenliebe ganz Amerika zeugt." — Er erhielt 6 Pfund Pennsylvanisch Courant.

1789. Solche mitleiderregende Schriftstücke kommen häufiger vor. Da war ein G. Schütz, der dem Staate seine Kenntnisse und Erfahrungen im Bergwerksfache anbot, aber, von einer Zeit auf die andere vertröstet, am Ende in Noth und Krankheit verfiel. Er wandte sich im Mai an die Gesellschaft und starb im Anfang Juni.

August König, ein Kaufmann aus Hannover, hatte sich mit seiner Familie auf der Suratta nach Charleston in Süd=Carolina eingeschifft und auf dasselbe Schiff Waaren, in die er sein Vermögen gesteckt, und mit denen er ein Geschäft anfangen wollte, verladen. Aber des Meeres ungetreue Wellen und die Sandbank vor dem Hafen von Charleston zerstörten seine Hoffnungen und Entwürfe. Der Schiffbrüchige rettete nur sein nacktes Leben, und begab sich, da er in Charleston Nichts anfangen konnte, nach Philadelphia. Der Prediger der deutschen Gemeinde in Charleston, Herr J. Ch. Faber, beglaubigte die vorgelegten Angaben und Herr König erhielt 15 Pfund. Sein Dankschreiben d. d. 7. August 1789 bezeugt eine ungewöhnliche Vielseitigkeit seines Wissens und Treibens. Er stellt seine Talente der Gesellschaft zur Verfügung und bemerkt dazu:

„Ich habe ehedem den Wissenschaften der Gottesgelahrtheit und Weltweisheit obgelegen, bin nachher in Geschäft und Ackerbau erfahren und daher aufgelegt, meiner würdigsten Landsmannschaft dienen zu können. Behalten Sie geneigt mein gehorsamstes Anerbieten in Andenken u. s. w.

Euer Wohl= und Hochedelgeborenen

ganz gehorsamster Diener

August König aus Hannover.

Die Bittsteller jener Zeit beflissen sich einer besonders artigen Redeweise. Complimente schneiden, mochten sie denken, kostet kein Geld und mit Bücklingen kommt man durch die Welt. Nicht an der Europäer, sondern der Chinesen übertünchte Höflichkeit erinnert die überschwengliche Betitelung, womit ein Schreiben desselben Jahres (1789) von Joh. Christ. Heer und Ursula Heerin an die Deutsche Gesellschaft anhebt.

Unsere schlichten Mitglieder werden angeredet:

„Wohlgeachte, fromme, weise, gütige, hochgeehrte Herren!"

und mit salbungsvollem Schwulst benachrichtigt, daß die beiden Ehegatten „nach dem Schicksal der alles verwaltenden Vorsicht und Leitung des Höchsten" hier angelangt sind, in ihrer Noth um eine „christlich milbthätige Steuer" bitten, die „zur Ehre Gottes nach Bedürfniß verwandt werden soll." „Der oberste Vergelter wolle es Ihnen allen und einem Jeden ins Besondere mit gerütteltem und geschütteltem Maaße in Zeit und Ewigkeit wieder in den Schooß messen."

So stark duftende Rebeblumen hätten wohl mehr als die verabfolgten fünf Dollars eintragen sollen. Daß wir trotz aller geschniegelten und gestriegelten Rhetorik in einem Lande leben, wo es noch Wilde giebt, daran erinnern bald darauf unsere Aufzeichnungen in trauriger Weise.

Den 30. April 1791 berichten die Aufseher:

„Am 4. April hielt Joh. Christ. Erdel, aus Berlin, um eine Beisteuer an. Er wurde bei Fort Stanwix von den Indianern gescalpt und erbärmlich zugerichtet."

Seinem Anliegen wurde gewillfahrt.

Nicht allein der Wilde verübt schreckliche Thaten. Leidenschaft und Wahnsinn machen den gesitteten Menschen ebenso gefährlich wie den rothäutigen Bewohner der Prairie.

Im Jahre 1794 wandte sich die Frau eines reformirten Geistlichen unter sehr betrübten Umständen an die Deutsche Gesellschaft. Ihr Mann hatte in einem Anfall von Raserei einen seiner Nachbarn mit einem Messer tödtlich verwundet und war gefänglich eingezogen. Die Frau gerieth in Folge davon in große Bedrängniß und wünschte, nachdem sie den Ausgang der Untersuchung abgewartet, wo möglich nach Deutschland zurückzukehren.

Sie erhielt eine Beisteuer von sechzehn Dollars.

Dem Sohne eines verstorbenen Gesellschaft-Mitglieds, W. Lehmann, gab die Gesellschaft im December 1795 dreißig Dollars, um ihn in Kleidung zu setzen, und der Wittwe ihres ersten Anwalts, L. Weiß, 1797, zwanzig Dollars.

Die Vertheilung von Naturalien, namentlich Brennholz und Mehl, neben Baargeld, blieb lange Zeit im Gebrauch. Aus den Jahren 1796, 1797 und 1798 sind mehrere Fälle von solcher Unterstützung an nothleidende Passagiere verzeichnet. Zu Anfang des Jahres 1798 langten die Passagiere des Schiffes „John," Capitän Folger, das Schiffbruch erlitten hatte, hier sehr benöthigt an. Sie mußten mit Lebensmitteln versehen und während der Winterkälte in Häusern untergebracht werden, „bis sich Leute fanden, die ihre Fracht bezahlten."

Noch waren von Seiten der Gesellschaft keine Veranstaltungen getroffen worden, unbemittelten Kranken ärztliche Hülfe und Medicin zu verschaffen. Da aber Beistand dieser Art sehr Noth that, so kaufte sie im Jahre 1802 zwei Antheile in der Dispensary für 20 Guineen und sicherte auf diese Weise armen, kranken Einwanderern unentgeldliche Behandlung. Das Uebereinkommen bestand bis zum Jahre 1816. Um diese Zeit wurde es für nöthig erachtet, die Ausübung klinischer Behandlung durch die Aerzte der Dispensary auf das Gebiet der damaligen City (von Vine bis South-Straße) zu beschränken. Da die Deutschen vorzugsweise die angrenzenden Districte Northern Liberties und Southwark bewohnten — wie ja auch noch in unserer Zeit — so kündigte die Deutsche Gesellschaft ihren Vertrag, erhielt das eingezahlte Geld ohne Abzug zurück und sorgte für die Behandlung der armen Kranken, die sich an sie wandten, wie wir sehen werden, in anderer Weise.

Das im Juni 1802 an die Gesellschaft von Paul Merkel gestellte Ansinnen, ihm die Reisekosten nach Deutschland zu gewähren, damit er eine an ihn gefallene Erbschaft erheben könne, fand kein günstiges Gehör.

1804. Die Rappisten. Georg Rapp, der bekannte Gründer der Communisten-Colonieen Harmony und Economy, kam 1803 nach den Vereinigten Staaten, um Land für eine Niederlassung anzukaufen. In dem schönen Connequenessing-Thale, 25 Meilen nördlich von Pittsburg, fand er eine ihm passend erscheinende Strecke, die er ankaufte und so kamen denn im nächsten Jahre viele seiner Anhänger aus Würtemberg herüber. Am 4. Juli 1804 landeten mit dem Schiffe „Aurora" 300 derselben in Baltimore und eine gleiche Anzahl traf etwa sechs Wochen später mit dem Schiff „Atlantic" in Philadelphia ein. Es war unmöglich, den Leuten sogleich ein Unterkommen an ihrem Bestimmungsorte zu verschaffen, und so blieben während des Winters die Meisten an verschiedenen Plätzen und zwar in bedrängten Umständen. Fast alle diese frommen Seelen gehörten dem Bauern- oder dem Handwerkerstande an und ließen es sich damals schwerlich träumen, daß nicht allein ihre communistische Güterverwaltung und ihre Ascese, sondern auch ihr Wohlstand bereinst die Augen der Welt auf sie ziehen würde.

Die hülfsbedürftige Lage der Leute wurde der Deutschen Gesellschaft gemeldet, und wie das Protokoll des Beamtenraths vom 22. September 1804 zeigt, nicht ohne Erfolg.

„Folgender Vorschlag von Herrn Caspar Rehn wurde einstimmig genehmigt. Beschlossen, daß die monatlichen Aufseher eine Order an den Herrn Cassier ertheilen für $200 und daß ein Committee aus dreien bestehend, von den Beamten bestimmt werde, solche Summe zu empfangen und solche denen vor Kurzem angekommenen Würtembergischen Emigranten, die ins Land ziehen wollen, zu geben."

Dies Committee, aus General Peter Mühlenberg, A. Becker und Dr. Kühmle bestehend, berichtete den 29. September 1804 an die Gesellschaft, daß es die vorerwähnte Summe von $200 an Herrn Rapp zur Vertheilung unter die ärmern Würtemberger Einwanderer übergeben habe.

Unter ganz andern Umständen erhielten Deutsche, die 1809 hier in Bedrängniß ankamen, Unterstützung. Aus Santiago de Cuba war eine Anzahl unserer Landsleute vertrieben und suchte, hier gelandet, Beistand, um nach New Orleans zu gehen. —

Es folgte wenige Jahre darauf der Krieg gegen England, der die Einwanderung wieder zeitweilig unterbrach. Die Zeit ist daher sehr leer an Unterstützungsfällen oder sonstigem Anlaß zum hülfreichen Einschreiten der Gesellschaft. Zu Ende des Krieges trat großer Nothstand bei einem Theile der entlassenen Truppen ein. Es scheint indessen, daß die Gesellschaft sich nicht für berufen hielt, den Deutschen, die einen ansehnlichen Theil der bedürftigen Soldaten bildeten, Beistand zu leisten.

Der Präsident Georg A. Becker berief eine Special=Versammlung des Beamtenrathes und bemerkte, daß er in Erfahrung gebracht, daß viele der aus dem Felde zurückgekehrten Soldaten sich in sehr betrübten Umständen befinden. Einige derselben gehen ohne Schuhe und Strümpfe einher. Der größte Theil derselben sind Deutsche oder Abkömmlinge von Deutschen. Der Präsident habe es für seine Pflicht gehalten, die Aufmerksamkeit auf die Lage dieser Unglücklichen zu lenken und die Frage vorzulegen, ob die Deutsche Gesellschaft nicht einigermaßen die Bedürfnisse dieser Leute befriedigen könne. Die Beamten entschieden darauf, daß sie den Grundregeln gemäß die Macht dazu nicht besäßen, und daß die Gesellschaft berufen werden müsse, solle eine derartige Maßregel durchgeführt werden.

Da sich in den Protokollen keine weiteren auf diese Frage bezüglichen Notizen finden, so muß man wohl von der ferneren Erwägung der Sache abgestanden sein. Einzelne wurden indessen unterstützt. Im Februar 1815 ist z. B. eine Gabe von $17.00 an zwei „Kriegsgefangene" und eine andere von $5.00 an einen „lahmen Soldaten" verzeichnet.

Zu diesen Kriegsreminiscenzen mag auch noch der Fall eines Deutschen, Namens Kaurtzsche, aus dem Jahre 1814 geschlagen werden. Indianer schossen ihn ins Bein und nahmen ihn sammt seiner Frau gefangen. Nachdem er seine Freiheit wieder erlangt hatte, kam er in's hiesige Hospital. Die Deutsche Gesellschaft nahm sich seiner hülfreich an, bestritt die Kosten seines Unterhalts und beauftragte ein Committee, für seine Bedürfnisse zu sorgen.

Die schlechten Zeiten, die sich in Deutschland in Folge der langen Kriegsläufte, der Geschäftsstockung und des Mißwachses einstellten, trieben Tausende übers Meer. Es ist davon bereits in dem Abschnitte über den Rechtsschutz die Rede gewesen. Aber auch die Bittgesuche um Geldbeistand tragen nicht selten die Signatur der Zeit.

Als ein einzelnes Beispiel sei der Fall eines Kupferschmiedes und Pum=
penmachers aus Coblenz, Namens Joh. Gottfried Conradi, erwähnt. Der=
selbe schreibt an den Beamtenrath, daß er durch den langen Krieg um das
Seinige gekommen und genöthigt worden sei, in Amerika sein Brod zu su=
chen. „Ich bin mit meiner Frau und zwei Knaben von Coblenz bis Phila=
delphia vier Monate auf der Reise gewesen, wodurch das wenige Geld, so
ich aus dem Ueberreste meiner Mobilien gelöset hatte, gänzlich darauf ge=
gangen ist, so daß ich keine Hülfsmittel in Händen habe, mein Gewerb be=
treiben zu können.“ Der Bittsteller bemerkt, daß er den größten Theil sei=
nes Werkzeugs hat, aber Blasebalg, Drehbank und sonstige Sachen zur
Betreibung seines Gewerbes anschaffen muß. Er erhielt für diesen Zweck
fünfzig Dollars.

Eine gleiche Summe überwies der Verwaltungsrath 1815 einem Chemi=
ker, Joh. F. Hocklin, der durch das Aufblasen eines Präparats sein Augen=
licht eingebüßt hatte.

Anstellung von Aerzten. Daß im Jahre 1817 das Uebereinkom=
men der Deutschen Gesellschaft mit der Philadelphia Dispensary ein Ende
nahm, ist vorhin erwähnt worden. Es stellte sich nun die Nothwendigkeit
heraus, für Arme, die ärztlicher Hülfe bedurften, auf andere Weise Rath zu
schaffen und dies geschah durch Anstellung oder Ernennung von Gesellschafts=
Aerzten. Vom Jahre 1818 bis auf die Gegenwart haben die deutschen
Aerzte Philadelphia's unter den Auspicien und im Namen der Deutschen
Gesellschaft unbemittelte Kranke in höchst uneigennütziger und dankenswer=
ther Weise behandelt, und denselben ihre Zeit und ihr erworbenes Wissen
ohne Vergütung gewidmet. Es braucht ein Deutscher, der für sich oder seine
Familie ärztlichen Beistandes benöthigt ist, nur gehörigen Orts Anzeige zu
machen, so wird ihm die erforderliche Hülfe zu Theil. Die Arzneimittel lie=
fern Apotheker auf Kosten der Gesellschaft und zwar zu einem sehr mäßigen
Preise, jetzt zu zwanzig Cents das Recept.

Die ersten Aerzte, die ernannt wurden, waren die Doctoren C. Otto und
W. D. Dewees und zwar in Folge des am 26. December 1817 angenomme=
nen Beschlusses:

„Daß künftighin zwei Aerzte ernannt werden, um den Redemptioners in
Krankheitsfällen behülflich zu sein, wenn sie von den Beamten der Gesell=
schaft darum ersucht werden.“

Die Namen der Aerzte, welche für keinen andern Lohn, als den, welchen
jede uneigennützige im Namen der Menschlichkeit geübte Handlung gewährt,
die von der Deutschen Gesellschaft ihnen empfohlenen Kranken behandelt
haben, sind, wie es sich gebührt, anzuführen.*) Wie dürftig eine solche An=

---

*) Siehe den Schluß dieses Abschnitts.

erkennung ift, entgeht uns nicht. Aber wer kann dem edelmüthigen Helfer, auch nur in der Einbildung, in die engen, ſchlecht gelüfteten, oft unſauberen Gemächer des Siechthums folgen, wer die Stunden zählen, die er dieſem humanen Dienſte opfert, oder den Segen meſſen, der ſeinem Beiſtande zu verdanken ift. Aus noch einem andern Grunde iſt es unmöglich, den Zoll des Dankes in entſprechender Weiſe darzubringen; manche Aerzte haben viel mehr gethan, als bei gleicher Vertheilung der Arbeit erwartet werden konnte. Während die Einen ihre Ernennung zu Geſellſchafts-Aerzten als ein bloßes Compliment hinnahmen, unterzogen ſich die Andern der ganzen Bürde, ohne daß ihnen dafür irgend welche auszeichnende Anerkennung zu Theil gewor-den wäre.

Die Einwanderer von 1816 bis 1818.

Von dem erbärmlichen Zuſtande vieler Paſſagiere, die in den Jahren 1816 bis 1818 auf überfüllten und ſchlecht proviantirten Schiffen hier an-langten, iſt oben (S. 102 bis 104) die Rede geweſen. Während die Rechts-anwalt ſich bemühte, alle Thatſachen zu ermitteln und den Leuten wo möglich den Schutz der Geſetze und Erſatz für erlittene Unbill zu verſchaffen, war der Verwaltungsrath nicht müſſig, die augenblickliche Noth zu lindern. Man wird ſich erinnern, in welcher jammervollen Lage die Paſſagiere des Schiffes „Hope" im Auguſt 1817 Philadelphia erreichten. Sie waren krank und ausgehungert, ihre Kleidung von den tödtlichen Gaſen der Schiffspeſt infi-cirt. Die Geſellſchaft ließ ihnen im hieſigen Lazareth geſunde und kräfti-gende Nahrung verabreichen, und verſah ſie mit der nöthigſten Kleidung.

In ähnlicher Weiſe nahm ſich die Geſellſchaft der beklagenswerthen Paſſa-giere des Schiffes „April" an, das im Anfang des Jahres 1818 in New Caſtle einlief. Der Verwaltungsrath, der ſich vom Sekretär Virchaux über die Leiden und die Lage der armen Dulder Bericht erſtatten ließ, ſchickte ihnen Kleidung und wollene Decken, die in der kalten Jahreszeit ſo ſehr Noth thaten.

Einen weiteren Beleg zu der pflichtvergeſſenen Rückſichtsloſigkeit, die man ſich damals gegen Einwanderer erlaubte, giebt das Bittgeſuch einiger Paſſa-giere des Schiffes „Nancy," welche 1818 von Deutſchland auf dem Umwege über die Inſel St. Michael nach Philadelphia gelangten. Der Capitän Haentjens hatte ſeine Paſſagiere, etwa 150, auf jener Inſel gelandet—aus welchem Grunde, wird nicht berichtet — und ihrem Schickſale überlaſſen, während er ſelbſt nach Amſterdam zurückkehrte. Der Verwaltungsrath ließ durch ein Committee (J. N. Harmes und Chs. Bezin) die Möglichkeit er-wägen, jene Leute von St. Michael nach Philadelphia zu ſchaffen, aber es ſtellte ſich heraus, daß die Koſten der Schiffsfrachtung die Mittel der Geſell-ſchaft überſteigen würden. Ein Weber, Johann Frey, der mit ſeiner Frau zu den Ausgesetzten gehörte und Passage nach Philadelphia gefunden hatte, erhielt Beistand, um seinen Webstuhl auszubessern und Garn, um den Betrieb seines Geschäftes zu beginnen.

Verschiedene Anfragen um Auskunft, guten Rath, Besorgungen u. s. w., die um diese Zeit an die Deutsche Gesellschaft gelangten, veranlaßt uns zu der Bemerkung, daß der Ruf ihrer wohlthätigen Wirksamkeit sich längst nach Deutschland verbreitet hatte. In mehreren Schriften, die dort erschienen, wird sie aufs ehrenvollste erwähnt

Schon 1806 drückte sich der Hofrath Friedrich Herrmann in seinem Buche: „Die Deutschen in Nordamerika" über unsere Gesellschaft folgender Maßen aus: Es gereicht übrigens den in Nordamerika ansässigen Deutschen zur großen Ehre, daß sie bei der fortdauernden Sorglosigkeit des Congresses, der die Einwanderung ganz ihrem eigenen Schicksal überläßt, nach Kräften sich ihrer armen einwandernden Landsleute angenommen haben. Schon seit langer Zeit existirt in Philadelphia eine Deutsche Gesellschaft, welche den doppelten Zweck hat, Aufklärung unter den Deutschen zu befördern und neue Einwanderer aus dem Lande ihrer Väter bei ihrem Mangel an Kenntniß des Locals, mit Rath und That zu unterstützen." (p. 28.)

In der schon früher angeführten Schrift: „Nachrichten und Erfahrungen über die Vereinigten Staaten von einem Rheinländer. Frankfurt, 1814," wird der Deutschen Gesellschaft nachgesagt, daß sie einen schönen Beweis von den menschenfreundlichen Gesinnungen der Amerikaner giebt und ihnen eben so sehr zur Ehre als den armen, hilflosen Deutschen zum Troste gereicht, dadurch, daß sie sich dieser Verlassenen so thätig annimmt.

Im Jahre 1817 kam der Freiherr Moritz von Fürstenwärther im Auftrage des Freiherrn von Gagern (damals niederländischen Ministers am deutschen Bundestage) nach den Vereinigten Staaten, um die hiesigen deutschen Zustände aus eigener Anschauung kennen zu lernen und Bericht darüber zu erstatten. Er wandte sich während seines Aufenthalts in Philadelphia zu diesem Behuf auch an die Beamten der Deutschen Gesellschaft und es wurde ein besonderes Committee (J. N. Harmes, S. Keemle, F. Ribda) ernannt, um ihm jede erwünschte Auskunft zu gewähren. Sein im nächsten Jahre unter dem Titel: „Der Deutsche in Nord-Amerika" gedruckte Bericht konnte nicht verfehlen, die Aufmerksamkeit unserer transatlantischen Landsleute auf die Deutsche Gesellschaft in Philadelphia, deren Zweck und Wirksamkeit zu lenken.

Ob nun diese und ähnliche Druckschriften ein günstiges Vorurtheil für sie erweckten, oder ob sie durch Privatbriefe rühmlich bekannt wurde, es liefen mancherlei Schreiben an den Verwaltungsrath ein, die dessen Rath und Vermittlung erbaten. Das eine Mal ist es ein Ingenieur, der über die Chancen seines Fortkommens Auskunft begehrt, das andere Mal ein Neffe, der Näheres über den Tod und die Hinterlassenschaft seines Pennsylvanischen Onkels wissen will, oder ein Auswanderungslustiger, der um allerlei Auf= klärung bittet. Auch von hier aus kamen dergleichen Anliegen, die mehr auf den ehrenhaften Ruf der Gesellschaft, als deren ausgesprochenen Zweck basirt waren.

Allerlei Hülfsleistungen.

Um nur Eins anzuführen. Im Jahre 1819 kam eine Kinderentführung vor, über deren besondere Umstände keine Angabe vorliegt, aber eine verbreche= rische Absicht scheint nicht dabei untergelaufen zu sein. Der Vater hieß Sten= gel, der Entführer Deveries, und die Kinder waren nach Ulster County im Staate New York gebracht worden. Stengel klagte seine Noth der Deut= schen Gesellschaft; diese setzte sich mit Herrn Landon in Ulster County in Verbindung und es gelang, die Kinder ihrem rechtmäßigen Beschützer wieder zuzuführen. Der Präsident der Deutschen Gesellschaft richtete in deren Na= men an Herrn Landon ein Dankschreiben, mit dem Anerbieten, etwaige Kosten, die er gehabt habe, zu ersetzen.

Gesuche um Leistung freundlicher Dienste der verschiedensten Art sind übrigens von Zeit zu Zeit bis auf unsere Tage vorgekommen. Wandte sich doch vor wenigen Jahren ein Ehepaar im Lande, dessen Begehr nach Kinder= segen unerfüllt geblieben war, an ein Mitglied des Verwaltungsraths mit der Bitte, ein Einsehen zu haben und einen kräftigen Knaben herzuschaffen. Der humane Herr, welcher den Brief erhielt, erklärte sogleich: den Leuten kann geholfen werden, und innerhalb weniger Wochen befand sich das be= glückte Paar im Besitz eines prächtigen Adoptivsohnes.

Obwohl dazu bestimmt, dem Einwanderer in Amerika, nicht dem Aus= wanderer nach Europa behülflich zu sein, hat die Gesellschaft sich doch aus= nahmsweise dazu verstanden, Bedürftigen die Rückkehr in's alte Vaterland durch Geldzuschuß zu erleichtern. Ein Ehepaar erhielt 1818 zu diesem Behuf $10.00, ein anderes 1822 $35.00, für denselben Zweck wurden 1836 $50.00, 1873 $25.00 verausgabt. Dazu haben in den letzten Jahren, seit dem Eintritt der „schlechten Zeiten" zahlreiche Personen durch Vermittlung der Deutschen Gesellschaft ihre Rückfahrt nach Deutschland zu ermäßigten Preisen erhalten.

Im Jahre 1831 findet sich eine Ausgabe verzeichnet, wie sie der Gesell=. schaft zuvor nie zugemuthet war, nämlich die Entrichtung des Kopfgeldes für unbemittelte Passagiere ($56.00). Durchaus verkehrt war die Veranstal= tung, das Kopfgeld den hier landenden Einwanderern abzuverlangen, anstatt es vom Capitän zu erheben, der es auf den Ueberfahrtspreis schlagen sollte. Was kann man mit den Passagieren thun, wenn sie Nichts mehr haben? Das Verkaufen der Ankömmlinge an hiesige Herren war schon seit mehreren Jahren nicht mehr üblich. Und so half denn die Deutsche Gesellschaft den armen Schluckern aus der Verlegenheit; sie versuchte darauf, diese Auslage aus dem Staatsschatze zurück zu erhalten, aber ohne Erfolg.

Im Jahre 1832 brach in Philadelphia so wie in andern Städten der Ver. Staaten die Cholera aus. Die Deutsche Gesellschaft erließ eine Aufforderung an die Aerzte, den Fortschritt der Krankheit, mit Rücksicht auf die der Armenpflege etwa erwachsenden Pflichten, zu beobachten und es bildete sich demzufolge ein aus Aerzten und Aufsehern bestehendes Committee. Berichte desselben liegen nicht vor, aber die für Armenunterstützung verausgabten Summen übersteigen in einzelnen Monaten das durchschnittliche Maaß beträchtlich und es ist vorauszusetzen, daß die durch Krankheit und Todesfälle entstandene Noth der Anlaß war.

Es wurde oben erwähnt, daß der Verwaltungsrath im Jahre 1834 den Aufsehern empfahl, die Unterstützungen der Gesellschaft auf Eingewanderte, die noch kein Jahr im Lande seien, zu beschränken. Bald zeigte es sich indessen, daß man die Wohlthätigkeit nicht innerhalb so streng gezogener Grenzen einpferchen konnte. Es kamen schlechte Zeiten, Jahre bitterer Noth. Auf die Periode der wilden schwindelhaften Speculation, auf die „Gründer"-Saturnalien, die im Jahre 1836 ihren Gipfel erreichten, folgte ein furchtbarer Krach, eine wahre Epidemie von Bankerotten, wodurch der Wohlstand, die industrielle Thätigkeit und der Credit des Landes auf viele Jahre erschüttert wurden. Tausende, die sich im Besitz ergiebiger Hülfsquellen und reichlicher Geschäftsmittel befanden, die ihr Vermögen in Land, Fabriken, Actien gesteckt (sogar in Maulbeerbäumen wurde in Hoffnung auf großartige Seidencultur fieberhaft speculirt), sahen sich plötzlich verarmt. Der Mittelstand und die Arbeiter empfanden, wie gewöhnlich, die Schwere der Calamität am härtesten.

Angesichts der eingetretenen Noth konnte die Deutsche Gesellschaft nicht daran denken, die erwähnte Empfehlung als maßgebend zu betrachten. So finden wir denn, daß in der Jahresversammlung von 1838 der Antrag des Herrn Tobias Bühler allgemeine Zustimmung erhielt, $300 zu bewilligen, um während der zwei nächsten Monate für die armen Deutschen Brod, Kartoffeln und Holz anzuschaffen.

(Dieser Beschluß folgte unmittelbar auf einen andern, welcher dem Bibliotheks-Committee $100 zum Ankauf von Werken über Künste und Wissenschaften überwies. Vielleicht stehen die Kartoffeln und das Holz, worauf der derbe „Schwabenkönig" bestand, dazu in einem nicht ausgesprochenen Bezuge.)

Auf dem eingeschlagenen Wege verharrte die Gesellschaft auch während der folgenden Jahre. Bis 1845 erhielten die Armen jeden Winter Holz, 1839 (wiederum auf Bühlers Antrag) für $190.00, 1840 für $181.80, 1841 für $196.80, 1842 für $75.00, 1843 für $157.50, 1844 für $61.75, 1845 für $190.00.

Im Jahre 1840 gab die Gesellschaft einen kleinen Beitrag ($10) zur Nördlichen Suppen-Gesellschaft

Uebrigens läßt sich aus den Berichten über die Armen-Unterstützung der neuern Zeit kaum etwas Besonderes hervorheben, ohne in's Triviale zu verfallen. Die Nothfälle sind sich alle sehr ähnlich und würden für den Leser kein Interesse haben. Ohnehin knüpft sich seit etwa dreißig Jahren die den Bedürftigen geleistete Hülfe an die Vermittelung der Agentur, zu deren Besprechung wir jetzt übergehen.

Die Agentur.

Bis zum Jahre 1847 lag alle Mühwaltung, die mit der Sorge für nothleidende und schutzbedürftige Einwanderer verknüpft war, auf den Schultern der sechs Aufseher, oder um es genauer auszudrücken, desjenigen unter ihnen, der den Monatsdienst hatte. An diesen mußten sich die Hülfesuchenden wenden, von diesem erhielten sie Rath, Nachweis, Unterstützung, kurz Alles, was in den Bereich des wohlthätigen Wirkens der Gesellschaft fiel. Da aber die Aufseher sämmtlich Geschäftsleute waren, denen kein unbilliger Aufwand von Zeit zugemuthet werden konnte, so wurde es bei dem Anwachsen der Einwanderung und der deutschen Bevölkerung von Philadelphia immer schwieriger, die Aufgabe der Gesellschaft den Hülfsbedürftigen gegenüber zu erfüllen.

Wie hatten sich die Verhältnisse in den achtzig Jahren von 1764 bis 1844 geändert! In letztgenanntem Jahre betrug die deutsche Bevölkerung von Philadelphia wohl dreimal so viel als die Gesammtzahl aller Bewohner im Jahre 1764.*) In den ersten zehn Jahren verausgabte die Gesellschaft in Allem die Summe von 405 Pfund (etwa $1080 Dollars), in dem einen Jahre 1845 dagegen für Baarunterstützung an Hülfsbedürftige $1074.62. Hieraus ergiebt sich, in welchem Maaße sich die Ansprüche an das thätige

---

*) Philadelphia hatte im Jahre 1760 nur 2969 Häuser und 18,756 Einwohner. Während der englischen Occupation 1778 betrugen letztere 38,734 und im Jahre 1791 42,500. Nach dem Census von 1860 hatte unsere Stadt 43,653 eingewanderte Deutsche unter seinen 568,034 Bewohnern und 1870 50,754 Deutsche bei einer Gesammtbevölkerung von 674,022. Angenommen, die Zählung der Deutschen wäre richtig (was sehr bestritten wird), so ist nicht außer Acht zu lassen, daß die hier geborenen Kinder der Fremden zu den Eingeborenen zählen. Es befanden sich aber unter den 674,022 Bewohnern nicht weniger als 365,678 von fremder Abkunft und zwar 326,549, deren beide Eltern eingewandert waren. Vertheilt man diese unter die Deutschen und die anderen Einwanderer nach dem Verhältniß, worin diese selbst zu einander stehen (die Deutschen machen fast ein Drittel aller Fremden aus), so darf man zu der Census-Zahl der Deutschen wohl noch 100,000 schlagen und also die Philadelphier Deutschen im weiteren Sinn für 1870 auf 150,000 schätzen.

Eingreifen der Gesellschaft gesteigert hatten, und doch arbeitete man noch mit der alten Maschinerie von 1764. Kein Wunder, daß mehr und mehr die Ueberzeugung Platz gewann, die Deutsche Gesellschaft sei ihrer Aufgabe nicht gewachsen, sei in's Stocken gerathen, ein neuer, den Bedürfnissen der Gegenwart besser entsprechender Verein, sei am Platze.

Es bildete sich in der That ein solcher im Jahre 1843 unter dem Namen „Deutsche Einwanderungs=Gesellschaft." Diese stellte als ihren Zweck auf, „die hier einwandernden Deutschen mit Rath und That zu ihrem gedeihlichen Fortkommen zu unterstützen, deren möglichst schnelle, sichere und wohlfeile Beförderung aus der Heimath bis zur Meeresküste und von da über's Meer zu erleichtern und zu diesem Behuf geeignete Verbindungen in Deutschland anzuknüpfen, die Einwanderer gegen Erpressungen zu schützen."

Die Einwanderungs=Gesellschaft glich in ihrer Organisation der Deutschen Gesellschaft, nur daß sie einen Agenten hatte, welcher die hier anlangenden Schiffe besuchte, den Einwanderern mit Rath und That an die Hand ging, ihnen Beschäftigung verschaffte, für ihre Weiterbeförderung sorgte. (Siehe S. 55.)

Wollte die Deutsche Gesellschaft sich nicht zu einer Stellung bescheiden, welche in Anbetracht ihres Wohlstandes und ihrer ehrenvollen Vergangenheit etwas Demüthigendes hatte, so müßte sie in ähnlicher Weise vorangehen wie ihre Concurrentin.

Ohne Bureau und Geschäftsführer ließ sich nicht länger fortarbeiten. Gerade aus der Beseitigung des Redemptioner=Verhältnisses erwuchsen der Gesellschaft neue Pflichten und Aufgaben. Kamen die Einwanderer auch schuldenfrei an, so waren die ärmern unter ihnen doch gleich vom ersten Tage an rathlos, wie sie ihr Brod verdienen sollten. Es konnte ihnen nur dadurch geholfen werden, daß Jemand ohne Rücksicht auf Zeitverlust sich der Mühe unterzog, sie mit Arbeitgebern in Verbindung zu bringen. Wollte die Deutsche Gesellschaft in dieser Weise Beistand leisten, so konnte sie einer geregelten Agentur nicht entbehren.

Schon im December 1838 hatte Herr Jacob H. Fißler einen Vorschlag gemacht, der dieß bezweckte, aber die Mehrheit der Stimmen entschied sich dagegen. Als dann auf des Ehrw. Herrn Demme's Antrag, dem Verwaltungsrathe die Frage vorgelegt wurde, ob er dafür halte, daß die wohlthätigen Zwecke und Verrichtungen der Gesellschaft durch Anstellung eines Agenten gefördert würden, lehnte auch dieser die Veränderung des bestehenden Modus ab.

Mittlerweile erprobte sich beim Einwanderungs=Verein die Agentur in befriedigender Weise. Und so kam denn die Deutsche Gesellschaft im Jahre 1846 auf die Sache zurück. Erst ward der Rechtsanwalt befragt, ob es sich mit dem Freibrief und den Gesetzen der Gesellschaft vertrage, einen Agenten anzustellen, der die Armen besuche, den Einwanderern Arbeit verschaffe und Rath ertheile. Die Antwort war, eine solche Maßregel verstoße gegen kein Gesetz, nur müsse das Geld zur Unterstützung von den Beamten selbst den Bedürftigen gegeben werden.

Hierauf ward in der September-Versammlung von 1846, also vor dreißig Jahren, die Errichtung einer Agentur beschlossen. Dem Beamtenrathe fiel die Aufgabe zu, einen passenden Mann für die Stelle zu finden. Man dachte an diesen und jenen; es liefen auch Anmeldungen ein, aber das Committee, welches die Wahl treffen sollte, zögerte mit der Entscheidung. Man hätte gern den Agenten des Einwanderungs-Vereins, Herrn Herbert, gewonnen, und machte ihm endlich einen Antrag. Es gereichte zu allgemeiner Genugthuung, als dieser sich bereit erklärte, seine Thätigkeit fortan der Deutschen Gesellschaft widmen zu wollen.

Die damals entworfene Geschäftsordnung für die Agentur enthielt folgende Punkte:

Der Agent empfängt in seinem Bureau die Applikanten, welche Unterstützung von der Deutschen Gesellschaft begehren, rapportirt wenigstens einmal die Woche an den diensthabenden Aufseher und führt dessen Anordnungen aus.

Er untersucht die zu seiner Kenntniß gebrachten Fälle von Hülfsbedürftigkeit. Kranke, die sich melden, weist er an die Aerzte der Gesellschaft. Er führt genau Buch über alle Vorkommnisse und seine darauf bezüglichen Schritte. Er besucht die mit deutschen Einwanderern anlangenden Schiffe, ertheilt den Leuten Rath und Beistand, so weit er vermag, weist ihnen die besten und billigsten Routen zur Weiterreise in's Innere des Landes nach, verschafft ihnen Arbeit, oder belehrt sie, wo solche zu finden, kurz, gewährt ihnen jegliche Hülfe, die in seiner Macht steht und in den Bereich der Gesellschaftszwecke fällt.

Durch die Errichtung der Agentur erweiterte die Deutsche Gesellschaft das Feld ihrer Thätigkeit, ganz im Einklang mit ihrer ursprünglichen Bestimmung. Es war ein Fortschritt, wie sie seit der Erlangung des Freibriefs keinen gemacht. Den Einwanderern, welche das fremde Land betreten, kann gewiß auf keine bessere und anhaltendere Art gedient werden, als durch Eröffnung von Erwerbswegen. Das Geschäft der Aufseher hatte sich seit vielen Jahren auf das bloße Verabreichen von Almosen beschränkt, was in den meisten Fällen ein Nothbehelf, keine wirksame Hülfe ist. Die Agentur ist das Mittel gewesen, jedes Jahr vielen Hunderten den Weg zum eigenen Fortkommen zu weisen. Auch ist es nicht gering zu veranschlagen, wenn dem mit hiesigen Verhältnissen nicht vertrauten Ankömmling zuverlässige Auskunft, wohlgemeinter Rath, ertheilt wird. Das Unterbringen der Kranken in's Hospital, der Hülflosen in's Armenhaus, wurde gleichfalls

durch die Agentur erleichtert, und für zahlreichere Fälle, als zuvor, ausführbar.

Der erste Bericht des Agenten war wohl geeignet, die Nützlichkeit der
neuen Einrichtung an's Licht zu setzen. Im Jahre 1847 verschaffte er 1302
Personen Beschäftigung; 71 Kranken Aufnahme in's städtische Hospital und
besuchte 257 Bedürftige.

Dazu kommen noch manche andere Vortheile, die sich durch den Agenten
erreichen lassen, der Briefwechsel mit anderen Gesellschaften, die Beantwortung von Anfragen, das Auffinden von Freunden und Verwandten der Einwanderer, Wiedererlangen von verlorenem Gepäck u. dgl. —

Die Anzahl der Personen, welche durch die Vermittelung des Agenten
Beschäftigung finden, schwankt in den einzelnen Jahren zwischen weiten
Grenzen, ohne eigentlich erkennbaren Grund. Das rührt wohl daher, daß
sehr verschiedenartige und von einander unabhängige Ursachen zusammen
wirken, die größere oder geringere Einwanderung, das Blühen oder Dar-
niederliegen der Geschäfte, die mehr oder minder rührige Disposition des
Agenten.

Ein Blick auf die nachstehende Tafel zeigt, daß das Verhältniß derer, die
Arbeit nachgewiesen bekommen, zu denen, welche mit Geld unterstützt
werden, seit Jahren ein abnehmendes gewesen ist. Während in den ersten
zehn Jahren weit mehr Beschäftigte als Beschenkte verzeichnet stehen, betrug
1875 die Zahl der Zweiten acht Mal so viel, als die der Ersten. Wie wünschenswerth es sei, den benöthigten Einwanderer an die Arbeit zu stellen,
dessen ist sich der Verwaltungsrath wohl bewußt, und es sind von Zeit zu Zeit
Versuche gemacht worden, ein befriedigenderes Resultat zu Wege zu bringen.
Indessen zugegeben, daß sich das jetzige System verbessern läßt, und die
Arbeitgeber erfolgreicher mit den Arbeitsuchern in Rapport gesetzt werden
können, so sind doch die Schwierigkeiten nicht zu übersehen, die in der Natur
der Umstände liegen und den bestgemeinten Bemühungen hemmend entgegen
treten. Dahin gehören:

1. Sehr viele Applikanten sind durchaus nicht im Stande irgend welche
angebotene Arbeit zu verrichten. Für Kaufmannsdiener, Handelsreisende,
Schullehrer, Cameralisten, ältere und schwächliche Leute ist guter Rath
theuer. Wer sich unbedachtsam zum Auswandern entschlossen hat, wird
seinen Fehler gewöhnlich vom ersten Tage an büßen müssen, und wohlthätige
Gesellschaften können die Folgen seines Irrthums nicht aufheben.

2. Da die Deutsche Gesellschaft keine Garantie für die Tauglichkeit und
den Charakter der Applikanten geben kann, so entschließen sich viele Arbeitgeber nur im Nothfall dazu, die dort nachfragenden Personen zu verwenden.
Dies ist namentlich bei den lohnenderen Geschäftszweigen der Fall.

3. Der Zudrang zur Agentur ist gerade dann am stärksten, wenn Arbeit

am wenigsten gesucht wird, also in Zeiten industrieller Stockungen. Ebenso bringt der Winter mit dem Aufhören der Feldarbeit ganze Schaaren arbeits- loser Leute in die Stadt, von denen sich viele an wohlthätige Gesellschaften wenden. Wie kann diesen nun Beschäftigung angewiesen werden?

4. Seit die deutsche Einwanderung vorzugsweise über New York nach den Vereinigten Staaten einströmt, so besteht das von dort nach Philadel- phia abzweigende Contingent der Arbeitslosen nicht gerade aus den gewand- testen und tauglichsten Leuten, sondern großentheils aus solchen, die in jener Stadt keine nährende Beschäftigung finden konnten, und zur Feldarbeit keine Lust oder kein Geschick haben.

Aus diesen Gründen ist auch ein Verfahren, wie das von Herrn Herbert, dem ersten Agenten, befolgte, längst nicht mehr ausführbar. Wurde ein Schiff mit deutschen Emigranten erwartet, so erkundigte er sich nach unbe- setzten Stellen in Fabriken, bei Handwerkern und Geschäftsleuten jeder Art. Langte das Schiff nun an, so begab er sich mit einem Verzeichniß der Ar- beitsgeber dorthin und konnte Vielen sogleich eine Stelle anweisen, ehe sie noch das feste Land betreten hatten. Den Hülfesuchenden in einer mehr durchgreifenden Weise als bisher Arbeit zu verschaffen, ist, wie bemerkt, der aufrichtigste Wunsch der Verwaltung gewesen, aber die Versuche, das Pro- blem einer Lösung näher zu bringen, sind nicht befriedigend ausgefallen, oder nicht lange genug fortgesetzt worden.

Im Jahre 1869 wurden auf Anregung des damaligen Agenten Plakate gedruckt und in Fabriken, Markthallen, Wirthshäusern und andern öffent- lichen Plätzen vertheilt, um die Agentur der Deutschen Gesellschaft als eine kostenfreie Employment-Office zu annonciren. Aber es verschlug nicht viel und der Versuch wurde nicht wiederholt. Ebenso wenig haben Anzeigen in Landzeitungen erheblich genützt.

Im Jahre 1872 kam die Sache wiederum zur Sprache. Herr Korabi empfahl, sich mit den Eisenbahn- und Bergwerk-Verwaltungen, Fabriken 2c. in Vernehmen zu setzen, um einen Abfluß der sich hier stauenden Arbeits- kräfte zu bewirken; auch durch Cirkulare, Plakate und Zeitungs-Anzeigen unsere Agentur zu allgemeinerer Kenntniß zu bringen. Aber es kam, nach Erwägung der praktischen Schwierigkeiten, eben nur zu einem Beschluß, den Agenten zu instruiren, daß er sein Augenmerk auf alle Gelegenheiten zur Beschäftigung von Arbeitsuchenden richte. Ob es dereinst gelingen wird, die Schwierigkeit auf einem neuen Wege zu lösen und Ansprachen um Hülfe in häufigeren Fällen als bisher mit Nachweis von Arbeit zu beantworten, steht dahin.

Hülfe durch die Agentur.

Es folge hier nun eine chronologische Uebersicht über einen Theil der Agen- tur-Geschäfte. Die vom dienstthuenden Director verabreichten Geldgaben find bereits auf Seite 145 und 146 aufgeführt worden. Mancherlei geschieht natürlich auch, was nicht durch Zahlen belegt ist. So setzte es z. B. Herr Herbert als Agent durch, daß von den viertausend Tonnen Kohlen, welche die Reading Eisenbahn=Gesellschaft zum Besten der Stadtarmen hergab, ein Viertel der Deutschen Gesellschaft zur Vertheilung an arme Deutsche über= lassen wurde. — Verlorenes und vorenthaltenes Gepäck wird den Einwan= derern nicht selten durch die Bemühung des Agenten wieder geschafft; sein Rath und seine Belehrungen können sich dem Fremden werthvoller erweisen, als Geldhülfe und seine Bekanntschaft mit den Umständen bedürftiger Fa= milien, sowie seine persönlichen Erkundigungen dienen wesentlich dazu, die Hülfsquellen der Gesellschaft zu zweckmäßiger Verwendung zu bringen.

	Beschäftigung nachgewiesen.	Zulaß im Hospital verschafft.	Zulaß im Armenhause verschafft.	Unterhalt im House of Industry.	Freie Fahrt nach verschiedenen Orten.	Ermäßigte Fahrt.	Mit Geld unterstützt.
1847	1302	71					353
1848	1039	56					208
1849	1131	68					312
1850	837	36					291
1851	1092	61					360
1852	901	55	Nicht besonders aufgeführt.	Nicht besonders aufgeführt.	Nicht besonders aufgeführt.	Nicht besonders aufgeführt.	363
1853	380	52					243
1854	352	78					294
1855	117	56					309
1856	284	42					148
1857	466	11					428
1858	418	12					629
1859	393	14					264
1860	407	11					347
1861	256	14	2				580
1862	225	9	1				438
1863	230	10					928
1864	139	8	7				435
1865	166	20	4				486
1866	191	26	33				565
1867	292	59	23				742
1868	395	52	8				725
1869	375	55	3	43	1	38	671
1870	182	28		66	288	9	1137
1871	172	17		40	205	24	792
1872	313	38	1	83	247	19	838
1873	461	13	1	13	261	30	1380
1874	285	36			280	17	2160
1875	251	41			241	21	2120

Eine Umschau in der Office des Agenten.

Wie wenig solche Zahlenreihen, wie die vorstehenden, im Stande sind, von dem Thun und Treiben im Bureau der Agentur eine Vorstellung zu geben, dessen sind wir uns recht wohl bewußt. Die Zahlen sind glatte ab- stracte Dinger, die Wirklichkeit aber, die dort vor die Augen tritt, rauh und herbe. Hippokrates sagt, der Arzt sieht das Schreckliche, aber in einer sol- chen Gesellschafts-Agentur sieht man es auch. Armuth, Siechthum, Beküm- merniß, der vergebliche Kampf mit den Trübsalen des Lebens, dazu der Leichtsinn und der gewöhnliche Bettel geben das Hauptcolorit zu dem täglich sich dort entrollenden Bilde.

Bald nach 9 Uhr fangen die Besucher an, sich einzustellen, im Winter und bei schlechtem Wetter immer zahlreicher als im Sommer und bei heiterem Himmel.

(So überfüllt mit Bittstellern ist in jüngster Zeit die Office gewesen und so drückend der Dunst, daß während wir dies schreiben, ein geräumigerer Platz für die Agentur gesucht wird.)

Es sind Männer und Frauen, das hinfällige Alter und die frische Jugend, muntere Gesellen und Bassermannsche Gestalten, Leute mit hoffnungsvollen, mit ängstlichen und mit verbissenen Zügen. Der Eine trägt sein Anliegen glatt und redselig vor, der Andere stockt verlegen, Thränen fließen leicht bei den Frauen, aber auch bei Männern und zuweilen in Folge angelernter Fer- tigkeit.

Die zahlreichste Classe der Hülfesuchenden ist die der Arbeiter, die kein Handwerk gelernt haben und nun als Tagelöhner u. dgl. sich kärglich fortzu- helfen suchen. Aber auch bei diesen giebt es Rangstufen. Der Aspirant auf eine Barkeeperstelle dünkt sich weit besser als der Lastträger und dieser sieht wieder mit edlem Stolze auf den verkommenen Stromer herab. Es ist diesen Leuten selten zu helfen; sie können nur Arbeit verrichten, wozu kein Geschick gehört, obendrein sind Wenige von den Vielen rüstige Männer, oder ernstlich gewillt, es sich sauer werden zu lassen.

Diesen zunächst an Kopfzahl kommen die „Kaufleute," unter welcher vor- nehmen Bezeichnung alle ehedem Handelsbeflissenen, Commis, Geschäfts- reisende u. dgl. eingetragen werden. Dem „Kaufmann," der sich bei der Agentur der Deutschen Gesellschaft Rath und Hülfe erholen will, ist Alles mißglückt, was er in die Hand genommen; er erkennt es reumüthig an, daß er nun und nimmermehr hätte nach Amerika kommen sollen. Er fände am liebsten eine Stelle, wo er seine Kenntnisse verwerthen kann, denn er ist ein gebildeter Mensch, versteht französisch u. s. w., aber in Anbetracht seiner „gänzlich mittellosen Lage" ist er bereit, sich zu irgend Etwas zu verstehen. „Können Sie im Zuckerhause arbeiten?" „„Das freilich nicht."" —„Oder Kohlen durchsieben?" — „„Auch das möchte ich nicht."" Glücklich ist noch ber, bem's gelingt, mit dem Ausfegen des Labens oder Paquetaustragen sein Brod zu verdienen. Nicht alle diese Jünger Merkurs haben geborstene Stiefel und fadenscheinige Röcke oder find zu Fuß von New York gekommen, aber im Durchschnitt find sie noch schlimmer baran, als die ordinären Arbeiter, denn ihr wehmüthiger Ausdruck und ihre weichen Hände zeugen gegen ihre Brauchbarkeit; tragen sie gute Kleider, so mag man ihnen keine Handlangerdienste zumuthen, und find sie abgerissen, so hält man sie für Lumpen.

Ein an die Deutsche Gesellschaft gerichtetes Schreiben eines verunglückten Kaufmanns charakterisirt die Laufbahn eines solchen in herabsteigender Linie so genau, daß wir es hier mit dem Motto ex uno discite omnes wortgetreu einfügen. Nach einigen einleitenden Zeilen fährt der Bittsteller fort:

„Ihnen meine Herren gebe ich es daher wohl anheim folgendes zu erwägen. Vor circa 3½ Monaten hier angekommen mit noch ungefähr hundert Dollars an baarem Gelde wurde ich gleich einer schweren Prüfung unterworfen, welche darin bestand, daß ich um all' mein Geld beschwindelt wurde. Meine Effecten wurden in Beschlag gelegt bis dahin, daß ich die ganze Rechnung bezahlt haben würde. Seit zehn Jahren Kaufmann in Deutschland mit den besten Referenzen versehen, wollte es mir dennoch nicht gelingen irgend ein Engagement zu erhalten. Ich habe dann verschiedentlich gearbeitet als Aufwärter, Anstreicher, Cigarrenverkäufer, Colporteur, Barkeeper u. s. w. Momentan oder vielmehr seit acht Tagen bin ich ohne Beschäftigung und total von allen Mitteln entblößt, dazu auch krank, indem ich eine Halsentzündung habe; weder Obdach noch Essen kann ich theilhaftig werden.

„Ich hoffe meine Herren, daß Sie mich berücksichtigen und mich in irgend einer Weise unterstützen werden. Zugleich gebe ich Ihnen die Versicherung, Ihnen das Geld wiederzuerstatten, falls Sie geneigt sein sollten, da in kurzer Zeit Geld für mich von Haus eintrifft. Meine Eltern wohnen in ——, wo mein Vater Steuerdirector ist.

„Schließlich bemerke ich noch, daß ich mit der englischen und französischen Sprache vertraut bin und die höhere Schule bis zur Universität absolvirt habe."   R. von F.

Das Traurigste ist, daß eben solchen Unglücksvögeln selten in ausreichender Weise zu helfen ist.

Aus dem Handwerksstande sind Weber, Schuhmacher, Schneider, Bäcker, Schlosser, Zimmerleute und Schmiede am zahlreichsten unter den Applicanten vertreten, gewiß aus keinem andern Grunde, als weil diese Gewerke überhaupt von sehr Vielen betrieben werden. Diese haben denn auch, wenn irgend Jemand, die beste Chance, Beschäftigung zu finden. Dasselbe läßt sich von Gärtnern und Brauern sagen, die in ziemlicher Anzahl erscheinen.

Studirte Leute kommen zwar nicht schaarenweise, aber gehören doch auch zu ben „Kunden" ber Office unb erwarten sie mehr als ein viaticum, so harret ihrer die bitterste Enttäuschung. Im Jahre 1874 melbeten sich brei Abvokaten ober Juristen, zwei Aerzte, fünfzehn Lehrer, sieben Stubenten unb ein Literat. „Mögen auch barnach gewesen sein," benkt ber Leser unb hat im Ganzen wohl Recht. Aber man kann boch nicht alle biese Schiff= brüchigen unter bas scrophulose Gesinbel rechnen. Es giebt ausgemachte Pechvögel, bie einmal niebergeschlagen nie wieber recht zum Stehen kommen.

Da trat ein ältlicher Mann mit grauem Bart unb spärlichem Haupthaar in's Bureau, nahm einen Sitz unb wartete ruhig, bis bie Reihe an ihn kam. Sein Anzug stanb eben auf ber wehmüthigen Grenze zwischen anstänbig unb schabbig. Er gab sich als einen Dr. juris aus Dresben zu erkennen unb sein Vortrag legitimirte ihn unbebenklich als einen Mann von Bilbung. Er stellte seine Lage in schlichter Rebe vor, ohne zu jammern unb nach Sympa= thie zu haschen. Schon ziemlich lange im Lanbe, hatte er Vielerlei versucht, aber bas Glück hatte ihm nicht gelächelt. Er erzählte, wie er um's Gelb gekommen sei, theils burch Unreblichkeit Anberer, theils burch Mißgeschick. Er hatte mit seiner Frau einen Kramlaben gehalten, an Zeitungen gear= beitet, künstliche Blumen gemacht unb Lanbkarten colorirt. Sein Bruber, bem es gut geht, hat ihm öfters aus ber Noth geholfen, aber jetzt zweifelt er, ob eine nochmalige Ansprache fruchten werbe. Seine Freunbe riethen ihm, sich für einen homöopathischen Arzt auszugeben unb zu boctern, eine Zumuthung, bie er lächelnb erwähnte, als verstänbe sich bas "non possu- mus" von selbst. In letzter Zeit hat er sich auf bie Taschenspielerei gelegt, bie er als junger Mann zur Unterhaltung in gesellschaftlichen Kreisen geübt. Ein wohlwollenber Bierwirth im obern Theile ber Stabt, benutzte seine Ge= schicklichkeit, um Gäste heranzuziehen, ba eine Tänzerin zu kostspielig gewesen wäre. Der unglückliche Patron verbiente benn auch so Wenig, baß er seinen Hauswirth, bem er Miethe schulbig war, nicht befriebigen konnte, unb bieser hatte seine sämmtlichen Sachen, einschließlich bes magischen Apparats, mit Beschlag belegt. Daher bie Verlegenheit. Seine ganze Hoffnung, wenn nicht sein Ehrgeiz, war barauf rebucirt, bie Gäste einer Bierstube mit Ta= schenspielerstückchen zu amusiren. Unb nun wirb sein Hanbwerkszeug, bas ihm bazu unentbehrlich ist, plötzlich unter Verschluß genommen. Er hat nicht einen Cent, es einzulösen. In höchster Noth fällt ihm bie Deutsche Gesellschaft ein; bie soll ihm helfen. — Er bekam Reise= unb Zehrgelb, um seinen Bruber aufzusuchen unb ging befriebigt von bannen. Aber was für ein Leben hat bieser Mann, ber einst ben „Lanbesvater" mitgesungen, hier geführt!

Des Alters Schwäche unb körperliche Gebrechen führen gar Viele her. Sie können sich nicht selbst ernähren unb wollen boch nicht in's Armenhaus, als hieße bas, alle Hoffnung fahren lassen. Anbere kommen aus Hospitä=

lern; sie sind als geheilt entlassen, aber noch zu schwach, für ihren Unterhalt zu sorgen. — Alle solche erwarten und erhalten Geldunterstützungen. —

Wird das Herz durch die Leidensgeschichten der Männer zum Mitleid bewegt, so bedarf es bei den anwesenden Frauen kaum der Worte — ein Blick reicht hin. Nicht als ob sie alle des Grames ehrwürdigen Zug an der Stirne trügen. Es kommen auch widerlich kläffende Weiber, die frecher fordern, als die unverschämtesten Bettler, aber sie bilden die Ausnahmen. Die meisten Bittstellerinnen sind Wittwen (im Jahre 1874 waren es 184), oft mit Kindern und Säuglingen. Der Tod hat ihnen den Ernährer entrissen, ihre Lage ist in der That beklagenswerth. Was sie mit Nähen, Waschen, und dergleichen Dienstleistungen verdienen, reicht nicht hin, Miethe, Kleidung und Lebensmittel zu bezahlen. Mitunter jammern sie, daß der Hausherr ihre Miethe nicht länger stunden will, daß die Kinder keine Kleidung und Schuhe haben. Hier ist ein weites Feld für die Wohlthätigkeit, wirkliche bittere Noth, und ständen reichlichere Mittel zu Gebote, jeder mehr verausgabte Dollar linderte Elend und wäre ein Segen. Aber es sind nicht allein die Wittwen. „Sind Sie verheirathet?" fragt der Agent. „Ja." „Und was thut Ihr Mann, warum sorgt er nicht für Sie?" Dann kommt wohl unter Schluchzen und Thränen die Antwort: „Er hat mich verlassen," oder „Er sitzt im Gefängniß," oder „Er ist schon lange krank und kann nicht arbeiten," oder auch „Früher war er brav, jetzt aber trinkt er." Das hört man von Woche zu Woche, und wer sich von den Bitterkeiten des menschlichen Lebens eine Vorstellung machen will, der braucht nur ein paar Stunden in der Agentur zu verweilen.

Unser Bild von dem Getreibe in dem beschriebenen Raume wäre sehr einseitig, wenn wir nicht auch ein Wort von der sehr zahlreichen Klasse professioneller Bettler, unverbesserlicher Schnorrer und Bummler sagten, die sich ein Almosen zu erhaschen suchen, um es nach ihrer Weise zu verthun. Es gab ehedem im obern Theile der Stadt eine Wirthskneipe, von einem gewissen Klingenstein gehalten, wo sich viele dieses unsaubern Gelichters aufhielten, die der ganzen Schaar den Namen „Klingensteiner" verschafften. Sie entwarfen in jener Spelunke des Morgens den Campagne=Plan für den Tag, studirten ihre Rollen ein und ergatterten sich als Hülfsbedürftige den Tribut wohlthätiger Seelen. Natürlich wandten sie sich auch an die Deutsche Gesellschaft. Zerlumpte Kleider, Bandagen, Pflaster, Krücken und andere Requisiten kamen in Anwendung, die Hauptsache aber war der Vortrag, der auch hier zuweilen des Redners Glück machte.

Die „Klingensteiner" sind, wenn auch nicht mehr unter diesem Namen, noch immer vorhanden, und die verschmitzte Erfindungsgabe dieser Strolche, die in unbefangenster Weise ihr Märchen erzählen, entlockt dem dienstthuenden Director zuweilen Mitleid und — worauf es noch mehr ankommt — den greenback. Uebrigens sind die Schliche der unwürdigen Gauner bekannt und man sucht sich ihrer zu erwehren.*)

Es dürfte von einigem Interesse sein, die in der Agentur sich meldenden Personen, welche Unterstützung begehren, nach ihrem Beruf zu classificiren. Da die Berichte keine derartige Zusammenstellung enthalten, haben wir des Beispiels halber die Zählung für ein Jahr (1874) gemacht und theilen das Ergebniß mit.

Applicanten im Jahre 1874 nach ihrer Beschäftigung.

Advocaten 3, Agenten 2, Anstreicher 22, Apotheker 14, Arbeiter 380, Architekten 9, Aerzte 2, Aufwärter 14. — Bäcker 35, Barbiere 3, Beamte 2, Bediener 1, Bergleute 3, Blechschmiede 11, Brauer 32, Buchbinder 10, Buchdrucker 7, Buchhändler 2, Büchsenmacher 1, Bürstenbinder 5. — Capitän 1, Cigarrenmacher 9, Ciselirer 1, Clerks 5. — Dach= und Schiefer= decker 8, Decorations= und Frescomaler 4, Destillirer 3, Dolmetscher 1, Drechsler 22, Dienstmädchen 1. — Eisendreher 2, Eisengießer 5, Etui= macher 2. — Färber 8, Feldmesser 2, Fischer 1, Fuhrleute 2. — Gärt= ner 33, Gerber 11, Glaser 1, Glasbläser 5, Goldarbeiter 14, Graveur 1. — Handschuhmacher 8, Hutmacher 11. — Ingenieure 8, Instrumenten= macher 6, Jäger 1.— Kammmacher 2, Kaufleute und Handelsbeflissene 187, Kattundrucker 4, Klempner 2, Köche 2, Korbmacher 3, Korkschneider 1, Kuhhirt 1, Küfer 13, Kupferschmiede 2, Kürschner 11. — Lakirer 3, Land= leute 82, Lehrer 15, Litterat 1, Lumpensammler 3. — Maschinisten 50, Ma= trosen 3, Maurer 21, Mechaniker 9, Messingschmiede 9, Metallgießer 3, Metzger 28, Mühlenbauer 4, Müller 22, Musiker 6. — Nadler 1. — Deco= nomen 5, Ofensetzer 1, Officiere 2. — Perückenmacher 1, Pflasterer 5, Pianomacher 3, Polsterer 5, Porcellanmacher 2, Posamentiere 6. — Regen= schirmmacher 1. — Sattler 18, Schäfer 1, Schauspieler 2, Schiffer 1, Schlosser 34, Schmiede 29, Schneider 30, Schornsteinfeger 4, Schreiber 12, Schuhmacher 54, Silberschmiede 2, Seidenweber 8, Seidenfärber 2, Sei= fensieder 4, Seiler 7, Setzer 9, Soldaten 2, Steindrucker 9, Steinhauer 14, Strumpfwirker 7, Stuhlflechter 1. — Tabacksarbeiter 3, Tapezierer 1, Telegraphist 1, Tischler 50, Töpfer 8. — Uhrmacher 5. — Wagner 16, Weber 90, Weißgerber 2, Winzer 1, Wollenspinner 2. — Zeichner 4, Zieg= ler 3, Zimmerleute 28, Zuckerbäcker 5, Zuckerhausarbeiter 13. — Frauen 104. — Wittwen 184. — Nicht näher bezeichnet (zum Theil junge Bur= schen) 137.

Daß sich ein Dienstmädchen nach der Office verirrte, war wohl reiner

---

*) So geschäftsmäßig betrieb diese Bande ihren Bettel, daß die auf ihre Bestel= lung lithographirten Jammerbriefe in einer hiesigen wohlbekannten Anstalt einen regelmäßigen und zwar sehr gangbaren Artikel ausmachten.

Zufall. Wenn irgend brauchbar, finden weibliche Dienstboten immer einen Platz.

Diese Beschäftigungsstatistik der Hülfesuchenden sollte eigentlich durch eine entsprechende Tafel der nachgewiesenen Stellen ergänzt werden. Dadurch würde sich herausstellen, namentlich wenn diese Zusammenstellungen regel- mäßig erfolgten, welche Leute Aussicht auf Beschäftigung haben und welche nicht. Die vorliegenden Aufzeichnungen geben indessen keine Grundlage für ein specificirendes Verzeichniß der erhaltenen Stellen.

Beiläufig sei noch bemerkt, daß die Agentur anfangs am Geschäfts= oder Wohnplatze des Agenten war. Im Jahre 1857 wurde sie nach 137 Dock= straße (Gebäude der Pennsylvanischen Eisenbahn Gesellschaft), 1859 nach dem Hause 141 Süd Siebente Straße, 1860 in den nördlichen Flügel des Gesellschaftsgebäudes und 1866 an den jetzigen Platz, das kleine Zimmer im südlichen Eingange, verlegt.

Was sonst noch über die Unterstützung Nothleidender seit der Einführung der Agentur Erwähnung verdient, läßt sich in wenige Bemerkungen zusam- mendrängen.

Am 8. October 1848 erlitt die Barke „Marbs" mit deutschen Passagieren bei Cape May Schiffbruch. Die Deutsche Gesellschaft leistete den Verun= glückten Beistand. Auch instruirte sie die Beamten (in der Jahresversamm= lung) die Unterstützungen reichlicher fließen zu lassen.

In Folge der Revolution von 1848 nahm die Einwanderung rascher zu, zwar nicht über Philadelphia, aber um so bedeutenderer über New York,[*] von wo sehr viele nach unserer Stadt kamen. Dies veranlaßte 1851 die Ernennung eines Committees, dem die Aufgabe gestellt wurde, die Verbesse= rung der Lage der Einwanderer in Betracht zu ziehen.

Die vom Committee gemachten Vorschläge belaufen sich wesentlich darauf, daß man das Beste der Einwanderer dadurch erziele, wenn man sie aus den großen Städten des Ostens sobald wie möglich nach dem Westen befördere. Hier im Osten würden sie nur demoralisirt, ihre Kinder wüchsen zu keinen nützlichen Gliedern des Gemeinwesens heran. „Die Stadtbehörde von New York erhebt von jedem ankommenden Einwanderer eine Kopfsteuer, die sich auf $350,000 per annum belaufen soll, was mehr als hinreicht, für die Kranken und Arbeitslosen in den dafür hergerichteten Anstalten zu sorgen. Viele der armen und hülflosen Einwanderer werden von New York weg nach Philadelphia geschickt, wo sie im Armenhause nicht aufgenommen wer- den können und von der Deutschen Gesellschaft Hülfe erwarten, die aber

---

[*] 1850 landeten daselbst 45,768 Deutsche; 1851 70,540, 1852 118,674, 1853 119,488, 1854 179,648, womit die deutsche Einwanderung ihren Gipfelpunkt er- reichte.

keine hinreichenden Mittel dafür besitzt." Die besonders empfohlenen Maßregeln waren diese:

1. Mit deutschen Gesellschaften anderer Städte in Verbindung zu treten.

2. Die Stadt- und Staatsbeamten durch geeignete Vorstellungen zu veranlassen, bei der Beförderung der Einwanderer nach dem Westen hülfreiche
Hand zu leisten.

3. Von deutschen Gesellschaften und einflußreichen Personen im Westen
darüber Auskunft zu erholen, wohin und wie die Einwanderer am besten zu
befördern seien. Unterzeichnet James A. Donath,
A. Th. Chur.

Diese Empfehlungen stimmen ganz zu den Ansichten, die ihren Ausdruck
in den Conventionen deutscher Gesellschaften fanden und denen gemäß der
große Westen eine so starke, wohlhabende und einflußreiche deutsche Bevölkerung erlangt hat.

Während des Bürgerkrieges stellte sich in Philadelphia auch unter den
Familien deutscher Freiwilliger zeitweilig drückende Noth ein und die Deutsche
Gesellschaft hatte Gelegenheit, willkommene Hülfe zu leisten.

„In Folge der bedeutenden Truppenaushebungen, heißt es im Protokoll
vom 22. Dec. 1862, wurden Arbeitskräfte sehr knapp und namentlich war
das der Fall in Bezug auf Eisenarbeiter, Schuhmacher, Sattler und Schneider. Zu beklagen ist, daß für die Familien der Soldaten nicht gehörig gesorgt wird, indem sie durch den Umstand, daß die Löhnung seit mehreren
Monaten nicht ausbezahlt wurde, in eine sehr drückende Lage gerathen sind,
welche durch die zweiwöchentliche Unterstützung der Relief Commission nur
wenig gelindert wird. Viele dieser Familien sind durch Verwendung bei
der Relief Commission und durch directe Unterstützung der Gesellschaft aus
ihrer traurigen Lage befreit worden. Es ist zu erwarten, daß in den nächsten Monaten die Zahl der Gesuche um Unterstützung sehr groß sein wird."

Zu erwähnen ist auch, daß die Deutsche Gesellschaft 1862 durch Einzah-
lung von $100 in die Kasse des Deutschen Hospitals das Recht erwarb, durch
einen Delegaten bei Beamtenwahlen im Hospital mitzustimmen. Es ist davon aber nie Gebrauch gemacht.

Die Explosion eines Dampfkessels in Geasy und Ward's Sägemühle
(Sansom Straße zwischen der Zehnten und Elften) am 6. Juni 1867 verursachte ein beklagenswerthes Unglück, indem 22 der beschäftigten Arbeiter
getödtet, andere verwundet wurden. Es befanden sich darunter auch manche
Deutsche. Für die hinterlassenen Familien fand eine Geldsammlung statt
und die Deutsche Gesellschaft bewilligte am 28. Juni $100 als ihren Bei-
trag, der dem Mayor eingehändigt wurde.

Als am 13. Februar 1874 die Müller'sche Brauerei an der Ecke der 31.
und Jefferson Straße einstürzte, kamen mehrere Deutsche zu Schaden, die

im Deutschen Hospital Aufnahme fanden. Auf diese Veranlassung über=
wies unsere Gesellschaft dem Hospital die Summe von $100.

Die Weihnachts=Bescherungen.

Die Gabenvertheilung um die Weihnachtszeit hat dem Namen der Deut=
schen Gesellschaft in den Wohnungen der Armuth seit Jahren einen guten
Klang gegeben. Hunderte von benöthigten Familien, die sonst keinen An=
spruch an die Mittel der Gesellschaft machen, werden reichlicher Weihnachts=
geschenke theilhaftig und Tausende von Kindern, an denen die Festzeit sonst
freudlos vorüber gegangen wäre, finden bei dem lichterstrahlenden Baume in
der geschmückten Halle, daß für sie liebreich gesorgt ist. Diese Art der Wohl=
thätigkeit ist freilich nicht in den Statuten der Gesellschaft vorgeschrieben;
sie stimmt aber vortrefflich zu deren humanen Endzwecken an und verdankt
ihren Ursprung dem freiwilligen Zusammenwirken vieler Mitglieder.

Die erste Anregung zu den Weihnachts=Bescherungen ging im Sommer
1869 von dem damaligen Agenten aus. Dieser stellte die Anfrage, ob es
nicht ein empfehlenswerther, der Deutschen Gesellschaft würdiger Act der
Mildthätigkeit sei, wenn diese bei dem nächsten Weihnachtsfeste eine Ver=
theilung nützlicher Geschenke an arme deutsche Kinder veranlasse. Der Vor=
schlag überraschte als eine Neuerung, da es aber nicht darauf abgesehen war,
die Kasse der Gesellschaft mit der Deckung der Kosten zu belasten, so erhob
sich kein Einwand; es ward ein Committee ermächtigt, unter den Auspicien
der Gesellschaft freiwillige Beiträge zu sammeln und sodann eine Weih=
nachts=Bescherung armer Kinder in's Werk zu setzen.

Die Art und Weise, wie dieses erste Committee die ihm gestellte Aufgabe
erfüllte, wie es die Mittel beschaffte, die Geschenke vertheilte, die Festlichkeit
ordnete, fand allgemeinen Beifall und das einmal gegebene Vorbild ist bei
allen folgenden Vertheilungen im Wesentlichen copirt worden.

Der Erfolg dieser Wohlthätigkeitsfeste, welche der Gesellschaft so viel Ehre
eingetragen haben, ist vor allen Dingen der Mitwirkung der vom Committee
zugezogenen Damen zu verdanken. Diese haben durch ihren unermüdlichen
Eifer in der Herbeischaffung von geeigneten Sachen und Geldmitteln, durch
das tactvolle System der Vertheilung und durch ihr Geschick, zu „dem Gu=
ten den Glanz und den Schimmer zu fügen," auch bei dieser Gelegenheit
den alten Ruf bewährt, daß sie Rosen in's irdische Leben flechten.

Von den vorbereitenden Schritten tritt Wenig in die Oeffentlichkeit; nur
Diejenigen, die um eine Gabe für die armen Kinder angesprochen werden,
wissen was vorgeht. Das sind nun freilich nicht Wenige; denn um Viel zu
vertheilen, muß man Viel haben. Mit Collectionsbüchern versehen durch=
streift das rüstige Corps der Gabensammler in den zwei letzten Monaten des
Jahres die Stadt und heimst ein. In den Committee=Versammlungen wird

Bericht abgestattet und das Geld an den Schatzmeister abgeliefert. Gewöhnlich herrscht gute Laune vor, namentlich wenn die Erträge den Erwartungen entsprechen, oder darüber hinausgehen. Als im Herbst 1873 in Folge des financiellen Panics und der trüben Geschäftsaussichten Sparsamkeit und Einschränkung zur allgemeinen Parole wurden, ging das Weihnachts-Committee mit einigem Zagen an seine Aufgabe, aber siehe da, die Quelle des Mitleids, weit entfernt in der schlechten Zeit versiegt zu sein, floß ergiebiger als je und dieselbe Erfahrung wiederholte sich in den folgenden Jahren. Die Bereitwilligkeit zur Abhülfe hielt gleichen Schritt mit dem größeren Nothstande, und so enorm auch der Zudrang derer war, die für ihre Kinder Geschenke erbaten, es konnten Alle befriedigt werden.

Gegen Mitte December treten die Ausschüsse zum Einkauf von Waaren ihre Thätigkeit an. Knabenanzüge, Schuhe, Strümpfe, Stoffe zu Mädchenkleidern u. dgl. sind die Artikel, wofür das gesammelte Geld verausgabt wird. Im Jahre 1873 standen über $1500 und in den beiden folgenden Jahren beinahe $2000 dafür zu Gebote. Einen gleichen Werth repräsentirten die geschenkten Gegenstände, aus allerlei Festgaben bestehend, von denen aber die meisten unter die Kategorie des Nützlichen und Soliden fallen. Da finden sich also Anzüge, Kappen, Schuhe, Strümpfe, Socken, wollene Jacken, Shawls, wollene und baumwollene Stoffe, Bücher, Schreibmaterialien, Malkasten, Zeichenvorlagen, Schiefertafeln, Spielsachen, Puppen, Brod, Backwerk, Aepfel, Nüsse, Confect u. s. w.

Liegt Alles bereit, so ist das Problem der Vertheilung zu lösen. In der Office werden die Meldungen angenommen und registrirt. Alle Applikanten geben an, wo sie wohnen, wie viele Knaben und Mädchen sie haben, von welchem Alter diese sind und was die Ursache ihrer Bedürftigkeit ist. Da enthüllt sich viel verborgenes Elend. Man gewahrt mit Staunen und Schmerz, wie viele unserer deutschen Landsleute mit nagenden Sorgen zu kämpfen haben. Wittwen, die bessere Tage gesehen haben und jetzt mit Waschen oder sonstiger Arbeit eine große Familie ernähren sollen; Frauen, deren Männer davon gegangen sind und die nun in Kümmerniß für sich und ihre Kleinen sorgen müssen; andere, die einen kranken Mann und darbende Kinder daheim haben. Auch Handwerker kommen, die ehedem genug verdienten, jetzt aber, außer Arbeit gesetzt, bittere Noth leiden. Eine trübselige Menge! Wer dort eine Stunde zugebracht, geht traurigen Herzens davon. Im Winter von 1874 und wiederum von 1875 meldeten sich über sechshundert deutsche Familien, die, in bedrängter Lage befindlich, für ihre Kinder Weihnachtsgeschenke begehrten.

Sobald es festgestellt ist, daß die Angaben der Applikanten wahrheitsgetreu sind, bekommen dieselben eine numerirte Karte. Mit der darauf befindlichen Zahl wird der eingetragene Name bezeichnet und die fertige Liste geht nun in die Hände des Damen=Committees. Für jede Familie werden die Geschenke, die größtentheils aus Kleidungssachen bestehen, ausgesucht und in große Pappschachteln verpackt, welche die entsprechende Nummer er=halten. Dies ist eine Arbeit von vielen Tagen, die mit Aufmerksamkeit und Bedacht verrichtet sein will, da das Alter und Geschlecht jedes Kindes in Be=tracht zu ziehen sind.

Die Bescherung findet an einem Tage zwischen Weihnachten und Neujahr statt. Die Halle wird festlich geschmückt. Gallerien, Säulen, Kronleuchter, Büsten sind mit Immergrün und Fähnchen verziert; Flaggentuch mit den Farben und Sternen der Ver. Staaten und das prachtvolle schwarz=roth=goldene Banner der Deutschen Gesellschaft verbreiten belebende Lichter. Der Glanzpunkt der Dekoration aber ist der hohe vom Boden bis zur Decke rei=chende Weihnachtsbaum, der, mit tausendfältigem Zierrath beladen und mit flimmernden Kerzen besteckt, zwischen zwei Säulen im Norden der Halle steht. Dahinter erhebt sich das staffelartig aufsteigende, die ganze Hinterwand be=kleidende Gerüst, worauf die gefüllten Pappschachteln in Bereitschaft stehen. Links befinden sich zwei lange Tische, die mit Spielwaaren und Büchern, rechts zwei andere, die mit gehäuftem Backwerk bedeckt sind.

Die angezeigte Stunde ist gekommen und die ihrer Geschenke harrenden Kinder sind mit den Müttern in den Saal getreten.

Ein unvergleichliches Genrebild — die in einen festlich glänzenden Saal verwandelte Bibliotheks=Halle, der hohe Weihnachtsbaum, die gerührten Eltern, die lugenden Kinder, in deren Geberden sich Ungeduld, Neugier und Freude lebhaft abspiegeln.

Nun ertönt von der Gallerie ein Männergesang, welcher dem Gewirr der Gefühle harmonische Fesseln anlegt und der festlichen Stimmung Ausdruck verleiht. Dann folgen aus dem Herzen kommende und zu den Herzen gehende Ansprachen älterer Männer an die Kinder, kernige, wohlgemeinte Worte, die zu dieser Stunde, wenn je, ein gutes Erdreich finden müssen.

Endlich ertönt das Zeichen, daß die Austheilung vor sich gehen wird. Die Nummern werden ausgerufen und der lange Zug setzt sich in Bewegung. So wie eine Familie ins Bereich der aufmerksamen Damen kommt, langen diese nach einer Schachtel auf dem Gerüst, deren Nummer zu dem überreich=ten Billet stimmt, und händigen sie den verwunderten Kindern ein. Die Seitentische liefern zu gleicher Zeit eine reichliche Beigabe von Spielzeug, Backwerk, Aepfeln u. dgl. Wer physiognomische Studien über den Ausdruck der Freude machen will, findet hier Gelegenheit. Die Einen sind vor Ueber=raschung sprachlos und verworren, die Andern lachen, zeigen, jubeln, die Mütter danken mit Worten oder Thränen.

So defiliren Alle durch die Gasse zwischen dem Weihnachtsbaum und dem Staffelgerüst zurück nach dem Ausgange zu und erst draußen angelangt, neh=

men sie sich Zeit, die Schachtel bis auf den Boden gründlich zu untersuchen und die empfangenen Geschenke genau zu mustern.

Kaum ist die letzte Familie besorgt, so werden die geleerten Bretter und Tische von Neuem gefüllt und in Kurzem wiederholt sich das ganze Schauspiel. Denn da der Saal nicht groß genug ist, um Alle auf einmal zu fassen, findet die Bescherung in zwei Abtheilungen statt, die durch eine kurze Pause getrennt sind. In dieser Weise wurde jedes Jahr verfahren. Wir fügen nur noch hinzu, was für die einzelnen Jahre besonders zu bemerken ist.

1869. Die Bescherung fand den 1. Januar 1870 statt. Etwa 500 Kinder erhielten Geschenke. Freiwillige Beiträge an Geld $350. Gesammtwerth der Geschenke etwa $1700.

1870. Gerade um die Zeit zwischen Weihnachten und Neujahr wurde in der Horticultural Halle der große deutsche Bazar zum Besten der im deutschfranzösischen Kriege verwundeten Soldaten und der Wittwen und Waisen der Gefallenen abgehalten.*) Der Bedürftigen unter uns wurde darum nicht vergessen, denn die Deutsche Gesellschaft hatte in dem Bazar eine Abtheilung, deren Ertrag für den Zweck einer Kinderbescherung bestimmt war. Die Vertheilung mußte indessen hinausgerückt werden und in Folge der besonderen Zeitumstände waren die Mittel beschränkt. Am 8. Februar 1871 erhielten 185 Familien mit 383 Kindern Geschenke von Kleidungsstücken, Zeug und andern nützlichen Gegenständen.

1871. Wegen der Blatternepidemie, welche im Herbst und Winter von 1871 in Philadelphia grassirte und großen Schrecken verbreitete, unterblieb die Zusammenberufung armer Kinder zur Empfangnahme von Weihnachtsgaben. Aber der angeknüpfte Faden riß doch darum nicht ab, indem Herr Rinike während der Wintermonate mancherlei nützliche Geschenke und $273.50 in baarem Geld an 114 Familien mit 394 Kindern vertheilte. Geld und Sachen waren freiwillig von verschiedenen Menschenfreunden beigesteuert.

1872. Bescherung am 28. Dezember und nachträglich am 16. Januar 1873. Beschenkt wurden 277 Familien mit 703 Kindern. Veranschlagter Werth der Geschenke $2000. An Baar verausgabte das Committee für Kleidungsstücke u. s. w. $1090.34, wovon $940.75 durch freiwillige Beiträge aufgebracht, $149.59 von der Gesellschaft zugeschossen wurden.

1873. Bescherung am 30. Dezember und nachträglich am 9. Januar 1874. Beschenkt wurden 497 Familien mit etwa 1700 Kindern. Gesammtwerth der Geschenke auf $3000 veranschlagt. Das Committee verausgabte an baarem Geld für Kleidungsstücke u. dgl. $1511.64. Da die Sammlungen diese Summe deckten, war es nicht nöthig, auf die Gesellschaft zu ziehen, welche dem Committee $500 zur Disposition gestellt hatte.

---

*) Philadelphia brachte durch Concerte, Sammlungen und diesen Bazar etwa $50,000 zusammen.

1874. Bescherung am 29. Dezember. Es erhielten 612 Familien mit etwa 2000 Kindern Geschenke, im Werth auf $3600 veranschlagt. Das Committee verausgabte $1957.23 baares Geld, welches durch freiwillige Beiträge zusammengeschossen war.

1875. Bescherung am 30. Dezember und nachträglich am 13. Januar 1876. Es wurden 643 Familien mit etwa 2000 Kindern beschenkt und der Werth der ihnen gegebenen Sachen wird auf $4000 geschätzt. Die vom Committee zusammengebrachte Baarsumme betrug $1994.09 und das verausgabte Geld 1972.29. So brauchte also der zur Deckung eines etwaigen Deficit von der Gesellschaft gewährleistete Zuschuß ($500) nicht benutzt zu werden.

Das Weihnachts=Committee bestand jedesmal aus 20—40 Mitgliedern und hatte folgende Beamte:

1869. Vorsitzender: D. Seidensticker. Sekretär: W. Langenheim. Schatzmeister: Jacob Zaun.

1870 und 1871 übernahm Herr Kinike die Leitung.

1872—74. Vorsitzender: J. Kinike. Sekretär: D. Seidensticker. Schatzmeister: Georg Doll.

1875. Vorsitzender: J. C. File. Sekretär: Bruno Wahl. Schatzmeister: Jacob Schandein.

Einzelne aus dem Committee als besonders thätig hervorzuheben, wäre verletzend für die Uebrigen. Aber gewiß wird Niemand daran Anstoß nehmen, wenn unseres ehrwürdigen und doch so feurigen Seniors, „Papa" Kiefer, mit Achtung und Liebe gedacht wird. Sein unaufhaltsamer Eifer war allen Anderen ein Sporn und hat zu dem Erfolge nicht wenig beigetragen.

———o———

Diese reichlichen Weihnachtsbescherungen werfen auf unsere Sitten und den Geist, welcher unsere Bevölkerung beseelt, ein freundliches Licht. Die Summen und Waaren, welche für diesen wohlthätigen Zweck zusammengebracht worden und zwar in so kurzer Zeit, sind doch keine geringen. Es wird so viel über Materialismus und Selbstsucht geklagt; man vergesse aber nicht, auch solche Thatsachen in die Wagschale zu legen, wenn man über die Zeit und die Menschen, das Land und seine Sitten ein unparteiisches Urtheil fällen will. Auch hüte man sich zu behaupten, daß die Deutsche Gesellschaft die Ehre davon trage, die ihr eigentlich nicht gebühre. Freilich konnte ihrer Kasse nicht zugemuthet werden, die Kosten zu tragen; das ließe für die tägliche Unterstützung der Armen Nichts übrig. Aber hätte nicht die Deutsche Gesellschaft mit ihrer ehrenvollen Stellung und ihrem unangetasteten guten Namen die Sache unternommen, wer hätte es sonst thun sollen? Zu den

Gaben haben allerdings zahlreiche Menschenfreunde, Deutsche und Amerikaner, welche nicht zur Gesellschaft gehören, beigesteuert, aber zuvörderst und
in reichlichstem Maße denn doch auch die Mitglieder der Gesellschaft.

Aerztliche Behandlung.

Was oben (p. 154) über die Anstellung von Aerzten für die Behandlung
armer Deutscher gesagt ist, finde hier seine Ergänzung durch eine Liste der
Gesellschaftsärzte bis auf die Gegenwart.

1818. Doctor C. Otto und Dr. W. J. Dewees.*)
1819. Doctor C. Otto und Dr. Georg S. Schott. Letzterer war der
Sohn des deutschen Hauptmanns, J. Paul Schott, der im Revolutionskriege
mit Auszeichnung gedient hatte.

Beide erhielten von Jahr zu Jahr denselben ehrenvollem Auftrag und
unterzogen sich ihrer menschenfreundlichen Aufgabe ohne Mithülfe, bis im
Jahre 1831 der noch unter uns weilende Dr. G. Möhring, ihnen zugesellt
wurde. Dieser war der erste aus Deutschland gebürtige Arzt, der der Deut-
schen Gesellschaft seine Kenntnisse für wohlthätige Zwecke zu Gebote stellte.
Am Ende des Jahres ward auch Dr. Eduard F. Rivinus (gestorben in
Germantown 1873), und ein Jahr später Dr. Moritz Leo Wolf ernannt.
Im Jahre 1838 trat Dr. G. Dühring an die Stelle des Dr. Rivinus

Der nächste Wechsel kam 1841 vor. Dr. Geo. S. Schott zog sich nach
Willesbarre zurück, und zwei neue Aerzte, Dr. G. C. F. Pfeiffer und Dr.
A. Bournonville wurden ernannt. Im nächsten Jahre verschwindet Dr. L.
Wolf von der Liste und 1844 auch Dr. Otto, der damals in seinem sieben-
zigsten Jahre stand und 1845 verschied. Er hatte 27 Jahre lang die Armen,
welche die Gesellschaft ihm zuwies, unentgeltlich behandelt. An seine
Stelle trat Dr. L. H. Gebhard, und diese fünf Aerzte (Möhring, Dühring,
Pfeiffer, Bournonville, Gebhard), besorgten von 1845 bis 1852 die Armen-
praxis der Gesellschaft. Ueber die Menge der behandelten Fälle liegen
keine Angaben vor.

Im Jahre 1852 verdoppelte sich die Anzahl der Gesellschaftsärzte, indem
zu den genannten noch die Doctoren A. Fricke, N. L. Hatfield, Constantin
Hering, C. Neidhardt und C. Schwarz hinzukamen. Nach dem für Medicin
verausgabten Gelde zu urtheilen, war indessen die Zahl der Kranken, denen
die Gesellschaft ärztlichen Beistand verlieh, von 1849—1853, eine sehr
geringe.

Im Jahre 1857 trat Dr. G. Winkler an die Stelle des Dr. Pfeiffer.

---

*) Doctor Otto war der Sohn des Philadelphier Chirurgen Bodo Otto. Er
war 1775 geboren und starb 1845. Dr. Dewees, 1768 in Pottsgrove geboren, war
eine Zeitlang Professor der Geburtshülfe an der Universität von Pennsylvanien.
Er starb 1841.

12

Dieser nahm sich der armen Patienten mit besonderem Eifer an und seiner treuen Dienste wird in den Jahresberichten öfter gedacht. Er starb 1870 an den Folgen einer Blutvergiftung, die er sich bei der Obduction einer Leiche zugezogen.

Im Jahre 1858 folgte Dr. Theodor Demme dem Dr. Fricke, im Jahre 1861 ernannte der Präsident zu den vorigen den Dr. Lichau, 1862 auch die Doctoren C. Morwitz und C. Müller.

Für 1863 wurden folgende Aerzte ernannt: G. Winkler, Th. Demme, C. Lichau, G. Möhring, A. Bournonville, G. Dühring, N. Hatfield, Const. Hering, C. Neidhardt, C. Morwitz, J. P. Trau, Julius Schrotz.

Von diesen starben in den ersten Monaten des Jahres Dr. Bournonville und Dr. Lichau. In den Beileidsbeschlüssen, welche die Gesellschaft in der März-Versammlung annahm, gedenkt sie der Dahingeschiedenen mit Achtung und Dank.

Im Jahre 1864 schloß sich den übrig bleibenden noch Dr. F. Pleibel an und es kam bis 1868 keine weitere Veränderung vor. In diesem Jahre waren die folgenden Herren die Gesellschaftsärzte: Die Doctoren Winkler, Demme, Zoller, Pleibel, L. Gruel, F. H. Groß, C. Hering, C. Morwitz, C. Neidhardt, J. P. Trau, H. Engel.

Wir haben von nun an jährliche Berichte über die Anzahl der behandelten Patienten; es waren ihrer

1865— 31	1871—73
1866— 31	1872—58
1867— 30	1873—85
1868— 36	1874—63
1869— 52	1875—64
1870—164	

Im Jahre 1869 schieden Dr. Winkler und Dr. C. Morwitz aus, Dr. Th. Gruel trat ein. Die allopathischen Aerzte bilden seit dieser Zeit ein Committee (Collegium) und theilen sich in die Behandlung der Kranken nach den Stadttheilen, worin diese wohnhaft sind.

Die Liste der Aerzte für 1870 stimmt mit der für 1869; in der für 1871 fehlen die Namen der Doctoren Zoller und Pleibel, wogegen F. Lessing, F. F. Burmeister und A. Fellger hinzukamen. Dr. H. Engel schlug die Errichtung einer Poliklinik vor, welche unter der Sanction der Deutschen Gesellschaft von den zum Collegium gehörenden Aerzten geleitet werden solle. Im Verwaltungsrath herrschten über dies Project verschiedene Ansichten, die Gesellschaft aber verwarf es.

Die Anzahl der Aerzte verringerte sich 1872 durch das Ausscheiden der Herren Dr. Demme, Engel, Groß und Lessing, wogegen Dr. P. D. Keyser für die Behandlung von Augenleiden und Dr. J. Collins für Ohrenkrankheiten in das Collegium eintraten.

Für 1873 kommen noch die Herren Dr. J. Ph. Trau, jr., und G. Wise hinzu.

In 1874 scheidet Dr. Burmeister aus und treten die Doctoren G. Löling und C. Trautman ein.

Im Jahre 1875 bestand das ärztliche Collegium aus denselben Mitgliedern wie 1874. Seit der Bildung desselben ist Dr. J. Ph. Trau, sen., der Vorsitzende und Dr. L. Gruel Schriftführer gewesen.

Siebenter Abschnitt.

Erziehung und Abendschulen.

Seit ihrer Incorporation hat die Deutsche Gesellschaft nicht mehr ausschließlich das materielle Wohl der eingewanderten Landsleute im Auge;
ihr ist auch die Aufgabe geworden, für deren geistige Bedürfnisse nach Umständen Sorge zu tragen. In ihrem Gesuche an die Assembly um einen
Freibrief erklärten die Mitglieder der Gesellschaft:

„Sie seien gesonnen, ihre ursprüngliche Einrichtung zu erweitern und
durch Anlegung eines Theils der in ihren Händen befindlichen und künftig
einlaufenden Capitalien auf andere milbthätige Zwecke zu verwenden, als
zum Beispiel, arme Kinder sowohl in der deutschen wie englischen Sprache,
im Lesen und Schreiben zu unterrichten und ihnen diejenige Unterweisung
und Erziehung zu verschaffen, die ihren natürlichen Fähigkeiten am ange=
messensten ist, und solche, die sich besonders hervorthun, in den Stand
setzt, ihre Studien auf der in der Stadt Philadelphia errichteten Univer=
sität zu vollenden, imgleichen, daß sie Vorhabens sind, eine Bibliothek zu er=
richten und andere Dinge zu thun, die sie ohne Nachtheil für andere Bewoh=
ner des Staates zum Beistande und zum Besten ihrer eigenen Landsleute
aus milbthätiger Absicht vornehmen mögen." (Act of Incorporation, § 2.)

Der Freibrief gewährt denn auch dies Ansuchen, und mehr, er macht es
der Gesellschaft zur Pflicht, den oben ausgesprochenen Zweck durch ihre Thä=
tigkeit zu verwirklichen. (Act of Incorporation, § 8.)

Uns liegt es nun ob, aus der Vergangenheit der Gesellschaft nachzuweisen,
in welcher Art und in welchem Maße dies geschehen ist. Die Sorge für die
Belehrung und geistige Fortbildung der eingewanderten Deutschen war in
der Gesellschaft nicht immer gleich stark und äußerte sich nicht immer auf dieselbe Weise. Gleichwohl hat sie eigentlich nie ganz geschlummert, und seit
die Bibliothek besteht, ist ein stetiger bildender Einfluß von derselben ausge=
gangen, der sich auch für die Pflege der deutschen Sprache heilsam erwie=
sen hat.

Die erziehende Wirksamkeit der Deutschen Gesellschaft hat sich durch drei verschiedene Förderungsmittel geltend gemacht, nämlich:

1. Durch Unterricht.
2. Durch die Bibliothek.
3. Durch Vorlesungen.

Wir werden uns im gegenwärtigen Abschnitte mit dem von ihr veranlaßten Unterricht beschäftigen.

Deutsche Schulen vor der Revolution.

Als sich die Deutsche Gesellschaft dazu entschloß, ihre Bemühungen und einen Theil ihrer Einkünfte der Jugenderziehung zuzuwenden, sah es mit dem Schulwesen unseres Staates ganz anders aus als jetzt. Unzweifelhaft war es auf noch weit ausgedehntere Leistungen als die später erfolgten, abgesehen, denn der Freibrief spricht von der Errichtung und Unterhaltung von Schulanstalten und Seminarien, dem Bau von Schulhäusern, der Besoldung von Lehrern.

Wir werden den Anlaß zu diesen Entwürfen besser verstehen, wenn wir einen Blick auf die ehemaligen Unterrichtszustände unseres Staates werfen. Erst durch das Gesetz von 1834 wurde in Pennsylvanien ein fester Boden für das System der öffentlichen Schulen geschaffen. Es bestanden zwar schon lange vorher Freischulen; da diese aber dem republikanischen Geiste des Volkes zuwider, den Charakter von Armenschulen (pauper schools) trugen, so konnten sie zu keiner gesunden Entwickelung gedeihen. Im Jahre 1833 erhielten im ganzen Staate weniger als 24,000 Kinder eine — und zwar recht armselige — Erziehung auf öffentliche Kosten. Den Jugendunterricht besorgten theils Kirchenschulen, theils Anstalten, die von religiösen und andern Genossenschaften oder Privatleuten gestiftet waren.

Den Deutschen, die in so beträchtlicher Menge in Pennsylvanien einströmten, standen in Betreff der Jugenderziehung ganz besondere Schwierigkeiten im Wege. Schon seit Anfang des letzten Jahrhunderts über große Landesstrecken verbreitet und auf weit von einander abgelegenen Gehöften angesiedelt, hätten sie beim besten Willen ihren Kindern keinen ordentlichen Schulunterricht verschaffen können. Dazu kam aber auch noch, daß einem nicht geringen Theile der Einwanderer die Schulbildung abging und daß sie daher keinen Sinn dafür hatten. Wir dürfen nicht vergessen, daß es im letzten Jahrhundert mit der Volksbildung in manchen Theilen Deutschlands kläglich stand, und daß viele Ansiedler von Pennsylvanien zu der vernachläßigten Klasse gehörten. Pastor Kunze drückt sich über diesen Gegenstand in sehr unzweideutiger Weise aus; sollte er auch die Ausdehnung des Bildungsmangels etwas übertreiben, so bezieht er sich doch auf bekannte

Zustände und was er vom Jahre 1775 sagt, gilt unbedenklich auch von den früheren Perioden. Derselbe läßt sich folgendermaßen aus:

„Die Teutschen bestehen großentheils aus solchen Pfälzern, Würtembergern, Elsässern, welche in ihrem Vaterlande bey der niedrigsten Lebensart auch die äußerste Armuth drückte. Diese sind's, die zu hunderten und tausenden (ich hörte die vorige Woche von einem Schiff, auf welchem 1500 Teutsche gewesen, von welchen 1100 auf der See gestorben), auf's Schiff wie Heringe eingepackt und hier als Sclaven auf etliche Zeit verkauft werden. Sind sie frey, dann wollen sie freylich reich werden und wir haben solche die es sind: aber die Grundsätze der Erziehung hängen Reichen und Armen an. Die Teutschen sind hier im ganzen gerechnet, nicht sehr begierig, Wissenschaften zu erlernen, zumal sie wenig Gelegenheit vor sich sehen, davon äußerliche Vortheile zu erlangen, daher haben sie auch von ausgebreiteter Erkenntniß wenigen Begriff: wornach denn die hiesigen Engelländer ganz Teutschland beurtheilen." (Hallische Nachrichten p. 1377).

Wie mangelhaft es mit dem Jugendunterricht bei den deutschen Einwanderern um die Mitte des vorigen Jahrhunderts bestellt war, geht recht augenfällig aus der Thatsache hervor, daß sich eine Gesellschaft von Menschenfreunden — Holländern, Engländern und Amerikanern — bildete, die es sich zur Aufgabe machte, die Deutschen in Pennsylvanien mit Schulen zu versehen. In England gehörten zu diesem Vereine Leute vom hohen Adel, solche, die auch für andere civilisatorische Zwecke Geld beisteuerten, in Amerika, Männer wie James Hamilton, William Allen, Richard Peters, Benjamin Franklin, Conrad Weiser und Wm. Smith, der Provost der Universität von Pennsylvanien. Michael Schlatter, ein reformirter Prediger, hatte den Anstoß gegeben, der Rev. Thompson durchreiste als Missionär des Vereins England und Schottland. Die ägyptische Finsterniß in Deutsch-Pennsylvanien muß herzzerreißend geschildert sein, denn der König von England öffnete seine Börse und gab 1000 Pfund, die Prinzessin von Wales steuerte 100 Pfund bei und die englische Aristokratie half bereitwillig. Uebrigens waren nicht alle Deutschen in Pennsylvanien in Betreff des ihnen zugedachten Heils gleicher Ansicht. Christoph Saur in Germantown, protestirte dagegen, als wäre es ein Danaergeschenk. Er witterte dahinter einen Anschlag gegen die „wehrlosen Sekten," die Dunker, Mennoniten u. s. w., welche man evangelisch oder kirchentreu machen wolle, überhaupt einen Stoß gegen das Deutschthum. In einem Briefe an Conrad Weiser, spricht er die Besorgniß aus, das Project werde dem deutschen Gottesdienst eine Ende machen. Es werde dazu kommen, „daß man den Deutschen englische Prediger besoldet und solche Gottesmänner in Philadelphia macht oder in Jersey schmiedet und auspoliret."

Indessen wurden unter den Auspicien jener Gesellschaft Schulen in Neu-

Hannover, Providence (Trappe), Reabing, Lancaster, Skippak, Goschen-hoppen, York u. f. w. gegründet und im Jahre 1759 darin etwa 700 deutsche Kinder unterrichtet.

„Die Jugend," heißt es unter Anderm in ihrem Programm, „soll in der englischen und deutschen Sprache, im Schreiben, Rechnen, Psalmensingen und in den wahren Grundsätzen der heiligen protestantischen Religion unterrichtet werden." Die Wahl des Katechismus blieb den verschiedenen Confessionen überlassen. Seltsamer Weise scheint in den Köpfen einiger Geistlichen, die dem Projecte das Wort redeten, die Furcht gespukt zu haben, es möchten Römlinge und Franzosenfreunde die Unwissenheit der Deutschen benutzen und sie der englischen Krone und dem protestantischen Glauben entfremden.*)

Aus dem gesammelten Gelde wurden auch die Kosten einer deutschen Zei-tung in Philadelphia, sowie der Druck von Kalendern, Katechismen u. f. w., bestritten. Ludwig Weiß und Peter Miller besorgten diese Druckarbeiten. Mit dem Jahre 1769 schloß die Gesellschaft ihre Rechnungen und überwies den Rest des baaren Geldes (80 Pfund, 12 Schillinge und 4 Pence), gleich-falls ihr Guthaben für Drucksachen an die Universität von Pennsylvanien.

Auch der Graf Zinzendorf richtete während seiner kurzen Anwesenheit in Pennsylvanien seine Augen auf die Verbesserung der Erziehung; mit wel-chem Erfolg, ist nicht bekannt. Folgendes Cirkularschreiben verbreitete er durch den Druck:

„Allen teutschen Eltern auf dem Lande welche ihre Kinder gerne besser be-sorget sähen ohne Hinderniß ihres Hauswesens, gedenket man dazu einen einfältigen und hertzlichen Vorschlag zu thun am nechstfolgenden 6ten April 1742 Nachmittags um 1 Uhr. Wornach sich des Heils ihrer Kinder begie-rige Väter oder Mütter in allen Townships zu richten belieben und sich beß-halben zu besagter Zeit und Stunde an Bechtels oder des Häffners Lehmans Hause in Germantown melden wollen. Wer selbst nicht kommen kann, der wolle seine Meinung jemand anders auftragen."
Germantown am 22. Martii 1742.

In Philadelphia ließen sich die ersten lutherischen Pfarrer die Sache der Jugenderziehung sehr angelegen sein. Junge Prediger, wie die Herren Schaum und Heintzelman übernahmen das Amt von Lehrern; der letztge-nannte richtete 1751 ein Zimmer im Hause des Pastor Brunnholz als Schule ein und zehn Jahre später wurde von der Gemeinde ein besonderes Schul-

---

*) Siehe über diese Gesellschaft Hall. Nachrichten p. 660, Wm. Smith. Brief History of the Charitable Scheme for instructing poor Germans in Pennsyl-vania, Philadelphia 1775.—Charles J. Stille. Memoir of the Rev. William Smith, p. 18. D. Rupp. History of Northumberland County, p. 62—72.

haus erbaut, in welchem Herr Hafner der erste Lehrer war.*) (Eröffnet den 27. Juli 1761.) Es war dies dasselbe, worin sich einige Jahre später die Deutsche Gesellschaft organisirte und etwa vierzig Jahre lang ihre Versammlungen hielt.

Diese Gemeindeschule der Michaelis- und Zionskirche, aus welcher im Verlauf eines Jahrhunderts ein so ausgedehntes System blühender Schulen hervorgewachsen ist, beschränkte sich natürlich auf den Elementar-Unterricht. Der gelehrte Pastor Joh. Chr. Kunze sann aber auch darauf, eine höhere deutsche Bildungsanstalt in Philadelphia zu gründen. Freilich fehlten alle Mittel dazu, nicht einmal ein befähigter Lehrer war zu finden. Aber der Grundsatz, mit Kleinem anzufangen und vertrauensvoll weiter zu arbeiten, hatte schon so oft (wie z. B. in Halle) unerwartet herrliche Früchte getragen, daß auch Pastor Kunze glaubte, einen Anfang, wenn auch einen noch so bescheidenen, machen zu müssen. Und dazu bot sich die Gelegenheit, als sich im Jahre 1773 ein mit guten Zeugnissen versehener Hallischer Student, Namens Leps†) bei ihm meldete. „Merkwürdig war es mir," schreibt er (Hall. Nachrichten, p. 1377), daß ich den Tag vorher, ehe Herr Leps sich meldete, von ohngefähr diesen Gedanken hatte: Sollte ich einmal in einen Vorrath von 20 Pfd. kommen, so wolte ich den ersten teutschen Studenten, der an unserer Küste anlanden und Fracht schuldig sein würde, kaufen, in meine oberste Stube setzen, eine kleine lateinische Schule anfangen, in den Morgenstunden selbst lehren und alsdann meinen Servant lehren lassen und durch ein geringes Schulgeld mich bezahlt machen."

Mit seinem Leps, den er nicht zu kaufen brauchte, ging Pastor Kunze nun tapfer an's Werk, gründete (9. Febr. 1773) „die Gesellschaft zur Beförderung des Christenthums und aller nützlichen Erkenntniß unter den Deutschen," woran sich viele Mitglieder der Deutschen Gesellschaft betheiligten und ließ den 15. Februar den Unterricht feierlich eröffnen.

Die Anstalt führte den Namen „Deutsches Seminar." Die Unterrichtsgegenstände waren: „Deutsch und englisch Briefschreiben, Geographie, Historie, etwas von der Naturlehre, Lateinisch und Griechisch, auch Französisch. Schulgeld 10 Shilling ($1.33) vierteljährlich." Bei Gelegenheit der im Juni 1773 vorgenommenen Prüfung, die sehr befriedigend ausfiel, sagt der Staatsbote: „Dieses deutsche Seminarium wird der preiswürdigsten aller Pflanzschulen der Gelahrtheit in Amerika, der zunehmenden Philadelphischen

---

*) Dieser wurde 1767 seines Dienstes entlassen, weil er sich herausnahm, auch ein Wirthshaus zu halten. Ihm folgte der tüchtige H. Leuthäuser, der 1777 bis 1779 und 1781 Sekretär der Deutschen Gesellschaft war.

†) „Dessen Zeugnisse ihn als einen würklich studirten Gelehrten ausweisen," sagt von ihm der Staatsbote Jan. 19, 1773.

Academie (die spätere Universität) keineswegs entgegen sein, sondern es wird gegentheils in demselben die Jugend zubereitet werden, um nachher in die Academie überzugehen."—Gelder zur Unterhaltung dieser Stiftung wurden angenommen von Heinrich Keppele sen., Heinrich Keppele jun., Friedrich Kuhl, Dr. Bodo Otto, Mitglied der Amerikanischen Philosophischen Gesellschaft, D. Schäfer, E. L. Treichel und Andern.

Es scheint, nach der etwas complicirten Organisation des Vereins und dem weitläufigen Programm zu urtheilen, die Absicht des Gründers gewesen zu sein, aus der Anstalt ein Prediger=Seminar hervorgehen zu lassen. Vielleicht hätte das Unternehmen eine Zukunft gehabt, aber es ging in den Wogen der Revolution unter. Dasselbe Schicksal theilten die oben erwähnten Armenschulen für die pennsylvanischen Deutschen. —

Auch deutsche Privatschulen existirten schon vor der Revolution in Philadelphia. Joh. Michael Enderlein kündigt 1763 die Eröffnung einer solchen an, Johann Gottfried Richter 1764, Jacob von Lahnen 1774. Letzterer bemerkt, „da meine Wissenschaften vielen Deutschen allhier bekannt sind, so schmeichelt man sich mit einem zahlreichen Zuspruch."

Ein Ungenannter zeigte 1764 an wie folgt: Es wird allhier in Philadelphia aufgerichtet: Eine deutsche—lateinische—französische und Rechenschule; in welcher diese Sprachen nach den Grundregeln der Sprachkunst sollen gelehrt werden, sowohl in Ansehung des Buchstabierens und Schreibens als Sprechens. Man wird auch den ganzen Sommer hindurch Nachtschule halten. Diejenigen Eltern und Herrschaften, welche ihre Kinder und Bedienten in diese Schule zu senden belieben, können das Weitere bei dem Herausgeber dieser Zeitung erfahren. (Staatsbote, April 23, 1764.)

Aber alle diese Anfänge und Versuche wurden von den Stürmen des Unabhängigkeitskampfes spurlos verweht. Nur die Kirchenschule hielt sich. Als der Frieden 1783 wiederkehrte, gab es keine Veranstaltung, um deutschen Jünglingen zu einer Fortbildung über Elementarkenntnisse hinaus zu verhelfen.

Die Erziehungsfrage in der Gesellschaft angeregt.

Wir kommen nun wieder auf die Deutsche Gesellschaft zurück. Sie hatte, wie gesagt, vor der Revolution nur den rechtlichen und materiellen Beistand Nothleidender im Auge; in den ersten Regeln findet sich kein Hinweis auf andere Zwecke. Daß die Gesellschaft Etwas für Erziehung thun möge, wird ihr zum ersten Male 1780 in sehr bescheidener und informaler Weise nahe gelegt. Ein „Briefchen von einem Mitglied" ward in der Märzversammlung verlesen, worin angefragt wird, „ob es nicht möglich und gut wäre, einige arme Schüler auf hiesiger Universität studiren zu lassen und sie zur

Noth mit Kleidung zu verſehn." Die Erwägung der Frage wurde verſcho-
ben. Es mochte die Sache indeſſen ſchon hin und her beſprochen ſein. Die
Geſellſchaft hatte die ſchlimmſten Jahre der Revolution überlebt, ſie hatte
Eigenthum und eine treue Schaar von Mitgliedern, ſo daß ihr Fortbeſtand
nicht in Frage kam. Aber Einwanderer kamen damals ſehr wenige an und
es war daher ganz natürlich, daß ſich das Beſtreben, im Dienſte der Wohlthätigkeit förderlich zu wirken, einen neuen Weg ſuchte. Und dieſer war die
Erziehung deutſcher Knaben in der höchſten hier beſtehenden Lehranſtalt, der
Univerſität von Pennſylvanien. Die Jahresverſammlung von 1780, welche
die Erwirkung eines Freibriefs vorbereitete und in dieſem die Sorge für
Erziehung als einen Zweck der Deutſchen Geſellſchaft aufſtellte, beſchloß,
zwei Knaben, „die Fähigkeit zum Studiren beſitzen und von den deutſchen
Predigern empfohlen werden" auf Koſten der Geſellſchaft zur Univerſität zu
ſchicken. Daß dieſe Lehranſtalt anfangs die einzige war, welche von der
Deutſchen Geſellſchaft für die Erziehung ihrer Stipendiaten auserkoren
wurde und daß ſie dieſen Vorzug lange behielt, das mochte ſeinen Grund
einerſeits in der hervorragenden Stellung der Univerſität haben, anderer-
ſeits wirkte aber unzweifelhaft ein Umſtand mit, der in der Geſchichte der
Univerſität ein merkwürdiges Capitel bildet und den wir in der Kürze hier
zu berühren haben.

Die deutſche Abtheilung der Univerſität von Pennſylvanien.

Im Jahre 1749 wurde auf B. Franklin's Betrieb die Academy, aus
welcher die Univerſität hervorgegangen iſt, gegründet. Dieſe erhielt ihren
erſten Freibrief im Jahr 1753, ihren zweiten, der ſie als "College, Academy and Charity School" beſchreibt, im Jahre 1755. Unter der fähigen
Leitung des energiſchen und gelehrten Provoſt (Präſidenten) Dr. William
Smith gelangte ſie zu früher Blüthe. Dr. Smith war aber wegen ſeiner
politiſchen Geſinnungen bei der Legislatur von Pennſylvanien zur Zeit des
Unabhängigkeitskrieges in ſchlechtem Geruch. Man wollte ſeiner los ſein
und die Folge war, daß der Charter von 1755 zurückgenommen und ein
neues Curatorium (Board of Trustees) eingeſetzt wurde; zu gleicher Zeit
erhielt die Anſtalt nunmehr den Namen University of Pennsylvania und
auch ſubſtantielle Hülfe durch die Schenkung confiscirter Ländereien. Das
neue Curatorium war aus drei Claſſen von Mitgliedern zuſammengeſetzt,
und eine dieſer Claſſen beſtand aus den ſechs älteſten Predigern der Haupt-
confeſſionen der Stadt Philadelphia. Dadurch kamen zwei deutſche Geiſt-
liche, nämlich Joh. Chr. Kunze und Caspar Weiberg in die Univerſitäts-
Verwaltung. Sie benützten ihre Stellung, um den vielen deutſch-redenden
Bewohnern von Pennſylvanien die Anſtalt zugänglicher zu machen, indem
beim Vortrage gewiſſer Lehrgegenſtände die deutſche Sprache mit der eng-

üschen als gleichberechtigt eingeführt wurde.*) Am 10. Januar 1780 beschlossen nämlich die Trustees:

„Daß ein deutscher Professor der Philologie angestellt werde, dessen Pflicht
es sein soll, die lateinische und griechische Sprache durch Vermittelung der
deutschen sowohl in der Akademie wie in der Universität zu lehren."

Die Legislatur bestätigte diese Neuerung in dem am 22. September 1785
erlassenen Gesetze, das die folgenden Bestimmungen darüber enthält:

Section 7. Und da die Trustees der Universität von Pennsylvanien an
dieser Anstalt eine Professur errichtet haben, um die gelehrten Sprachen vermittelst der deutschen Zunge (through the medium of the German tongue)
zu lehren mit Anstellung von einem oder zwei Hülfslehrern, wie erforderlich
sein mag.

Section 8. So sei hiermit vermöge oben gedachter Machtvollkommenheit
beschlossen, daß selbige Professur nebst dem gedachten Hülfslehrer oder den
Hülfslehrern an der genannten Universität fortbestehen soll, zu dem Behufe, die gelehrten Sprachen vermittelst der deutschen Zunge als Theil des
dort gelehrten Studien-Curfus zu lehren."

Die Stelle dieses deutschen Professors erhielt Pastor Kunze selbst und die
dadurch eintretende Vacanz im Curatorium wurde durch die Wahl des Pastor
J. H. C. Helmuth ausgefüllt.

Da nun der Pastor Kunze ein einflußreiches Mitglied der Deutschen Gesellschaft war und, wie wir sogleich sehen werden, die Förderung deutscher
Sprache und Wissenschaft durch die Gesellschaft als einen wichtigen und
segensreichen Fortschritt ansah, da ferner seine Erhebung zu der erwähnten
Würde an der Universität mit dem Vorgehen der Deutschen Gesellschaft für
Erziehung in dasselbe Jahr (1780) fällt, so dürfen wir wohl schließen, daß
beide Thatsachen in einem innern Zusammenhange stehen.

Der Freibrief, der am 20. September 1781 durch die Bestätigung des
Gouverneurs in Kraft trat, enthält, wie zu Anfange dieses Abschnitts bemerkt ist, umfassende Bestimmungen über die Befugnisse der Deutschen Gesellschaft in Betreff der Erziehung deutscher Kinder. Es schwebten damals
wohl weit reichende Absichten in der Luft und es mag ihr die Aufgabe zuge-
dacht gewesen sein, welche Pastor Kunze's „Deutsches Seminar" im Jahre
1773 in Angriff genommen hatte.

---

*) Pastor Kunze berichtet in den Hall. Nachrichten p. 1421: „Ich stellte diesem
Ausschuß die Nothwendigkeit vor, die Deutschen in besondere Betrachtung zu nehmen und ihnen eine Gelegenheit zu verschaffen, mit Sprachen und Wissenschaften
zugleich ihre Muttersprache zu cultiviren. Ich führte zur Ursach an, daß ganze
Counties (Grafschaften) im Lande sind, wo lauter Deutsche wohnen, deren Kinder
kein Wort englisch verstehen. — — Nach einiger Zeit wurde beschlossen, daß es eine
Professur sein sollte und daß alle gelehrten Sprachen und Anfangswissenschaften
von dem deutschen Professor in der deutschen Sprache vorgetragen werden sollten.

In einer Rede, die Herr Kunze am 20. September 1782 bei der Jahres=
feier des ertheilten Freibriefs hielt, spricht er von der erweiterten Wirksamkeit
der Gesellschaft als einer neuen Epoche in deren Geschichte. „Zur Beför=
derung der Wissenschaften unter den Deutschen gedenkt die Gesellschaft,
unter dem Beistand Gottes, mit der Zeit entweder nöthige Schulanstalten
zu errichten oder die schon errichteten für ihre Nation gemeinnütziger zu
machen." — — „In einem Lande, darinnen es noch an gelehrten Aemtern
fehlt, und darinnen nur das Handwerk und die Handelschaft einen güldenen
Boden haben, müssen wir anfangen, die Armen zu Gelehrten zu machen,
wenn wir so viel vom europäischen Gefühl noch in uns haben, daß uns das
Urtheil der Welt über unsere Einsichten nicht gleichgültig ist." „Ich kann,"
heißt es an einer Stelle, „von der vermuthlichen Dauer unserer Sprache in
Amerika einem Jeden gern seine Meinung lassen. Mir kommt es nicht
wahrscheinlich vor, daß sie je wieder ausstirbt. Im Lande sieht's nicht aus,
wie in der Hauptstadt." —

Sodann berichtet er über die deutsche Abtheilung in der Universität von
Pennsylvanien, über die Anstellung eines Professors, der wichtige Lehrge=
genstände in der deutschen Sprache vorträgt, und knüpft daran die Mah=
nung: „Aber alle diese Vortheile würden uns ungenutzt aus den Händen
entweichen, wo nicht einige Deutsche auf Mittel bedacht wären, derselben
Erhaltung und Genuß möglich zu machen. Es ist der Vernunft und Billig=
keit gemäß, daß die Fortbauer dieser Anstalt vom Gebrauch abhangt, der
davon gemacht wird."

Als Professor Kunze 1784 an die New Yorker Universität als Docent der
orientalischen Sprachen berufen wurde, erhielt Pastor J. H. C. Helmuth
seine Stelle an der hiesigen Anstalt. Das deutsche Departement, oder wie
man es auch wohl nannte, „Institut" der Universität, kam mehr und mehr
in Aufnahme; im Jahre 1785 zählte es 60 Schüler.*) Pastor Helmuth
war darüber sehr erfreut und hegte große Erwartungen. Auch er fachte das
Interesse der Deutschen Gesellschaft für diese den Deutschen eröffnete Bil=
dungsanstalt eifrig an. Mit der Feier des 20. September im Jahre 1784
verband er einen Redeactus der deutschen Universitäts=Schüler, worüber er
in folgender Weise nach Deutschland berichtete:

„Nach diesem ging ich zu der Versammlung der Beamten einer hier errich=
teten Deutschen Gesellschaft, welche mir hatte auftragen lassen, ihnen an
ihrem jährlichen Versammlungstage eine Rede zu halten. Es wurde von
mir der Vorschlag gethan, sie sollten sich als Patroni des deutschen Instituti
darstellen. Sie waren so gütig, alle meine Vorschläge anzunehmen und die
Mühe und Unkosten des ganzen zu tragen."

---

*) Nach Helmuth's Bericht. In den Protokollen der Universität sind 47 an=
gegeben.

Die Feier selbst, die am 20. September stattfand, bespricht er folgen=
dermaßen:

„Heute wurde unser Actus oratorius, der erste von der Art in Amerika
unter unsern Deutschen, sehr feyerlich gehalten. Die gesamten Glieder der
Assembly, des Hohen vollziehenden Raths und Censoren dieses Staats, die
Magistratspersonen, die ganze Facultät und Deutsche Gesellschaft, samt
vielen andern Herren und Damen beehrten uns mit ihrer Gegenwart. Die
Deutsche Gesellschaft hatte Musik bestellt, welche in den Zwischenzeiten auf=
geführt wurde. Ich machte mit Gebet im Englischen den Anfang, worauf
einer meiner Schüler eine Englische Rede hielt, worin denen Herren Trustees
für ihre Gewogenheit gegen die Deutschen wegen der Deutschen Professur
der verbindlichste Dank abgestattet wurde. Einer der jungen Studenten
erzählte in Deutscher Sprache die Einrichtung der Schule. Zwey unter=
hielten die Anwesenden mit der Entdeckung eines Planeten, ihrer Reise
dahin und Aufenthalt auf demselben. Deutsch. Eine versteckte Moral.
Ein andrer schilderte in Deutschen Versen das jüngste Gericht. Nach diesen
ein andrer auch in Deutschen Versen die Größe Gottes. Hierauf traten vier
auf, welche sich von den Gespenstern und der Hexerey unterredeten, wobey
von einem die neue Entdeckung des sogenannten animalischen Magne=
tismus beschrieben wurde. Deutsch. Drey andere unterredeten sich von
der Toleranz der Religionen. Und brey stellten Bauernkinder dar, davon
einer zwey Jahre auf der Schule gewesen und den andern von ihnen unbe=
kannten Sachen Unterricht gab. Dies sollte statt einer Aufmunterung für
unsere wohlhabende Landsleute dienen, ihren Kindern eine bessere Erziehung
zu geben. Hierauf hielt ich als Glied der Deutschen Gesellschaft noch eine
Rede und unser Provost schloß mit Gebet."*)

Auch am 4. Juli 1785 hielt Herr Helmuth zur Feier der Tages mit seinen
deutschen Schülern an der Universität eine Redeübung, wozu er die Mitglie=
der der Deutschen Gesellschaft einlud. Bei einer ähnlichen Gelegenheit,
einer öffentlichen Feier in der Zionskirche am 29. November 1787, waren
die Vorsteher der Universität und Mitglieder der Staatsbehörden anwesend.
Das Programm enthielt 30 Stücke, darunter waren sechs musikalische Auf=
führungen. Fast alle Redner waren deutsche Universitätsschüler nämlich:
Derrick, Braun, Sulger, Senn, H. Zantzinger, Schubert, F. Schmidt,
Seybert, G. Helmuth, Endreß, Kämmerer, Nagel, G. Schmidt,
Wack, Rediger, Ott, J. Helmuth, Geyer, Kitz, Stedecorn, Lochmann,
M. Ruhl, Kuhn, H. Helmuth, J. Zantzinger, Keppele, F. Schmidt. Die
gesperrt gedruckten Schüler trugen Versuche in gebundener Rede vor; die
meisten Vorträge behandelten moralische und geschichtliche Themata; nicht

---

*) Hallische Nachrichten p. 1475 und 1477.

wenige bezogen sich auf den vor wenig Wochen dahin geschiedenen H. M. Mühlenberg. Sämmtliche Reden und Gedichte erschienen im Druck, es ist aber nicht gelungen, ein Exemplar davon aufzufinden. (S. Philadelphische Correspondenz, 4. Dezember 1787.)

Das deutsche Institut blühte so rasch empor, daß die deutschen Schüler an der Universität zahlreicher waren, als die englischen. „Ich habe," schreibt Pastor Helmuth den 14. April 1785, „an die sechzig Kinder. Ich finde keine Widerspenstigkeit vorjetzt unter allen diesen, meinen lieben Kindern mehr, so böse auch mancher möchte gewesen seyn, ehe er zu uns kam. Die Trustees sind so wohl mit der Schule zufrieden, daß sie die Englische Schule in mein Zimmer und meine in das Zimmer der englischen Schule, das schönste, bequemste und größeste im ganzen Hause, verlegt haben, weil meine über die Hälfte zahlreicher ist, als jene."*)

Höchst auffallend ist es, daß trotz dieser starken Betheiligung und der von Helmuth so günstig geschilderten Aspecten, die Sache nach wenigen Jahren wieder einging. Da die Hallischen Nachrichten nicht über das Jahr 1785 hinausgehen, so enthalten sie keinen Aufschluß über das Fiasko des deutschen Departements, wiewohl Gefahren, welche der Fortbauer desselben drohten, bereits 1784 angedeutet werden. Nach dem Universitäts-Protokolle war die Zahl der deutschen Schüler, die 1786 noch auf 54 angesetzt ist, im folgenden Jahre auf sechs herabgesunken.†) Nach der Abschaffung der deutschen Abtheilung blieb Herr Helmuth Professor der deutschen Sprache.

Die Schüler der Deutschen Gesellschaft.

Die Deutsche Gesellschaft gewährte, gewöhnlich auf Empfehlung der Prediger, Knaben und Jünglingen die Mittel zur Bestreitung der Erziehungskosten. Die Eltern derselben mußten sich verpflichten, ihren Curs nicht ohne Einwilligung des Schul-Committees zu verkürzen. Anfangs war die Universität die einzige Anstalt, die ihnen offen stand, später — etwa seit dem Jahre 1800 — war der Eintritt auch in andere Schulen gestattet. Die Anzahl der zu patronisirenden Schüler wurde 1783 auf sechs, 1785 auf acht festgesetzt, aber diese Zahl war nicht immer voll. Jährlich gewählte Schulaufseher mußten auf die Zöglinge ein wachsames Auge haben, über ihr Betragen und ihren Fortschritt Auskunft einholen und an die Gesellschaft von Zeit zu Zeit rapportiren.

Die nöthigen Schulbücher und mathematischen Instrumente schaffte die

---

(*) Hallische Nachrichten p. 1498.

(†) Vielleicht hatte die Stiftung der deutschen Hohen Schule in Lancaster, die mit dem Sinken der deutschen Schülerzahl an der Universität ziemlich gleichzeitig ist (1786), damit zu thun. Zu den Trustees gehörten auch bekannte Philadelphier und Mitglieder der Deutschen Gesellschaft.

Gesellschaft an und überließ sie den Schülern zum Gebrauch während ihres Cursus.

Die Titel derselben geben einigermaßen einen Begriff vom befolgten Lehrgange. Für das Jahr 1789 waren es die folgenden, die sich indessen nicht alle in den Händen desselben Schülers befanden: Cicero's Reden, Virgil, Ovid, Sallust, Erasmus. Griechische Grammatik, Xenophon, Homer's Iliade, das griechische Testament; deutsche Grammatik, Nicholson's Physik, Moore's Navigation, Hutcheson's Moralphilosophie.

Mehreren Zöglingen wurde nach ihrer Promotion als baccalaurei artium ein kleines Stipendium (von 20 Dollars jährlich) auf drei Jahre bewilligt, wenn sie gesonnen waren, Theologie zu studiren.

Nach der Zeitfolge des Eintritts waren die Schüler, deren Erziehungskosten die Deutsche Gesellschaft auf längere oder kürzere Zeit trug, die folgenden.

1781. Friedrich Stuber.

1782. Christian Rödiger, Daniel Hoffmann, Wilhelm Hendel, Georg Lochmann, Peter Bausch.

1784. Johann Justus, Jacob Wack.

1786. Philipp Kunzmann, Jacob Senn.

1788. Christian Endreß, Friedrich Schubart.

1789. Michael Breisch.

1791. Friedrich Reiche.

1792. Georg Rohner, Heinrich Ries, Samuel Weyberg (Theologie).

1793. Michael Braun, Jacob Seifried, Carl Jung.

1795. Wilhelm Enk, Johann Schreier, Peter Wagner, Johann Kern, Philipp Nieß, Peter Bachmann.

1796. Daniel Nebeling.

1798. Johann Winkhaus, Gottfried Baumgarten.

1800. Weiland Pfarrer Dalleker's zwei Söhne, Carl Stellwagen.

1801. Nicholas Schweppenhäuser, Sohn des Schullehrers J. D. Dickhaut, David Friedrich Schäfer.

1802. Pfarrer Runkel's Sohn, Johann Grof, Johann Peter Hecht, Peter Backkirch.

1803. Leonhard Hacker, Peter Emerich, Leonhard Lesch, N. Stellwagen, Peter Müntzer, Sohn und Tochter der Wittwe Müsser (Meiser).

1804. Jacob Ließ, Georg Kuhn, Jacob Erringer.

1805. Georg Gräfenstein, Karl Gräfenstein, William, Dawes und Anna Lewis.

1807. Jacob Flake, Thomas Kehrum.

1808. Johann Gräfenstein.

1809. James Camel.

1810. Philipp Erringer, Edmund Young, Caroline Young, Christian David Schuh, Wilhelm Kehrum.

1811. Friedrich Kruse, zwei Söhne und drei Töchter der Wittwe Catharine Fricke.

1815. Samuel Schmucker, Heinrich Burgy.

1816. Jacob Senderling.

1818. Philipp Erringer.

1820. Carl Philipp Miller.

1821. Philipp Cramer.

1823. Carl Plitt, Nicholas Schweppenhäuser.

1828. Daniel Ziegler.

1832. Joseph Schreiner.

1833. Christian Jehle.

Mit diesem Namen schließt die Liste der von der Deutschen Gesellschaft bei ihren Studien unterstützten jungen Leute.

In den letzten fünfzehn oder zwanzig Jahren beschränkte sich die im Namen der Erziehung geleistete Hülfe auf Ertheilung von Stipendien ($60 das Jahr) an theologische Studenten. Aehnliche Aushülfe ward aber auch schon mehrern Zöglingen der älteren Zeit nach Vollendung ihres literarischen Cursus zu Theil.

Einige der Schüler, die ihre Erziehung der Deutschen Gesellschaft verdanken, haben sich einen sehr ehrenvollen Ruf erworben, wie denn z. B. Georg Lochmann, Christian Endreß und David Friedrich Schäfer unter den lutherischen Geistlichen zu anerkannter Bedeutung gelangten. (Siehe Wm. B. Sprague, The Lutheran Pulpit, p. 79, p. 107 und p. 110.) Alle Drei haben die von der Gesellschaft genossene Gunst auf's dankbarste anerkannt.

Lochmann und Endreß gaben beim Schluß ihrer theologischen Studien (1792) ihren Gefühlen in folgendem Schreiben Ausdruck:

Theuerste Väter und Wohlthäter.

Wir können den letzten Beweis Ihrer väterlichen Fürsorge ohnmöglich von Ihren Händen empfangen, ohne mit dem gerührtesten Herzen den Dank abzustatten, den Sie in unserem Inwendigen schon diese viele Jahre gehabt haben. Sie haben uns das Beste genießen lassen, was die redlichen Väter ihren Kindern geben können, Sie haben uns durch Ihre gütige Unterstützung zu Künsten und Wissenschaften angeführet und wir werden nächst Gott, Ihnen, theuerste Wohlthäter, allen Ruhm geben müssen, wenn es Gott gefallen sollte, uns einigermaßen unsern Mitmenschen brauchbar zu machen.

Alle Auftritte unseres Lebens, wo wir Nutzen schaffen können, werden gleichsam die Aufschrift haben: Das hat die Deutsche Gesellschaft gethan. Würdigen Sie uns Ihrer ferneren Gewogenheit, so wie wir nie aufhören werden, uns mit dankbarer Empfindung des Herzens bis an den

Tod zu nennen, theuerſte Väter und Wohlthäter, Ihre ergebenſte und dank=
barſte

Georg Lochmann,

Chriſtian Endreß.

G. Lochmann war nach Beendigung ſeiner Studien eine kurze Zeit Unter=
lehrer des Lateiniſchen und Griechiſchen an der Univerſität von Pennſylva=
nien, nahm 1794 einen Ruf an die lutheriſche Kirche in Lebanon an, und
kam 1815 an die Kirche zu Harrisburg, wo er 1826 im Alter von 53 Jahren
ſtarb. In Philadelphia gehörte er zu den Stiftern der „Mosheimiſchen
Geſellſchaft,‟ eines litterariſchen Vereins von Jünglingen, der ſich die Pflege
der deutſchen Sprache zur Aufgabe machte. — In Harrisburg wurde er der
Präſident der dort um 1820 beſtehenden Deutſchen Geſellſchaft.

Ganz ähnlich war die Laufbahn ſeines Genoſſen, Chriſtian Endreß.
Nachdem er unter Paſtor Helmuth's Anleitung das Studium der Theologie
betrieben, bekleidete er 1792 an der Univerſität von Pennſylvanien eine
Lehrerſtelle, gab im lutheriſchen Schulhauſe von 1795—1801 den engliſchen
Unterricht, und nahm 1801 den Ruf an die lutheriſche Kirche in Eaſton an.
Im Jahre 1815 wurde er der Nachfolger des bekannten Dr. Heinrich Ernſt
Mühlenberg an der Kirche zu Lancaſter. Hier bevorzugte er als Prediger
die engliſche Sprache, in Folge deſſen ein Zwiſt entſtand, der zum Austritt
der deutſch=geſinnten Mitglieder führte. Er ſtarb 1827 im 52. Lebensjahre.

Auch David Friedrich Schäffer, der in der lutheriſchen Kirche von Penn=
ſylvanien eine ſo bedeutende Perſönlichkeit war, bezeugte der Deutſchen Ge=
ſellſchaft ſeine herzliche Dankbarkeit für die empfangenen Wohlthaten.

„Ich habe nun, ſchreibt er den 24. Juli 1807 an Peter Mühlenberg,
meine Laufbahn auf der Univerſität von Pennſylvanien unter Gottes Segen
vollendet. Wie kann ich anders, denn meinen herzlichſten und verbindlichſten
Dank Ihnen als dem würdigen Präſidenten und durch Sie der löblichen
Deutſchen Geſellſchaft abſtatten, durch deren Vorſorge ich guten Theils in
den Stand geſetzt worden, mittelſt einer akademiſchen Erziehung mir Kennt=
niſſe zu erwerben, die bei meinem künftigen Beruf mir ſo unumgänglich
nöthig, nützlich und erſprießlich ſein werden.‟

Da in jener Zeit noch kein theologiſches Seminar für Lutheraner exiſtirte,
bereitete ſich Herr Schäffer (wie zuvor Lochmann und Endreß) unter Anlei=
tung eines erfahrenen Geiſtlichen durch Selbſtſtudium auf ſeinen Stand vor.
Die lutheriſche Gemeinde zu Frederick City gab ihm 1808 die Pfarrerſtelle,
die er bis zu ſeinem Tode im Jahre 1835 behielt. An der erſten engliſch
geſchriebenen lutheriſchen Kirchenzeitung (Lutheran Intelligencer) war er
als Redacteur, an andern kirchlichen Unternehmungen, z. B. dem Gettys=
burger Seminar und einer County Bibelgeſellſchaft, als arbeitſamer Mit=
helfer betheiligt.

Es liegen noch andere Dankschreiben vor, eines von Christian F. Kruse mit dem ciceronianischen Motto: Tam inusitatam inauditamque clementiam nullo modo praeterire possum; aber die gegebenen Proben werden genügen.

Es ist ein bemerkenswerther Zug, daß nach der Revolution und vor dem Ablauf des letzten Jahrhunderts sich hier ein besonders warmes Interesse an der Erhaltung und Pflege der deutschen Sprache kund gab, das gegen die spätere Gleichgültigkeit auffallend absticht. Dahin gehört auch die Stiftung der Mosheimischen Gesellschaft im August 1789.

Der Deutschen Gesellschaft wurden mehrere Vorschläge unterbreitet, welche allerdings aus guten Gründen unausgeführt blieben, aber doch als Zeugniß für jene Sinnesart angeführt zu werden verdienen. Wie schon Pastor Kunze, so war auch sein Nachfolger, der Pastor Helmuth eine feste Stütze deutscher Rede und deutscher Gesinnung; in unserer Gesellschaft ging er im September 1788 so weit, vorzuschlagen: Diese möge jährlich einen Preis und zwar eine goldene Medaille für die beste Bearbeitung eines gegebenen Themas aussetzen und allen Liebhabern der deutschen Sprache in Amerika und Europa gestatten, sich darum zu bewerben. Das erste Thema solle sein: Wie kann die Erhaltung und Ausbreitung der deutschen Sprache in Pennsylvanien am besten bewirkt werden?*)

Es braucht wohl nicht hinzugesetzt zu werden, daß die Deutsche Gesellschaft keine goldene Medaillen vertheilt hat. Aber die Frage, welche Pastor Helmuth zur Beantwortung aufgab, ist selbst nach Ablauf von fast einem Jahrhundert keine unnütze geworden und beschäftigt eben jetzt wackere und denkende Männer.

Von derselben Gesinnung getragen war ein Antrag, den ein sehr geachtetes Mitglied der Gesellschaft, Herr Daniel Bräutigam, den 25. Juni 1787 vorlegte und folgendermaßen motivirte:

„Es wird wohl den meisten Mitgliedern unserer Gesellschaft nicht unbekannt sein, was für Mühe sich einige Wohlwünscher der Deutschen angethan haben, und wie viel schon dieserwegen ist geschrieben worden, um unsere deutsche Mitbürger zu bewegen „Deutsche Schulen" zu errichten und ihren Kindern einen gründlichen Unterricht in der deutschen Sprache zu geben. Es wird aber auch zugestanden werden, daß ein großes Hinderniß im Wege ist, daß dies nicht so leicht und allgemein kann bewerkstelligt werden wegen Mangels eines allgemeinen Buchstabierbuches, in welchem die Grundregeln der deutschen Sprache enthalten sind; so nehme ich mir die Freiheit, der Geehrten Gesellschaft vorzuschlagen, einen Ausschuß von den geehrtesten Mitgliedern zu bestimmen und zu ersuchen, ein solches Werk im Namen und

---

*) Siehe auch Philadelphische Correspondenz, 4. November 1788.

auf die Kosten der Gesellschaft zusammenzutragen, damit dasselbe (wenn für gut befunden wird) dem Druck kann übergeben und der daraus entstehende Profit der Gesellschafts-Casse zugefügt werden."

Der Vorschlag wurde an ein Committee zur Begutachtung verwiesen, fand aber keinen Beifall, weil keine Aussicht zu der allgemeinen Einführung eines solchen A=B=C=Buches vorhanden sei.*)

Was die Stufe des den Schülern vorgeschriebenen Lehrgangs und die Wahl der Lehranstalten betrifft, so hatte man keineswegs immer dasselbe Ziel im Auge. Anfangs war es ausschließlich auf eine höhere Ausbildung in der Universität abgesehen, aber 1798 ging man davon ab und schickte nicht nur Knaben, sondern auch Mädchen in Elementarschulen. (Die Namen folgender Lehrer finden sich in den Protokollen der Gesellschaft: Ashetol, Carson, L. Kühmle, Reck, Morehous, Billings, Simpson, Keyser, Woodbridge, Elisabeth Payon, Cowperthwaith, Mason, Wiley.) Als aber im Jahre 1802 der Staat Pennsylvanien Armenschulen eröffnete, schien die Deutsche Gesellschaft zu ihrem früheren Standpunkte zurückkehren zu wollen, denn die Jahresversammlung von 1802 gab den Beamten den Rath, Applicanten für „gemeine Schulen," „den Gesetzen des Staates zufolge, auf Kosten des Publicums unterzubringen." Wie indessen aus den Protokollen hervorgeht, hörte die Deutsche Gesellschaft damals keineswegs auf, Kinder auch in niedern Schulen auf ihre Kosten erziehen zu lassen. Einige gingen in die 1810 gestiftete deutsche Akademie der lutherischen Gemeinde.

Aber im Jahre 1812 wiederholte das Schulcommittee die Empfehlung, es möge die Gesellschaft ihre Beihülfe auf Schüler in höheren Fächern beschränken, da es der gewöhnlichen Schulen, wohin die Kinder kostenfrei gehen können, genug gebe, theils Kirchenschulen, theils die vom Staat eröffneten. Wenn es die Mittel der Gesellschaft erlaubten, wäre es dagegen von Nutzen, einzelnen Studenten der höheren Fächer jährliche Stipendien zu verleihen, damit sie nach Absolvirung der Universität oder des Seminars ihre Studien fortsetzen können, um sich für einen Lebensberuf vorzubereiten. Diesmal wurde der Rath beherzigt, damit aber der ganzen Sache der Todesstreich versetzt. Nach dieser Zeit (von 1812 bis 1833) erhielten nur noch elf junge Leute ihre Erziehung auf Kosten der Gesellschaft; zum Theil angehende Theologen, die im Hartwick Seminary (Otsego County, N. Y.,) ihren Studien oblagen, und ein jährliches Stipendium von $60 bezogen.

Lange Zeit war weder beim Verwaltungsrath noch in den Versammlungen der Deutschen Gesellschaft die Rede von Erziehung; und nur die ge-

---

*) Bemerkenswerth ist ein Artikel in der Philadelphischen Correspondenz aus dem Jahre 1787, der die Errichtung von Volksschulen empfiehlt, worin das Deutsche gelehrt werde.

wohnheitsmäßige Ernennung eines Schulcommittees, das Nichts zu thun hatte, als sich jedes Jahr ins Protokoll eintragen zu lassen, erinnerte an die ehemals übernommene Aufgabe. Die dem Schulwesen entzogene Theil= nahme wandte sich dem Aufbau einer Bibliothek zu und in dieser Weise we= nigstens fuhr die Gesellschaft fort, ihre Sympathie mit geistigen Interessen zu bekunden.

Aber wenn auch lange feiernd sollte die im Freibrief so ausdrücklich vor= geschriebene Sorge für Schule und Erziehung nicht für immer beseitigt sein. Zur Zeit der hundertjährigen Feier im Jahre 1764 erinnerten einzelne Mit= glieder an jenen aus den Augen verlorenen Zweck der Gesellschaft und for= derten zu erneuter Thätigkeit auf.

Es wurde an die Gründung einer höheren deutschen Bürgerschule gedacht und ein Committee ernannt, um die Ausführbarkeit des Projectes zu unter= suchen. Die Entscheidung fiel allerdings dagegen aus, aber die Sache selbst, die Erziehungsfrage, war damit wieder angeregt. Ein ständiger Ausschuß erhielt den Auftrag, sich ferner damit zu beschäftigen und passende Vorschläge vor die Gesellschaft zu bringen. Dieser Ausschuß, dessen Berichterstatter Dr. G. Kellner war, verschaffte sich einen Ueberblick über die bestehenden Schulen und den in denselben erreichten Bildungsstand und legte das ge= wonnene Resultat 1866 der Gesellschaft vor. Es ging daraus hervor, daß das nächste Bedürfniß die Hebung der Volksschulen war, und daß für eine höhere Lehranstalt sich kaum eine genügende Anzahl gehörig vorbereiteter Zöglinge finden würde.

Das Ergebniß längerer Berathschlagungen war, daß unter den bestehenden Verhältnissen die Deutsche Gesellschaft für die Belehrung der eingewander= ten Deutschen nichts Ersprießlicheres thun könne, als Abendschulen für den Unterricht in der englischen Sprache zu errichten. Dadurch würden die Un= bemittelten, welche der Landessprache noch unkundig seien, am besten in den Stand gesetzt, einer unerläßlichen Bedingung zur Gewinnung ihres Lebens= unterhalts nachzukommen.

Der Vorschlag, eine freie Abendschule zu eröffnen, ward auf Herrn Ernst Schäfer's Befürwortung im Juni 1867 angenommen und Herr Schäfer mit der Ausführung des Beschlusses beauftragt.

Als im November der Anfang damit gemacht wurde, stellten sich so viele Applicanten ein, daß statt einer, drei Klassen gebildet werden mußten. Diese Abendschulen sind dann auch seit jener Zeit in den Wintermonaten jedes Jahres fortgeführt worden und haben sich als ein höchst nützliches In= stitut bewährt. Nicht allein Deutsche (einschließlich der Elsässer und Lothringer), sondern auch Eingeborene, die des Englischen wenig oder gar nicht kundig waren, haben davon profitirt.

Chronologische Uebersicht über die Abendschulen der Deutschen Gesellschaft.

Winter von 1867—68. Schüler etwa 300, die an sechs Abenden in drei Klassen unterrichtet wurden. Die Mehrzahl im Alter von 20—32 Jahren. Es befanden sich darunter 6 aus Frankreich, 4 aus Amerika, 2 aus den Niederlanden und 1 aus Rußland. Lehrer: A. Lemot. Ausgaben $80.00.

1868—69. Schüler 273, in drei Klassen. Lehrer: J. Herzog. Die städtischen Schulbehörden stellten ein passendes Local zur Verfügung. Ausgaben, einen Theil der vorjährigen einschließend, $416.00.

1869—70. Schüler 248, in drei Klassen. Lehrer: J. Herzog, A. Lemot, A. Weisel. Ausgaben $190.00.

1870—71. Schüler 152. Lehrer: A. Lemot, A. Weisel. Ausgaben $190.00. Der freien Schule des Arbeiterbundes, die seit vielen Jahren alljährlich Hunderte von Kindern gratis im Deutschen unterrichtet hat und zur Zeit 800 unterrichtete, wurde, zur Anerkennung ihrer Verdienste, am 13. November ein großer Globus vom Schul-Committee, Namens der Deutschen Gesellschaft, verehrt.

1871—72. Schüler 320, in sechs Klassen, deren jede an zwei Abenden (jedesmal zwei Stunden), unterrichtet wurden. Durchschnittsalter etwa 25 Jahre, geringstes 12, höchstes 53. Aus Amerika gebürtig waren 26, aus Elsaß-Lothringen 5. Die Schüler hatten 44 verschiedene Beschäftigungen, es waren darunter 46 Weber, 39 Tischler, 28 Schuhmacher, 16 Schneider u. s. w. — Lehrer: Herzog, John und Weisel.

In ein neues Stadium trat die deutsch-englische Abendschule, in Folge ihrer Aufnahme unter die von der Stadt unterhaltenen Abendschulen. In Folge dessen wurden die Kosten für Saläre, Lehrbücher, Schreibmaterialien, Licht, Heizung u. s. w., aus dem Fond des städtischen Erziehungsrathes bestritten, und das geräumige Schulhaus in der Dritten Straße, zwischen Buttonwood und Green Straße, der deutschen Abendschule zur Verfügung gestellt. Dieses vortheilhafte Arrangement wurde durch die Bemühungen eines Sub-Committees (Gen. Louis Wagner, Julius Hein, Dr. G. Kellner), das sich mit dem Committee für städtische Abendschulen in Vernehmen setzte, erreicht. Bei diesem Kostenersparniß wurde es möglich, Klassen für deutschen Unterricht, woran etwa 50 Schüler Theil nahmen und wofür die Deutsche Gesellschaft eine kleine Vergütung entrichtete, zu organisiren. Die Lehrer dieser deutschen Abendklassen waren die Herren Herzog, John, Loos und Weisel. Ausgaben $205.05.

1872—73. Anzahl der Schüler 430, deren Alter zwischen 13 bis 60 Jahren variirte, mit der Durchschnittszahl von 25 Jahren. Aus Philadelphia waren 12, aus dem Elsaß 11 gebürtig; noch kein Jahr im Lande 221. Die am stärksten vertretenen Geschäfte waren: Tischler 41, Maschi-

niften 40, Weber 36, Schuhmacher 32, Clerks 30, Schneider 23, Cigarren=
macher 20. Im Ganzen betrieben die 430 Schüler nicht weniger als 76
verschiedene Erwerbszweige. Lehrer: Hertzog, John, Weifel. Die städti=
schen Schulbehörden verstanden sich bereitwilligst zu denselben Leistungen,
wie im vorigen Jahre. Auf Anlaß und Kosten des Schul=Committees der
Gesellschaft erhielten etwa 100 Erwachsene von vier Lehrern Abend=Unter=
richt im Deutschen. Ausgaben $140, wovon $25 für eine kleine pädago=
gische Büchersammlung, die der Gesellschafts=Bibliothek einverleibt wurde.

1873—74. Schüler 587, in acht Klassen. Unter 17 Jahren waren 59,
über 40 Jahre alt 48. Lehrer: H. Hertzog, Fr. John, G. A. Weifel und
Th. Kellner. Im Uebrigen blieb die Einrichtung wie vorher, nur daß die
deutsch=englischen Lehrbücher Bedürftigen vom Committee geliefert wurden.
Ausgaben $38.00. Der Realschule wurde in diesem Jahre, wie 1870 der
Arbeiterschule, ein großer Globus geschenkt.

1874—75. Schüler 460, im Alter von 12 bis 50 Jahren; in vier Klas=
sen getheilt, mit den Lehrern und Einrichtungen der vorigen Jahre. Da am
2. Februar 1875 die Schule plötzlich mit allen andern städtischen Abend=
schulen geschlossen wurde, weil es an Geldmitteln fehlte, verwilligte der
Verwaltungsrath, auf Antrag des Schul=Committees, $120, um die Schule
noch weitere vier Wochen fortzuführen. Die Schulbehörden sorgten dagegen
für Local, Beleuchtung und Heizung.

1875—76. Schüler 231, im Alter von 13—50 Jahren, welche in fünf
Klassen getheilt sind. Lehrer: J. B. Hertzog, Theod. Kellner, Fr. John,
G. A. Weifel, K. D'Eghent. Nach dem Geburtsort waren aus Preußen
94, aus Süddeutschland 89, aus Sachsen und kleinern Staaten 50, aus
Oestreich=Ungarn 28, Rußland 3, Schweden 2, England 2, Dänemark 1,
Italien 1, Brasilien 2, Pennsylvanien 11. An Pennsylvaniern, welche in
unserer Abendschule das Englische lernen, hat es nie gefehlt.

Zum Schlusse. Zu zwei verschiedenen Perioden hat die Deutsche Gesell=
schaft es unternommen, sich den Einwanderern durch intellectuelle Mittel
nützlich zu erweisen; die erste hub 1781 an und dauerte (seit 1815 jedoch
nur sprungweise) bis 1833; die zweite reicht von 1866 auf die Gegenwart.
Es liegt nahe, diese beiden Leistungen mit einander zu vergleichen. Sie
sind sich nur darin ähnlich, daß sie auf Erziehung gerichtet sind; in jeder
andern Hinsicht, faffe man die besondern Zwecke, die Lehrgegenstände und
das Schülermaterial ins Auge, weichen sie durchaus von einander ab. In
der ersten Periode erhielten einzelne erlesene Knaben und Jünglinge ihre
Ausbildung auf Kosten der Gesellschaft und diese auf Individuen sich be=
schränkende Wohlthat gipfelte zuletzt in der Bevorzugung eines einzelnen
Fachstudiums, der Theologie.

Dagegen ist der Unterricht, den die Deutsche Gesellschaft neuerdings den

Einwanderern verschafft, für Erwachsene bestimmt und Tausende haben ihn genossen. Sie lernen theils die ihnen so nöthige Landessprache, theils — nämlich seit 1871 — wird ihnen Gelegenheit geboten, sich im Gebrauch der deutschen Sprache und in der Kenntniß der deutschen Grammatik zu vervollkommnen.

So anerkennenswerth es ist, wenn eine Gesellschaft dem Einzelnen den Segen einer guten Schulerziehung oder fachwissenschaftlichen Ausbildung zugänglich macht, so wird man es doch nur billigen können, daß neuerdings die Wirkung auf Massen und die Rücksicht auf praktischen Nutzen den Vorzug erhalten hat. Die gewöhnliche Schulbildung kann jedes Kind in den öffentlichen Schulen erlangen; bevorzugten Individuen aber eine höhere Erziehung zu verleihen, ist nicht die Sache einer Gesellschaft, welche auf der breiten Basis unserer deutschen Bevölkerung stehend, das Gute in unparteiischer Weise an dem Bedürftigen auszuüben berufen ist.

Wir fügen eine statistische Uebersicht über die für Erziehung seit 1790 verausgabten Gelder *) bei:

1790	$102 12	1805	$190 22
1791	112 60	1806	240 00
1792	84 40	1807	212 30
1793	35 75	1808	185 58
1794	46 00	1809	148 40
1795	47 60	1810	190 00
1796	200 16	1811	205 00
1797	148 10	1812	275 53
1798	151 65	1813	188 97
1799	88 90	1814	175 08
1800	62 05	1815	134 20
1801	85 00	1816	57 90
1802	135 07	1817	51 44
1803	185 07	1818	109 06
1804	172 44	1820	105 75

Für die übrigen Jahre bis 1835 sind die Ausgaben nicht vollständig protokollirt. Es wurde nur wenig für Erziehungszwecke ausgegeben.

Die Erziehungskosten bildeten folgende Bruchtheile der Gesammtausgaben:

1785	44 Procent.	1805	26 Procent.
1790	60 "	1810	23 "
1795	18 "	1811	31 "
1800	21 "	1820	11 "

---

*) Die Zahlen für die ältere Zeit mußten durch langwierige Rechnerei gewonnen werden und sind mit Ausnahme der ganz sicheren Zahlen für 1802, 1803 und 1804 nur muthmaßlich richtig. Die Pfunde wurden auf Dollars reducirt.

Die Abendschulen verursachten der Gesellschaft Kosten wie folgt:

1867	$80 00	nicht ganz	1 Procent.
1868	416 00	beinahe	6 "
1869	323 50		4—5 "
1870	320 00	etwa	5
1871	205 05		3—4
1872	97 65		1—2
1873	38 00	nicht ganz	½ "
1874	34 91		½
1875	120 00	etwa	2

Verzeichniß der Mitglieder des Schul-Committees von 1782—1861; 1868—1876.

1782. Ehrw. J. Heinrich C. Helmuth, C. Cist.

1784. Melchior Steiner, W. Lehman.

1785. Ludwig Farmer, M. Steiner.

1786—87. L. Farmer, M. Steiner, J. Steinmetz.

1788—93. L. Farmer, Heinrich Miller.

1794—95. H. Kämmerer, Leonhard Kühmle.

1796. H. Kämmerer, A. Eppele.

1797. Mich. Keppele, L. Kühmle.

1798—99. L. Kühmle, Christian Endreß.

1800. Peter Kraft, L. Kühmle.

1801—2. Samuel Mechlin, Johann N. Hagenau.

1803. S. Mechlin, Andreas Leinau.

1804—6. Ehrw. J. H. C. Helmuth, Ehrw. S. Helfenstein.

1807. Andreas Geyer, jr., Philipp Hagner.

1809. Andreas Geyer, jr., L. Krumbhaar.

1810. K. Schäfer, Jos. R. Kämmerer.

1811—16. H. K. Helmuth, Joh. Singer.

1817—26. Ehrw. P. F. Meyer, S. Helfenstein.

1827—32. Dr. J. C. Otto, S. Helfenstein.

1833—34. Ehrw. C. P. Krauth, Dr. J. C. Otto.

1835. Dr. J. C. Otto, Ehrw. K. R. Demme.

1836—44. Dr. J. C. Otto, Fr. Erringer.

1845—59. Fr. Erringer, H. Dühring.

1860—61. F. A. Klemm, H. Dühring.

1868. E. Schäfer, Th. Kell, Dr. G. Kellner.

1869—71. Dieselben, mit R. Korabi und Julius Hein.

1872—76. Dr. G. Kellner, E. Schäfer, F. Olbach, J. Hein, Gen. L. Wagner.

Achter Abschnitt.

Bibliothek und Vorlesungen.

Die Bibliothek der Deutschen Gesellschaft trat 1817 in's Leben. Doch lange ehe es zu der Ausführung kam, hatte man sich mit dem Vorhaben getragen. Schon den Gründern der Gesellschaft schwebte die Errichtung einer Bibliothek vor, denn in der Märzversammlung des Jahres 1766 „wurde vom Präsidenten vorgestellt, ob nicht zur Erhaltung und Aufnahme der teutschen Sprache es höchst nöthig und nützlich wäre, eine Bibliothek in der Teutschen Gesellschaft aufzurichten; welches einhellig gut gefunden und sollte damit ohne Verzug der Anfang gemacht werden und anfänglich der Büchersammelplatz in J. W. Hoffmann's Hause seyn."

Trotzdem scheint man sich mit der Sache nicht sehr beeilt zu haben; wenigstens lassen die Protokolle auf keine weiteren Schritte schließen. Doch der Freibrief (1781) stellt die Gründung einer Bibliothek oder mehrerer ausdrücklich unter die Zwecke der Gesellschaft; und in Gemäßheit damit schreiben die bald darauf entworfenen Regeln vor:

§ 23. „Die Gesellschaft errichtet einen Büchervorrath von allerhand Büchern und wenn einmal die Anzahl von Büchern erheblich ist, ernennt sie jährlich aus der Gesellschaft einen Bibliothekar, der nach dem verflossenen Jahre wieder ernannt werden kann."

Im März 1783 gelangten denn auch wirklich sechs Bücher durch Schenkung in den Besitz der Gesellschaft.

Aber es müssen auch Versuche zur Ansammlung eines Büchervorraths gemacht sein, denn im Dezember desselben Jahres wurde M. Schubart, der Schatzmeister, bevollmächtigt, „solche Bücher in Empfang zu nehmen, welche die bestimmte Committee erhalten haben, wie auch solche Bücher, welche von einiger Person als ein Present werden dargereicht werden, um die Bibliothek zu vermehren." Sogar von Abfassung von Regeln ist bereits die Rede. Damit stimmt nun wieder gar nicht ein von Daniel Bräutigam am 25. Juni 1787 gemachter Vorschlag, „mit einer Büchersammlung den Anfang zu machen" und zu diesem Ende freiwillige Beiträge zu erheben. — Wahrscheinlich hatte es mit dem vorhin erwähnten Vorrathe nicht Viel auf sich; es werden alte und ausgeschiedene Bücher gewesen sein, die jeder leichten

Herzens pro bono publico verschenkt. Bräutigam's Vorschlag fand übrigens in Folge der damaligen Geldklemme keinen Beifall, und volle zwanzig Jahre war nicht wieder die Rede davon. Als die Gesellschaft 1807 ihre neue Halle bezogen hatte, brachte ein vorgelegter Beschluß das alter Vorhaben wenigstens in Erinnerung, aber die Erwägung desselben ward verschoben und es vergingen wiederum zehn Jahre, ohne daß man einen Schritt weiter kam.

Erst in der Jahresversammlung (26. December) von 1816 entschied sich die Gesellschaft dafür, den lange gehegten Plan zur Ausführung zu bringen. Es geschah dies durch Annahme des folgenden von Herrn Lehman vorgelegten Beschlusses:

In Anbetracht, daß nächst der Unterstützung Nothleidender einer der ursprünglichen Zwecke der Deutschen Gesellschaft die Errichtung einer Bibliothek war, um auf diese Weise Kenntnisse zu verbreiten, welche den wahren Lebensgenuß erhöhen, zur Tugend anleiten und dem Laster Einhalt thun, und in Anbetracht, daß bei der zahlreichen Bevölkerung und dem Wohlstand Philadelphias, trotz der Vorzüglichkeit und des hohen Rufes der deutschen Litteratur, keine wohlgewählte Sammlung deutscher Bücher in der Stadt zu finden ist, die der Freund der deutschen Sprache und Litteratur benutzen könnte, um seinen Geschmack zu bilden und seinen Wissensschatz zu bereichern, so sei beschlossen:

Daß ein Ausschuß von fünf Mitgliedern eingesetzt werde, um die Anschaffung und Einfuhr vorzüglicher Werke deutscher Schriftsteller auf dem Gebiet der allgemeinen Litteratur, sowie die Gründung einer Bibliothek dem Freibriefe und dem löblichen Zwecke der Gesellschaft gemäß, in Erwägung zu ziehn und Vorschläge darüber in der nächsten Versammlung einzubringen.

Es ist beachtenswerth, daß um diese Zeit die deutsche Sprache bereits angefangen hatte, Boden zu verlieren. Die deutsche Presse in Philadelphia war verstummt, aus der Zionskirche eine Fraction der Mitglieder ausgetreten, weil sie den englischen Gottesdienst vorzog und aus derselben Ursache hatten neue Kämpfe in den Jahren 1815 und 1816 die Gemeinde in große Aufregung versetzt. Selbst die Beschlüsse und Berichte, welche sich auf die zu gründende deutsche Bibliothek beziehen, waren englisch abgefaßt. Es scheint also, als habe bei den Mitgliedern der Deutschen Gesellschaft die alte Liebe zu der Muttersprache angesichts der ihr drohenden Gefahr instinctiv nach einem Hülfsmittel zu ihrer Erhaltung gegriffen, und keines lag näher als die Gründung einer deutschen Bibliothek, wodurch zu gleicher Zeit eine klar ausgesprochene Aufgabe der Gesellschaft nach so langem Zögern zur Ausführung kam.

Der Ausschuß, dem die Bibliotheksfrage übergeben war, berichtete im März 1817 durch den Vorsitzenden L. Krumbhaar zu Gunsten des Planes mit besonderer Betonung des Umstandes, daß in andern Bibliotheken für englische Bücher gesorgt sei, deutsche aber nirgends zu finden wären. Und um sogleich Hand ans Werk zu legen, empfahl der Bericht die Einsetzung eines Committees, das ermächtigt sein solle, $500 Dollars auf den Ankauf deutscher Werke zu verwenden und alljährlich bis auf $250 für Bücher zu verausgaben. Die Gesellschaft genehmigte den Vorschlag und damit war der Grundstein zur Bibliothek gelegt. Das erste Bibliothek-Committee, bestehend aus den Herren Dr. Phil. F. Meyer, Ehrw. S. Helfenstein, Ludwig Krumbhaar, W. Lehmann und H. T. Virchaur, fand Gelegenheit eine Anzahl werthvoller deutscher Bücher am Platze zu kaufen, andere wurden in Leipzig bestellt. Auch die Anschaffung nöthiger Schränke mit einem Aufwande von $230 fällt ins erste Jahr. Zum Bibliothekar wählte die Gesellschaft den Herrn Joseph Carl Sprenger.*) Während im ersten Jahre die für die Bibliothek bewilligte Summe ausschließlich auf den Ankauf deutscher Werke verwendet wurde, kamen bereits im nächsten Jahre auch englische Bücher (standard works) hinzu. Es war dies vom Bibliothek-Committee gewiß wohl gemeint, doch betrat man damit eine falsche Bahn, von welcher es unmöglich gewesen ist, wieder abzulenken. Gerade wegen des als Motiv zur Gründung der Bibliothek angeführten Umstandes, daß englische Werke an andern Plätzen, deutsche aber in keiner zugänglichen Sammlung zu finden seien, hätte sich das Interesse und der Kostenaufwand der Deutschen Gesellschaft auf Werke deutscher Schriftsteller beschränken sollen. Daß dies nicht geschah, ist zu bedauern, obschon sehr erklärlich. Man berief sich auf die jüngere Generation (rising community), welcher das Deutsche nicht mehr geläufig war. Dieselbe Rücksicht hatte so bittere Zwistigkeiten über Deutsch und Englisch in den Kirchen hervorgerufen.

Wie nicht anders zu erwarten, gründete sich auf das erste Zugeständniß ein Anspruch und dieser gestaltete sich bald zur Forderung. Im März 1823 berief sich ein Antragsteller darauf, daß viele Mitglieder mit Bedauern die verhältnißmäßig geringe Anzahl englischer Bücher in der Bibliothek bemerkten, und schlug vor, das betreffende Committee zu ersuchen, der englischen Abtheilung mehr Aufmerksamkeit zuzuwenden. Die Gesellschaft erklärte sich damit einverstanden und bewilligte eine Extrasumme von $50 für das Jahr.

Der Wink ging nicht verloren. Das erste Verzeichniß, das 1826 im Druck erschien, führt 853 Bände in englischer und 798 Bände in deutscher Sprache auf; es hatte mithin die englische Abtheilung schon im neunten Jahre nach der Stiftung einen kleinen Vorsprung über die deutsche gewonnen.

---

*) Diesen erwähnt Abraham Ritter (History of the Moravian Church in Philadelphia, p. 274) beiläufig als Inhaber eines Ladens in der Zweiten Straße mit deutschen Waaren, Spielsachen, Schneeberger Schnupftaback u. s. w.; er nennt ihn einen hübschen Tyroler, der sich besonders bei Damen beliebt zu machen wußte.

Dem Inhalt der Bücher nach war die Sammlung eine im Ganzen wohl= gewählte Volksbibliothek, die unterhaltendes und belehrendes Lesematerial enthielt; auch war auf die Verschiedenheit des Geschmacks und der Bildungs= stufen billig Rücksicht genommen. Derselbe Schrank beherbergte die großen Classiker Deutschlands und den Rinaldo Rinaldini, die Predigten des from= men Zollikofer und die Ausgelassenheiten Wielands und Thümmels. Bei dieser Duldsamkeit nimmt es Wunder, daß die Gesellschaft im März 1828 auf Antrag des Vorsitzers des Bibliothek=Committees beschloß, Becker's Weltgeschichte wieder auszuscheiden. Ein Grund dazu ist in den Protokollen nicht erwähnt; die Tradition bezeichnet als solchen die religiöse Lauheit des Becker'schen Werkes. Habent sua fata libelli! Lange blieb übrigens die verketzerte Geschichte nicht in der Verbannung, sondern wurde schweigend wieder eingereiht.

Eine sehr vermehrte neue Ausgabe des Catalogs, etwa 5000 Bände ver= zeichnend, kam 1839 heraus, dazu eine Fortsetzung im Jahre 1850 und eine zweite im Jahre 1859. Als es im Jahre 1863 für nöthig erachtet wurde, einen neuen Catalog anfertigen zu lassen, genehmigte das Bibliothek=Com= mittee den Vorschlag des Bibliothekars, zu gleicher Zeit sämmtliche Bücher systematisch aufzustellen, was bis dahin nicht geschehen war.

Der neue Catalog erschien 1864, ein Supplement dazu 1873; die jähr= lichen Berichte enthalten außerdem Verzeichnisse der neu hinzugekommenen Werke.

Bis zum Jahre 1870 bewilligte die Gesellschaft alljährlich eine gewisse Summe für die Vergrößerung und Verwaltung der Bibliothek;*) seit jener Zeit werden die Kosten (einschließlich der Saläre) aus einem Viertel der Jahresbeiträge, den Zahlungen der Lesemitglieder und den Geldstrafen be= stritten.

Lesemitglieder sind nicht zur Gesellschaft gehörende Personen, welche auf die Bibliothek abonniren. Die Einrichtung besteht seit 1849. Der jetzige Preis ist $5 das Jahr. Mitgliedern der Gesellschaft steht die Benutzung der Bibliothek frei. Anfangs war sie einmal die Woche, nämlich Samstags von 3 bis 5 Uhr offen; seit 1860 ist dies auch Mittwochs der Fall.

Das Wachsthum der Bibliothk stellt sich in folgenden Zahlen dar:

Jahr.	Gesammtzahl der Bände.	In deutscher Sprache.	In englischer Sprache.
1820	600		
1822	1100		
1826	1651	798	853
1842	5724	2355	3369
1850	7278	3122	4156

*) Siehe die chronologische Uebersicht der Einnahmen und Ausgaben.

Jahr.	Gesammtzahl der Bände.	In deutscher Sprache.	In englischer Sprache.
1855	8696	3848	4848
1860	11,209	5442	5767
1865	12,049	6025	6022
1870	14,226	7505	6721
1875	15,864	8929	6935 *)

Die Ueberzahl der englischen Bücher fing mit dem Jahre 1860 an abzunehmen. Das ist gerade die Zeit, als die Gesellschaft überhaupt wieder deutsch wurde, in Sprache und Gesinnung. Im Jahre 1865 hatten sich die Wagschalen gleich gestellt und von da ab hat das Deutsche das Uebergewicht.

Außer den Anschaffungen aus den regelmäßigen Einkünften der Gesellschaft hat die Bibliothek manches werthvolle Werk der Freigebigkeit Einzelner zu verdanken und es vergeht nicht ein Jahr, daß nicht ein willkommenes Geschenk dieser Art den Bücherschatz vermehrte.

Besonders verdient machten sich in dieser Hinsicht mehrere Freunde der Bibliothek durch Vermächtnisse und Schenkungen. Herr W. Lehmann, das Mitglied das am 16. December 1816 die Gründung der Bibliothk beantragte und bis zu seinem Tode im Bibliothek-Committee diente, hinterließ der Gesellschaft (1830) $1000 mit der Bestimmung, daß diese Summe zum Ankauf von Büchern verwendet werden solle. Sein Nachfolger im Bibliothek-Committee, Hr. Georg Fox († 1839), vermachte für denselben Zweck die Zinsen von $1000 auf die Dauer von zehn Jahren. In anderer nicht minder freigebiger Weise hat der frühere Präsident, Hr. W. J. Horstmann, die Bibliothek mit vielen Büchern von dauerndem Werthe bereichert. Er stellte dem Committee jedes Jahr $100 aus seiner Tasche zur Verfügung mit keiner andern Bedingung, als dafür deutsche Bücher anzuschaffen. Einige kostspieligere Werke, darunter Prachtausgaben deutscher Dichtungen, die unserer Bibliothek zur Zier gereichen, konnten aus diesen bis zu Herrn Horstmann's Tode geleisteten Zuschüssen erworben werden.

Dadurch, daß der jetzige Präsident, Herr George R. Ziegler, die Kosten für den Druck des 1873 veröffentlichten Supplementar-Catalogs zu tragen übernahm, wurde eine entsprechende Summe ($131.40) zur Anschaffung von Büchern flüssig und verdiente sich Herr Ziegler den Dank aller Freunde und Benutzer der Bibliothek.

Ein auf Hrn. Wicht's Antrag ernanntes Committee (Wicht, Leppien, Schlesinger) veranstaltete im Jahre 1855 eine Geldsammlung zum Besten der Bibliothek, welche $168 ergab.

Feuer. — Daß das Eigenthum der Gesellschaft durch ein im nördlichen Nachbarhause den 29. November 1856 ausgebrochenes Feuer bedroht und

*) Von diesen sind etwa 200 als vernutzt anzusehen.

theilweise beschädigt wurde, ist bereits an einem andern Orte erzählt worden. Die Bibliothek erlitt durch eine einfallende Mauer, noch mehr aber durch Wasser, erheblichen Schaden und wurde mehrere Monate bis zur Vollendung der Reparaturen nach einem Hause in der 4. Straße unterhalb der Arch Str. verlegt. Von der Versicherungssumme von $1125, welche die Mutual Insurance Co. zahlte, ging der Bibliothek zur Ersetzung der Verluste die Hälfte zu.

Ueber die Büchersammlung selbst können hier nur wenige und allgemein gehaltene Bemerkungen Platz finden, einen vollständigen Bericht über ihren Inhalt gibt der Catalog. Sie ist für den Zweck, den sie erfüllt, wohl gewählt und reichhaltig, verschafft den Mitgliedern der Gesellschaft Gelegenheit, mit den litterarischen Erzeugnissen und Geistesströmungen des alten Vaterlandes in Rapport zu bleiben und fördert die Pflege der deutschen Sprache in der Familie. Die in der Bibliothek berücksichtigten Litteraturzweige sind vornehmlich die, welche das Material zu den Gedankenkreisen der gebildeten Welt liefern. Ein gewisser Grad der Volksthümlichkeit muß aus nahe liegenden Gründen gewahrt werden; auch verbieten die beschränkten Mittel die Anschaffung technischer und streng wissenschaftlicher Werke. Uebrigens sind alle Wissenszweige, welche dem gutgeschulten Manne geistige Nahrung bieten, gehörig vertreten.

Recht gut ist für die Geschichte gesorgt, sowohl für die allgemeine, wie auch die besondere einzelner Perioden und Länder. Die berühmten deutschen Geschichtschreiber älterer und neuerer Zeit sind ziemlich vollständig da; besonders gut ist die Deutsche Geschichte bedacht. Im Ganzen zählt diese Abtheilung etwa 900 Bände in deutscher und 775 in englischer Sprache.

Auch für die Geschichte der Cultur und ihrer hauptsächlichen Factoren, Religion, Philosophie, Kunst und Litteratur, findet sich recht werthvolles Material.

Der Geschichte schließt sich die Biographie an, ein schwieriges Fach, was die Auswahl betrifft, sobald man über die allgemein berühmten Namen hinausgeht. Die Bibliothek hat etwa 600 Bände in deutscher und 650 in englischer Sprache. —

Ueber Länder- und Völkerkunde finden sich viele sehr schätzenswerthe Werke, sowohl systematische und umfassende, wie auch einzelnen Ländern gewidmete, mit besonderer Bevorzugung Deutschlands. Etwa 800 Bände in deutscher und eben so viele in englischer Sprache, gehören zu dieser Abtheilung.

Theologie und Philosophie haben keinen starken Halt in der Bibliothek gefunden; unter den philosophischen Schriften sind die über Seelenkunde, als dem allgemeinen Verständniß am nächsten liegend, die zahlreichsten. Die Mythologie ist nicht ganz übergangen, weder die classische noch die deut-

fche, und auch über orientalische Religionen ift einige Auskunft zu finden.
Eben fo leicht befetzt ift das Gebiet der Staatswiffenfchaft und Nationalö=
conomie, wofür die Bibliothek nur einzelne, allerdings werthvolle und wich=
tige Schriften bietet.

Dagegen enthält die naturwiffenfchaftliche Abtheilung manche anziehende,
populäre Werke, fowie auch folche, welche die wiffenfchaftlichen Standpunkte
der Gegenwart bezeichnen. Man kann fich daher über Aftronomie, Phyfik,
Chemie, Geologie, Naturgefchichte und Anthropologie, für den gewöhnlichen
Bedarf, Belehrung in der Bibliothek erholen, nur muß man keinen Vorrath
eigentlich wiffenfchaftlicher Werke in reicherer Auswahl erwarten. Die
deutfche Sammlung zählt etwa 120, die englifche eben fo viele Bände.

Ueber die Künfte find vorzugsweife gefchichtliche und populär befchreibende
Bücher aufgenommen. Die Koftfpieligkeit der illuftrirten ins Kunftfach
fchlagenden Werke ftectt hier die Grenzen des Anfchaffbaren fehr eng. Auch
von theoretifchen und technifchen Lehrbüchern mußte abgefehn werden.

Ueber die Aefthetik im Allgemeinen und die Mufik insbefondere, find
mancherlei belehrende und anregende Schriften da. Die gelehrte Philologie
blieb ausgefchloffen, nicht ganz aber die Forfchung auf dem Gebiete der deut=
fchen Sprache. Wörterbücher und Encyclopädien find auch zu finden, aber
für eine Bibliothek nur in mäßiger Fülle. An Kinderbüchern in deutfcher
Sprache ift kein Mangel.

Etwa die Hälfte der ganzen Bücherfammlung befteht aus Werken der fo=
genannten fchönen Litteratur, die denn allerdings Sachen von fehr ungleichem
Werthe, von den unfterblichen Schöpfungen unferer Dichterkoryphäen bis
zu dem fchnell verhallenden Tagesromane in fich begreift. Das Befte diefer
Gattung ift hier jedenfalls zu finden, das Schlechtefte nicht. Schon der
Umftand, daß auf diefem Gebiete die Auswahl durch den bereits erworbenen
Ruf eines Schriftftellers oder die günftigen Urtheile der Kritik beftimmt
wird, fchließt die elende Spreu der Leihbibliotheken aus.

Das Archiv

der Deutfchen Gefellfchaft ift eine gegen Ende von 1867 errichtete Abthei=
lung der Bibliothek für Werke und Druckfchriften, die auf die deutfche Ein=
wanderung, vornehmlich die pennfylvanifche, Bezug haben, oder überhaupt
vom Leben und Treiben der Deutfchen im neuen Vaterlande Kunde geben.
Hätte die Gefellfchaft feit der Zeit ihres Beftehens Material diefer Art, wie
es der Augenblick bot, zurückgelegt und aufbewahrt, fo würde faft ohne Mühe
und Koften eine höchft werthvolle hiftorifche Sammlung entftanden fein,
welche auf die Vergangenheit der Einwanderung, auf vergeffene Thatfachen
und Perfönlichkeiten ein jetzt fchwerlich zu erlangendes Licht würfe. Seit
1730, alfo beinahe 150 Jahre lang, ift in Pennfylvanien deutfch gedruckt

worden; aber die Fluth der Zeit hat mit den deutsch-amerikanischen Druckschriften des letzten Jahrhunderts so gründlich aufgeräumt, daß die Ueber-
bleibsel zu Raritäten geworden sind. Daher ist der irrige Schein eines litterarischen Vacuums in jener Periode entstanden und es ist fast vergessen,
daß vor der Revolution in Germantown eine deutsche Verlagsbuchhandlung
existirte und zwar an die vierzig Jahre, welche zu den bedeutendsten und
blühendsten der Colonieen zählte. So bedauerlich es ist, daß die Deutsche
Gesellschaft es nicht früher unternommen hat, den papierenen Zeugen, die
doch Allerlei erzählen und verrathen, ein sicheres Asyl zu gewähren, so sinn-
los würde es sein, der früheren Versäumniß halber auch fortan dabei zu be-
harren.

Als die Sache 1867 zur Sprache kam, fand der Vorschlag allgemeine
Billigung, der Bibliothek eine dem deutsch-amerikanischen Leben gewidmete
Abtheilung anzuschließen. Die Ausführung dieser Idee wurde einem „Ar-
chiv-Committee"*) übergeben, das in den letzten acht Jahren mit geringen
Kosten (etwa $250) eine schon jetzt werthvolle Sammlung in dem bezeichne-
ten Sinne zu Stande gebracht hat.

Einen interessanten Theil derselben bilden deutsch-amerikanische Druckschriften des letzten Jahrhunderts. Unter diesen sind vor allen die drei deutschen Bibelausgaben in Quart zu nennen, welche Christoph Saur in Germantown 1743, 1763 und 1776 druckte und verlegte. In der amerikanischen Bibliographie nehmen diese deutschen Bibeln eine merkwürdige Stelle
ein, es sind nämlich die ersten, die in einer europäischen Sprache auf diesem
Continente erschienen sind. Nur die Elliot'sche Uebersetzung in die Sprache
der Indianer, welche 1663 in Cambridge, Mass., herauskam, ging der deutschen Bibel voraus. Die erste englische in Amerika gedruckte Ausgabe ist
im Jahre 1782 von Robert Aitken in Philadelphia verlegt.

Unter den bemerkenswerthen Büchern des Archivs befindet sich ferner das
erste Buch, das in Amerika mit deutschen Lettern gedruckt ist, „Der Zioni-
tische Weihrauchshügel oder Myrrhenberg," Germantown bei Christoph
Saur 1739, ein Octavband von 820 Seiten, der eine Sammlung mystisch-
phantastischer Lieder für die seltsamen Schwärmer des Ephrataer Klosters
enthält. Manche dieser für Sektirer bestimmten deutsch-amerikanischen
Druckwerke des letzten Jahrhunderts sind für die Kenntniß der Cultur-
zustände jener Zeit von hohem Interesse.

Bekanntlich werden die von Benjamin Franklin gedruckten Bücher sehr

---

*) Das Archiv-Committee für 1867 und 1868 bestand aus D. Seidensticker, John
Jordan jun., S. W. Fahnestock, Dr. C. Hering und R. Korabi. Herr S. W.
Fahnestock kam am 4. Dec. 1868 durch den Brand des Dampfschiffes „Amerika"
auf dem Ohio um's Leben. An seine Stelle trat Herr Pastor S. K. Brobst aus
Allentown. Seit 1874 ist Herr Joseph J. Mickley für Dr. Hering eingetreten.

gesucht, und die deutschen „Franklins" sind noch schwerer zu bekommen, als
die englischen. In der Sammlung der Deutschen Gesellschaft befinden sich
der Bechtel'sche Katechismus für Reformirte, die „An= und Aufforderung an
die erweckten Seelen dieses Landes," beide aus dem Jahre 1742, sowie
mehrere Werkchen, die Franklin als Compagnon Böhm's und Armbrüster's
druckte.

Bibliographische Seltenheiten sind auch die zum Theil höchst merkwürdi=
gen Erzeugnisse der Ephrataer Klosterpresse, z. B. „Der Blutige Schauplatz
oder Martyrerspiegel der Taufgesinnten," ein 1748 im Kloster gedruckter
Foliant von mehr als 1500 Seiten, und „Das Paradiesische Wunderspiel"
von 1766, ein Quartband mystischer Gesänge.

Die älteren Philadelphier Verleger deutscher Bücher, wie Böhm, Arm=
brüster, Heinrich Miller, C. Cist, M. Steiner und Andere, sind im Archiv
durch eine Anzahl von Druckwerken vertreten. Eben so zeigt es, wie sich der
deutsche Druck in den Landstädten von Pennsylvanien verbreitete.

Von alten deutsch=amerikanischen Zeitungen kann unsere Sammlung —
außer vereinzelten Blättern der Saur'schen „Berichte" — nur den ersten
Jahrgang des Wöchentlichen Philadelphischen Staatsboten vom Jahre 1762
aufweisen.

Eine photographische Copie des ersten deutschen Zeitungsblattes, das in
Amerika erschienen (Germantown, den 20. August 1739), ist in der Gesell=
schaftshalle aufgehängt und sieht dem im Besitze des Herrn A. H. Cassel be=
findlichen Originale täuschend ähnlich.

Auch deutsche Flugschriften, Berichte, Gedächtnißreden, Circulare, Gesell=
schafts=Constitutionen, kurz Alles, was die Zustände und Vorkommnisse des
deutschen Lebens in unserer Stadt und in weiteren Kreisen abspiegelt, nimmt
das Archiv zur Verwahrung auf. Es liegt auf der Hand, daß eine solche
Sammlung, mit Erfolg und Beharrlichkeit fortgesetzt, nach Jahren wichtiges
Material für die Kenntniß und Beurtheilung deutsch=amerikanischer Cultur=
zustände enthalten wird.

Eine andere Abtheilung umfaßt die in Deutschland über Amerika gedruck=
ten Schriften und es wird beabsichtigt, durch allmälige Anschaffung der älte=
ren so gut wie der neuern Werke, auch diese Sammlung möglichst vollständig
zu machen. Das älteste deutsche Buch, das sich auf Pennsylvanien bezieht,
nämlich die „Umständige Geographische Beschreibung der zu allerletzt erfun=
benen Provinz Pennsylvanien an benen Endgränzen Americas gelegen
durch F. D. Pastorius, Frankfurt und Leipzig 1700," gelangte durch Dupli=
catentausch mit der Historischen Gesellschaft von Pennsylvanien in unsern
Besitz.

Das Archiv, wiewohl durch seinen Namen an alte ehrwürdige und, nach
Umständen, staubige Institute erinnernd, ist jungen Ursprungs, dürfte aber

unter treuer Pflege zu einem nützlichen Theile der Bibliothek, nämlich zu einer Fundgrube für deutsch-amerikanische Geschichte heranwachsen. Es zählt etwa 750 Bände und eben so viel Pamphlete, Kalender u. s. w. Die Pennsylvanischen Kalender bilden eine ununterbrochene Serie von mehr als hundert Jahren.

Bei weitem der größte Theil aller dieser Drucksachen wurde geschenkt; mehrere seltene Sachen sind zu einem verhältnißmäßig sehr geringen Preise erworben worden.

Reden und Vorlesungen.

Die auf Anlaß der Deutschen Gesellschaft gehaltenen Reden und Vorlesungen können wohl als ein Ausfluß ihrer erzieherischen Thätigkeit gelten und kommen daher am passendsten im gegenwärtigen Abschnitte zur Erwähnung.

Während einer Reihe von Jahren ward der 20. September durch eine Feierlichkeit begangen, wobei eine Rede die Hauptsache war. Am 20. September 1781 hatte nämlich der Freibrief, welcher der Gesellschaft die Rechte einer öffentlichen Körperschaft verlieh, durch die Unterschrift des Sprechers, Friedrich A. Mühlenberg, gesetzliche Kraft erhalten und es war der Wunsch der Gesellschaft, der selbst in den Regeln seinen Ausdruck fand, diesen Tag als einen denkwürdigen zu feiern.

„Am 20. September jedes Jahr, oder am Montag darauf, wo dieser auf einen Sonntag fällt, nämlich am Tage des erhaltenen Freyheitsbriefs, mag auch von einem Mitglied der Gesellschaft jedesmal eine deutsche Rede gehalten werden. Demnach werden zu dieser Feyerlichkeit nicht nur jedesmal die Glieder der Gesellschaft einladen, sondern durch Zettel oder Zeichen auch andere angesehene Personen eingelassen. Die gehaltene Rede darf hernach, wenn es begehrt wird, auf Kosten der Casse gedruckt, jedem von der Gesellschaft ein Exemplar gegeben, und die übrigen verkauft werden. Solche Rede darf keine streitige Punkte der Religion enthalten und der Stoff derselben soll immer ein solcher sein, der mit den Endzwecken der Gesellschaft in Verbindung steht.“ — (Regeln von 1782 und 1794, § 26.)

Dieser Empfehlung gemäß hielt der Pastor Joh. Chr. Kunze, von der Gesellschaft darum angegangen, am 20. September 1782 die erste Gedächtnißrede, zu deren Thema er sich den erweiterten Wirkungskreis der Deutschen Gesellschaft wählte. Sie wurde auf Kosten der Gesellschaft (£32, 18 sh. 9 d.) gedruckt und ist auch in Schöpf's Reisen (Bd. I., p. 613) auszüglich mitgetheilt. Der Schwerpunkt der Rede liegt in der Ausführung, daß die Gesellschaft nunmehr verbunden ist, nicht allein den Einwanderern materiell zu helfen, sondern auch für Erhaltung der deutschen Sprache unter den hiesigen Deutschen, für deren Erziehung, für Errichtung von Schulen und Bibliotheken u. s. w., sich wirksam zu erweisen.

1783 sollte Pastor Caspar D. Weiberg die Rede halten, aber die Einladung gelangte an ihn zu spät und die Feierlichkeit unterblieb.

1784. In diesem Jahre leitete Pastor Helmuth die Feierlichkeiten, die in einem bereits oben (p. 189) beschriebenen Redeactus der deutschen Universitäts-Schüler im Saale der Akademie bestanden. Die Deutsche Gesellschaft versammelte sich im lutherischen Schulhause und begab sich in Procession nach der Akademie (4. Straße unter der Arch Straße). Auch die Mitglieder der Assembly und des vollziehenden Rathes, die Censoren, die Verwaltung und Facultät der Universität waren anwesend. Die Deutsche Gesellschaft hatte für Musik gesorgt.

1785 scheint keine Rede am 20. September gehalten zu sein; doch fand den 4. Juli unter Dr. Helmuth's Leitung, eine Redeübung mit den deutschen Schülern in der Universitäts-Halle statt, wozu sämmtliche Mitglieder der Deutschen Gesellschaft eingeladen wurden.

1786. Es ist nicht klar, ob Pastor Helmuth, oder Pastor J. Fr. Schmidt die Gedächtnißrede übernahm. Die auf Kosten der Gesellschaft studirenden Knaben hielten gleichfalls Vorträge.

1787. Der Redner für dieses Jahr war Friedrich Stüber, jr., der erste junge Mann, der die Universität auf Kosten der Deutschen Gesellschaft besucht hatte.

1788. Der Festredner war Pastor Helmuth.

1789. Der Beschluß, den 20. September auf die gewöhnliche Weise zu feiern, steht verzeichnet; der Redner ist nicht genannt.

1790. Keine Erwähnung.

1791. Pastor Helbron wird ersucht die Rede zu halten.

1792. Nur die vorbereitenden Schritte erwähnt.

1793. Der gewöhnliche Antrag, ein Mitglied durch ein Committee um Haltung einer Rede ersuchen zu lassen, wurde gemacht. Das gelbe Fieber aber verhinderte die Feier.

1794. F. A. Mühlenberg hält die Gedächtnißrede, welche auf Beschluß der Gesellschaft gedruckt (in 300 Exemplaren) und unter die Mitglieder vertheilt wurde. Kein Exemplar ist aufgefunden worden.

1795. Herr Gustav Friedrich Götz.

1796. Herr Andreas Heins. Auch dessen Rede wurde gedruckt, aber es ist kein Exemplar davon zum Vorschein gekommen.

Hiermit brechen die Hinweisungen der Protokolle auf die Gedächtnißfeier des 20. September ab und man darf annehmen, daß eine solche nicht ferner stattfand.

Die Vorlesungen in neuerer Zeit.

Längst waren die Jünglinge, welche die letzte Gedächtnißrede am 20. September mit angehört, zu Greisen geworden und zu Grabe getragen, längst war die Erinnerung an die Reden selbst erloschen, als die Gesellschaft zum zweiten Male Anlaß zu deutschen Vorträgen gab. Diese knüpften sich freilich an keine besondere Gelegenheit, sondern hatten einfach den Zweck, eine belehrende Unterhaltung zu bieten. Ein erster Vorschlag dazu ward im Jahre 1850 gemacht und einem Erwägungs-Committee überwiesen, (Demme, Pfeiffer, Chur, Heyl, Menz,) wo er ein ungnädiges Ende fand.

Ein besseres Schicksal hatte ein ähnlicher Antrag, den Herr W. J. Kiberlen im September 1867 stellte. Die Gesellschaft nahm denselben mit Gunst auf und ein Committee, bestehend aus den Herren R. Korabi, F. Dittmann und O. Seidensticker, ward ersucht, einen Cyclus von Vorlesungen für den Winter in der Gesellschaftshalle zu veranstalten.

Eine hinreichende Anzahl von Herren ließ sich bereit finden, des guten Zweckes halber, ihre Dienste ohne Vergütung zu leihen und da ein mäßiger Preis für die Einlaßkarten erhoben wurde, blieb nach Bestreitung der Kosten (Anzeigen u. dgl.) ein kleiner Ueberschuß zum Besten der Gesellschaft.

Die Vorlesungen des Winters von 1867—1868 behandelten folgende Themata:

Sir Walter Raleigh, von Herrn F. Dittmann.
Die Schlacht bei Chancellorsville, von General v. Steinwehr.
Die socialen Zustände Polens, von Dr. M. Jastrow.
Die Waldenser und ihre Kirche, von Pastor A. Späth.
Die Deutsche Gesellschaft und die deutsche Einwanderung, von Dr. G. Kellner.
Preußens Umgestaltung, von Prof. L. Angele.
Die Gesetze der Natur, von Dr. H. Tiedemann.
Pompeji, von Dr. Oswald Seidensticker.

Winter 1868—69.
(Committee, wie im vorigen Jahre.)

Berthold Auerbach, von Dr. Seibert.
Vor hundert Jahren, von Dr. Oswald Seidensticker.
Mendelssohns Leben und Wirken, von Dr. B. Szold in Baltimore.
Meine Reise nach Deutschland, von Dr. H. Tiedemann.
Chemie der sogenannten vier Elemente, von Dr. R. Schmidt in Burlington.
Maria Stuart, von Herrn Fr. Dittmann.
Geschichtliches Verhältniß der Juden zur Civilisation der Völker, von Dr. M. Jastrow.
Theophrastus Paracelsus, von Dr. C. Hering.
Ursprung der Sprache, von Pastor E. Rieke.

Pflege und Erhaltung der Deutschen Sprache in den Vereinigten Staaten, von Dr. G. Kellner.

Wachsthum der preußischen Monarchie, von Prof. L. Angele.

Vorlesungen während des Winters von 1869—70.

(Committee: R. Korabi, O. Seidensticker.)

Ueber die Chemie des Pflanzenwachsthums, von Prof. Maisch.

Aus den zwei letzten Jahren des amerikanischen Bürgerkrieges, von Dr. E. R. Schmidt.

Der Magen und seine Leiden, von Dr. H. Tiedemann.

Die altchristliche Architektur, von Prof. L. G. Frank.

Proben aus der hebräischen Poesie im Mittelalter, von Dr. M. Jastrow.

Der Einsiedler am Wissahickon, von O. Seidensticker.

Meine Reise nach Deutschland (Schluß), von Dr. H. Tiedemann.

Die Stellung der Frauen und ihr Verhältniß zur Emancipationsfrage, von Dr. G. Kellner.

Erlebnisse meiner Reise nach den Rocky Mountains, von Herrn G. Bechler.

Im Winter von 1870—71 war der deutsch-französische Krieg das einzige Thema, das Interesse einflößte und die Gemüther beherrschte. Gemächliche Erörterungen waren außer Frage zu einer Zeit, als ereignißschwere Telegramme täglich durch die Welt blitzten. Die Räume der Deutschen Gesellschaft glichen vor Weihnachten einem Waarenlager, denn dort wurden die für den Hülfsbazar bestimmten Güter vorläufig untergebracht.

Die Vorlesungen unterblieben also und da es einigermaßen zweifelhaft schien, ob das Interesse des Publikums an solchen geistigen Unterhaltungen im richtigen Verhältniß zu der darauf verwendeten Arbeit und Zeit stehe, so blieben sie auch während der nächsten Winter ausgesetzt.

Im Spätjahr von 1875 wurde die Sache indessen von Neuem angeregt. Im Verwaltungsrath kam die Ansicht zur Geltung, daß die Deutsche Gesellschaft, die doch auch berufen sei, Erziehung und Bildung zu fördern, den Weg belehrender Vorlesungen nicht von der Hand schlagen solle, daß aber eben deßhalb kein Eintrittsgeld zu denselben erhoben werden dürfe. Und so wurde denn wiederum ein Committee, bestehend aus den Herren J. Kinike, O. Seidensticker und Dr. G. Kellner, ernannt, um eine Reihe öffentlicher Vorlesungen zu arrangiren.

Es ließ sich, auf geschehene Einladung, eine hinreichende Anzahl von Herren bereit finden, während des Winters belehrende Vorträge in unserer Halle zu halten und der zahlreiche Besuch bei allen, die bisher stattfanden, beweist, daß das deutsche Publikum die ihnen so freigebig gebotene Gelegenheit auch zu würdigen weiß.

Vorträge im Jahre 1876.

Am 6. Januar. Die Weltausstellung in Philadelphia, von Herrn Oberingenieur Hermann J. Schwarzmann.

Am 20. Janaur. Das Wasser. Mit chemischen Experimenten. Von Prof. Georg A. König.

Am 3. Februar. Der Mensch und der Affe, von Dr. H. Tiedemann.

Am 24. Februar. Alex. v. Humboldt, von Dr. G. Kellner.

Eine Reihenfolge dichterischer Vorträge, die der deutsche Rhapsode, Dr. W. Jordan, im Frühjahr 1872 hielt, war allerdings nicht von der Deutschen Gesellschaft veranlaßt, verdient aber insofern hier eine Erwähnung, als fast sämmtliche Zuhörer, welche die Halle füllten, aus Mitgliedern der Deutschen Gesellschaft bestanden und der Gebrauch der Halle dem Dichter der stabreimenden Nibelungen bereitwillig zur Verfügung gestellt war. Die genußreichen Abende, an welchen Dr. Jordan mit klangreicher Stimme und wunderbarem Gedächtniß seine Umdichtung der alten Sagen vortrug und den mythischen Gestalten von Sigfrid, Krimhilde, Günther, Brunhilde, Hagen, Mime, Hildebrant, Schwanhilde, ein frisches, anschauliches Dasein verlieh, werden wohl allen Zuhörern unvergeßlich bleiben.

Vor seiner Rückkehr nach Deutschland, erhielt der Dichter von den Damen, welche den Vorträgen beigewohnt hatten, einen silbernen Pokal zum Andenken an Philadelphia.

Im Anfang Dezember 1875 hielt auch der bekannte Reisende, Herr Gerhard Rohlfs, zwei vom Deutschen Clubb veranlaßte Vorträge über seine Reisen in Afrika in der Gesellschaftshalle, die sich eines zahlreichen Besuches erfreuten.

Und so ist denn unser Versammlungslatz in mehr als einer Weise zum Mittelpunkt eines intellectuellen und geistig fördersamen Verkehrs für die Deutschen Philadelphias geworden. Daß ihm diese Ehre auch während der diesjährigen Jubelfeier zufalle, dazu sind alle Anzeichen vorhanden.

Neunter Abschnitt.

Finanzen.

Wir kommen endlich denn auch an das Capitel der Einnahmen und Ausgaben, deren Regulirung in Gesellschaften nicht minder als im Staate, in Geschäften und im Haushalte des Einzelnen die Hauptbedingung gesunden Bestehens und nützlicher Thätigkeit bildet. Wir lassen hier so viel wie möglich die Zahlen für sich selbst reden und schicken nur folgende erklärende Bemerkungen voran:

Die vorgefundenen Cassabücher sind: a, das erste, von 1765—1780; b, das von 1793—1811; c, mehrere von 1830 bis auf die Gegenwart, ohne Unterbrechung. Auch einzelne im Staatsboten 1765—1775 und in der Philadelphischen Correspondenz im Anfang der neunziger Jahre veröffentlichte Jahresabschlüsse konnten benutzt werden.

Es ließ sich daher die Finanzübersicht nicht in ununterbrochener Jahresfolge herstellen. Daß in der Lücke von 1812—1829 das eine Jahr 1820 ausgefüllt werden konnte, ist dem Auffinden eines gedruckten Finanzberichtes für das Jahr auf einem fliegenden Blatte zu verdanken.

Eine Zusammenstellung der Ausgaben nach der Art ihrer Verwendung ist erst seit den letzten zehn Jahren von den Schatzmeistern gegeben worden. Für die ganze frühere Zeit war die lästige Arbeit des Anordnens und Abdirens erst zu unternehmen und die Aufzeichnungen gaben nicht immer einen sicheren Anhalt. Indessen belaufen es sich die unvermeidlichen Ungenauigkeiten auf keine großen Beträge.

Bei der Tabulirung ist die Zahl der Rubriken so klein wie möglich gehalten. Es sind daher die jährlichen Ueberschüsse und Gesammtsummen nicht mit abgedruckt. Die Zahlungen der lebenslänglichen Mitglieder sind unter die Beiträge aufgenommen. (1846 eine, 1848 zwei, 1850, 1854 und 1855 je eine zu $20; 1857 eine, 1858 drei, 1860 zwei, 1865 drei, 1866 zwei, 1867 eine zu $30; 1867 vier, 1869 eine, 1870 vier, 1871 eine, 1872 eine, 1873 zwei, 1874 vier, 1875 zwei zu $50.)

Auch sind die Interessen auf ausgeliehenes Capital mit den Dividenden zusammengefaßt. Die vermischten Einnahmen enthalten seit 1870 unter Anderm die Gelder, welche in der Bibliothek für Strafgelder, verkaufte Cataloge und Zahlungen der nicht zur Gesellschaft gehörigen Lesemitglieder eingingen. Es waren durchschnittlich etwa $150 das Jahr. Vor 1871 lieferte der Bibliothekar diese Einnahmen direct ans Bibliotheks-Committee und sie sind in den Tafeln nicht berücksichtigt worden. Vor 1860 waren es geringe Summe, etwa $50 das Jahr.

Einnahmen der Deutschen Gesellschaft.

Bemerkung.—Bis zum Jahre 1800 rechnete man nach Pfund, Shilling u. Pence, Pennsylvanischen Geldes. 12 Pence machen einen Shilling, 20 Shilling ein Pfund, 3 Pfund hatten den Werth von 8 Dollars.

	Eintrittsgebühren.			Beiträge.			Interessen und Dividenden.			Miethe.			Vermächtnisse u. Geschenke.			Vermischte Einnahmen.		
	£.	sh.	d.	£.	sh.	d.	£.	sh.	d.	£.	sh.	d.	£.	sh.	d.	£.	sh.	d.
1765	17	2	6	32	10	0							10	9	6			
1766	22	7	6	30	2	3							7	15	0	13	9	5
1767	4	0	0	44	6	11							7	6	4			
1768				25	18	4½							23	1	7			
1769	2	0	0	35	00	3							6	9	9			
1770	1	0	0	23	17	9												
1771	2	0	0	23	10	2							7	7	6			
1772	2	10	0	18	15	1							3	17	6			
1773	15	0	0	26	10	0	6	0	0				2	10	0			
1774	10	0	0	18	15	4	6	0	0									
1775	30	0	0	39	7	6	6	0	0				10	0	0			
1776	12	10	0	24	2	6	12	0	0					15	0			
1777	10	0	0	16	15	0	12	0	0									
1778																		
1779																		
1780																		
*1781	811	17	6	1401	17	6	75	0	0									
†	2	0	0	16	5	0										2	14	0
1782	17	0	0	56	17	6										3	15	0
1783	24	0	0	52	12	6	23	8	4									
1784																		
1785	51	0	0	58	15	0	38	2	11	3	0	0						
1786																		
1787																		
1788	15	0	0	51	13	4	27	0	0	3	0	0						
1789																		
1790	7	10	0	50	15	2	45	15	0	1	10	0						
1791	40	10	0	54	18	4	60	0	0	18	2	6						
1792	25	10	0	58	9	5	126	0	7	41	10	0						
1793	58	10	0	45	17	9	111	3	0	10	0	0				100	0	0a
1794	25	10	0	68	16	1	111	0	9	23	10	6				53	7	6b
1795	25	10	0	79	16	..	133	17	6	57	5	0						
1796	85	10	0	89	18	5½	139	17	6	29	2	6	7	17	6			
1797	43	10	0	78	18	8	144	0	0	28	0	0						
1798	33	0	0	87	9	4	150	0	0	9	0	0						
1799				61	19	3	162	0	0	28	2	6						

*) Continentalgeld.
†) Hartgeld.
a) Rückzahlung verliehenen Geldes.
b) Davon $50 Rückzahlung verliehenen Geldes.

	Eintrittsgebühren.	Beiträge.	Interessen u. Dividenden.	Miethe.	Vermächtnisse u. Geschenke.	Vermischte Einnahmen.
1800	$92 00	$312 12	$461 53	$108 00	$5 00	
1801	16 00	269 90	488 00	140 00		
1802	48 00	175 00	524 00	156 00		
1803	12 00	152 99	512 00	90 67		
1804	4 00	304 57	505 63	146 67	266 67	
1805	48 00	293 24	503 25	74 67		
1806	16 00	171 31	486 29	122 67		$3052 83c)
1807	48 00	225 61½a)	240 00	225 00		3206 63c)
1808	132 00	153 23½	128 00	270 00		
1809	64 00	187 90 b)	128 00	255 00	825 19	
1810	80 00	247 55½	339 46	426 67	886 33	55 50
1811	120 00	286 05½	274 00	320 00		

Vom Jahre 1812 bis zum Jahre 1820 ist nur das Jahr 1820 wie folgt angegeben:

1820	40 00	341 18½	397 16	243 16		9 00
1830	72 00	163 93	421 00	655 00	975 00	16 50
1831	112 00	119 06	441 00	655 00		12 87½
1832	96 00	160 30	509 00	687 50		5 25
1833	84 00	213 25	477 00	663 16		66 38
1834	136 00	142 75	357 00	805 00		22 25
1835	184 00	187 12	505 00	805 00		5 25
1836	88 00	252 69	548 00	805 00		35 90
1837	112 00	178 75	551 00	785 00		30 20
1838	112 00	238 62	549 25	821 67		14 00
1839	200 00	172 50	458 00	774 48		
1840	96 00	253 57	637 05	855 00		
1841	128 00	201 50	372 71	805 00	117 00	
1842	56 00	288 81	97 06	671 67	58 50	
1843	48 00	277 68	152 75	805 00	1058 50	
1844	72 00	221 56	371 39	805 00	358 50	21 75
1845	128 00	263 37	628 95	805 00	258 50	
1846	140 00	335 81	545 96	894 82	58 50	
1847	80 00	368 25	814 21	1000 00	58 50	26 68
1848	112 00	403 31	642 00	1000 00	58 50	10 00
1849	32 00	376 50	746 00	1000 00	58 50	4 00
1850	84 00	371 00	755 00	1000 00		
1851	88 00	323 50	664 01	1000 00	200 00	
1852	72 00	364 00	698 51	1000 00		
1853	56 00	353 00	726 52	1025 00		
1854	104 00	263 50	738 52	1045 20		
1855	112 00	419 50	738 52	1050 00		
1856	48 00	408 00	674 52	1150 00	20 00	
1857	32 00	528 25	550 36	1250 00	10 00	2515 12d)
1858	220 00	230 25	359 72	1250 00		5295 00 e)
1859	248 00	742 75	456 08	1250 00		103 41 f)
1860	550 00	812 25	457 43	1250 00		67 00
1861	155 00	846 25	456 71	1250 00		
1862	220 00	844 50	456 71	1250 00		21 75
1863	370 00	1018 98	455 37	1250 00		518 00g)
1864	665 00	1346 25	419 70	1250 00		98 00

a) Incl. $16 Strafe für Nichtannahme von Aemtern.
b) Incl. $28 Strafe für Nichtannahme von Aemtern.
c) Verkauf von Bankactien.
d) Verkauf von Pennf. Staatsanleihe $1390.12, Feuerversicherung $1125.00.
e) Verkauf von 49 Antheilen der Philadelphia Bank.
f) $43.41 als Ueberschuß des Schillerfestes.
g) Ertrag einer Extra-Collecte.

	Eintrittsge-bühren.	Beiträge.	Interessen u. Dividenden.	Miethe.	Vermächtnisse u. Geschenke.	Vermischte Einnahmen.
1865	$370 00	$1535 02	$452 54	$1250 00		$17 26
1866	265 00	1621 78	452 54	1250 00		74 00
1867	345 00	3417 50	366 71	1250 00	$536 50	6100 65b)
1868	705 00	2668 25	454 12	1250 00	950 00	192 02
1869	1145 00	3176 75	455 70	1250 00		161 10
1870	775 00	3953 00	455 70	937 50a)		552 16c)
1871	220 00	3533 00	507 95	1250 00		852 20d)
1872	440 00	3612 00	533 70	1250 00		1088 30e)
1873	395 00	3600 00	505 20	1250 00	100 00	142 55
1874	390 00	4183 00	486 75	1250 00	50 00	166 50
1875	200 00	3702 00	562 30	1250 00	23 00	138 15

a) Die Zahlung des letzten Quartals fällt in Folge der veränderten Abschlußzeit ins folgende Jahr.

b) Temporäre Anleihe von $5000. Zahlung der Gas-Trustees $1000. Verkauf von Mobiliar $58.65.

c) Darunter Zahlung für Bürgschaft des Ex-Agenten Werlhof $274.69.

d) Davon Prämie beim Verkauf einer Hypothek $500 und Bonus beim Einkauf einer andern $200.

e) Für Verkauf von Bonds $962.15.

Ausgaben der Deutschen Gesellschaft.

Vorbemerkung.

Bei den Ausgaben sind die Zahlungen für Medicin und Holz zu den Unterstützungsgeldern gerechnet. Für Medicin ist seit 1847 jährlich im Durchschnitt etwa $100 bezahlt worden, vor 1863 weniger, seidem mehr. Wegen der Ausgaben für Holz an Arme siehe S. 158. Die Kosten für Gesellschaftsboten und Agenten stehen in derselben Rubrik; vor 1847 beziehen sich die Beträge auf den Boten, von 1855 an auf den Agenten. In der Zwischenzeit erhielt der Bote $80 das Jahr, der Agent 1847 $275, und von 1848—1854, $350.

Unter den gemischten Ausgaben findet sich nothgedrungen sehr Verschiedenes zusammen, nämlich: Kosten für Reparaturen, Mobiliar, Kohlen, Versicherung, Commission des Collectors, Drucksachen, Processe, Reinigung der Halle, Porto, Papier, Fahrgeld u. s. w. Die bedeutendsten darunter sind: Commission circa $300—$350 das Jahr, Anzeigen und Druck $250—$300, Reinigung der Halle $120, Versicherung $90. In den jährlichen Berichten, welche im Druck erscheinen, ist dies Alles specificirt.

Das Fundirungs-Conto, das von 1867 bis Ende 1874 separat geführt wurde, ist in das allgemeine Conto aufgenommen, ebenso die Rechnungsführung des Tilgungsfonds zur Deckung der 1866 für Bücherschränke und sonstige Ausrüstung der Halle contrahirten Schuld. Diese, im Belauf von $5000, war schon 1869 abbezahlt.

Mit Ausnahme von zwölf Antheilen der im Jahre 1857 gebrochenen

Bank von Pennsylvanien (Pariwerth $100 der Antheil), hat die Gesell-
schaft keine erheblichen Verluste erlitten. Sie kann den Zoll des Dankes
denen nicht versagen, welche in der langen Zeit von 1764 bis 1876 ihre
Finanzen mit Treue und Bedacht verwaltet haben, denn es mag daran
erinnert werden, daß mancher versprechende Verein an den Klippen schlechter
Verwaltung gescheitert ist und damit auch der edle Zweck, den er verwirklichen
sollte.

Ausgaben.

	Unterstützung.			Erziehung.			Verschiedene.			Investirt.		
	£	sh.	d.	£	sh.	d.	£	sh.	d.	£	sh.	d.
1765	43	0	1									
1766	29	2	0½a)				0	16	06			
1767	86	10	7 b)				15	14	10			
1768	19	9	10 c)									
1769	64	8	6 d)									
1770	8	10	11									
1771	19	6	3									
1772	32	5	0½									
1773	38	13	0									
1774	23	11	1									
1775	16	5	0									
1776	0	15	0									
1777	2	5	0									
1778												
1779												
1780												
1781	*1515	15	0							75	0	0
	†18	15	3									
1782	74	13	8									
1783	34	5	1	1	17	6	0	3	0			
1784												
1785	33	14	1½	36	8	4	12	10	0			
1786												
1787												
1788	30	19	4	33	12	0	4	2	20	150	0	0
1789												
1790	26	2	11	38	5	9	6	7	0	150	0	0
1791	17	10	7½	42	7	3	1	10	0			
1792	34	3	0	31	13	0	15	4	6	187	0	0
1793	34	6	3	13	5	7	7	13	9	300	0	0
1794	53	5	10	20	17	6	24	6	6	180	0	0
1795	68	4	9½	19	5	9	17	2	7			
1796	105	15	3	75	1	1½	37	0	0	195	9	9
1797	112	6	1	55	10	10½	24	15	9	180	9	0
1798	73	5	1	56	17	5	7	2	6	183	15	0
1799	64	7	6	33	6	10	5	0	0			

a) Davon für Medicin £0 14 sh. 9 d.
b) Davon £8 14 sh. 0 d.
c) Davon für Behandlung £3 6 sh. 6 d.
d) Davon für Medicin £3 2 sh. 6 d.
*) Continentalgeld.
†) Hartgeld.

	Unterstützung.	Erziehung.	Bibliothek.*)	Bibliothekare.	Bote u. Agent.	Abgaben.	Verschiedene.	Investirt.
1800	$183 00	$62 05					$45 24	$1015 10
1801	266 00	85 00					45 30	521 55
1802	382 00	135 07					31 45	
1803	387 52	185 07					43 00	577 50
1804	700 00a)	172 44					56 00	105 50
1805	379 62	190 22					168 00	
1806	260 00	240 00					5071 33 b)	
1807	231 00	212 30					3527 46 c)	
1808	156 74	185 58					305 66	
1809	229 00	148 40				$74 77	146 27	813 00
1810	400 00	190 00				81 00	141 71	1330 00
1811	400 00	205 00				74 40	131 43	
1830	441 56	45 00	$1312 00d)	$75 00	$45 00	73 00	76 75	
1831	646 41	45 00	475 62	75 00	45 00	74 50	116 98¼	
1832	656 33	30 00	263 37	100 00	45 00	89 50	432 91½ e)	
1833	618 95		364 62	100 00	45 00	47 00	375 60½ f)	
1834	760 38	60 00	150 00	100 00	45 00	37 50	150 43¼	
1835	399 50	60 00	372 37	100 00	45 00	88 00	286 45¼	
1836	639 50		350 00	100 00	45 00	42 50	233 06	505 00
1837	609 03		369 16	100 00	80 00	43 75	630 43 g)	
1838	580 36		350 00	100 00	80 00	60 00	254 17	283 50
1839	714 34		350 00	100 00	80 00	61 84	777 79 h)	
1840	814 97		315 00	100 00	80 00	70 89	193 04	
1841	996 37		367 00	100 00	80 00		170 75½	
1842	523 17		208 50	100 00	80 00	126 23	119 22¼	
1843	656 92		158 50	100 00	80 00	123 50	207 25	914 25
1844	756 04		158 50	100 00	80 00	125 90	81 01	297 75
1845	915 10		308 50	100 00	80 00	146 00	181 97	192 50
1846	1040 90		308 50	100 00	80 00	141 50	2617 58	i)
1847	1062 30		308 50	100 00	355 00	85 00	583 09	
1848	705 39		308 50	100 00	430 00	91 40	92 77	
1849	828 98		358 50	100 00	430 00	101 00	156 20	554 75
1850	790 84		421 68	100 00	430 00	101 00	123 85	
1851	828 67		300 00	100 00	430 00	132 50	139 49	
1852	916 22		300 00	100 00	430 00	132 50	83 33	2246 25
1853	665 39		350 00	137 50	430 00	140 00	197 49	
1854	855 93		460 00	150 00	430 00	198 00	166 59	
1855	738 62		300 00	150 00	517 51	706 40	140 15	
1856	424 29		300 00	112 50	435 00	440 00	131 71	
1857	1085 68		862 50k)	100 00	304 17	460 00	917 24	l) 1700 00
1858	1227 95		300 00	100 00	383 30	389 30	273 26	5000 00
1859	582 18		300 00	125 00	500 00	377 55	161 01	

*) Seit 1867 einschließlich des Archivs.
a) Davon $200 für die Rappisten.
b) Davon $5000 für den Bau der Halle.
c) Davon $335.89½ für Bau und Ausrüstung der Halle.
d) W. Lehman's Vermächtniß für die Bibliothek gab $950 Zuschuß.
e) Catalog gedruckt; Dach reparirt.
f) Incl. Bücherschrank $100.
g) Teppich und Mobiliar angeschafft.
h) Catalog gedruckt.
i) Seitenflügel gebaut und Mobiliar angeschafft.
k) $562.50 von der Feuerversicherung.
l) Schließt die Kosten für Reparaturen in Folge des Feuers ein.

	Unter-stützung.	Erzie-hung.	Bibliothek.	Biblio-thekare.	Bote u. Agent.	Abgaben.	Verschiedene.	Investirt.
1860	$906 05		$400 00	$75 00	$500 00	$378 15	$750 47a)	
1861	1769 85		400 00	137 00	500 00	419 50	239 12	
1862	1204 21		400 00	150 00	541 58	435 00	297 03	
1863	1035 74		400 00	237 50	458 26	425 00	298 07	
1864	1351 38		400 00	100 00	499 94	427 30	750 94b)	
1865	1237 72		600 00	300 00	491 66	511 00	454 46	
1866	1478 65		600 00	200 00	750 00		884 73c)	
1867	1472 15	$80 00	620 00	200 00	600 00	382 33	886 00d)	
1868	1237 13	416 00	685 00	300 00	800 00		4128 88e)	
1869	1636 53	323 50	779 74	300 00	900 00		3143 11 f)	
1870	2345 78	320 00	756 38	300 00	751 36		1345 27	$813 00
1871	1755 52	205 05	755 36	300 00	733 26		1139 64	955 00
1872	1866 65	97 65	535 92	300 00	850 00		2111 66	
1873	2474 34	38 00	901 04	350 00	1008 84		1444 87	
1874	3100 81	34 91	680 01	300 00	1000 00		1044 07	
1875	2674 23	120 00	604 57	300 00	1000 00		1151 10	

Mit Einschluß der zur Weihnachtszeit vertheilten Gaben beläuft sich die Armenun-terstützung während der drei letzten Jahre etwa auf folgende Beträge:

1873	5500 00
1874	6600 00
1875	6700 00

a) Auf dem nördlichen Seitenflügel wurde ein zweites Stockwerk gebaut.
b) Ein neuer Catalog wurde gedruckt.
c) Darunter $435.50 für Feuerversicherung.
d) Collector $318.24; Druckkosten $327.22.
e) An Rückzahlung der temporären Anleihe $3321.00.
f) An Rückzahlung der temporären Anleihe nebst Interessen $2040.00.

Das Eigenthum und die angelegten Gelder.

1765. Ankauf der südlichen Hälfte des Grundstückes in der Süd Siebenten Straße für 125 Pfund ($333.33).

1773. 100 Pfund verliehen.

1775. Ankauf der nördlichen Hälfte des Grundstückes für 200 Pfund ($533.33).

1776. Weitere 100 Pfund verliehen.

1788. In den vorhergehenden Jahren sind drei Antheile an der Bank von Nord-Amerika gekauft (Pariwerth eines Antheils 150 Pfund, Marktpreis etwa 25 Procent höher). Außerdem hat die Gesell-schaft eine Schuldverschreibung für 150 Pfund.

1789. Die Kaufbriefe des Grundeigenthums werden registrirt. Ein An-theil an der Bank von Pennsylvanien gekauft (150 Pfund oder $400.00).

1790. Ein Antheil an der Bank von Nord-Amerika gekauft.

1791. Das Grundstück auf 15 Jahre verpachtet.

1792. Ein Antheil (der fünfte) an der Bank von Nord-Amerika gekauft.

1793. Zwei Antheile an der Bank von Pennsylvanien gekauft.

1794. Ein Antheil an der Bank von Pennsylvanien gekauft (£180).

1796. Ditto (£195 9 sh. 9 d.)

1797. Ditto (£180 9 sh. 0 d.)

1798. Ditto (£183 15 sh. 0 d.)

1800. Zwei Antheile an derselben ($1015.10).

1801. Ein Antheil, ditto.

1803. Ein Antheil (der zehnte), $521.55).

1804. Ein Antheil an der Bank von Philadelphia gekauft. (Pariwerth $100, Preis $105.50).

Legat Christoph Ludwigs $266.67.

1806—1807. Bau der Gesellschaftshalle. Gesammtkosten für Bau und Ausrüstung $6959.71½. Das Geld wurde aufgebracht durch Verkauf der fünf Antheile an der Bank von Nord-Amerika für $3362.83, von sechs Antheilen an der Bank von Pennsylvanien für $3206.43, und des Antheils an der Bank von Philadelphia für $108.00.

1807. Der im Jahre 1807 verstorbene John Keble, hinterließ für wohlthätige Anstalten in Philadelphia $103,114.11; wovon die Deutsche Gesellschaft $3271.94 erhielt.

Das Geld war zum Theil in Schuldverschreibungen und Stocks angelegt. Diese wurden in Bankactien und Ver. Staaten Anleihe umgesetzt.

1809. Sechs Antheile an der Bank von Philadelphia ($813.00).

1810. Zehn Antheile an der Bank von Philadelphia ($1330.00).

1813. $1750 Ver. St.-Anleihe (gekauft für $1500).

1814. $666.67 Ver. St.-Anleihe für $600.

1815. $1236.27 Ver. St.-Anleihe für $1100.

1816. Das Vermögen der Gesellschaft besteht: a, aus ihrem Grundstück und Gebäude; b, vier Antheilen an der Bank von Pennsylvanien; c, 16 Antheilen an der Bank von Philadelphia; d, Sechsprocentige Ver. Staaten-Anleihe $3553.44.

1820. Belauf der Ver. Staaten-Anleihe ist $3953.48.

1821. Anbau der beiden einstöckigen Seitenflügel. Die Kosten gedeckt durch Verkauf von Ver. St.-Anleihe, die dadurch auf $2497.98 reducirt wird.

Die vermietheten Räume, die 1820 $243.16 gebracht, bringen 1821 $530.00.

1825. Gottfried Haga hinterläßt der Gesellschaft $2000, wofür 20 Antheile an der Bank von Philadelphia gekauft werden.

1826. Weitere vier Antheile an der Bank von Philadelphia gekauft.

1828. Die Ver. Staaten-Anleihe verkauft und das Geld in $2500 Penn-sylvanischer Staats-Anleihe angelegt, ($1700 sechsprocentige und $800 fünfprocentige).

1836. $522.50 in Stocks der Lehigh Coal and Navigation Company angelegt.

Dr. Pierre Antoine Blenon hinterläßt den wohlthätigen Anstalten Philadelphia's den größten Theil seines Vermögens. Die Deutsche Gesellschaft bekommt in verschieden Zahlungen von 1843—1851, $1700.

1838. Ankauf von $300 fünfprocentiger County-Anleihe ($283.50).

1843. Ankauf von $600 fünfprocentiger Stadt-Anleihe ($615.00), und $300 fünfprocentiger County-Anleihe ($299.25).

1844. Ankauf von $300 derselben Anleihe (297.75).

1845. Ditto von $200, ($192.50); $100 St. Paul's Kirchen-Anleihe. Das Vermögen der Gesellschaft besteht nun aus: a, dem Grund-stück und der Halle (vermiethete Räume bringen $805); b, vier Antheilen an der Bank von Pennsylvanien; c, 40 Antheilen an der Bank von Philadelphia; d, $1700 sechsprocentiger und $800 fünfprocentiger Pennsylvanischer Staats-Anleihe; e, $600 Stadt-Anleihe; f, $1100 County-Anleihe und $100 Anleihe der St. Paul's Kirche; endlich g, Bibliothek, welche 2608 Bände in der deutschen und 3479 Bände in der englischen Sprache zählte.

1846. Das Gebäude 20 Fuß nach Westen verlängert und anderweitig reparirt. Die Kosten gedeckt durch Verkauf von $1100 County-Anleihe, $600 Stadt-Anleihe und acht Antheilen an der Bank von Philadelphia.

1849. $700 fünfprocentige Staats-Anleihe gekauft für $554.75.

1852. Die $1700 sechsprocentiger Staats-Anleihe und $100 St. Paul's Kirchen-Anleihe zu Pari verkauft, und der Erlös nebst anderem Gelde in $1700 sechsprocentiger County-Anleihe zum Preise von $1806.25 und $400 sechsprocentiger Stadt-Anleihe zum Preise von $440 angelegt.

1856. Die 1845 und 1852 gekaufte fünfprocentige Staats-Anleihe für $1390.12 verkauft. Ankauf von 17 Antheilen an der Bank von Philadelphia für $1700.

1857. Die Bank von Pennsylvania bricht. Die ehedem vier, seit 1849 als 12 gerechneten Antheile im Besitz der Gesellschaft, sind werthlos Sie hatten etwa $2100 beim Einkauf gekostet.

1858. Bankactien nicht mehr beliebt. Die 49 Antheile an der Bank von Philadelphia zu $5295 verkauft und das Geld in einer Hypothek auf ein Haus in der Sechsten Straße, unterhalb der Coates,

— 224 —

angelegt. Diese wurde das nächste Jahr mit einer gleichwerthigen auf Herrn Moses Rempten's Haus, in Schoolhouse Lane, vertauscht.

1866. Das Gesellschaftsgebäude wird auf Kosten der Gas-Trustees (etwa $20,000) umgebaut und mit diesen ein neuer Miethcontract auf 20 Jahre abgeschlossen.

1868. Verkauf der Lehigh Loan und Anlage des Erlöses von $600 in Stadtschuldscheinen. Da County und Stadt 1854 consolidirt wurden, so ist die County-Anleihe auch zur Stadt-Anleihe geworden und die Gesellschaft hat nunmehr $2700 in Stadtschuldscheinen.

Herrn Rademacher's Legat von $1000 nach Abzug der Steuer mit $950 einbezahlt.

1870. Kauf von $800 Stadtschuldscheinen für $813.

1871. Die Hypothek von $5000 auf Moses Rempten's Haus in der Schoolhouse Lane abgetragen mit $500 Prämium. Hypothek von $5000 auf das Haus 925 Franklin Straße für $4800 gekauft.

Ein Pennsylvania R. R. Bond auf $1000 lautend, für $955 gekauft und 1872 für $962.15 verkauft.

1876. Das Eigenthum der Gesellschaft besteht nach allen diesen Wechseln, aus dem

Grundstück und Gebäude im Werth von	$65,000	00
Bibliothek,	10,000	00
Einrichtung,	3,000	00
Philadelphia Stadtschuldscheine,	3,500	00
Hypothek auf ein Haus, No. 925 Franklin Straße,	5,000	00
Perpetuirliche Versicherung, kündbar mit 5 Proc. Verlust,	370	00

Vermächtnisse.

1775.	Isaac Klein, 10 Pfd.	$ 26	66
1801.	Christoph Ludwig, 100 Pfd. (für Unterricht armer Kinder)	266	66
1809.	John Reble	3271	94
1825.	Gottfried Haga	2000	00
1830.	Wilhelm Lehmann $1000, nach Abzug der Staatsbesteuerung (für die Bibliothek)	950	00
1836.	Dr. Pierre Antoine Blenon	1700	00
1839.	Georg Fox. Die Interessen von $1000 auf 10 Jahre. Nach Abzug wie oben (für die Bibliothek)	585	00
1868.	C. L. Rademacher $1000, nach Abzug wie oben	950	00

$9750 26

Ueber Christoph Ludwig siehe den biographischen Anhang.

John Keble war ein Engländer, der sehr jung nach Amerika kam und als langjähriger Clerk im Landbureau von Pennsylvanien die Gelegenheit erhielt, durch Kauf und Verkauf von Ländereien ein ansehnliches Vermögen anzuhäufen. Er starb im Jahre 1807 und hinterließ sein Eigenthum, nach Abführung einiger Vermächtnisse, den Wohlthätigkeits-Anstalten von Phila- delphia. Die ganze für diese Zwecke vertheilte Summe betrug $103,114.11.

Gottfried Haga war den 30. Nov. 1747 in Isingen, Würtemberg, geboren, kam ganz arm nach Amerika und wurde zur Bezahlung der Ueber- fahrt an den Schneider Beck verkauft. Er fing in der Race Straße ein Materialiengeschäft an, trat dasselbe ziemlich wohlhabend im Jahre 1793 an Boller & Jordan ab, wurde Großkaufmann und Rheder und zog sich 1814 als reicher Mann zurück. Er bewohnte zuletzt ein prachtvolles Haus an der Chestnut über der Zwölften Straße (Nordseite) gewöhnlich die "Gothic Mansion" genannt. Er war wohlthätig und soll während seines Lebens an die $100,000 weggegeben haben. Er starb den 7. Febr. 1825 und hinter- ließ ein Vermögen von etwa $300,000. Davon vermachte er $50,000 an Freunde und Verwandte, $33,000 an wohlthätige Gesellschaften und $220,000 an die Gesellschaft der Vereinigten Brüder (Herrenhuter), zur Verbreitung des Evangeliums unter die Heiden.

Wilhelm Lehmann war ein Droguenhändler in der Süd Zweiten Str., von 1817—1830 Mitglied des Bibliothek-Committees. Er vertrat seinen District eine Reihe von Jahren in der Assembly von Pennsylvanien.

Dr. Pierre Antoine Blenon war 1759 in Sens, Frankreich, gebo- ren, wurde 1798 Bürger der Ver. Staaten und lebte in West-Philadelphia (Hamilton Village). Er starb im Juni 1836 und hinterließ den größten Theil seines Vermögens wohlthätigen Gesellschaften von Philadelphia, mit Ausschluß solcher, welche unter der Controlle von Geistlichen standen.

Ueber Georg Fox siehe den Anhang.

Herr Carl Louis Rademacher wurde den 17. Dez. 1814 in Bremen geboren, hatte in Philadelphia einen Buchladen und eine homöopathische Apotheke und starb den 13. März 1861.

Nachträglich ist noch hinzuzufügen, daß der zu Anfang des Jahres 1867 verstorbene Heinrich J. Orthwein der Deutschen Gesellschaft $1000 vermacht hat.

Zehnter Abschnitt.

Die Gesellschaft und der Zeitenlauf.

Gesellschaften, die einen bestimmten, den Zeitereignissen fern liegenden Zweck verfolgen, sei es nun Wohlthätigkeit oder Käferkunde oder Alterthumsforschung, werden von des Lebens wechselvollem Spiele wenig berührt und thun ganz recht daran, sich ihre Kreise nicht stören zu lassen. Auch der Deutschen Gesellschaft, einer Zeitgenossin der großen Ereignisse der letzten hundert Jahre, kann es nicht nachgesagt werden, daß sie von dieser Regel eine Ausnahme gemacht habe. Aber so hermetisch konnte sie sich doch nicht gegen allen Rückprall des Geschehens verschließen, daß nicht hie und da ein leises Echo der sie umrauschenden Weltereignisse vernehmbar wäre, und so sei es denn gestattet, in den bequemen Rahmen dieses Abschnitts einige auf die Außenwelt deutende, in keine andere Abtheilung passende, Vorfälle und Bezugnahmen einzufügen.

Wir wollen hier nicht darauf bringen, daß schon die Stiftung der Gesellschaft eine Thatsache ist, die mit dem Weltlauf in ursächlichem Zusammenhange steht, daß sich in den Tausenden, die verarmt und hülflos hier anlangten und die Ueberfahrtskosten durch jahrelange Knechtschaft abverdienen mußten, die erbärmliche Lage großer Volksschichten in Deutschland abspiegelt, daß die ungehinderte Ausbeutung der Einwanderer durch habsüchtige Rheder und Agenten die größte Gleichgültigkeit der Staatsbehörden gegen die scheidenden Unterthanen constatirt, und daß die Bemühungen der Deutschen Gesellschaft um besseren Rechtsschutz auf die entsprechenden Mängel in unseren eigenen Gesetzen hindeuten. Alles dies ist bereits früher zur Sprache gekommen, und bedarf keiner neuen Erörterung.

Die Revolution und der Unabhängigkeitskrieg.

Das große Ereigniß in der Geschichte unseres Landes, die Losreißung der Colonieen von dem Mutterlande, vollzog sich als unsere Gesellschaft etwa ein dutzend Jahre bestand. Wir dürfen wohl fragen, welche Stellung sie dieser großen Umwälzung gegenüber eingenommen hat. Waren ihre Sympathieen auf der Seite der Tories, zu welchen in Philadelphia die „respectabelsten" Familien gehörten, oder hielt sie es mit dem bewaffneten Widerſtande und der Republik? Berief ſie ſich vielleicht auf ihren aller Politik fremden wohlthätigen Zweck, um während der ſtürmiſchen Zeit einen neu= tralen Schlupfwinkel zu finden? Wir werden ſehen, daß es auf dieſe Frage eine Antwort giebt. Zuvörderſt aber werde eine kleine Loyalitätsbezeugung aus dem Jahre 1766 erwähnt, die in einer damaligen Zeitung, dem Staats= boten, als Tagesneuigkeit gebracht wird. Derſelbe berichtet den 9. Juni 1766:

„Am vergangenen Mittwoch als des Königs Geburtstage, da ſeine Maje= ſtät dero 29ſtes Jahr antrat, ſpeiſte unſere großachtbare Aſſembly auf be= ſondere Einladung mit ſeiner Hochachtbarkeit dem Herren Gouverneur zu Mittag.

Und die Deutſche Geſellſchaft machte Hochdemſelben ihre Aufwartung.“

Die Sitte der Zeit mochte ſolche ceremonielle Aufwartungen mit ſich bringen. Aber ſchon in den Conflicten, welche der Revolution vorausgingen, zeigten die Deutſchen von Philadelphia Farbe. Deutſche Kaufleute, dar= unter die Geſellſchaftsmitglieder Heinrich Keppele ſen., Heinrich Keppele jr., Johann Steinmetz, David Deſchler, Daniel Wiſter und Johann Wiſter, unterzeichneten den berühmten in Folge der Stempelacte am 7. November 1765 gefaßten Beſchluß, keine engliſchen Waaren zu importiren und die deutſche Zeitung verbarg ihr Grollen nicht. Als die Stempelacte 1766 zurückgenommen wurde, erſchien eine Beilage zum Staatsboten mit der Ueberſchrift:

„Den Herren lobt und benedeyt,
Der von der Stämpel=Act uns hat befreyt.“

Noch vor der Unabhängigkeitserklärung einigte ſich die Deutſche Geſell= ſchaft mit den deutſchen Kirchen lutheriſcher und reformirter Confeſſionen zu einem Schritte, der ſie als entſchiedene Anhänger des revolutionären Congreſſes erkennen läßt.

Das beweiſende Zeugniß hierfür, welches den vollen Einklang der deut= ſchen Bevölkerung von Philadelphia mit der Freiheitspartei darthut, iſt ein auf Veranlaſſung jener drei Körperſchaften gedrucktes politiſches Pamphlet. Einen mächtigen Drang, eine gebieteriſche Ueberzeugung verräth es, wenn zwei Kirchen und eine Wohlthätigkeitsgeſellſchaft, deutſche zumal, ihr Votum in der Politik abgeben und zur Parteinahme anfeuern. Das geſchah aber durch das

„Schreiben des evangeliſch lutheriſchen und reformirten Kirchenraths, wie auch der Beamten der Deutſchen Geſellſchaft in der Stadt Philadelphia, an die teutſchen Einwohner der Provinzen von New York und Nord=Carolina. Philadelphia, 1775.“

Es erhellt zunächſt aus dem Schlußſatze des Titels, daß die Deuſchen in Pennſylvanien ſchon auf der Seite der Freiheit ſtanden und keiner

Zurechtweisung bedurften. Auch wird dies in der Einleitung ausdrücklich ausgesprochen. „Wir haben von Zeit zu Zeit täglich mit unsern Augen gesehen, daß das Volk von Pennsylvanien durchgehends, Arme und Reiche, den Entschluß des Congresses approbiren; sonderlich haben sich die Teut=schen in Pennsylvanien nahe und ferne von uns sehr hervorgethan und nicht allein ihre Milizen errichtet, sondern auch auserlesene Corps Jäger formirt, die in Bereitschaft sind zu marschiren, wohin es erfordert wird; und diejenigen unter den Teutschen welche selbst nicht Dienste thun können, sind durchgehends willig nach Vermögen zum gemeinen Besten zu contribuiren."

„Es hat uns daher wehe gethan," fährt das Pamphlet fort, „zu ver=nehmen, daß der Congreß Nachricht erhalten, daß verschiedene teutsche Leute in Trion County und etliche wenige in andern Plätzen der Colony Neu York unfreundlich gegen die gemeine Sache zu seyn scheinen und daß viele Teutsche in Nord=Carolina auf gleiche Weise gesinnet sind."

Dieser bedauerliche Umstand wird einzig der Unbekanntschaft der Betref=fenden mit dem wahren Charakter der Vorgänge zugeschrieben. „Man kann zwar die Teutschen in Trion County leicht entschuldigen, sie wohnen zu weit ab von denen großen Städten und Seehäven, wo man Woche vor Woche und manchmal Tag vor Tag wahre Nachrichten von allem was in England und in den Colonieen vorgehet, lesen und hören kann." Um diesen deutschen Landsleuten, deren viele des Englischen unkundig waren, Aufklärung über die politische Situation zu geben, verbreiteten also die Kirchenräthe und die Beamten der Deutschen Gesellschaft jenes Pamphlet, das außer einer einlei=tenden Ansprache die Erklärung der Repräsentanten der vereinigten Colonieen von Nord=Amerika über die Ursachen und die Nothwendigkeit der Waffener=greifung, so wie andere Actenstücke des Congresses in deutscher Uebersetzung enthält.

Die Einleitung giebt eine kurze Uebersicht der Ursachen, welche zu den Feindseligkeiten geführt hatten, spricht von der Schlacht bei Lexington, wo „das erste Menschenblut in diesem unnatürlichen Kriege vergossen wurde," von dem „noch größeren Blutbade" auf Bunkerhill und der Einäscherung von Charlestown.

Es wird den Deutschen von New York und Nord = Carolina ans Herz ge=legt, den Maßregeln des Congresses Folge zu leisten, dem Rathe derer die in Amt und Bezahlung unter dem Gouverneur stehen, zu mißtrauen, und sich auf jegliche Weise, namentlich auch durch Anschaffung deutscher Zeitungen über die Lage der Dinge zu unterrichten. Diese höchst merkwürdige Schrift ist unterzeichnet: „Auf Order der versammelten Mitglieder des Evangelisch=Lutherischen und Reformirten Kirchenraths, wie auch der Beamten der Teut=schen Gesellschaft. Ludwig Weiß, Präsident."

Philadelphia, den 1. August 1775.

Ludwig Weiß war damals der Anwalt der Deutschen Gesellschaft. Das ganze Pamphlet enthält 40 Seiten.*)

Im Provincial=Congreß von New York wurde am 19. Dezember 1775 dem Oberst Brasher aufgetragen, 500 Exemplare der Verhandlungen des Continental=Congresses in deutscher Sprache, und andere deutsche Schriften, welche die schwebenden Streitfragen erörtern, für unentgeltliche Vertheilung aufzukaufen. Vielleicht hatte man dabei die Philadelphier Schrift im Auge.

Eine fernere leise, aber sehr bezeichnende Spur von dem, was vorging, entdecken wir im Protokoll des Beamtenraths vom 20. März 1776, wo es heißt:

„Beschlossen, daß die Gesellschaft nächsten Montag Morgen um 9 Uhr im Lutherischen Schulhause zusammenkomme, weil die Associators ins Feld rücken, wenns gut Wetter ist."

Die Associators in Pennsylvanien waren die Freiwilligen der Revolution. Bereits zur Zeit der Indianerkriege hatte ein ähnlicher Waffenbund bestanden, in welchen die Deutschen zahlreich eintraten. Im April 1775 rief ein Volksbeschluß Freiwillige von Neuem unter die Waffen. Auch diesmal schlossen sich die Deutschen von Philadelphia dem Bunde zur Vertheidigung des Vaterlandes bereitwillig an, und übten sich vorläufig im Exerciren. Um die Mitglieder der Deutschen Gesellschaft, welche zu diesem Behuf am Nach= mittag des 25. März ausrückten, nicht vom Besuche der vierteljährlichen Versammlung auszuschließen, ward diese durch den mitgetheilten Beschluß auf eine Morgenstunde verlegt.

Aus einer Anzeige des Staatsboten (2. Juli 1776) geht hervor, daß die deutschen Associators oder Freiwilligen ihre Zusammenkünfte im lutherischen Schulhause abhielten.†) Sie hatten ein wachsames Auge auf die Wahrung und Gewährleistung politischer Rechte. Im Juni 1776 richteten sie an die Conferenz der County=Delegaten das Gesuch, allen steuerzahlenden Freiwil= ligen das Stimmrecht für die bevorstehende Convention zu gewähren; ohne eine solche Maßregel würden patriotisch=gesinnte Bürger des politischen Ein= flusses verlustig gehen, welchen notorische Gegner der Republik genössen.

---

*) Es ist in keiner Bibliothek von Philadelphia zu finden. Herr Abraham H. Cassel in Montgomery County besitzt ein Exemplar; ein anderes ist im Archiv der Herrnhutischen Gemeinde in Bethlehem.

†) Einem Verzeichniß von Associators aus dem Jahre 1777 entnehmen wir folgende deutsche Namen, die sich fast alle in der Mitgliederliste der Deutschen Gesellschaft finden: L. Farmer, F. Hasenclever, Jacob Schreiner, Georg Völler, Samuel Hil= legas, Thomas Leiper, Friedrich Phiel, Paul Fuchs, Johann Fromberger, Jo= hann Schäffer, Adam Zantzinger, Johann Weinland, Heinrich Epple, Anthon Steiner, Jacob Hiltzheimer. Im Jahre 1776 war Michael Schubart der Vorsitzer und Heinrich Kämmerer der Sekretär der deutschen Associators.

Die Vorstellung fand Gehör und die gewünschte Erweiterung des Stimm=
rechts ward zugestanden.

An verschiedenen berathenden Körperschaften, Ausschüssen u. s. w., welche
in der Revolution wirksam waren, nahmen Deutsche Antheil. In der Pro=
vincial=Convention von 1774 und 1775 saßen Georg Schlosser und Christoph
Ludwig, in der des letzten Jahres auch Franz Hasenclever. Zum Correspon=
denz=Committee, das der Volksbeschluß vom 18. Juni 1774 ins Leben rief,
gehörten Michael Hillegaß,*) Georg Schlosser,†) Christoph Ludwig und
Paul Engel. Im städtischen Committee der Provinzial=Conferenz (Juni
1775) saßen Georg Schlosser, Christoph Ludwig, Jacob Schreiner, und in
der Convention von 1776, deren Präsident B. Franklin war, Georg Schlosser
und Friedrich Kuhl. Der Schatzmeister des Sicherheitsausschusses war
Michael Hillegaß und zum Sicherheitsrathe (Juli 1776—März 1777) gehör=
ten H. Keppele jr. und Friedrich Kuhl. Wir finden ferner als Mitglieder
des städtischen Committees, das bis zum 16. Aug. 1776 in Kraft blieb, die
Deutschen Georg Schlosser, Friedrich Kuhl, Philipp Böhm, Jacob Schrei=
ner, Michael Schubart, Christoph Ludwig, Friedrich Deschong, Georg Leib.

Ein sehr entschiedenes Hineinragen der Zeitereignisse in die Angelegenhei=
ten der Gesellschaft im Jahre 1776 war die Verhinderung des Hallenbaus,
wozu nicht allein die Pläne gemacht und die Contracte abgeschlossen, sondern
bereits die Steine, Balken, Bretter u. s. w. auf die Baustelle geschafft waren.‡)

Es darf hier auch wohl in Erinnerung gebracht werden, daß die Unab=
hängigkeitserklärung von Thomas Jefferson in dem noch stehenden Hause an
der Südwest=Ecke der Market und Siebenten Straße entworfen wurde, also
in unmittelbarer Nachbarschaft unseres Grundeigenthums; ferner, daß jenes
Haus dem Hrn. Jacob Graff, jr., gehörte (Jefferson benutzte nur die zweite
Etage), dessen Vater, Jacob Graff, sr., einer der Gründer der Deutschen
Gesellschaft und von 1769—1772 Aufseher war. Er starb 1780. Der
Sohn Jacob Graff's, jr., war Frederick Graff, der Erbauer der Fairmount
Wasserwerke.

---

*) Michael Hillegaß und Georg Clymer wurden den 29. Juli 1775 zu Schatz=
meistern der Ver. Colonieen ernannt; Clymer resignirte den 6. August 1766;
Hillegaß aber blieb der Schatzmeister der jungen Republik, der Spinner jener
Epoche.

†) Es war Georg Schlosser, der im Sommer 1775 einen Tory, William Conn,
arretirte und deßhalb von einem Tory=Advocaten, Isaac Hunt, gerichtlich belangt
wurde. Der Ausschuß, in dessen Namen Schlosser gehandelt hatte, forderte Hunt
auf, die Klage zurückzunehmen und als dieser nicht nachgab, rückten ihm 30 Associa=
tors ins Haus, luden ihn auf einen Wagen und paradirten ihn unter Pfeifen und
Trommelschall zur Melodie des Rogue's march, durch die Stadt. Hunt ließ dar=
auf die Klage fallen. (Westcott's History of Philadelphia.)

‡) Siehe p. 74.

Was nun die active Betheiligung der Deutschen von Philadelphia und Pennsylvanien am Revolutionskriege betrifft, so kommt unsere Gesellschaft als solche natürlich nicht dabei in's Spiel; auch haben Geschichts- und Memoirenschreiber fast gar keine Notiz davon genommen. Gerade aus dem letzten Grunde aber wird der Hinweis auf die wenigen in öffentlichen Documenten niedergelegten Thatsachen gerechtfertigt erscheinen.

Am 25. Mai 1776 beschloß der Congreß, ein deutsches Regiment zu errichten und zwar sollten Pennsylvanien und Maryland je vier Compagnieen dazu liefern. Diese füllten sich in kurzer Zeit und Pennsylvanien hatte am 17. Juli 1776 eine fünfte vollzählig, deren Hauptmann David Wölpper *) wurde.

Das Deutsche Regiment hatte folgende Officiere: Oberst: Nikolas Hausegger; ernannt den 17. Juli 1776. (Ihm folgte den 19. März 1777 der Baron de Arendt.) Oberst-Lieutenant: Georg Stricker; Major: Ludwig Weltner; Adjutant: Louis de Linkendorf; Regimentsarzt: Dr. Karl Ludwig; Zahlmeister: Eberhart Michael; Feldcaplan: Ehrw. Heinrich Miller.

Die erste, dritte, fünfte, siebente und neunte Compagnie wurde aus Deutschen in Pennsylvanien, die zweite, vierte, sechste und achte aus Deutschen in Maryland gebildet.

Die Officiere der Compagnien waren:

Erste Comp.: Capt. Daniel Burckhard (resignirte den 2. Juli 1779), 1. Lieut. Friedrich Rollwagen, 2. Lieut. Georg Hohacker.

Zweite Comp.: Capt. Philipp Graybill (vielleicht Grebel oder Gröbel), 1. Lieut. Johann Lora, 2. Lieut. Christian Meyers.

Dritte Comp.: Capt. Georg Hubley, 1. Lieut. Peter Boyer, 2. Lieut. Johann Landenberger.

Vierte Comp.: Capt. Heinrich Fister, 1. Lieut. Karl Balsel, 2. Lieut. Michael Boyer.

Fünfte Comp.: Capt. Jacob Bunner, 1. Lieut. Will. Rice, 2. Lieut. Georg Schäffer.

Sechste Comp.: Capt. Georg Keeports, 1. Lieut. Jacob Rotz, 2. Lieut. Adam Smith.

Siebente Comp.: Capt. Benjamin Weiser, 1. Lieut. Jacob Bower, 2. Lieut. Friedrich Peiser.

---

*) Dieser David Wölpper war ein erfahrener Soldat, hatte schon in Deutschland gedient und seit 1754 unter Washington verschiedene Campagnen mitgemacht. Washington hielt große Stücke auf ihn und empfahl ihn dem Congreß als einen zuverlässigen braven Mann auf's angelegentlichste. Er machte den ganzen Unabhängigkeitskrieg mit und kam glücklich wieder heim. Als er sich im Jahre 1788 um das Coronersamt bewarb, durfte er sich auf seine treu geleisteten Dienste berufen. Nachkommen David Wölpper's leben in Philadelphia und mehrere derselben sind Mitglieder der Deutschen Gesellschaft gewesen.

Achte Comp.: Capt. W. Heiser, 1. Lieut. Samuel Gerock, 2. Lieut. W. Ritter.

Neunte Comp.: Capt. David Wölpper, 1. Lieut. Bernhard Hubley, 2. Lieut. Philipp Schrader.

Am 18. September trafen die Marylander Compagnien in Philadelphia ein und das Regiment, welches zu Washington's Commando gehörte, mußte sich vom 23. an marschfertig halten. Den 1. Dez. erhielt es Befehl zu Washington's Armee am Delaware unweit Bristol zu stoßen. Jedenfalls hatte es an dem glorreichen Ueberfall der Engländer und Hessen bei Trenton am Vorabend von Weihnachten Antheil. Die tausend gefangenen Hessen, die den 31. Dezember in Philadelphia eintrafen, waren der Gegenstand des Mitleids, nicht des Hasses, und wurden auf Washington's ausdrücklichen Befehl mit bequemen Quartieren versehen und gut gepflegt.

Das Deutsche Regiment verblieb bei der Armee und machte daher wahrscheinlich auch die Affaire bei Princeton am 3. Jan. 1771 mit. Es lagerte vom 14. Jan. bis 11. Febr. bei Morristown, dann bis zum 2. April in Samptown, bis zum 24. Mai in Quibbletown· und erreichte den 27. Mai Middlebrook in Jersey. Hier wurde es Peter Mühlenberg's Brigade zuertheilt.

Unser Faden, aus den Orderly Books des Oberst-Lieutenant Stricker und des Lieutenant Schrader bestehend, reißt hier ab, und knüpft sich erst wieder an Washington's Winterquartiere bei Valley Forge (1777—78). Hier finden wir das Regiment noch immer unter Mühlenberg's Commando und wir dürfen wohl annehmen, daß es unter seinem General an den dazwischen liegenden Schlachten am Brandywine und bei Germantown Theil nahm.

Außer diesem Regimente bildeten etwa 150 Deutsche eine unabhängige Schaar unter Capt. Ottendorf's Befehl (siehe Washington's Schreiben an Ottendorf vom 2. Dez. 1776), wurden aber später der „Legion" des Marquis Armand einverleibt, worin Ottendorf die Majorsstelle erhielt. In diesem Regiment stand auch John Paul Schott, ein kriegserfahrener Soldat, der in Deutschland unter Friedrich II. gedient, als Capitän und versah später die Stelle des Obersten. Im Jahre 1780 war er Hauptmann im Deutschen Regimente, dessen Oberst Weltner geworden war.

Auch in andern Heerestheilen fochten Deutsche neben den Hiergeborenen für die Erringung des am 4. Juli 1776 gesteckten Zieles. Philipp de Haas (ein Mitglied der Deutschen Gesellschaft), war Oberst des ersten Regimentes, Heinrich Becker Major im dritten, Georg Nagel Major im vierten Bataillon. Unter den Capitänen finden sich die deutschen Namen: Peter Decker und Rudolph Bonner (Aufseher der Deutschen Gesellschaft 1772), der zum Oberst-Lieutenant avancirte; unter den Lieutenants: Andreas Küchlein, Heinrich Epple, Lorenz Meyer, Bernhard Eichelberger, Michael

Rimmel, Karl Seitz, Heinrich Becker jun. — Ludwig Farmer (Präsident der Deutschen Gesellschaft 1783), war Oberst, und hatte speciell die Beschaffung von Kleidungsstücken, Zelten u. s. w., unter seiner Aufsicht.*) Die drei Hiester (Joseph, Johann und Daniel), haben sich in der Revolutionsgeschichte einen bleibenden Namen erworben.

Sehr reichlich waren die Deutschen Philadelphia's in der Miliz vertreten. In jedem der sechs Bataillone finden sich deutsche Namen dicht gesäet. Wir wollen hier nur Mitglieder der Deutschen Gesellschaft nennen, welche in die Pennsylvanischen Truppen einrollirt waren. Zum ersten Bataillone gehörten Jacob Hiltzheimer, Johann Steinmetz, A. Clampfer, Jacob Meyer und Caspar Geyer. Letzterer kam in englische Gefangenschaft, worin er fünf Jahre verblieb. Am 25. März 1783 beschloß die Gesellschaft, seine Beiträge und Strafgelder für diese fünf Jahre zu erlassen. Im zweiten Bataillone dienten Fr. Stuber, Fr. Risselmann und Andrew Philler, zwar nicht damals aber später Mitglieder der Gesellschaft. Im dritten Heinrich Reppele (Schatzmeister), Andreas Eppele, Johann Kühmle, Peter Kraft, Hilarius Becker, Heinrich Wynkoop, Peter Miller, Heinrich Leuthäuser, Daniel Drais, Andreas Geyer, Jacob Schallus, Valentin Stellwagen, Carl Cist, Melchior Steiner, fast alle Beamte der Deutschen Gesellschaft. Dazu noch Georg Knorr, Martin Gaul, Jacob Lawersweiler, Philipp Odenheimer, Daniel Kehr, Christian Hahn, Johann Hayd, Jacob Sulger, Leonard Jacoby und Georg Rehn, welche später in die Gesellschaft traten. In den übrigen Bataillonen befanden sich zwar Deutsche genug, aber wenige Mitglieder der Gesellschaft, z. B. Jacob Eckfeld, Johann Kunkel, Andreas Mattern. Diese Namen sind einem Bericht über die von säumigen Milizleuten erhobenen Geldstrafen entnommen· diejenigen welche nie straffällig wurden, sind natürlich nicht verzeichnet.

Da einmal von der Betheiligung unserer deutschen Bevölkerung am Revolutionskampfe die Rede ist, so sei auch noch erwähnt, daß Christoph Ludwig und Georg Schlosser mit dem Major Bayard und Capitän Cowperthwait ein vom Congreß eingesetztes Committee bildeten, um die Errichtung von Pulvermühlen und die Anfertigung von Schießpulver zu überwachen. Den Namen nach zu urtheilen, waren auch die meisten Pulverfabrikanten Deutsche, neben Harris werden nämlich Heimberger und Lösch als solche genannt.

Als die Engländer nach der Schlacht am Brandywine Philadelphia einnahmen, unterließen sie es nicht, an den Deutschen, die so entschieden auf

---

*) Fahne und Schild vertrugen sich auch in der jungen Republik sehr wohl; mehrere der Genannten waren Gastgeber. Bei Philipp de Haas versammelte sich zuweilen der Verwaltungsrath der Deutschen Gesellschaft; Ludwig Farmer hielt den „König von Preußen," in der Market Straße, zwischen den Dritten und Vierten Straße, und Rudolph Bonner ein Wirthshaus in der Zweiten Straße.

der Seite der Whigs oder Unabhängigkeitsfreunde standen, ihr Müthchen zu kühlen. Die Deutsche Gesellschaft verlor sämmtliches Baumaterial, das zur Aufführung einer Halle bereit lag (Siehe S. 75), die Zionskirche und die Kirche der reformirten Gemeinde wurden in Lazarethe verwandelt und furchtbar verwüstet. Heinrich Miller's Druckerei wurde erbrochen und total zerstört, das Privathaus des reformirten Predigers Michael Schlatter auf Chestnuthill geplündert, die Zuckersiedereien der Herren David Schäffer, sen., und David Schäffer, jun., (Schwiegervater und Schwager des Hrn. F. A. Mühlenberg) demolirt. Nach dem Abzuge der Engländer ließ die Stadt die erlittenen Verluste der Bewohner abschätzen. Der Bericht enthält die Namen von bekannten Deutschen mit folgenden Beträgen: Heinrich Keppele 258 Pfd. 5 Schill., Ludwig Kuhn 145 Pfd., Friedrich Hagner 100 Pfd., Adam Zantzinger 1280 Pfd., Jacob Bärtsch 35 Pfd. 8 Schill., Jacob Schreiner 217 Pfd. 7 Schill. 6 P., Johann Sprögel 677 Pfd., Adam Eckart 112 Pfd., Johann Graff 53 Pfd., Friedrich Greßler 82 Pfd. 10 Schill., Georg Knorr 469 Pfd. 10 Schill. *)

In noch anderer Weise spiegeln sich die Revolutions-Zustände in den Erfahrungen der Gesellschaft. Während der zwei Jahre 1776 und 1777 gewann sie nur fünf neue Mitglieder, und so lange die Engländer in der Stadt waren, unterblieben die Versammlungen. Die anomalen Finanz-Verhältnisse zeigen sich im Buche des Schatzmeisters; im Jahre 1782 hatte er Continental-Papiergeld, Pennsylvanisches Papiergeld und eine Kleinigkeit Metallgeld in der Kasse. Der Werth des Continental-Papiers sank tiefer und tiefer; es war damit eben so schlimm, wie im Süden im letzten Jahre der Rebellion. Diese seltsam verschobenen Geldwerthe treten uns lebhaft vor Augen, wenn wir in den Protokollen der Gesellschaft kaltblütig verzeichnet finden:

„Den 24sten März 1781 legte Chr. Adolph Chryselius, ein bedürftiger Fremdling, schriftlich ein Anliegen vor, worin er um eine Unterstützung Ansuchung that; worauf einmüthig beschlossen wurde, daß ihm aus der Casse durch den Cassirer 500 Dollars Continental-Geld zu seiner Unterstützung bezahlt werden." Dahin war es gekommen. Fünfhundert Dollars als ein Almosen!

Der Thee hat bekanntlich in der Geschichte der amerikanischen Revolution eine Rolle gespielt. Die Colonisten wollten den besteuerten Thee weder kaufen, noch landen lassen und während des Krieges war die Zufuhr natürlich ganz abgeschnitten. Was blieb da den Theetrinkern in ihrer Noth übrig, als sich eines einheimischen Surrogats zu bedienen?

Daß dies wirklich geschah, bezeugen auch die Gesellschafts-Protokolle.

---

*) Manuscript der Historischen Gesellschaft von Pennsylvanien.

Johann Steinmetz nämlich, ein ehrenwerthes Mitglied, dessen kaufmännische Geschäfte in Folge des Krieges sehr gelitten hatten*), stellte (Oct. 1782) dem Beamtenrath seine trübselige Lage vor und knüpfte daran das Ansuchen, die Mitglieder möchten doch seinen Thee versuchen und dem Publikum empfehlen. Aber die Versammlung war in einer geschäftsmäßigen Laune und belehrte den Herrn Steinmetz, die Unterstützung der Eingewanderten und Unterweisung der Kinder, nicht aber die Zubereitung von Thee, der in Pennsylvanien oder anderen Staaten gesammelt werde, sei die Aufgabe der Deutschen Gesellschaft; er möge sich lieber an die philosophische Gesellschaft wenden.

Nach sieben Kriegsjahren kehrte endlich der Friede zurück. Als der Baron Fr. Wilhelm von Steuben, dessen Verdienste um den glücklichen Ausgang des Krieges nicht hoch genug zu schätzen sind, 1783 in Philadelphia verweilte, erwählte ihn die Deutsche Gesellschaft zum Mitgliede. Er erschien in der Jahres-Versammlung den 26sten Dezember und dankte für die ihm erwiesene Ehre. Zugleich versicherte er, daß er sich stets, wo er auch sei, als Mitglied der Gesellschaft betrachten werde und empfahl sich ins Künftige dem geneigten Andenken derselben.

In derselben Versammlung schenkte Herr Vogt eine Medaille, die zur Erinnerung an den Frieden zwischen Frankreich, England, Spanien, Holland und an die den Ver. Staaten zuerkannte Unabhängigkeit in Nürnberg geschlagen war. †)

Das zwischen den Ver. Staaten und den Niederlanden geschlossene Bündniß gab die Veranlassung zu einem Glückwunsch-Schreiben des Beamtenraths der Deutschen Gesellschaft an den bevollmächtigten Gesandten, Herrn P. J. van Berkel, welches dieser in höflichster Weise beantwortete.

Die französische Revolution.

Die Amerikaner hatten ihre Unabhängigkeit errungen; Lafayette war in sein Vaterland zurückgekehrt. Wenige Jahre darauf loderte in Frankreich selbst die Flamme auf, welche den Thron und die Vorrechte des Adels verzehrte.

Bot sich auch kein Anlaß, in den Verhandlungen der Gesellschaft auf die Umwälzung in Frankreich irgend wie Bezug zu nehmen, so ist es uns doch kein Geheimniß geblieben, was die Mitglieder davon dachten, welcher Seite sich ihre Sympathie zuwandte. Ein Zeitungsblatt aus dem Jahre 1793, (die Philadelphische Correspondenz vom 11. Januar,) verräth es uns in

---

*) Steinmetz war Keppele's Schwiegersohn und Compagnon. — Schon 1775 erlitten diese einen schweren Verlust durch die Wegnahme eines Schiffes, welches den Engländern zur Beute fiel. Siehe Journal of Congress, 2. Februar 1776.

†) Hat sich nicht im Besitz der Gesellschaft erhalten.

einer Localnachricht. Nach der Beamtenwahl am 26. Dezember 1792, begab sich ein Theil der Gesellschaftsmitglieder zu dem Gastwirth Eppele, um sich an Speise und Trank gütlich zu thun. Sonst war es nur Brauch für den Verwaltungsrath, den Jahresschluß mit einem fröhlichen Mahle zu feiern. Die gehobene Stimmung der Zeit, vielleicht auch der nivellirende Freiheits- und Gleichheitsdrang räumte diesmal die Schranke zwischen Rath und Gesellschaft hinweg und jedes Mitglied hatte Zutritt. Bei dieser Gelegenheit öffneten sich denn die Herzen und der Zeitungsbericht läßt darüber keine Zweifel, daß unsere würdigen Vorgänger entschieden zu den Jacobinern hielten, obendrein wenige Wochen vor der Hinrichtung Ludwig's. Die ausgebrachten Gesundheiten — und sie waren nicht von der Zechlaune eingegeben, sondern prämeditirt — glühen für Freiheit, Gleichheit und Tyrannenvertilgung. Wie gährte und trieb damals der junge Most des Republikanismus! Die amerikanische Freiheit war prächtig und vielverheißend aufgeblüht, eben hatte die Constitution ein loses Staaten-Conglomerat in einen compacten Bundesstaat verwandelt, eine neue Welt-Aera schien anzubrechen. Und nun erhob sich jenseits des Meeres, furchtbar und unwiderstehlich, ein großes Volk, forderte Menschenrechte und nahm sie. Was Wunder, wenn unsern deutschen Republikanern die Herzen höher schlugen und der Enthusiasmus sich in klangvollen Reden Luft machte.

Nach den Anstandstoasten des Gastmahls auf den Präsidenten u. s. w., kam denn auch sogleich:

„Die Republik Frankreich. Es müsse durch ihre Waffen und ihr Beispiel Tyrannei und Ungleichheit vertilgt werden." Ganz clubbistisch. Nun folgten drei schlichte Gesundheiten auf die Deutschen Gesellschaften, Wohlthätigkeits-Vereine und Deutsch-Amerikaner. —

Als der Präsident wiederum an die Flasche schlug, erscholl der zweite Gesinnungstoast, und zwar auf: „Die Vorrechte der Menschen." Ein unglücklicher Lapsus, denn gerade die Vorrechte sollten ja abgeschafft werden. Aber es waren damit jedenfalls die beliebten 'droits de l'homme' gemeint. Dazu stimmte denn auch der nächste Toast, der über die Tafel schmetterte:

„Es erschalle die Posaune der Freiheit, bis das ganze menschliche Geschlecht frei sein wird!"

Darauf kam die Reihe an Handwerke und Künste, den Handel und den Pflug. — Dann gedachte man des gefangenen Lafayette. „Der unglückliche Lafayette. Gerechtigkeit spreche ihn los und Freiheit belohne ihn."

Der letzte regelmäßige Spruch lautete:

„Es müsse jeder freie Bürger der Vereinigten Staaten sich zur Hauptfahne der gleichen Freiheit halten," und den Schluß machte ein freiwilliger:

„Der Herzog von Braunschweig; möge er, der Anführer von Sclaven, Burgoyne's Schicksal haben."

Das war der Wiederhall der französischen Revolution im Jahre 1792, aus der festlich versammelten Deutschen Gesellschaft.

Es bestand auch damals eine Deutsche republikanische Gesellschaft, die allerdings ganz allgemeine der Freiheit und Demokratie gewidmete Zwecke verfolgte, aber — wie aus einer Adbresse an den französischen Gesandten, den Bürger Genet, hervorgeht, — der französchen Republik die vollste Sympathie entgegenbrachte. Die Beamten derselben (Präsident: Heinrich Kämmerer; Vice-Präsident: Jacob Lawerschweiler; Sekretäre: Dr. Michael Leib und Andreas Geyer;) waren Männer, die auch in der Deutschen Gesellschaft eine hervorragende Stelle einnahmen.

Das gelbe Fieber im Jahre 1793.

An das gelbe Fieber, diese entsetzliche Pest, die mit ihrem giftigen Athem mehr als einmal unter den Bewohnern Philadelphia's Schrecken und Tod verbreitete, erinnert in den Protokollen der Deutschen Gesellschaft nur die einfache Bemerkung, daß wegen des gelben Fiebers die regelmäßige Versammlung nicht stattfinden konnte. Dies kommt dreimal vor, 1793, 1799 und 1805, jedesmal im September.

Da nicht wenige der Gesellschaftsmitglieder der furchtbaren Krankheit zum Opfer fielen, so folge hier eine Beschreibung ihres Auftretens im erstgenannten Jahre, nach M. Carey's Berichte.

Am 19. August fing man zuerst an, vom gelben Fieber mit etwas Aengstlichkeit zu reden; ehe eine Woche verflossen war, hatte sich die gedrückte Stimmung in wilden Schrecken verwandelt. Mit dem 25. und 26. August verließen Viele die Stadt und wochenlang hielt dieser Auszug ununterbrochen an. Fuhrwerke jeder Art durchzogen die Straßen früh und spät, um die Flüchtigen und deren Hausrath fortzuschaffen. Viele Häuser wurden geschlossen oder der Aufsicht von Dienstboten überlassen.

Der Gebrauch, bei Leichenbegängnissen mit Glocken zu läuten, wurde auf Anordnung des Mayors eingestellt; das Trauergeläut vermehrte nur die niedergeschlagene Stimmung und mahnte die Kranken unaufhörlich an das ihnen bevorstehende Schicksal.

Große Verlegenheit entstand anfangs daraus, daß es an einem geeigneten Platze zur Aufnahme der armen und freundlosen Kranken fehlte. Die Armenpfleger nahmen deshalb eine Kunstreiterbude in Beschlag; später diente dazu ein Haus auf Bushhill. Sehr empfindlich war der Mangel an Krankenwärtern und das bittere Schicksal, allein und hülflos dem Tode zu erliegen, traf nicht nur die Kinder der Armuth.

Schon zu Anfang September brach das System der Armenpflege zusammen. Die meisten mit dieser Pflicht Betrauten hatten die Stadt verlassen; von den drei zurückbleibenden starben zwei (Wilson und Tomkins) am gelben

Fieber, der dritte (W. Sansom) erkrankte. Doch Gefahr und Noth sprechen zu edeln Herzen mit wunderbarer Beredsamkeit; auf Anlaß eines öffentlichen Aufrufs fanden sich unerschrockene Bürger auf dem Rathhause zusammen und zehn derselben übernahmen freiwillig die Pflichten der Armenpflege. Dies war am 12. September. Noch mehr. Als es galt für das Pesthaus auf Bußhill einen Aufseher zu finden, erbot sich der Millionär Stephen Girard diesen verlorenen Posten anzunehmen und die Aufsicht im Hospital persönlich zu führen. Ihm schloß sich, mit gleichem Edelmuthe, der Pennsylvanier Peter Helm an und die beiden Helden, Helden im schönsten Sinne, schritten aus ihren freundlichen Wohnstätten in das Haus des Elends, des Schmutzes, des Jammers, des Todes. Sie fanden dort einen wahrhaft entsetzlichen Zustand, die Kranken verwahrlost, Todte und Sterbende bei einander, ekelerregende Unreinigkeit, eine Bande nichtswürdiger Wärter, welche die Vorrathskammer plünderten und der Flasche zusprachen. Girard und Helm griffen sogleich thätig ein, entwarfen eine Hausordnung und führten dieselbe strenge durch.

Mittlerweile bot die Stadt das Bild eines grenzenlosen Schreckens. Die Straßen waren wie verlassen, die Bibliothek, die meisten öffentlichen Büreaus, viele Kirchen geschlossen; von den vier täglichen Zeitungen stellten drei ihr Erscheinen ein. Die Gesunden, die in der Stadt verblieben, hatten nur den einen Gedanken, sich wo möglich vor der Ansteckung zu schützen und griffen zu jedem erdenklichen Mittel der Entpestung und Luftreinigung. Der Eine glaubte an Tabacksqualm und ließ seine Pfeife den ganzen Tag nicht ausgehen, selbst Frauen und Kinder rauchten Sicherheitscigarren; der Andere hatte Vertrauen auf Schießpulver, der Dritte auf lodernde Flammen. Die Feuer an den Ecken der Straßen mußten am Ende durch polizeiliches Verbot abgestellt werden. Die Häuser rochen nach Taback, Schießpulver, Essig, Kampfer. Wer ausging trug einen mit Schutzessenzen getränkten Schwamm bei sich, oder ein in Essig getauchtes Schnupftuch, ein Riechfläschchen mit dem damals berühmten vinaigre à quatre voleurs, ein Beutelchen mit Kampfer, oder doch wenigstens einen getheerten Strick.

Hand in Hand mit dieser geschäftigen Rathlosigkeit gingen die verworrenen ärztlichen Vorschriften. Dr. Sarnighausen (legitime promotus unterzeichnete er sich) schrieb einen drei Spalten langen Artikel für die Philadelphia Correspondenz, worin er Wermuth, Raute, Tausendgüldenkraut, Camillen, Thymian, Angelika, Calmus, Alandwurzel, Wachholderbeeren, Salpeter, Gin, Wein und Essig zur Empfehlung bringt, und die merkwürdigsten Verhaltungsmaßregeln vorschreibt.

Die Leichen der angesehensten Bürger, selbst derer, die nicht am gelben Fieber gestorben waren, sah man oft auf einspännigen Fuhrwagen von einem Neger nach der Grabstätte geschafft, ohne daß ein Freund oder Verwandter das Ehrengeleit gegeben, ein Geistlicher das letzte Gebet gesprochen hätte. Einem Leichenwagen gingen die Leute auf der Straße behutsam aus dem Wege. Manche zogen die Mitte der Fahrstraße den Fußwegen vor, um sich so fern wie möglich von den Wohnhäusern zu halten.

Verwandte und Freunde vermieden einander auf der Gasse oder nickten sich nur einen Gruß zu; dem so gebräuchlichen Händedruck entsagte man aus Vorsichtsgründen, einen Menschen mit Flor oder andern Zeichen der Trauer vermied man wie eine Viper. Wie die tiefe Noth auf der einen Seite edle Seelen, einen Girard und Helm, zu großen todesverachtenden Thaten der Menschenliebe anfeuerte, so enthüllte sich andererseits und oft, wo man's am wenigsten erwartete, die rücksichtsloseste Selbstsucht. Der Schrecken zerstörte die anscheinend unzertrennlichen Banden, welche Natur und Gewohnheit geknüpft, die Frau verließ ihren kranken Gatten und umgekehrt, selbst Eltern und Kinder scheuchte das häßliche Gespenst, sobald es ein Haus betrat, auseinander, und die Beispiele solcher Gefühllosigkeit waren zu häufig, um Unwillen oder Verwunderung zu erregen.*)

Es kam vor, daß Wohlhabende, von Weib, Kind, Freunden, Dienerschaft verlassen, Niemand, als etwa einen Neger um sich hatten, ihrer zu pflegen; Arme aber im einsamen Hause oder selbst auf der Straße jammervoll endeten. Gegen Ende October trat der heiß ersehnte Wendepunkt im Charakter der Epidemie ein, obwohl es für Abwesende noch immer nicht räthlich galt, nach Philadelphia zurückzukehren. Am 14. November erließ der Gouvernör Mifflin eine Proclamation, worin er anzeigte, daß es Gott dem Allmächtigen gefallen habe, der furchtbaren Pestilenz in Philadelphia ein Ende zu machen und der 14. Dezember ward als Dank=, Buß= und Bettag gefeiert, um in dankbarer Verehrung die ewige Gnade zu preisen, die sich in der Befreiung der Bürger von der tödtlichen Epidemie kund gethan.

Washington's Tod.

Am 14. Dezember 1799 endete Georg Washington's irdische Laufbahn, und das Volk, das in ihm den Befreier und Vater des Vaterlandes verehrte, war von tiefster Trauer ergriffen. Die Deutsche Gesellschaft theilte dies Gefühl und, um der Sitte gemäß dasselbe auch äußerlich zu erkennen zu geben, empfahl sie ihren Mitgliedern, durch einen am 26. Dezember gefaßten Beschluß, dreißig Tage Flor um den linken Arm zu tragen.

An demselben Tage fand in der deutschen Zionskirche (also dem Schulhause, wo sich die Gesellschaft versammelte, gerade gegenüber) die große Todtenfeier zu Ehren Washington's auf Anlaß der Ver. Staaten Regierung statt. Der Senat und die Repräsentanten der Ver. Staaten, der Ober=

---

*) Siehe J. H. C. Helmuth. Nachricht von dem gelben Fieber. Philadelphia, 1793. P. 49.

gerichtshof, viele Generale und andere Officiere, die unter Washington ge= dient, die Gesellschaft der Cincinnati und die Großloge der Freimaurer wohnten der Feier bei. General Henry Lee hielt die Rede zum Lobe Wash= ington's und es war bei dieser Gelegenheit, daß die berühmt gewordenen Worte zum ersten Mal gehört wurden: First in war, first in peace and first in the hearts of his countrymen.

Der Zionskirche war ihrer Geräumigkeit wegen schon einmal der Vorzug vor allen andern Versammlungsplätzen in Philadelphia gegeben worden, als nämlich die Philosophische Gesellschaft im März 1791 das Andenken an Benjamin Franklin durch eine Gedächtnißrede (von Dr. Wm. Smith ge= halten) feierte. Damals war auch Washington nebst Gemahlin mit vielen anderen Würdenträgern und hervorragenden Personen anwesend.

Die Schlacht bei Leipzig.

Bald sollte ein anderer berühmter Name die Welt durchfliegen, freilich nicht zu ihrem Heil. Aber nur in so fern als die Napoleonischen Kriege der Einwanderung Abbruch thaten, ist eine Rückwirkung jener erschütternden Ereignisse auf die Angelegenheiten unserer Gesellschaft bemerkbar. Zur Feier der Schlacht bei Leipzig und der Fortschritte der Alliirten hielten die Deutschen, Holländer und Schweizer am 14. Februar 1814 in Philadelphia ein großes Jubelfest, das zwar nicht direkt von der Deutschen Gesellschaft, aber doch von tonangebenden Mitgliedern derselben ausging. Das Fest= Committee bestand nämlich aus den Herren A. Ehringhaus, Christian Dannenberg, David Seeger, Friedrich Ribba und Carl W. Hütz, von denen die vier ersten verschiedene Gesellschaftsämter bekleidet haben.

Die Feier war äußerst belebt. Zwei und zwanzig Jahre vorher hatte man auf Freiheit, Gleichheit und Tyrannentod angestoßen, jetzt galten nicht weniger als vier Toaste den Monarchen, welche den Corsischen Usurpator aufs Haupt geschlagen hatten. *) Militärmusik rauschte den gesprochenen Worten nach. Ein Blüchermarsch war von Herrn Herrmann besonders für diese Gelegenheit componirt. Auch York, Kutusow, Schwarzenberg, Wittgen= stein, Platow und Bülow erhielten ihr Theil; der letzte Toast gedachte, wie gewöhnlich, des schönen Geschlechts, worauf die Musik mit „Freut euch des Lebens" einfiel. Dann kamen freiwillige Gesundheiten (eine von Herrn Ehringhaus auf „die Patrioten von Süd=Amerika, mögen sie bald mit einem Washington beglückt werden") und schließlich ein Jubellied, anhebend „Heil Germanien's edeln Siegern". Die Festrede hielt Herr Mannhardt. (M. v. Fürstenwärther. Der Deutsche in Nord=Amerika, Stuttgart und Tübingen 1818, p. 103—107.)

*) In ganz ähnlicher Weise stachen die Toaste, die 1870 und 1871 hier ausge= bracht wurden, gegen die von 1848 und 1849 ab.

Der Kriegsläufte des eigenen Landes geschieht im Nov. 1814 Erwähnung. Der Präsident (Georg A. Becker) bemerkt, daß viele aus dem Felde zurückgekehrte Soldaten sich in sehr betrübtem Zustande befinden, daß einige ohne Strümpfe und Schuhe einhergehen, und daß darunter viele Deutsche oder Abkömmlinge von Deutschen sind. Er berief deshalb eine besondere Versammlung, aber von weiteren Schritten hören wir Nichts.

Das Hermann Denkmal.

Und nun schien es wirklich während einer langen Reihe von Jahren, als habe sich die Deutsche Gesellschaft eingesponnen, als wisse sie so wenig von der Welt, wie die Welt von ihr. Seltsam, der erste Anruf, der diese „schauerliche Stille" unterbrach, kam, so zu sagen, aus dem Teutoburger Walde.

Im Dezember 1839 gelangte an die Gesellschaft eine Mittheilung über das Hermann-Denkmal und der Präsident (Samuel Keemle) ernannte ein Committee, bestehend aus Dr. Constantin Hering, Tobias Bühler, G. F. Huber, Nikolas Rohlenkamp und Heinrich Burkhardt, um über die fragliche Gestalt Auskunft und Rath zu ertheilen. Am 6. Februar legte dieses einen Bericht vor, der ausnahmsweise in d e u t s c h e r Sprache abgefaßt war und folgende Punkte enthielt:

Der Detmolder Verein ersucht die Deutsche Gesellschaft in Philadelphia für die Errichtung eines Denkmals für Hermann, den Befreier, mitzuwirken. Es sei den Bittstellern nicht unbekannt, daß jene ihrer Bestimmung und Constitution gemäß keine Beiträge aus ihrer Kasse für diesen Zweck leisten könne; der Verein wünsche auch nur, daß sie als Repräsentantin der deutschen Pennsylvanier ein Committee ernenne, welches die Deutschen in den Ver. Staaten veranlasse, das große Nationalwerk zu unterstützen.

Die Berichterstatter empfahlen diesem Anliegen zu entsprechen. Der Bildhauer sei Ernst von Bandel, der seine Befähigung schon durch das Denkmal des Königs Wilhelm IV. in Göttingen erwiesen habe, und für dies Hauptwerk seines Künstlerlebens keinen Lohn begehre. Nur Material und Arbeiter müßten bezahlt werden und dazu würden etwa 20,000 Thaler ausreichen. Im Norden und Süden Deutschland's hätten sich Vereine gebildet, das nöthige Geld aufzubringen. Auch aus fremden Ländern seien Beiträge eingelaufen, so hätten die Deutschen in Havanna 600 Dollars beigesteuert.

Jeder Deutsche solle das Seinige thun, damit das Standbild in größter Vollkommenheit, ja mit Pracht hergestellt werden könne. „Hermann war der Retter unseres Volkes, er war's, der die deutsche Sprache der Welt erhalten hat."

16

Auf diese und ähnliche Ausführungen sich stützend, legte das Committee der Gesellschaft folgende fünf Beschlüsse vor:

1. Den Antrag des Detmolder Vereins, so weit es die Statuten erlauben, anzunehmen.

2. Ein Executiv-Committee zu ernennen, das auf geeignetem Wege die Deutschen in den Vereinigten Staaten zu Beiträgen für das Hermann-Denkmal auffordern solle.

3. Daß der Beamtenrath dies Committee ernenne.

4. Daß der Schatzmeister der Gesellschaft die einlaufenden Beiträge annehme, darüber quittire und dieselben dem Detmolder Vereine übermache.

5. Daß sich die Deutsche Gesellschaft für die richtige Ueberlieferung der gesammelten Beiträge verbürge.

Die Gesellschaft gab den drei ersten Beschlüssen ihre Zustimmung, verwarf aber die beiden andern. Das Executiv-Committee, das in Gemäßheit mit dem zweiten Beschlusse ernannt wurde, bestand aus folgenden Herren: Dr. C. Hering, Dr. G. Lingen, Dr. W. Schmöle, Daniel M. Keim, Chas. C. Lex, G. F. Huber, N. Kohlenkamp, W. H. Horstmann und W. L. Riberlen.

Was dies Committee ausgerichtet hat, erzählen die Protokolle nicht. Da es keine Instructionen hatte und der Gesellschaft weder Rapport noch Rechenschaft für einkommende Gelder schuldig war, stand es thatsächlich außerhalb der Gesellschaft und kam nicht wieder zur Erwähnung.

Das große Denkmal aber, das Bandel damals als ein mahnendes Zeichen zu errichten unternahm, das er mit Beharrlichkeit und Selbstaufopferung zur Aufgabe seines Lebens machte, ist im verflossenen Jahre, nachdem Deutschland von Neuem das aggressive Romanenthum niedergeworfen, zur Vollendung gediehen und verknüpft die Erinnerung an eine ferne Vergangenheit mit der Freude über die siegreichen Erfolge des lebenden Geschlechtes.

Buchdruckerfest 1840. — Revolution von 1848. — Schiller's Geburtstag 1859.

Im Jahre 1840, am 24. Juni, feierten die Deutschen in Philadelphia das vierhundertjährige Jubiläum der Erfindung der Buchdruckerkunst. Viele Vereine, die Washington Guards und andere Militärcompagnien bildeten einen langen Zug durch die Straßen, der sich nach Gray's Ferry begab. Dort fand ein Banquet statt. Die Deutsche Gesellschaft nahm nicht als Körperschaft daran Theil, aber viele ihrer Mitglieder schlossen sich an. Es war das erste der vielen großen Feste, die in den letzten Decennien von den Deutschen hier gefeiert sind.

Die große Umwälzung von 1848, welche den Vereinigten Staaten aus Deutschland so viele Männer des energischen Fortschritts zugeführt hat, welche dem deutschen Leben, von der Küste bis zu den fernen Ansiedelungen im Westen, einen schnelleren Puls gab, scheint auf die Deutsche Gesellschaft, die damals sehr eingezogen und schläfrig war, keinen hervorspringenden Einfluß ausgeübt zu haben. Nur die Arbeit des Agenten vermehrte sich, in Folge der größeren Einwanderung, in den Jahren von 1850 bis 1854.

Als geschichtliche Reminiscenz könnten wir allerdings eine Phrase beibringen, die damals viel gehört wurde, auch in unsern Protokollen vorkommt, jetzt aber längst verschollen ist, nämlich: „Das verrottete Europa." Man schien anzunehmen, die Fäulniß, woran bekanntlich zu Hamlets Zeiten Dänemark litt, habe sich über ganz Europa verbreitet. Diese etwas unklare und durch die Geschichte seitdem durchaus nicht bestätigte Vorstellung spiegelt sich in einem Berichte ab, der im Jahre 1851 die Uebelstände der sich hier stauenden Einwanderung bespricht.

Es wird darin geklagt, daß unsere Stadt in entsetzlicher Weise die Sittenverderbniß verspüre, welche das verrottete Europa so reichlich ausspeie. (A community already fearfully affected by the amount of viciousness so freely vomited upon it by rotten Europe.)

Nicht lange darauf lief eine Zuschrift vom „Vorort des amerikanischen Revolutionsbundes für Europa" beim Verwaltungsrath ein. Sie wurde weder protokollirt, noch ihr Inhalt beschrieben und wir wissen daher nicht, was der Vorort der Gesellschaft zumuthete. Das Document wurde durch Beschluß des Rathes an die Gesellschaft consignirt, diese schickte es aber, ohne daran zu rütteln, an den Beamtenrath zurück und so fand es ein stilles Grab, das nicht einmal durch die Inschrift: „Sonderbarer Schwärmer" verziert worden ist.

Nach und nach drangen trotz alledem die Achtundvierziger in die Gesellschaft ein und brachten, in Verbindung mit andern strebsamen Mitgliedern, eine große Aenderung im Tone und Wesen unseres ehrwürdigen Institutes hervor.

Bei diesem neuen Erblühen kam die Gesellschaft sich zum Bewußtsein, daß sie als die älteste Vereinigung der Deutschen in Philadelphia und als der Sammelplatz der achtbarsten deutschen Bürger nicht allein berechtigt, sondern berufen sei, bei öffentlichen Gelegenheiten eine repräsentative Stellung einzunehmen.

Die Feier des hundertjährigen Geburtstages unseres Schiller, die ein poetisches Vorspiel zu der deutschen Einheit war und die, so weit die deutsche Zunge klingt, nämlich auf dem ganzen Erdboden, alle Kinder des großen Vaterlandes zu einer gemeinsamen Huldigung des deutschen Genius zusammenberief, diese Feier bot auch der Deutschen Gesellschaft den Anlaß, das Andenken unseres großen Dichters zu ehren und dabei den Deutschen von Philadelphia leitend voranzugehen.

Auf Herrn Kiderlen's Antrag entschloß sich die Gesellschaft dazu am 25. März 1859. Ein Committee, bestehend aus den Herren Kiderlen, Maaß, Korabi, Lucaßen, Dr. Hering, und Reichard, nahm die Vorbereitungen in die Hand und so fand denn die Feier am 10. November 1859 in der Academy of Music statt. Sie bestand aus einer deutschen Festrede, gehalten von Herrn G. Remak, einer englischen, von Herrn Wm. Furneß, und einem Instrumental- und Vocal-Concerte, worin die Aufführung der Romberg'schen Composition von Schiller's Glocke den vornehmsten Platz einnahm.

Der Bürgerkrieg.

Die Schlußworte der Glocke „Friede sei ihr erst Geläute" waren kaum verklungen, als sich unheilverkündende Mißtöne im Süden des Landes vernehmen ließen und bald durchtobte der Waffenlärm des Bürgerkrieges das ganze Gebiet der Union.

Der vierjährige Kampf, der den Leidenschaften den weitesten Spielraum gab, welcher Trauer und Hoffnung, Leid und Siegesfreude bei Millionen weckte, hinterließ in der Deutschen Gesellschaft wenig bemerkbare Spuren. Während die politischen Parteien mit äußerster Heftigkeit auf einander prallten, blieb die Gesellschaft ein neutraler dem Dienste der Humanität geweihter Boden. Auch ihr Wachsthum, das mit dem Jahre 1859 kräftiger als je eingesetzt hatte, erlitt keine Störung.

Da der Krieg und die ihm dienenden Manufacturzweige eine enorme Menge von Arbeitskräften verschlangen, so verringerte sich die Nachfrage nach Arbeit und auch Unterstützungsgesuche wurden seltener.

Indessen hatte die Gesellschaft Gelegenheit, sich den Familien der Freiwilligen nützlich zu erweisen, indem sie dafür sorgte, daß die von der Stadt bewilligten Unterstützungen in den Besitz der Betheiligten gelangten.

Im letzten Jahre des Bürgerkrieges ward der Versuch gemacht, aus fremden Ländern, auch aus Deutschland, durch Angebot freier Passage und guten Arbeitslohnes, billige Ersatzmänner anzuwerben. Daß die Deutsche Gesellschaft durch eine öffentlich erlassene Warnung dazu beitrug, den wahren Charakter dieser Werbepläne bloß zu stellen, ist p. 115 angeführt.

Beim Tode Abraham Lincoln's, der am 14. April 1865 von der mörderischen Kugel J. W. Booth's getroffen, den nächsten Morgen sein Leben aushauchte, drückte die Gesellschaft auf gebührende Weise ihre Theilnahme an der allgemeinen Betrübniß aus. Die schwarzbeflorte Fahne wehte als Zeichen der Trauer aus dem Fenster der Halle und auf Beschluß der Gesellschaft wurde die Bühne auf 30 Tage schwarz behängt.

Die Humboldt=Feier 1869.

Hatten die Deutschen im Jahre 1859 ihrem unvergleichlichen Dichter ge=
huldigt, so bot sich zehn Jahre später die Gelegenheit, ihren großen Natur=
forscher, Alexander von Humboldt, durch die Feier seines hundertsten Ge=
burtstages in gleicher Weise zu ehren.

Der von Herrn F. W. Thomas, sen., gegebenen Anregung lieh der Vor=
stand der Deutschen Gesellschaft willig Gehör, hielt aber dafür, daß die An=
ordnung des Festes auf einer breiteren Basis als einem einzelnen Vereine
stehen solle. So entstand denn das Humboldt=Committee, das zwar aus
Mitgliedern der Deutschen Gesellschaft bestand und deren Präsidenten Herrn
W. J. Horstmann auch an seine Spitze stellte, übrigens in seiner Organisa=
tion und in seinem Handeln einen ganz unabhängigen Körper bildete. Um
die Feier vielseitig und Allen zugänglich zu machen, ward sie auf zwei Tage,
den 14. und 15. September, vertheilt.

Am ersten Tage fand ein festlicher Umzug statt. Die Procession begab
sich zunächst nach Fairmount Park, wo der Grundstein zu einem künftig zu
errichtenden Monumente gelegt wurde. Der Präsident des Committees,
Herr Horstmann, der Mayor der Stadt, Herr D. M. Fox, Dr. G. Kellner
und Professor Henry Morton (jetzt Präsident des Stevens Institute in Ho=
boken) hielten Reden zur Würdigung der Verdienste und der kosmopoliti=
schen Stellung des großen Forschers. Den Grundstein legte die hiesige
Großloge nach ihrem Ceremonial unter dem Großmeister Richard Vaux. —
Nach Beendigung dieser Feierlichkeit begab sich die Volksmenge nach Engel
und Wolf's Farm und beging dort in der freien Natur, von herrlichem Wet=
ter begünstigt, ein Fest nach guter deutscher Weise.

Am Abend des nächsten Tages folgte die rednerische Feier in der Musical
Fund Halle. Die deutsche Festrede hielt Dr. E. R. Schmidt aus Burling=
ton, die englische Dr. Horatio Wood aus Philadelphia. Musik in passender
Auswahl umrahmte die beredten und gedankenvollen Vorträge.

Der Setzung des Monuments oder vielmehr der Aufbringung der dazu
erforderlichen Gelder stellten die Zeitverhältnisse mannigfache Schwierigkeiten
in den Weg. Aber trotzdem ist das gegebene Wort in herrlicher Weise nun=
mehr eingelöst und ein von dem berühmten Bildhauer Drake in Berlin ge=
schaffenes, eben so getreues wie genial concipirtes Ebenbild Humboldt's aus
Bronze ist vollendet und wird in wenig Wochen auf dem Platze stehen, der
1869 für diesen Zweck geweiht wurde. (Vorsitzender des Humboldt=Com=
mittees ist G. R. Ziegler, Sekretär Paul Jagode, corresp. Sekr. Dr. G.
Kellner, Schatzmeister R. Korabi.)

Kaum war ein Jahr vergangen, als ein großes Ereigniß der Deutschen
Gesellschaft wiederum Anlaß gab, mit andern deutschen Vereinen und der
gesammten deutschen Bevölkerung von Philadelphia thätige Sympathieen

für das alte Vaterland zu bekunden. Der deutsch-französische Krieg, der mit dem Zusammensturz der französischen Macht und der Wiedererstehung des Deutschen Reiches endete, brach aus. Die Kämpfe und Siege riefen die lebhafteste Theilnahme hervor und Jeder wollte diese gern in einer nachdrücklicheren Weise als durch bloße Worte darthun. Nachdem bereits Geldsammlungen und am 13. October ein Promenaden-Concert zum Besten der Verwundeten und der Wittwen und Waisen der Gefallenen stattgefunden, ward am 20. Dezember 1870 in der Horticultural Halle der große Weihnachtsbazar eröffnet, der bis zum 2. Januar fortdauerte. Als Ergebniß dieser Bemühungen konnte das Philadelphier-Committee etwa $50,000 an den Berliner Hülfsverein absenden. Die Halle der Deutschen Gesellschaft war das Hauptquartier für alle Verabredungen und Zusammenkünfte, wie denn die thätigsten Förderer des Bazars Mitglieder der Gesellschaft waren. Viele Wagenladungen von geschenkten Waaren fanden in dem obern Zimmer der Halle einen vorläufigen Sammelplatz.

Das große Friedensfest in Philadelphia am 15. Mai 1871 schwoll zu einer so enormen Ausdehnung, war eine so massenhafte Demonstration, daß weder die Deutsche Gesellschaft noch irgend ein anderer Verein dabei besonders genannt zu werden verdient. Es war ein überwältigendes Hervortreten des deutschen Elements in Philadelphia, und zeugte eben so wohl von dessen Größe und Wohlstand wie von der Liebe zum alten Vaterlande.

Wir haben noch ein Ereigniß zu erwähnen, das allerdings nicht zu dem großen Weltlaufe gehört, aber in den Annalen der Gesellschaft eine um so bedeutendere Stelle einnimmt und das, obschon ein Dutzend Jahre darüber vergangen sind, doch geeignet ist, einen passenden Schluß dieser geschichtlichen Uebersicht zu bilden. Es ist

Der hundertste Geburtstag der Deutschen Gesellschaft.

Im Jahre 1864 erfüllte sich die Zeit eines ganzen Jahrhunderts seit der Gründung der Gesellschaft. Sie war gestiftet im letzten Stadium der Colonial-Periode, als in Folge des verhaßten Stempelgesetzes ein ernster Bruch mit dem Mutterlande drohte, sie brachte der jungen Republik, noch ehe dieselbe am 4. Juli 1776 ihre Taufe erhielt, einen Wiegengruß und ermunternden Zuspruch dar, sie überlebte die rauhen Stürme der Kriegszeit, welche so manches Unternehmen niederwarfen, sie wuchs heran, nicht immer in derselben Gesundheitsfülle strotzend, aber nie kleinmüthig und zaghaft, sie blieb sich und ihrem edlen Berufe treu, den Deutschen ein ehrendes Denkmal, und erreichte das löbliche Alter von 100 Jahren, als frischere und reichlichere Säfte, die ihr wieder zuströmten, das Gefühl kräftigen Lebensdranges in ihr weckten. Sie durfte daher ihrem hundertsten Wiegenfeste in froher Stimmung entgegengehen, zumal da auch das Ende des unglückseligen Bürgerkrieges augenscheinlich nahe war.

Da der Winter, in welchen der Stiftungstag der Gesellschaft fällt, jede Festlichkeit in einen geschlossenen Raum bannt, so wurde beschlossen, eine Vorfeier im Herbste zu halten, und die ganze deutsche Bevölkerung von Philadelphia zur Theilnahme einzuladen.

Der dazu angesetzte Tag war der 12. September, der Platz, auf welchem das Fest abgehalten wurde, Engel und Wolf's Farm und das angrenzende Washington's Retreat. In Folge des unfreundlichen Wetters fiel der Besuch verhältnißmäßig schwach aus. Aber es waren doch genug erschienen, um eine recht fröhliche und sinnige Festfeier zu begehen. Da trafen die Alten, welche ihre dreißig und mehr Jahre bei der Gesellschaft gewesen, mit dem jungen kräftigen Nachwuchs zusammen, und — was diese Gelegenheit besonders auszeichnete — auch die Familien der Mitglieder bildeten einen Theil der Fest-Gesellschaft. Das Germania Orchester trug beliebte und patriotische Weisen vor, der Präsident, Hr. J. Theophilus Plate, sprach einen Festgruß und berührte Vieles aus der Vergangenheit, während Dr. Kellner's Rede die Aufgaben und Ziele der Gesellschaft behandelte.

In der hundertsten Jahres-Versammlung der Gesellschaft, am 26. Dezember 1864, fanden zunächst die gewöhnlichen Geschäfte ihre Erledigung. Zum Andenken an den denkwürdigen Tag wurden mehrere Geschenke dargebracht; von den Gebrüdern Horstmann eine prachtvolle seidene Fahne mit dem Insiegel der Gesellschaft und von Herrn Ig. Kohler Exemplare der von ihm herausgegebenen Bibel und der Uebersetzung von Schiller's Werken, beide in reichverzierten, kunstvollen Einbänden.

Der Verwaltungsrath, ein großer Theil der Mitglieder und eingeladene Gäste begaben sich gegen Abend nach der Sansom Street Halle, um daselbst bei festlichem Mahle mit Reden und Sprüchen den Tag ehrend zu begehen.

Der Raum war in festlicher geschmackvoller Weise ausgeschmückt, amerikanische und deutsche Banner in schönem Verein zierten die Seitenwände der Halle; die neue Fahne der Gesellschaft überhing den Orchesterplatz. Frohe, belebende Tonstücke vor und bei dem Mahle standen im Einklang zu der guten Stimmung, die Alle beseelte. Waren doch kurz vorher die herrlichen Nachrichten von Gen. Thomas' entscheidendem Siege bei Nashville und von Gen. Sherman's Einzuge in Savannah eingetroffen.

Unter den anwesenden Gästen war der Gouverneur des Staates, Andrew G. Curtin, dem das ungebundene herzliche Wesen seiner deutschen Freunde sehr zusagte und der im Genusse der Geselligkeit hinter Keinem zurückblieb.

Auf ein Festessen läßt sich wohl anwenden, was Schiller sagt:

> Wenn gute Reden sie begleiten,
> Dann f l i e ß t die Arbeit munter fort.

Auch bei der hundertjährigen Jahresfeier der Gesellschaft bewahrheitete sich dies.

Der Präsident, Herr J. Th. Plate, eröffnete den gesprochenen Theil des Festes mit folgender Rede:

„Meine Herren! Es ist uns vergönnt, mit diesem Festmahle am heutigen Tage das hundertjährige Jubiläum der Deutschen Gesellschaft von Pennsylvanien zu feiern. Wir verdanken diesen Tag den Gründern derselben, die am 26. Dezember 1764 ein Werk schufen, das nach hundert Jahren noch ihre Thaten rühmt und uns die schöne Veranlassung giebt, heute nicht allein das Andenken an sie zu feiern, die schon längst von der Bühne des Lebens getreten sind, sondern auch der Früchte, welche ihre Schöpfung während eines Jahrhunderts geliefert hat, in gebührender und anerkennender Weise zu gedenken. Die edeln Zwecke der Gründung dieser Gesellschaft waren: armen nothleidenden deutschen Einwanderern in jeder Beziehung mit Rath und That an die Hand zu gehen; deutsche Schulen in's Leben zu rufen und den Besuch derselben zu fördern, durch Errichtung einer Bibliothek die Ausbreitung der deutschen Sprache in diesem Staate zu bewirken und unseren Landsleuten Gelegenheit zu geben, durch deutsche Litteratur mit ihrem Vaterlande in geistigem Verkehr zu bleiben. Mit diesem schönen Vorhaben wurde die Deutsche Gesellschaft heute vor hundert Jahren in einer Versammlung deutscher Männer im lutherischen Schulhause unter dem Vorsitze von Heinrich Keppele gegründet. Die Gesellschaft zählte bei ihrem Entstehen 61, und im Jahre 1772, 82 Mitglieder; über die Anzahl derselben bis zum Jahre 1859 finden wir keine Angaben, in letzterem aber bestand die Gesellschaft aus 242 Mitgliedern.

Seit dem Jahre 1818 wurden die Verhandlungen und Protokolle 41 Jahre lang in englischer Sprache geführt; 1859 jedoch wurde bei zeitgemäßer Abänderung der Nebengesetze, die deutsche Sprache wieder eingeführt und sehen wir nun die Mitgliederzahl sich in erfreulicher Weise vergrößeren; sie ist heute bis auf 569 gestiegen. Die Versammlungen wurden im lutherischen Schulhause gehalten, bis die Gesellschaft 1807 ihre eigene, auf ihre Kosten erbaute Halle eröffnete.‟

(Hierauf folgen einige statistische Angaben über die Bibliothek und Armenunterstützung. Die Rede schließt):

„Thatsache ist es, daß die Deutsche Gesellschaft in moralischer Beziehung für die Deutschen in diesem Staate und im ganzen Lande überhaupt von der größten Bedeutung war, daß sie viel Gutes geleistet hat, und daß sie die erste deutsche wohlthätige Gesellschaft ist, welche in den Vereinigten Staaten gegründet wurde. Sei es auch unser Wunsch, daß sie ihr segensreiches Wirken noch lange bis in die fernste Zukunft zum Heile der deutschen Einwanderer und zum Wohle der deutschen Bevölkerung fortsetzen möge.‟

Hierauf folgten die Toaste.

1. Der Präsident der Vereinigten Staaten.

2. Der Gouverneur von Pennsylvanien. Darauf antwortete Gouverneur Curtin in einer Rede, welche den Freiheits- und Unabhängigkeitssinn, den Fleiß und die Ausdauer der Deutschen anerkennend hervorhob.

3. Der Mayor von Philadelphia.

4. Das deutsche Vaterland. Dr. G. Kellner, aufgefordert hierauf zu antworten, schilderte den Charakter des deutschen Volkes, wie er sich in dessen Culturgeschichte abspiegelt.

5. Unsere neue Heimath. — Beantwortet von Herrn Fr. Heyer.

6. Das Andenken der Gründer. — Beantwortet von Herrn Charles E. Lex.

7. Die eingeladenen Gäste. — Beantwortet von Herrn Elsen aus Boston.

8. Die deutsche Presse. — Beantwortet von Herrn J. Wolf.

9. Die deutschen Schwestergesellschaften.

10. Die Dichter Deutschland's. — Beantwortet von Herrn Rudolph Korabi.

11. Die deutsche Muttersprache. — Beantwortet von Herrn Fr. Röse.

Spät in der Nacht schieden die Theilnehmer an dem Feste, freudig bewegt, daß sie diesen Ehrentag der Gesellschaft mit einem erhebenden Rückblick auf deren Vergangenheit, mit berechtigten Hoffnungen auf die Zukunft feiern durften.

———o———

Was in schwankenden Umrissen damals den Mitgliedern der Deutschen Gesellschaft über deren hundertjährige Geschichte vorschwebte, haben diese Blätter zu einem festen, anschaulichen Bilde zu gestalten versucht. Wir haben unsere Gesellschaft auf ihren verschiedenen Pfaden — Rechtsschutz, Wohlthätigkeit, Pflege deutscher Bildung — von ihrer Wiege bis auf die Gegenwart begleitet und den Reflex der Zeiten auf ihr Wandeln beobachtet. Sie hat während ihres Bestandes viele Geschlechter kommen und verschwinden sehen, hatte Mitglieder, die unter Friedrich dem Großen, Washington, Blücher und Kaiser Wilhelm im Felde standen. Könnten die Namen, welche ihre Personenliste umfaßt, reden, welch ein reichhaltiges Gemälde vom deutschen Leben in unserer Stadt würde sich da entfalten! Zeiten, Sitten und Verhältnisse haben sich so geändert, daß die frühere Periode mit einem Hauch des geschichtlich Fernliegenden, um nicht zu sagen Alterthümlichen, vor uns tritt. Aber bei diesem Wechsel ist doch Eins beständig geblieben, die humane Regung des Herzens, welche dem leidenden Landsmanne Hülfe beut und das ernste Bestreben, ein ehrenvolles Vermächtniß, den guten Namen der Gesellschaft, den kommenden Geschlechtern unangetastet zu überliefern.

Möge denn die Kenntniß der Vergangenheit das Bewußtsein kräftigen, daß wir die Glieder einer langen Kette sind, daß wir als die lebenden Vertreter unserer werthen Anstalt deren Ruhm theilen, vorausgesetzt, daß wir auch die Verpflichtung auf uns nehmen, die sich daran knüpft, nämlich: Die Deutsche Gesellschaft von Pennsylvanien immer stärker, nützlicher und achtungswerther zu machen. Denn

„Was gelten soll, muß wirken und muß dienen."

Zweiter Teil

der

Geschichte

der

Deutschen Gesellschaft

von

Pennsylvanien.

Von 1876 bis 1917.

Auf Veranlassung der Deutschen Gesellschaft verfasst

von

Max Heinrici.

Philadelphia, Pa.:
Druck von Graf & Breuninger, 1631 Germantown Avenue.
1917.

Erster Abschnitt.

Die inneren Zustände der Gesellschaft.

Die Einteilung des Seidensticker'schen Buches ist auch für den zweiten Teil festgehalten worden. In diesem Abschnitt wird über die Mitglieder, die Versammlungen, den Verwaltungsrat, die Agentur und Ausschüsse, sowie über das Gesellschaft-Gebäude berichtet werden.

---::---

Von den Mitgliedern.

An der Vorbedingung der Mitgliedschaft, daß der Bewerber um dieselbe deutscher Abstammung sein oder doch wenigstens deutsches Blut in seinen Adern haben muß, ist im Allgemeinen strikt festgehalten worden. An dem von der Jahresversammlung in 1849 eingenommenen Standpunkte, in welcher man sich gegen die Aufnahme weiblicher Mitglieder ausgesprochen hatte, wurde in der Hauptsache nichts geändert, doch weist das Mitglieder-Verzeichnis unter den lebenslänglichen wie unter den jährlich beitragenden Mitgliedern solche weiblichen Geschlechts auf. In der Mehrzahl der Fälle handelte es sich um Witwen verstorbener Mitglieder oder Töchter von solchen. Sie wurden zur Mitgliedschaft zugelassen. Die Frage weiblicher Mitglieder fand ihre beste und für die Gesellschaft vorteilhafteste Lösung durch die Gründung des **Frauen-Hilfs-Verein der Deutschen Gesellschaft**, die am 22. Mai 1900 erfolgte. Der Verein hat sich besonders das Gebiet der Mildtätigkeit, welches dem Charakter, Wesen und Wirken der Frauen näher liegt, als den Männern, zum Felde seiner Wirksamkeit ausgesucht und Hervorragendes geleistet. Es wird später auf den Frauen-Hilfs-Verein der Deutschen Gesellschaft und seine Geschichte näher eingegangen werden. Schon vor Gründung desselben hatten sich die Frauen und Töchter von Mitgliedern gern bereit finden lassen, die wohltätigen Bestrebungen der Gesellschaft zu unterstützen, und besonders zu dem Erfolge der Weihnachtsbescherungen für arme Familien beigetragen, ja ihn erst ermöglicht.

Die Mitglieder sind der Mehrzahl nach in der Stadt Philadelphia oder deren Umgebung ansässig, doch besteht keine Vorschrift, welche das zur Vorbedingung der Aufnahme macht. Eine Anzahl von Mitgliedern wohnt in anderen Städten und Staaten des Landes, einige sogar in Deutschland. Letztere waren früher in Philadelpia ansässig.

Die von Dr. Kellner im Jahre 1868 angeregte Idee, die Deutsche Gesellschaft über den ganzen Staat auszudehnen, sie dadurch in Wirklichkeit zu einer Deutschen Gesellschaft von Pennsylvanien zu machen, wie ihr Name besagt, und durch Bildung von Zweigvereinen in den Landstädten dem Arbeitsnachweis einen größeren Erfolg zu sichern, ist nach dem Fehlschlage der darauf hinzielenden Bemühungen nicht wieder zu verwirklichen versucht worden. In anderer Form hatte Herr Adolph Timm im Jahre 1913 die Idee wieder aufzunehmen und einen Kartell-Verband der Arbeitsnachweis-Büros der Deutschen Gesellschaften und der Zweige des Nationalbundes, welche solche unterhalten, zu bilden versucht, um bessere Informationen über Arbeitsgelegenheiten zu erhalten, aber auch das gelang nicht, da zur erfolgreichen Durchführung des Planes nicht genügende Fonds vorhanden waren und nur mit Hilfe von solchen sich eine festgefügte Arbeitsnachweis-Organisation verwirklichen läßt. Das Arbeits-Nachweisungs-Büro der Gesellschaft war am 1. März 1885 in No. 441 N. 5. Str. eröffnet worden.

Für Streichung von Mitgliedern war nach wie vor Nichtzahlung der Beiträge der Hauptgrund. Die Aufnahmegebühr wurde von der Jahresversammlung in 1893 von $5 auf $2 ermäßigt, um der Gesellschaft recht viele neue Mitglieder zuzuführen. Der Jahresbeitrag hat seit dem Jahre 1866, als er auf $4 festgesetzt wurde, keine Aenderung erfahren. Der 1886 gestellte Antrag einer Jahresbeitrag-Erhöhung auf $10 wurde abgelehnt. Die Beisteuer lebenslänglicher Mitglieder beträgt $50.

Ehren-Mitglieder hat die Gesellschaft erst seit Abänderung ihres Freibriefes im Jahre 1870 ernannt. Die Liste derselben weist folgende Namen auf, die hier in chronologischer Reihenfolge aufgeführt sind; Jakob H. Fisler (1871), Wm. J. Mullen (1871), Baron Arnt von Steuben (1882), G. D. Rosengarten (1882), Joseph Kinike, John D. Lankenau (1884), Rev. Dr. Wm. J. Mann, Dr. O. Seidensticker (1889), Carl Schurz (1899), Dr. C. J. Hexamer, General Louis Wagner (1907), Jos. A. Heinzelmann, Martin Hoh und M. Richards Muckle (1910). General Wagner beantragte in der Oktober-Sitzung 1910, daß alle Mitglieder, welche der Gesellschaft 50 Jahre angehören, Ehrenmitglieder werden sollen. Das wurde angenommen. Von den Ehrenmitgliedern waren anfangs des Jahres 1917 nur Dr. C. J. Hexamer und Herr Martin Hoh am Leben.

Die Zahl der Mitglieder. Der ursprüngliche Freibrief der Deutschen Gesellschaft von Pennsylvanien enthielt die Bestimmung, daß dieselbe zu keiner Zeit weniger als 75 oder mehr als 300 Mitglieder zählen dürfe. Die Beschränkung kam jedoch in Wegfall, nachdem die Staats-Legislatur eine Amendirung des Freibriefes im Jahre 1810 genehmigt hatte. Seit 1875 stellte sich die Mitgliederzahl wie folgt:

Jahr	Mitglieder	Jahr	Mitglieder	Jahr	Mitglieder
1876	949	1890	797	1904	700
1877	1040	1891	819	1905	691
1878	1017	1892	723	1906	696
1879	887	1893	649	1907	693
1880	803	1894	776	1908	665
1881	806	1895	829	1909	627
1882	815	1896	813	1910	558
1883	817	1897	836	1911	520
1884	825	1898	817	1912	559
1885	809	1899	752	1913	642
1886	669	1900	791	1914	624
1887	692	1901	775	1915	597
1888	862	1902	752	1916	573
1889	855	1903	724		

Eine vollständige Namensliste sämtlicher Mitglieder von der Gründung der Gesellschaft bis zur Gegenwart ist dem Anhange einverleibt worden.

Die Gewinnung neuer Mitglieder, welche im Interesse der wohltätigen Bestrebungen der Gesellschaft absolut geboten ist, war auch von dem Jahre 1876, dessen Ereignisse zum Teil schon in der Seidensticker'schen Geschichte behandelt sind, bis heute die Hauptsorge aller Präsidenten und Vorstände der Deutschen Gesellschaft. In seinem Bericht für das Jahr 1882 erklärt Präsident Joseph Kinike:

„Ein Stillstand in der Werbung neuer Mitglieder für die Gesellschaft ist angesichts der stetig wachsenden Ansprüche, welche an sie gestellt werden, als Rückschritt zu bezeichnen. Ein Fortschreiten, eine den Forderungen und dem Geiste der Gegenwart angemessene und angepaßte Ausbreitung ihrer Tätigkeit kann die Gesellschaft nur erreichen durch stetigen Zuwachs an neuen Mitgliedern und den guten Willen Aller, sich an den Versammlungen und Arbeiten zu beteiligen.'

In seinem Bericht für das Jahr 1887 erklärt Präsident J. C. File: „Die Gesellschaft hat im Laufe des Jahres nicht in der Weise an Mitgliedern zugenommen, wie es wünschenswert gewesen wäre. Ihre Tätigkeit bringt sie zu wenig an die Oeffentlichkeit, so daß sie nicht auf einen gleichen Zufluß von neuen Mitgliedern rechnen kann, wie andere Gesellschaften, deren Leistungen und Tätigkeit sichtbarer dem Publikum vor Augen geführt werden. Es ist dies eine Tatsache, mit der wir rechnen müssen.. Sie weist auf die Notwendigkeit hin, beständige Regsamkeit zu entwickeln, damit neue Mitglieder gewonnen werden.''

In seinem nächsten Jahresbericht berührt Präsident File denselben Gegenstand und sagt: „Von größter Wichtigkeit erscheint der ernste Versuch, die Gesellschaft durch Gewinnung neuer Mitglieder dauernd auf eine gesicherte Basis zu bringen. Neue Mitglieder bringen frische Arbeitskraft, neue Ideen und lebendige Teilnahme. Und dieses neue Blut, diese neuen Mitarbeiter zu gewinnen, ist jedes Mitglied wohl im Stande. Es ist doch wahrlich ein erstrebenswertes Ziel, wohl wert, sich ein wenig zu bemühen, und wert den geringen Aufwand von gutem Willen, auch einen Baustein zu liefern zu dem hehren Gebäude vereinter deutscher Mildtätigkeit, wie es die Deutsche Gesellschaft darstellen soll.''

Um der Werbung neuer Mitglieder besondere Aufmerksamkeit zu widmen, wurde Ende des Jahres 1891 ein Spezial-Komitee ernannt. In den ersten vier Wochen seiner Tätigkeit gelang es demselben, dreißig neue Mitglieder zu gewinnen. Der von Sekretär Henry Auer erstattete Jahresbericht folgert daraus, daß unter dem Publikum für die Deutsche Gesellschaft großes Interesse besteht und daß es nur geringer Arbeit bedarf, um dasselbe mehr und mehr zu wecken. Das Komitee war auch in den nächsten Jahren mit bestem Erfolge für die Werbung neuer Mitglieder tätig.

In seinem Bericht für das Jahr 1895 hebt Sekretär F. H. Harjes hervor, daß im Laufe desselben 103 neue Mitglieder der Gesellschaft zugeführt wurden. Darum machten sich im Ganzen fünfzig Mitglieder verdient. Acht derselben gelang es, im Ganzen 43 neue Mitglieder zu gewinnen. Aber der Gewinn wurde dadurch zur Hälfte wieder aufgewogen, daß 53 Mitglieder der Gesellschaft durch Tod, Austritt oder Nichtbezahlung von Beiträgen, letztere veranlaßt durch die schlechten Zeiten, verloren gingen. Es wird dann auf die absolute Notwendigkeit der Werbung neuer Mitglieder hingewiesen, da die finanziellen Anforderungen an die Gesellschaft immer höhere werden. Herr Harjes betont die erfreuliche und nachahmungswerte Tatsache, daß verschiedene Mitglieder ihre erwachsenen Söhne ihr zuführten. Er schließt diesen Teil seines Berichts mit der folgenden Empfehlung: „Es sei uns hier das Ersuchen an die Söhne unserer verstorbenen Mitglieder gestattet, ihren Beitritt anzumelden, damit auf diese Weise entstandene Lücken ausgefüllt und so der Gesellschaft lieb und wert gewordenen Namen erhalten bleiben."

Sekretär Harjes gibt in einem Bericht für das Jahr 1896 an, daß 94 Mitglieder mit ihren Beiträgen im Rückstande sind und daß an der Hand früher gemachter Erfahrungen der größere Teil derselben als ausgeschieden zu betrachten sein dürfte. Er fährt dann fort: „Die allgemein gewünschte und erwartete Besserung der Erwerbsverhältnisse ist leider ausgeblieben. Befinden wir uns in dieser Beziehung auch in der gleichen Lage mit anderen Vereinen unserer Art, so darf uns das nur teilweise trösten, niemals aber darf es uns veranlassen, die Hände in den Schoß zu legen und unsere Hoffnung allein auf die Zukunft und auf die Rückkehr besserer Zeiten zu setzen. So rufen wir denn auch für das neue Jahr die

Hilfe unserer Mitglieder an, damit uns Zuwachs werde. Der Vorstand wird dafür Sorge tragen, daß der Ausschuß zur Erlangung neuer Mitglieder unverzüglich wieder eingesetzt wird."

Der regen Agitation gelang es, im Jahre 1897 der Gesellschaft zahlreiche neue Mitglieder zuzuführen, aber leider waren 136 Mitglieder mit der Zahlung ihrer Beiträge im Rückstande. Im nächsten Jahre blieb die Mitgliederzahl ziemlich stationär, was abermals einen dringenden Appell zur Werbung neuer Mitglieder veranlaßte. Im Jahre 1899 wurden nur 29 neue Mitglieder der Gesellschaft zugeführt. Sekretär Harjes hat dafür folgende Erklärung gefunden:

„Die bereits große und immer noch wachsende Zahl von Vereinen, welche Vergnügungen geselliger Art bieten, hemmt Körperschaften ohne solche, wie die unsrige, in der Zunahme von Mitgliedern. Wir hören zwar dieselbe Klage ausnahmslos von unseren Schwester-Gesellschaften, allein das kann uns nicht trösten und darf uns nicht beruhigen. Auf's Neue ermahnen wir Sie deshalb dringend, energisch mitzuwirken bei Werbung neuer Mitglieder. Der in diesem Jahre erworbene neue Zuwachs wurde fast ausschließlich durch die Bemühungen des Vorstandes uns zugeführt, aber derselbe vermag nicht allein, den Verlust an Mitgliedern durch Tod, Wegzug von hier und Austritt zu ersetzen. Dazu bedarf es Ihrer Hilfe. Der Vorstand fordert Sie zu besserer Unterstützung auf."

Im Jahre 1900 wurden 82 neue Mitglieder, darunter fünf lebenslängliche, aufgenommen. Der Zuwachs war den Bemühungen von 29 Mitgliedern zuzuschreiben. Der Jahresbericht erklärt, daß das den anderen 600 Mitgliedern, die keine neuen Mitglieder der Gesellschaft zugeführt haben, als Beispiel und Sporn dienen solle. Würde nur die Häfte von ihnen der Gesellschaft lediglich ein neues Mitglied gewinnen, so würde die erwünschte und bei der großen Zahl der Bevölkerung deutschen Ursprungs in Philadelphia immerhin bescheidene Ziffer 1000 bald erreicht sein. „Die Mitgliederzahl ist das Barometer des Interesses für unsere Gesellschaft und ihr ferneres Gedeihen. Die Mitglieder-Beiträge bilden einen wesentlichen Teil unserer verfügbaren Mittel; deshalb abermals die Mahnung: An's Werk für neue Mitglieder."

Im Jahre 1901 ging die Mitgliederzahl um 16 zurück. Deshalb die Mahnung Sekretär Harjes' in seinem Jahresbericht: „Das

Wachstum unserer Mitgliederzahl liefert den greifbaren Beweis des Fortschritts und die Unterlage für das fernere Gedeihen unserer Gesellschaft — deshalb abermals die Bitte an Sie um Umschau nach Zuwachs." Eine ähnliche Mahnung wiederholt sich in dem Jahresbericht für 1902, für 1903, für 1904, für 1905, für 1906, für 1907, für 1908. Der Rückgang in der Zahl der Mitglieder im Jahre 1909, das mit 627 Mitgliedern abschloß, giebt Herrn Harjes Anlaß zu einer besonders ernsten Mahnung, die so viel Wichtiges und Beherzigenswertes erhält, daß sie hier Aufnahme finden soll. Er berichtet:

„Daß in Jahresfrist nur 17 neue Mitglieder gewonnen werden konnten, ist ein trauriges Zeichen, ein Signal der ernstesten Gefahr für die Zukunft der Gesellschaft. Erwägen Sie wohl, daß auf Zuwachs unserer Mitgliederzahl durch Einwanderung kaum mehr zu rechnen ist und daß wir deshalb in Bezug ihrer Abnahme durch Tod, Austritt, Wegzug fast ausschließlich auf das Deutschtum unserer Stadt angewiesen sind. Zunächst fordern wir deshalb diejenigen unserer Mitglieder auf, die mündige Söhne besitzen, diese zum Beitritt zu veranlassen. Es ist zweifellos, daß auf diesem Wege eine ansehnliche Anzahl neuer jüngerer tatkräftiger Mitglieder gewonnen werden kann und außerdem die Namen Vieler von Ihnen in Zukunft uns erhalten bleiben.

„Bei Werbeversuchen hört man so oft, die Deutsche Gesellschaft biete nichts, sie unterstütze nicht genügend und die Betriebskosten seien zu hoch im Vergleich mit den für Unterstützung verausgabten Summen. Diese Einwände sind sämtlich unbegründet. Sie zeugen weder von richtiger Erkenntnis und Beurteilung der Zwecke einer wohltätigen Gesellschaft, noch sind sie berechtigt angesichts der geleisteten Arbeit. Gewährt es nicht Jedem, der notleidenden Mitmenschen helfen will und dazu das Herz auf dem rechten Fleck hat, eine innere Befriedigung, zu der Erhaltung und Förderung einer dieses Ziel verfolgenden Gesellschaft, wie der unsrigen, die vor fast 150 Jahren gegründet und uns als heiliges Erbe übertragen wurde, sein Scherflein beizutragen? Bietet auf der anderen Seite nicht der Vorstand sein Bestes auf, durch wissenschaftliche und allgemein verständliche Vorträge von berufenen Männern und Freunden unserer Gesellschaft und durch gesellige Unterhaltungen das geistige und gesellige Leben weit über unseren engeren Mitgliederkreis hinaus zu fördern? Kann mehr geschehen? Wenn es geschehen kann, werden uns Vorschläge und Winke, wie es sich ermöglichen läßt, stets sehr willkommen sein.

„Zum zweiten Punkt übergehend, kann ich Ihnen versichern, daß noch kein Unterstützungsbedürftiger vergebens bei uns angeklopft hat. Wir leiten keine Versorgungsanstalt, sondern eine Unterstützungs-Gesellschaft, die in ihrer Arbeit die wichtigen Elemente der Selbsthilfe und der daraus entspringenden Kräftigung der Moral und des Selbstvertrauens wach zu halten hat. Ganz abgesehen von der sofort verneinbaren Frage der Zulänglichkeit unserer Mittel, ist nur Letzteres unsere Aufgabe. Freilich haben auch wir, wie alle wohltätigen Bestrebungen, mit solchen Menschen zu rechnen und zu kämpfen, die mit Verschmitztheit, Lüge und Betrug das Feld der Nächstenliebe gewerbsmäßig auszubeuten suchen. Diese Klasse ist es, welche in der Stadt umherwandert, die Wohltätigkeit Einzelner ausbeutet und behauptet, daß unsere Gesellschaft sie schlecht behandele und nichts für sie tue. Vereinzelt, leider nur selten und stets zu spät, machen sich die zu Rupfenden oder schon Gerupften die leichte Mühe, bei uns anzufragen, um sich über den wahren Sachverhalt klar zu werden und zur Ausmerzung der Prellerei beizutragen.

„Zum dritten Punkt: der Betrieb unserer Gesellschaft kann nicht sparsamer eingerichtet werden, als er es ist. Es sind Beamte erforderlich, und man kann und wird uns nicht vorwerfen, daß wir mit unseren zwei besoldeten Angestellten (Agent und Bibliothekar sind gemeint) deren zu viele haben. Das für die Unterstützung verausgabte Bargeld ist bei Weitem nicht der alleinige Maßstab für unsere Arbeit, deshalb ist auch der Vergleich des prozentualen Verhältnisses der Betriebskosten zu den Bar-Unterstützungsausgaben nicht richtig. Lassen Sie sich deshalb durch solche Urteile nicht beeinflussen. Unterstützen Sie unsere Bemühungen, neue Mitglieder zu gewinnen. Setzen Sie uns durch Ihr kräftiges Mitwirken in den Stand, in diesem Punkte der Zukunft vertrauensvoller und freudiger entgegenzusehen.‟

Das Jahr 1910 schloß mit 558 gutstehenden Mitgliedern ab. Es wurde daher innerhalb des Vorstandes ein freiwilliger Ausschuß zur Werbung neuer Mitglieder unter Vorsitz Herrn J. C. Oeters' gebildet. Es gelang demselben, 26 neue Mitglieder zu gewinnen,

aber da die Gesellschaft durch Tod, Wegzug, Austritt und Streichung
64 einbüßte, blieben Ende des Jahres 1911 nur 520 gutstehende
Mitglieder übrig. Abermals wurde ein Komitee zur Gewinnung
neuer Mitglieder mit Carl P. Berger als Vorsitzer ernannt, das
sich die Unterstützung der deutschen Presse zu sichern wußte. Der
Erfolg war ein bedeutender. Es wurden im Jahre 1912 siebzig
neue Mitglieder gewonnen, darunter sechs lebenslängliche. Das
Jahr schloß mit einem Mitgliederstande von 559, da 31 durch Tod,
Wegzug, Austritt und Streichung verloren gingen. In 1913 wurden, dank der unermüdlichen Werbetätigkeit des Sonderausschusses
und des Vorstands, der Gesellschaft 118 neue Mitglieder zugeführt.
Das Jahr schloß mit einer Mitgliederzahl von 642. 35 waren aus
den mehrfach angeführten Ursachen der Gesellschaft verloren gegangen. Im Jahre 1914 war Herr Edward Knapp der neue Vorsitzer
des Ausschusses für Werbung neuer Mitglieder. 43 wurden aufgenommen, aber der in Europa ausgebrochene Krieg wirkte lähmend
auf die Tätigkeit des Ausschusses. 55 Mitglieder mußten gestrichen
werden. Das Jahr schloß mit einem Bestande von 624 Mitgliedern.
Die Hoffnung des Vorstandes, die Gesellschaft bis zum 150jährigen
Jubiläum auf 1,000 Mitglieder zu bringen, wurde durch den Krieg
vereitelt. Das Jahr war in einer Reihe von Jahren das erste, in
welchem kein lebenslängliches Mitglied aufgenommen wurde. Im
Jahre 1915 wurden 35 neue Mitglieder aufgenommen, während der
Abgang 62 betrug. Am Ende des Jahres stellte sich der Bestand
demnach auf 597 Mitglieder.

In 1915 traten dreizehn Mitglieder aus. Nur eines, das der
Gesellschaft lange Jahre angehörte und sehr geschätzt war, teilte
mit, daß seine Bürgertreue es ihm unmöglich mache, der Deutschen
Gesellschaft länger anzugehören. Sekretär F. H. Harjes bemerkt
in seinem Jahresbericht dazu: „Eine Körperschaft, wie die unsrige,
welche das Woltun auf ihr Panier geschrieben hat, die—beiläufig sei
es erwähnt—in 1764, also volle 12 Jahre vor der Gründung der
jetzigen Vereinigten Staaten, entstand, die sich bis auf den heutigen
Tag der Politik ferngehalten, die Tausende und aber Tausende
von Einwanderern durch ihre Hilfe in ihrem Fortkommen förderte
und sie zu treuen, nützlichen, achtbaren und gesetzliebenden Bürgern
erziehen half, kann sich mit dem Ausdrucke des Bedauerns über eine
solche Ansicht hinwegsetzen."

Anzahl der jährlich beigetretenen Mitglieder.

1876	44	1890	23	1904	24
1877	99	1891	41	1905	53
1878	47	1892	52	1906	44
1879	38	1893	23	1907	28
1880	32	1894	146	1908	30
1881	46	1895	102	1909	17
1882	35	1896	38	1910	32
1883	37	1897	103	1911	26
1884	26	1898	23	1912	70
1885	46	1899	29	1913	118
1886	40	1900	82	1914	43
1887	41	1901	69	1915	35
1888	74	1902	24	1916	15
1889	120	1903	37		

Mitgliederverluste durch Tod, Wegzug, Austritt und Streichung.

1876	94	1890	81	1904	48
1877	8	1891	19	1905	62
1878	80	1892	138	1906	39
1879	168	1893	97	1907	31
1880	93	1894	29	1908	58
1881	43	1895	49	1909	55
1882	35	1896	56	1910	72
1883	35	1897	74	1911	64
1884	18	1898	42	1912	31
1885	52	1899	97	1913	35
1886	180	1900	43	1914	55
1887	18	1901	84	1915	62
1888	26	1902	47	1916	39
1889	91	1903	65		

Ein Beispiel dafür, daß der Wunsch, es dem Vater oder anderen Verwandten nachzutun und Mitglied der Deutschen Gesellschaft zu werden, bisweilen am spätesten Lebensabend rege wurde, führt das Protokoll vom Jahre 1894 an. Am 18. Oktober des genannten Jahres wurde auf Empfehlung des zweiten Vice-Präsidenten, Herrn Geo. Doll, der 91 Jahre alte Präsident der Western Savings Bank, Herr Frederic Fraley, als lebenslängliches Mitglied aufgenommen.

Sein Vater, Friederich Fraley, hatte sich im Jahre 1791 der Deutschen Gesellschaft angeschlossen, der Bruder desselben, John U. Fraley, im Jahre 1813. Herr Fraley starb im Jahre 1901, erreichte also ein Alter von nahezu 98 Jahren. Das angeführte Beispiel steht nicht allein einzig in seiner Art da, soweit die Geschichte der Deutschen Gesellschaft in Betracht kommt, sondern überhaupt im deutschen Vereinsleben in Amerika.

Während früher die Aufnahme von neuen Mitgliedern nur in den regelmäßigen Versammlungen der Gesellschaft, welche alle Vierteljahr abgehalten werden, erfolgte, ist auf Grund eines am 19. Juli 1888 gefaßten Beschlusses solche auch in den regelmäßigen, monatlich stattfindenden Verwaltungsrats-Sitzungen zulässig.

———— :: ————

Regeln und Nebengesetze.

Die Regeln und Nebengesetze der Deutschen Gesellschaft wurden im Laufe der Jahre solchen Aenderungen unterworfen, wie sie durch die Verhältnisse oder im Interesse einer besseren Handhabung und Erledigung der Geschäfte geboten erschienen.

Am 19. Juni 1879 berichtete ein Komitee zur Revision der Regeln und Nebengesetze, dessen Vorsitzer Herr J. C. File und dessen Sekretär Herr Franz Ehrlich war, folgende Aenderungen, die angenommen wurden:

„Die Tätigkeit des Verwaltungsrats beginnt mit der regelmäßigen Sitzung im Dezember und schließt mit einer vor Zusammentritt des neuerwählten Verwaltungsrates anzuberaumenden Versammlung.

„Der Verwaltungsrat ernennt Agenten, Bibliothekar und Collektor. Die Besoldung und Gebühren sind von der Gesellschaft zu genehmigen, resp. abzuändern.

„Die Aufnahmegebühr beträgt $5. Der Beitrag lebenslänglicher Mitglieder $50.

„Abänderungen bedürfen einer Zwei-Drittel-Majorität der Anwesenden.

„Alle drei Monate finden regelmäßige Versammlungen der Gesellschaft und zwar am dritten Donnerstag statt.

„Ein aus drei Mitgliedern bestehendes Haus-Komitee soll ernannt werden."

Die Aenderung des Rechnungsjahres, das am 30. November
abschloß, in der Art, daß es mit dem Kalender-Jahr, also am 31.
Dezember, endete, war von Sekretär Ehrlich in der am 16. Dezember 1886 abgehaltenen Versammlung vorgeschlagen worden. Der
Antrag wurde in der am 17. März 1887 abgehaltenen Versammlung
angenommen.

In der Versammlung vom 19. Januar 1893 wurden die vom
Verwaltungsrate revidirten Regeln und Nebengesetze angenommen.
Die Aufnahmegebühren wurden von $5 auf $2 ermäßigt, und die
Bestimmung getroffen, daß dem Finanz-Komitee der jeweilige Schatzmeister als ex-officio-Mitglied, angehören soll. Ferner wurde beschlossen, in Zukunft das Haus-Komitee aus fünf anstatt, wie in 1879
festgesetzt, aus drei Mitgliedern bestehen zu lassen.

Es wurde beschlossen, ein Finanz-Komitee, bestehend aus fünf
Mitgliedern, einzusetzen. Das erste Finanz-Komite wurde für das
Jahr 1893 ernannt.

Der auf das Arbeits-Nachweisungs-Büro und den Hilfs-Agenten
bezügliche Paragraph der Nebengesetze vom Jahre 1885 wurde am
18. Januar 1900 auf Antrag Dr. Bernt's wie folgt abgeändert:

„Um Arbeitslosen unentgeldlich Beschäftigung zu verschaffen,
soll ein Hilfsagent etc. (Anfang des 9. Artikels der Nebengesetze der
Deutschen Gesellschaft) soll so abgeändert werden: Um Arbeitslosen
unentgeldlich Beschäftigung zu verschaffen, soll der Agent oder ein
Hilfsagent, falls der Verwaltungsrat die Anstellung eines solchen als
nötig erachtet, den Arbeits-Nachweis besorgen."

Passirt wurden folgende, am 16. April 1903 gestellte Amende-
ments zu den Nebengesetzen:

Antrag von Herrn F. Leser: „Für das Veranstalten von Vorträgen, Festlichkeiten und Unterhaltungen in der Deutschen Gesellschaft soll ein weiteres Komitee von fünf Mitgliedern vom Präsidenten jährlich ernannt werden; der jeweilige Vorsitzer soll Sitz und
Stimme im Verwaltungsrat haben und hat in demselben über die
Tätigkeit des Komitees Bericht zu erstatten."

Antrag des Sekretärs, Herrn J. B. Mayer: „Beschlossen, daß
der Präsident der Deutschen Gesellschaft ein stehendes Komitee von

fünf Mitgliedern ernennt, das die „Georg Schleicher Schul-Stif-
tung” und den „Georg Schleicher Preis” verwalten und Kandidaten
auswählen soll, die jedoch der Gutheißung des Verwaltungsrates
unterworfen sind. Der Vorsitzer dieses Komitees soll ein Mitglied
des Verwaltungsrates sein und demselben Bericht über die Tätigkeit
des Komitees erstatten.”

——————::——————

Die Versammlungen.

Die regelmäßigen Versammlungen der Deutschen Gesellschaft
sowie die des Verwaltungsrates fanden im alten Heim an 7., zwischen Market und Chestnut Straße, bis zum Jahre 1888 statt, vom
18. Oktober des genannten Jahres an in der neuen Halle an Marshall
und Spring Garden Straße. In der Halle an 7. Straße hatte die
Deutsche Gesellschaft zweiundachtzig Jahre lang ihre segensreiche
Tätigkeit entfaltet. Die Verhandlungen werden in deutscher Sprache
geführt, ebenso das Protokoll. An dem Beschluß vom Jahre 1859,
der sie wieder als alleinige Verhandlungs-Sprache eingeführt hatte,
nachdem in 1818 die englische dafür festgesetzt worden war, 1842
beide Sprachen und 1849 allein die englische, ist seither nichts geändert worden. Seit 1891 ist den im Druck erschienenen Jahresberichten der Deutschen Gesellschaft—sie werden seit 1866 in Pamphletform
gedruckt und den Mitgliedern zugeschickt—ein kurzer Auszug in englischer Sprache beigefügt worden, um diejenigen Mitglieder, welche der
deutschen Sprache nicht mächtig sind, über ihre Tätigkeit zu infor-
miren.

Der Besuch der Versammlungen entsprach nicht immer den
Erwartungen. Auf Grund eines im Jahre 1860 gefaßten Beschlusses
bilden 15 Mitglieder ein Quorum. Ueber den ungenügenden Besuch
der Versammlungen der Gesellschaft ist wiederholt Klage geführt
worden. Der Jahresbericht von 1913 wendet sich mit der Bitte an
die Mitglieder, für besseren Besuch der Quartalversammlungen zu
sorgen, und erklärt, der überaus schwache Besuch derselben wäre nicht
ermutigend für den Vorstand.

Der seit 1870 bestehende Brauch, die Quartals-Versammlungen
am dritten Donnerstag der betreffenden Monate abzuhalten, wurde
durch die Revision der Regeln und Nebengesetze vom 19. Juni 1879
dauernd eingeführt

Von den Beamten der Deutschen Gesellschaft.

Die Zahl der Beamten der Deutschen Gesellschaft ist seit dem Jahre 1870, als beschlossen wurde, alljährlich einen Präsidenten, zwei Vice-Präsidenten, zwei Sekretäre, einen Schatzmeister, einen Rechtsanwalt und zwölf Direktoren zu wählen und die Vorsitzer aller stehenden Ausschüsse als Mitglieder in den Verwaltungsrat eintreten zu lassen, nur in so fern vermehrt worden, als statt der damals bestehenden sechs Komitees zur Zeit deren zehn vom Präsidenten ernannt werden.

An dem bei Gründung der Gesellschaft gefaßten Beschlusse, daß kein Beamter für seine Dienste eine Entschädigung zu verlangen habe, ist festgehalten worden. Die Anforderungen, welche an die Zeit und die Arbeitskraft derselben gestellt werden, haben Mitglieder der Deutschen Gesellschaft nicht abgeschreckt, dem edlen Werke der Woltätigkeit ihre Kräfte zu weihen und die Pflichten auf sich zu nehmen, welche die Verwaltungsbeamten zu erfüllen haben. Die Beamtenliste der Gesellschaft weist die Namen von Männern auf, welche sich allgemeiner Achtung und bedeutenden Ansehens unter der Bürgerschaft erfreuten, bezw. heute erfreuen. In dem Zeitraum von 1876 bis 1917 hatte die Deutsche Gesellschaft sieben Männer zu Präsidenten, nämlich für 1877 Herrn George K. Ziegler, der seit 1873 das Amt bekleidete, von 1878 bis einschließlich 1883 Herrn Joseph Kinike, von 1884 bis zum 2. Juni 1890, als er zurücktrat, Herrn J. C. File (Vice-Präsident Dr. G. Kellner fungirte bis zum Schluß des Jahres als Präsident), von 1891 bis 1893 Herrn Rudolph Blankenburg, dem die Ehre zuteil wurde, im Jahre 1911 zum Bürgermeister von Philadelphia gewählt zu werden, von 1894 bis 1899 General Louis Wagner, von 1900 bis 1916 Herrn Dr. J. C. Hexamer, dessen Nachfolger für das Jahr 1917 Herr John B. Mayer wurde. Die längste Amtsdauer hatte Dr. Hexamer mit siebzehn Jahren aufzuweisen. Nur einer der Präsidenten der Deutschen Gesellschaft war gleich lange im Amte, und das war der erste Präsident derselben, Johann Heinrich Keppele, der von ihrer Gründung am 26. Dezember 1764 bis zum Ende des Jahres 1781 den Posten bekleidete.

Agenten und Hilfs-Agenten.

Die Agentur der Deutschen Gesellschaft war im Jahre 1847 eingerichtet worden. Im Jahre 1884 wurde beschlossen, ein Arbeits-Nachweiungs-Bureau zu gründen, das am 1. März 1885 seine Tätigkeit begann. Agentur und Arbeits-Nachweisungs-Bureau waren von genanntem Datum an bis zum Einzug in die neue Halle an Marshall und Spring Garden Straße in gemieteten Räumlichkeiten in dem Hause, 441 Nord 5. Straße, untergebracht. Es wurde ein Hilfs-Agent zur Leitung des Arbeits-Nachweisungs-Bureaus angestellt, aber vom Jahre 1900 an wurden die Agentur und das Arbeits-Nachweisungs-Bureau unter alleiniger Leitung des Agenten, dessen Gehalt von $800 auf $900 erhöht wurde, vereinigt. Der Hilfs-Agent hatte $500, resp. $520 pro Jahr bezogen. Nach dem Ableben des Agenten, Herrn Dr. Jos. Bernt, am 29. August 1916, übernahm Schatzmeister Hermann Heyl provisorisch dessen Funktionen, da infolge des völligen Aufhörens der deutschen Einwanderung, das durch den Krieg in Europa veranlaßt worden war, die Geschäfte der Agentur auf ein Minimum beschränkt worden waren. Als Agenten der Deutschen Gesellschaft fungierten: W. R. Ackermann, der bereits im Jahre 1873 sein Amt angetreten hatte, bis zum Oktober 1884; er mußte krankheitshalber beurlaubt werden und starb im September 1885; O. Richard Naumann, aushilfsweise für den erkrankten Agenten Ackermann Ende des Jahres 1884, dann als festengagierter Agent von 1885 bis 1893; E. Kurtz, 1894; C. A. Engler, 1895; Dr. Jos. Bernt, 1896 bis zu seinem Tode. Hilfs-Agenten und Leiter des Arbeits-Nachweisungs-Bureaus waren: C. R. Martienssen, 1885 bis 1887; E. Kurtz von 1888 bis 1893; August Hermann, 1894; Theo. H. Wöhlert, 1895; Adam Köhler, 1896; R. F. Sigel, 1897 bis 1899.

Die stehenden Ausschüsse.

Die Zahl der stehenden Ausschüsse, bis 1913 „Committees" genannt, hat sich seit dem Jahre 1873, als die Einwanderungs-Commission, wie das Einwanderungs-Komitee bis zum Jahre 1890 hieß, eingesetzt wurde, von sechs auf zehn vermehrt. Zu dem Committee für Schulen, das 1782 zuerst ernannt und von 1862 bis

1868 aus den Protokollen verschwunden war, dem Rechtsschutz-Committee, eingesetzt im Jahre 1867 und bis zum Jahre 1885 Rechts-Committee genannt, dem Archiv-Committee, in's Leben gerufen im Jahre 1868, dem ärztlichen Committee, zuerst ernannt in 1869 und bis zum Jahre 1893 Medicinal-Committee genannt, und der erwähnten Einwanderungs-Commission traten 1879 das Haus-Committee, 1893 das Finanz-Committee, 1904 das Committee für Vergnügungen und Unterhaltungen, seit 1913 Committee für Vorlesungen und Unterhaltungen genannt, und gleichfalls im Jahre 1904 das Committee für den Schleicher-Fonds, aus welchem Geld-Preise, Medaillen und Diplome für Studenten und Studentinnen der Universität von Pennsylvanien bestritten werden, die sich in der deutschen Sprache und Literatur besonders ausgezeichnet haben, und das „George Schleicher Stipendium" zum Studium an der Universität für Deutsche oder Abkömmlinge von Deutschen.

---::---

Die Steuern und der Prozeß gegen die Stadt Philadelphia.

Im ersten Teile der „Geschichte der Deutschen Gesellschaft von Pennsylvanien" ist auf Seite 80 und folgenden dies Kapitel ausführlich behandelt worden. Es handelte sich um die berechtigte Forderung der Steuer-Freiheit für das Grundeigentum der Gesellschaft und Rückzahlung der widerrechtlich von der Stadt eingetriebenen Steuern, da die Legislatur des Staates die „Deutsche Gesellschaft" von Steuern durch ein anfangs des Jahres 1869 passirtes Gesetz entbunden hatte. Die Stadt wurde verklagt und wurde bereits im Jahre 1872 zur Wiedererstattung der seit 1869 unrechtmäßig erhobenen Steuern verurteilt. Sie legte aber Berufung ein. Erst am 19. Februar 1877 erfolgte eine endgültige Entscheidung des Obergerichts des Staates, welche der Deutschen Gesellschaft den Betrag der Steuern für die Jahre 1869 bis 1874 incl., mit Zinsen und Kosten, im Ganzen $10,723.97, zusprach. Als Anwälte der Gesellschaft fungirten in den letzten Stadien des langen Rechtsstreites die Herren Jos. G. Rosengarten und Henry D. Wireman. Ihnen wurde für ihre uneigennützigen und wertvollen Dienste im Interesse der Gesellschaft deren Dank und Anerkennung ausgesprochen. Die erwähnte, der Gesellschaft zuerkannte Summe wurde in Wertpapieren angelegt, deren Zinsen für wohltätige Zwecke verwendet werden.

Der Verkauf der Halle an 7. Straße.

Im Jahre 1849 waren die Trustees der Philadelphia Gaswerke in einen Mietskontrakt für einen Teil des alten Gebäudes der Gesellschaft eingetreten. Die Miete war auf $1,250 vereinbart worden. Der Mietskontrakt war auch für das neue Gebäude, das an Stelle des alten, im Jahre 1807 fertig gestellten und den Anforderungen nicht mehr genügenden Hauses aufgeführt war (siehe Seite 79 und 80), erneuert worden. Das geschah am 16. April 1866. Der neue Kontrakt lautete auf zwanzig Jahre, bis zum 17. Juni 1886. Der Mietspreis war derselbe, aber der Gas Trust hatte andere Verpflichtungen auf sich genommen, welche als Aequivalent dienen konnten. Darüber ist im ersten Teile des Buches eingehend berichtet worden. Nach Ablauf des Mietsvertrages sollte das ganze Gebäude wieder in die Hände der Deutschen Gesellschaft übergehen. Bereits im Januar 1885, ein Jahr vor Erlöschen des Kontraktes, war die wichtige Frage, was geschehen solle, einem Special-Komitee zur Beratung überwiesen worden, an dessen Spitze der hochverdiente frühere Präsident, Herr Joseph Kinike, gestellt worden war. In der im Mai stattgehabten Versammlung berichtete dasselbe, daß der Verkauf des Grundstückes die für die Gesellschaft vorteilhafteste Maßnahme sein würde. Es hätte einen Marktwert von achtzigtausend Dollars. Für höchstens zwei Drittel dieser Summe würde sich in centraler Lage ein allen Anforderungen entsprechendes Gebäude aufführen lassen. Nur durch einen Neubau könnte den bestehenden Mißständen, wie dem Mangel eines Saales mit guter Akustik und geeigneter Ventilation für Versammlungs- und Bibliotheks-Zwecke und dem Fehlen genügender Räumlichkeiten für die Agentur, das Arbeits-Nachweisungs-Bureau und die diensttuenden Direktoren gründlich abgeholfen werden. Der Bericht schloß mit folgender Erklärung:

„Es drängt sich die Ueberzeugung auf, daß es die Pflicht der Gesellschaft ist, diesen günstigen Zeitpunkt zu benutzen, um ein Gebäude zu schaffen, das a l l e n ihren Zwecken genügen kann, daß es der jetzigen Generation geziemt, in weiser Voraussicht nicht hinter unseren Vorgängern zurückzubleiben, und daß dieser große Schritt das Ansehen der Gesellschaft festigen und für ihr Wachstum und Gedeihen nur segensreiche Folgen haben kann."

Die Empfehlungen des Special-Ausschusses, das Eigentum der

Gesellschaft zu verkaufen, ein geeignetes Grundstück für ein neues Gebäude in dem von 6. und Broad, Arch und Spring Garden Straße begrenzten Teile der Stadt zu erwerben und das Gebäude der Gesellschaft an 7. Straße für $80,000 zum Verkaufe auszubieten, wurden vom Vorstande zum Beschluß erhoben. Der Anwalt wurde beauftragt, zunächst dem Gas Trust das Gebäude zum Preise von achtzigtausend Dollars anzubieten. Das Special-Komitee erhielt Auftrag, sich nach einem geeigneten Grundstück zur Errichtung einer neuen Halle umzusehen.

Kurz vor Ablauf des Mietsvertrages teilte der Gas Trust dem Präsidenten der Gesellschaft mit, daß er nicht beabsichtige, das Gebäude zu kaufen, aber Willens sei, einen neuen Kontrakt zu einem der Gesellschaft genehmen Mietszins einzugehen. Der Verwaltungsrat schloß infolgedessen mit dem Gas Trust einen neuen Mietsvertrag auf die Dauer eines Jahres zum Preise von $5,400 ab. Der Kontrakt wurde für ein weiteres Jahr, also bis zum 17. Juni 1888, verlängert. Auf eine Erneuerung des Kontrakts war nicht zu rechnen. Im Mai des Jahres 1887 ging dem Anwalt der Gesellschaft, Herrn Henry D. Wireman, von der „Master Builders' Exchange of the City of Philadelphia" ein Angebot in Höhe von $68,000 für das Gebäude zu. Das wurde abgelehnt, aber erklärt, die Gesellschaft wäre bereit, ihren ursprünglichen Preis von $80,000 auf $75,000 zu ermäßigen. Die „Exchange" verstand sich dazu, den verlangten Preis zu zahlen und der Gesellschaft die Benutzung der von ihr verwendeten Räumlichkeiten bis zum 1. Oktober 1888 für den mäßigen Mietszins von $500 zu gestatten. Die General-Versammlung der Gesellschaft gab ihre Zustimmung zu dem Verkaufe unter den angeführten Bedingungen, und schon in der Oktober-Versammlung des Verwaltungsrates konnte der Schatzmeister den Empfang der ganzen Kaufsumme berichten.

— : : —

Der Bau der neuen Halle an Marshall und Spring Garden Straße.

Ehe noch der Verkauf des Gebäudes an der 7. Straße zum Abschluß gekommen war, hatte das Special-Komitee das Grundstück an der Nordwest-Ecke der Marshall und Spring Garden Straße als geeignet zur Errichtung einer neuen Halle empfohlen. Es wurde zum Preise von $28,000 erworben. Herrn Wireman, der beim Ver-

kaufe des Gebäudes an der 7. Straße und beim Ankauf des Grund-
stücks an der Marshall Straße die Interessen der Gesellschaft in uneigennütziger Weise vertreten, wurden vom Verwaltungsrat Dank und
Anerkennung gezollt. Für den Neubau wurde die Summe von
$32,000 bewilligt. Ein Bau-Komitee wurde auf Beschluß der Ge-
sellschaft von Präsident File wie folgt ernannt: H. Cramer, Vorsitzer; Henry D. Wireman, M. Richards Muckle, Geo. Doll, Prof.
Dr. Wm. J. Mann, Fr. Leser und John F. Rau. In der ersten
Sitzung des Komitees am 29. September 1887 wurde Herr Rau
zum Sekretär gewählt. Es ergänzte sich am 3. Oktober 1887 durch
die Wahl der Herren Franz Ehrlich und Prof. Oswald Seidensticker und zog am 6. Dezember 1887 noch Herrn Jakob Icler hinzu.
Prof. Mann schied am 16. Januar 1888 aus. Das Komitee forderte Pläne von bekannten Architekten ein. Der Neubau sollte einen
Bibliotheks-Saal, einen großen Versammlungs-Saal, geeignete
Räumlichkeiten für die Direktoren und die beiden Agenten, Warte-
zimmer, ein Komitee-Zimmer, einen feuerfesten Raum für das Archiv und Wohnräume für den Hausdiener enthalten. Ferner sollte
der Neubau mit dem auf dem Grundstück stehenden Hause, 524 Nord
Marshall Straße, in Verbindung gebracht, und dessen schöne Räumlichkeiten für obige Zwecke benutzt werden. Die Architekten G.
Knoche, Wm. Gette, O. Frotscher und P. Brandner reichten Pläne
ein. Derjenige Herrn Gette's wurde gewählt, weil er als der in
Bezug auf die innere Einrichtung praktischste und in Bezug auf Bau-
stil und architektonischen Schmuck gefälligste erschien. Er wurde in
der November-Versammlung des Vorstandes gutgeheißen und angenommen. Ein Kontrakt mit Herrn Gette (geboren im Jahre 1847
in Freyenwalde an der Oder, gestorben am 5. Januar 1894) wurde
abgeschlossen und ihm drei Prozent Kommission für den Neu- und
Umbau zugesprochen. Die bis zum 15. Februar 1888 eingegangenen
versiegelten Angebote von vierzehn Bau-Unternehmern stellten sich
aber höher als die für den Bau bewilligte Summe von $32,000.
Sie beliefen sich von $38,700 bis $50,000. Sämtliche Angebote
wurden abgewiesen. Die Pläne wurden vom Architekten etwas mo-
difiziert, neue Angebote wurden eingefordert, und schließlich dem
Bau-Unternehmer, Herrn Wm. M. Schenke, der Kontrakt zugesprochen, der sich erboten hatte, die Bauarbeiten für die Summe von
$32,600 auszuführen. Der Kontrakt wurde am 19. März 1888
unterzeichnet. Ende März wurden die Arbeiten in Angriff genom-

men. Ein Unter-Ausschuß des Bau-Komitees, bestehend aus den Herren Ickler, Leser und Rau, wurde mit der Beaufsichtigung des Baus betraut. Am 6. April 1888 schloß das Bau-Komitee einen Kontrakt mit James P. Wood & Co. zwecks einer Dampf-Heizungs-Anlage für den Neubau und das Haus, No. 524 Marshall Straße, ab, und zwar zum Preise von $2,275. Die Firma verpflichtete sich, dafür zu sorgen, daß die Heiz-Anlage 70 Grad Fahrenheit Wärme erzeugen würde, wenn das Thermometer auf Zero stehe.

Die Grundsteinlegung für das neue Gebäude wurde am Nachmittag des 14. Mai 1888 in feierlicher Weise vom Präsidenten, Herrn John C. File, dem Vizepräsidenten, Herrn Wm. Gerlach, und dem Vorsitzer des Bau-Komitees, Herrn H. Cramer, vollzogen. Anwesend waren die Mitglieder des Verwaltungsrates und des Bau-Komitees, zahlreiche andere Mitglieder der Deutschen Gesellschaft. Delegationen der Turn-Vereine, des Cannstatter, des Bayerischen, des Sächsischen und des Schweizer Volksfest-Vereins, die Beamten der Wohltätigkeits-Gesellschaften der Stadt und der Präsident des Stadtrats. Die Vereinigten Sänger wirkten mit und gaben durch das deutsche Lied der Feier die Weihe. Reden wurden gehalten von dem Vize-Präsidenten der Gesellschaft, Dr. G. Kellner, in Deutsch und von Herrn Wm. Henry Lex in Englisch.

Der Bau machte rasche Fortschritte. Schon am 30. Juni 1888 war der Neubau unter Dach. Da der Bau-Unternehmer Schwierigkeiten mit den Unter-Kontraktoren hatte, die jedoch durch den Anwalt, Herrn Wireman, und die Herren Cramer und Rau beigelegt wurden, so verzögerte sich die Fertigstellung des Baus um 37 Tage. Sie sollte am 15. September erfolgen, doch dauerte es bis zum 22. Oktober 1888, bis die Uebergabe stattfinden konnte. In seinem Schlußbericht konstatiert das Baukomitee mit besonderer Genugtuung, daß bei dem Bau keine Unfälle irgend welcher Art sich ereigneten. Das Komitee gab dem Wunsche Ausdruck, daß „das prachtvolle Gebäude, welches unter seinen Händen emporwuchs, lange dastehen möge, zum Trost der würdigen Hilfsbedürftigen und Arbeitslosen, welche dort Hilfe, Schutz und Rat suchen, und zum Stolze derer, welche mit mildtätiger Hand ihr Scherflein dazu beitragen, diese Wohltätigkeit zu unterstützen und zu erhalten, und daß die alte Deutsche Gesellschaft noch lange fortarbeiten möge mit verdoppeltem Segen in ihrem neuen Heim."

Die erste Versammlung in der neuen Halle, ohne förmliche Eröffnung, fand bereits am 18. Oktober 1888 statt. Der Präsident hielt eine Ansprache, in welcher er der Hoffnung Ausdruck gab, daß die Deutsche Gesellschaft in ihrem neuen Heim noch Ersprießlicheres leisten werde, als bisher.

Der Umzug der Bibliothek und des Archivs von der alten Halle sowie der Agentur und des Arbeits-Nachweis-Bureaus von 441 Nord 5. Straße ging unter Leitung des Haus-Komitees, an dessen Spitze Herr Otto Schättle stand, ohne ernstere Störungen von Statten. Präsident File deckte aus eigener Tasche einen Teil der Umzugskosten und legte bei den Einrichtungsarbeiten selbst Hand an. Verschiedene Mitglieder, so die Herren Georg Doll, Fr. Leser, John J. Rau und andere mehr trugen durch Schenkungen zur inneren Einrichtung der Halle bei. Ihnen und vor allen Dingen dem Bau-Komitee wurde der Dank des Verwaltungsrates ausgesprochen.

In der Verwaltungsrats-Sitzung vom 26. November 1888 berichtete Anwalt Wireman mit besonderer Genugtuung, daß es ihm gelungen sei, Steuerfreiheit für das neue Heim der Deutschen Gesellschaft zu erwirken. Er bezeichnete das mit Recht als ein wichtiges Ereignis in deren Geschichte. Die Steuerbefreiung bleibt bestehen, solange die Gesellschaft sich nach wie vor wohltätigen und erzieherischen Bestrebungen widmet. Erheben von Eintrittsgeld für irgend eine Veranstaltung in ihrer Halle ist auf Grund der Steuerfreiheit nicht statthaft.

Die feierliche Einweihung der neuen Halle fand am 26. und 27. Dezember 1888 statt. Am Nachmittag des erstgenannten Tages versammelte sich daselbst die Elite des ganzen Deutschtums. Schon Vormittags um 11 Uhr war die Halle zur Besichtigung geöffnet worden. Nachdem das Sentz'sche Orchester den „Einzug der Gäste in die Wartburg" aus Wagner's Oper „Tannhäuser" gespielt hatte, hielt Präsident File eine kurze Ansprache, in welcher er auf die Tätigkeit der Deutschen Gesellschaft und ihre Geschichte hinwies und alle Deutschamerikaner zum Anschluß aufforderte. Der Gemischte Chor des Männerchors sang unter S. L. Herrmann's Leitung und unter Mitwirkung der Sängerin, Frau Pauline Mears, das Finale der Mendelssohn'schen „Lorelei". Der Vorsitzer des Bau-Komitees, Herr H. Cramer, übergab dem Präsidenten die neue Halle frei von allen Belastungen und Rechtsansprüchen und konnte mit Stolz auf das glücklich vollendete Werk hinweisen. Nach einem Vortrage des Gemischten Chors des Jungen Männerchors unter Maurits Leesson's Leitung ergriff der Sekretär des Verwaltungsrates, Herr Franz Ehrlich, das Wort zur deutschen Festrede, welche die verschiedenen Phasen der Geschichte der Gesellschaft Revue passieren ließ und mit einem kräftigen Appell an die Deutschen der Stadt schloß zur Förderung des edlen Werkes, welches die älteste deutsche Vereinigung des Landes sich zur Aufgabe gewählt und das sie in den 124 Jahren ihres Bestehens in treuer Pflichterfüllung geübt hätte. Der gemischte Chor der Turn-Gemeinde führte die nächste Nummer des Fest-Programms durch, und zwar unter Leitung Musik-Direktor Mohr's. Eine packende Festrede in englischer Sprache hielt Richter Michael Arnold, der den Verdiensten der deutschen Einwanderer und des deutschen Volkes den Tribut höchster Anerkennung zuteil werden ließ. Nachdem die „Harmonie" gesungen und das Orchester die Schlußnummer gespielt hatte, war die feierliche Einweihung der neuen Halle vollzogen. Der Deutschen Gesellschaft wurde an ihrem Ehrentage eine Huldigung seitens des Deutschtums zuteil, welche als der beste Beweis dafür gelten konnte, daß ihr Wirken voll gewürdigt und gebührend eingeschätzt wird. .

Am Abend des nächsten Tages fand ein großes Festbankett statt, zu welchem die Spitzen der städtischen Behörden als Ehrengäste geladen waren. Auch an Präsident Cleveland, Gouverneur Beaver und Mayor Fitler waren Einladungen ergangen, aber die Herren hatten es nicht ermöglichen können, persönlich zu erscheinen, indessen schriftlich herzliche Glückwünsche übersandt. Das Festmahl und seine flüssige Beigabe in Gestalt edler Weine hatte Herr Carl H. Reisser, der damalige Besitzer des bekannten Restaurants und Ratskellers an 5. und Minor Straße, geliefert. Den Reigen der Trinksprüche eröffnete Herr File mit einem Toast auf den „Präsidenten der Vereinigten Staaten und das Vaterland". Im Namen der Stadt Philadelphia beglückwünschte der Stadtrats-Präsident Wm. M. Smith die Festgeberin. Er teilte in seiner Rede mit, daß er deutschen Stammes sei und daß sein Vorfahr, Johann Friedrich Schmidt, im Jahre 1769 nach Amerika gekommen und Pastor der lutherischen Kirche an 4. und Cherry Straße gewesen sei. Derselbe habe sich im Jahre 1781 der Deutschen Gesellschaft angeschlossen. Den Trinkspruch auf die Deutsche Gesellschaft brachte der Geschichtsschreiber derselben, Herr Prof. Oswald Seidensticker, aus, während Dr. G. Kellner des „alten Vaterlandes" in warmen Worten gedachte und Col. A. K. McClure den Verdiensten der deutschen Nation eine glänzende und beredte Anerkennung zollte. Es sprachen außer den genannten Herren noch Konsul Koradi, Richter Hanna und Anwalt H. D. Wireman. Damit schlossen die Feierlichkeiten in Verbindung mit der Einweihung der neuen Halle der Deutschen Gesellschaft.

————————::————————

Bedeutende bauliche Aenderungen und Entfernung der Säulen.

————————

Die Erwartungen, welche die Deutsche Gesellschaft an ihre neue Halle geknüpft hatte, erfüllten sich nicht ganz. Die Kuppel, welche das Oberlicht für den Bibliotheksaal gewährte, erwies sich schon im Jahre 1889 als nicht wasserdicht und ließ im Winter soviel Wärme entweichen, daß gründliche Verbesserungen notwendig wurden. Auch andere Uebelstände stellten sich heraus. Namentlich wirkten die Säulen in dem Hörsaal störend, und ihre Entfernung wurde in der Jahres-Versammlung am 16. Januar 1896 von Herrn F. Oldach, dem Vorsitzer des Haus-Komitees, beantragt. Die Empfehlung, welche auch eine Neu-Dekorirung des Saales einschloß, wurde unter dem Vorbehalt angenommen, daß die Arbeiten erst beginnen sollten, nachdem die nötigen Mittel flüssig gemacht worden seien. Aber die bedeutenden Anforderungen, welche an die Einkünfte der Gesellschaft gestellt wurden, gestatteten es mehrere Jahre lang nicht, an größere und kostspielge bauliche Aenderungen zu denken. Die Kosten derselben waren auf $2,500 bis $3,000 veranschlagt worden. In den Berichten, welche das Haus-Komitee in jedem Jahre erstattete, wurde wieder und immer wieder auf die absolute Notwendigkeit eines Umbaus hingewiesen. In der Vorstandssitzung vom 26. Februar 1901 regte der Vorsitzer des Hauskomitees, Herr Victor Angerer, die Abhaltung eines Bazars im Herbst in der Halle an, um die nötigen Mittel zu den notwendig gewordenen baulichen Veränderungen zu erlangen. Ein Spezial-Komitee, bestehend aus den Herren Meynen, Sehl, Heintzelmann, Strohm und Schwemmer, das vom Präsidenten, Dr. C. J. Hexamer, ernannt worden war, um für besseren Besuch der General-Versammlungen zu sorgen, erhielt Auftrag, sich mit dem Frauen-Hilfs-Verein der Gesellschaft in Verbindung zu setzen, um mit ihm über die Durchführbarkeit des Vorschlages zu beraten. Bereits in der nächsten Verwaltungsrats-Sitzung am 25. März konnte Präsident Hexamer berichten, daß die Frauen für die Anregung begeistert seien. Mit den weiteren Vorbereitungen betraute er die Herren Arno Leonhardt, L. Elsenhans, E. Michelbach, A. Schönhut, F. Ehrlich, R. Tarlo, H. Weniger, H. Schwemmer, H. Heyl, V. Angerer, H. Schimpf und J. B. Mayer. Herr Franz Ehrlich wurde zum temporären Vorsitzer des Bazarkomitees ernannt, das in der Verwaltungsrats-Sitzung vom 27. Mai seine Organisierung mit Dr. Hexamer als permanentem Vorsitzer, den Herren F. Ehrlich und H. Schwemmer als Vize-Präsidenten, Herrn H. Weniger als Schatzmeister und Herrn H. Heyl als Sekretär anzeigen konnte. Sämtliche Vereine der Stadt wurden aufgefordert, je einen Delegaten zu ernennen, der bei den Beratungen des Bazar-Ausschusses Sitz und Stimme haben sollte. Beschlossen wurde, den deutschen Bazar den Tagen vom 18. bis 30. November inclusive in der Halle abzuhalten.

Der Frauen-Hilfs-Verein der Deutschen Gesellschaft begann im Mai 1901 mit den Vorarbeiten für den alldeutschen Bazar. Der ganze Vorstand desselben, bestehend aus den Frauen Antonie Ehrlich, Präsidentin, Elise Leser, Vice-Präsidentin, Emma Heyl, Sekretärin, Louise Blank, Schatzmeisterin, G. F. Ott, H. Schimpf, C. Weiland, R. Tarlo, A. Knüppel, Th. Holly, J. Paulus, L. Bauer, L. Breitinger, W. Burck, C. Walter und L. Weiß, Direktorinnen, organisierte sich als Komitee, und jede einzelne Dame setzte ihren Stolz darein, dem Unternehmen zu einem großen Erfolge zu verhelfen. Der Cannstatter Frauen-Hilfs-Verein, die Independent Ladies Aid Society, die Ladies Aid Association No. 1 und der Frauen-Verein der Philadelphia Turn-Gemeinde wurden veranlaßt, sich aktiv an dem Bazar zu beteiligen und Buden und Verkaufsstände zu übernehmen. An der Spitze des Damen-Bazar-Komitees standen Frau Antonie Ehrlich als Vorsitzende und H. de la Gardie Nicolai als Sekretärin. Das Interesse, welches das Deutschtum der Stadt dem Bazar entgegenbrachte, war ein allgemeines. Die deutschen Vereine nahmen den regsten Anteil daran und meldeten ihren Besuch für die einzelnen Tage an. Für prächtige Ausstattung und Ausschmückung der Verkaufsstände und Buden, sowie Dekoration der verschiedenen Räumlichkeiten der Halle selbst wurde in umsichtigster und verständnisvollster Weise Sorge getragen.

Die Eröffnungsfeier des Bazars fand im Biblio-thekssaale am Abend des 18. November 1901 statt. Dr. Hexamer hielt eine mit großer Begeisterung aufgenommene Ansprache, in der er darauf hinwies, daß es sich bei der Veranstaltung nicht allein um materielle Zwecke handele, sondern daß es dabei auch auf einen idealen Erfolg ankäme, und der bestehe in einem „herzlichen Zu-sammenwirken und engen Aneinanderschließen der Deutschen der Stadt an dieser der Nächstenliebe u. Wohltätigkeit geweihten Stätte." Er machte darauf aufmerksam, daß einem der Präsidenten der Deut-schen Gesellschaft, General Peter Mühlenberg, vom Staate Penn-sylvanien die Ehre der Errichtung seiner Statue im Kapitol zu Washington erwiesen worden sei. Er gedachte in kurzen Worten des Wirkens der Deutschen Gesellschaft, deren Gründung zwölf Jahre früher erfolgte als der Erlaß der Unabhängigkeits-Erklärung der amerikanischen Kolonien. Die Halle der Deutschen Gesellschaft sei neutraler Boden. Von ihr könne jede dem Wohle des gesamten Deutschtums geltende Anregung ausgehen, ohne auf partikulari-stischen Neid, Vereins-Cliquen-Wesen oder religiöse Differenzen zu stoßen. Er schloß seine Ansprache mit dem Gruße Franz Daniel Pastorius', des Gründers von Germantown und Führers der ersten deutschen Einwanderung: „Heil Dir, deutsche Nachkommenschaft; Heil Dir, deutsches Brudervolk! Heil Dir auf immerdar!"

Vorträge des Doppel-Quartetts des Jungen Männerchors unter Leitung seines Vize-Präsidenten, Herrn Henry Hoffmann, ein von Dr. Carl Weiland gedichter und gesprochener Fest-Prolog und ge-sangliche Gaben der Herren Richard Plechner, Fred. Rieß und Her-mann Heyl vervollständigten das Programm der Eröffnungsfeier, welche den großen Bazar in glücklicher Weise einleitete. Für Unter-haltung aller Art sorgten die verschiedenen Gesang-Vereine der Stadt und hervorragende Solisten an den verschiedenen Bazar-Tagen. Am Schlußtage wurde unter Frl. Carola Hammer's Leitung von Kindern der Mitglieder das Märchenspiel „Dornröschen" aufgeführt, in wel-chem Selma Haeßler die Titelrolle und Alma Lierz die Partie des Prinzen mit bestem Gelingen durchführten. Der Bazar war nicht allein ein geselliger Erfolg erster Ordnung, sondern ergab auch ein glänzendes finanzielles Resultat, denn durch ihn wurden der Gesell-sellschafts-Kasse $7000 zugeführt. Beim 137. Stiftungsfest am 26. Dezember waren die Herren und Damen, welche sich um das Ge-

lingen des Unternehmens in so hervorragender Weise verdient gemacht hatten, Gäste der Deutschen Gesellschaft und Empfänger beredter Anerkennung. In dem Jahresbericht aber findet sich nachstehende Eintragung: „Allen, die mit Rat und Tat, durch Schrift und
Wort, mit selbstloser Hergabe ihrer Zeit und Aufwand unendlicher
Mühe zu dem glänzenden Erfolge des Bazars beitrugen, sei hier
nochmals und wärmstens gedankt."

So konnte denn endlich mit den baulichen Aenderun-
g e n, zu denen auch die Anlage eines feuerfesten Raumes für das
Archiv gehörte, im Jahre 1902 begonnen werden. Der ursprüngliche
Kostenanschlag in Höhe von $3,000 erwies sich als zu gering. Die
städtische Bau-Inspektion hatte Einwand gegen die baulichen Aenderungen in der geplanten Form erhoben, und so mußte eine völlige
Umarbeitung der Pläne erfolgen, wodurch bedeutend höhere Kosten
entstanden. Nach längeren Präliminarien wurde der Umbau im
Monat Mai 1902 endgiltig beschlossen. Die Fertigstellung der
Pläne wurde dem Architekten, Herrn Carl P. Berger, und die Ausführung der baulichen Arbeiten dem Bau-Unternehmer, Herrn Matthäus Schmid, übertragen. Der Kontrakt-Preis wurde auf $5,150
festgesetzt. Die Aufsicht führte das Haus-Komitee unter seinem Vorsitzer, Herrn Victor Angerer. Die Vollendung des Umbaus verzögerte sich über alles Erwarten. Verspätete Lieferung des Baueisen-
Materials, Reibungen zwischen Union- und Nicht-Unionarbeitern und
andere Widrigkeiten waren die Ursache. Die einfache Dekorierung der
Wände des Saales wurde Herrn Frank Sima übertragen, der sein
Interesse an der Deutschen Gesellschaft in uneigennützigster Weise
dadurch erwiesen hatte, daß er das niedrigste Angebot, $240, ein-
reichte. Das Haus-Komitee hatte alle Leiden — von Freuden kann
wohl kaum die Rede sein — eines Bau-Unternehmers des 20. Jahrhunderts durchzukosten. Desto größer war der Dank, der ihm von
Seiten des Verwaltungsrates der Deutschen Gesellschaft für seine
gewissenhafte Pflichterfüllung unter den schwierigsten und nicht weniger als angenehmen Verhältnissen gezollt wurde. Der Umbau des
Hörsaales war im März 1903 fertig gestellt. Er wurde durch eine
entsprechende Feierlichkeit eingeweiht und eröffnet. Er entspricht
allen Anforderungen für Unterhaltungen, Vorträge etc. Die Gesamtkosten der baulichen Arbeiten und sonstigen Verbesserungen stellten sich auf $6,960.99. Dem Vorsitzer des Haus-Komitees, Herrn

Victor Angerer, und den Mitgliedern desselben zu Ehren wurde seitens des Vorstandes ein Liebesmahl veranstaltet, um seinem Dank und seiner Anerkennung passenden Ausdruck zu geben. Es fand am 18. April 1903 statt.

Die Halle wird, von einem geringen Entgelt für Beleuchtung und Reinigung abgesehen, kostenfrei für wohltätige und gemeinnützige Zwecke überlassen; nicht statthaft sind Versammlungen politischer Art und religiöse Versammlungen.

Zweiter Abschnitt.

Der Rechtsschutz der Deutschen Gesellschaft.

Die segensreiche Tätigkeit des Rechts- oder, wie es später heißt, des Rechtsschutz-Komitees hatte auch in der weiteren Geschichte der Deutschen Gesellschaft von Pennsylvanien vollen Anspruch auf Anerkennung. Es fanden sich stets bekannte hiesige Anwälte deutscher Abstammung, die willens waren, durch ihren juristischen Rat armen und in Bedrängnis geratenen Einwanderern tatkräftigen Beistand zu leisten. Keiner, der um Rechtsschutz anfragte, ist je zurückgewiesen worden, und wo Hilfe möglich war, wurde geholfen. Wer unschuldig oder wegen eines Vergehens, das vielleicht auf Unkenntnis der Landesgesetze zurückzuführen war, verhaftet worden war, konnte auf geeignete Fürsprache beim Richter, Befreiung aus der Haft oder Herabsetzung der Strafe rechnen, wenn das Rechtsschutz-Komitee der Deutschen Gesellschaft auf den Fall aufmerksam gemacht wurde.

Im Centennial-Jahr, als die Welt-Ausstellung zahlreiche Leute nach Philadelphia lockte, war die Zahl der enttäuschten und betrogenen Deutschen besonders groß. Das Rechts-Komitee, an dessen Spitze Herr H e n r y D. W i r e m a n stand, dem die Herren I. Kinike, G. Doll, H. Van Tronk und F. A. Schmidt hilfreichen Beistand leisteten, hatte sehr viel zu tun. In dem Jahresbericht von 1876 wird auf die verschämten Armen aufmerksam gemacht, die stillschweigend Hunger und Not dulden und zu stolz sind, die öffentliche Wohltätigkeit in Anspruch zu nehmen. „Solche Armen aufzusuchen, sie zu unterstützen und ihnen Mut einzuflößen, wäre ein großes und verdienstliches Werk und der Deutschen Gesellschaft würdig, erklärt Herr Wireman in einem Jahresbericht.

Im folgenden Jahre gab der erfolgreich beendete Steuer-Befreiungs-Prozeß gegen die Stadt dem Rechts-Komitee Ursache zu erklärlicher Befriedigung, führte er doch der Kasse der Deutschen Ge-

fellfchaft die nennenswerte Summe von $10,723.97 zu. Die letzten
Stadien des Prozeffes, in welchen sich die Anwälte Jof. G. Rofengar-
ten und Henry D. Wireman, welchen der bedeutende Jurist, Herr F.
Spencer Miller, beratend zur Seite geftanden, als Verfechter der
Rechtsanfprüche der Gefellfchaft verdient gemacht hatten, find in dem
vorhergehenden Abfchnitt und die Klagefache felbft in dem Seiden-
fticker'fchen Teile des Buches eingehend behandelt worden.

Das Rechts-Komitee ließ es fich angelegen fein, Streitigkeiten
beizulegen und Prozeffe, welche für die Beteiligten lediglich größere
Geldausgaben zur Folge gehabt haben würden, zu verhindern. Es
hat dadurch vielen Perfonen unnötige Aufregung und Koften erfpart.
Der mächtige moralifche Einfluß der Deutfchen Gefellfchaft wurde mit
Erfolg aufgeboten, um „Prozeßhanfeln” unter den deutfchen Einwanderern, die der englifchen Sprache nicht mächtig waren und von
Sitten und Gebräuchen hierzulande keine Ahnung hatten, die Vorliebe für Rechtshändel aller Art gründlich abzugewöhnen.

Wiederholt wurde von krank hier angelangten deutfchen Einwanderern das Gefuch an die Deutfche Gefellfchaft geftellt, ihre Aufnahme in ein Hofpital zu erwirken. Die Dampfer-Gefellfchaften, die
diefe Kranken herübergebracht hatten, fuchten fich, foweit das anging,
der Verpflichtung, die Leute frei nach Deutfchland zurückzufchicken, zu
entziehen, und häufig fträubten fich die Betreffenden felbft dagegen.
Es wurde daher vom Rechts-Komitee empfohlen, gegen die Dampfer-
Gefellfchaften vorzugehen und fie zur Rückbeförderung kranker Einwanderer, für welche weder die ftädtifchen Behörden noch die Wohl-
tätigkeits-Anftalten forgen wollten, zu zwingen, refp. fie auf ihre
Koften behandeln zu laffen. Um die ganze Frage durch Bundes-Gefetz
zu regeln, empfahl der Ausfchuß der Gefellfchaft, für Paffierung der
„Bill to Regulate Immigration” beim Kongreß fich zu verwenden.
Sie erfolgte auch am 3. Auguft 1882. Leider entfprach das Gefetz
nicht den in dasfelbe gefetzten Erwartungen. Die Bundes-Regierung
überwies die Sorge für die Einwanderer einer ftaatlichen Einwan-
derungs-Kommiffion, die fich jedoch weigerte, für Einwanderer zu
forgen, welche nach zufriedenftellender ärztlicher Unterfuchung die
Erlaubnis zum Landen erhalten hatten, aber fpäter erkrankt waren.

Das alte Staatsgefetz von Pennfylvanien hatte beftimmt, daß
die Agenten der verfchiedenen Dampferlinien der ftädtifchen Armenpflege Bürgfchaft für die Fürforge von Einwanderern geben muß-

ten, welche innerhalb zweier Jahre nach ihrer Ankunft der hiesigen
Gemeinde zur Last fallen. Die staatliche Kommission erklärte, für
sie erlösche jede Verpflichtung für die Sorge erkrankter Einwanderer,
nachdem sie die ärztliche Untersuchung passiert und gelandet worden
seien. Die Dampfer-Gesellschaften aber verweigerten den Rücktrans-
port nach der Landung erkrankter Einwanderer unter dem Hinweis
darauf, daß sie ein Kopfgeld entrichtet hätten, was sie jeder weiteren
Verpflichtung enthebe. Das Rechts-Komitee der Gesellschaft drang
daher darauf, daß der Ueberschuß der Kopfgelder für später erkrankte
oder verarmte Einwanderer verwandt werde. Eine Modifizierung
der dem Gesetze gegebenen Auslegung gelang schließlich der Deutschen
Gesellschaft.

Das Rechts-Komitee fühlte sich wiederholt verpflichtet, vor sogenannten Arbeits-Nachweisungs-Büros zu warnen, deren Inhaber
ihre Aufgabe darin sahen, den armen Einwanderern soviel Geld wie
möglich abzunehmen und sie dann sich selbst zu überlassen, ohne ihnen
Beschäftigung nachgewiesen zu haben.

Der Ausschuß nahm im Jahre 1881 Gelegenheit, energisch beim
hiesigen deutschen Konsul gegen die von deutschen Ortsgemeinden
eingeführte Praxis zu protestieren, Ortsarme, die ihnen zur Last
fielen, nach den Vereinigten Staaten abzuschieben, um die Sorge
für sie los zu werden. Es wurde darauf hingewiesen, daß unser
freies Land kein allgemeines Armenhaus für irgend welche euro-
päische Ortsarme ist. Der Protest schloß mit den Worten: „Gegen
solche ungerechte und ungesetzliche Verfahrensweise mancher Orts-
behörden Deutschlands muß sich die Deutsche Gesellschaft in Zukunft
ganz entschieden verwahren, und das von Rechts wegen." Die
Gesellschaft fürchtete mit Recht, daß durch derartige Praktiken der
gute Einfluß, welchen die deutsche Einwanderung auf das politische,
sittliche und geschäftliche Leben der Vereinigten Staaten ausübte,
geschädigt werden könne.

Das Rechts-Komitee machte seinen Beistand stets davon abhän-
gig, daß derselbe wirklich berechtigt sei; es verweigerte ihn Verbrechern, die ihren Anspruch lediglich darauf stützten, daß sie Deutsche
seien. Es warnte wiederholt vor gewissenlosen Schwindlern und
Betrügern, die es darauf anlegen, mit Geldmitteln versehenen deutschen Einwanderern durch Eröffnung verlockender Aussichten auf ein
gutes Geschäft ihre Habe abzunehmen.

Das Rechts-Komitee der Deutschen Gesellschaft lernte erkennen, daß echte Wohltätigkeit ein Studium ist, wozu man nicht allein ein menschenfreundliches Herz haben muß, sondern auch Erfahrung, Scharfsinn und Weltkenntniß. Es wurde mehrfach durch Unschulds-beteuerungen von Arrestanten veranlaßt, deren Verteidigung zu übernehmen, mußte aber bei der gerichtlichen Verhandlung erfahren, daß es hintergangen und belogen worden war.

Anwalt Wireman trat dafür ein, daß die Deutsche Gesellschaft Sorge dafür tragen sollte, für unschuldig verhaftete, freund- und mittellose Deutsche Bürgschaft zu leisten und Jemand zu ernennen, um einmal in jeder Woche die Abteilung des County-Gefängnisses zu besuchen, in welcher Angeklagte sich befinden, deren Fall noch nicht zur Verhandlung gekommen sei. Der Betreffende solle versuchen, der englischen Sprache unkundigen Deutschen behilflich zu sein. Unschuldig angeklagte Personen, welche wegen Mangels an Bürgschaft dem Gefängnisse überwiesen worden waren, wurden dort mit Verbrechern zusammen monatelang eingesperrt gehalten, bis ihr Fall zur Verhandlung kam. Fürsprache der Deutschen Gesellschaft fand bei den Richtern stets ein freundliches Gehör.

Vor Arbeitgebern, welche die Arbeitskraft armer deutscher Einwanderer ausnützen und sie dann um ihren Lohn beschwindeln, hat das Rechts-Komitee wiederholt gewarnt. Es wurde Arbeitern empfohlen, sofort die Arbeit niederzulegen, falls sie nach der ersten Woche nicht ihren ausbedungenen Lohn erhalten könnten.

Energisch trat das Rechts-Komitee der Deutschen Gesellschaft dafür ein, daß die Haftpflicht von Arbeitgebern bei Betriebsunfällen festgelegt werde. Schon im Jahre 1888 führte Anwalt Wireman Klage darüber, daß es fast unmöglich sei, Schadenersatzansprüche bei Unfällen geltend zu machen, weil die betreffenden Arbeitgeber stets den Vorwand benutzen, der Verunglückte habe durch eigene Nachlässigkeit das Mißgeschick verursacht. Es dauerte eine geraume Zeit von Jahren, bis im Staate Pennsylvanien ein Haftpflicht-Gesetz passirt wurde, das Schadenersatzklagen bei Unfällen ermöglicht.

In seinem Jahresbericht vom 11. Januar 1890 führt Anwalt Wireman Klage darüber, daß unter Vielen sich die Ansicht ausgebildet habe, die Deutsche Gesellschaft wäre nur dazu da, Prozesse jeder Art für Deutsche unentgeltlich anhängig zu machen und durch alle Instanzen zu führen. Sogar Leute, die sich den Luxus eines Prozesses aus eigenen Mitteln gestatten könnten, suchten Anwaltsgebühren dadurch zu ersparen, daß sie sich an das Rechts-Komitee der Deutschen Gesellschaft wendeten.

Mehrmals mußte der Anwalt der Deutschen Gesellschaft gegen Kinder einschreiten, welche betagte Eltern von Deutschland hatten herüberkommen lassen und auf die Straße gesetzt hatten, nachdem sie in den Besitz ihrer geringen Habe gelangt waren. Oft wandten sich Frauen, deren Ehemänner sie und ihre Kinder im Stiche gelassen und auf und davon gegangen waren, hilfesuchend an die Deutsche Gesellschaft und deren Anwalt. Nur in den wenigsten Fällen gelang es, derartig pflichtvergessene Ehemänner und Familienväter zur Verantwortung zu ziehen.

Im Jahre 1893 schloß Herr Henry D. Wireman seine achtzehnjährige Tätigkeit als Anwalt der Deutschen Gesellschaft. Er hatte derselben mit unermüdlichen Eifer, größter Gewissenhaftigkeit und Pflichttreue Dienste geleistet und ihr stets nicht allein mit Rat, sondern auch mit Tat zur Seite gestanden. In der Jahresversammlung vom 18. Januar 1894 wurde ihm der Dank der Gesellschaft ausgesprochen, und die Herren Franz Ehrlich, Henry Lierz und Martin Stutzbach beauftragt, Herrn Wireman davon in Kenntnis zu setzen.

Der Nachfolger Herrn Wireman's, Herr Matthew Dittmann, bemühte sich eifrig, es seinem Vorgänger gleich zu tun und die Interessen der Gesellschaft und ihren Rechtsschutz in bester Weise zu vertreten. Er übertrug die Nebengesetze in's Englische, um aus ihnen die Haltlosigkeit etwaiger Steuer-Ansprüche des Staates oder der Stadt sofort nachweisen zu können. Auch Herr Dittmann war stets bereit, ratend und helfend einzutreten, wenn die Personen, welche um Rechtsschutz nachsuchten, sich desselben würdig erwiesen. Unter ihnen befand sich unter Anderen ein noch nicht ein Jahr im Lande befindlicher deutscher Zimmermann, der in Notwehr einen Totschlag begangen hatte. Er war, zwei Tage vor Ankunft seiner Frau und seiner fünf kleinen Kinder von Deutschland, verhaftet worden, denen er aus seinen hier gemachten Ersparnissen das Geld zur Ueberfahrt geschickt hatte. Er war zu drei Jahren Zuchthaus verurteilt worden, doch wurde die Strafe vom Richter selbst auf 18 Monate ermäßigt. Dem Anwalt der Deutschen Gesellschaft gelang es, bereits sieben Monate nach der Verhaftung die Begnadigung des Mannes von der zuständigen Behörde in Harrisburg zu erwirken.

In einem anderen Falle, der im Jahre 1898 zur Verhandlung vor Richter Finletter kam, war der Agent der Deutschen Gesellschaft, Dr. J. Bernt, von einem gewissen Isadore Cooper, einem Angestellten der „International Navigation Company", wegen angeblicher Verleumdung auf Zahlung von $5,000 Schadenersatz verklagt worden. Der Fall fand dadurch seine Erledigung, daß der Verklagte schriftlich die Erklärung abgab, er habe die ihm zur Last gelegte Bemerkung nicht gemacht und auch nicht machen können, weil er von dem Kläger nichts Ungünstiges wisse.

Besonders lobend wurde von Herrn Dittmann anerkannt, daß die Polizeirichter Fred. M. Wagner, Wm. Eisenbrown und Albert H. Ladner bereit wären, auf Gebühren zu verzichten, wenn es sich um Klagen armer Einwanderer handele, deren Interessen das Rechtschutz-Komitee der Deutschen Gesellschaft zu wahren suchte. Die Richter der verschiedenen Gerichtshöfe Philadelphia's waren stets geneigt, einen Straferlaß oder doch eine Ermäßigung der Strafe zu gewähren, wenn der Anwalt der Deutschen Gesellschaft sich veranlaßt fühlte, für kleinerer Vergehen wegen verurteilte Einwanderer sich zu verwenden.

In verschiedenen Nachlaß-Streitigkeiten, bei denen das Interesse der Deutschen Gesellschaft involvirt war, vertrat der Anwalt sie mit Erfolg.

Unerbittlich ging das Rechtsschutz-Komitee gegen Ehemänner vor, welche ihre Familien der Not preisgegeben hatten und auf und davon gegangen waren. In einem Falle wurde ein Bigamist, der hier eine Frau und drei kleine Kinder sitzen gelassen und sich dann in Boston wieder verheiratet hatte, auf Betreiben des Anwalts der Gesellschaft von New York, wo er Aufenthalt genommen, nach Philadelphia zurückgebracht und zu 3½ Jahren Gefängniß verurteilt. Auch gegen Arbeitgeber, welche arme eingewanderte Dienstmädchen zu wahrer Sklavenarbeit zwangen, ihnen den Lohn vorenthielten und ihren Koffer nicht herausgeben wollten, wenn sie ihr Haus verlassen hatten, wurde eingeschritten. Desgleichen gegen sogenannte Arbeits-Nachweisungs-Bureaur, welche armen Einwanderern Geld abgenommen hatten, ohne ihnen Beschäftigung zu verschaffen. Auch wohlhabende Deutsche, die es hier zu Vermögen gebracht hatten, machten sich die Unerfahrenheit deutscher Einwanderer zu Nutzen, um sich billige Arbeitskräfte zu sichern. Namentlich wurden Dienstmädchen herüber-

gelockt und gezwungen, von einem kärglichen Lohn—in mehreren
Fällen $1.50 pro Woche—auch noch die Kosten der Ueberfahrt all-
mählig abzuzahlen. Diesen seltsamen „Philanthropen" mit deutschen
Namen wurde das Handwerk gelegt. Es wurde rücksichtslos gegen
sie eingeschritten und sie gerichtlich gezwungen, etwas von ihrem
„Raub" wieder herauszuzahlen. Wann immer die Unwissenheit von
Einwanderern und ihre Unkenntniß hiesiger Verhältnisse ausgenutzt
worden war, schritt der Anwalt der Deutschen Gesellschaft ein, sobald
er davon verständigt worden war.

Es wurde von dem Ausschuß vor verschiedenen Versicherungs-
Gesellschaften gewarnt, welche nicht im Staate Pennsylvania inkorpo-
rirt waren, aber hier Zweig-Büros unterhielten, weil ihre „Policies"
Ausflüchte zuließen, wenn Ansprüche erhoben würden, und angestrengte Klagen zu nichts führten. Einwanderer und solche Personen,
welche erst kurze Zeit im Lande waren, wurden aufgefordert, sich in
der Agentur oder beim Anwalt der Deutschen Gesellschaft Rat ein-
zuholen, ehe sie sich versichern ließen.

Gewarnt wurde ferner vor Heiratsschwindlern, welche, trotzdem
sie verheiratet, Schein-Ehen mit Einwanderinnen einzugehen suchten,
welche über Geldmittel verfügten. Sobald die Gauner im Besitz des
Geldes waren, gingen sie auf und davon, und die Betrogene war
nicht allein ihr Geld los, sondern auch ihre Ehre.

Auf Grund eines Gutachtens Herrn Dittmann's wurde die
Empfehlung, die Deutsche Gesellschaft solle die Erhebung und Verwaltung von testamentarischen Nachlässen übernehmen und ein
Passagegeschäft gründen, als unvereinbar mit den Interessen derselben abgelehnt.

Herr Matthew Dittmann, der seit Beginn des Jahres 1894 Anwalt der Deutschen Gesellschaft gewesen war, wurde ihr, seiner Familie, seinem großen Freundeskreise und seiner beruflichen Tätigkeit
am 9. März 1905 durch den unerbittlichen Tod entrissen. Der Verwaltungsrat der Deutschen Gesellschaft faßte Beileidsbeschlüsse. Es
wurde dem Dahingeschiedenen das ehrende Zeugniß ausgestellt, daß
er der Gesellschaft ein treuer Berater und den um legalen Rat und
um Hilfe Nachsuchenden ein selbstloser, energischer Beistand gewesen
war. Zu seinem Nachfolger wurde am 27. März 1905 Herr F r a n z
E h r l i c h , j u n. gewählt.

Auch Herr Ehrlich ließ es sich angelegen sein, armen deutschen Einwanderern, welche der Landessprache unkundig und mit den hiesigen Verhältnissen nicht vertraut waren, wo immer es angänglich war, Rechtsbeistand zu gewähren. Wie sein Vorgänger, erkannte er die bereitwillige Unterstützung an, die Polizeirichter Ladner den Schützlingen des Rechts-Komitees der Deutschen Gesellschaft zuteil werden ließ. Bisweilen versuchten bemittelte Deutsche, welche schon seit Jahren sich im Lande befanden, durch ein Gesuch an die Deutsche Gesellschaft sich gratis Rechtsbeistand zu sichern. Sie sahen sich jedoch getäuscht. Der Anwalt verweigerte in jedem solchen Falle juristischen Rat. Besonders scharf ging er gegen Leute vor, welche Geld gegen Wucherzinsen ausliehen, so oft eine diesbezügliche Beschwerde ihm zuging. In einer Reihe von Erbschafts-Streitigkeiten wurden die Interessen der Deutschen Gesellschaft, wenn ein ihr bestimmtes Legat angefochten worden war, in bester und fähigster Weise von Herrn Ehrlich gewahrt.

Unter den zahlreichen Fällen, in denen der Anwalt der Deutschen Gesellschaft hilfreich eingriff, sei hier einer erwähnt: Für eine Witwe mit fünf Kindern wurden die nötigen Geldmittel zu einer Reise nach Canada aufgebracht, damit sie dort gegen einen Gasthausbesitzer eine Schadenersatz-Klage anhängig machen konnte, in dessen Hause ihr Ehemann um's Leben gekommen war. Es gelang dem Anwalt der Deutschen Gesellschaft, gute Advokaten in Canada für die notleidende Frau und deren Kinder zu interessiren. Sie machten eine gerichtliche Klage anhängig, welche einen für die Klägerin günstigen Verlauf nahm. Leider starb die Frau, ehe der Prozeß entschieden war. Eine bedeutende Schadenersatzsumme wurde jedoch für die unmündigen, bei Verwandten untergebrachten Kinder erwirkt und für sie verwaltet.

In dem Bericht für das Jahr 1912 erklärt Anwalt Ehrlich: „Wo immer unbemittelte Deutsche des Rechtsschutzes bedürfen, finden sie ihren Weg zu allererst und sofort zu uns. Das ist die für unsere Gesellschaft erfreuliche Seite von an und für sich unerfreulichen Tatsachen. Es ist der beste Lohn für unsere bereite und uneigennützige Arbeit auf diesem weiten Gebiet des Schutzes."

Im Jahre 1913 wurde von einem Steuer-Einnehmer versucht, auf das persönliche Eigentum der Deutschen Gesellschaft hin Steuern einzutreiben. Der Anwalt vertrat die Interessen derselben, führte den Nachweis, daß sie eine wohltätige Gesellschaft ist, und die Forderung wurde zurückgezogen. Auf Ersuchen des Haus-Komitees wurde letzterem Aufschluß über die Ausstellung von Erlaubnißscheinen zur Benutzung der Halle gegeben.

Herr Franz Ehrlich, Jr., welcher nach dem Ableben des Herrn M. Dittmann seit dem 27. Mai 1905 als Anwalt der Deutschen Gesellschaft fungirt hatte, lehnte nach mehr als zehnjähriger erfolgreicher Tätigkeit Ende des Jahres 1915 eine Wiedernomination ab. Vom Jahre 1916 ist Herr Louis F. Schuck als Anwalt der Deutschen Gesellschaft im Amt und hat sich als ein fähiger und pflichtgetreuer Beamter erwiesen.

Dritter Abschnitt.

Wohltätigkeitspflege der Deutschen Gesellschaft.

Die Aufgabe, welche sich die Deutsche Gesellschaft von Pennsylvanien bei ihrer Gründung am 26. Dezember 1764 gestellt hatte und die sie stets treu zu erfüllen bestrebt war, nämlich Linderung der Not armer Einwanderer deutschen Stammes, hat in der Periode ihrer Geschichte, welche in diesen Blättern behandelt wird, ihre Aufmerksamkeit jeder Zeit voll und ganz in Anspruch genommen. Mit den beschränkten Mitteln, welche ihr zur Verfügung standen und die auch im Laufe der Jahre keine bedeutende Vergrößerung gefunden haben, hat sie nach besten Kräften zur Armenpflege beigetragen und ist vielen eine Helferin geworden in der Stunde der größten Not. Gewiß ist die Gesammtsumme, welche für wohltätige Zwecke von der Deutschen Gesellschaft während ihres 150 jährigen Bestehens ausgabt wurde, keine besonders hohe—sie beträgt den vorhandenen Aufzeichnungen nach bis zum Ende des Jahres 1916 $147,033.15— aber es darf nicht vergessen werden, daß ihre Wohltätigkeitspflege sich nicht auf Baarunterstützungen beschränkte, sondern einen viel größeren Kreis zog und auch für kranke und des Rechtsschutzes bedürftige Einwanderer Sorge trug. Außerdem waren in den ersten Jahren ihres Bestehens die Mittel, welche für Unterstützungen verwandt werden konnten, sehr geringe. Im ersten Jahre (1765) wurden für diesen Zweck $114.68 ausgabt, im Jahre 1770 sogar nur $22.78. Für die Jahre des Freiheitskrieges (1776—1781) fehlen sämtliche Anhaltspunkte für die Höhe der gewährten Unterstützungen, trotzdem nicht anzunehmen ist, daß sie vollständig ausfielen, ebenso für die Jahre 1784 und 1786. In dem Jahre 1846 war die Deutsche Gesellschaft zum ersten Male im Stande, über $1,000 für Unterstützungen zu bewilligen. Im Jahre 1847 betrug die dafür ausgabte Summe $1,062.30 gegen $1,040.90 im Jahre vorher. In den folgenden Jahren sank sie wieder unter Tausend Dollars hinab und erreichte ihren Tiefstand im Jahre 1856, als für wohltätige Zwecke nur $424.29 bewilligt wurden. In 1857 und 1858 betrug das jährliche Unterstützungs-Budget $1,085.68, bezw. $1,227.95. Im Jahre 1859 stellte es sich auf $582.18 und in 1860 auf $906.05. Vom Jahre 1861 an betrugen die Ausgaben für Unterstützungs-Zwecke über $1,000 pro Jahr, mit Ausnahme der Jahre 1899, 1911, 1912 und 1913, in welchen geringe Ansprüche an die Wohltätigkeitspflege auch geringere Ausgaben veranlaßten. Die höchsten Ausgaben fürUnterstützungszwecke waren in den Jahren 1874, 1877, 1885, 1891 und 1894 zu verzeichnen, als sie auf über $3,000 stiegen.

Maßgebend für das Hilfswerk der Deutschen Gesellschaft war folgende streng beobachtete Regel: „Das religiöse Bekenntniß darf unter keinen Umständen mit der Ausübung praktischer Nächstenliebe zusammenstoßen."

Die Wohltätigkeitspflege der Deutschen Gesellschaft beschränkte sich nicht auf Einwanderer, sondern wurde auch auf Ortsarme deutscher Abstammung ausgedehnt. Um den vielen Anforderungen, welche an die Gesellschaft gestellt wurden, gerecht zu werden, steuerten Mitglieder aus privaten Mitteln ansehnliche Summen bei. Auch die deutschen Vereine, so der Cannstatter Volksfest-Verein, der Männerchor, der Junge Männerchor und andere, erleichterten der Deutschen Gesellschaft die Wohltätigkeitspflege, indem sie ihr aus dem Ertrage von Festlichkeiten größere Summen überwiesen. Am 16. Oktober 1885 wurde zur Deckung besonderer Unkosten, welche die Einrichtung des Arbeits-Nachweisungs-Büros veranlaßte, ein Gabentag abgehalten, welcher außer Geschenken an nützlichen Gegenständen, die für die Armen von Wert waren, in barem Gelde die Summe von $1,157 ergab.

Besonders groß war die Not der arbeitenden Klasse im Jahre 1876, als die Weltausstellung zahlreiche Deutsche nach Philadelphia in der Hoffnung gelockt hatte, hier lohnende Beschäftigung zu finden. Sie sahen sich leider in ihren Erwartungen getäuscht. Trotz aller Bemühungen war es dem Agenten und den Mitgliedern der Gesellschaft nur möglich, 173 Personen Beschäftigung nachzuweisen. Es wurde deshalb ein Spezial-Komitee ernannt, um geeignete Reformen der Armenpflege in Vorschlag zu bringen, damit die Gesellschaft auch ferner in den Stand gesetzt werde, in allen Fällen Hilfe zu leisten, wo eine solche durch die Umstände wirklich geboten erschien.

Das Komitee empfahl eifrigere Bemühungen, um Applikanten Beschäftigung zu verschaffen, Unterstützung von Stadtarmen durch Kleidungsstücke, Lebensmittel, Kohlen etc., oder auch durch Baar-Geld, strenge Verweigerung von Gaben an professionelle Bettler und sorgfältige Erkundigungen über die Würdigkeit der Applikanten. Um letztere zu ermöglichen, wurden sogenannte Ward-Komitees geschaffen. Wohltätig gesinnte Frauen bildeten dieselben. Sie übernahmen es, Unterstützungs-Gesuche von Leuten, welche in derselben Ward wohnten, zu untersuchen und über das Ergebniß ihrer Erhebungen dem Agenten resp. den diensttuenden Direktoren Bericht zu erstatten.

Im Jahre 1878 war die Gesellschaft durch ein Komitee ihres Verwaltungsrates an den Beratungen beteiligt, welche von hiesigen Wohltätigkeits-Vereinigungen zum Zwecke gemeinsamen Handelns, systematischer Verteilung des Hilfswerkes und gegenseitigen Schutzes gepflogen wurden. Die getroffenen Vereinbarungen liefen darauf hinaus, durch eine permanente Verbindung der einzelnen Gesellschaften unter einander dem professionellen Bettlertum zu steuern und bestmögliche Verwendung der für Wohltätigkeits-Zwecke beigesteuerten Gelder durch Verweisung von Applikanten an diejenige Gesellschaft zu sichern, welche am Besten im Stande wäre, über die Berechtigung der verlangten Unterstützung zu entscheiden.

Die Zahl der Applikanten, welche die Hilfe der Deutschen Gesellschaft in jedem Jahre in Anspruch nahmen, bildet den Maßstab zur Beurteilung der wirtschaftlichen Lage. Danach waren die schlimmsten Jahre 1876, 1877, 1878, 1885, 1894, 1895, 1896 und 1908; in den fünf zuletzt genannten betrug die Zahl der Hilfegesuche je über 4,000. Die Arbeitskraft des Agenten und der Dienst tuenden Direktoren wurde unter solchen Umständen besonders stark in Anspruch genommen, aber zum Lobe derselben kann konstatirt werden, daß sie den ihnen auferlegten Verpflichtungen in gewissenhaftester Weise nachkamen, mit nur einem Ziel vor Augen: der Not wirklich bedürftiger Personen nach Möglichkeit zu steuern. Von den wackeren Männern im Direktorium der Gesellschaft, welche nicht allein ihre Zeit sondern auch häufig nicht unbedeutende Summen aus eigenen Mitteln der Armenpflege zuwandten, ist auf diesem Gebiet der Wohltätigkeit Bedeutendes geleistet worden, und sie verdienen daher einen Ehrenplatz nicht allein in der Geschichte der Deutschen Gesellschaft, sondern auch in der der Wohltätigkeit und des Deutschtums von Philadelphia im Allgemeinen.

Ein klares Bild des Wirkens der Agentur und der Tätigkeit der Direktoren läßt sich nicht aus den Jahresberichten der ersteren gewinnen. Sie erbringen nur den Nachweis der erledigten Geschäfte und der verteilten Unterstützungen Der Bericht des Verwaltungsrates für das Jahr 1880, der von den Herren Joseph Kinike, Präsident, und Franz Ehrlich, Sekretär, unterzeichnet ist, erklärt mit vollem Rechte:

„Es hieße den Zweck unseres Agentur-Dienstes vollständig verkennen, wollte man den Wert seiner Wirksamkeit nach der Höhe der ausgegebenen Baar-Unterstützungen allein bemessen. Unsere Gesellschaft will durch den diensttuenden Direktor und ihren Agenten Unterstützung gewähren, sicherlich, soweit es nötig erscheint und sie es vermag; sie soll und will aber vor Allem auch dem Einwanderer, dem Fremden im fremden Lande, ein Ratgeber, Beschützer und Freund sein. Versucht sie nach bestem Wissen und Vermögen darin ihre Pflicht zu tun, so kann sie das natürlich mit zahlenmäßigen Ausweisen nicht belegen."

In den Jahresberichten wird wiederholt darüber Klage geführt, daß die vorhandenen Mittel den vielfachen Anforderungen, welche an die Gesellschaft gestellt werden, nur unzureichend genügen. Ein Spezial-Komitee wurde deshalb im Jahre 1886 damit betraut, Vorschläge zu machen, wie sich ausgiebigere Mittel erlangen ließen. Es schlug eine Erhöhung des jährlichen Beitrages von $4 auf $10 vor, aber die Empfehlung wurde aus dem Grunde nicht zum Beschluß erhoben, weil ein zu hoch bemessener Jahresbeitrag der Gewinnung neuer Mitglieder hinderlich im Wege stehen würde.

Einen Schritt in der rechten Richtung bezeichnete der vom Verwaltungsrate im Jahre 1884 gefaßte Beschluß, ein Arbeits-Nachweisungs-Büro der Agentur anzugliedern, das beschäftigungslosen Deutschen, ohne Ausnahme, und nicht nur Einwanderen, offen stehen solle. Es unterschied sich dadurch von anderen Einrichtungen dieser Art, daß weder den Arbeitsuchern noch den Arbeitsgebern, welche seine Dienste in Anspruch nahmen, dafür eine Gebühr berechnet wurde. Es wurde am 1. März 1885 in gemieteten Räumlichkeiten im Hause, No. 441 Nord 5. Straße, eröffnet. Durch Anzeigen in den Zeitungen, Cirkulare, Plakate und durch persönliche Besuche seitens des Hilfs-Agenten wurden Arbeitgeber in Stadt und Staat auf die Errichtung des Büros aufmerksam gemacht und sie ersucht, dessen Dienste in Anspruch zu nehmen. Das Unternehmen war von allem Anfang an ein Erfolg. In den ersten neun Monaten seines Bestehens wandten sich 1,242 Arbeitgeber und 2,925 Arbeitsucher an das Büro, welches im Stande war, 855 Personen Beschäftigung nachzuweisen. Seine Aufgabe bestand darin, nicht Almosen zu gewähren, um wenige Tage das Leben zu fristen, sondern Applikanten eine Gelegenheit zu verschaffen, sich selbst ihr Brot zu verdienen und den Grund zu selbstständigem Fortkommen zu legen. Der Wert einer derartigen Hilfe läßt sich natürlich nicht in Geldsummen und Zahlen ausdrücken. Er besteht in Wiedererweckung des Selbstvertrauens und des Bewußtseins der eignen Kraft.

Ein im Jahre 1897 von der Heils-Armee gemachter Vorschlag, ihr Arbeits-Büro mit dem Arbeits-Nachweisungs-Büro der Deutschen Gesellschaft zu verbinden, wurde dankend abgelehnt.

Das Wirken der Gesellschaft hat im Laufe der Jahre seine Regsamkeit und Vielseitigkeit behalten. Die Leistungen entsprachen stets den Anforderungen, welche an sie gestellt wurden, natürlich innerhalb der Grenzen, welche zur Verfügung stehende Mittel ihr steckten. Sie hat sich nie vergeblich an ihre Mitglieder gewandt und sie zu tatkräftiger Unterstützung aufgefordert, damit das Werk der Nächstenliebe, welches als heiliges Vermächtniß wackerer deutscher Männer der Kolonialzeit späteren Generationen hinterlassen worden war, weiter gefördert und zu segensreicher Entwicklung gebracht werden könnte.

Welchen Schwankungen Angebot und Nachfrage auf dem Arbeitsmarkt unterworfen waren, soweit das Arbeits-Nachweisungs-Büro der Gesellschaft davon berührt wurde, ging unter anderem daraus hervor, daß im Jahre 1898 seine Dienste von 360 mehr Arbeitgebern als Arbeitsuchern in Anspruch genommen wurden, während im Jahre vorher die Zahl der letzteren die der ersteren um 380 übertroffen hatte.

Am 31. Mai 1899 legte der Hilfsagent der Gesellschaft, Herr R. F. Sigel, aus Gesundheitsrücksichten die Leitung des Arbeits-Nachweisungs-Büros nieder. Seine Stelle wurde nicht wieder besetzt, sondern der Agent damit betraut, wodurch eine größere Einheitlichkeit des Hilfswerks ermöglicht und Reibungen vermieden wurden. Der Agent, Herr Dr. Josef Bernt, zeigte sich den erhöhten Anforderungen, die dadurch an ihn gestellt wurden, vollständig gewachsen. Wiederholt wurden sein Eifer und seine Befähigung für das schwierige Doppelamt vom Verwaltungsrate lobend anerkannt. Der Wegfall der Stellung des Hilfs-Agenten ergab für die Gesellschafts-Kasse eine Ersparniß von $500 pro Jahr. Eine weitere wurde dadurch veranlaßt, daß Dr. Bernt auch das Kollektiren von Mitglieder-Beiträgen im Jahre 1900 übernahm, während das früher von einem Kollektor besorgt wurde, der dafür eine Entschädigung von $100 erhielt. In Anbetracht der erhöhten Arbeitsleistung wurde in dem genannten Jahre das Gehalt des Agenten von $800 auf $900 erhöht.

In einem seiner Jahresberichte bezeichnet der Sekretär des Verwaltungsrates, Herr J. H. Harjes, es als unrichtig und ungerecht, das Wirken der Gesellschaft nach der Höhe der gewährten Unterstützungssumme zu beurteilen. In jedem Jahre wäre die Zahl der Hilfsgesuche eine bedeutende, die keine direkten Ausgaben in Geld und Geldeswert, wohl aber Rat, Auskunft, Arbeitsnachweis, gesetzlichen Schutz und Aehnliches mehr erheischten. Es wäre die Aufgabe der Gesellschaft zu helfen und zu unterstützen, nicht aber zu versorgen. Es wäre unmöglich, allen Ansprüchen in solcher Weise zu genügen, wie es, vielfach ganz unberechtigt, erwartet werde. Man solle nicht vergessen, daß ihre Hilfe stets so bemessen und erwogen werden müsse, daß der Trieb zur Selbsthilfe und damit die sittliche Kraft der Bedürftigen nicht untergraben werde. Herr Harjes forderte die Mitglieder der Gesellschaft wiederholt auf, sich an das Arbeits-Nachweisungs-Büro zu wenden, wenn sie Arbeit zu vergeben haben. „Hilfsbedürftigen zu der Wohltat der Selbsthilfe zu verhelfen, ist und bleibt das sicherste Fundament für praktische Philanthropie; sie stärkt die Willenskraft, belebt den Mut und stützt den Charakter."

Im Jahre 1908 wurde mit der „Society for Organized Charities" die wechselseitige Anmeldung der einlaufenden Hilfs-Gesuche vereinbart, um dadurch ein besseres Zusammenwirken herbeizuführen und zu verhüten, daß Mißbrauch getrieben wird. Es sollte namentlich dem gewerbsmäßigen Bettlertum ein Riegel vorgeschoben werden.

Als der Krieg in Europa ausgebrochen war und Mutter Germania ihre Blicke den fortgewanderten Söhnen und Töchtern hilfeheischend zuwandte, um sie aufzufordern, die Not im alten Vaterlande zu lindern, da war es die im Jahre 1764 gegründete Deutsche Gesellschaft von Pennsylvanien, welche als Erste sich in den Dienst der Wohltätigkeit stellte und nach besten Kräften dafür sorgte, daß S a m m l u n g e n f ü r d i e K r i e g s n o t l e i d e n d e n in Fluß kamen. Schon am 9. August 1914 wurde in der Halle der Gesellschaft eine Versammlung abgehalten, und das Hilfswerk unter Dr. Hexamer's, des Präsidenten der Deutschen Gesellschaft, Leitung organisirt. Es wurde Großartiges geleistet. Die Halle stand allen Hilfsaktionen offen. Sie war der Sammelplatz der edlen Männer und noch edleren und hilfsbereiteren Frauen, die ihre Zeit und ihre Kraft in den Dienst der Kriegshilfe stellten, erfüllt von dem Bewußtsein einer unabweisbaren Pflicht, getragen von der Liebe zum Vaterlande, begeistert von der Größe seines Heldenkampfes, beseelt von dem Triebe, ein wenig Sonne in das Leben der Armen und Verlassenen zu tragen, welchen das grimmige Ringen auf blutiger Wahlstatt das Liebste genommen, was sie auf Erden besessen. Das Herz wurde Jedem weit, der einen Blick in das Wirken der Kriegshilfe in der Halle der Deutschen Gesellschaft warf, in deren altem Herzen die Liebe zur Heimat nie erstarb, trotzdem 150 Jahre seit ihrer Gründung verflossen waren. Wenn einmal der Kultur-Historiker die Geschichte der Begleiterscheinungen des großen Krieges schreiben wird, so sollte er nicht achtlos an der Heimatstreue vorübergehen, welche die Deutsche Gesellschaft von Pennsylvanien bewiesen hat. Sie steht einzig in ihrer Art da, das schönste Denkmal unwandelbarer Liebe zum deutschen Volkstum in weiter Ferne.

Der Frauen-Hilfs-Verein der Deutschen Gesellschaft.

Aber dieses Kapitel der Hilfstätigkeit der Deutschen Gesellschaft läßt sich nicht abschließen, ohne des Wirkens der edlen Frauen zu gedenken, welche ihr ihren Beistand nicht versagten, wann immer es galt, der Not zu steuern und echte Wohltätigkeit zu üben. Es erhielt seine feste Organisation durch die Gründung des Frauen-Hilfs-Vereins der Deutschen Gesellschaft von Pennsylvanien, welche am 22. Mai 1900 stattfand. An der Spitze desselben hat vom ersten Tage

feines Beftehens an Frau Antonie Ehrlich geftanden, die wackere
Gattin des langjährigen Sekretärs und Vice-Präfidenten der Gefellfchaft, der im Jahre 1904 durch den unerbittlichen Tod feinem
Wirkungskreife entriffen wurde und deffen Verluft von allen Mitgliedern aufrichtig und von Herzen betrauert wurde. Sie hat ein
organifatorifches Talent und einen Wohltätigkeitsfinn dargetan,
welche ihr einen dauernden Platz in der Gefchichte der Deutfchen
Gefellfchaft fichern, der durch die Unterftützung ihres Hilfswerks
feitens der Frauen eine bedeutende Förderung zuteil wurde. Dem
Frauen - Hilfs - Verein war es befonders zu danken, daß der
Ende des Jahres 1901 abgehaltene Bafar, um Mittel zum Umbau
des unteren Saales der Halle zu gewinnen, fich zu einem fo großen
Erfolge geftaltete. Der Frauen-Hilfs-Verein wurde mit einer Mitgliedfchaft von 100 Damen gegründet. Bei Beginn des Jahres
1916 zählte er 795 Mitglieder, darunter 22 lebenslängliche. Die
lange unterbrochenen Weihnachts-Befcherungen für arme Mütter
und Kinder feitens der Gefellfchaft wurden vom Frauen-Hilfs-Verein
wieder aufgenommen und haben von Jahr zu Jahr eine ftetig ftei-
gende Ausdehnung gefunden. Ueber das Wirken des Frauen-Hilfs-
Vereins geben die nachftehenden ftatiftifchen Auffteilungen und kurz
zufammengefaßten Berichte Auskunft. Der Verein befchloß am 9.
Oktober 1903, fich dem Deutfch-Amerikanifchen Centralbunde anzu-
fchließen. In der am 27. Juni 1904 abgehaltenen Verfammlung
wurde die Zahl der Direktorinnen von 12 auf 16 erhöht. Im
Jahre 1908 erwirkte der Verein einen Freibrief. Im Jahre 1911
fchloffen fich die „Daughters of the German-American Pioneers" dem
Verein an. Dem Paftorius-Denkmal-Fonds wurden in 1911 $100
zugewandt. Hervorragendes leiftete der Verein für die Kriegshilfe.

An der Spitze des Frauen-Hilfs-Vereins der Deutfchen Gefellfchaft ftanden im Laufe der Jahre folgende Damen:

1900:—Frau Antonie Ehrlich, Präfidentin; Frau F. Meynen,
Vice-Präfidentin; Frau C. Bürgermeifter, Sekretärin; Direktorinnen: W. Burk, E. Collins, H. Faber, E. Heyl, L. Holly, J. Knüppel, Elife Lefer, L. Nax, G. Newman, G. F. Ott, J. Paulus, H.
Schimpf, R. Tarlo und C. Weiland.

1901:—Frau Antonie Ehrlich, Präfidentin; Frau Elife Lefer,
Vice-Präfidentin; Frau Emma Heyl, Sekretärin; Frau Louife
Blank, Schatzmeifterin; Direktorinnen: G. F. Ott, H. Schimpf,

C. Weiland, R. Tarlo, Johanna Knüppel, Therese Holly, J. Paulus, L. Bauer, L. Breitinger, W. Burk, C. Walter und L. Weiß.

1902:—Dieselben Beamtinnen und Direktorinnen wie im Jahre vorher.

1903:—Frau Antonie Ehrlich, Präsidentin*); Frau Elise Leser, Vice-Präsidentin; Frau Emma Heyl, Sekretärin; Frau Johanna Knüppel, Hilfs-Sekretärin; Frau Louise Blank, Schatzmeisterin; Direktorinnen: C. Weiland, H. Schimpf, J. Paulus, G. F. Ott, R. Tarlo, J. Knüppel, Th. Holly, Helen Ehlers, Frl. M. Delcy, Frau M. Schmid, W. Burk und L. Weiß.

1904:—Frau Antonie Ehrlich, Präsidentin; Frau Elise Leser, Vice-Präsidentin; Frau L. Blank, Schatzmeisterin; Frau Emma Heyl, Korr. und Prot. Sekretärin; Frau J. Knüppel, Finanz-Sekretärin; Direktorinnen: Frau H. Schimpf, P. Ehlers, M. Schmid, J. Paulus, Frl. M. Delcy, Frau W. Burk, Frl. E. Kellner, Frau A. Löwe, Frau M. Steinmüller, C. J. Hexamer, M. Pfatischer, H. Nicolai, J. E. Van Kirk, W. Ludwig und G. Kirchner.

1905:—Dieselben Beamtinnen wie im vorigen Jahre, nur tritt Frau Mary Paulus als Schatzmeisterin an die Stelle der Frau Blank; Direktorinnen: die Damen Hexamer, Pfatischer, Nicolai, Delcy, Schimpf, Ehlers, Löwe, Steinmüller, Kirchner, Ludwig, Kellner, Blank, Burk, L. Koch, A. Leonhardt und E. Knapp.

1906:—Dieselben Beamtinnen und Direktorinnen wie im vorigen Jahre, nur treten an Stelle der Frauen Burk und Leonhardt Frau O. Heinemann und Frau C. Böcker.

1907:—Dieselben Beamtinnen und Direktorinnen wie im

---

*) Frau Antonie Ehrlich, geborene Ruelius, wurde am 2. Juni 1849 in der Pfalz geboren. Sie kam im Jahre 1859 nach Philadelphia, wo ihr Vater das City Hotel an der 4. und Wood Straße betrieb, das während des Bürgerkrieges von den deutschen Offizieren der Unions-Armee als Quartier benutzt wurde. Sie besuchte die Schule der „Deutschen Freien Gemeinde" und erhielt später Privatunterricht. Sie vermählte sich im März 1870 mit Kapt. Franz Ehrlich, der den Bürgerkrieg mitgemacht hatte und damals Sekretär des Verwaltungsrates der Deutschen Gesellschaft war. Die Frauen der Mitglieder derselben nahmen schon damals an der Armenpflege regen Anteil, namentlich an den Weihnachtsbescherungen. Auf Frau Ehrlich's Veranlassung erfolgte am 22. Mai 1900 die Gründung des Frauen-Hilfsvereins der Deutschen Gesellschaft.

vorigen Jahre, nur treten an Stelle der Frauen Pfatischer und Knapp die Frauen L. Schuck und A. Schumann.

1908:—Dieselben Beamtinnen und Direktorinnen wie im vorigen Jahre, nur treten als Direktorinnen an Stelle der Frauen Nicolai und Schumann Frau Marie Kömmenich und Frau Luise Kibele.

1909:—Dieselben Beamtinnen wie im vorigen Jahre, an Stelle der Direktorinnen Hexamer, Blank, Kömmenich und Kibele treten Frau Bertha Schweizer, Frau Hettie Keller, Frau W. Stecher und Frau Julia Hammer.

1910:—Dieselben Beamtinnen und Direktorinnen wie im vorigen Jahre.

1911:—Dieselben Beamtinnen wie im vorigen Jahre; an Stelle der Direktorinnen Schimpf, Ehlers, Böcker und Hammer treten Frau L. Bieg, Frl. Charlotte Kellner, Frau T. Schmidt und Frau H. Springmann.

1912:—Dieselben Beamtinnen und Direktorinnen wie im vorigen Jahre, ohne Frau Schmidt, nur fünfzehn Direktorinnen.

1913:—Dieselben Beamtinnen und Direktorinnen wie im vorigen Jahre, nur 15 Direktorinnen.

1914:—Dieselben Beamtinnen und Direktorinnen wie im vorigen Jahre, nur tritt an Stelle der Frau Koch Frau M. Keßler. Das Direktorium wird auf sechszehn Mitglieder gebracht durch Er- wählung der Frau R. Fischler.

1915:—Dieselben Beamtinnen und Direktorinnen wie im vorigen Jahre.

An der Spitze der Armen-Pflege des Frauen-Hilfs-Vereins standen: 1902 und 1903 Frau Marie Weiland, 1904, 1905 und 1906 Frau Helen Ehlers und von 1907 an Frl. Minnie Delcy. Vorsitzende des außerordentlichen Komitees war von 1903 bis 1916 Frau Emma Heyl; die Weihnachtsbescherungen standen im Jahre 1904 unter Leitung von Frau Bertha Van Kirk, 1905 unter der von Frau Helen Ehlers. 1906 und 1907 fungierte Frau Paulus als Vorsitzende und Frau Antonie Ehrlich Schuck als Sekretärin des Bescherungs-Komitees, und von dann sind die Berichte desselben von Frau Schuck als Sekretärin unterzeichnet. Dem im Jahre 1915 gebildeten Komitee „Das Deutsche Rote Kreuz" standen vor Frau Antonie Ehrlich, Vorsitzerin, und Elizabeth Flinn, Sekretärin, während die in demselben Jahre in's Leben gerufene „Deutsche Lokal-Hilfe" zur Vorsitzenden Frau Ehrlich, zur Sekretärin Frau Heyl und zur Verwalterin Frl. Delcy hatte.

Der Jahres-Beitrag der Mitglieder beträgt $1.00; der einmalige Beitrag der lebenslänglichen Mitglieder $25; die Beiträge der letzteren werden zinstragend angelegt. Das Vermögen des Vereins anfangs Januar 1917 betrug $1,003.34; die Zahl der Mitglieder 831.

Für wohltätige Zwecke wurden von der Deutschen Gesellschaft verausgabt:

Jahr	Für Unterstützungen	Für Arzneien
1876	$2,424.37	$78.00
1877	3,255.67	168.00
1878	2,832.79	68.30
1879	2,561.39	65.40
1880	2,313.68	38.65
1881	2,752.20	21.60
1882	2,821.94	20.50
1883	2,382.14	12.60
1884	2,411.45	22.75
1885	3,243.00	23.60
an's Deutsche Hospital		36.00
1886	1,898.49	25.00
1887	1,655.04	36.30
1888	1,478.36	18.70
1889	1,176.21	15.20
1890	1,289.97	22.65

Geschenk an deutsch-luth. Waisenhaus $500.00

Geschenk an deutsch-prot. Altenheim 50.00

| 1891 | 3,167.19 | nicht angegeben |
| 1892 | 2,170.54 | 11.15 |

Geschenk an deutsch-prot. Altenheim $50.00

Jahr	Für Unterstützungen	Für Arzneien
1893	1,849.18	12.75
1894	3,284.32	477.63
1895	2,103.00	175.20
1896	1,767.00	140.40
1897	1,802.00	106.85
1898	1,173.99	76.20
1899	998.00	49.80
1900	1,114.00	+
1901	1,228.07	+
1902	1,246.12	+
1903	1,056.29	+
1904	1,021.04	+
1905	1,113.13	+
1906	1,124.07	+
1907	1,284.67	20.35
1908	2,114.94	+
1909	1,155.64	+
1910	1,109.65	33.74
1911	999.14	+
1912	887.56	+
1913	779.81	+
1914	1,120.82	+
1915	1,311.77	+
1916	457.64	+

+ In den so bezeichneten Jahren ist der für Arzneien ausgabte Betrag nicht spezifizirt angegeben, sondern in dem Unterstützungs-Betrag einbegriffen.

Unterſtützung etc.   Arbeits-Nachweis.

Jahr.	Zahl der Applikanten resp. Gesuche	Unterſtützt in Baar.	Der Bahnfahrt unterſtützt.	Rückfahrt nach Europa ermöglicht	Aufnahme in Hospitälern etc.	Arbeit-ſucher	Arbeit-geber	Arbeit nachgewieſen
1876*	2193	2048	292	——	62	——	——	173
1877	2825	2188	275	28 Erwachſene 15 Kinder	52	——	——	156
1878	2421	1966	207	4	22	——	——	163
1879	1634	1571	228	18 Erw., 6 Kd	13	——	——	244
1880	1706	1192	148	7	29	——	——	335
1881	2207	1430	153	6	13	——	——	482
1882	1957	1283	182	3	30	——	——	435
1883	1980	1395	123	13	33	——	——	452
1884**	2077	1408	125	11	42	——	——	220
1885	4745	3008	501	67	114	2925	1242	855
1886	3371	1490	264	15 ferner 2 Waiſen	47	2816	1905	1641
1887	3400	1514	181	10	26 20 Kinder verſorgt	2630	1546	1289
1888	3615	1606	250	10	33 15 Kinder untergeb.	2506	1345	1636
1889	2715	1215	55	——	43 9 Kinder untergeb.	3220	1571	1793
1890	2255	2111	53	17	21	3608	1894	2138
1891	——	1204	93	——	23 27 Kinder untergeb.	4874	1766	1983
1892	2661	1908	64	6	32 12 Kinder untergeb.	4854	2369	1983
1893	2973	2261	53	2	15	5389	1996	2381
1894	4479	1788	72	6	46 12 Kinder untergeb.	5979	2159	2073
1895†	4008	289 Familien m. 1270 Kindern ferner 68 Krüppel	95	——	167	2912	1525	1471

    * Bis 1887 endete das Rechnungsjahr am 30. November; von da ab ſchloß es mit dem Kalenderjahr.

    ** In 1884 wurde eine Neuerung eingeführt; es wurden Anweiſungen auf Koſt und Logis ausgegeben und zahlreichen Perſonen dadurch temporär geholfen.

    † Zahlreiche Applikanten erhielten von dieſem Jahre an Nachtquartier in der Samariter-Herberge.

Unterſtützung etc.   Arbeits-Nachweis.

Jahr.	Zahl der Applikanten reſp Geſuche	Unterſtützt in Baar.	Bei Bahn-fahrt unterſtützt.	Rückfahrt nach Europa ermöglicht	Aufnahme in Hoſpitälern etc.	Arbeit-ſucher	Arbeit-geber	Arbeit nachgewieſen
1896	4126	3380	61	——	18	2681	1328	1224
1897	3597	2364	98	——	35	1492	1111	803
1898	2121	1330	105	3	24	830	1199	718
1899	1653	873	84	4	11	994	882	895
1900	1283	815	43	——	11	844	602	636
1901	1188 Geſuche	479 Perſonen	mehrere Perſonen	——	8	794	495	693
1902	1234G.	532P.	36	——	9	759	593	681
1903	1159G.	517P.		——	6	605	479	522
1904	1642G.	774P.	mehrere Perſ.	——	10	496	238	334
1905	1325G.	627P.	30	——	6	633	470	513
1906	1169G.	39P.	mehrere Perſ.	——	9	561	433	448
1907	1381G.	764P.	22	4	7	449	217	211
1908	1972G.	639P.	mehrere	3	5	Tauſende	92	95
1909	1072P.	905	237	——	6	203	168	203
1910	1227G.	329P.	mehrere Perſ.	——	3	345	183	199
1911	1352G.	342P.	mehrere	——	4	313	142	167
1912	1220G.	656P.	mehrere Perſ.	——	6	256	133	136
1913	1104G.	324P.	mehrere Perſ.	——	7	279	135	128
1914*	1382G.	472P.	mehrere Perſ.	——	5	323	95	71.
1915	1927G.	386P.	mehrere Perſ.	——	9	809	nicht angegeb	282
1916**	735G.	399P.	——	——		191	106	115

* Das Gebäude der Deutſchen Geſellſchaft wurde faſt ununterbrochen zu Verſammlungen und als Sammelſtelle für die Kriegsfürſorge benutzt. Die daſelbſt für die Kriegsgefangenen in Sibirien eingegangenen Gaben füllten das ganze Erdgeſchoß und die Vorplätze. Sie wurden in 46 große Kiſten und 12 Ballen verpackt und dann über China nach Sibirien geſandt.

** Nicht angeführt ſind die kleineren Unterſtützungen in Form von Logis, Nachtquartier, Bruchbändern, Medizinen, Kohlen, Kleidungsſtücken, Schuhen, Wäſche, die Rückerlangung von Gepäck, die Applikationen um Rechtsſchutz, um ärztliche Behandlung, und vieles mehr. Es wurden von den Agenten zahlreiche Briefe geſchrieben und andere Hilfeleiſtungen geboten.

Das Hilfswerk der Frauen.

Von 1901 an beteiligt sich der Frauen-Hilfs-Verein der Deutschen Gesellschaft, der am 22. Mai 1900 gegründet worden war, an dem Hilfswerk. Er berichtet am Schluß des Jahres, daß er in der kurzen Zeit des Bestehens $565.39 für wohltätige Zwecke verausgabt und 45 Personen in wirksamer Weise unterstützt habe. Ferner wurden sechs Frauen, die sich hilfesuchend an den Verein gewandt hatten, mit Arbeit versorgt.

1902:—Der Frauen-Hilfs-Verein gewährte in 50 Fällen, 33 Witwen oder älteren alleinstehenden Frauen, 13 verheirateten Frauen und vier alten Männern, Unterstützung. Die Witwen und Frauen waren Mütter, welche für 81 Kinder zu sorgen hatten; für einige der Schützlinge des Frauen-Vereins wurde längere Zeit ganz oder teilweise die Miete bezahlt. Dem Protestantischen Altenheim und dem St. Vincent Home wurden an deren Gabentage $25 resp. $5 zugesandt. Für wohltätige Zwecke verausgabt wurden $689.83. Am 27. Januar 1902 wurde unter dem Vorsitz von Frau Paulus ein Nähzirkel eingerichtet, in welchem Nachthemden, Unterröcke und andere Bedarfsartikel für die Weihnachtsbescherungen hergestellt werden. Ueber letztere ist an anderer Stelle berichtet.

1903:—Der Frauen-Hilfs-Verein verschaffte verschiedenen Witwen oder verheirateten Frauen Arbeitsgelegenheit. An Unterstützungen wurden $403.50 verausgabt. Unter den Unterstützten befanden sich 38 Witwen und 17 verheiratete Frauen mit im Ganzen 115 unmündigen Kindern.

1904:—Der Frauen-Hilfs-Verein gewährte 87 Applikanten Unterstützung, darunter befanden sich 31 verheiratete Frauen, 52 Witwen und 4 unverheiratete Leute. Die Witwen und Frauen hatten zusammen 255 Kinder; 12 alte Frauen und arbeitsunfähige Ehepaare erhielten eine monatliche Unterstützung; für Unterstützungen verausgabt wurden $418.86.

1905:—Der Frauen-Hilfs-Verein unterstützte 75 Personen; die Unterstützungen kamen im Ganzen 150 Kindern zu Gute. Verausgabt für Armenpflege, Schuh- und Kohlen-Ordres für bedürftige Personen wurden $518.19.

1906:—Der Frauen-Hilfs-Verein unterstützte 49 Frauen und 3 Männer mit etwa 100 Kindern. An Unterstützungen, darunter

Ordres für 44 Paar neue Schuhe, wurden $476.41 verausgabt. Auch alte Kleider und Schuhe wurden verteilt.

1907:—Es wurden vom Frauen-Hilfs-Verein 40 Witwen und von ihren Männern verlassene arme Frauen mit ungefähr 100 Kindern unterstützt, sowie zwei alte Männer. Unter anderem kamen 54 Paar Schuhe zur Verteilung. Die Gesammtsumme, welche für Unterstützung ausgegeben wurde, betrug $417.35.

1908:—In 70 Fällen gewährte der Frauen-Hilfs-Verein der Deutschen Gesellschaft Unterstützung, darunter 58 Frauen mit im Ganzen 150 Kindern. Da die Arbeitslosigkeit eine so große war, wurde in vielen Fällen temporär geholfen. Geld, Kleider, 104 Paar Schuhe und 23 halbe Tonnen Kohlen gelangten zur Verteilung. Dem Home for Incurables wurden $25 zugewiesen. Für die Armen ausgegeben wurden $625.36.

1909:—Der Frauen-Hilfs-Verein gewährte in 65 Fällen Unterstützung; es wurden 79 Schuh-Ordres ausgegeben, einer Frau zur Ueberfahrt nach Deutschland $15 bewilligt, ½ Tonne Kohlen geliefert, ein Beitrag von $5 für arme Konfirmanden der St. Paulus Kirche gestiftet und im Ganzen für Armen-Pflege $430.94 verausgabt.

1910:—Der Frauen-Hilfs-Verein gewährte in 50 Fällen Unterstützung, die auch 75 Kindern zu Gute kam; 84 Schuh-Ordres und 28 halbe Tonnen Kohlen wurden verteilt, sowie abgelegte Kleider. $10 wurden beigesteuert, um eine Frau nach Deutschland zu schicken, $25, um einen Mann in einem Heim unterzubringen. Im Ganzen wurden für Armen-Pflege $402.25 verausgabt.

1911:—50 Familien mit etwa 100 Kindern wurden vom Frauen-Hilfs-Verein unterstützt, darunter mehrere Familien, deren Ernährer durch Krankheit am Verdienst verhindert war; es kamen 104 Paar Schuhe, 33 halbe Tonnen Kohlen und viele abgelegte Kleider zur Verteilung; $10 wurden bewilligt, um die Aufnahme eines Mannes in ein Heim zu ermöglichen, $5, um einen Schwindsüchtigen nach White Haven zu schicken. Für Armen-Pflege wurden im Ganzen $508 verausgabt.

1912:—Vom Frauen-Hilfs-Verein bekamen 50 Familien mit etwa 100 Kindern regelmäßige Geldunterstützungen; verteilt wurden 98 Paar Schuhe, 39 halbe Tonnen Kohlen und viele abgelegte Kleider. Im Ganzen verausgabt für Armen-Pflege wurden $497.

1913:—Der Frauen-Hilfs-Verein verausgabte für seine Armen $540, davon wurden $40 verwandt, um zwei Frauen in ein Heim einzukaufen. Einem würdigen alten Manne wurden $5 bewilligt, um einen Handel anzufangen, und $14.50 wurden verausgabt, um eine Familie von einem Wucherer zu befreien. 133 Paar Schuhe, 26 halbe Tonnen Kohlen und viele abgelegte Kleider gelangten zur Verteilung. 53 Familien wurden unterstützt, 9 wurde temporäre Hilfe bewilligt.

1914:—Vom Frauen-Hilfs-Verein wurden $794.08 verausgabt; 60 Familien wurden regelmäßig unterstützt, 10 anderen wurde temporär geholfen; es wurden 150 Paar Schuhe, mehrere Tonnen Kohlen und abgelegte Kleider verteilt. Infolge des europäischen Krieges war die Arbeitslosigkeit unter den Deutschen eine sehr große. Es wurde ein Komitee für „Deutsche Lokalhilfe" gebildet, das viel Gutes tat. Es wurde auch ein Komitee der „Frauen des Hilfs-Fonds" gegründet, dem sich andere Frauen-Vereine anschlossen, und das Sammlungen für die Witwen und Waisen gefallener deutscher und österreichisch-ungarischer Krieger veranstaltete, die einen bedeutenden Erfolg hatten. Der Frauen-Hilfs-Verein gewährte aus seiner Kasse für den Hilfsfonds $100.

1915:—Die Armen-Pflege des Frauen Hilfs-Vereins unterstützte 35 Familien regelmäßig und 28 temporär. Es gelangten 100 Paar Schuhe, 50 Tonnen Kohlen und viele abgelegte Kleider zur Verteilung. Beiträge im Gesammtbetrage von $55 wurden gewährt, um drei Frauen Aufnahme in ein Heim zu verschaffen. Im Ganzen wurden für die reguläre Armen-Pflege $615 verausgabt.

Die „Deutsche Lokal-Hilfe" gewährte 1,287 Personen Unterstützung in Baar, verschaffte 416 Arbeit, versorgte 971 Personen mit abgelegten Kleidern und Schuhen, 172 mit neuen Schuhen und 10 Familien mit Kohlen. Die Unterstützungen kamen 278 Familien mit 600 Kindern zu Gute. 25 Frauen erhielten durch Näharbeit regelmäßigen Verdienst. 10 Familien wurden mit Möbeln versorgt. Baar verausgabt wurden $1,961.49.

Das Komitee für das Deutsche Rote Kreuz hatte Einnahmen von $5,249.17 zu verzeichnen, darunter $4,094.75 Baar für eiserne Ringe und $889.27 Goldeswert von alten Schmucksachen, die für eiserne Ringe gegeben worden waren.

1916:—Der Frauen-Hilfs-Verein verausgabte für Armen-

Pflege $555.00. Die Deutsche Lokal-Hilfe verschaffte 75 Personen Arbeit und unterstützte 274. Die Einnahmen des Deutschen Roten Kreuzes betrugen $659.35. In der Kasse desselben befanden sich am 1. Januar 1917 $808.07.

—— :: ——

Die Weihnachts-Bescherungen.

Die schöne Einrichtung der Weihnachts-Bescherungen, welche vom Jahre 1869 datiert, blieb bis zum Jahre 1878 bestehen; im Jahre 1879 fiel die Weihnachts-Bescheerung aus, und im folgenden Jahre, 1880, wurden die Schützlinge der Gesellschaft nicht öffentlich beschenkt, sondern privatim. Dann kamen die Weihnachts-Bescherungen in Wegfall, bis der am 22. Mai 1900 gegründete Frauen-Hilfs-Verein der Deutschen Gesellschaft im Jahre 1902 dieselben wieder aufnahm. Was Jahre lang die Männer nicht vermochten, das haben die Frauen fertig gebracht. Vom Jahre 1902 an prangt alljährlich um die Weihnachtszeit der Christbaum wieder in der Halle der Deutschen Gesellschaft und zaubert mit seinem Lichterglanz strahlende Freude in die Augen und Herzen der Kleinen, welche von gütigen Frauen beschenkt werden. Der Bescherung tagelang voraus pflegt ein Weihnachtsmarkt für die Mitglieder, ihre Damen und Freunde zu gehen. Er bietet eine Gelegenheit nicht allein zu fröhlicher, geselliger Unterhaltung, sondern auch zu echtem Wohltun, denn alle Eingänge desselben fließen der Bescherungs-Kasse zu.

Im Jahre 1876 fand die Weihnachtsbescherung am 29. Dezember statt, und zwar in zwei Abteilungen, die erste für die entfernt wohnenden Schützlinge der Gesellschaft, die zweite für die näher wohnenden. Das Weihnachts-Komitee hatte sich am 16. Oktober 1876 gebildet. Herr John C. File war der Präsident desselben, C. F. Kiefer, Vice-Präsident, Jacob Schandein, Schatzmeister, und C. A. Wörwag, Sekretär. Zahlreiche Damen und Herren unterstützten die Beamten des Ausschusses. Es gelang ihm, zahlreiche Geschenke an Waaren aller Art zu erhalten, sowie an baarem Gelde den ansehnlichen Betrag von $2,247.41 zu sammeln. Das Wetter am Bescherungstage war stürmisch, aber zahlreiche Freunde hatten sich in der festlich geschmückten Halle eingefunden, in welcher ein prächtig geputzter Christbaum im Lichterglanz erstrahlte. Es wurden 885

Familien mit 1,672 Kindern beschenkt. Es wurden im Ganzen $2541.32 für die Bescherung verausgabt. Das Defizit von $293.91 wurde durch eine Bewilligung aus der Kasse der Gesellschaft gedeckt. Außerdem wurde in verschiedenen Teilen der Stadt am 2. Januar 1877 Fleisch verteilt, welches von wohltätig gesinnten Metzgern geschenkt worden war. Bei der Bescherung hielten die Herren C. F. Kiefer, Dr. G. Kellner und J. C. File Ansprachen. Die Geschenke bestanden in Kleidungsstücken, Kleiderstoffen, Lebensmitteln, Backwerk, Spielzeug, Büchern, Jugendschriften und ähnlichem mehr.

Die nächste Weihnachtsbescherung wurde am 10. Januar 1878 abgehalten. Das Komitee hatte sich am 20. September 1877 organisirt, und zwar mit Herrn File als Präsident, Schandein als Schatzmeister und Bruno Wahl als Sekretär. Den Bemühungen der zahlreichen Mitglieder des Komitees gelang es trotz der schlechten Zeiten die Summe von $2,154.76 und Waaren im Werte von ungefähr $2,000 zu sammeln. Außerdem wurden von der Bewilligung der Gesellschaft in Höhe von $500. $385.77 in Anspruch genommen; die Gesammtausgaben betrugen $2,540.53. Die Zahl der zu Beschenkenden war größer als in einem der vorausgegangenen Jahre. Im Ganzen wurden 750 Familien mit 2,254 Kindern bedacht.

Das Weihnachts-Komite für die nächste Bescherung organisirte sich am 30. Oktober 1878. Herr File wurde Präsident, Herr Schandein Schatzmeister und Herr Hermann Dieck Sekretär. Der Cannstatter Volksfest-Verein bewilligte auch in diesem Jahre, wie in den vorangegangenen, $100, eine Benefiz-Vorstellung der dramatischen Sektion des Männerchors führte der Weihnachts-Kasse $110 zu, ein Freund der Armen gab $150, und andere begüterte Deutsche nach Kräften. Es wurden im Ganzen $1,968.23 kollektirt, während der Wert der eingegangenen Waaren-Gaben auf $3,000 geschätzt wurde. Es wurden unter anderen nützlichen Sachen 1,026 Paar Schuhe verteilt; von den Metzgern waren 3,200 Pfund Fleisch, von den Bäckern 1,000 Brote, Mengen von Kuchen und Süßigkeiten geschenkt worden, von Kohlenhändlern 40½ Tonnen Kohlen. Am 23. Dezember waren die Vorbereitungen zur Bescherung fertig. Von der Bewilligung der Gesellschaft wurden $456.83 in Anspruch genommen. Es wurden 857 Familien mit 2,714 Kindern beschenkt. Zwei Straßenbahngesellschaften hatten dem Komitee Fahrkarten zur Benutzung der entfernter wohnenden Familien zum Geschenk gemacht.

Der Ausfall der Weihnachtsbescherung des Jahres 1879 wurde in der September-Versammlung beschlossen. Dafür wurden reichliche Gaben durch die Direktoren in der Agentur unter diejenigen verteilt, welche früher zu Weihnachten bedacht worden waren.

In der September-Versammlung des Jahres 1880 wurde die Abhaltung einer Weihnachtsbescherung beschlossen. Der Verwaltungsrath organisirte sich als Weihnachts-Komitee mit den Herren J. C. File als Vorsitzer, Dr. Joseph Bernt als Sekretär und J. Schandein als Schatzmeister. Das Komitee beschloß, der für Mütter und Kinder ungünstigen Witterungsverhältnisse und der verschämten Armen wegen, die Bescherung nicht öffentlich, sondern in stiller, privater Weise vorzunehmen. Das Komitee sollte in jedem Falle die nötigen Erhebungen machen und die eingegangenen Gaben sowie das gesammelte Baargeld verteilen. Es wurden an baarem Gelde $1,392.65 gesammelt; der Wert der Gaben an Kohlen, Brot, Fleisch, Kleidern, Schuhen, Büchern, Tafeln, Schreibmaterialien und anderen nützlichen Geschenken wurde auf über $500 geschätzt. Es wurden 461 Familien mit zahlreichen Kindern beschert.

Nach 22jähriger Unterbrechung der Weihnachtsbescherungen der Deutschen Gesellschaft fand die erste vom Frauen-Hilfs-Verein derselben arrangirte Armenbescherung am 27. Dezember 1902 statt. Es standen den Damen außer $25, welche sie aus ihrer Kasse bewilligt hatten, und $17, die durch Sammlungen eingegangen waren, zahlreiche nützliche Sachen zur Verfügung, welche von wohltätigen Freunden geschenkt worden waren. Es konnten 40 Schützlinge des Frauen-Hilfs-Vereins und 50 Kinder beschert werden.

Der Weihnachtsbescherungs-Fonds des nächsten Jahres stellte sich bereits auf $146.50, wozu zahlreiche Gaben in Gestalt von nützlichen Sachen kamen. Am 29. Dezember 1903 wurden 80 Frauen und 150 Kinder beschenkt. Zwei Weihnachtsbäume schmückten den Saal. Pastor Wischan hielt eine Ansprache, und der Kinderchor der St. Paulus-Kirche sang Weihnachts- und sonstige Lieder. Um die Bescherung hatten sich außer den Damen des Direktoriums des Frauen-Hilfs-Vereins Frau B. Schwarz, Frau C. Weber und Frau und Frl. Pfatischer verdient gemacht.

Bei der Weihnachtsbescherung am 29. Dezember 1904, die unter der Leitung der Frau J. C. Van Kirk stand, wurden 115 Frauen und 280 Kinder beschenkt. Der Weihnachts-Fonds betrug $183.23.

Die nächste Bescherung fand am 30. Dezember 1905 statt. Dr. Hexamer hielt eine Ansprache. Ein Kasperle-Theater trug zur großen Erheiterung der erschienenen Kinder bei. Der Weihnachts-Fond betrug $252.10. 125 Frauen und 300 Kinder wurden beschert. Herr A. Schönhut hatte Spielzeug für die Kinder zum Geschenk gemacht, ebenso Herr Schwarz. Frau Helen Ehlers fungirte als Vorsitzende.

Der Weihnachts-Fonds für die am 27. Dezember 1906 veranstaltete Bescherung betrug $299.30. Dr. Hexamer hielt die Festrede, der Kinderchor sang und die Geschwister Mayer, die beiden Kinder Herrn J. B. Mayer's, trugen Lieder vor. 140 Frauen und 300 Kinder wurden bedacht.

Für die Bescherung am 30. Dezember 1907 standen $392.10 zur Verfügung, außerdem zahlreiche nützliche Geschenke, Näschereien und Spielzeug für die Kleinen. Es wurden 120 Frauen und 350 Kinder beschenkt.

Bei der Weihnachtsbescherung am 30. Dezember 1908 wurden 141 Frauen und 400 Kinder bedacht. Dem Komitee standen außer den eingegangenen Waaren-Geschenken dafür $506.43 zur Verfügung. Der Kinderchor sang. Zwei Weihnachtsbäume erstrahlten im Glanze elektrischer Lichter. Ansprachen hielten Dr. Hexamer und Pastor Georg von Bosse von der St. Paulus Kirche.

125 Körbe mit Eßwaaren und nützlichen Geschenken kamen bei der Weihnachtsbescherung am 29. Dezember 1909 an Mütter zur Verteilung, außerdem wurden 375 Kinder beschenkt. Der Weihnachts-Fonds betrug $485.42.

Die Bescherung am 30. Dezember 1910, bei welcher Dr. Hexamer die Ansprache hielt und Frau Ehrlich, Jr. sang, brachte 135 armen Frauen und 350 Kindern Geschenke aller Art. Der Weihnachts-Fonds betrug $469.59.

Für die Weihnachtsbescherung am 30. Dezember 1911 standen den edlen Frauen des Hilfs-Vereins der Gesellschaft $499.53 zur Verfügung. Beschenkt wurden 150 Frauen und 350 Kinder. Pastor von Bosse richtete herzliche Worte an die Versammelten.

Am 28. Dezember 1912 wurden 150 Frauen und 385 Kinder, darunter 35 vom Tabor Waisen-Hause, beschert. Dr. Hexamer und Pastor von Bosse hielten Ansprachen. Der Weihnachts-Fonds betrug $656.74.

Für die Bescherung am 30. Dezember 1913 war der Weihnachts-
Fonds auf $842.36 gestiegen. 175 Frauen und 500 Kinder wurden
bedacht. Dr. Hexamer hielt die Festrede.

Die Bescherung des nächsten Jahres verteilte sich auf den 29. und
30. Dezember 1914. 250 Frauen und zahlreiche Kinder wurden beschenkt. Der Weihnachts-Fond betrug $889.73. Die Bescherung
wohnten 900 Personen bei. Dr. Hexamer sprach.

Gleichfalls an zwei Tagen, und zwar am 28. und 29. Dezember, vollzog sich die Weihnachtsbescherung des Jahres 1915. 266
Körbe gelangten zur Verteilung. Es wurden im Ganzen 1,025 Personen beschenkt. Die Ansprache hielt Dr. Hexamer. Der Weihnachts-
Fonds betrug $1,092.42.

Am 29. und 30. Dezember 1916 wurden 720 Personen beschert. Die Ausgaben betrugen $682.40. Dr. Hexamer und Pastor
von Bosse hielten Ansprachen.

— — — — :: — — — —

Aerztliche Behandlung.

Die Namen der Aerzte, welche unentgeldlich ihre Dienste armen
deutschen Einwanderern, die ihnen von der Deutschen Gesellschaft zur
Behandlung empfohlen waren, zur Verfügung stellten, verdienen
wohl hier eine Stelle zu finden.

Im Jahre 1876 bestand das Medicinal-Komitee, wie der
Aerzte-Ausschuß damals genannt wurde, aus den Allopathen Dr. J.
Ph. Trau, Vorsitzer; Dr. L. Gruel, Sekretär; Dr. Theo. Gruel, Dr.
G. Löling, Dr. A. Trau, Dr. C. Trautmann und Dr. G. Wise; als
Augenarzt fungierte Dr. P. D. Keyser, als Ohrenarzt Dr. James
Collins. Den verschiedenen Aerzten waren Distrikte zugeteilt; sie
waren wie folgt begrenzt: Von der 6. Straße zum Schuylkill, von der
Green Straße bis zum Neck.—Von der 6. Straße zum Schuylkill, von
der Green Straße zur Girard Avenue.—Von der 6. Straße zum
Schuylkill, von der Girard zur Lehigh Avenue.—Von der 6. Straße
zum Delaware, von der Girard zur Lehigh Avenue.—Von der 6.
Straße zum Delaware, von der Girard Avenue zur Brown Straße.
—Von der 6. Straße zum Delaware, von der Brown zur Green.—
Von der 6. Straße zum Delaware, von der Green zur Race.—Von
der 6. Straße zum Delaware, von der Race zum Neck. Außerdem

gehörten folgende Homöopathen dem Medicinal-Komitee an: Dr. Constantin Hering, Dr. A. Fellger und Dr. C. J. Neidhardt.

Im Jahre 1877 gehörten dieselben Aerzte dem Komitee an. Zu ihnen trat noch Dr. D. M. Landesberger als Augenarzt.

Im Jahre 1878 schlossen sich dem Medicinal-Komitee noch die allopathischen Aerzte Dr. Theo. Beck und Franz Dercum an.

Das Medicinal-Komitee des Jahres 1879 bestand aus denselben Aerzten wie im Jahre vorher.

Im Jahre 1880 fungirten folgende Allopathen als Aerzte der Gesellschaft: Dr. A. Fricke, Vorsitzer; Dr. Washington H. Baker, Sekretär; Dr. H. Tiedemann, Dr. Julius Schrotz und Dr. A. C. Beurnonville. Außer den Genannten gehörten dem Medicinal-Komitee an die Homöopathen: Dr. C. Hering, Dr. A. Fellger und Dr. C. J. Neidhardt.

Am 23. Juli 1880 starb Dr. Constantin Hering, der Vater der Homöopathie in Amerika. Der Präsident der Gesellschaft, Herr Joseph Kinike, ehrte sein Andenken wie folgt:

„Die Gesellschaft hat durch den Tod des Herrn Dr. Constantin Hering den Verlust eines ihrer ältesten Mitglieder zu beklagen. Der allverehrte Herr, der sich die jugendliche Begeisterung für alles Edle und Schöne bis in sein hohes Alter zu wahren verstand, der unter uns ein langes Leben selbstloser Pflichttreue geführt und in dem jede gute Bestrebung innerhalb und außerhalb unserer Gesellschaft, zum Wohle oder zur Ehre des Deutschtums, einen willigen Förderer fand, wird Allen unvergeßlich bleiben." Der Verwaltungsrat faßte Beileidsbeschlüsse und beteiligte sich an den Beerdigungsfeierlichkeiten.

Der Tod Constantin Hering's ließ eine Lücke im Medicinal-Komitee. Die homöopathischen Mitglieder desselben im Jahre 1881 waren Dr. A. Fellger und Dr. C. J. Neidhardt. Die allopathischen Mitglieder waren dieselben wie im Jahre 1880.

Im Jahre 1882 trat zu dem Medicinal-Komitee noch Dr. K. H. Freund. Im Jahre 1883 und in 1884 trat in der Zusammensetzung des Komitees keine Aenderung ein. Im Jahre 1885 schloß sich demselben Dr. L. G. Bauer an. Es blieb für das Jahr 1886 unverändert. Für das Jahr 1887 erhielt es eine Vermehrung durch den Beitritt der Allopathen Dr. E. G. Rehfuß und Dr. Alexander Kahn. Im Jahre 1888 trat an Stelle des letztgenannten Dr. Theo. H. C.

Gruel. Der Tod des langjährigen Mitgliedes des Medicinal-Komitees, Dr. Adolph Fellger, machte für das Jahr 1889 die Wahl eines anderen homöopathischen Arztes notwendig. Sie fiel auf Dr. Call in B. Knerr. Dieselben Herren wie im vorigen Jahre waren Aerzte der Deutschen Gesellschaft in 1890, 1891 und 1892, doch gehörte von 1891 an Dr. Schrotz dem Ausschuß nicht mehr an.

Ende des Jahres 1892 schieden der langjährige Vorsitzer des ärztlichen Komitees, Dr. Albert Fricke, der im Jahre 1852 einer der Aerzte der Gesellschaft wurde und im Dezember 1899 verstarb, und die Doktoren H. Tiedemann und Anton C. Bournonville, die seit 1880 dem Ausschusse angehörten, aus demselben aus. Sie hatten eine Reihe von Jahren für kranke Einwanderer Sorge getragen. Der Verwaltungsrat beschloß, sie in Anerkennung ihrer großen Verdienste als „Doctores Emeriti" in dem Verzeichnisse der Aerzte der Gesellschaft weiter zu führen. Dr. A. C. Bournonville, dessen am 23. Februar 1863 verstorbener Vater, Dr. Antoine Bournonville, der Sohn eines Franzosen und einer Dänin, berühmt als Bekämpfer der Gelbfieber-Epidemie, bereits Arzt der Deutschen Gesellschaft von Pennsylvanien gewesen war, starb im Jahre 1906. Zu Ehren Dr. Heinrich Tiedemann's wurde am 10. Mai 1895 eine Gedächtnißfeier in der Halle der Deutschen Gesellschaft veranstaltet, von ihr im Verein mit der Deutschen Hospital-Gesellschaft, dem Pionier-Verein, der Harmonie und der Philadelphia Turngemeinde. Auf die von Dr. Tiedemann und Dr. Wilhelm Keller im Jahre 1850 gemachte Anregung war die Gründung des Deutschen Hospitals von Philadelphia zurückzuführen, welches heute eines der bekanntesten Krankenhäuser im Lande ist. Bei der Tiedemann-Feier hielt kein Geringerer als Carl Schurz von New York, der bedeutendste Deutsch-Amerikaner aller Zeiten, die Gedächtnißrede. Ein Streichquartett, bestehend aus den Herren Ledig, Clemens, Schmidt und Schubert, spielte, von Herrn Paul Struve auf dem Klavier begleitet. Die Gesangs-Sektion der Turngemeinde und die Harmonie sangen. Herr Ludwig Faber hatte ein Oelgemälde des Verstorbenen für die Feier angefertigt.

Das ärztliche Komitee des Jahres 1893 setzte sich aus den Allopathen Dr. L. G. Bauer, Vorsitzer; Dr. P. A. Trau, Dr. Washington H. Baker, Dr. H. G. Freund, Dr. Th. H. E. Gruel, Dr. John A. Krug, Dr. Victor Leser, Dr. E. G. Rehfuß, Dr. Emil Roth, Dr.

Johann Strobel, Dr. U. W. Vollmer und den Homöopathen Dr. Neidhardt und Dr. Knerr zusammen. Für das Jahr 1894 wurde die Zahl der allopathischen Aerzte von 11 auf 14 erhöht. Es schieden aus Dr. Emil Roth und Dr. Strobel, neu eintraten Dr. G. Rößler, Dr. D. Longaker, Dr. L. Demme-Bauer, Dr. W. Ruoff, Dr. Wm. Egbert Robertson. Die homöopathischen Aerzte blieben dieselben. 1895 war Dr. U. W. Vollmer Vorsitzender des ärztlichen Komitees. Das Personal blieb dasselbe, nur trat an Stelle Dr. Robertson's Dr. Rudolph Bauer.

Eine Reorganisation des ärztlichen Komitees erfolgte, als Dr. Th. H. E. Gruel im Jahre 1896 dessen Vorsitzer wurde. In dem Personal wurde keine Aenderung vorgenommen, aber für bessere Einteilung der Armen-Kranken-Pflege gesorgt. Dr. L. Demme-Bauer fungirte als Sekretär des ärztlichen Komitees. Die Aerzte lieferten den Kranken die Medizinen frei. Sie wurden ihnen von den Apothekern der Gesellschaft zu ermäßigten Preisen geliefert. Im Jahre 1897 gehörten dem ärztlichen Komitee nicht an der Allopath Dr. D. Longaker und der langjährige homöopathische Arzt Dr. Neidhardt. Im Jahre 1898 war Dr. H. H. Freund Vorsitzer des ärztlichen Komitees, während Dr. Krug als Sekretär fungirte. Es schieden aus die Allopathen Dr. Washington H. Baker, der seit 1880 einer der Aerzte der Deutschen Gesellschaft gewesen war und im Jahre 1905 starb, Dr. L. Demme-Bauer und Dr. Rudolph Bauer. Dr. Theo. Gruel starb im Jahre 1898.

Im Jahre 1899 bestand das ärztliche Komitee aus den Allopathen Dr. L. G. Bauer, Vorsitzer; Dr. G. Rößler, Sekretär; Dr. Theophilus J. Ellinger, Dr. H. H. Freund, Dr. J. A. Krug, Dr. B. Leser, Dr. E. G. Rehfuß, Dr. W. Ruoff, Dr. P. A. Trau und Dr. U. W. Vollmer, und den Homöopathen Dr. Calvin P. Knerr und Dr. C. Sigmund Raue. Im Jahre 1900 blieb die Zusammensetzung des ärztlichen Komitees dieselbe. Dr. Leser wurde Vorsitzer und Dr. Ruoff Sekretär. Im Jahre 1901 trat zu dem Komitee noch der Allopath Dr. J. R. Forst, Ende des Jahres schied aus dem Komitee aus Dr. Ellinger, sonst blieb die Zusammensetzung für das Jahr 1902 dieselbe. In den Jahren 1903 und 1904 trat keine Aenderung ein. Ende des Jahres 1904 schieden aus Dr. Forst, Dr. Rehfuß und Dr. Trau. Vorsitzer wurde für 1905 Dr. Ruoff und Sekretär Dr. Freund. Im Jahre 1906 wurde auch Dr. Geo. K. Holzhaußer Arzt der Gesellschaft, der jedoch Ende des Jahres wieder ausschied. Im Jahre 1908 war Dr. Rößler Vorsitzer, ebenso 1909. Ende des Jahres 1908 war Dr. Ruoff ausgeschieden; auch die beiden homöopathischen Aerzte, Dr. Knerr und Dr. Raue, waren zurückgetreten.

Das ärztliche Komitee für 1910 setzte sich wie folgt zusammen: Dr. B. Leser, Vorsitzer; Dr. J. A. Krug, Sekretär; Dr. L. G. Bauer, Dr. H. H. Freund, Dr. U. W. Vollmer und Dr. Geo. J. Rößler. Dr. Bauer starb im Jahre 1910, ebenso Dr. J. A. Krug. Das ärztliche Komitee für 1911 setzte sich aus den Doktoren Leser, Freund und Vollmer zusammen. Im Jahre 1912 fungirten Dr. Leser und Dr. Freund als Aerzte der Gesellschaft. Für das Jahr 1913 wird in der Komitee-Liste nur Dr. John A. Fischer als Vorsitzer des ärztlichen Komitees angegeben, ebenso für 1914, 1915 und 1916.

Auch die Apotheker der Gesellschaft haben sich durch Lieferung von Arzneien zu ermäßigtem Preise Verdienste um die Armen-Kranken-Pflege erworben.

Von den Aerzten der Gesellschaft behandelt.

Patienten.		Patienten.	
1876	59	1896	157
1877	76	1897	142
1878	42	1898	109
1879	38	1899	79
1880	27	1900	102
1881	34	1901	40
1882	32	1902	61
1883	23	1903	51
1884	19	1904	37
1885	25	1905	50
1886	20	1906	45
1887	23	1907	12
1888	15	1908	25
1889	14	1909	19
1890	16	1910	34
1891	14	1911	24
1892	31	1912	—
1893	156	1913	7
1894	376	1914	7
1895	323	1915	19

Vierter Abschnitt.

Die Deutsche Gesellschaft und die Einwanderung.

Im April 1880 wandte sich der Vorstand der Deutschen Gesell-
schaft von Pennsylvanien mit einer Petition an den Kongreß, in
welcher sie die von den „Commissioners of Immigration" des Staates
New York auf Ersuchen der Deutschen Gesellschaft der Stadt New
York eingebrachte Vorlage unterstützte. Sie bezweckte eine jährliche
Bewilligung für Einwanderungs-Behörden und Einwanderungs-
Unterstützungs-Gesellschaften. Im August 1882 wurde ein Gesetz
„Zur Regulirung der Einwanderung" vom Kongreß passirt.

Die hauptsächlichsten Bestimmungen waren folgende:

1. Daß von den Eigentümern der Schiffe ein Kopfgeld von
50 Cents für jeden Einwanderer erhoben werden soll; daß dieses
Geld in das Schatzamt der Vereinigten Staaten fließt, daß es einen
Einwanderungs-Fonds bilden und zum Besten ankommender Einwanderer, zur Unterstützung Bedürftiger und zur Bestreitung der
bei Durchführung des Gesetzes notwendigen Ausgaben verwendet
werden soll.

2. Daß der Schatzamts-Sekretär angewiesen und ermächtigt
ist, mit irgend einer vom Gouverneur eines Staates bezeichneten
Staats-Kommission, Spezial-Behörde oder mit Beamten eine Ver-
einbarung bezüglich der Uebernahme der Einwanderungs-Angelegen-
heiten eines Hafens und des Schutzes, beziehungsweise der Unterstützung ankommender Einwanderer zu treffen.

Die Deutsche Gesellschaft und ihre hiesigen Schwester-Gesellschaften zum Schutze von Einwanderern, die in Philadelphia anlangen,
widmeten der Ernennung der Kommission ihre besondere Aufmerksamkeit. Es war ihnen auch versprochen worden, daß der Gouverneur vor der Ernennung der Kommission mit ihren Präsidenten beraten würde, aber das geschah nicht, und der „Board of Public
Charities" wurde als Einwanderungs-Behörde ernannt.

Im Jahre 1883 wurden mit der Kommission wiederholt Verhandlungen gepflogen, um sie zur Unterstützung resp. Verpflegung
solcher Einwanderer zu veranlassen, welche kurz nach ihrer Ankunft
erkrankten und mittellos waren. Sie erklärte sich aber jeder Verpflichtung den Einwanderern gegenüber ledig, sobald sie bei ihrer
Ankunft gesund befunden wären und ihnen das Landen gestattet
worden sei. Als vor Jahren vom Staate New York ein Kopfgeld
von jedem im Hafen der Stadt New York eintreffenden Einwanderer erhoben wurde, berechtigte dasselbe während der ersten fünf
Jahre zur freien Aufnahme im Zufluchtshause und zur unentgeld-
lichen Verpflegung im Hospital auf Ward's Island. Hier war eine
derartige liberale Behandlung der Einwanderer nicht erwartet worden, aber die Weigerung der Kommission, überhaupt eine Verpflichtung für Einwanderer-Fürsorge anzuerkennen, nachdem die
Landung gestattet war, verstieß entschieden gegen die Absicht des
neuen Gesetzes zur Regulirung der Einwanderung.

Die Präsidenten der verschiedenen Einwanderungs-Gesellschaften
der Stadt sandten im Jahre 1884 ein Komitee nach New York, um
über die Handhabung des Einwanderungs-Gesetzes im dortigen
Hafen Erhebungen anzustellen. Das Komitee, zu dem auch Präsident J. C. File von der Deutschen Gesellschaft gehörte, erfuhr, daß
dort auf Grund von Instruktionen von Washington aus die Unterstützung eines Einwanderers während des ersten Jahres seines
Aufenthaltes statthaft wäre. Die hiesige Einwanderungs-Behörde
entschloß sich infolge der Vorstellungen des Komitees dazu, in Zukunft nicht mehr jede Verpflichtung zur Unterstützung erkrankter oder
erwerbsunfähiger Einwanderer abzulehnen, sondern über Gewährung von solcher in jedem einzelnen Falle zu entscheiden.

Die Deutsche Gesellschaft von Pennsylvanien betrachtete es stets
als ihre Pflicht, gegen unpraktische Einwanderungsgesetze zu protestieren, die, aus Vorurteilen entsprungen, bestehende Bestimmungen
in Bezug auf die Ausschließung nicht wünschenswerter Elemente nicht
wirksamer machen, den Begriff „Pauper" und „Kontrakt-Arbeiter"
so wenig liberal wie möglich auslegen und die ganze Einwanderungs-
Ueberwachung mit völlig unrepublikanischen Nörgeleien und Schere-
reien zu umgeben trachten. Einwanderer-Schutz-Gesellschaften haben
kein Interesse an der Förderung der Einwanderung, sie haben sich
mit derselben nur zu befassen, wenn sie vollendete Tatsache geworden
ist. Die Deutsche Gesellschaft hat deshalb stets den Standpunkt ein-

genommen, daß sie wohl befugt sei, ihre auf einschlägiger Sach-kenntniß beruhenden Erfahrungen dem Kongreß zu unterbreiten und von der Passirung von Gesetzen abzuraten, welche unnötige Härten bedeuten würden, ohne von praktischem Wert zu sein.

Im Februar 1889 war ein Schreiben der Deutschen Gesellschaft von Milwaukee, die neun Jahre vorher gegründet wurde und zu der Deutschen Gesellschaft von Pennsylvanien in Bericht - Austausch getreten war, eingelaufen, in welchem zur Beschickung einer Ver-sammlung von Delegaten sämtlicher Deutschen Gesellschaften des Landes aufgefordert wurde, um Protest gegen neue dem Kongreß unterbreitete Gesetzvorlagen zur Beschränkung der Einwanderung zu erheben und Fragen allgemein geschäftlicher Art zu erledigen. Es wurde ein aus den Herren Dr. G. Kellner, Victor Kalck, Rudolph Koradi, G. Keebler und Dr. Josef Bernt bestehendes Spezial-Komitee ernannt, um eingehend über die Frage zu beraten und Bericht zu erstatten. Der Verwaltungsrat beschloß am 29. April 1889, die Kon-vention zu beschicken und die von dem Spezial-Komitee entworfenen Vorschläge gut zu heißen. Es wurde später mitgeteilt, daß sie vom 22.—24. Oktober 1889 in Milwaukee stattfinden werde, und die Herren Dr. G. Kellner, Anwalt H. D. Wireman und Dr. J. Bernt als Delegaten ernannt. Die Milwaukeer Gesellschaft sah sich jedoch veranlaßt, die Konvention zu verschieben, weil, wie der mit anderen Gesellschaften geführte Briefwechsel ergeben habe, sich eine gemein-same Basis für ein geeintes Vorgehen nicht erzielen lasse.

Es wurde von anderer Seite der Versuch gemacht, die von Mil-waukee abgesagte Versammlung von Vertretern Deutscher Gesell-schaften des Landes in einer anderen Stadt abzuhalten, und tat-sächlich fand eine solche, die jedoch von nur wenigen Gesellschaften be-schickt war, in Baltimore statt. Die Deutsche Gesellschaft von Penn-sylvanien hatte eine Beteiligung abgelehnt. Der Verwaltungsrat derselben beschloß auf Vorschlag seines Spezial-Komitees, die von letzterem ausgearbeitete Petition an den Kongreß, in der gegen die vorgeschlagene weitere Beschränkung der Einwanderung protestirt wurde, an sämtliche Deutsche Gesellschaften zu schicken, mit dem Ersuchen, sie zu unterzeichnen oder eine gleichlautende Petition selbst an den Kongreß zu schicken. Dieser Aufforderung wurde auch von einer genügenden Anzahl Deutscher Gesellschaften Folge geleistet. Die Petition hatte folgenden Wortlaut:

To the Honorable the United States Senate and House of Representatives in Congress assembled:

Petition of the German Societies of the United States, contributing for the relief of distressed German immigrants.

We the undersigned, the Presidents of the German Societies, contributing for the relief of distressed German Immigrants do on behalf of said societies, respectfully represent and pray:

That the existing laws in relation to Immigration be allowed to remain as they now are, without any material change or amendment.

But we further pray that Congress construe and define the all important words "Pauper" and "Contract Labor" liberally and so emphatically that the true meaning thereof can either be misunderstood nor frittered away by harmful interpretation.

Since paupers and contract laborers are prohibited by the Act from landing upon our shores, it is but meet that the legislative intent in the premises should be expressed in language so chosen as not to admit of any doubt or uncertainty whatever.

The provisions in question are frequently improperly applied to the learned professions, to clergymen, artists, skilled workmen and sometimes even to such poor persons as would be absolutely able under the altered conditions in this country, to support themselves and their dependents by their industry and preseverance alone.

Congress surely never intended that the act under consideration should receive a construction so narrow and illiberal.

We also respectfully, but earnestly, protest against the enactment of any and all new laws, whereby the naturalization of Immigrants would be more difficult.

Es handelte sich bei dem Protest um das von dem Repräsentanten Ford eingebrachte Gesetz. Die auf Ausschluß von Anarchisten bezügliche Bestimmung hielt die Deutsche Gesellschaft von Pennsylvanien für gut, wollte sie aber noch dahin erweitert sehen, daß auch allen Personen das Landen verboten werde, welche erklärte Feinde

von Republiken sind und die erwiesenermaßen deren Umsturz mit Gewalt erzielen wollen. Sie wollte als „Paupers" nur Einwanderer
betrachtet wissen, welche vollständig mittellos und arbeitsunfähig sind.
Der Ausschluß von Kontrakt-Arbeitern sollte nach Ansicht der Deutschen Gesellschaft auf Lohn-Arbeiter in Masse beschränkt werden,
welche hiesigen Lohnarbeitern das Brot nehmen sollen oder würden.
Ferner befürwortete sie, daß nur Schiffseigentümer, nicht aber mit
den einschlägigen Bestimmungen nicht vertraute Einwanderer, wegen
Verstöße gegen die Einwanderungs-Gesetze bestraft werden. Sie
war dagegen, daß das von Einwanderern erhobene Kopfgeld einen
Dollar übersteige. Sie erklärte sich nicht einverstanden mit der Bestimmung des Ford'schen Gesetz-Entwurfs, der zufolge Einwanderer
ein von einem amerikanischen Konsul ausgestelltes Sittenattest mit-
bringen müßten. Die Gesellschaft bezeichnete ein derartiges Verfahren als völlig verkehrt, unpraktisch und kostspielig und behauptete,
daß es zu Korruption Anlaß geben könnte.

Ganz besonders scharf sprach sich die Deutsche Gesellschaft gegen
die Bestimmung des Ford'schen Gesetzentwurfes aus, welche auf die
N a t u r a l i s i r u n g von Einwanderern sich bezog und verlangte,
daß ihnen nur dann das Bürgerrecht erteilt werden solle, wenn sie
im Stande wären, Englisch zu sprechen und die Bundes-Verfassung
in englischer Sprache zu lesen. Sie erklärte sich jedoch völlig einverstanden mit der Bestimmung der bestehenden Naturalisations-Gesetze,
der zufolge das Bürgerrecht erst nach fünfjährigem Aufenthalt im
Lande erworben werden könnte. Wenn einige Staaten Einwanderer, welche kürzere Zeit ansässig sind, zur Beteiligung an den
Staats- und Lokal-Wahlen zulassen, so sei das ihre Sache.

Ferner empfahl die Deutsche Gesellschaft, daß die Einwanderung
unter die ausschließliche Kontrolle und Regulierung der Bundes-Regierung gestellt werde und daß alle inkorporierten Einwanderer-
Hilfs-Gesellschaften ihre Vertreter bei den lokalen amtlichen Ein-
wanderungs-Kommissionen haben, wie das in New York der Fall
sei, da sie aus langjähriger Erfahrung das beste Urteil über den
Charakter der Einwanderer und ihre Erwerbsfähigkeit dahier (ob
Paupers oder nicht) besitzen.

Mit der Ueberreichung der Petition, welche oben im Wortlaut
angeführt ist, und der sonstigen Vorschläge der Deutschen Gesellschaft

wurde Anwalt Wireman betraut. Er wurde im Mai 1891 von dem zuständigen Kongreß-Komitee empfangen und vertrat den Standpunkt, den die Gesellschaft einnahm. Seitens des Komitees wurde ihm erklärt, daß eine Zurücksendung von Einwanderern lediglich wegen Mittellosigkeit niemals erfolgt sei. Auch konnte der Ausschuß nicht einsehen, weshalb die Forderung, die Einwanderer sollten sich in den Besitz von Sitten-Attesten der heimischen Behörden setzen, die von amerikanischen Konsuln zu beglaubigen seien, zur Korruption führen und dem gewünschten Zwecke nicht entsprechen würde. Herr Wireman brachte von seiner Sendung die Ueberzeugung mit, daß die Mehrheit des Kongreß-Komitees einer Aenderung und Verschärfung der bestehenden Einwanderungs- und Naturalisations-Gesetze durchaus nicht geneigt sei. Eine ähnliche Petition wie die der Deutschen Gesellschaft war übrigens auch vom Nordamerikanischen Turnerbunde dem Kongreß unterbreitet worden.

Im Jahre 1892 nahm das Einwanderungs-Komitee der Deutschen Gesellschaft, welches seit dem Jahre 1883 nur nominell bestanden hatte, seine Arbeiten wieder auf, fand aber in dem genannten Jahre nur wenig zu berichten, da die meisten deutschen Einwanderer in New York anlangten. Die im Hafen von Philadelphia anlangenden Dampfer wurden von dem Agenten wiederholt besucht. In seinem Bericht für das Jahr 1894 konnte das Einwanderungs-Komitee hervorheben, daß die meisten der hier gelandeten deutschen Einwanderer mit Geldmitteln reichlich versehen waren und daß nur in sehr seltenen Fällen die Unterstützung der Gesellschaft in Anspruch genommen wurde.

Als im Jahre 1897 die Legislatur des Staates Pennsylvanien das sogenannte F r e m d e n s t e u e r - G e s e t z erlassen hatte, dem zufolge sämtliche nicht naturalisierte Arbeiter innerhalb des Staates drei Cents pro Tag zu entrichten hätten, beauftragte der Verwaltungsrat der Gesellschaft auf Antrag Herrn John G. Eisele's das Einwanderungs-Komitee, im Verein mit dem Rechtsschutz-Komitee die Verfassungsmäßigkeit der von nativistischem Geiste diktierten Maßnahme in den Gerichten anzufechten. Ehe jedoch ein Testfall von demselben geschaffen werden konnte, entschied ein Bundesrichter in Pittsburgh, daß das betreffende Gesetz gegen die Bestimmungen der Konstitution der Vereinigten Staaten verstoße und somit hinfällig sei.

Anfangs desselben Jahres passierte der Kongreß die sogenannte
„Lodge Bill", welche von Senator Lodge von Massachusetts einge-
bracht worden war und den ersten Versuch darstellte, den Bildungs-
Test für Einwanderer einzuführen. Sie verfügte, daß Ankömm-
lingen, die über sechzehn Jahre alt sind und weder Englisch noch
eine andere Sprache lesen und schreiben können, das Landen in amerikanischen Häfen zwecks Niederlassung in den Vereinigten Staaten
nicht gestattet werden sollte. Ausgenommen von dieser Bestimmung
waren nur über 50 Jahre alte Eltern und Großeltern zugelassener
Einwanderer, ferner Frauen und minderjährige Kinder von zuge-
lassenen Gatten und Vätern, gleichviel ob sie mit denselben zu gleicher
Zeit oder später anlangen. Die Deutsche Gesellschaft hatte gegen die
Vorlage energisch protestiert. Der Vorsitzer des Einwanderungs-
Komitees, Herr Carl Theodor Eben, motivierte diese Stellungnahme
in seinem Jahres-Bericht wie folgt:

„Wenn auch nur ein sehr geringer Prozentsatz deutscher Auswanderer durch die Bestimmungen der „Lodge Bill" am Landen in
amerikanischen Häfen verhindert werden würde, so darf man sich doch
der Tatsache nicht verschließen, daß diese Bill einem engherzigen, na-
tivistischen, allen Fremdgeborenen feindlich gesinnten Geiste entsprang und daß die praktische Ausführung ihrer Bestimmungen infolge der damit verknüpften Schererein und Zeitverluste abschreckend
wirken würde. Zu befürchten ist auch, daß die Bill, wenn sie Ge-
setzeskraft erhielte, nur die Vorläuferin anderer, noch weit dra-
stischerer Maßnahmen zur Einschränkung der Einwanderung wäre
— Maßnahmen, die in absehbarer Zeit sogar den Fortbestand des
Deutschtums in diesem Lande in Frage stellen könnten."

Die Vorlage wurde von Präsident Cleveland mit seinem Veto
versehen, ehe er aus seinem Amte am 4. März 1897 ausschied.

Um die Naturalisierung von Ausländern zu erleichtern und zu
beschleunigen, wandte sich das Einwanderungs-Komitee im Jahre
1897 an das Richter-Kollegium der Courts of Common Pleas mit
dem Gesuch, von dem ihm zustehenden Rechte der Naturalisierung
wieder Gebrauch zu machen, doch wurde das abgelehnt. Das Na-
turalisierungs-Geschäft blieb daher den Bundesgerichten allein überlassen, wodurch Verzögerungen und Zeitverluste für die Bewerber
entstanden, durch welche viele von der Erlangung des Bürgerrechts
abgeschreckt wurden.

Im Jahre 1898 erreichte die deutsche Einwanderung in Philadelphia ihren bis dahin tiefsten Stand. Es langten nur 530 deutsche Einwanderer an. Im nächsten Jahre stellte sich die deutsche Einwanderung in Philadelphia auf 615 Personen. Sie stieg im Jahre 1900 auf 953, betrug 1901 938 und 1902 1,632.

Als im Jahre 1902 die schon erwähnte „Lodge Immigration Bill" mit ihrem Bildungs-Test vom Repräsentanten-Hause des Kongresses abermals angenommen war, wandte sich der Vorstand der Deutschen Gesellschaft an die Senatoren M. S. Quay und Boies Penrose von Pennsylvanien mit einem Protest gegen die Vorlage, weil die bereits bestehenden Gesetze genügenden Schutz gegen nicht wünschenswerte Einwanderer gewährten. Zugleich wurden die beiden Senatoren auf die brutale, geradezu empörende Handhabung der Einwanderungsgesetze auf Ellis Island in New York, dem Zentralpunkt der Einwanderung, aufmerksam gemacht und die Notwendigkeit einer gründlichen Prüfung der Mißstände und scharfe, unparteiische Untersuchung der beklagenswerten Vorgänge daselbst betont, ehe zu neuen und verschärften Maßregeln geschritten werde. Das eigenmächtige, rücksichtslose und herzlose Vorgehen gegen Neuankömmlinge auf Ellis Island halte sich nicht mehr innerhalb des Rahmens der auf Ausschluß nicht wünschenswerter Einwanderer gerichteten vernünftigen und humanen Gesetze, sondern sei cäsarischer Despotismus. Der an die beiden Bundes-Senatoren von Pennsylvanien gesandte Protest der Deutschen Gesellschaft hatte folgenden Wortlaut:

Sir:-

The German Society of Pennsylvania, founded in 1764 for the relief of distressed Germans, on its own initiative and upon request of numerous citizens of German abstraction in this state, respectfully and urgently requests your co-operation in voting against and doing your utmost to prevent the passage of legislation now pending action in the U. S. Senate, embodied in the „Lodge Immigration Bill."

The Society, mindful of the fact that the German immigration to this country is least affected by the aforesaid bill—mindful also of the desirability in general and of the necessity in particular cases, of restricting undesirable immigration, yet on broad, humane principles it firmly believes that the legislation already enacted to safeguard wholesome immigration, is of ample scope, if administered wisely and fairly.

The Society, furthermore, begs to call your attention to the performance of same now in vogue at Ellis Island, New York City, the centre of immigration; numerous reports in the public press, uncontradicted in their essential points, allege and demonstrate that in many, many cases, the management of affairs there is deplorably devoid of the benevolent care and generous treatment, so highly encouraging and impressive to those newcomers who desire to share the blessings of our free country and its liberal institutions, that from these essentially uncontradicted reports it appears to be conducted in a spirit, reminding of the star chamber proceedings and inquisition of medieval times rather than of the broad, humane sense of the 20th century, and entirely in discord with the teachings and attitude of our forefathers. who so keenly discerned and zealously watched over the advantages accruing to their country through the channels of desirable immigration. And no plausible reason exists for a change of this policy in our land at this advanced time.

The Society therefore, and by these presents voices the request, that the law regulating immigration as it is now extant, should through the medium of a commission of unbiased, just men, experienced with the matter, be looked into, with a view of amending it wherever necessary, before creating new laws, which in their severity, tend to drive away from our shores rather than to encourage desirable immigration.

By order of the Board of Directors of the German Society of Pennsylvania, I have the honor to submit to you this communication with the hope that it may enjoy your favorable consideration and your unflinching support.

Awaiting and thanking you on behalf of the Society for the courtesy of an early reply, setting forth your attitude

in tht matter, likewise any suggestions you may have to
advance in the furtherance of its petition, I remain

Sir,

Yours, very respectully,

F. H. HARJES,

Secretary of the Board of Directors.

Von jedem der beiden Senatoren wurde der Empfang des
Schreibens bestätigt und mitgeteilt, daß die Vorschläge und Ausführungen des Verwaltungsrates in eingehende Erwägung gezogen werden würden. Der Senat merzte die beiden anstößigen Bestimmungen
der Vorlage aus: den Bildungstest und die Erhöhung des Kopfgeldes. In der amendierten Form wurde die „Lodge Immigration
Bill" Gesetz. Die Kontrolle über die Einwanderung ging vollständig in die Hände der Bundesregierung über. Sie wurde im Jahre
1905 dem im Jahre 1903 ins Leben gerufenen Department of Commerce and Labor und im Jahre 1913 dem alsdann geschaffenen Department of Labor übertragen.

Im Jahre 1905 wurde dem Kongreß eine von dem Repräsentanten Adams H. Rees von Pennsylvanien entworfene Vorlage unterbreitet, welche dafür eintrat, daß während eines Kalender-Jahres
aus keinem Lande mehr Einwanderer als 80,000 zugelassen werden
sollten. Die Vorlage war nicht präzis genug abgefaßt und entbehrte
der nötigen Klarheit. Der Verwaltungsrat der Deutschen Gesellschaft
beschäftigte sich eingehend damit. Er war im Prinzip gegen eine
gesetzlich festgelegte numerische Grenze der Einwanderung. Die Vorlage fand seitens des Kongresses nicht die genügende Unterstützung.
Auch in den folgenden Jahren nahm die Deutsche Gesellschaft wiederholt Stellung gegen Bildungstest-Bestimmungen, Erhöhung der
Kopfsteuer und sonstige unnötige Beschränkungen wünschenswerter
Einwanderung.

Als im Jahre 1906 eine Bewegung in Fluß kam, um dem Hafen von Philadelphia eine neue Einwanderungs-Station zu geben,
da die alten Gebäude und Schuppen am Fuße der Washington Ave.
modernen Anforderungen in keiner Weise mehr genügten, beteiligte
sich die Deutsche Gesellschaft durch ihr Einwanderungs-Komitee leb-

haft an der Agitation. Die vorgenommenen Verbesserungen namentlich des Detentionshauses vermochten die Mißstände nicht zu beseitigen. Das Komitee stattete dem Einwanderungs-Depot wiederholt Besuche ab. Bei einer Gelegenheit wurde von einer älteren deutschen Einwanderin, die im Zwischendeck gekommen war, das Landungs-Depot in folgender Weise charakterisiert: „Es ist ein riesiger Schweinestall — weiter nichts." Diesem Urteil schloß sich der Vorsitzer des Einwanderungs-Komitees, Prof. Carl Theodor Eben, voll und ganz an und setzte hinzu: „Und wer's nicht glaubt, der gehe hin und — rieche selbst." Es wurde schließlich eine neue Einwanderungs-Station in Gloucester, N. J., angelegt, die allen modernen Anforderungen entspricht. Sie wurde im Jahre 1912 eröffnet.

Der bewährte Vorsitzer des Einwanderungs-Komitees, Herr Carl Theodor Eben, starb tiefbetrauert am 11. Dezember 1909. Herr Edward Buchholz, Mitglied des Select Council von Philadelphia, hat bis zum Jahre 1914 des Amtes gewissenhaft gewaltet. Die Seemanns-Pastoren, Metzenthin und später Saul, waren jederzeit willens, die Gesellschaft auf Fälle aufmerksam zu machen, in welchen ihre Hilfe geboten schien. Im Jahre 1915 wurde Pastor E. C. Metzenthin Vorsitzer des Einwanderungs-Komitees. Da der Krieg der deutschen Einwanderung ein vorläufiges Ende gemacht hatte, wandte das Einwanderungs-Komitee seine Aufmerksamkeit der deutschen Seemanns-Fürsorge im Hafen von Philadephia zu, die jedoch auch nach Versorgung der hier gestrandeten deutschen Seeleute kein geeignetes Betätigungsfeld mehr bot.

In den Berichten der Deutschen Gesellschaft finden sich keine Angaben über die Anzahl der im hiesigen Hafen angelangten deutschen Einwanderer für die Jahre 1883 bis 1894 incl. Die neuen Verfügungen der Bundesbehörden in Bezug auf Einwanderer-Fürsorge enthoben die Deutsche Gesellschaft und ihr Einwanderungs-Komitee der Verpflichtung, ihrerseits für deutsche Einwanderer zu sorgen. Erst Prof. Eben wandte als Vorsitzer des Einwanderungs-Komitees der deutschen Einwanderung im hiesigen Hafen seine Aufmerksamkeit zu. Nachstehende Ziffern über die Stärke der deutschen Einwanderung in Philadelphia ergeben sich aus den Berichten des Einwanderungs-Komitees der Deutschen Gesellschaft:

Jahr.	Zahl der deutschsprechenden Einwanderer.	Jahr.	Zahl der deutschsprechenden Einwanderer.
1876	1747, darunter 49 Schweizer, 33 Oesterreicher und 8 Luxemburger.	1900	953, davon einer im ersten Jahre zurückgesandt.
1877	1524, darunter 773 Deutsch-Russen.	1901	938, davon einer im ersten Jahre zurückgesandt.
1878	1012, Abnahme zurückzuführen auf Erschwerung der Auswanderung aus Rußland.	1902	1632, davon wurde 16 das Landen nicht gestattet. und 9 wurden später zurückgesandt.
1879	1756, darunter etwa 1,000 deutsch-russische Mennoniten, denen Auswanderung gestattet worden war.	1903	2109, davon 7 nicht zugelassen und 2 später zurückgesandt.
1880	Keine ziffernmäßige Angaben.	1904	858, davon wurden 6 ausgeschlossen und 11 später zurückgesandt.
1881	6000, darunter abermals viele Deutsch-Russen.	1905	574, sämtlich zugelassen.
		1906	Keine Angaben.
1882	12,000, darunter viele Oesterreicher u. Deutsch-Russen.	1907	864, davon wurden 7 nicht zugelassen und 3 später zurückgeschickt.
1896	2054, davon wurden 5 nicht zugelassen und 3 erwerbsunfähige während des ersten Jahres nach der Ankunft zurückgesandt.	1908	302, sämtlich zugelassen.
		1909	498, sämtlich zugelassen.
		1910	3007, Zahl der Zurückgewiesenen und später Zurückgeschickten nicht angegeben.
1897	967, davon wurde 2 das Landen nicht gestattet, drei wurden später zurückgesandt.	1911	Keine Angaben.
		1912	4703, davon wurde 24 das Landen nicht gestattet.
1898	530, davon wurden zwei im Laufe des Jahres zurückgesandt.	1913	Keine Angaben.
1899	615, davon ein Einwanderer im ersten Jahre zurückgesandt.	1914	1144, die Zahl der Zurückgewiesenen und Zurückgesandten nicht angegeben.

Fünfter Abschnitt.

Erziehung und Abendschulen der Deutschen Gesellschaft.

Die Deutsche Gesellschaft von Pennsylvanien hat nicht allein sich Einwanderer- und Armen-Fürsorge zur Aufgabe gemacht, sondern ist auch stets bestrebt gewesen, bildend und erzieherisch zu wirken. Sie wollte und will dem Deutschtum mehr sein als eine Helferin seiner Armen, Bedrängten und Ratlosen, sie will seinem geistigen Leben Förderung zuteil werden lassen und die Saat der Bildung und des Wissens säen, die hierzulande im Kampfe ums Dasein und in der rastlosen Jagd nach dem allmächtigen Dollar so selten nur zu ihrem Rechte kommen.

Die von ihr im Jahre 1867 ins Leben gerufene deutsch-englische Abendschule, welche im Winter-Semester 1871-72 von der Stadt übernommen worden war, hat zahlreichen Einwanderern Gelegenheit geboten, die Landessprache zu erlernen, eine unerläßliche Vorbedingung, um sich erfolgreich zu betätigen und vorwärts zu kommen. Wann immer die von der Stadt gemachte Bewilligung nicht ausreichte, um den Kursus zu beenden, gewährte die Deutsche Gesellschaft einen Zuschuß, um den Unterricht fortzuführen.

Die vortrefflichen Leistungen der deutsch-englischen Abendschule wurden wiederholt von den städtischen Behörden anerkannt. Ihr Erfolg gab dem Schul-Komitee mehrfachen Anlaß zu höchst erfreulichen Berichten an die Gesellschaft. Der Unterricht umfaßte englisches Lesen und Buchstabieren, mündliches und schriftliches Uebersetzen, Sprechübungen, Etymologie und Syntax. Die vorgerückteren Schüler und Schülerinnen erhielten Anleitung zum Abfassen englischer Geschäftsbriefe und Unterricht in der Geschichte der Vereinigten Staaten und in der englischen Literatur.

Die abgehaltenen Schlußprüfungen, denen Beamte der Deutschen Gesellschaft beiwohnten, legten Beweis für die Fortschritte ab, welche Schüler und Schülerinnen in der englischen Sprache gemacht hatten. Die schriftlichen Arbeiten von solchen, welche im Jahre 1904 im Unterrichts-Gebäude der Weltausstellung in St. Louis ausgestellt waren, wurden mit dem zweiten Preise, bestehend aus einer silbernen Medaille nebst Diplom, ausgezeichnet, gewiß ein schönes Zeugnis für die Leitung der deutsch-englischen Abendschule, wie nicht immer für die Schüler und Schülerinnen selbst.

Einen bemerkenswerten Vorschlag machte der Vorsitzer des Schul-Komitees der Deutschen Gesellschaft, Herr Adolph Timm, in seinem Jahresbericht für 1904. Er sagte: „In einer deutsch-englischen Abendschule sollte auch deutsch gelehrt werden. Erst dann würde sie zu dem gemacht werden, was sie eigentlich sein soll. Jetzt ist sie eine englische Abendschule mit deutsch-englischem Lehrerpersonal. Die Schüler und Schülerinnen haben den Vorteil, von deutsch-sprechenden Lehrern und Lehrerinnen in der englischen Sprache unterrichtet zu werden.

„Gar viele junge Amerikaner und Amerikanerinnen, die das Deutsche im Geschäftsleben oder auf der Universität brauchen können, würden die Gelegenheit mit Freuden ergreifen, Deutsch zu lernen. Auch lernbegierige deutsche Landsleute könnten sich im Deutschen weiter fortbilden.

Des Weiteren ist die Einrichtung einer Fortbildungs-Klasse der deutsch-englischen Abendschule zu empfehlen. Es liegt in der Natur der Sache, daß in einem sich jedes Jahr von Neuem wiederholenden Kursus nur ein gewisses Pensum erreicht werden kann. Die Arbeit wird von mehr begabten Schülern und Schülerinnen leichter bewältigt. Diesen nun sollte Gelegenheit gegeben werden, in einer vielleicht in der Halle der Deutschen Gesellschaft einzurichtenden Fortbildungs-Klasse mehr zu lernen, als in den regelmäßigen Klassen der Schule ihnen zu lernen möglich ist."

Leider konnte aus Gründen finanzieller Art die Empfehlung der Einführung des deutschen Sprachunterrichts in Verbindung mit der Abendschule nicht durchgeführt werden. Die Erfahrungen, welche das deutsche Element der Bevölkerung während des europäischen Krieges machen mußte, sind der beste Beweis dafür gewesen, wie vortrefflich die von Herrn Timm gegebene Anregung gewesen ist. Wären mehr Amerikaner und Amerikanerinnen im Stande gewesen, deutsch zu lesen, so wäre es möglich gewesen, englischen Falschmeldungen und unrichtigen Ansichten wirksamer entgegenzutreten.

In seinem Jahresbericht für 1908 gab Herr Timm als Vorsteher des Schul-Komitees seinem Bedauern darüber Ausdruck, daß
noch nichts geschehen sei, um der Jugend die deutsche Sprache, deutsches Wissen und Denken lieber und werter zu machen. Er fährt
dann wie folgt fort:

„Trotz aller Vereins- und Kirchen-Schulen haben wir hier in
Philadelphia keine deutsche Schule, wie wir sie haben sollten. Was
wir brauchen, ist eine deutsche Schule, an deren Erhaltung das ganze
Deutschtum der Stadt Anteil nimmt, und eine Fortbildungsschule,
in welcher der Schule entwachsene junge Leute dem Deutschtum er-
halten werden können. Allerdings brauchten wir dann auch einen
Schulfond, zu dem begüterte Deutsche jedes Jahr beisteuern müßten.
Ein Gabentag für die deutschen Schulen wäre ganz am Platze, und
der Deutsche Tag am passendsten. Dann könnten wir den Deutschen
Tag um so freudiger begehen.

Auch in anderen Städten ist man bereits zur Erkenntnis gekommen, daß ein Zusammenschluß aller Kräfte nötig ist, um auf
dem Gebiete der deutschen Schule etwas Großes zu leisten. In Boston haben sich 14 Vereine, die Schulen unterhielten, zusammengetan,
erwählten einen Verwaltungsrat und einen Finanzausschuß und unterhalten jetzt in einem öffentlichen Schulgebäude, das ihnen von der
städtischen Schulbehörde zur Verfügung gestellt wurde, eine deutsche
Schule. Gibt es in Philadelphia keine deutschen Männer, die Zeit
und Lust haben, sich an die Spitze einer Bewegung zu stellen, um
das deutsche Schulwesen zu heben und auszubauen? General Louis
Wagner hat vor mehr als fünfzig Jahren die deutsch-englische Abendschule gegründet. Dieselbe bewährte sich so, daß sie von der Stadt
übernommen wurde und nach und nach mehrere solcher Schulen eingerichtet wurden. Wenn wir unserer Mission in diesem Lande gerecht
werden wollen, dann müssen wir uns mehr auf das Schulwesen wie
auf Festlichkeiten verlegen."

Im Jahresbericht für 1910 wird angeführt, daß die deutsch-
englische Abendschule in den 39 Jahren ihres Bestehens unter städti-
scher Kontrolle von 21,094 Knaben und Männern und von 3,738
Mädchen und Frauen oder im Ganzen von 24,832 Schülern und
Schülerinnen besucht wurde, was einem Durchschnittsbesuch von 637
pro Jahr gleichkommt.

Von Beginn des Krieges an wurde das Wort „Englisch" für

alle Zeiten aus den Berichten des Schulausschusses über die Abendschulen verbannt. Sie heißen jetzt deutschamerikanische Abendschulen.
In denselben wird Unterricht in der amerikanischen Landessprache
erteilt.

Der Schreiber des Vorstandes, Herr F. H. Harjes, hebt in seinem
Bericht für das Jahr 1915 hervor, daß infolge der fast gänzlich
stockenden Einwanderung von deutschsprachigen Personen der Besuch
der Abendschule um fast die Hälfte zurückgegangen sei. Der Schul-
Ausschuß scheue keine Arbeit und Mühe, den Besuch zu heben, und
werde darin kräftigst unterstützt von dem Vorsteher der Schule, Herrn
Seward M. Rosenberger, dem dafür der wärmste Dank ausgesprochen
wird. Herr Harjes knüpft daran folgende Bemerkungen:

„In der jetzigen schweren Zeit, wo Alles, was Deutsch ist und
heißt, durch die Hetzarbeit der englischen Presse von dem größten
Teile unserer sogenannten angelsächsischen Mitbürger in Acht und
Bann erklärt wird, wo die Anerkennung der kulturellen Arbeit des
deutschen Volksstammes an dem Aufbau und Ausbau dieses Landes
und die geschichtliche Tatsache, daß er in Freud' und Leid seines
Adoptiv-Vaterlandes treu und unbeirrt zu ihm stand, nicht nur vergessen sind, sondern er sogar verunglimpft wird, wo man sich nicht
scheut, unser heiligstes Gut, die Treue zu unserem Adoptivvaterlande,
anzugreifen und zu verdächtigen, ist es wohl am Platze, an die Aufgabe und Leistungen gerade dieser Schule zu erinnern.

Vor 45 Jahren gegründet und seither von rund 27,000 Schülern besucht, war und wird es ihr Ziel und Zweck bleiben, den deutsch-
sprechenden Einwanderern eine Gelegenheit zur Erlernung der Landessprache zu bieten, ihnen den Anschluß an die hiesigen Verhältnisse
und damit ihr Fortkommen zu erleichtern und sie zu nützlichen
Staatsbürgern auszubilden. Tausende und aber Tausende haben
uns dafür ihres Dankes versichert!

„Stets wurde darauf Gewicht gelegt, daß es für jeden Eingewanderten, der sich dauernd hier niederzulassen gedenkt, der hier sein
Fortkommen erhofft und erstrebt, der die Vorteile, die ihm in diesem
Lande geboten sind, zu ergreifen wünscht, eine P f l i c h t ist, sich dem
Ganzen anzugliedern, so rasch wie möglich das Bürgerrecht zu erwerben und die Rechte und Pflichten desselben treu und gewissenhaft auszuüben. Diese Aufgabe wird von unserem Schul-Ausschuß
kräftig gefördert. Seit mehreren Jahren hat er in den Abendschulen

besondere Unterrichtskurse eingeführt zur Belehrung der Eingewanderten, wie das Bürgerrecht zu erlangen ist, welche Rechte es ihnen gewährt und welche Pflichten es ihnen auferlegt. Diese Kurse werden persönlich geleitet von dem Vorsitzer des Schul-Ausschusses, Herrn Adolph Timm, und unserem Schriftführer, Herrn John B. Mayer. Letzterer verfaßte einen leicht faßlichen Lehrfaden für diesen Unterricht. Beiden Herren kann nicht genug gedankt werden für ihre unermüdliche Arbeit, für den Eifer, den sie betätigen."

Der Bericht des Vorstehers des Schul-Ausschusses, Herrn Adolph Timm, gibt über die von Herrn J. B. Mayer geleitete **Bürgerrechts-Schule** folgende weitere Auskunft: „Da man in den Abendschulen jetzt mehr wie je bemüht ist, sich neben dem Unterricht in der Landessprache auch dem Naturalisations-Unterricht zu widmen, werden die Instruktions-Stunden, welche Herr J. B. Mayer in seiner Eigenschaft als Präsident des Zentralbundes von Pennsylvanien den Bürgerkandidaten mit großem Erfolge gibt, mit Anerkennung als willkommene Ergänzung oder Weiterbildung auf diesem Gebiete begrüßt. Herr Rosenberger sowohl wie Frl. Finley (die Vorsteherin der John Welsh Abend-Schule an 4. und Dauphin Straße, welcher der Schulausschuß der Gesellschaft auch seine Fürsorge zuteil werden ließ) machen stets diese Instruktions-Stunden in den beiden Abendschulen bekannt. Auf diese Weise hat sich ein höchst ersprießliches Zusammenarbeiten herausgebildet. Herr Rosenberger hat Exemplare des von Herrn Mayer verfaßten Instruktions-Büchleins „How to Become a Citizen" der Schulbehörde empfehlend unterbreitet."

Die Zuschüsse, die die Deutsche Gesellschaft leistete, um die Abendschule fortzuführen, nachdem die städtische Bewilligung erschöpft war, stellten sich für die einzelnen Jahre wie folgt:

1876: $70; 1877: $66; 1878: $69; 1878: $7.80; 1880: $200; 1882: $189; 1883: $109; ferner $100 für die von Dr. G. Kellner ins Leben gerufene Fortbildungsschule, die jedoch nach einjährigem Bestehen einging; 1884: $135; 1885: $135; 1886: $111; 1887: $172; 1888: $205; 1889: $100; 1890: $63; 1891: $38.70; 1892: $90; 1893: $75.25; 1894: $112; 1895: $62; 1896: $60; 1897: $70; 1898: $60; 1899: $50; 1900: $60; 1901: —; 1902: $90; 1903: $75; 1904: $80; 1905: $70; 1906: $55.50; 1909: $74; seither waren Zuschüsse der Deutschen Gesellschaft zur Abendschule nicht nötig, weil die städtische Bewilligungen ausreichten. Das gilt auch von dem Jahre, in welchem keine Summe angeführt ist.

Als V o r st e h e r der deutsch-englischen Abendschule fungierte vom Jahre 1871 bis zu seinem am 12. September 1901 erfolgten Ableben Prof. Johann Baptist Hertzog, der auch seit dem 29. Oktober 1877 als Bibliothekar der Gesellschaft tätig gewesen war. Sein Nachfolger wurde einer seiner Söhne, Herr Alfred E. Hertzog, der am 8. Januar 1911 plötzlich starb. Die Gesellschaft ehrte das Andenken des tüchtigen Lehrers, indem deren Präsident, das Schulkomitee und zahlreiche Mitglieder seinem Leichenbegängnis beiwohnten, bei welchem Pastor Hellwege die Trauerrede hielt. Herr Henry Kind wurde nach ihm Vorsteher der Abendschule, legte aber im Jahre 1913 sein Amt nieder, um sich seinem Studium an der Universität zu widmen. Zum Vorsteher der Schule wurde Herr Seward M. Rosenberger, ein Deutsch-Pennsylvanier, von der Schulbehörde ernannt.

———————::———————

Die Vorsitzer und Mitglieder des Schul-Ausschusses.

———

Vorsitzer und Schriftführer des Schul-Komitees der Deutschen Gesellschaft waren: 1876: Dr. G. Kellner und F. Oldach; 1877: Dr. Kellner und F. Oldach; 1878: Dr. Kellner und F. Oldach; 1879: General Louis Wagner und F. Oldach; 1880: General Louis Wagner und Rudolph Pott; 1881: General Louis Wagner und Rudolph Pott; 1882—1893 General Louis Wagner Vorsitzer, Schriftführer nicht genannt; 1894—1898: Henry Auer Vorsitzer, Schriftführer nicht genannt; 1899: Henry Auer und Chas. W. Soulas; 1900: Henry Auer und Chas. W. Soulas; 1901: Max Brückmann, Vorsitzer, Schriftführer nicht genannt; 1902: Max Brückmann, Vorsitzer; von 1903 an Adolph Timm, Vorsitzer.

Außer den Genannten gehörten den Schulkomitees als Mitglieder an: 1876: Julius Hein und Ernst Schaefer; 1877: C. F. Rumpp; Herr Schaefer war ausgeschieden; 1878: John Weik und Jos. A. Heintzelmann; 1879: Dr. Kellner, Chas. Tenneler und R. Pott; 1880: F. Oldach, O. Holstein und H. Kampe; 1881: F. Oldach, O. Holstein und H. Kampe; 1882: Dr. Kellner, O. Holstein, H. Kampe und R. Pott; 1883: Dr. Kellner, O. Holstein und C. H. Meyer; 1884: Dr. Kellner, O. Holstein, Wm. Gerlach und R. Pott; 1885: Dr. Kellner, O. Holstein, Wm. Gerlach und R. Pott; 1886: Dr. Kellner, O. Holstein, Wm. Gerlach und A. Katz; 1887: F. Oldach, Wm. Gerlach, Dr. Kellner und O. Holstein; 1888: Dr. Kellner, A. Katz und Wm. Gerlach; 1889: Dr. Kellner, F. H. Harjes, Wm. Gerlach und Otto Schaetile; 1890: Dr. Kellner, Dr. Th. H. E. Gruel, Wm. Gerlach und Otto

Schaettle; 1891: Henry Auer, Dr. Th. H. C. Gruel, Wm. Gerlach und Chas. W. Soulas; 1892: Henry Auer, Dr. Gruel, Wm. Gerlach und Chas. W. Soulas; 1893: Henry Auer, Dr. Gruel, Gerlach und Soulas; 1894: Dr. Gruel, Henry Manger, C. Adolph Meyer, Chas. W. Soulas; 1895: Dr. Gruel, Manger, Meyer und Soulas; 1896: Dr. Gruel, Manger, Meyer und Soulas; 1897: Dr. Gruel, Soulas, Meyer und Ernst Schwartz; 1898: Dr. Gruel, Soulas, Charles Ripka und Hermann Faber; 1899: Ripka, Faber und Paul Welte; 1900: Ripka, Faber und Henry Detreux; 1901: Richard DePlanque, Faber und Detreux; 1902: DePlanque, Soulas, Faber und Detreux; 1903: DePlanque, Soulas, Prof. Harry F. Keller und Detreux; 1904: De Planque, Soulas, J. C. Oeters und Detreux; 1905: De Planque, Soulas, Oeters und Detreux; 1906: dieselben wie vorher; 1907: dieselben; 1908: Pastor Geo. von Bosse, Oeters und Detreux; 1909: dieselben; 1910: Georg von Bosse, Oeters, Detreux und Geo. Haußmann; 1911: Geo. von Bosse, Oeters, Detreux und Pastor Adolph Hellwege; 1912: dieselben; 1913: dieselben; 1914: Geo. von Bosse, Oeters, Hellwege und Chas. Emily; 1915: dieselben; 1916: Geo. von Bosse, Oeters, Hellwege und Emily.

— ::—

Der Besuch der Abendschule und ihr Lehrerpersonal.

Der Besuch der Abendschule stellte sich für die einzelnen Jahre wie folgt: 1876: 263 Schüler, darunter 12 Deutsch-Pennsylvanier, die Hochdeutsch lernen wollten; Unterricht am Montag, Dienstag, Mittwoch und Donnerstag Abend von 7½ bis 9½ Uhr. — 1877: 156 Schüler in drei Klassen; Lehrer außer dem Vorsteher wie auch 1876 die Herren Th. Kellner und G. A. Weisel; — 1878: 181 Schüler, darunter 14 im Lande geborene, dieselben Lehrer. — 1879: Auf Beschluß der städtischen Schulbehörde vom 20. Januar durften sich auch Frauen und Mädchen am Unterricht beteiligen. Besuch 169 Schüler und 31 Schülerinnen; dieselben Lehrer, Lehrplan erweitert durch Unterricht der Vorgerückteren im Abfassen von Geschäftsaufsätzen u. Briefen, sowie Unterricht in Geschichte der englischen Literatur.— 1880: 2 Klassen, 165 Knaben und Männer sowie 17 Frauen und Mädchen.— 1881: 402 Knaben und Männer, 39 Frauen und Mädchen, vier Klassen im Januar und Februar, drei Klassen im März, Lehrer G. A. Weisel, Dr. A. Biedermann und Frl. K. Wolf; wiedereröffnet am 14. November 681 männliche und 52 weibliche Schüler, sieben Klassen, eine für oVrgerücktere, Lehrer Weisel, F. J. C. Herzog und Frl. K. Wolf. — 1882: Im Januar, Februar und März 922 Schüler, darunter 91 Frauen und Mädchen; Unterricht in acht Klassen, von denen jede zweimal wöchentlich Unterricht erhielt; für die Vorgerückteren auch Unterricht in der Geschichte der Vereinigten Staaten; wiedereröffnet am 9. Oktober, 929 Knaben und Männer, 178 Frauen und Mädchen, Lehrer G. A. Weisel, Fr. J. C. Herzog und Frl. K. Wolf. — 1883: In den ersten drei Monaten 1009 Knaben und Männer, 181 Mädchen und Frauen, acht Klaffen; Wiedereröffnung am 8. Oktober 746 Knaben und Männer, 140 Mädchen und Frauen, zehn Klaffen, Lehrer Weifel, Herzog, Frl. K. Wolf und Frau H. Neuhaus. — 1884: Anfangs des Jahres bis Schluß am 27. März 822 Schüler und 156 Schülerinnen; für gute Leiftun= gen und regelmäßigen Befuch wurden auf Anweifung der Schulbehörde schön angefertigte Certifikate an 227 Schüler und 37 Schülerinnen verteilt; Wie= beröffnung am 6. Oktober 705 Schüler und 144 Schülerinnen, zehn Klaffen, Lehrerperfonal außer dem Vorfteher: Fr. J. C. Herzog, G. A. Weifel, Th. R. Kellner, Frl. Wolf und Frau Neuhaus. — 1885: Schluß am 26. März, 756 Schüler und 160 Schülerinnen; Certifikate an 137 Schüler und 40 Schülerinnen; Wiedereröffnung am 12. Oktober, 591 Schüler, 142 Schüler= nen, dasfelbe Lehrer=Perfonal. — 1886: Schluß am 25. März, 647 Schuler und 151 Schülerinnen, Durchfchnittsalter 25 Jahre; Wiedereröffnung am 4. Oktober, 543 Schüler, 102 Schülerinnen, dasfelbe Lehrer=Perfonal. — 1887: Schluß am 24. März, Befuch: 600 Schüler und 110 Schülerinnen, Durch= fchnitts=Schulbefuch 86 Prozent, Durchfchnittsalter 24 Jahre, Certifikate an 89 Schüler und 29 Schülerinnen; fünf Bücher=Prämien; Wiedereröffnung am 3. Oktober, 724 Schüler und 190 Schülerinnen; Lehrer=Perfonal: Th. R. Kellner, J. W. Hüttinger, K. Köhler, K. Wolf und Frl. A. Schnabel. — 1888: Schluß 21. März, 785 Schüler, 196 Schülerinnen, Durchfchnittsbe= fuch 91 Prozent, Durchfchnittsalter 24, Certifikate an 159 Schüler und 56 Schülerinnen; Wiedereröffnung am 15. Oktober, 577 Schüler, 132 Schülerin= nen, Lehrer=Perfonal Fr. J. C. Herzog, Th. R. Kellner, K. Koehler, Frl. K. Wolf und Frl. A. Schnabel. —1889: **Gründung einer zweiten deutfch= englifchen Abendfchule** im füdlichen Stadtteile, angeregt vom Southwark Turn= und Sonntagsfchul=Verein; durch Vermittlung des Vorfitzers des Schul=Komitees der Gefellfchaft, General Louis Wagner, wurde die ftädtifche Schulbehörde zur Gründung einer zweiten deutfch=englifchen Abendfchule im füdlichen Stadtteil veranlaßt und ftellte das Schulhaus an 12. und Federal Straße zur Verfügung; als Lehrer wurden die Herren C. A. Hekel und W. Bruggemann vom Vorfteher der deutfch=englifchen Abendfchule an 3. und Green Str., Prof. Herzog, empfohlen und von der Stadt angeftellt; Schüler= zahl 86. — Die Abendfchule in den Northern Liberties fchloß mit Unter= ftützung der Deutfchen Gefellfchaft am 14. März; 627 Schüler, 150 Schüle= rinnen, Durchfchnittsbefuch 90 Prozent, Durchfchnittsalter 25 Jahre, Cer= tifikate an 136 Schüler und 39 Schülerinnen; Wiedereröffnung am 30. Sep= tember, 540 Schüler und 148 Schülerinnen; am 6. Januar ftarb die ver= diente Lehrerin, Frl. A. Schnabel; Lehrer=Perfonal Fr. J. C. Herzog, Th. R. Kellner und Frl. Anna Wender. — 1890: Northern Liberties Schule, Schluß am 27. Februar, 551 Schüler, 152 Schülerinnen, Certifikate an 111 Schüler und 36 Schülerinnen; Wiedereröffnung am 6. Oktober, 495 Schüler, 103 Schülerinnen, Lehrer=Perfonal Th. R. Kellner, Alfred C. Herzog, R. C. Schmidt jr. und Frl. Anna Wender. — „Jackfon"=Schule an 12. und Fe= deral Str., Vorfteher F. H. Schulz, 59 Schüler und Schülerinnen. — 1891: Northern Liberties, Schluß am 12. März, dasfelbe Lehrer=Perfonal; Wie=

bereröffnung am 5. Oktober, 589 Schüler, 111 Schülerinnen. Jackson Schule, Vorsteher Prof. F. H. Schulz, 43 Schüler, 20 Schülerinnen, viele Schüler nur des Russischen und Polnischen mächtig, Anstellung eines polnischen und eines russischen Lehrers deshalb notwendig; in der Northern Liberties Schule mehrere hier geborene, nur des Englischen mächtige Schüler, welche die Muttersprache der Eltern erlernen wollen. — 1892: Besuch in beiden Schulen größer; Northern Liberties am 17. März geschlossen; 594 Schüler, 177 Schülerinnen, Durchschnittsbesuch 91 Prozent, Durchschnittsalter 25 Jahre; Wiedereröffnung am 3. Oktober. — 1893: Schluß 9. März, 641 Schüler, 152 Schülerinnen; Besuch und Fleiß der Schüler sehr befriedigend; Jackson-Schule, 90 Schüler und Schülerinnen. — 1894: Schluß am 21. März, 727 Schüler, 152 Schülerinnen, Durchschnittsbesuch 91 Prozent, Durchschnittsalter 21 Jahre; 164 Schüler und 34 Schülerinnen Certifikate; Prof. J. B. Herzog feierte 25jähriges Jubiläum als Lehrer der Abendschule, Anerkennung für seine Pflichttreue; Wiedereröffnung am 1. Oktober, 434 Schüler, 114 Schülerinnen; Lehrer-Personal Alfred E. Herzog, J. B. Mäher, Anna Wender, Lina L. Herzog, Auguste Schmidt und Anna Newgarden. — 1895: Schluß am 14. März, 461 Schüler, 116 Schülerinnen; neueingeführt Unterricht in der Verfassung der Vereinigten Staaten für die Vorgerückteren; Durchschnittsbesuch 90 Prozent, Durchschnittsalter 23; Certifikate 91 Schüler, 25 Schülerinnen; Wiedereröffnung 7. Oktober, 409 Schüler und Schülerinnen, Lehrerpersonal: Alfred E. Herzog, Anna Wender, Lina Herzog, Anna Newgarden, Elisa Rosenthal; Jackson-Schule 70 Schüler. — 1896: Schluß am 11. März, 335 Schüler, 102 Schülerinnen, Durchschnittsbesuch 89 Prozent, Durchschnittsalter 24 Jahre, Certifikate an 84 Schüler und Schülerinnen; Wiedereröffnung am 12. Oktober, 296 Schüler und 97 Schülerinnen, Lehrer-Personal A. E. Herzog, Anna Wender, Lina Herzog, Auguste Schmidt und Anna Newgarden, letztere legte am 3. Dezember ihre Stelle nieder, ihr Nachfolger Franz J. E. Herzog. Verschiedentlich gedankt wird Herrn Wm. Regensburger für Gratis-Aufnahme der Schulanzeige in seinem „Sonntags-Journal"; auch die Jackson Schule erfreute sich eines guten Besuches. — 1897: Schluß am 10. März, 312 Schüler und 102 Schülerinnen, Durchschnittsbesuch 90 Prozent, Durchschnittsalter 26 Jahre, Certifikate an 69 Schüler und 43 Schülerinnen; Wiedereröffnung am 11. Oktober, 168 Schüler und 61 Schülerinnen, Lehrer-Personal Alfred E. Herzog, Harriet Boewig, Lina Herzog und Augusta Schmidt; die seit 1889 an der Schule tätig gewesene verdiente Lehrrin, Frl. Anna Wender, legte ihr Amt wegen Kränklichkeit nieder. Die unter Oberaufsicht der Gesellschaft stehende Abendschule an 12. und Federal Straße wurde nach dem Wecaccoe Schulhause an 2. und Reed Str. verlegt, mußte aber schlechten Besuches wegen aufgegeben werden; das Schul-Komitee hofft, eine deutsch-englische Abendschule im nordwestlichen Stadtteile in's Leben zu rufen. — 1898: Schluß am 2. März, 176 Schüler, 64 Schülerinnen, Durchschnittsbesuch 91.7 Prozent, Durchschnittsalter 24 Jahre; Certifikate an 54 Schüler und 22 Schülerinnen; Wiedereröffnung am 10. Oktober, 183 Schüler, 51 Schülerin-

nen, Lehrer=Personal A. E. Hertzog, Anna Wender, Lina Hertzog und Au=
gusta Schmidt. — 1899: Schluß am 22. März, 191 Schüler, 55 Schülerin=
nen, Durchschnittsbesuch 91.3 Prozent, Durchschnittsalter 24 Jahre, 55
Schüler und 20 Schülerinnen Certifikate, Wiedereröffnung 9. Oktober, 185
Schüler, 45 Schülerinnen, vier Klassen, Lehrer=Personal Alfred E. Hertzog,
Nellie Sarton, Lina Hertzog und Helene Harjes. — 1900: Schluß 14. März,
208 Schüler und 47 Schülerinnen, vier Klassen, Durchschnittsbesuch 91
Prozent, Durchschnittsalter 24 Jahre, 61 Schüler und 20 Schülerinnen durch
Certifikate ausgezeichnet; Wiedereröffnung am 29. Oktober, 262 Schüler,
68 Schülerinnen, dasselbe Lehrerpersonal wie im vorigen Jahre. — 1901:
Schluß am 6. März, 278 Schüler und 71 Schülerinnen, vier Klassen, Durch=
schnittsbesuch 92 Prozent, Durchschnittsalter 23 Jahre, Certifikate an 78
Schüler und 32 Schülerinnen; am 12. September starb der langjährige Vor=
steher der Schule, Prof. J. B. Hertzog; Nachfolger wurde sein Sohn, Alfred
E. Hertzog, der seit 1890 als Lehrer an der Schule wirkte; nach der Wieder=
eröffnung im Oktober wurde die Schule von 323 Knaben und Männern und
81 Mädchen und Frauen besucht, Unterricht in fünf Klassen. — 1902: Schluß
am 19. März, 345 Schüler und 84 Schülerinnen, fünf Klassen, Durch=
schnittsbesuch 89.7 Prozent, Durchschnittsalter 22 Jahre; nach der Wiederer=
öffnung am 20. Oktober von 460 Schülern und 114 Schülerinnen besucht;
Lehrer=Personal Herr C. F. Haußmann und die Fräulein J. B. Castle, Lina
Hertzog, M. Saybolt, H. Voewig; als Stellvertreter des durch einen Unfall
eine Zeit lang verhinderten Vorstehers fungirte Dr. K. Stoehler. — 1903:
Schluß am 18. März, 485 Schüler, 123 Schülerinnen, fünf Klassen, drei
Unterrichtsabende, Durchschnittsbesuch 91 Prozent, Durchschnittsalter 23
Jahre, Certifikate an 63 Schüler und 37 Schülerinnen, Lehrer=Personal J.
Beatrice Castle, Harriet Voewig, Mary J. Saybolt, Lina Hertzog und Herr
C. F. Haußmann; die seit 1899 an der Schule verdienstvoll wirkende Lehre=
rin, Nellie Sarton, legte ihr Amt nieder, weil sie nach Maine übersiedelte;
Wiedereröffnung am 19. Oktober, 524 Schüler, 119 Schülerinnen; ein wei=
terer Unterrichtsabend, vier statt drei, zehn Klassen. — 1904: Schluß am 17.
März, 554 Schüler, 128 Schülerinnen, zehn Klassen, vier Abende, Durch=
schnittsbesuch 84 Prozent, Durchschnittsalter 25 Jahre, 120 Certifikate an
Schüler und Schülerinnen; Wiedereröffnung am 17. Oktober, 651 Schü=
ler und 145 Schülerinnen, zehn Klassen. Das Lehrerpersonal bestand außer
dem Vorsteher, Herrn A. E. Hertzog, aus den Damen J. B. Castle, H.
Voewig, Frl. Kate Proctor und Frau C. Hillier. Herr Haußmann war
durch einen Unfall am Unterrichten verhindert. — 1905: Schluß am 2.
März, 666 Schüler, 155 Schülerinnen, zehn Klassen, Durchschnittsbesuch 85
Prozent, Durchschnittsalter 25 Jahre, Certifikate an 218 Schüler und Schü=
lerinnen; Wiedereröffnung am 16. Oktober, 428 Schüler, 114 Schülerinnen,
fünf Klassen; Lehrer=Personal: Frl. Lina Hertzog, J. B. Castle, Frl. Meta
van Haagen, Frl. Marie Voll und Frau G. C. Hillier. — 1906: Schluß am
21. März, 430 Schüler, 115 Schülerinnen, fünf Klassen, Durchschnittsbesuch
79 Prozent; Durchschnittsalter 25 Jahre, Certifikate an 108 Schüler und

42 Schülerinnen; Wiedereröffnung am 15. Oktober; dem Mangel an Räum=
lichkeiten wurde durch Ueberweisung des ganzen Gebäudes der Northern
Liberties Schule abgeholfen; dankbare Anerkennung für Schul=Superinten=
dent Dr. Martin G. Brumbaugh und Oliver P. Cornman, Distrikts=Su=
perintendent; zwölf Klassen; 450 Schüler und 110 Schülerinnen; das Leh=
rerpersonal bestand aus den Damen Castle, Anna und Meta van Haagen,
Marie Voll, Frieda Müller, Anna W. Brinkmann, Gertrud E. Herlitzius,
Frau E. G. Hillier und den Herren N. W. Garner, C. Krummreich und O. G.
Herbrecht. — 1907: Schluß am 13. März dasselbe Lehrer=Personal, 454
Schüler, 110 Schülerinnen, Durchschnittsbesuch 74 Prozent; Wiedereröff=
nung am 14. Oktober, 560 Schüler, 129 Schülerinnen, elf Klassen, neue
Lehrkräfte, an Stelle der ausscheidenden Castle, Krummreich, Garner und
Herbrecht: Hans Ballin, Clara L. Nicolay, Tillie E. Evans und Elsa S.
Ruegenberg. — 1908: Schluß am 11. März, 575 Schüler, 143 Schülerin=
nen, elf Klassen, Durchschnittsbesuch 68 Prozent; Wiedereröffnung am 12.
Oktober, 284 Schüler, 84 Schülerinnen, zehn Klassen, Lehrer=Personal Lina
Hertzog, Frieda Müller, Elsa S. Rügenberg, Anna van Haagen, Gertrude
E. Herlitzius, Clara G. Hillier, Hans Ballin, Marta Samans und Dr. M.
Darkow. — 1909: Schluß am 24. März, 336 Schüler, 93 Schülerinnen, elf
Klassen, Lehrerpersonal Frl. Lina Hertzog, Fr.. A. van Haagen, Frl. M. R.
van Haagen, Frl. Ruegenberg, Frl. Herlitzius, Frl. Samans, Frl. Müller,
Frau Hillier, Hans Ballin und Dr. Martin Darkow; Wiedereröffnung am
4. Oktober, 278 Schüler, 63 Schülerinnen, zehn Klassen, an Stelle der aus=
geschiedenen Lehrkräfte A. van Haagen, Müller, Ballin und Darkow traten
Frl. C. J. Weniger, Frl. E. Mohr, Frl. C. E. Herlitzius und Herr Dr. D. B.
Besser. — 1910: Schluß am 9. März, 291 Schüler, 61 Schülerinnen. zehn
Klassen; Durchschnittsbesuch nur 40.2 Prozent infolge des Strikes der Stra=
ßenbahner und Witterungs=Unbilden, Zahl der Klassen von zehn auf fünf
verringert; Wiedereröffnung am 3. Oktober, 366 Schüler, 75 Schülerinnen,
zehn Klassen; Lehrerpersonal: Frl. Hertzog, Frl. A. B. Hanna, Frl. Ruegen=
berg, Frl. Weniger, Frau Hillier, Frl. J. Fallon, Frl. E. Graßmück, Frl.
A. R. Dyer, Frl. P. Keller und Herr D. B. Besser. — 1911: Am 8. Januar
starb der Vorsteher der Abend=Schule, Herr Alfred E. Hertzog. Herr Hen=
ry Kind wurde sein Nachfoger.

Die Schulbehörde führte die Neuerung ein, daß 50 Cents bei
der Anmeldung deponiert werden müssen, welche zurückerstattet wer=
den, wenn der oder die Betreffende 70 Prozent der Unterrichtsstun=
den besucht. Angaben über den Besuch sind in dem Jahresberichte
nicht enthalten. Dasselbe trifft für 1912 und 1913 zu, als Herr
Seward Rosenberger Vorsteher wurde. Im Jahre 1914 wandte der
Schul=Ausschuß der Gesellschaft seine Fürsorge auch der Abend=
schule in der John Welsh Schule an 4. und Dauphin Straße zu, deren
Vorsteherin Frl. E. J. Finley ist. Im Jahre 1915 stieg der Besuch

der Abendschule in den Northern Liberties um 100 Prozent gegenüber dem Vorjahre. Die Herren Timm und J. B. Mayer hielten dort wiederholt Ansprachen. Am 10. Januar 1916 ging die Abendschule an 3. und Green Straße ein.

Für Turn- und Deutsch-Unterricht in den Volksschulen.

Die Deutsche Gesellschaft trat lebhaft für Einführung des Turnsowie des Deutsch-Unterrichts in den Volksschulen ein. Die Agitation für den ersteren hatte nach jahrelangen Bemühungen der Philadelphia Turngemeinde, später unterstützt vom Centralbunde von Pennsylvanien, im Jahre 1901 Erfolg.

Der erste Antrag, für Einführung des Deutschunterrichts in den Volksschulen einzutreten, wurde am 18. Juni 1885 von Herrn Wm. Nuenemann in einer Versammlung der Deutschen Gesellschaft gestellt. Dr. Oswald Seidensticker befürwortete den Antrag, der an das Schul-Komitee verwiesen wurde. Die städtische Schulbehörde war indessen nicht geneigt, diesem Wunsche der Deutschen Gesellschaft Folge zu leisten, weil sie angeblich nicht über genügende Mittel verfügte und eine Erweiterung des Lehrplans nicht für zweckmäßig hielt.

Die Agitation wurde erst wieder im Jahre 1910 aufgenommen. Am 19. Oktober 1911 beschloß die Deutsche Gesellschaft, eine Petition an den „Board of Education" zu senden zwecks Unterstützung des gemeinsamen Komitees des Philadelphia Zweiges des National-Bundes und der Philadelphia Teachers' Association, welches die probeweise Einführung des Deutsch-Unterrichts in einer oder in mehreren neuen Schulen der Stadt empfohlen hatte. Leider hatten diese Bemühungen keinen Erfolg, weil der Schulrat sich zur Einführung des Deutschunterrichts nicht verstehen wollte.

Auch an den S p i e l p l ä t z e n, auf welchen in den Ferien die Kinder sich unter Aufsicht tummeln können, nahm die Deutsche Gesellschaft regen Anteil. Ein Beweis dafür ist die Bewilligung von $25, welche in der Versammlung am 21. April 1910 auf Antrag Dr. Voigt's von ihr für diesen Zweck gemacht wurde.

Die Bedeutung von deutschamerikanischen K i n d e r c h ö r e n für Erhaltung der deutschen Sprache und des deutschen Liedes wurde von der Deutschen Gesellschaft durch Zuwendungen für den Kinder-Chor des hiesigen Zweiges des Centralbundes von Pennsylvanien anerkannt.

———::———

Preise für gute Leistungen im Deutschen in den Hochschulen.

Im Jahre 1907 stiftete die Gesellschaft, um das Studium der deutschen Sprache und Literatur in den Hochschulen zu fördern, $100 zur Verteilung zu gleichen Teilen an einen besonders erfolgreichen Schüler und an eine Schülerin in Gestalt von Barpreisen. Im ersten Jahre 1908 wurde nur einer Bewerberin ein Preis in Höhe von $20 in Gold zuerkannt, nämlich Frl. Anna M. Heller von der „Senior"-Klasse der Mädchen-Hochschule. Die Herren John C. Oeters und Pastor von Bosse vertraten die Gesellschaft bei der Ueberreichung des Preises, welche anläßlich der Schlußfeier der Schule in der Academy of Music stattfand.

Im Jahre 1909 wurde die ganze für Prämien von der Gesellschaft ausgesetzte Summe von $100 verteilt. Je $20 erhielten Cecelia J. Bächle, Andrew S. Davis, Willard Braislin Degener und Ernst Vuilleumier; je $10 Leander L. McManus u. Henry P. Baker. Die Verteilung der Prämien wurde in einer Sitzung des Verwaltungsrates, zu der die jungen Leute, ihre Eltern und Lehrer eingeladen worden waren, von Dr. Hexamer, dem Präsidenten der Deutschen Gesellschaft, vorgenommen. General Louis Wagner richtete an die Preisgekrönten anerkennende und beherzigende Worte.

Es wurde beschlossen, Diplome in Verbindung mit den Prämien auszugeben. Die auf jede Hochschule entfallenden $20 sollen nicht mehr einem Schüler oder einer Schülerin zuerkannt werden, sondern mehreren. Bei den Prämien fanden auch Bücher, Werke deutscher Klassiker, Berücksichtigung.

Da im Jahre 1910 eine weitere Hochschule — die William Penn Hochschule — eröffnet wurde, so wurde die Prämien-Bewilligung seitens der Gesellschaft auf $125 erhöht. Je $25 erhielten: Margaret A. Carow und Albert P. Godsho; $15 erhielt Marie W. Kretschmann; je $12.50 Clarence Edgar Sheppard, Charles Eberhart Sheldrake, J. Alfred Corey und Robert W. Diemer; je $10 Emilie F. Keohane und William H. Ott; je $5 Myer Epstein, Jacob K. Miller und Robert G. Woelfel.

In Anbetracht der lebhafteren Bewerbung um Preise wurde für das Jahr 1911 die Bewilligung dafür auf $150 erhöht. Vierzehn Schüler und sechs Schülerinnen wurden prämiiert. Zum ersten Male gelangten außer den Preisen auch Diplome zur Verteilung. Die Ueberreichung fand am 26. Juni im großen Saale der Halle der Deutschen Gesellschaft durch ihren Präsidenten, Dr. C. J. Hexamer, statt. Er forderte die Preisgekrönten auf, auch fernerhin die deutsche Sprache zu pflegen und sich immer weiter in derselben auszubilden, da das für sie selbst von unschätzbarem Werte im späteren Leben sein würde. Je $10 erhielten: Paul Jacob Hob, Nathaniel Hurwitz, Marie O. Keller, Anna R. West, Helen F. Spingler, Christine Roth, Theodore Leonhardt, Norwood Vincent Taylor, Frank J. Bloom und Nathan N. C. Fretz; je $5: Frederick William Orttung, Elsie Stelzer, Charlotte Jansson, Ralph Henry Moore, Samuel W. Marshall, Israel Goldstein, Louis Levinson, Benjamin H. Levintow, Roy A. Shetzline und Charles H. Sievens.

Im Jahre 1912 gelangten statt der Baar-Prämien silberne Denkmünzen der Deutschen Gesellschaft, und zwar in den Hochschulen selbst, zur Verteilung. Durch Verleihung wurden ausgezeichnet: Marion C. Klebs, Cora H. Buckwalter, Anna Rosenkoff, Minna Werner, Harry Carl Croß, Walter Just, William Joseph Gilmartin, Herman Koppelman, Augustus A. Rackel, Frank A. Epps, Fred. Paul, Ralph Mair, Harry Polisch, Benjamin Price, Morris Balen, N. Nelson Streaker, Rahel Zaister und Marion Truesdell. Wertvolle Mithilfe leistete dem Schulkomitee Herr Dr. W. A. Haußmann von der Central-Hochschule.

Da in den Hochschulen zweimal Prüfungen stattfinden, gelangten silberne Denkmünzen der Deutschen Gesellschaft im Februar und Juni 1913 zur Verteilung. Durch ihre Verleihung ausgezeichnet wurden: William Taylor Campbell, Charles Edward Acker, Charles Zimmermann, Samuel Kornfeld, Charles B. Irmer, William Horace Binns, Elizabeth F. Sulzberger, Emily Stevenson Sherry, Thelma Gould, Esther Holstrum, Harry David Lehman, Harold Compton Lockwood, Theodore Russel Snyder, Harold John Watson, Mildred Delvigne, Reba Joachim, Caroline Ambler, Anna Kaufmann, Oscar Kahl. Ehrende Erwähnung wurde Herman Wagner zuteil.

Die Zahl der im Jahre 1914 durch Verleihung silberner Denkmünzen ausgezeichneten fleißigen Schüler und Schülerinnen der

Hochschulen, welche für die deutsche Sprache und die deutsche Literatur ein besonderes Interesse gezeigt hatten, betrug 25, gegen 19 in 1913 und 18 in 1912. Die erfolgreichen Bewerber und Bewerberinnen waren: Gladys Hagy Cassel, Elsie Vuilleumier, Harry Cohen, Samuel Harrison Malachowitz, Sylvan Levy, Walter-Percy Evans Jr., Herbert H. Ricker, William J. Sommer, William Hallmann, George H. L. Brodbeck, John Emil Volkert, Walter William Lowa, Oswald Robert Kühne, George Baude Cook, Ernest Coles, Harry Harper Humphreys, Rose Rothstein, Catharine Dorothy Auer, Carl F. Lauber, Donald E. Montgomery, Wm. Ludwig Vencker, Roy Anderson, George Frank Ilsemann, William J. Parks jr., Anna M. Heller.

Im Jahre 1915 wurden 24 silberne Denkmünzen der Deutschen Gesellschaft an Schüler und Schülerinnen verteilt, welche in deutscher Sprache und Literatur gute Fortschritte gemacht hatten. Es waren: Horace Blank, Charles Nicholas Gentner, Eugenie C. Delvigne, Helen L. Radcliffe, David Waxman, Roland L. Kramer, Wolf Goldberg, Edward J. Milner, Albert A. Owens, Frank Adolph Sadker, William Jacob, Geller, Charles Smolensky, Herman Otto Carow, Edward N. Burns, Emanuel Schoenberger, Marion Gerber, Helen Davault Armor, Carl Emil Müller, Ernest Langdorf Noon, Frank Edward Gloeckner, John Cecil Rhodes, Christopher Albert Deiß, George W. Haußmann, William Muennich und Walter Winslow Patchell. Die vertrauliche Anfrage einer Hochschule, ob die Zuerkennung einer Denkmünze beanstandet werden würde, wenn ein dafür vorgeschlagener Schüler Negerblut in seinen Adern habe, wurde vom Schulausschuß dahin beantwortet, es würde mit großer Freude begrüßt werden, wenn auch Neger sich dem Studium der deutschen Sprache widmen, was allen Amerikanern ohne Ansehen der Abstammung sehr zu empfehlen sei.

Im Jahre 1916 wurden die silbernen Preis-Denkmünzen der Gesellschaft folgenden Schülern und Schülerinnen der Hochschule für gute Leistungen im Deutschen zuerkannt: Ernst Henry John Hoh, Bernard Corr Jones. Louis Rubin, Seth Low Van Nance, John Henry Bezner, Isadore Belinmow Share, Walter Gordon Emmett, Rudolph Gustav Schmieder, William Thompson Wiegand, Blanche Leone Erwood, Alma Marie Hellwege, Dorothy Marie Fox, Florence Augusta Fromm, Harry Lopple, William J. Flannery, David Jaffe,

Eugene E. Gloor, Anthony John Schob, Harry E. Schaefer, Edgar
E. Elridge, Leonard C. Grupe, Edward S. Odgers, Oscar F. Zieg-
ler, Fernam Newton Warwick, Eugene D. Salus und John Owen
Clark. Durch Vermittlung Dr. Brede's werden im Jahre 1917 die
Preis-Denkmünzen der Deutschen Gesellschaft auch im Temple Col-
lege und durch Vermittlung von Dr. Mayr im La Salle College zur
Verteilung kommen.

Stipendium für das Deutsch-Amerikanische Lehrer-Seminar in Milwaukee.

Im Jahre 1907 stiftete die Deutsche Gesellschaft auf Antrag
Herrn John B. Mayer's ein Stipendium von $250 für das Deutsch-
Amerikanische Lehrer-Seminar in Milwaukee. Da sich kein Bewer-
ber fand, wurde es auf Vorschlag Seminar-Director Max Griebsch's
an zwei unbemittelte Studenten, Wm. Kunkel aus Connecticut und
Wm. Pariser aus St. Louis, Mo., zu gleichen Teilen verliehen.

Im Jahre 1909 wandte sich das Deutsch-Amerikanische Lehrer-
Seminar mit einem Aufruf an sämtliche deutschen Vereine des Lan-
des und ersuchte sie zu einer Beisteuer von zehn Cents für jedes ihrer
Mitglieder. Die Deutsche Gesellschaft sandte prompt ihre Quote für
alle gutstehenden Mitglieder in Höhe von $48.10 an die Seminar-
Behörde.

Das für 1910 ausgesetzte Stipendium von $250 wurde der
einzigen Bewerberin, Frl. Edna Breder aus Egg Harbor City, N. J.,
einer Schülerin der dortigen Hochschule, zugesprochen. Sie hatte die
Prüfung, welche von Prof. Dr. M. D. Learned und Dr. W. A. Haußmann geleitet wurde, erfolgreich bestanden. In ihrem Berichte an
die Gesellschaft erklären die beiden genannten Herren: „Die nicht
eben erfreuliche Tatsache, daß sich für das von der Deutschen Gesellschaft ausgesetzte Stipendium für das Deutsch-Amerikanische Lehrer-
Seminar zu Milwaukee gar kein Bewerber und nur eine Bewerberin
gemeldet hat, berechtigt zu der Frage, ob denn unsere Schuljugend
im Osten überhaupt etwas von der Existenz eines Deutsch-Amerikanischen Lehrer-Seminars weiß, geschweige von dessen Lehrkursus,
Bestrebungen und Leistungen. Einen jeden Deutschamerikaner, dem
der Glaube an den hohen Wert der deutschen Sprache nicht gänzlich
abhanden gekommen ist, muß es zum Mindesten befremden, daß das

Deutschtum östlich von dem Alleghenh-Gebirge einer Schule, die es sich zur besonderen Aufgabe macht, tüchtige Lehrer des Deutschen heranzubilden (ohne darüber die allgemeine wissenschaftliche und literarische Ausbildung ihrer Zöglinge zu vernachlässigen), so wenig Interesse entgegenbringt. Die Frage hier aufzuwerfen, ist wohl statthaft; im Rahmen eines gedrängten Komitee-Berichts darauf näher einzugehen, ist schlechterdings unmöglich."

Auf Empfehlung des Seminar-Direktors, Herrn Griebsch, erhielt Frl. Breder auch für 1911 das Stipendium zugewiesen. Im nächsten Jahre wurde es einem Studenten des Seminars, Herrn Hans A. Teschner aus Milwaukee, zugewiesen.

Im Jahre 1913 war der Wettbewerb um das Stipendium ein sehr reger. Es meldeten sich drei Bewerber aus der Stadt New York und je einer aus McKee's Rock, Pa., aus Akron, O., und Little Rock, Arkansas. Adolph Geiger aus New York und Adolph Knoll aus Little Rock bestanden die Prüfung. Da Geiger die höhere Punktezahl hatte, wurde ihm das Stipendium zugesprochen. Auch im nächsten Jahre wurde er damit bedacht.

Die einzige Bewerberin um das Stipendium im Jahre 1915 war Frl. Johanna Glaeser aus Milwaukee. Sie erhielt es auch für das nächste Jahr zugesprochen.

------::------

Georg Schleicher Stipendium und Georg Schleicher Preis.

Eines der wertvollsten Vermächtnisse hat die Deutsche Gesellschaft dem am 22. April 1900 verstorbenen Herrn Georg Schleicher, dem Vetter und Partner Carl F. Lauber's, zu verdanken. Es gilt der Unterstützung von Studenten der Universität von Pennsylvanien, welche in Deutschland geboren oder deutscher Abstammung sind, und der Förderung des Studiums der deutschen Sprache und Literatur an genannter hoher Schule. Das Legat kam im Jahre 1902 zur Auszahlung an die Gesellschaft. Es stellte sich mit Zinsen auf $7,853.72. Dem Wunsche des Erblassers und dem Vorschlage der Testaments-Vollstrecker, der Herren Henry Berges und Carl F. Lauber, gemäß wurden davon $5,000 in Wertpapieren angelegt, deren Zinsertrag für eine Freischul-Stelle an der Universität von Pennsylvanien, das „Georg Schleicher Stipendium", zu verwenden ist. Dasselbe soll Deutschen oder jungen Leuten deutscher Abstammung zugesprochen werden und gilt für alle Fakultäten mit Ausnahme der theologischen. Ferner wurden aus dem Legat $1500 in Sicherheiten angelegt, deren Zinsertrag alljährlich als „Georg Schleicher Preis" dem besten Schüler oder der besten Schülerin der deutschen Abteilung der Universität von Pennsylvanien zugesprochen werden soll; das Ergebnis einer Prüfung entscheidet darüber. Der Preis wird ohne Rücksicht auf Abstammung Jedem oder Jeder zugesprochen, welcher oder welche die Prüfung am erfolgreichsten bestanden hat. Der Rest des Legats, $1,553.72, fiel der Deutschen Gesellschaft zu. Die Organisation und die Verwaltung des Vermächtnisses, welches im Jahre 1903, nachdem der erste Jahreszins eingegangen war, in Kraft trat, wurde einem Sonderausschuß übertragen, bestehend aus den Herren Prof. Dr. M. D. Learned, Dr. H. F. Keller, Viktor Angerer und den beiden Testaments-Vollstreckern, den Herren Berges und Carl F. Lauber. Das für die Stiftungen bestimmte Kapital wurde in ersten, fünf Prozent tragenden Hypotheken angelegt. Der Fond wird von einem Ausschusse und dem Schatzmeister der Gesellschaft, getrennt von ihrem Vermögen und ihren Einnahmen, verwaltet. Auf Antrag Herrn John B. Mayer's war nachstehende Zusatzbestimmung in Bezug auf das Legat angenommen worden:

„Beschlossen, daß der Präsident der Deutschen Gesellschaft ein stehendes Komitee von fünf Mitgliedern ernennt, das die Georg Schleicher-Schulstiftung und den Georg Schleicher-Preis verwalten und Kandidaten auswählen soll, die jedoch der Gutheißung des Verwaltungsrats unterworfen sind. Der Vorsitzer dieses Komitees soll ein Mitglied des Verwaltungsrates sein und demselben Bericht über die Tätigkeit des Komitees erstatten."

In Bezug auf den Schleicher-Preis wurde beschlossen, ihn in einer Geldgabe in Höhe von $50, einem Diplom in deutscher Sprache und einer Preis-Medaille bestehen zu lassen. Der Preis soll einem Studenten oder einer Studentin der deutschen Abteilung der Universität zugesprochen werden. Bei gleich hoher Bewertung der Prüfungsarbeiten kann er geteilt werden. Die Kosten für die Anschaffung der Platte für das Diplom und die Stanzen der Medaille deckte der Ausschuß. Herr Lauber steuerte in höchst liberaler Weise $30 für die Medaillen bei. Zu der Bewerbung um den Schleicher-Preis werden nur solche Universitäts-Studenten zugelassen, deren Arbeit sie zur „Exemption" (80 Prozent) berechtigt. Die Prüfung wird in Gegenwart von Docenten der deutschen Sprache und Literatur an der Universität und der Komitee-Mitglieder abgehalten. Herr Lauber steuerte auch später zur Deckung der Kosten für die Herstellung der Medaillen bei.

Der erste Empfänger des Schleicher-Stipendium war der Student der Medizin, Wilhelm L. C. Spaeth. Nachdem er einen vierjährigen Kursus an der Universität absolviert hatte, wurde von dem Komitee unter sechszehn Bewerbern Herr Karl W. H. Scholz, ein junger Deutscher, zum Stipendiaten erwählt. Er hatte mit vorzüglichem Fleiß den Kursus an der hiesigen Hochschule absolviert und gedachte, sich dem Studium der deutschen Sprache und Literatur, sowie der Mathematik zu widmen. Im Jahre 1911 wurde das Stipendium wieder frei, und unter zahlreichen Bewerbern Herr Harry Philipp Hofmeister dafür gewählt. Im Jahre 1913 waren elf Bewerber um das Schleicher-Stipendium vorhanden. Es wurde Herrn Karl Karsch, einem Schüler der hiesigen Central High School, zugesprochen. Der junge Mann stammt aus Minersville, Pa., und studierte die Rechte. Er war vier Jahre lang Inhaber des Stipendiums.

Im Jahre 1904 war der erste Empfänger des Schleicherpreises Herr Arthur Wayland Doz. Er hatte von 17 Bewerbern die höchste Zahl (91 Prozent) erhalten. Dr. Hexamer überreichte ihm am 27. Juni den Preis in einer Sitzung des Verwaltungsrates.

Im Jahre 1905 wurde der Preis geteilt. Von 18 Bewerbern hatten Herr O. O. Herbrecht und Frl. Mary McCurdy die höchste Punktezahl erhalten. Die Ueberreichung der beiden Preise, jeder bestehend in $25 in Gold, einer Medaille und einem Diplom fand in einer Sondersitzung des Verwaltungsrates am 12. Juni, dem Geburtstage Georg Schleicher's, statt.

Für die besten Leistungen in deutscher Sprache und Literatur wurde der Preis im Jahre 1906 dem Universitäts-Studenten, Herrn E. August Eckhardt, zugesprochen.

Im Jahre 1907 war die Bewerbung um den Preis eine rege und erfreuliche. Zu dem Preis-Examen meldeten sich 11 der am meisten vorgeschrittenen Studenten und Studentinnen der deutschen Abteilung. Die Leistungen waren besser als in früheren Jahren. Den Preis erhielt Frl. Frieda Müller aus Philadelphia für „ihre ganz hervorragenden Leistungen, sowohl in der mündlichen wie in der schriftlichen Prüfung."

In 1908 erhielt Frl. Ethel Chodowski den Preis. Das Examen hatte am 21. Mai stattgefunden. Es ergaben sich unter reger Beteiligung der Studenten und Studentinnen durchgehends sehr gute Resultate.

In Anbetracht der reichlicheren Mittel, welche dem Komitee für das Jahr 1909 zur Verfügung standen, wurde beschlossen, außer dem Preise für die beste Leistung noch einen zweiten Preis zu verleihen. Fünfzehn Bewerber hatten sich gemeldet. Den ersten Preis, $50 in Gold, Schleicher-Medaille und Diplom, erhielt Herr John D. Steen, den zweiten, bestehend in $20, Medaille und Diplom, Herr Johann W. Hauser.

Im Jahre 1910 bewarben sich 13 Studenten und Studentinnen um den Preis, der zu gleichen Teilen, je $35, Medaille und Diplom, zur Verteilung kam. Die damit Ausgezeichneten waren die Herren Richard A. Kern und Karl Scholz. Die Ueberreichung durch Präsident Hexamer erfolgte in der Sitzung des Verwaltungsrats am 28. Mai.

Die glücklichen Gewinner des Schleicher-Preises im Jahre 1911, bestehend in je $25, Medaille und Diplom, waren Frl. Gretchen Carow und Frl. Carrie Adler. Es hatten sich zu der am 25. Mai abgehaltenen Prüfung 14 Bewerber eingefunden. Die Ueberreichung der Preise erfolgte in einer Sonder-Sitzung des Verwaltungsrates am 12. Juni.

Von 17 Bewerbern bestand die Prüfung, welche am 16. Mai 1912 stattfand, am Besten Herr Henry Dexter Learned. Er erhielt $50 in Gold, Medaille und Diplom. Einen zweiten Preis, bestehend in $25, Medaille und Diplom, erhielt Frl. Hilda Loewe.

Zu der Prüfung am 15. Mai 1913 meldeten sich nur 9 Bewerber; ihre Leistungen waren sowohl im mündlichen wie im schriftlichen Examen sehr gute. Je $35 in Gold, silberne Medaille und Diplom wurden Herrn Harry P. Hoffmeister und Frl. Hilda Loewe zuerkannt. Die Verteilung fand am 12. Juni durch Dr. Hexamer statt. Außer ihm hielt auch Herr Lauber, wie in früheren Jahren, eine Ansprache an die Preisgekrönten.

Im Jahre 1914 wurden von 15 Bewerbern, welche sich zu der am 21. Mai stattgehabten Prüfung gemeldet hatten, drei preisge-

krönt. Den ersten Preis, $35 in Gold, Medaille und Diplom, er-
hielt Herr Paul J. Hoh, je einen zweiten, bestehend in $20 und
silberner Medaille, Herr James McAnally und Frl. Julie Holtz-
hauser.

Achtzehn Studenten, darunter vier Damen, meldeten sich zu der
Prüfung im Jahre 1915. Das Komitee berichtete durch seinen Sekretär, Herrn Dr. Harry F. Keller, wie folgt: „Es war erfreulich,
bei der Prüfung festzustellen, daß die Bewerber fast ohne Ausnahme
bestrebt gewesen sind, sich nicht nur im Studium der deutschen Sprache
und Literatur auszuzeichnen, sondern auch mit Liebe und Verständnis
sich bemüht hatten, in das Wesen und die Gedankenwelt einzudrin-
gen, welche in dieser Sprache und Literatur ihren Ausdruck finden.
Je $35, silberne Medaille und Diplom erhielten die Herren Edgar
Luettgen aus Ambler. Pa., und Oswald R. Kuehne aus Philadelphia. Bei der Ueberreichung der Preise beglückwünschten Dr. C. J.
Hexamer und verschiedene andere Herren die Gewinner und wiesen
in beredten Worten darauf hin, welch' überreichen Schatz von Wissen
und Bildung die vollkommene Beherrschung der deutschen Sprache zu
erschließen befähigt."

In seinem Bericht für 1916 konstatiert das Komitee nicht ohne
Bedauern, daß sich zu der am 18. Mai 1916 stattfindenden Prüfung
für den Schleicher-Preis nur 10 Bewerber gemeldet hatten, darunter
zwei nicht direkt deutscher Abkunft, während früher an der Konkurrenz auch viele Studenten nicht deutscher Abkunft teilnahmen. Den
ersten Preis, $50, Medaille und Diplom, erhielt Herr Albert Vos-
berg jr., den zweiten, bestehend in $25 und Medaille, Herr Morris
Freed. Die Verteilung fand am 12. Juni statt.

Das Schleicher-Fonds-Komitee bestand von Inkrafttreten der
Stiftung bis zum Jahre 1916 incl. aus den Herren: Prof. Dr. M.
D. Learned, Universität von Pennsylvanien, Vorsitzer; Dr. Harry F.
Keller, jetzt Vorsteher der Germantown Hochschule, Sekretär; Victor
Angerer, Carl F. Lauber und Henry Berges. Letzterer starb im
Jahre 1916. Das Komitee besteht zur Zeit aus den Herren Learned,
Keller, Angerer und Lauber.

Sechster Abschnitt.

Bibliothek, Archiv und Vorlesungen.

Die im Jahre 1817 gegründete und 1820 mit 600 Bänden eröffnete Bibliothek der Deutschen Gesellschaft ist zur Zeit eine der
stattlichsten und umfangreichsten Büchereien des Landes. Sie umfaßt
heute über 25,000 Bände, mehr als 14,000 in deutscher und 11,000
in englischer Sprache. Ihr großer Vorzug liegt in der reichen Auswahl deutscher Werke, wenn auch solche in der Landessprache nicht
vergessen worden sind. Im Laufe der Jahre sind ihr bedeutende
Bücher-Schenkungen zugegangen, während für Anschaffung der
neuesten Werke des deutschen und englischen Schrifttums die Gesellschaft durch ihr Bibliotheks-Komitee sorgte. Namhafte Zuwendungen wurden der Bücherei im Weltausstellungsjahre 1876 durch die
deutschen Buchhändler, deren Vertreter Herr A. Menzel war, sowie
durch Vermittlung Konsul L. Westergaard's gemacht. Viele der
fremden Gäste aus Deutschland, welche die Bibliothek besuchten, waren überrascht, eine ansehnliche und reichhaltige Büchersammlung,
die namentlich auch mit der Entwicklung der deutschen Literatur
Schritt zu halten suchte, vorzufinden.

Am 15. September 1877 schied Prof. Alexander Loos, der sieben
Jahre lang Bibliothekar der Gesellschaft gewesen war, aus dem Leben. Zu seinem Nachfolger ernannte der Verwaltungsrat Prof. J.
B. Hertzog, der das Amt am 3. November 1877 antrat. Das
Bibliotheks-Komitee führte in seinem Jahresbericht Klage über die
vandalische Behandlung der Bücher, welche entlehnt worden waren,
seitens einiger Benutzer der Bibliothek. Der Wert der Büchersammlung und des Archivs war in 1877 derart gestiegen, daß die Versiche-
ungssumme von $10,000 auf $30,000 erhöht wurde.

Im Jahre 1878 wurde der neue Bibliothekar, Prof. Hertzog, mit
der Anfertigung eines Katalogs der über 16,000 Bände zählenden

Bücherei der Gesellschaft beauftragt und ihm $375 dafür bewilligt. Die Arbeit war im nächsten Jahre beendet. Die Drucklegung des neuen Bücherverzeichnisses kostete $456.32. Bei der Revision wurde das Fehlen von 400 Büchern entdeckt, die offenbar gestohlen waren. Es wurde im August 1879 eine neue Bibliotheksordnung eingeführt, welche es den Besuchern verwehrte, an die Bücher-Schränke zu gehen und sich selbst zu bedienen. Sie erwies sich als sehr wertvoll für den Schutz der Bibliothek.

Folgende Abteilungen waren im Katalog eingeführt worden:

1. Zeitschriften, Berichte etc.
2. Geschichte, Biographien, Memoiren, Briefe.
3. Erdbeschreibung, Völkerkunde, Reisen.
4. Gesellschaft, Staat, Recht, Handel, Pädagogik.
5. Theologie, Philosophie.
6. Naturwissenschaften.
7. Künste, Gewerbe.
8. Sprachwissenschaft.
9. Vermischtes.
10. Jugendschriften.
11. Gedichte, Romane, Novellen.

Am 14. März 1881 gab der Sänger, Herr Emil Gastel, zu Gunsten der Bibliothek ein Konzert, welches ihr die Summe $128 zuführte. Sie wurde zur Vermehrung der Büchersammlung verwandt. Herrn Gastel wurden lebhafte Anerkennung und aufrichtiger Dank zuteil. Bücherschenkungen wurden gemacht von den Herren Prof. Dr. F. L. O. Röhrig von der Cornell Universität in Ithaca, N. Y., Dr. Theo. Doerr, A. Katz, E. F. Mölling, Wilhelm Müller, J. C. File und anderen. Im Jahre 1883 ging das Eigentum des aufgelösten Deutschen Künstler-Vereins, bestehend in Skizzen, Zeichnungen, literarischen Beiträgen und einer ansehnlichen Sammlung wertvoller Bücher in dem Besitz der Bibliothek der Gesellschaft über.

Im Jahre 1884 konnte das Bibliotheks-Komitee einen Bücherbestand von über 20,000 Bänden berichten. Die zur Verfügung stehenden Räumlichkeiten reichten nicht mehr aus, und es wurde daher mit besonderer Freude begrüßt, als der Plan, eine neue Halle zu errichten, greifbare Gestalt annahm. Als Hilfsbibliothekar trat an Stelle Herrn Franz J. B. Herzog's, der neun Jahre lang die Stelle bekleidet hatte, im Jahre 1886 sein jüngerer Bruder, Herr Alfred E. Herzog.

Der Umzug der Deutschen Gesellschaft in ihre neue Halle an Marshall und Spring Garden Straße im Jahre 1888 war für die Bibliothek ein Ereigniß von ungewöhnlicher Bedeutung und weittragenden Folgen. Der neue Bibliotheksſaal bot Platz für die Aufstellung von 21 neuen Schränken. Der Umzug machte es nötig, die Bibliothek Mitte August 1888 zu schließen und erst am 2. Januar 1889 wieder zu eröffnen. Zugleich wurde eine Reform eingeführt, welche darin bestand, daß die Bibliothek anstatt nur zweimal in der Woche täglich, und zwar von Montag bis Samstag von 4 bis 7 Uhr zum Wechseln der Bücher und als Leſezimmer und an Sonntagen als Leſezimmer von 4 bis 9 Uhr Abends, geöffnet wurde. Man hoffte dadurch das Intereſſe des deutſchen Publikums an der Bibliothek zu heben, die im Jahre 1877 von 433, im Jahre 1887 aber nur von 171 Leſern beſucht worden war. Im Leſezimmer wurden eine Reihe von hervorragenden deutſchen Zeitungen und Zeitſchriften aufgelegt.

Die mit der Neuerung gemachten Erfahrungen veranlaßten jedoch bereits nach ſechs Monaten das Komitee, die Bibliotheksſtunden an den erſten fünf Wochentagen von 3 bis 6 Uhr Nachmittags und am Samstag von 3 Uhr Nachmittags bis 9 Uhr Abends feſtzuſetzen und am Sonntag die Bücherei ganz zu ſchließen. Eine Reviſion der Bibliothek und Aufſtellung eines neuen Bücher-Verzeichniſſes, nicht blos alphabetiſch, ſondern auch wiſſenſchaftlich geordnet, wurden im Jahre 1889 angeordnet. Die Ausſchaltung abgeriſſener und wertloſer Bücher und eine Ergänzung der einzelnen Abteilungen waren damit verbunden. Der andauernd ſchwache Beſuch der Bibliothek veranlaßte im Jahre 1890 die Aufgabe des täglichen Offenhaltens und die Rückkehr zu der früheren Einrichtung des Offenhaltens lediglich am Mittwoch und Samstag von 3 bis 6 Uhr Nachmittags.

Ein neuer Katalog der beiden am Meiſten benutzten Abteilungen der Bücherei—Gedichte, Romane, Novellen u. Poems and Novels —wurde im Jahre 1891 fertig geſtellt. Um das Intereſſe des Publikums an der Bibliothek als Leſezimmer zu heben, wurden Einladungen an die deutſchen Vereine ausgeſandt und den Mitgliedern die Bibliothek als Leſezimmer zur Verfügung geſtellt. Das Komitee empfahl, die Bibliothek nach dem unteren Saale zu verlegen, weil derselbe sich besser für die Zwecke der Bücherei eignen würde. Der Empfehlung wurde ,nicht Folge gegeben.

Im Jahre 1894 steigerte sich die Benutzung der Bibliothek bedeutend. Es war sogar eine Läuterung des Geschmacks wahrnehmbar aus der Entnahme von klassischen Werken. Sie wurde durch eine Reihe von Vorträgen veranlaßt, darunter einen Cyklus von solchen über deutsche Literatur, durch den Bibliothekar, Prof. J. B. Herzog. Der Verwaltungsrat beschloß, Witwen und großjährigen Töchtern von lebenslänglichen Mitgliedern dieselben Privilegien in Bezug auf Benützung der Bibliothek einzuräumen, wie denjenigen verstorbener jährlich beisteuernder Mitglieder.

Um die Kenntnis der klassischen griechischen und römischen Literatur zu heben, wurde die Langenscheidt'sche Sammlung angeschafft, welche in 110 Bänden die Werke der Klassiker des Altertums in musterhaften deutschen Uebersetzungen wiedergiebt. Das Bibliotheks-Komitee bemerkt dazu: „Es ist keine Schande, dieses oder jenes Erzeugniß moderner Schundliteratur nicht beachtet zu haben; wohl aber bleibt dem, der auf Bildung Anspruch macht, kaum ein Erröten erspart, wenn er gestehen muß, Homer, Cicero, Tacitus etc. nur dem Namen nach zu kennen."

Die Anschaffung neuer englischer Werke erschien infolge der Einrichtung zahlreicher öffentlicher Bibliotheken in allen Teilen der Stadt überflüssig. Einen stetig sich steigernden Wert erhielt jedoch die deutsche Abteilung der Bibliothek, deren Zweck es ist, die Pflege der deutschen Sprache zu fördern, namentlich in Anbetracht der zunehmenden Zahl gebildeter Amerikaner, die sich befleißigen, Deutsch zu lernen. Der Vorsitzer des Bibliotheks-Komitees, Dr. Hexamer, spricht in seinem Bericht für das Jahr 1897 die Ueberzeugung aus, daß es möglich sein würde, unter den Amerikanern viele Lesemitglieder zu gewinnen.

Dr. Hexamer trat lebhaft für Gründung einer deutschen Frei-Bibliothek ein. Es gelang, eine Reihe wertvoller Bücher von deutschen Verlegern zu erhalten, aber das Projekt mußte aufgegeben werden. Im Jahre 1902 wurde von Herrn Thompson, dem Leiter der Philadelphia Free Library, der Vorschlag gemacht, die Bibliothek der Deutschen Gesellschaft mit der städtischen Frei-Bibliothek zu verschmelzen. Sie wollte die fachmännische Leitung und die Ausdehnung der Besuchszeit auf ihre Kosten übernehmen. Die Bibliothek sollte im Gebäude der Deutschen Gesellschaft bleiben, deren Eigentum der jetzige und spätere Bestand des Lesematerials, des Inventars etc, auch fernerhin sein sollte. Der Rechtsanwalt der Gesellschaft entschied jedoch, daß eine derartige Verschmelzung gegen den Freibrief verstoßen würde.

Am 12. September 1901 starb der langjährige Bibliothekar der Gesellschaft, Prof. J. B. Hertzog. Sein Verlust wurde von dem Bibliotheks-Komitee, das einen treuen und erfahrenen Beamten in ihm verloren hatte, aufrichtig betrauert. An seine Stelle wurde die Tochter des Verstorbenen, Frl. Lina Hertzog, zuerst interimistisch und im Laufe des Jahres 1902 definitiv zur Bibliothekarin vom Verwaltungsrate ernannt. Es wurde ihr in der Folge vom Bibliotheks-Komitee das ehrende Zeugnis ausgestellt, daß sie ihre Pflichten mit Eifer und Gewissenhaftigkeit erfüllt. Dem Seemannsheim wurde eine Sammlung von 109 Bänden, sämtlich Duplikate, zum Geschenk gemacht. Des Umbaus der Halle wegen mußte die Bibliothek in den Monaten Juli, August, September und Oktober 1903 geschlossen werden.

Die Bücherei der Gesellschaft bestand im Jahre 1902 aus 23,840 Bänden, nämlich 13,189 in deutscher und 10,651 in englischer Sprache. Von den deutschen Büchern hatten 7,309 wissenschaftlichen und belehrenden Inhalt, 5,880 waren Romane, Novellen und Gedichte. Die Bibliothek wurde, soweit die zur Verfügung stehenden Mittel das gestatteten, auf der Höhe erhalten. Im Jahre 1908 wurde die Neuerung eingeführt, daß die Besucher in einem in der Bibliothek aufliegenden Buche ihre Wünsche in Bezug auf Neuanschaffungen eintragen können, die nach Möglichkeit berücksichtigt werden.

Im Jahre 1911 erhielt die Bibliothek durch Herrn Hermann Faber ein Bibliotheks-Zeichen (ex libris), auf das der Ausschuß mit Recht stolz ist; die wirklich künstlerische Zeichnung, die Herr Faber angefertigt hatte, wurde in Stahl gestochen und durch Druck vervielfältigt. Sämtliche Bücher der Bibliothek wurden damit versehen.

Im Jahre 1912 konnte der Verwaltungsrat mit Recht erklären, daß die Bibliothek der Gesellschaft die reichhaltigste populäre deutsche Bücherei hierzulande ist. Im November 1912 starb im 71. Lebensjahre der Vorsitzer des Bibliotheks-Ausschusses, Dr. Heinrich Müller; er war eifrig im Interesse der Bücherei tätig gewesen. An seine

Stelle trat Dr. Daniel B. Shumway. Bibliotheksstunden sind am Mittwoch und Samstag von 2 bis 6 Uhr. Auch während der Ferien im Juli und August wurde vom Jahre 1913 an die Bibliothek an einem Nachmittag geöffnet. Ein neuer Karten-Katalog wurde eingeführt. Der Krieg unterband den Bezug von Büchern aus Deutschland, da die Herren Engländer auch eine „geistige Blockade" eingeführt hatten, wodurch die Anschaffung der neuesten Erzeugnisse der deutschen Literatur unmöglich gemacht wurde.

Die Deutsche Gesellschaft hat berechtigten Grund, stolz auf ihre Bibliothek zu sein. Sie steht in ihrer Art unerreicht da. Die glückliche Vereinigung von Werken wissenschaftlichen, belehrenden und unterhaltenden Inhalts macht sie besonders wertvoll. Die beständig geringer werdende Nachfrage nach Büchern in der Landessprache ist auf die wachsende Zahl der öffentlichen Freibibliotheken zurückzuführen.

Dr. Seidensticker bedauert in dem Kapitel „Bibliothek und Vorlesungen" im ersten Teile dieses Werkes, daß überhaupt englische Bücher für die Bibliothek der Deutschen Gesellschaft angeschafft wurden. Das geschah bereits im zweiten Jahres ihres Bestehens. Er bezeichnet das als Betreten einer falschen Bahn, von der sich nicht wieder ablenken ließ, und fährt dann fort: „Gerade wegen des als Motiv zur Gründung der Bibliothek angeführten Umstandes, daß englische Werke an anderen Plätzen, deutsche aber in keiner zugänglichen Sammlung zu finden seien, hätte sich das Interesse und der Kostenaufwand der Deutschen Gesellschaft auf Werke deutscher Schriftsteller beschränken sollen. Daß dies nicht geschah, ist zu bedauern, obschon sehr erklärlich."

Statistische Aufstellung in Bezug auf die Bibliothek.

Jahr	Zahl der Leser	Entliehen Deutsche Bücher	Entliehen Englische Bücher	Beiträge von Lesemitgliedern.	Strafgelder etc.	Bewilligt für Bücher	Bewilligt für Bibliothekar	Im Ganzen für Bibliothek.
1876	378	7896	4926	79.00	45.88	575.82	300.00	875.82
1877	413	8734	5315	65.00	31.05	717.82	308.33	1026.15
1878	370	2520	3558	65.00	16.95	620.25	300.00	1140.35
1879	300	6779	4428	50.00	43.45	ferner 220.10 für neue Katalogisirung 370.98 für Katalog 175.00 Druck $456.32	300.00	1302.30
1880	286	7639	2781	10.00	88.25	215.35 Einbinden u. Drucksachen $212.66	225.00 neue monate	553.01
1881	233	5688	1920	20.00	36.95	28981 Einbinden u. Drucksachen $42.60	300.00	632.41
1882	211	6207	3432	20.00	34.45	608.57 Einb. 61.25 Druckf. 7.09	300.00	976.91
1883	180	6207	3379	15.00	30.45	335.88 Einb. 119.25 Ausl. 3.00	300.00	758.13
1884	195	7011	4575	10.00	26.45	418.60 Einb. 50.50 Ausl. 13.99	800.00	783.09
1885	188	7281	4656	25.00	23.40	344.39	300.00	644.39
1886	185	6656	1930	10.00	24.45	374.47 Ein Bücherschrank 183.75	300.00	858.22
1887	171	6538	2173	10.00	15.90	260.02 Einb. 45.10 Ausl. 13.50	300.00	618.62
1888	137	5505	2507	10.00	8.50	316.89 Einb. 37.07	227.00	580.96
1889	209 Besuche von 133 Nicht-Mitgliedern benutzten Lesezimmer	5596	3831	25.00	10.95	208.99 Einb. 56.31 Ausl. 6.88	561.83	834.01
1890	244 Besuche von 327 Nichtmitgliedern in Lesestunden	7398	3976	30.00	9.70	491.75 Einb. 68.50 Druckf. 13.50 Ausl. 5.50	502.17	1081.42
1891	250 Besuche von 47 Nichtmitgliedern in Lesestunden.	9006	5718	———	———	———	———	1022.86

Jahr	Zahl der Leser.	Entliehen Deutsche Bücher.	Entliehen Eng- lische Bücher.	Beiträge von Lesemit- gliedern.	Strafgelder etc.	Bewilligt für Bücher	Bewilligt für Bibliothekar	Im Ganzen für Bibliothek.
1892	fehlen Angaben	fehlen Angaben	fehlen Angaben	——	——	423.68 Einb. 70.40 Neuer Katalog 434.30 Versenden desselben $50 Ausl. 8.83	360.00	1347.21
1893	148 Besuche von 51 Nicht- mitgliedern	6684	4135	——	——	339.74 Einb. 74.10 Ausl. 7.01	330.00	750.85
1894	161	6765	3483	15.00	4.65	307.37 Einb. 52.10 Ausl. 15.93	360.00	735.40
1895	167 Besuche von 57 Nicht- mitgliedern	6839	3943	——	——	297.52 Einb. 37.25 Ausl. 3.13	330.00	667.90
1896	175 Besuche von 59 Nicht- mitgliedern	6213	2516	5.00	4.00	199.45 Einb. 35.05 Ausl. 1.32	360.00	595.82
1897	160 Besuche von 63 Fremden	6275	1608	——	5.00	142.30 Einb. 38.90 Ausl. 8.05	360.00	725.05
1898	138 Besuche von 69 Fremden	8975	1489	5.00	3.30	235.85 Einb. 32.42 Druckf. 11.65 Ausl. 6.01	360.00	779.13
1899	128 68 Fremde	8789	1227	——	4.55	150.28 Einb. 24.55 Druckf. 4.00 Porto 14.34 Ausl. 2.75	360.00	632.95
1900	121 81 Fremden	9417	646	——	3.90	89.48	390.00	567.49
1901	255 50 Fremde	6927	824	——	3.40	——	——	530.79
1902	138 23 Fremde	3636	728	——	2.50	——	——	372.24
1903	184 37 Fremde	5313	1343	——	2.75	——	——	365.47
1904	1507 von Mitgliedern 163 von Fremden	5398	1910	——	2.80	——	——	353.39
1905	1716 Besuche von Mitgliedern 188 von Fremden	5703	1271	——	2.60	——	——	333.53

Jahr	Zahl der Leser.	Entliehen Deutsche Bücher.	Entliehen Englische Bücher.	Beiträge von Lesemit. gliedern.	Strafgelder etc.	Bewilligt für Bücher	Bewilligt für Bibliothek.	Im Ganzen für Bibliothek.
1906	1735 Besuche von Mitgliedern 182 von Fremden	5361	1070	——	2.00	——	——	455.75
1907	1758 Besuche von Mitgliedern 211 von Fremden	5724	1135	——	2.10	——	——	376.77
1908	1522 Besuche von Mitgliedern 209 von Fremden	5654	1126	——	——	——	——	633.41
1909	1895 Besuche von Mitgliedern 275 von Fremden	5144	1004	——	2.45	——	——	556.39
1910	1466 Besuche von Mitgliedern 261 von Fremden	4442	782	——	2.00	——	——	390.13
1911	1414 Besuche von Mitgliedern 264 von Fremden	4398	874	——	2.40	——	——	578.51
1912	971 Besuche von Mitgliedern 222 von Fremden	3390	610	——	2.15	——	——	513.00
1913	938 Besuche von Mitgliedern 280 von Fremden	3416	364	——	2.25	——	——	596.07
1914	932 Besuche von Mitgliedern 275 von Fremden	3438	400	——	2.30	——	——	598.62
1915	888 Besuche von Mitgliedern 279 von Fremden	3344	220	——	——	——	——	503.57
1916	866 Besuche von Mitgliedern 254 von Fremden	3082	128	——	1.55	——	——	488.89

Das Archiv.

Das Archiv der Deutschen Gesellschaft war im Jahre 1867 als besondere Abteilung der Bibliothek eingerichtet worden, um Bücher, Druckschriften und Urkunden aufzunehmen, die mit der deutschen Einwanderung, namentlich derjenigen nach Pennsylvanien, sich beschäftigen und auf deutschamerikanische Geschichte im Allgemeinen sich beziehen. Das Archiv der Gesellschaft enthält die ältesten deutschen Drucke in Amerika, wie Bibeln Christoph Saur's, Katechismen und ähnliche Schriften aus der Druckerei Benjamin Franklin's, der bekanntlich auch einmal eine deutsche Zeitung, die erste in Amerika, und zwar 1732, herausgab, den „Märtyrerspiegel" der Ephrataer Klosterpresse, alte deutsche Zeitungsdrucke, Flugschriften, Kalender und anderes mehr. Das Archiv ist eine wahre Fundgrube für jeden Erforscher deutschamerikanischer Geschichte.

Das Archiv-Komitee ließ es sich mit Erfolg angelegen sein, auch Bilder von Präsidenten der Deutschen Gesellschaft zu erlangen. Sie wurden, wenn Portraits selbst nicht zu erhalten waren, durch photographische Reproduktionen von solchen gewonnen. Unter den Bildern befinden sich diejenigen der ersten Präsidenten, Heinrich Keppele, General Peter Mühlenberg, seines Bruders Friedrich August Mühlenberg, und anderer.

Nicht allein durch Schenkungen von wertvollen Drucken und Schriften wurde das Archiv bereichert, das Komitee wurde durch Geldzuwendungen von Mitgliedern der Deutschen Gesellschaft in den Stand gesetzt, durch Kauf solche zu erwerben. Selbstverständlich beschränkt sich die Sammlung nicht auf Drucke in deutscher Sprache allein, sondern enthält auch Werke in englischer Sprache, welche auf die deutsche Einwanderung und die deutschamerikanische Geschichte sich beziehen und schwer erhältlich sind.

Ein Verzeichnis der einzelnen Nummern des Archivs ist seit dem Jahre 1878 dem Katalog der Bibliothek der Gesellschaft angefügt. Sie sind in folgende Abteilungen gesondert:

Amerika und die Vereinigten Staaten

Pennsylvanien

Philadelphia

Die Weltausstellung von 1876

Sängerfeste

Andere Staaten

Geschichte der Kirchen und Sekten

Einwanderung

Indianer und Neger

Biographien

Deutschamerikanische Drucke, die in den vorigen Abteilungen
nicht enthalten sind:

a) Bibeln und Teile von Bibeln

b) Gesangbücher

c) Katechismen

d) Schul- und Erziehungsschriften

e) Deutschamerikanische Kalender (von 1760—1879
ununterbrochen) und periodische Schriften

f) Sonstige Schriften.

Aeltere Werke über Amerika und die Deutschen daselbst, welche
in Deutschland verlegt worden sind, waren vom Archiv-Komitee sehr
gesucht, und eine ganze Reihe von solchen befindet sich in der Sammlung der Deutschen Gesellschaft. Der Wert der alten deutschamerikanischen Drucke stieg mit jedem Jahre. Soweit sie Eigentum des
Archivs der Gesellschaft waren, wurden sie, um sie vor der Gefahr
der Zerstörung zu schützen, im Jahre 1881 in dem feuerfesten Gewölbe der Zions-Kirche mit Einwilligung Pastor Dr. Mann's und
des Kirchenrats deponiert.

Unter den Anschaffungen des Jahres 1883 wird besonders hervorgehoben ein vollständiger Abdruck der amtlichen Dokumente —
nicht die Originalausgabe — in Verbindung mit den Kolonisations-
plänen des Schwedenkönigs Gustav Adolph, der in dem in 1618
begonnenen dreißigjährigen Kriege eine so große Rolle spielte und
am 16. November 1632 in der Schlacht von Lützen fiel. Die Dokumente sind in der Geschichtsliteratur bekannt als „Argonautica Gu-
staviana". Des Königs Kanzler, Axel Graf von Oxenstierna, nahm
den Plan auf. Er schickte im Jahre 1638 zwei Schiffe unter Befehl
des aus holländischen in schwedische Dienste übergetretenen ersten
Gouverneurs von Neu-Amsterdam, des Deutschen Peter Minnewit,
nach der Mündung des Delaware, wo „Neu-Schweden" gegründet
wurde, das sich bis zu dem heutigen Philadelphia erstreckte.

Im Jahre 1884 wurden einige der seltenen Drucke und Werke
in dem feuerfesten Gewölbe der Historical Society of Pennsylvania,

1300 Locuſt Straße, mit Genehmigung derſelben deponiert. Sie
konnten mit Erlaubnis des Archiv-Komitees im Bibliotheksſaale der
genannten Geſellſchaft eingeſehen werden. Profeſſor Oswald Seidenſticker regte die Frage an, ob es nicht angemeſſen wäre, das
Archiv-Komitee eingehen zu laſſen, da die ſeiner Obhut unterſtellte
Sammlung einen ſpeziellen Teil der Bibliothek bilde, alſo dem
Bibliotheks-Komitee zugewieſen werden könnte. Die Anregung
wurde indeſſen nicht gutgeheißen.

Zu den Denkwürdigkeiten, welche der Deutſchen Geſellſchaft
übergeben wurden, gehörten auch die Fahne der Waſhington Guards,
der erſten deutſchen Militär-Organiſation Philadelphias, und deren
vom Jahre 1841 datierter Freibrief. General J. F. Ballier, der
im mexikaniſchen und im Bürgerkriege für die Sterne und Streifen
gekämpft hatte, überreichte beide Andenken am 20. März 1885,
begleitet von einer Delegation ſeiner getreuen Cannſtatter. Damals
lebten noch vier ehemalige Mitglieder der im Jahre 1836 in Philadelphia von dem aus der Ludwigsburger Militärverſchwörung bekannten Ernſt L. Koſeritz gegründeten erſten deutſchen Miliz-Kompagnie des Landes. Am 18. Juni 1885 überſandte einer der vier,
Herr Gottlieb Kappes, ſeinen Degen, nachdem er zwei Jahre vorher
ſein vom Jahre 1836 datiertes Mitglieds-Diplom geſchenkt hatte.
Eine andere militäriſche Reliquie der Geſellſchaft iſt die ihr am 16.
September 1886 überreichte Fahne des 98. Pennſylvania-Frei-
willigen-Regiments, das in den Kämpfen für Erhaltung der Union
ſich in ſo hervorragender Weiſe ausgezeichnet hatte und der Mehrzahl nach aus Deutſchen beſtand. Als General John F. Ballier, der
es befehligt hatte, anfangs des Jahres 1893 ſtarb, wurde der Geſellſchaft von den Hinterbliebenen ein mit Pamphleten, Büchern und
Waffen gefüllter Schrank geſchenkt. Der Verwaltungsrat dankte
dafür am 27. Februar 1893. Das Geſchenk wurde dem Archiv übergeben.

Wiederholt wandte ſich Dr. Seidenſticker in ſeiner Eigenſchaft
als Vorſitzer des Archiv-Komitees an die Mitglieder der Deutſchen
Geſellſchaft und ihre Freunde mit der Bitte um Zuwendung von
deutſchamerikaniſchen Büchern, Flugſchriften, Zeitungen und Berichten. Er erklärt einmal: „Es ſind nicht allein alte und ſeltene
Sachen von Bedeutung; was in der Gegenwart vorgeht, wird der-
einſt auch Gegenſtand der Geſchichte ſein, und dann iſt das gedruckte

oder geschriebene Wort, welches Zeugnis vom Geschehenen ablegt, von hohem Werte."

Der Umzug der Deutschen Gesellschaft nach ihrem neuen Gebäude an Marshall und Spring Garden Straße hatte natürlich auch für das Archiv-Komitee, an dessen Spitze im Jahre 1888 der Schweizer Konsul, Herr Rudolph Koradi, getreten war, eine bedeutende Menge von Arbeit im Gefolge, doch unterzogen sich ihr die Mitglieder desselben mit größtem Eifer und brachten bald wieder Ordnung in das Archiv in seinem neuen Quartier.

Im Jahre 1889 ward dem Archiv durch Frau Louis Lämmel von 1439 Ridge Avenue eine Sammlung von höchst originellen Gedichten und Citaten überwiesen, welche von Franz Daniel Pastorius eigenhändig und sorgfältig geschrieben waren. Sie gilt mit Recht als einer der Hauptschätze der Sammlung.

Das Archiv, mit dem nach dem Umzuge die bisher in dem feuerfesten Gewölbe der Historical Society of Pennsylvania aufbewahrten Drucke etc. wieder vereinigt worden waren, wurde in 1889 der Kontrolle des Bibliothekars unterstellt, um seinen Inhalt solchen Personen, welche für wissenschaftliche und literarische Forschungen darauf angewiesen sind, leichter zugänglich zu machen. Die mühsame Arbeit der Ordnung und Katalogisierung des Archivs übernahm Dr. E. R. Schmidt. Er konnte deren Resultat im Jahre 1890 dem Archiv-Komitee übergeben. Die Sammlung bestand danach aus 3,250 Drucken, nämlich aus:

1700 Bänden in Buchform, geordnet und verzeichnet nach Fächern und Daten;

450 Nummern periodischer Schriften, auf gleiche Weise geordnet;

450 Pamphleten, mit Angabe des Inhalts und mit Nummern bezeichnet nach Fächern geordnet;

250 Nummern alter und neuerer deutschamerikanischer Zeitungen und Kalender nach Jahren und Druckorten geordnet;

200 Vereinsberichten;

150 losen Flugblättern in deutscher Sprache;

50 Bänden von Congreß-Berichten und städtischen Dokumenten.

In seinem Bericht für das Jahr 1892 weist Dr. Seidensticker, der wieder an der Spitze des Archiv-Komitees stand, darauf hin, daß Deutsch-Amerikaner in anderen Städten, wie Baltimore, New York, Cincinnati und Chicago Sammlungen historischen Materials begonnen und Vereinigungen zur Erforschung der dortigen deutschamerikanischen Geschichte gegründet hätten. Ferner berichtet er, daß in jüngster Zeit in unserem Staate die deutsch-pennsylvanische Gesellschaft, die niederländische Gesellschaft und die jüdisch-historische Gesellschaft entstanden seien, welche sich ebenfalls Geschichtsforschung zur Aufgabe gemacht hätten.

Am 10. Januar 1894 starb Prof. Oswald Seidensticker, der so innig mit der Deutschen Gesellschaft verbunden war und der mit Recht als der „Vater der deutschamerikanischen Geschichtsforschung" bezeichnet worden ist. Am 25. Februar fand ihm zu Ehren eine Trauerfeier in der Halle der Deutschen Gesellschaft statt. Sein Nachfolger als Vorsitzer des Archiv-Komitees wurde wieder Konsul Koradi. Von Prof. Herzog wurde zur leichteren Benutzung des Archivs ein Zettelkatalog angelegt, der längere angestrengte Arbeit notwendig machte.

Im Jahre 1900 überwiesen wurden dem Archiv von Prof. Hermann Faber ein Diplom der Deutschen Gesellschaft vom 20. Dezember 1791, unterzeichnet von dem damaligen Präsidenten Friedrich August Mühlenberg, und ein Zeugnis vom Jahre 1771 mit der Unterschrift des Vaters des Vorigen, Pastor Heinrich Melchior Mühlenberg, des Patriarchen der lutherischen Kirche in Amerika, dem im Oktober 1917 ein Denkmal errichtet werden wird. Herr Faber hatte die beiden Dokumente unter alten Papieren des Leuchtturmwächters in Essington, Pa., Joseph Hall, aufgefunden.

Die Sammlung wertvoller historischer Andenken wurde im Jahre 1900 durch eine Tabakspfeife vermehrt, welche Kronprinz Friedrich Wilhelm, „Unser Fritz," während des deutsch-französischen Krieges 1870-71 benutzt hatte. Sie war in den Besitz General George R. Snowden's übergegangen und wurde durch Vermittlung Herrn M. Richards Muckle's der Deutschen Gesellschaft übergeben. Ihre Echtheit wurde von Monsignor J. A. Stephan in Washington, D. C., bestätigt.

Auf Antrag Pastor Wischan's wurde am 17. Januar 1901 beschlossen, für die wertvollen Schätze des Archivs einen feuerfesten

Platz in dem Gebäude der Gesellschaft zu schaffen. Sie wurden im Laufe des Jahres in dem feuerfesten Gewölbe im Erdgeschoß der Halle untergebracht.

Prof. Hermann Faber stiftete vier Skizzen in Wasserfarben, welche das Wohnhaus des berühmten Indianer-Unterhändlers Conrad Weiser und seine Grabstätte am Tulpehocken bei Womelsdorf, Pa., darstellen. Ferner bereicherte er die Sammlung der Dokumente um 98 Schriftstücke aus der Zeit von Ende des achtzehnten Jahrhunderts bis 1820, die auf die Weisers und Baron von Stiegel, den ersten Groß-Industriellen Pennsylvaniens, Bezug haben. Herr Horace J. Smith schenkte dem Archiv eine photographische Reproduktion des berühmten Protestes deutscher Quäker in Germantown gegen die Sklaverei, der am 18. April 1688 angenommen worden war.

Auch das Archiv-Komitee beklagte das Ableben des langjährigen Bibliotekars, Herrn Prof. J. B. Hertzog, als schweren Verlust.

In der letzten Sitzung des Jahres 1901 hatte das Komitee beschlossen, sich in einem Rundschreiben an geeignete deutsche Kreise im Lande zu wenden und auf das Archiv der Gesellschaft hinzuweisen. Es hatte daran die Bitte um Zusendung weiteren Materials, das für die Geschichte des amerikanischen Deutschtums von Interesse wäre, geknüpft. Die Aufmerksamkeit weiter Kreise wurde dadurch auf das Archiv gelenkt. Durch die Pastoren Wischan, von dem die Anregung ausgegangen war, und Müller wurden hiesige deutsche Kirchengemeinden für das Archiv interessiert und zu Zuwendungen veranlaßt.

Das Archiv-Komitee beschäftigte sich im Jahre 1903 mit Besprechungen darüber, wie der im Jahre 1881 gegründete Pionier-Verein, dessen Wirken von größter Bedeutung gewesen ist, neubelebt und reorganisiert werden könnte. Auch nach dieser Richtung hin hatte Herr Koradi Erfolg zu berichten. In der letzten Versammlung des Verwaltungsrates der Gesellschaft im Jahre 1904 drückte derselbe dem bewährten Vorsitzenden des Archiv-Komitees anläßlich seines achtzigsten Geburtstages dadurch seine Anerkennung aus, daß die Mitglieder sich von ihren Sitzen erhoben. Herr Koradi starb, allgemein betrauert, am 12. Januar 1907. Sein Nachfolger als Vorsitzer des Archiv-Komitees wurde Herr C. F. Huch, der Herausgeber der „Mitteilungen des Pionier-Vereins".

Zu den Bilderschätzen der Deutschen Gesellschaft gesellten sich im Jahre 1905 ein sprechend ähnliches Portrait des Gründers des ersten deutschen Männergesang-Vereins in den Vereinigten Staaten, des am 15. Dezember 1835 gegründeten „Männerchor" in Philadelphia, Herrn J. M. Wolsieffer, ein Bild des fast fünfzig Jahre als Dirigent tätig gewesenen Herrn F. W. Künzel und ein Oelgemälde Herrn Hermann Faber's, den Patriarchen der deutschen lutherischen Kirche Nordamerikas, Heinrich Melchior Mühlenberg, darstellend. Das Ableben eines eifrigen Mitgliedes des Archiv-Komitees, Pastor Friedrich Wischan's, gab Anlaß zu Beileids-Beschlüssen. Sein Nachfolger wurde Prof. Daniel B. Shumway von der Universität von Pennsylvanien.

Bei einem Besuche in Philadelphia im Jahre 1906 besuchte der berühmte deutschamerikanische Geschichtsforscher und Schriftsteller, Herr H. A. Rattermann aus Cincinnati, O., das Archiv und sprach sich höchst bewundernd über die reichhaltige Sammlung aus. Sie wurde immer häufiger von Herren aufgesucht, welche sich mit deutschamerikanischen Geschichtsstudien beschäftigen. Das Archiv beschickte die Jamestowner Ausstellung (1907) mit einer von Prof. Learned zusammengestellten Kollektion. Im Jahre 1908 gingen besonders wertvolle Schenkungen ein, namentlich vollständige Jahrgänge deutschamerikanischer, nicht mehr bestehender Zeitungen. Sie geben hauptsächlich über die Geschichte des Deutschtums Philadelphias und Pennsylvaniens Aufklärung. Das Material des Archivs wird nicht entliehen, doch ist seine Benutzung in der Bibliothek der Deutschen Gesellschaft gestattet. Vorsitzer des Archiv-Ausschusses wurde für das Jahr 1914 Pastor Georg von Bosse, der Verfasser des preisgekrönten Werkes „Das deutsche Element in den Vereinigten Staaten", an Stelle des erkrankten Herrn C. F. Huch, welcher anfangs des Jahres 1914 starb. Tief betrauert wurde auch das im Jahre 1913 erfolgte Ableben Herrn Hermann Faber's, der dem Archiv viele wertvolle Zuwendungen gemacht hatte.

Im Jahre 1914 wurden dem Archiv einverleibt: ein von Wm. Gabriel erstandener und von Dr. Hexamer übersandter Miniatur Roter Adler-Orden, die zum 150jährigen Bestehen der Deutschen Gesellschaft eingegangenen Glückwunschschreiben und ein Pokal, der seiner Zeit dem Freiheits-Märtyrer Robert Blum von Studenten verehrt und von Karl Borm, in dessen Besitz er übergegangen, Dr.

Hexamer geschenkt worden war. Letzterer übergab ihn der Gesellschaft an deren 150. Geburtstage.

Während der Kriegszeit richtete der Archiv-Ausschuß sein Augenmerk hauptsächlich darauf, alles zu sammeln, was die Stellung
Amerikas und insbesondere der Deutschamerikaner zu Deutschland
kennzeichnet. Für spätere Geschichtsforscher wird das von bleibendem Werte sein. Die Erwählung Pastor von Bosse's zum Sekretär
der Deutschen Gesellschaft anfangs des Jahres 1917 machte eine
Neubesetzung der Stelle des Vorsitzers des Archiv-Ausschusses notwendig. Pastor Dr. E. F. Bachmann wurde von Präsident Mayer
ernannt.

Die Gesamtkosten des Archivs, dessen Sammlung anfangs des
Jahres 1917 aus 3000 Bänden und 50 Handschriften bestand, in
dem Zeitraum von 1876 bis 1916 incl. stellten sich auf die bescheidene
Summe von $634.63; sie ist lächerlich gering in Anbetracht der
reichen Schätze, die diese in ihrer Art hervorragendste Sammlung
deutschamerikanischen Geschichtsmaterials enthält. Sie wurde fast
ausschließlich durch Zuwendungen von Freunden und Mitgliedern
der Gesellschaft ermöglicht. Ihnen gebührt auch an dieser Stelle
aufrichtiger Dank für den wertvollen Besitz, den sie nicht allein der
Deutschen Gesellschaft, sondern dem Deutschtum des ganzen Landes
gesichert haben, dessen Geschichtsforscher an dem Archiv eine Quelle
besitzen, die zum größten Teil noch unbenutzt ist. Möge die Sammlung überall die gebührende Beachtung finden. Beiträge von bleibendem Wert für die Geschichte des amerikanischen Deutschtums
können daraus erschlossen werden.

Reden und Vorlesungen.

Der erste Redeaktus, welcher von der Deutschen Gesellschaft veranstaltet worden war, fand am 20. September 1782 statt und galt
der Feier der Verleihung des Freibriefes durch die Assembly von
Pennsylvanien, welche am 20. September 1781, also ein Jahr vorher, durch Unterschrift des Sprechers, Friedrich August Mühlenberg,
erfolgt war und der Gesellschaft korporative Rechte gegeben hatte.
Die letzte derartige Feier wurde im Jahre 1796 abgehalten. Vorträge wurden im Jahre 1867 auf Antrag Herrn W. J. Kiderlen's
eingeführt.

Protokolle und Jahresberichte geben über die seit dem Winter-semester 1876-77 bis zum Jahre 1889 gehaltenen Vorträge keine Auskunft, und es erscheint zweifelhaft, ob solche überhaupt in An-betracht der mißlichen und ungenügenden Fazilitäten der alten Halle an 7. Straße stattfanden. Den Reigen der Vorträge in der neuen Halle eröffnete Dr. C. J. Hexamer am 26. Oktober 1889 mit einem solchen über „Elektrizität", der lebhaften Anklang fand. Auch an-dere Mitglieder des „Kosmos", einer inzwischen eingegangenen ge-sellig - wissenschaftlichen Vereinigung, traten mit Vorträgen in der Halle der Deutschen Gesellschaft vor die Oeffentlichkeit. Der Eintritt zu den Vorträgen war absolut frei, und Jeder war dazu willkommen. An dieser Bestimmung ist streng festgehalten worden. Ja, die Deutsche Gesellschaft hat sogar die Ausgabe für Zeitungs-Anzeigen nicht gescheut, um auf besonders interessante Vorträge in ihrer Halle das Publikum aufmerksam zu machen und es zum Besuche einzuladen, um so der erzieherischen Aufgabe, welche sie über ihren anderen Zielen und Zwecken nie versäumt hat, gerecht zu werden.

Im Winter 1894-95 hielt Prof. J. B. Hertzog einen Cyklus von Vorträgen über deutsche Literatur, welchem er im nächsten Winter einen solchen über griechische und römische Klassiker folgen ließ, ferner hielten Vorträge Dr. Hexamer, Pastor S. G. Müller und Herr Rudolph Blankenburg.

In dem Jahresbericht des Bibliotheks-Komitees von 1896 wird von dem Vorsitzer, Dr. Hexamer, der während des Jahres eine drei-monatliche Reise nach Afrika und Asien gemacht hatte, Klage über den schwachen Besuch der Vorträge geführt. Er schreibt: „Es ist noch immer ein frommer Wunsch, daß die Gebildeten unter den in Philadelphia ansässigen Deutschen sich mehr wie bisher an den Bestrebungen der Deutschen Gesellschaft beteiligen möchten." Er spricht den Herren, welche, obwohl Nicht-Deutsche, bereitwilligst sich zur Uebernahme von Vorträgen verpflichteten, den wärmsten Dank aus. Im Winter 1896-97 hielten Vorträge:

Am 22. Oktober 1896: Dr. Max W. Müller, Professor der hebräischen Sprache an der Universität, über „Aegypten's Bauten und Ruinen", illustrirt.
Am 19. November 1896: Dr. S. M. Lindsay, Hilfs-Professor an der Universität, über „Die Geschichte des Armenwesens, beson-ders in den Vereinigten Staaten".

Am 10. Dezember 1896: Hermann Faber über „Künstler-Streif-
züge in Großbritannien und Holland".

Am 14. Januar 1897: Frl. Charlotte Große über „Die Zeit
der Renaissance in Deutschland".

Am 28. Januar 1897: Dr. Marion Dexter Learned, Professor der germanischen Sprachen u. Literatur an der Universität von
Pennsylvanien, über „Die Freiheits-Idee in der deutsch-amerikanischen Literatur".

Am 18. Februar 1897: Dr. John Quincy Adams, Hilfs-
Professor an der Universität, über „Die Orientalische Frage".

Am 18. März 1897: Prof. C. Theo. Eben über „Der Mars, unser nächster Nachbar."

Am 22. April 1897: Dr. Jos. Bernt über „Die Agentur der
Deutschen Gesellschaft und ihre Tätigkeit".

Der Besuch der Vorträge besserte sich beständig; an einigen
Abenden vermochte der große Saal im Gebäude der Gesellschaft die
Zuhörer kaum zu fassen. Das Unternehmen fand lebhaften Anklang.
Das Programm der Vorträge der nächsten Saisons war folgendes:

Am 27. Oktober 1897: Dr. C. J. Hexamer über „Syrien" mit
Lichtbildern.

Am 11. November 1897: Prof. Dr. Müller über „Aegypten vor
4,000 Jahren", illustrirt.

Am 24. November 1897: Dr. Philipp Fischelis über „Die
menschliche Stimme im gesunden und kranken Zustande", illustrirt.

Am 2. Dezember 1897: Prof. Carl F. Brede über „Norwegen"'
illustrirt.

Am 16. Dezember 1897: Frl. Charlotte Große über „Fritz
Reuter".

Am 6. Januar 1898: Prof. Dr. Shumway von der Pennsylva-
nien-Universität über „Der fahrende Schüler des Mittelalters."

Am 27. Januar 1898: Pastor F. Wischan über „Italien", illustrirt.

Am 17. Februar 1898: Prof. J. B. Hertzog über „Die Bibliothek
und das Archiv der Deutschen Gesellschaft".

Am 24. März 1898: Prof. Dr. Marion D. Learned über
„Das Nibelungen-Lied in Wort und Bild", illustrirt.

Am 3. November 1898: Dr. C. J. Hexamer über „Konstantino-
pel", illustrirt.

Am 8. Dezember 1898: Prof. Dr. A. Späth „Vor fünfzig Jahren".

Am 26. Januar 1899: „Aus Deutschland's Gauen", Vortrag gehalten
von Pastor F. Wischan, illustrirt.

Am 9. Februar 1899: Prof. J. B. Hertzog über „Die Literatur
der Araber und Perser".

Am 9. März 1899: Prof. C. Theo. Eben über „Eine todte Welt"
(Der Mond) illuftriert.

Am 6. April 1899: Prof. Dr. H. B. Hilprecht über „Die ältefte
Stadt der Welt", illuftriert.

Am 9. November 1899: Dr. Carl L. Henning über „Die Onon-
dago-Indianer des Staates New York."

Am 14. Dezember 1899: Prof. I. B. Herzog über „Goethe und
feine Zeit".

Am 11. Januar 1900: Paftor F. Wifchan über „Die Kreuzzüge"
mit Lichtbildern.

Am 21. Februar 1900: Prof. C. T. Eben über „Die Riefen des
Planeten-Syftems".

Am 22. März 1900: Prof. Dr. D. B. Shumway über „Deut-
fches Familienleben im 16. Jahrhundert" (zur Zeit der Refor-
mation).

Am 1. März 1900: Prof. Dr. Albert Haas über „Die neuefte
deutfche Literatur".

Am 1. November 1900: Dr. C. L. Henning über „Bilder aus der
Urgefchichte der Menfchheit".

Am 13. Dezember 1900: Frl. Charlotte Groffe über „Das
Volkslied".

Am 7. Februar 1901: Dr. Albert Haas über „G. E. Leffing".

Am 7. März 1901: Dr. C. L. Henning über „Deutfche und ame-
rikanifche Gefchichte".

Am 28. März 1901: Prof. Carl Theodor Eben über „Die
neue Zeit und die neue Uhr".

Am 11. April 1901: Paftor F. Wifchan über „Von der Alpenwand
bis zum Oftfeeftrand", illuftrirt.

Am 23. Januar 1902: Paftor F. Wifchan über „Eine Reife
durch Deutfchland und Böhmen", illuftrirt.

Am 13. Februar 1902: Architekt A. Schumann über „Architektur des 19. Jahrhunderts", illuftrirt.

Am 27. März 1902: Prof. C. T. Eben über „Edgar Allen Poe".

Des Umbaus der Halle wegen mußten die für Ende des Jahres
1902 und Anfang des Jahres 1903 geplanten Vorlefungen und
Vorträge ausfallen. Am 16. April 1903 ftellte Herr Friedrich
Lefer, der Vorfizer des Bibliotheks-Komitees, in der Vierteljahres-
Verfammlung folgendes Amendement zu den Nebengefezen, welches
angenommen wurde:

„Für das Veranftalten von Vorträgen, Feftlichkeiten und
Unterhaltungen in der Deutfchen Gefellfchaft foll ein weiteres
Komitee von 5 Mitgliedern vom Präfidenten jährlich ernannt
werden; der jeweilige Vorfizer foll Siz und Stimme im Verwaltungsrat haben und hat in demfelben über die Tätigkeit
des Komitees Bericht zu erftatten."

Die Vorträge unterstanden somit einem neuen Komitee. Bis dahin hatte der Bibliotheks-Ausschuß dafür zu sorgen gehabt. Erster Vorsitzer des Komitees für Vergnügungen und Unterhaltungen wurde Herr Chas. H. Breitbarth. Folgende Vorträge wurden gehalten:

Am 20. November 1903: Rudolph Cronau über „2½ Jahrhunderte Deutschen Lebens in Amerika", illustriert durch 100 Lichtbilder.

Am 28. Januar 1904: Dr. Naaman H. Keyser über „Revolutionary Landmarks in and about Germantown", illustrirt.

Am 25. Februar 1904: Henry F. Urban, New York.

Am 24. März 1904: Prof. Dr. Späth, Thema nicht genannt.

Am 20. Oktober 1904: Dr. Ernst Henrici, Baltimore, Thema nicht genannt.

Am 2. November 1904: Konrad Nies trägt seine Dichtungen vor.

Am 23. Januar 1905: Dr. B. A. Baer, Thema nicht genannt.

Am 24. Februar 1905: Prof. Dr. A. Späth, Thema nicht genannt.

Im Jahre 1905 trat Herr Richard Strohm an die Spitze des Komitees für Vergnügungen und Unterhaltungen. Es hielten Vorträge:

Am 23. Oktober 1905: Rudolph Cronau über „Marocco", illustrirt.

Am 17. Januar 1906: Prof. Dr. Learned über „Benjamin Franklin" anläßlich der Feier seines 200. Geburtstages.

Am 15. Februar 1906: Richard Pertuch über „Photographische Studien", illustrirt.

Am 18. Februar 1907: Prof. Eugen Kühnemann, aus Breslau, Austausch-Professor der Harvard-Universität, über „Henrik Ibsen".

Am 26. April 1907: Prof. D. Otto Hoetzsch, Rektor der königlichen Akademie in Posen, über „Deutschland und Amerika im Lichte der Geschichte".

Am 21. Oktober 1907: Rudolph Cronau aus New York über „Die Quellen des Rheins".

Am 24. November 1907: Dr. Ernst Richard, Professor an der Columbia-Universität, über „Das moderne Deutschland".

Am 2. Dezember 1907: Dr. Karl Detlev Jessen, Professor am Bryn Mawr College, über „Was schuldet der Deutsche in Amerika seiner Sprache".

Am 12. Januar 1908: Prof. Dr. Julius Göbel von der Harvard Universität über „Fichte und seine Reden an die deutsche Nation", gelegentlich der Fichte-Feier.

Am 23. Januar 1908: Prof. D. P. Clemen aus Bonn, Austausch-

Profeſſor an der Harvard-Univerſität über „Die moderne deutſche
Plaſtik”.

Am 6. Februar 1908: Prof. Dr. R. Leonhard aus Breslau,
Austauſch-Profeſſor an der Columbia-Univerſität in New York,
über „Richard Wagner als Politiker”.

Ferner hielt Dr. R. H. Riethmüller einen Chllus von elf
Vorträgen während des Winters 1907=08 über das deutſche Dra=
ma und ſeine Hauptvertreter, wobei er durch Recitationen Herrn
Sigismund Elfeld's vom Deutſchen Theater unterſtützt wurde.

Am 25. März 1908: Dr. Hermann Anders Krüger aus
Hannover über das Thema „Der deutſche Bildungsroman ſeit
Wilhelm Meiſter”.

Am 10. Mai 1908: Die Schriftſtellerin und Dichterin, Frau Lotta
L. Leſer über „Ein Märchen aus Hindoſtan.—Die Entſtehung
der Muſik”.

Am 26. Oktober 1908: Rudolph Cronau über „Zu Fuß durch's
Engadin”.

Am 12. November 1908: Paſtor Dr. Julius Hofmann aus
Baltimore über „Liliencron”.

Am 3. Dezember 1908: Paſtor Dr. Julius Hofmann über
„Die deutſchen Stämme in Sprache und Geſchichte”.

Am 21. Dezember 1908: Carl Hauptmann, der Bruder des
großen deutſchen Dramatikers, über „Die Wirklichkeit”.

Am 24 Januar 1909: Dr. Albrecht F. K. Penck, Profeſſor der
Geographie an der Univerſität Berlin und Austauſch-Profeſſor
an der Columbia Univerſität, N. Y., über „Das Alter des Men=
ſchengeſchlechts”, illuſtrirt.

Aus der Liſte der Vortragenden iſt zu erſehen, daß das Komitee
es ſich angelegen ſein ließ, die hervorragendſten Vertreter deutſcher Wiſſenſchaft und Kunſt, welche nach den Vereinigten Staaten
gekommen waren, um die geiſtigen Bande zwiſchen hüben und drüben
enger zu knüpfen, zu Vorleſungen in der Halle der Deutſchen Geſellſchaft zu veranlaſſen, damit ſie auch hier deutſches Geiſtesleben be-
fruchteten und förderten. Daß dieſe Bemühungen nicht ohne bedeutende Unkoſten für die Deutſche Geſellſchaft verknüpft waren, bedarf
wohl nicht erſt beſonderer Erwähnung. Weitere Vorträge:

Am 21. März 1909: Der Dichter Friedrich Michel aus New York
über „Deutſch-heimatliche, deutſch-amerikaniſche und eigene Dich=
tungen.”

Am 28. April 1909: Prof. Dr. Eugen Kühnemann über
„Leo Tolſtoi”.

Am 25. Mai 1909: Prof. Dr. Julius Göbel von der Illinois
Univerſität über „Das Jubiläum der Pfälzer Einwanderung”.

Am 21. Oktober 1909: Rudolph Cronau über „Die Schlacht im Teutoburger Walde und ihre Bedeutung", illustriert.

Am 6. Dezember 1909: Prof. Max Friedländer von der Universität Berlin über „Das deutsche Volkslied", durch Gesang-vorträge illustrirt.

Am 7. Januar 1910: Prof. Dr. Julius Göbel über „Die deutsche Volksliteratur als Spiegel der deutschen Volksseele".

Am 12. Februar 1910, Lincolns Geburtstag: Prof. Dr. A. Spaeth über „Lincoln und Bismarck".

Am 14. März 1910: Pastor Johannes Schubert aus Egg Harbor, N. J., über „Ernst Moritz Arndt."

Am 29. April 1910: Dr. Ernst Richard von der Columbia Universität über „Grundlage und Ziele der modernen Friedens-bewegung".

Am 16. Januar 1911: Der bekannte deutsche Dichter und Schriftsteller, Ernst Freiherr von Wolzogen über „Dreißig Jahre Deutsche Literatur-Geschichte. Persönliche Erinnerungen und Eindrücke".

Am 12. Februar 1911: Der Kaiser Wilhelm-Professor Dr. Ernst Dänell über „Deutschland und die europäischen Lage".

Am 25. April 1911: Richard Tjaber aus Rowayton, Conn., über „Eine Jagd in Afrika", illustrirt durch Lichtbilder.

Am 16. Oktober 1911: Der deutsche Dichter Rudolf Herzog über „Lebensbejahung und eigene Dichtungen".

Am 30. Oktober 1911: Rudolph Cronau über „Alt-Deutschland's Herrlichkeit und Neu-Deutschland's Größe", illustrirt durch Licht-bilder. Dem Vortrage wohnten auf Einladung des Vorstandes der Kommandänt, zehn Offiziere und 48 Kadetten des deutschen Schulschiffes „Hansa" bei, denen zu Ehren nach der Vorlesung ein Empfang stattfand. Die Festlichkeit fand im Bibliothekssaale statt. Es war ein echt deutscher Abend, an den sich namentlich die Jugend mit Freude erinnern wird.

Am 24. November 1911: Der Dichter Conrad Nies über „Ameri-ka's deutsche Dichter".

Am 13. Februar 1912: Pastor Johannes Schubert über „Der alte Fritz", gelegentlich des 200. Geburtstages des großen Preußenkönigs.

Am 6. Oktober 1912: Rudolph Cronau über „1812-13, Napo-leons Feldzug nach Rußland und Deutschland's große eiserne Zeit" illustrirt durch Lichtbilder.

Am 25. November 1912: Pastor Johannes Schubert über „Ludwig Uhland" anläßlich des 50. Todestages des Dichters.

Am 6. März 1913: Prof. Rudolph Euden von der Universität Jena über „Die weltgeschichtliche Bedeutung des deutschen Geistes".

Am 21. Oktober 1913: Albert Vogel aus Holland, glänzende Re=
citation der Tragödie „Oedipus" von Sophokles.

Am 12. Dezember 1913: Der bekannte deutsche Dichter Ludwig
Fulda über „Berlin und das deutsche Geistesleben".

Am 8. Januar 1914: Prof. U. R. Hohlfeld von der Staats=Uni=
versität von Wisconsin über „Neudeutsche Kultur".

Am 19. Januar 1914: Dr. Karl Rathgen vom Kolonial=Institut
Hamburg, Kaiser Wilhelm=Austausch=Professor an der Columbia
Universität, über „Gegenwärtige Probleme des Wirtschaftslebens
in Deutschland".

Am 8. Februar 1914: Dr. von der Leyen aus München, Aus=
tausch=Professor an der Yale=Universität, über „Deutsche Helden=
sage und Völkerwanderung".

Am 22. Februar 1914: Der holländische Recitator Albert Vogel
trägt berühmte Balladen vor.

Am 1. März 1914: Dr. Ernst von Dobschütz aus Halle, Kaiser
Wilhelm=Austausch=Professor an der Harvard Universität über
„Aus der Kulturgeschichte der Bibel".

Zum Vorsitzer des Ausschusses für Vorlesungen und Unterhal=
tungen war für 1914 Herr Hermann Heyl ernannt worden, nachdem
Herr Richard Strohm der Deutschen Gesellschaft, um welche er sich
bedeutende Verdienste erworben hatte, am 4. Januar 1914 durch
den Tod entrissen war. Herr Heyl hatte schon vorher als Sekretär
des Ausschusses das Amt des erkrankten Vorsitzenden verwaltet.

Der Krieg machte, wie so vielem Anderen, was in Deutsch=Ame=
rika zu herrlicher Blüte emporzustreben schien, auch den Vorträgen
in der Deutschen Gesellschaft ein Ende.

Siebenter Abschnitt.

Die Finanzen der Deutschen Gesellschaft.

An anderer Stelle sind die Summen angeführt worden, welche für Bar-Unterstützungen, für sonstige Hilfeleistungen, für Medizinen, für Fortsetzung der Abendschulen, für Preise an Schüler und Schülerinnen der Hochschulen, die sich im Studium der deutschen Sprache besonders ausgezeichnet haben, für Lehrer-Seminar-Stipendien, für die Bibliothek und das Archiv, sowie für Vorlesungen und in früheren Jahren für Weihnachtsbescherungen verausgabt worden waren. Dazu kommen die Gehälter des Agenten, des Hilfsagenten, solange das Amt bestand, des Bibliothekars, des Hausdieners, Steuern, Versicherungen, Unkosten des Anwaltes und ähnliches mehr. Wiederholt unterstützt wurde das Deutsche Seemannsheim in Philadelphia. Dem Deutschen Lutherischen Waisenhause wurden im Jahre 1890 $500 und dem Deutschen Protestantischen Altenheim kleinere Beträge zugewiesen

Die Einnahmen der Gesellschaft setzten sich zusammen aus Aufnahmegebühren, Beiträgen lebenslänglicher Mitglieder in Höhe von je $50 — dieselben werden nicht zur Bestreitung laufender Ausgaben benutzt, sondern dem Kapital der Gesellschaft überwiesen — Mitglieder-Beiträgen, Zinsen von Kapitalsanlagen, Einnahmen der Bibliothek, Ueberschüssen von Feiern, Schenkungen von Vereinen und Gönnern, Vermächtnissen, Mieten, freiwilligen Beiträgen und kleineren Einnahmen. Alle Vermächtnisse und Schenkungen werden, falls die Geber es nicht ausdrücklich anders bestimmen, dauernd angelegt und nur die Zinsen zur Förderung der Zwecke der Deutschen Gesellschaft verwendet. Einmalige größere Einnahmen ergaben der am 16. Oktober 1885 abgehaltene Gabentag, der mit einem Nachtrage im Ganzen $1,157 der Kasse der Gesellschaft zuwandte, und der vom 18. bis 30. November 1901 abgehaltene Bazar, dessen Ueberschuß in Höhe von $7000 zum Umbau der Halle verwandt wurde.

Nachstehende Aufstellung gibt Auskunft über die Einnahmen und Ausgaben der Deutschen Gesellschaft von Pennsylvanien vom Jahre 1876 bis zum Jahre 1916:

Einnahmen und Ausgaben.

Jahr.	Saldo ‡	Von lebensläugl. Mitgl.	Aufnahme-Gebühren	Mitglieder-Beiträge	Freiwillige Beiträge.	Sonstige Einnahmen	Gesammt-Einnahmen	Gesammt-Ausgaben
1876	2,645.15	300.00	190.00	3,449.00	246.50	2,123.30	8,954.95	5,536.55
1877	3,418.40	300.00	465.00	3,372.00	69.00	13,013.92*	20,639.32	7,402.58**
1878	3,501.49	150.00	235.00	3,105.00	63.00	2,368.79	9,423.28	6,514.42
1879	2,908.86	150.00	190.00	2,948.00	5.00	2,289.97	8,091.83	6,079.30**
1880	1,443.75	250.00	160.00	2,891.00	1.00	2,845.32	7,590.07	4,640.32**
1881	1,964.75	250.00	205.00	2,721.00	2.00	2,487.84	7,630.59	5,660.40
1882	1,970.19	55.00	170.00	2,811.00	1.00	3,188.03	8,195.22	5,670.66
1883	2,524.56	210.00	165.00	2,657.00	1.00	3,922.07	7,468.63	4,904.26**
1884	1,736.87	100.00	120.00	2,661.00	4.00	3,375.19	7,997.06	4,961.07**
1885	1,035.99	50.00	230.00	2,568.00	2.00	3,511.85	7,397.84	7,112.88
1886	284.96	105.00	190.00	2,503.00	7.00	4,387.50	7,377.46	6,266.60
1887	1,110.86	105.00	190.00	2,761.00	30.00	85,446.50°	89,758.36	7,458.31
1888	54,123.05	150.00	355.00	2,658.00	43.00	2,837.35	60,166.40	3,424.52§
1889	4,181.00	310.00	570.00	3,078.00	38.00	11,395.85	19,572.85	4,999.48b
1890	4,315.17	200.00	—	3,219.00	—	6,169.05	13,703.22	5,572.91
1891	2,243.14	—	—	2,764.00	—	21,092.30	26,102.44	6,201.44c
1892	868.48	50.00	255.00	2,599.00	12.00	6,439.18	10,223.66	9,657.59
1893	566.07	100.00	45.00a	2,285.00	21.00	9,653.11	12,670.18	11,012.74
1894	1,657.44	150.00	286.00	2,703.00	62.00	4,219.59	9,088.03	7,519.10
1895	1,568.93	100.00	200.00	2,712.00	12.00	11,268.01	15,860.94	6,021.44**

a) Vom Jahre 1893 betrug die Aufnahmegebühr nur $2.00, statt $5.00; ein neues Mitglied hatte 1893 noch die alte Aufnahmegebühr bezahlt.

b) An außergewöhnlichen Ausgaben wurden 1889 bezahlt: $1,483.53 für Einrichtung der neuen Halle; $274.67 für Eröffnungsfeier; $7,500 wurden in einer Hypothek angelegt.

c) Außerdem wurden zum Ankaufe von Hypotheken verwandt: $19,032.52.

§) Zu den Ausgaben des Jahres 1888 gesellten sich $37,688.69 a conto des Neubaues.

° Eingegangen $75,941.00 für alte Halle an 7. Straße; $1,905.00 als Vermächtnis von Josef Kinile. — Kaufpreis für neues Grundstück an Marshall und Spring Garden Straße $28,000.00.

‡) Bis zum Jahre 1882 wurden Saldo des Fundierungs-Contos und Baar in Kasse gemeinsam geführt; von 1883 nur Baar in Kasse.

*) Die ungewöhnliche Höhe der Einnahmen erklärt sich dadurch, daß die Gesellschaft auf Grund des Sieges in dem Prozeß gegen die Gas Trustees die Summe von $10,723.97 ausbezahlt erhielt.

**) Bei den Ausgaben sind nur die tatsächlichen Betriebs-Kosten, Unterstützungen etc. angegeben, nicht die durch neue Kapital-Anlagen veranlaßten.

Jahr.	Salbo	Von lebensl. längl. Mitgl.	Aufnahme-Gebühren	Mitglieder-Beiträge	Freiwillige Beiträge	Sonstige Einnahmen	Gesamt-Einnahmen	Gesamt-Ausgaben
1896	1,934.40	100.00	70.00	2,554.00	23.00	5,168.86	9,850.26	6,291.04**
1897	1,959.22	350.00	158.00	2,541.00	44.00	3,073.89	7,796.11	5,873.58
1898	1,922.53	50.00	44.00	2,440.00	24.00	3,921.76	8,402.29	5,936.63
1899	2,465.66	—	58.00	2,120.00	22.00	2,922.14	7,591.72	5,278.86**
1900	328.91	350.00	142.00	2,371.00	38.00	8,774.71	12,004.62	5,182.75**
1901	321.89	—	—	2,526.00	—	10,368.26	13,216.15	5,670.88
1902	7,545.27	—	—	2,301.00	—	25,735.63	35,581.92	6,695.07**
1903	8,636.41	—	—	2,434.00	—	10,506.41	21,576.41	10,974.15**
1904	1,525.88	—	—	2,000.00	—	8,068.80	11,594.68	5,666.47**
1905	1,604.35	—	—	2,327.00	—	7,944.28	11,876.63	5,403.53**
1906	1,909.77	50.00	62.00	2,001.00	32.00	10,495.14	14,549.91	6,413.71**
1907	580.45	50.00	64.00	1,959.00	36.00	24,010.79	26,600.24	5,754.98**
1908	1,852.55	—	66.00	1,954.80	33.00	7,557.88	11,464.43	7,299.37**
1909	139.36	50.00	22.00	1,763.00	26.00	12,469.72	14,609.44	5,695.08**
1910	811.34	150.00	42.00	1,889.50	31.00	6,959.24	9,883.08	5,882.67**
1911	485.29	100.00	42.00	1,812.00	32.00	6,067.72	8,539.01	5,716.07**
1912	2,022.94	200.00	50.00	1,751.00	36.00	4,101.61	8,161.55	5,837.93**
1913	300.33	400.00	206.00	1,915.00	33.00	8,368.95	11,223.28	6,078.45**
1914	2,243.83	—	70.00	1,906.00	46.00	10,329.11	14,594.93	5,736.11**
1915	1,038.37	50.00	56.00	1,888.00	66.00	11,112.69	14,211.06	7,825.70**
1916	749.53	—	30.00	1,816.00	57.00	25,269.17	27,921.70	4,812.24**
1917	3,609.46							

Ueber die Ausgaben für Unterstützung, Medizinen, Schule, Bibliothek, Archiv und ähnliches mehr ist an anderer Stelle berichtet worden. Für Gehälter wurden folgende Summen verausgabt:

Gehälter.

Jahr.	Gehalt des Agenten.	Gehalt des Hausdieners	Gehalt des Hilfsagenten, des Leiters des Arbeits-Nachweisungs-Büro*	Gehalt des Bibliothekars**
1876	$1,000.00	——	——	$300.00
1877	1,000.00	——	.	300.00
1878	1,000.00	——		300.00
1879	816.62	——		300.00
1880	800.00	——		225.00 für 9 Monate
1881	800.00	——		300.00
1882	800.00	——		300.00
1883	800.00	——		300.00
1884	799.43	——		300.00
1885	800.00	——	316.00	300.00
1886	800.00	——	520.00	300.00
1887	866.66	——	575.00	300.00
1888	800.00	——	500.00	227.00
1889	800.00	312.00	515.00	561.83
1890	800.00	349.00	502.00	502.17
1891	800.00	nicht angegeben	500.00	360.00
1892	800.00	364.00	520.00	360.00
1893	701.01	364.00	430.00	330.00
1894	780.00 für 13 Monate	——	510.00	360.00
1895	720.00	432.00	330.00	330.00
1896	744.00	468.00	434.00	360.00
1897	720.00	468.00	520.00	360.00
1898	786.00	477.00	614.00	360.00
1899	799.92	468.00	312.00 für halbes Jahr	360.00
1900	958.32 für 13 Monate	511.00 für 13 Monate	——	390.00 für 13 Monate

*) Ein Hilfsagent wurde als Leiter des Arbeits-Nachweisungs-Büros am 1. März 1885 angestellt, als dasselbe eröffnet wurde; der Posten wurde später mit dem des Agenten vereinigt und abgeschafft. Das geschah am 1. Juni 1899.

**) Bis zum Jahre 1880 incl. war neben dem Bibliothekar, der $200 pro Jahr erhielt, ein Hilfsbibliothekar zu $100 pro Jahr angestellt. Vom Jahre 1881 an wurde es dem Bibliothekar überlassen, sich selbst einen Gehilfen anzustellen und ihn zu besolden.

Seit dem Jahre 1901 sind die Gehälter des Agenten und der Bibliothekarin, sowie der Lohn des Hausdieners (Janitor) nicht spezifiziert in den Jahres-Berichten angegeben. Das Gehalt des Agenten betrug seit 1900 $900.00 pro Jahr.

Das Vermögen der Gesellschaft.

Ueber das Vermögen der Gesellschaft am 6. Januar 1917 gibt der Ausweis des Sekretärs, jetzigen Präsidenten, Herrn J. B. Mayer, folgenden Aufschluß:

Fundierungsgelder.

Am 7. Januar 1916 schuldete das Fundierungskonto an die
    Gesellschaft $3,414.15
Acht neue Hypotheken im Gesamtbetrage von 19,500.00
                                    $22,914.15

Abzüglich:

Ganz oder teilweise zurückbezahlte Hypothe-
    ken $19,200.00
Erlös aus verkauften $2000.00 der Inter.
    Nav. & Mercantile Marine Co. Bonds 2,197.50
                       ————— 21,397.50

6. Januar 1917, Schuld des Fundierungskontos an die
    Gesellschaft $1,516.65

Inventar.

Halle an der Nordwest-Ecke Spring Garden und Marshall
    Straße und Haus 524 Nord Marshall Str. im Werte
    von rund 70,000.00
Bibliothek und Archiv, Bestände an Büchern oder Doku-
    menten usw. 30,000.00
Haus an der Taggart Straße 1,500.00
4prozentige Bonds der Peoples & Electric Co. im Nenn-
    werte von 1,100.00
24 Hypotheken im Gesamtbetrage von 66,500.00
      (davon gehören $6500.00 dem Schleicherfond)
Jos. Kinike Freibett im Deutschen Hospital $5,000.00
Lutz Freibett im Deutschen Hospital 5,000.00

Immerwährende Versicherung der Gebäude der Deutschen
Gesellschaft, Prämie $750.00, bei Kündigung rückzahl-
bar, abzüglich 10 Prozent 675.00
Einrichtung der Bibliothek und Halle 5,000.00
6. Januar 1917 in der Bank und Bar 3,609.46

$178,384.46

Das „Inventarium" am 1. Dezember 1876 bestand der Aufstellung Sekretär Julius Siebrecht's zufolge aus folgenden Werten:

Grundeigentum 65,0000.00
Bibliothek und Archiv 10,500.00
Einrichtung der Halle und Office 3,000.00
Philadelphia Stadt-Schuldscheine 3,500.00
Hypothek auf des Haus 925 Franklin Str. 5,000.00
Perpetuirliche Versicherung, kündbar mit 5% Verlust 370.03

$87,370.03

Das Vermögen der Gesellschaft hat demnach von 1876 bis 1916
einen Zuwachs von $91,014.43 erfahren. Es befanden sich am 6.
Januar 1917 folgende

Urkunden und Wertpapiere im Verwahrsam des Schatzmeisters.

1. Urkunden mit Besitztiteln des Grundeigentums der Deutschen
   Gesellschaft.

2. Urkunde mit dem Besitztitel auf das Jos. Kinike Freibett im
   Deutschen Hospital.

3. Sechs Polizen der immerwährenden Versicherungen, wie folgt:
   „Pennsylvania Fire Insurance Company" (2), je 1 der „Fire
   Association," „Mechanics Fire Insurance Company", „Reliance
   Insurance Company" und „Lumbermens' Insurance Company"
   im Gesamtbetrage von $25,000.00, bei Kündigung mit 10 Pro-
   zent von der Prämie rückzahlbar.

4. Polizen in den folgenden Feuerversicherungs-Gesellschaften:

Continental	$5,000.00
Germania	4,000.00
German American	6,000.00
Springfield	3,000.00
Niagara	3,000.00
Peoples	4,000.00
Northwestern National	4,000.00
Connecticut	5,000.00

$35,000.00

5. Entschädigungspolizze der „Hartford Insurance Company".

6 4prozentige Bonds der Electric & Peoples Co. im Nennwerte von $1,100.00.

7. 28 Hypotheken im Gesamtbetrage von $66,500.00.

8. Urkunde mit dem Besitztitel auf das Grundeigentum 2211 Taggert Straße.

———::———

Vermächtnisse und Schenkungen.

———

Für Vermächnisse ist folgende Form vorgeschrieben:

"I give and bequeath to the *"German Society, Contributing for the Relief of Distressed Germans in the State of Pennsylvania,"* (here describe the amount, if money or premises, if real estate,) to aid in carrying out the designs of the Society."

Im Laufe der Jahre gingen der Deutschen Gesellschaft von Pennsylvanien zahlreiche Vermächtnisse von verstorbenen Gönnern, sowie nicht unbedeutende Schenkungen von Freunden zu. Die nachstehende Aufstellung gibt darüber Auskunft:

Jahr.	Name des Erblassers.	Summe nach Abzug der Erbschafts- steuer	Name des Gebers	Summe.
1879	Godfrey Freitag	$ 240.00	Schweizer Verein	$ 50.00
1881	——	——	John D. Lankenau	100.00
1883	Geo. L. Ziegler	475.00	——	——
	Gus. Bergner	950.00		
1885	——	——	Gabentag am 16. Oktober	1,009.00
1886	——	——	John H. Dohnert	25.00
			Nachtrag zum Gabentag	148.00
1887	Josef Kinike	1,905.00	Anthony J. Drexel	200.00
			J. F. Smith	200.00
			W. F. Narr	100.00
			H. J. Dohnert	50.00
1888	Johann Kunz	475.00	Männerchor, Hälfte vom Charity Ball	812.92
			Anthony J. Drexel	100.00
1889	John H. Dohnert	475.00	Männerchor, Hälfte vom Charity Ball	1,550.00
1890	G. C. Rosengarten	500.00	Männerchor, Hälfte vom Charity Ball	1,200.00
			Drexel u. Co.	100.00
1891	Theophil Plate	1,000.00	Männerchor, Hälfte vom Charity Ball	1,717.50
	E. Orthwein	950.00		
	Frau Emily J. Eckert	1,000.00		
	L. A. Wollenweber	1,905.00		
	Josef Kinike	5,000.00 für Freibett im Deutschen Hospital		
1892	——	——	Drexel u. Co.	100.00
1893	——	——	Männerchor, Drittel	875.00
			Jos. Morwitz zum Andenken an seinen Vater. Dr. Morwitz.	500.00
1894	Louis Bergboll	952.50	——	——
	Frau Catharina C. Bergner	475.00		
	Frau Katharine Schulz	414.64		
1895	A. Winters	476.25	Männerchor, Charity Ball	1,012.50
1897	——	——	J. J. Alter	100.00
1898	A. F. Brecht	1,010.00	Frau Caroline Alter	100.00
1899	——	——	Frau Caroline Alter	100.00
			Junger Männerchor Konzert	210.65

Jahr.	Name des Erblassers	Summen nach Abzug der Erbschafts-steuer	Name des Gebers	Summe.
1900	C. Edelheim	500.00	A. H. Ladner Wahl-Fonds	146.24
			Frau Caroline Alter	100.00
1901	—	—	Konzert Junger Män-nerchor	622.84
			Ertrag des Bazars	7,000.00
			Frau Caroline Alter	100.00
1902	Geo. Schleicher	7,853.76	Frau Caroline Alter	100.00
	Geo. Trautmann	1,000.00		
	Frau Katharine Wendel	217.46		
1903	John D. Lankenau	5,083.33	Frau Caroline Alter	100.00
			Snider Loge	25.00
1904	Simon Pfälzer	500.00		
1905	—	—	Unterhaltung in Turngemeinde	20.45
1906	John S. Hoffmann	1,000.00	Frauen-Hilfs-Verein der Deutschen Gesell-schaft	75.00
	Heinrich Cramer	500.00		
1907	—	—	Konzert des Wiener Männer Gesangver-eins	500.00
1909	Wm. Entenmann	961.88	—	—
	Ch. G. Sower	680.00		
	Barbara Ebemeier	314.81		
	Karl Vorm	223.64		
1910	Karl Vorm	1,949.50	—	—
	Jos. Neumann	380.16		
	Barbara Ehmer	163.65		
1911	Clara Meyer	95.00	—	—
	G. Bernz	475.00		
	Ursula Kohlbeck	300.00		
	Kath. Hildebrand	500.00		
	Jos. Funk	100.00		
1914	—	—	Kapital des Pionier-Vereins	924.14
1915	Louis Hillebrandt	2,000.00	—	—

Achter Abschnitt.

Die Gesellschaft und der Zeitenlauf.

In den ersten hundert Jahren ihres Bestehens hatte die Deutsche Gesellschaft von Pennsylvanien sich fast ausschließlich damit begnügt, eine passive Rolle zu spielen, soweit das soziale Leben der Deutschamerikaner der Stadt in Betracht kam. Ihre Mitglieder machten wohl bei größeren Gedenkfeiern und ähnlichem mehr mit, aber die Gesellschaft als solche beteiligte sich nicht offiziell daran. Man gefiel sich in einer gewissen vornehmen Reserve.

Bald nach dem Unabhängigkeitskriege, der im zwölften Jahre ihres Bestehens ausbrach und seitens ihrer Mitglieder so kräftige Unterstützung erhalten hatte, fand die Deutsche Gesellschaft unter den Deutschen selbst nur ein beschränktes Wirkungsfeld, da die deutsche Einwanderung fast ganz aufgehört hatte und geistige Berührungspunkte mit der alten Heimat kaum vorhanden waren. Eine Folge davon war die völlige Abkehr von der deutschen Sprache, welche in der Periode von 1818 bis 1858 nicht mehr die Sprache ihrer Verhandlungen war. Als man endlich reuig zu ihr zurückgekehrt war, hatte die Deutsche Gesellschaft die führende Stellung eingebüßt, zu der sie ihres Alters wegen berechtigt gewesen wäre. Es bedurfte der energischen Arbeit wackerer deutscher Männer, um sie aus dem mimosenhaften Dasein, das sie so viele Jahre hindurch geführt hatte, zu neuem Leben zu erwecken.

Einige der hervorragendsten Achtundvierziger, wie Dr. Kellner und andere, bedeutende Gelehrte, wie Dr. Seidensticker, hervorragende Geschäftsleute und Fabrikanten deutscher Abstammung, welche zu ihren Mitgliedern geworden waren, nahmen sich ihrer an und führten sie einer neuen Blütezeit entgegen. Sie trat immer mehr aus sich heraus und wurde in der Zeit, in welcher Dr. C. J. Hexamer an ihrer Spitze stand, in den Jahren 1900 bis 1916, die Führerin des amerikanischen Bürgertums deutscher Abstammung in Philadelphia auf jedem anderen als politischem Gebiet.

Das in 1888 erbaute Gesellschafts-Gebäude an Marshall und Spring Garden Straße wurde der Ausgangspunkt von Bewegungen, die nicht allein von lokaler Bedeutung waren, sondern über das ganze Land sich erstreckten. In Verbindung hiermit sei nur daran erinnert, daß in der Halle der Deutschen Gesellschaft der konstituierende Konvent des Deutschamerikanischen Nationalbundes am 6. Oktober 1901 — dem Deutschen Tage — stattfand, der berufen war, eine so große und entscheidende Rolle in der Geschichte des amerikanischen Deutschtums zu spielen. Die Deutsche Gesellschaft selbst hat, trotz wiederholter, darauf hinzielender Anträge, sich ihm nie angeschlossen. Sie wollte allein für sich stehen, wie sie es seit ihrer Gründung gehalten hatte.

Der amerikanische Patriotismus der Mitglieder der Deutschen Gesellschaft von Pennsylvanien ist stets über jeden Zweifel erhaben gewesen. Als der Kampf für die Unabhängigkeit der amerikanischen Kolonien sich vorbereitete, gehörten die Beamten der Deutschen Gesellschaft zu denjenigen, welche zur Rüstung und zum Kampfe für die Freiheit die Deutschen von New York und Nord-Carolina aufforderten; der Aufruf, welcher vom 1. August 1775 datiert ist, war von ihnen sowie von dem evangelisch-lutherischen und dem reformierten Kirchenrat in der Stadt Philadelphia erlassen und von dem Anwalt der Gesellschaft, Ludwig Weiß, unterzeichnet worden.

An allen wichtigen Ereignissen in der Geschichte der Vereinigten Staaten nahm die Gesellschaft den regsten Anteil. Während des Bürgerkrieges sorgte sie für die Familien im Felde befindlicher Krieger der Union. Als am 2. Juli 1881 von dem abgewiesenen Aemterjäger Charles Guiteau das Attentat auf den zwanzigsten Präsidenten der Vereinigten Staaten, General James Abram Garfield, gemacht worden war, dem er am 19. September erlag, sandte die Gesellschaft Beileids-Beschlüsse, deren Empfang von dem Privat-Sekretär Garfield's und General-Anwalt Wayne McVeagh bestätigt wurde. Während des spanisch-amerikanischen Krieges vom Jahre 1898 betätigte die Deutsche Gesellschaft mehrfach ihre patriotische Gesinnung. Als am 14. September 1901 Präsident William McKinley in Buffalo der Schußwunde erlegen war, die ihm am 6. September von einem Anarchisten polnischer Abstammung beigebracht worden war, wurde die Halle der Deutschen Gesellschaft schwarz drapiert, als äußeres Zeichen der aufrichtigen Trauer ihrer

Mitglieder über das tragische Ende des ersten Beamten unserer
Republik.

Als General-Major Arthur McArthur Ende des Jahres 1903
in einer in Honolulu gehaltenen Rede die Loyalität der Deutsch-
Amerikaner angezweifelt und die Beschuldigung erhoben hatte, daß
die alldeutsche Bewegung unter dem Deutschtum der Vereinigten
Staaten um sich greife, indossierte die Deutsche Gesellschaft in einer
am 21. Januar 1904 abgehaltenen Versammlung auf Antrag Pastor
Fr. Wischan's voll und ganz den offenen Brief, welchen Dr. Hexamer,
ihr Präsident, im Namen der Exekutive des Nationalbundes an den
General gerichtet hatte. Es hieß darin: „Die Behauptung, daß die
alldeutsche Bewegung unter der deutschamerikanischen Bevölkerung
um sich greife, ist eine schwerwiegende Beleidigung für eine Klasse
von Bürgern, deren vergangene Geschichte gezeigt hat, daß sie zu
den patriotischsten gehören und die in jeder nationalen Krisis sich als
absolut zuverlässig erwiesen haben. Wir möchten Sie davon in
Kenntnis setzen, daß das, was unter der deutschamerikanischen Bevölkerung um sich greift, der Geist der Zusammengehörigkeit ist.
Der Deutschamerikanische Nationalbund ist eine durchaus patriotische
amerikanische Vereinigung, deren Mitglieder für die Sterne und
Streifen gegen irgend eine Nation kämpfen würden, die aber darauf
dringen, daß die von ihren Vorvätern geleisteten Dienste in unseren
Geschichtsbüchern anerkannt werden, und die sich nicht leichtfertig von
Notorietäts-Haschern irgend einer Sorte beleidigen lassen wollen."

Durchaus im Einklang mit den Traditionen der Deutschen Gesellschaft stand es daher, daß in der am Nachmittag des 20. März
1917 in dem Empfangszimmer des Bürgermeisteramtes in Philadelphia abgehaltenen Bürger - Versammlung der frühere Anwalt
und jetzige Vize-Präsident derselben, Herr Franz Ehrlich Jr., die
Resolution unterbreitete, welche zur Ernennung eines „Philadelphia
Home Defence Committee" aufforderte und dem Präsidenten die
Unterstützung der Männer, Frauen und Hilfsquellen Philadelphias
zusicherte in seinem Bestreben, die Ehre und die Würde der amerikanischen Nation zu wahren. Der Antrag wurde von dem Präsidenten der Deutschen Gesellschaft, Herrn John B. Mayer, unterstützt,
der in einer Rede im weiteren Verlauf der Sitzung unter riesigem
Beifall der Versammelten erklärte, amerikanische Bürger deutscher
Abstammung betrachteten es als eine Beleidigung, wenn man an

sie die Frage richte, ob sie im Falle eines Krieges für die Vereinigten Staaten kämpfen würden. In jeder nationalen Krisis seien sie Amerikaner, und nichts anderes. Präsident Mayer wurde zu einem der zehn Mitglieder des Philadelphia Heimwehr-Komitees ernannt, und seine Stellungnahme in der Verwaltungsratssitzung der Gesellschaft am Abend des 26. März einstimmig gutgeheißen.

Und wie die Deutsche Gesellschaft von Pennsylvanien, deren Mitglieder sämtlich Bürger der Vereinigten Staaten sind, niemals wankend wurde in ihrer Eidestreue und ihrer Loyalität den Sternen und Streifen gegenüber, so hat sie unerschütterlich festgehalten an der Liebe zur deutschen Heimat und teilgenommen an dem, was ihre Stammesgenossen jenseits des Weltmeeres bewegte. Ihre Lebensaufgabe, sich hilfsbedürftiger deutscher Einwanderer anzunehmen und sie mit Rat und Tat zu unterstützen, brachte es mit sich, daß sie sich als Bindeglied zwischen hüben und drüben empfand. Alle Gedenktage und große Ereignisse in der Geschichte des deutschen Volkes fanden bei ihr einen Widerhall. Sie nährte und pflegte den Stolz auf die deutsche Abstammung, auf das Volk der Dichter und Denker, auf die gewaltigen Errungenschaften der Söhne Mutter Germania's in Kunst, Wissenschaft und auf dem Gebiet der Erfindung und Forschung.

Es bereitete ihr freudige Genugtuung, auf die Taten und Verdienste amerikanischer Bürger deutscher Abstammung hinzuweisen und ihnen gebührende Anerkennung zu sichern, soweit das in ihrer Macht stand. Sie verlangte für sich als Vereinigung amerikanischer Bürger deutschen Blutes das Recht, daß man ihre Liebe zur Heimat, ihren Stolz auf deutsche Abstammung, ihre Freude an deutschem Wesen und ihr Bestreben, einen Mittelpunkt geistiger deutsch-amerikanischer Bestrebungen zu bilden, nicht schmähe und verunglimpfe, und hat sich durch Anfeindungen nicht beirren oder von dem betretenen Pfade abwendig machen lassen. Amerikanisch in ihrer Bürgertreue und in der Förderung des Wohls und des Fortschritts der Vereinigten Staaten, aber erfüllt von echter unwandelbarer Heimatsliebe, so steht heute die Deutsche Gesellschaft da, welche am 26. Dezember 1916 ihren 152. Geburtstag feiern konnte und allen Stürmen getrotzt hat, die auch ihr nicht erspart geblieben sind.

Beteiligung am Bi-Centennial Philadelphias und Germantowns; das Pastorius-Denkmal.

An dem Bi-Centennial der Stadt Philadelphia, dessen Höhepunkt die am 24. Oktober 1882 stattgehabte große Parade bildete, beteiligte sich auch die Deutsche Gesellschaft von Pennsylvanien. In fünf offenen viersitzigen Wagen, die mit Laub und Fahnen geschmückt waren und die Aufschrift „Deutsche Gesellschaft von Pennsylvanien" trugen, fuhr ihr Vorstand in dem gewaltigen Zuge mit.

In der Halle der Gesellschaft versammelten sich am 18 November 1880 auf Einladung des Historikers derselben, Dr. Oswald Seidensticker, mehrere angesehene deutsche Bürger zur Gründung eines deutschen historischen Vereins (Pionier-Vereins), um die Pflege geschichtlicher Erinnerungen aus dem deutschamerikanischen Leben, sowie deren Uebermittlung auf die Nachwelt sich zur Aufgabe zu machen. Der Pionier-Verein wurde am 2. Dezember 1880 zur Tatsache. Als seinen Zweck gibt die Konstitution desselben an: „Pflege und Förderung deutschamerikanischer Geschichtsforschung von der frühesten Zeit bis auf die Gegenwart, Sammlung und Aufbewahrung dahin einschlagender Dokumente, Notizen und Belege, Abhaltung von belehrenden und geselligen Zusammenkünften seiner Mitglieder." Polemik über Partei-Politik und Religion war nicht gestattet. Dr. Seidensticker war Präsident, Dr. G. Kellner Vicepräsident, Konsul R. Koradi Schatzmeister, J. H. Camp und nach seinem bald nach Gründung des Vereins erfolgten Tode Franz Ehrlich protokollierender Sekretär, Dr. E. R. Schmidt korrespondierender Sekretär, während Direktoren die Herren Dr. Wm. J. Mann, Prof. Dr. J. M. Maisch, General Louis Wagner, S. W. Pennypacker, der spätere Gouverneur von Pennsylvanien, und Hermann Faber waren. Sie gehörten sämtlich der Deutschen Gesellschaft an und spielten eine hervorragende Rolle in Philadelphia.

Schon in der Jahres-Versammlung am 27. Januar 1882 lenkte Dr. Seidensticker die Aufmerksamkeit der Mitglieder des Pionier-Vereins auf das im nächsten Jahre bevorstehende zweihundertjährige Jubiläum der deutschen Einwanderung. Es wurde im Verlaufe weiterer Sitzungen beschlossen, das deutsche Bi-Centennial in gebührender Weise zu feiern, und am 28. Dezember 1882 ein Aus schuß damit betraut, bestehend aus den Herren Dr. Mann, Dr. Kellner, H. Faber, S. W. Pennypacker und F. Moras. Verschiedene Bürgerversammlungen wurden abgehalten. In einer derselben, die am 27. April 1883 stattfand, wurden folgende von Dr. Kellner unterbreiteten Beschlüsse angenommen:

„In Anbetracht, daß die Wiederkehr des zweihundertsten Jahrestages der Ankunft der ersten deutschen Pioniere im Land, der Gründung von Germantown, für das deutsche Element in Philadelphia, Pennsylvanien und im ganzen Land, und für dieses selbst, ein Ereignis von höchster kulturgeschichtlicher Bedeutung war, wird beschlossen:

Erstens, daß die Unterzeichneten eine feierliche Begehung der Erinnerung an dieses wichtige Ereignis im nächsten Herbst seitens des deutschen Elements für passend erachten und unterstützen wollen.

Zweitens, daß sie die vom Pionier-Verein von Philadelphia gemachten Vorschläge für den historischen Teil einer Jubiläumsfeier den Deutschen Philadelphias zur Berücksichtigung empfehlen.

Drittens, daß sie eine allgemeine Organisation zur Ausführung einer solchen Feier für das beste und wichtigste Mittel halten.

Viertens, daß sie deshalb im Verein mit dem Vorstand des Pionier-Vereins sämtliche deutsche Vereine, Gesellschaften, Logen oder Posten Philadelphias einladen, je zwei Delegaten zur Herstellung dieser Organisation zu erwählen — und daß dieselben am Dienstag, den 1. Mai, höflichst und dringend zur ersten Sitzung und Organisation für die projektierte Festfeier abends acht Uhr, nach der Männerchor-Halle, Franklin Straße und Fairmount Avenue, eingeladen werden."

Diese Beschlüsse mit den Unterschriften einer großen Anzahl angesehener deutscher Bürger wurden den deutschen Vereinen mit der Einladung zur Teilnahme zugeschickt, und die beabsichtigte Organisation kam zustande. Eifrig ging man an die Vorarbeiten für das Fest. Die Bi-Centennial-Feier der ersten deutschen Einwanderung fand vom 6. bis zum 9. Oktober 1883 in glänzender Weise statt. Die Deutsche Gesellschaft beteiligte sich in Kutschen an der Parade, die am 8. Oktober abgehalten wurde.

Die deutsche Zweijahrhundert-Feier war am Samstag, den 6. Oktober 1883, mit einer Feier in der Academy of Music eingeleitet

worden, zu der sich trotz strömenden Regens ein großes Publikum eingefunden hatte. Herr Wm. Künzel leitete die Durchführung des
musikalischen Programms, das in Orchester-Vorträgen, Chor- und
Solo-Darbietungen bestand. Dr. F. H. Groß, der Präsident des
Fest-Komitees, hielt die Eröffnungs-Ansprache, anfangs in deutscher
und dann in englischer Sprache. Dr. G. Kellner war der deutsche,
und der spätere Gouverneur von Pennsylvanien, Herr S. W. Pennypacker, der englische Festredner. Beide fanden riesigen Beifall.

Am Sonntag, den 7. Oktober, war Festgottesdienst in allen
deutschen Kirchen. In den deutsch-jüdischen Synagogen hatte ein
solcher schon am Samstag stattgefunden.

Am Montag, den 8. Oktober, setzte sich um 11½ Uhr vormittags
von der Broad und Christian Straße aus der große Festzug in
Bewegung, der überall staunende Bewunderung hervorrief. Der
erste Teil desselben bestand aus großen Schauwägen, auf welchen
nach Entwürfen des bedeutenden Künstlers Hermann Faber, eines
hochverdienten Mitgliedes der Deutschen Gesellschaft, Ereignisse und
Episoden aus der Geschichte des amerikanischen Deutschtums dargestellt waren und die Bedeutung der deutschen Einwanderung für
das wirtschaftliche Leben Amerikas in trefflicher Weise illustriert
wurde. Die zweite Abteilung wurde durch Militär-Organisationen,
deutsche Vereine, Logen, Sänger und Turner gebildet, von denen
viele dekorierte Wagen im Zuge hatten. Die dritte Abteilung bot
ein Bild des deutschen Gewerbefleißes, und eine vierte wurde von
den Deutschen Camdens gebildet, die mit dabei sein wollten, wenn
ihre Landsleute jenseits des Delaware eine Feier von historischer
Bedeutung begingen. Die Parade bewegte sich von der Broad und
Christian Straße, zur Wharton, dann zurück zur Broad und zur
Chestnut Str.

Am nächsten Tage ließ sich der „Philadelphia Record" in einem
Leitartikel wie folgt über die Parade vernehmen: „Es würde die
Statue der Germania, welche die deutsche Nation auf dem den Rhein
überschauenden Gebirge errichtet, zu einem stolzen Lächeln veranlaßt
haben, hätte sie den Festzug gesehen, der gestern durch die Straßen
Philadelphias zog. Nur bei einer derartigen Gelegenheit können
wir völlig verstehen, wie deutsch wir sind."

Ein Volksfest im Schützenpark bildete den Abschluß des Festes
am Dienstag, den 9. Oktober. Reden wurden gehalten von dem

deutſchamerikaniſchen Geſchichtsforſcher Heinrich Rattermann aus Cincinnati, Herrn Pennypacker, L. A. Wollenweber, der pennſylvaniſch-deutſch ſprach, Alexander Colesbury, S. J. Hensel, G. Keebler und Dr. Kellner. Unter den zahlreichen Glückwunſch-Depeſchen befand ſich eine des Oberbürgermeiſters der Stadt Crefeld, aus welcher die erſten deutſchen Anſiedler-Familien — dreizehn an Zahl — gekommen waren. Sie lautete: „Die Heimatſtadt der erſten deutſchen Einwanderer in Amerika ſendet zum heutigen Feſte brüderlichen Gruß."

Zum deutſchamerikaniſchen Pionier-Jubiläum am 6. Oktober 1883, das zu der Feier des deutſchen Bi-Centennials Anlaß gegeben hatte, verfaßte Dr. Seidenſticker eine Feſtſchrift unter dem Titel: „Die erſte deutſche Einwanderung in Amerika und die Gründung von Germantown im Jahre 1683". Sie iſt ein hervorragender Beitrag zur deutſchamerikaniſchen Geſchichte. Von dem deutſchen Bi-Centennial her datiert die Feier des Deutſchen Tages, welche ſich über das ganze Land verbreitet hatte. Der Ueberſchuß des Bi-Centenntals in Höhe von $104 wurde dem deutſchen Pionier-Verein überwieſen als erſter Beitrag zur **Errichtung eines Paſtorius-Monuments in Germantown.**

Eine Reihe von Jahren ging vorüber, ehe die Anregung wieder aufgenommen wurde. Das geſchah durch Herrn Rudolph Cronau von New York beim erſten Konvent des Deutſchamerikaniſchen National-Bundes, der, wie ſchon erwähnt, am 6. Oktober 1901 in der Halle der Deutſchen Geſellſchaft tagte. Sammlungen wurden unter den Deutſchen des ganzen Landes veranſtaltet, und am 4. März 1911 wurde vom Kongreß eine Bewilligung von $25,000 gemacht für Errichtung eines Monuments in Germantown, Pa., zur Erinnerung an die Gründung der erſten dauernden Anſiedlung in Amerika. Bedingung war, daß der Nationalbund zum Mindeſten eine gleich hohe Summe zu dem Zwecke beitrage. Es hatte drei Jahre gedauert, bis der Kongreß ſich zu der Bewilligung verſtand. Die Vorlage wurde zuerſt am 23. März 1908 dem Hauſe von dem Repräſentanten J. Hampton Moore von Pennſylvanien unterbreitet, deſſen Bemühungen es hauptſächlich zu verdanken iſt, daß ſie paſſiert wurde. Im Senat nahmen ſich Senator Knox und ſpäter Senator Penroſe der Bewilligungs-Vorlage an.

Joſeph Hampton Moore's Urgroßvater mütterlicherſeits, Conrad Wile, der ein deutscher Emigrant gewesen war, hatte sich im Jahre 1818 der Deutschen Gesellschaft von Pennsylvanien angeschlossen. Wile hatte seine Ueberfahrt nicht bezahlen können und mußte daher „Serve” bei einem Schuhmacher, namens Frederick Link, werden, um so die Schuld zu tilgen. Er lernte die Schrecken des unwürdigen Menschenhandels kennen, gegen den die Deutsche Gesellschaft entschieden Front machte. Als er frei geworden und sich selbstständig gemacht hatte, nahm er sich armer deutscher Einwanderer besonders an und wendete für sie einen nicht unbedeutenden Teil seines Vermögens auf. Eine seiner Töchter, Eliza Wile, die am 6. April 1798 in Philadelphia geboren war, heiratete den in Frederickstown, Md., in 1792 geborenen Patrick Dorff, den Sohn eines früheren preußischen Militärarztes, der sich in Maryland angesiedelt hatte. Patrick Dorff war als Klempner in der Market Str., westlich von der 8., etabliert, wo sich jetzt das große Geschäftshaus von Strawbridge & Clothier befindet. Der Ehe Patrick Dorff's und Eliza Wile's war Mary Dorff entsprossen, die Mutter unseres Kongreß-Abgeordneten, der so wacker für Erhaltung des Friedens zwischen den Vereinigten Staaten und Deutschland eingetreten ist.

Die Modelle in der Pastorius-Denkmal-Konkurrenz, welche am 1. Dezember 1911 ausgeschrieben worden war, wurden anfangs Mai 1912 in der Halle der Deutschen Gesellschaft eingeliefert. Die „German Memorial Monument Commission”, deren Vorsitzer Herr Rudolph Cronau aus New York war, während Herr John B. Mayer, der jetzige Präsident der Gesellschaft, als Sekretär und Gustav Bender aus Washington als Beisitzer fungierten, sprach dem Entwurf des Herrn J. Otto Schweizer den ersten und dem des New Yorker Bildhauers, Albert Jägers, den zweiten Preis zu. Die beiden Künstler wurden von der „Commission of Fine Arts”, welche alle Denkmäler, für die von Bundes wegen Bewilligungen gemacht worden sind, zu begutachten hat, zu einer Remodellierung ihrer ursprünglichen Entwürfe aufgefordert, und eine „Art Jury” zur Entscheidung des Wettbewerbes ernannt. Aus der Konkurrenz ging Albert Jägers als Sieger hervor. Am 28. Mai 1917 sollte das Denkmal deutscher Einwanderung in Germantown enthüllt werden, doch wurde beschlossen, die Feier bis nach Beendigung des Krieges zu verschieben.

Der Präsident der Deutschen Gesellschaft, Herr John B. Mayer, sollte im Auftrage des Präsidenten des Nationalbundes, Dr. C. J. Hexamer die Enthüllungsfeier leiten.

Das ist in kurzen Zügen die Geschichte des Pastorius-Monuments, zu dessen Errichtung die deutsche Bi-Centennial-Feier die Anregung gegeben und an dem die Deutsche Gesellschaft von Pennsylvanien so lebhaften Anteil genommen hat.

Aber schon vorher war, nämlich am 6. Oktober 1908, im Vernon Park in Germantown ein von Herrn Schweizer ausgeführter Eckstein zum Pastorius-Denkmal enthüllt worden. Zugleich mit dem 225jährigen Jubiläum der Stadtwerdung Philadelphias war das 225jährige Jubiläum der deutschen Einwanderung gefeiert worden. Die Deutsche Gesellschaft nahm an der Feier, welche unter den Auspizien des Deutschamerikanischen Nationalbundes sich vollzog, hervorragenden Anteil. Ihr Gebäude hatte festlichen Schmuck angelegt und ihr Präsident, Dr. C. J. Hexamer, leitete als Präsident des Bundes die eindrucksvolle Feier. Dieselbe bestand in einer großen Parade deutscher Vereine und Schulkinder hinaus nach Germantown, dessen deutsche Bewohner für festlichen Schmuck und für Ehrenbogen gesorgt hatten — der amerikanische Teil der Germantowner, der den bezeichnenden Beinamen „Stock-Fish Aristocracy" erhalten hat, nahm an der Feier nicht teil —, der Enthüllung des Pastorius-Denkmal-Ecksteins und abends in einer großen Festlichkeit in der „Academy of Music". Bei der Enthüllung wirkte außer den Vereinigten Sängern ein Kinderchor mit. Nach einer Ansprache Herrn Henry Schwemmer's hielt Pastor Georg von Bosse die deutsche Festrede. Dann folgte die Enthüllung des Ecksteins, worauf Dr. Hexamer eine kurze Rede hielt und den deutschen Geschäftsträger, Graf Hatzfeldt-Wildenburg, der in Begleitung der Attachés, Kapt. Retzmann und Hauptmann von Prittwitz und Gaffron, zu der Feier erschienen war, vorstellte. Er überbrachte einen Gruß des deutschen Kaisers. Die englische Festrede hielt Kongreßmitglied Dr. Andrew J. Barchfeld aus Pittsburgh.

Die Feier am Abend in der Academy of Music brachte glänzende musikalische Darbietungen. Louis Kömmenich dirigierte das Orchester. Die Vereinigten Sänger brachten das von Kömmenich komponierte „Deutschenlied" unter H. G. Kumme's Leitung zu Gehör, und Einzelvorträge boten der Junge Männerchor, die Harmonie und der Quartett-Klub sowie die unter Eugen Klee's Leitung stehenden Vereinigten

Gemischten Chöre. Reden wurden gehalten von Dr. Hexamer, Gouverneur Edwin S. Stuart von Pennsylvanien, Prof. Dr. Adolph Späth, dem deutschen Konsul, Legationsrat Werner Hagen, Graf Hatzfeldt und dem inzwischen verstorbenen Herausgeber der „New Yorker Staats-Zeitung", Herrn Hermann Ridder.

Bemerkenswert ist, daß Präsident Theodore Roosevelt eine Glückwunsch-Depesche zu der Feier an Dr. Hexamer gesandt hatte. Sie schloß mit folgenden Worten: „Seit jenem Tage (der 6. Oktober 1683, der Tag der Landung der deutschen Pioniere in Philadelphia) bis heute haben Amerikaner deutscher Geburt und Abstammung hervorragenden und ehrenvollen Anteil an der Geschichte unserer Nation gehabt."

————::————

Der Besuch der Steubens in der „Deutschen Gesellschaft".

————

Ein historisches Ereignis in der Geschichte der Deutschen Gesellschaft war im Jahre 1881 der Empfang der Steubens in der damaligen Halle an 7. nahe Chestnut Straße. Zur Jahrhundert-Feier der Uebergabe von Yorktown durch Cornwallis, der am 17. Oktober 1781 die Kapitulations-Verhandlungen mit General Baron von Steuben, welcher das Kommando im Zentrum führte, eröffnet hatte, worauf am 19. amerikanische und französische Truppen in die Festung einzogen, hatte die amerikanische Regierung Nachkommen des Barons als Gäste eingeladen. Sieben waren zu der Feier nach den Vereinigten Staaten gekommen. Von ihnen folgten am 8. November 1881 vier einer Einladung zum Besuche Philadelphias. Es waren Oberst Arnt von Steuben, Oberförster Richard von Steuben und zwei Söhne des ersteren, die Leutnants Berndt und Anton von Steuben. Sie wurden von einem Komitee des Stadtrats von New York abgeholt. Am Bahnhofe an 15. und Market Straße hatten sich mehrere tausend Personen zum Empfange eingefunden. Die Gäste wurden mit Hochrufen begrüßt, als sie in Begleitung der Herren vom Stadtrats-Komitee, sowie des Hilfs-Staatssekretärs W. Blaine, des deutschen Legations-Sekretärs, Graf von Beust, und der Herren Dr. Morwitz, J. D. Lankenau, M. R. Muckle, C. H. Meyer, J. L. Ladner und H. Dieck, die Straße betraten. Auch der Konsul von Belgien, Herr

Svet, und der Schweizer Konsul Korabi waren bei der Begrüßung auf dem Bahnhofe zugegen gewesen. Die Herren bestiegen bereitstehende Kutschen und nahmen nach einer kurzen Fahrt durch die Straßen an der Broad Straße Revue über das 1. Regiment der Nationalgarde von Pennsylvanien ab, dessen Kapelle die „Wacht am Rhein" spielte. Das Regiment marschierte dann die Chestnut Str. vor den Kutschen mit den Gästen hinab zur Stadthalle an 5. und Chestnut Straße, wo dieselben im Büro des Mayors, das mit amerikanischen und deutschen Flaggen geschmackvoll dekoriert war, von Bürgermeister King herzlich begrüßt wurden. Oberst von Steuben antwortete. Nach einer Besichtigung der Unabhängigkeits-Halle, wo von Konsul Meyer, Dr. Kellner und Oberst Steuben Reden gehalten wurden, begaben sich die Herren nach der Halle der Deutschen Gesellschaft, deren Eingang mit Guirlanden bekränzt war, während der Saal mit deutschen und amerikanischen Flaggen, mit Pflanzen und Blumen geschmückt war. Ueber der für diesen Zweck aufgeschlagenen Bühne war zwischen den Fahnen der Vereinigten Staaten und Deutschlands das Bild George Washingtons angebracht. Büsten von Schiller und Goethe vervollständigten den Schmuck des Saales.

Sobald die Gäste der Nation Platz genommen hatten, wurden sie von Dr. Kellner willkommen geheißen, der ihnen mitteilte, daß die Deutsche Gesellschaft im Jahre 1764 gegründet wurde und während des Revolutionskrieges schon Besitzerin des Grund und Bodens war, auf welchem im Jahre 1806 die erste und 1866 die neue Halle errichtet wurde. Dr. Kellner stellte die Herren von Steuben dem ersten Vice-Präsidenten der Deutschen Gesellschaft, Herrn Jacob Schandein, vor, welcher an Stelle des erkrankten Präsidenten Kinike den Vorsitz führte. Herr Schandein hielt folgende Ansprache:

Geehrte Herren von Steuben!

In der Voraussetzung, daß Sie der langen und vielen Reden müde sind, welche an Sie gerichtet wurden, werde ich mich kurz fassen. Werte Herren! Mir wurde die große Ehre zuteil, Sie im Namen von über 190,000 deutschen Einwohnern der Stadt Philadelphia herzlich zu begrüßen. Wir alle hoffen, daß es Ihnen hier gefallen möge. Sie befinden sich jetzt in der Stadt der Bruderliebe, in welcher die ersten, wirklichen Ansiedler aus dem alten deutschen Vaterlande landeten. Sie befinden sich in einem Staate, in welchem der deutsche Fleiß der Einwanderer die Wildnis in

einen blühenden Garten verwandelte. Als die Revolution aus-
brach, waren die Deutschen in Pennsylvanien zu jeder Zeit bereit,
Gut und Blut für ihr neues Vaterland zu opfern. Sie eilten zu
Washington's Fahnen. Sie trugen willig alle Beschwerden, wovon Ihr heldenmütiger Ahne oft Zeuge war. Der Pennsylvanier,
Peter Mühlenberg, der in Virginien Pfarrer war, sammelte mit
Hilfe seiner beiden Amtsbrüder, Helfenstein und Baumann, in
seiner und in ihren Gemeinden ein Regiment, das lediglich aus
Deutschen bestand. Als er von seiner Gemeinde Abschied nahm,
um in den Kampf zu ziehen, sprach er von der Kanzel herab die
denkwürdigen Worte: „Es gibt eine Zeit zum Beten, es gibt aber
auch eine Zeit zum Kämpfen. Die Zeit zum Kämpfen ist gekommen.
Wer mit in den Kampf ziehen will, der folge mir". Ich frage
Sie: Hat die Welt jemals ein Beispiel erlebt, wie dieses? Drei
christliche Prediger bildeten ein Regiment, um für die Freiheit zu
kämpfen und zu sterben! Derselbe Peter Mühlenberg, der später
Generalmajor wurde, war der beste Freund unseres Helden von
Steuben, der ihn oft tröstete und ermutigte. Ich danke Ihnen im
Namen der deutschen Einwohner Philadelphias, daß Sie uns mit
Ihrem Besuche beehrt haben, und hoffe, daß Sie viele und liebe
Erinnerungen aus der Stadt der Bruderliebe nach dem alten Vaterlande mitnehmen mögen. Zur Erinnerung an diese Feier in
der Halle der Deutschen Gesellschaft übergebe ich Ihnen im Namen
der Deutschen Gesellschaft die Geschichte derselben, von ihrem Entstehen im Jahre 1764 bis zum Jahre 1876."

Darauf überreichte Herr Schandein einem jeden der Herren
von Steuben ein Exemplar der „Geschichte der Deutschen Gesellschaft
von Pennsylvanien von der Zeit der Gründung 1764 bis zum Jahre
1876" von Dr. Oswald Seidensticker in Prachtband. Dr. Kellner
trat darauf vor und übergab jedem der Herren von Steuben einen
Prachtband in Quartformat, betitelt „Century after" mit über hundert Bildern aus Pennsylvanien. In seiner Ueberreichungsansprache
erklärte er, das Werk werde es ihnen ermöglichen, zu Hause in Muße
die Bilder zu betrachten, welche die Sehenswürdigkeiten Pennsylvaniens darstellen, die sie ihres kurz bemessenen Aufenthalts im Staate
wegen nicht selbst in Augenschein nehmen könnten.

Im Namen des Empfangs-Komitees übergab Konsul Koradi
nun jedem der Herren von Steuben ein prächtig eingebun-

denes Exemplar von „Philadelphia und seine Umgebung". Auf der Einband-Decke befand sich in Golddruck die Inschrift: „Den Herren von Steuben zum Andenken an ihren Besuch in Philadelphia am 8. November 1881". Herr Korabi hielt folgende Ansprache: Geehrte Herren und Gäste!

Es war die Hoffnung der deutschen Bevölkerung Philadelphias und ihrer Komitees, daß es Ihnen vergönnt sein möchte, einen etwas längeren Aufenthalt in unserer Stadt zu nehmen, um ihre Einrichtungen, Anstalten, Bauten und die schöne Umgebung Philadelphias kennen zu lernen, der Stadt, welche die Wiege der Nation und der amerikanischen Republik ist, in welcher mehr als in irgend einer andern Stadt des Ostens das Deutschtum, dessen Wirken und Fortschritte vertreten sind und die deutsches Leben, Wesen und Streben reiner als andere Städte erhalten hat, der Stadt, in welcher die älteste Deutsche Gesellschaft dieses Landes besteht, die Zeitgenossin Ihres großen Vorfahren, der selbst ihr als Mitglied angehörte, und zwar, wie er selbst, laut Protokoll vom Jahre 1783, in einer der Versammlungen erklärte, „mit Vergnügen und Befriedigung" angehörte.

Die Anordnungen, welche für Sie als Gäste des Landes getroffen worden sind, haben unsere Hoffnung nicht ganz erfüllt. Ihr Aufenthalt wird nur kurz, Ihre Besichtigung unserer Stadt und Ihr Zusammensein mit ihrer deutschen Bevölkerung nur flüchtig sein können.

Unter diesen Umständen gereicht es mir zu besonderem Vergnügen, daß mir die Ehre zuteil wurde, Ihnen im Namen des deutschen Komitees ein Andenken an Philadelphia zu überreichen, das Ihnen auf Ihrer Rückreise oder in Mußestunden nach Ihrer Rückkehr die Erinnerung an das hier nur flüchtig Gesehene lebendig erhalten und Sie mit dem bekannt machen soll, was die kurze Zeit Ihres Aufenthalts in unserer Stadt persönlich zu sehen Ihnen nicht gestattete.

Ich knüpfe daran nur den Wunsch, daß die kurzen Stunden Ihres Zusammenseins mit uns Ihnen den möglichst großen Genuß gewähren und daß die Erinnerung an Philadelphia und an seine deutschen Bürger Ihnen stets eine freundliche und freudig anregende sein möge."

Herr Franz Ehrlich, Sekretär der Deutschen Gesellschaft, überreichte Herrn Dr. Kellner ein Protokollbuch von 1782-83, aus dem
derselbe eine Eintragung vom 26. Dezember 1782 verlas, der zufolge
sich „der General de Steuben" zur Aufnahme als Mitglied der Gesellschaft gemeldet hatte, und eine weitere Eintragung von 1783, der
zufolge in der im Lutherischen Schulhaus am 27. Dezember abgehaltenen Jahresversammlung General von Steuben seinen Dank für
die erfolgte Aufnahme als Mitglied aussprach. Oberst Arnt von
Steuben ergriff darauf das Wort und sprach wie folgt:

Geehrte Herren!

Wollen Sie die Freundlichkeit haben und die Versicherung
entgegennehmen, daß wir tief ergriffen sind und daß uns ein Gefühl des Dankes für die Deutschen Philadelphias überkommt, die
uns so große Ehre erzeigen. Der Herr Vorsitzende erwähnte
Peter Mühlenberg's, des Geistlichen, der Soldat wurde und als
solcher focht. Hierin ist nichts Besonderes. Der Soldat ficht immer
mit den Geistlichen zusammen, denn er setzt sein Vertrauen auf
Gott. Es ficht sich leicht für eine gute Sache, wie Steuben es tat.
Er wußte, er kämpfte für das Recht, und deshalb war er tapfer und
unverzagt. Das Fechten und Kämpfen in recht schweren und
ernsten Zeiten ist ein Vergnügen und eine Lust, wenn man das Bewußtsein hat, für eine gute Sache sich einzusetzen. In dieser Ueberzeugung hat unser großer Vorfahr gekämpft. Darauf wurde er
nach Sieg und Frieden ein Bürger. Auf diesen Glauben an ihre
gute Sache wurde die Deutsche Gesellschaft gegründet, deren Wirken
ein so segensreiches ist, daß die Deutschen darauf stolz sein können.

Ich werde diese schönen Bücher freudig mit mir nach Hause
nehmen und ihnen nicht allein einen Ehrenplatz in meiner Bibliothek anweisen, sondern sie auch sorgfältig lesen und studieren. Ich
werde sie meinen Kindern — und ich habe deren acht an Zahl —
zeigen, erklären und vererben. Ich danke Ihnen und allen Deutschen in der Stadt und im Lande für die Ehre, die Sie den Nachkommen des Mannes erwiesen, der Ihnen im großen Kampfe half.
Wir werden mit uns nach Deutschland die angenehmsten und
die freundlichsten Erinnerungen für Ihr Adoptiv-Vaterland mitnehmen."

Damit schloß die Feier in der Deutschen Gesellschaft. Nach derselben wurde eine Fahrt nach Strawberry Mansion angetreten.

Abends gab die Stadt ein Bankett. Es folgten eine Serenade und
Fackelzug. In der Versammlung vom 15. Dezember 1881 wurde
auf Antrag Dr. Morwitz's beschossen, dem Protokollbuche ein „Memorial" über den Empfang der Steubens einzufügen. Oberst Arnt
Baron von Steuben wurde zum Ehrenmitgliede der Deutschen Gesellschaft ernannt. Er starb im Jahre 1908.

An der Errichtung des Steuben-Denkmals in Washington, für
das vom Kongreß nach lebhafter Agitation schließlich eine Bewilligung von $50,000 gemacht worden war, nahm die Deutsche Gesell-
von Pennsylvanien das regste Interesse und war mit dabei, als die
Enthüllung desselben am 7. Dezember 1910 unter Beteiligung starker
Delegationen von Deutschamerikanern aus allen Teilen des Landes
in der Bundes-Hauptstadt stattfand.

Dasselbe gilt von der Enthüllung des Schweizer'schen Steuben-
Denkmals in Valley Forge am 9. Oktober 1915, über welche an
anderer Stelle berichtet ist.

———::———

Gedenkfeier für Kaiser Wilhelm, die Wiedererrichtung des deutschen Reiches und Bismarck.

———

Als am 9. März 1888 Kaiser Wilhelm I. gestorben war, beschloß
' der Verwaltungsrat der Deutschen Gesellschaft in seiner am folgenden
Abend abgehaltenen Sitzung, zwecks Veranstaltung einer Trauerfeier
eine Bürgerversammlung auf den 12. März nach der Halle einzube-
rufen. Sie fand statt, trotzdem der furchtbarste Blizzard in der Geschichte der Stadt Philadelphia fast jeden Verkehr unterbrochen hatte.
Der Aufruf war von Konsul Meyer, sowie den Herren John D.
Lankenau, J. H. Tilge und J. C. File erlassen worden. Mit den
nötigen Arrangements waren die Herren Dr. A. Späth, Konsul
Meyer, John D. Lankenau, J. H. Tilge, Arno Leonhardt, Otto
Schaettle, Rev. Dr. M. Jastrow, Franz Ehrlich, Rev. Hiltermann
und Hermann Dieck betraut worden. In der Bürger-Versammlung
fungierte Herr J. C. File, der Präsident der Gesellschaft, als Vorsitzender und Herr Otto Schaettle als Sekretär. Es wurde beschlossen,
die Gedenkfeier am Samstag Nachmittag, den 25. März, in der
Academy of Music abzuhalten. Der Bildhauer Heinrich Manger

sorgte für eine der Feier entsprechende Dekorierung. Auch hervorragende Amerikaner hatten sich zu der Trauerfeier eingefunden, so mehrere Richter und Herr John Wanamaker. Gouverneur Beaver hatte von Florida aus eine Depesche gesandt. Es sprachen Prof. Dr. Adolph Späth in Deutsch und der damalige Stadt-Anwalt, Herr Warwick, in Englisch. Sie schilderten das Leben und die Taten des greisen Helden der deutschen Nation, dem es vergönnt war, ein neues Deutsches Reich zu schaffen. Die Versammlung nahm Beschlüsse an, in welchen der Sympathie mit dem deutschen Volke anläßlich des schweren Verlustes, der es betroffen, Ausdruck gegeben und die Hoffnung ausgesprochen wurde, der neue Kaiser (der damals schon schwer kranke Kaiser Friedrich) möge ihr lange erhalten bleiben. Der Wunsch erfüllte sich nicht. Am 15. Juni 1888 erlag Kaiser Friedrich III. seinem Leiden. Heute noch bewahrt die Deutsche Gesellschaft unter ihren Denkwürdigkeiten die Tabakpfeife auf, welche „unser Fritz" im deutsch-französischen Kriege benutzt haben soll und die ihr von General Snowden durch Oberst Muckle's Vermittlung zum Geschenk gemacht worden war.

Bismarck's achtzigster Geburtstag am 1. April 1895 wurde auf Anregung der Deutschen Gesellschaft in der Academy of Music festlich begangen. Eine Büste des Alt-Reichskanzlers wurde ihr von dem Bildhauer Müller zum Geschenk gemacht.

Des 25jährigen Jubiläums der Wiederrichtung des deutschen Reiches wurde in der Halle der Deutschen Gesellschaft am 18. Januar 1896 gedacht. Prof. Dr. Späth war der Festredner. Seine ausgezeichnete Rede, welcher er den Titel gegeben hatte: „Der Weg zum neuen deutschen Reich", wurde als Anhang des Jahresberichts der Deutschen Gesellschaft gedruckt. (Als Dr. Späth am 25. Juni 1910 gestorben war, nahm die Gesellschaft Beileids-Beschlüsse an, in welchen erklärt wird, der Verstorbene hätte ihr viele Stunden der Erbauung und Begeisterung geschenkt, veranlaßt durch seine zündende Vaterlandsliebe. Eine Gedenkfeier wurde ihm zu Ehren veranstaltet.)

Als des deutschen Reiches Schmied, Otto von Bismarck, am 30. Juli 1898 seine irdische Laufbahn beendet hatte, veranstaltete die Gesellschaft am 6. Oktober des Jahres eine Gedenkfeier in der Academy mit Dr. Späth und Stadtanwalt Kinsey als Rednern. General Louis Wagner eröffnete dieselbe an Stelle Herrn John D.

Lankenau's, der als Ehren-Vorsitzer der Feier ausersehen, aber durch die Beschwerden des Alters am Erscheinen verhindert war. Dr. Carl Weiland trug ein von ihm verfaßtes Gedicht vor, und der Junge Männerchor sang unter Carl Samans' Leitung das ergreifende Lied „Wie sie so sanft ruh'n."

Stets bereit, das Gedächtnis der Großen deutschen Stammes zu ehren, ließ die Gesellschaft den 1. April 1915, den 100. Geburtstag des Begründers der deutschen Einigkeit, des Schmiedes des Deutschen Reiches, der gewaltigsten Gestalt unter Europas großen Staatsmännern, des Alt-Reichskanzlers Otto von Bismarck, nicht ungefeiert vorübergehen. Unter Hermann Heyl's Leitung wurden die Vorbereitungen dafür getroffen. Die Feier fand am 6. April 1915 im Metropolitan Opera House statt und gestaltete sich zu einer gewaltigen Kundgebung des hiesigen Deutschtums. Das Programm der in jeder Beziehung denkwürdigen Feier war folgendes:

1. „Jubelouverture" .... Weber
   Großes Orchester. Herr J. A. Meyer, Dirigent.
2. Begrüßungsansprache des Präsidenten der Deutschen Gesellschaft und Vorsitzenden der Feier. Herrn Dr. C. J. Hexamer.
3. Rede (deutsch)—„Bismarck vom deutschamerikanischen Standpunkt".
   Herr Dr. Julius Hofmann aus Baltimore.
4. „Bismarck-Marsch" .... Orchester
5. „Die Ehre Gottes" .... Beethoven
   Frauen-Festchor, Vereinigte Sänger und Orchester.
   Herr Emil F. Ulrich, Dirigent.
6. Rede (englisch)—„Bismarck vom amerikanischen Standpunkt".
   Herr Dr. Thos. C. Hall aus New York.
7. Männerchor: „Heimathliebe" .... Wengert
   Vereinigte Sänger von Philadelphia.
   Herr Emil F. Ulrich, Dirigent.
8. Rede (deutsch)—„Bismarck vom deutschen Standpunkt".
   Herr Prof. Dr. Eugen Kühnemann aus Breslau.
9. Großes allegorisches Bild: „Das geeinigte Deutschland dem Kanzler huldigend".

Mitwirkende:

Frau Harry E. Keller	Frau Fred. J. Rees	Frau J. Otto Schweitzer
Frau Robert Fleer	Frau Otto Heinemann	Frau Sänger
Frau Paul Fleer	Frau Franz Ehrlich jr.	Frau Rügenberg
Frl. Büdinger	Frl. Henrietta Ehrlich	Frau Robert Ziegler
Frl. Flimm	Frau Louis F. Schuck	Herr Adolph Timm

———::———

Ehrung für Carl Schurz.

Wie in anderen Städten war auch in Philadelphia der siebzigste Geburtstag des berühmten deutschamerikanischen Staatsmannes und

Generals im Bürgerkriege, Carl Schurz, der 2. März 1899, Anlaß
zu großen Ehrungen. Es fand im Lulu-Tempel ein Fest-Bankett
statt, dessen Redner dem Geburtstagskinde die verdiente Anerkennung
in beredten und begeisterten Worten zuteil werden ließen.

Der Verwaltungsrat sandte Herrn Schurz ein Glückwunschschreiben, in welchem er dem Jubilar die Anerkennung der Deutschen
Gesellschaft ausdrückte „für sein zielbewußtes, mannhaftes Auftreten
für die Wohlfahrt unseres Adoptiv-Vaterlandes — für die Stellung
und das Ansehen seiner Bürger deutscher Herkunft". Der Brief
schloß, wie folgt: „Wir bitten Sie, auf diesem Wege unbeirrt weiter
zu schreiten, und hoffen, daß Ihnen noch manches Jahr beschieden sein
möge in geistiger, wie körperlicher Rüstigkeit und in ungeschmältertem
Genuß der Achtung, Verehrung und des Vertrauens Ihrer Landsleute in beiden Hemisphären."

In der Versammlung am 20. April 1899 wurde der Antrag
des Verwaltungsrates, Carl Schurz zum Ehren-Mitgliede der
Deutschen Gesellschaft zu erwählen, von den Anwesenden stehend
angenommen, um dem deutschamerikanischen Staatsmanne dadurch
ihre besondere Hochachtung auszudrücken. Carl Schurz dankte
schriftlich für die ihm erwiesene hohe Ehre.

Als am 14. Mai 1906 der unerbittliche Tod der Laufbahn des
großen Mannes ein Ende machte, war die Trauer über den Verlust,
den das amerikanische Deutschtum erlitten, auch in der Deutschen
Gesellschaft eine aufrichtige und tiefe. Eine Gedächtnisfeier wurde
auf Antrag Herrn F. Leser's in Verbindung mit dem Deutschen Tage
am 6. Oktober 1906 in der Halle der Deutschen Gesellschaft abgehalten, in welcher Prof. Dr. Adolph Späth eine glänzende Gedächtnis-
rede hielt und der Gesangverein Harmonie das musikalische Programm durchführte.

Der Deutsche Tag.

Die Feier des Deutschen Tages wurde von der Deutschen Gesellschaft von Pennsylvanien regelmäßig seit dem 6. Oktober 1889 abgehalten. Das Programm bestand in einer oder mehreren Festreden,
sowie in gesanglichen Darbietungen von Vereinen oder hervorragenden Solisten.

Im Jahre 1891 wurden Preise ausgeschrieben für die beste deutsche und englische Abhandlung in Verbindung mit der Geschichte der Deutschen in Amerika und für das beste Festgedicht. Zahlreiche Arbeiten gingen ein. Die Preise für die beste deutsche Arbeit und für das beste Festgedicht wurden Dr. E. R. Schmidt, für die beste englische Abhandlung Dr. Baker zugesprochen.

Auf Antrag Präsident Rudolph Blankenburg's wurde anläßlich des 400jährigen Jubiläums der Entdeckung Amerikas durch C o l u m b u s der Deutsche Tag im Jahre 1892 besonders eindrucksvoll begangen. Die Feier wurde in der Academy of Music am 6. Oktober abgehalten. Das musikalische Programm wurde eingeleitet durch die „Tannhäuser"-Ouverture, vorgetragen von einem großen Orchester unter Leitung S. L. Hermann's. Ein Massenchor brachte mit C. A. Hartmann als Dirigent „Jung-Siegfried" zu Gehör. Der Gemischte Chor des Jungen Männerchors und der Harmonie sangen Mendelssohn's großes Tonwerk „Meeresstille und glückliche Fahrt". Den zweiten Teil leitete die „Jubel-Ouverture" ein. Es folgten gesangliche Darbietungen des Jungen Männerchors, des Quartett-Klubs und der Harmonie. Oberst F. Raine, der Herausgeber des „Deutschen Correspondenten" in Baltimore, hielt die deutsche Festrede, in welcher er die Hauptereignisse der deutschamerikanischen Geschichte Revue passieren ließ. Den Vorsitz hatte, nach einer kurzen Ansprache des Vorsitzers des Arrangements-Komitees, Dr. C. J. Hexamer, Präsident Blankenburg übernommen, der einige Worte an die Versammelten richtete.

Die englische Festrede hielt der frühere amerikanische Gesandte in St. Petersburg, der Chef-Redakteur der „Philadelphia Preß", Herr Charles Emory Smith. Er sagte, er könne den Stolz der Deutschen in Amerika auf deutsche Geschichte und ihr deutsches Blut sehr wohl begreifen. Er erinnerte daran, daß William Penn eine Deutsche zur Mutter gehabt habe. Im weiteren Verlaufe seiner Rede sagte Herr Smith:

„Ihr würdet Eurer edlen Erbschaft nicht wert sein, wolltet Ihr nicht, gleichviel ob Ihr in Deutschland das Licht der Welt erblicktet oder ob Eure Wiege im Lande der Sterne und Streifen stand, in treuer Liebe an dem Mutterlande hängen. Ihr tut das, und doch seid Ihr patriotische, pflichtgetreue Bürger, seid Amerikaner. Den deutschen Geist, das deutsche Wissen muß Jeder anerkennen.

„Ich war in Crefeld, aus dem die ersten deutschen Einwanderer kamen. Ich sah den Rhein. Ich lernte die Inbrunst begreifen, mit der der Deutsche sein trutziges Kampf- und Schlachtlied singt: „Lieb' Vaterland, magst ruhig sein, fest steht und treu die Wacht am Rhein."

„Die Deutschen sind ein großes Volk, und groß und erstaunlich sind ihre Leistungen. Auf allen Gebieten glänzt der deutsche Geist, in Kunst und Wissenschaft und Industrie und nicht zuletzt in der Staatskunst. Da ist Friedrich der Große, Freiherr von Stein und endlich der wahrhaft königliche Bismarck.

„Deutsche Duldung, deutsche Zivilisation, deutsche Treue und deutschen Mut brachten jene Einwanderer mit herüber; in der Revolutions-Zeit waren sie die Ersten, die Freiheit zu erstreiten; in der Rebellions-Zeit die Ersten, welche die Waffen ergriffen, um sie zu erhalten. Berechtigt ist Euer Stolz auf Eure Abstammung, und Ihr habt ein Recht, den Deutschen Tag zu feiern. Glück wünsche ich Euch, daß Ihr solch' eine Heimat gefunden, wie diese, und Glück wünsche ich unserem Lande, das fest sich verlassen kann auf die treuen Herzen und die starken Arme seiner deutschen Bürger."

Nicht endenwollender Beifall dankte dem Redner, der die Eigenart und die Verdienste der deutschen Einwanderer in so glänzender und beredter Weise charakterisiert hatte.

Bei der Feier des Deutschen Tages im Jahre 1895, die am 7. Oktober in der Halle stattfand, wurde Baron Friedrich Wilhelm von Steuben's gedacht, des Reorganisators und Drillmeisters der Kontinental-Armee in Valley Forge, Pa., der vor mehr als 100 Jahren, nämlich am 25. November 1794, gestorben war. Er war im Jahre 1783 Mitglied der Deutschen Gesellschaft von Pennsylvanien geworden. Herr Franz Ehrlich eröffnete die Feier. Steuben und seine Verdienste um den Freiheitskampf rühmten die Redner des Abends, Gouverneur Daniel H. Hastings und Dr. E. R. Schmidt.

Bei der Feier des Deutschen Tages im Jahre 1896 hielt Herr James M. Beck, der damals Bundes-Distrikts-Anwalt in Philadelphia war, die englische Festrede. Er hat sich während des Krieges als einer der erbittertsten Feinde alles dessen, was deutsch ist, entpuppt. Im Jahre 1896 war er Mitglied der Deutschen Gesellschaft geworden und erklärte in seiner Rede, er danke für die Erwählung und Auszeichnung, ihn zum Festredner auszuersehen. Er erinnerte sich offenbar damals noch daran, daß sein Vater ein Deutsch-Schweizer war. In seiner Rede erklärte Herr Beck, daß zu der Zeit, als Ludwig der Vierzehnte das Wort prägte „Der Staat bin ich" Penn und Pastorius ein freies Land für das Volk schufen und den Grundsatz gelten ließen „The Power is the People." Er erinnerte daran, daß im Jahre 1871 im Prunkschlosse der französischen Könige zu Versailles ein deutscher Kaiser stand, umgeben von den Fürsten Deutschlands, und der deutsche Choral gesungen wurde: „Nun danket alle Gott." Herr Beck bewies seine Kenntnis der deutschen Sprache, indem er zum Schluß das Gedicht zitierte „Was ist des Deutschen Vaterland?" Der deutsche Festredner war Pastor Paul Schneider.

Mit dem Deutschen Tage am 6. Oktober 1897 war eine Gedenkfeier für den am 15. Mai des Jahres verstorbenen Dr. G. Kellner verbunden. Prof. Dr. Spaeth und Dr. Robert Ellis Thompson waren die Redner.

Der Cannstatter Volksfest-Verein, der Junger Männerchor, der Schweizer-Verein und der Journalisten-Verein beteiligten sich daran. Die Schlußrede hielt Herr Franz Ehrlich. Am 6. Oktober 1906 beteiligte sich die Gesellschaft an der Enthüllung der Büste Dr. Kellner's, welche vom Männerchor an seinem Grabe errichtet war, und legte einen Kranz daselbst nieder.

Am 25. und 26. Juli des Jahres 1898 hat eine größere Feier des Deutschen Tages auf Lierz's Washington Park stattgefunden, die infolge ungünstiger Witterung keinen finanziellen Erfolg ergab, aber eine prächtige Festrede Dr. Hexamer's brachte. Sie bot eine Zusammenstellung deutschamerikanischer Errungenschaften. Die Gesellschaft beschloß, sie in 2,000 Exemplaren drucken und verteilen zu lassen.

Der Deutsche Tag am 6. Oktober 1899 in der Halle hatte Pastor F. Wischan zum Festredner.

Dr. Spaeth war Festredner an den Feiern des Deutschen Tages in den Jahren 1900 und 1901. Prof. Dr. Learned's englische Festrede für die Feier im Jahre 1900 wurde verlesen, da er selbst durch Krankheit am Erscheinen verhindert war.

Im Deutschen Theater fand die Feier des Deutschen Tages des Jahres 1902 statt.

Im Jahre 1903 war die Academy of Music der Festplatz. Es sprachen der damalige Gouverneur von Pennsylvanien Samuel W. Pennypacker und Pastor Dr. Julius Hofmann aus Baltimore.

Im Deutschen Theater war Festredner in 1904 Prof. Dr. Schiedt vom Franklin und Marshall College in Lancaster, Pa.

Im Jahre 1905 war Prof. Dr. Spaeth Festredner. Im folgenden Jahre war mit dem Deutschen Tage eine Gedenkfeier für Carl Schurz verbunden, in welcher abermals Prof. Dr. Spaeth eine glänzende Rede hielt.

Dr. Karl Detlev Jessen vom Bryn Mawr College hielt die Festrede am 6. Oktober 1907.

Der Deutsche Tag in 1909 wurde in der Halle gefeiert, mit Pastor C. E. Metzenthin als Festredner.

Der Enthüllung des Mühlenberg-Denkmals am 6. Oktober 1910 wegen fiel die Feier des Deutschen Tages aus.

In 1911 war Pastor Georg von Bosse der Festredner.

Am 6. Oktober 1912 hielt Herr Rudolph Cronau von New York Nachmittags einen illustierten Vortrag über „1812—1813, den Freiheitskrieg, Napoleon's Feldzug nach Rußland."

In 1913 war Pastor Georg Schuchard der Festredner.

Am 6. Oktober 1914 sprachen Dr. Hexamer und der Breslauer Professor Eugen Kühnemann.

Eine Feier des Deutschen Tages in der Halle fiel im Jahre 1915 wegen der Enthüllung des Steuben-Denkmals in Valley Forge, Pa., aus. Sie fand am 9. Oktober statt. Die Mitglieder der Deutschen Gesellschaft waren dabei zahlreich vertreten. Kapt. Louis H. Schmidt war der Marschall der Parade vom Bahnhof in Valley Forge zum Denkmal, einem Werke Herrn J. Otto Schweizer's. Die Redner waren Dr. Hexamer, Bernhard Ridder von New York, General-Adjutant Stewart von Pennsylvanien und Herr John B. Mayer. Die Feier fand unter den Auspizien des Zentralbundes und der Deutschen Gesellschaft statt. Sie spielte sich nach folgendem Programm ab:

1. Orchester . . . . Paul Thomulka's Militärmusik
2. Massenchor: „Der Tag des Herrn" . . . . Kreutzer
   Vereinigte Sänger von Philadelphia. Emil F. Ulrich, Dirigent.
3. Eröffnungsansprache des Festpräsidenten, Dr. C. J. Hexamer, Präsident

des Deutschamerikanischen Nationalbundes und der Deutschen Gesellschaft
von Pennsylvanien.

4. Ansprache ...... W. H. Ridder von der „New Yorker Staatszeitung"
5. Ansprache .... Herr A. Stewart, Generaladjutant des Gouverneurs
   von Pennsylvanien, Martin G. Brumbaugh.
6. Enthüllung des Monuments .... Fräulein Hildegard Hexamer
7. Kinderchor: „Der gute Kamerad" .... Silcher
   Gesungen vom Kinderchor des Zentralbundes und der Vereinigten
   Sonntagsschulen. August Büchst, Dirigent.
8. Vorstellung des Bildhauers, I. Otto Schweizer.
9. Ansprache —— J. W. Mayer, Präsident des Zentralbundes von Penna.
10. Ueberreichung des Denkmals an die Parkkommission durch den Fest-
    präsidenten und Entgegennahme desselben seitens der Parkkommission.
11. Massenchor: „Dankgebet" .... Kremser
    Vereinigte Sänger von Philadelphia.
12. "America," gesungen von allen Anwesenden.

Festredner am Deutschen Tage 1916 in der Halle waren Pastor
F. O. Evers und Pastor S. von Bosse aus Wilmington.

———::———

Zur Erinnerung an Schiller und Goethe; das Deutsche Theater; andere Gedenkfeiern.

———

Als am 10. November 1885 in der Nähe der Horticultural
Hall im Fairmount Park der Grundstein zum Schiller-Denkmal,
einem Werk Heinrich Manger's, gelegt, dessen Errichtung vom
Cannstatter Volksfest-Verein auf Anregung Fritz Decker's im Jahre
1884 beschlossen wurde, war die Deutsche Gesellschaft auch dabei.
Ihre Jahresberichte wurden neben anderen Dokumenten in den
Grundstein gelegt. Ihre Mitglieder beteiligten sich an der Parade
unter General Ballier, die sich an 41. Straße und Lansdowne
Avenue formierte und nach dem Denkmalsplatze sich bewegte. Die
Feier fand am Vormittag statt. Die beiden deutschen Freimaurer-
Logen, die Hermann- und die Humboldt-Loge, beteiligten sich gleich-
falls an der Grundsteinlegung, die unter freimaurerischem Ritual
von dem Deputy Großmeister der Großloge von Pennsylvanien,
Joseph Eichbaum, vollzogen wurde. Unter Künzel's Leitung trugen
die Vereinigten Sänger „Die Himmel rühmen" von Beethoven vor.

Der Präsident der Cannstatter, Godfrey Keebler, hielt eine kurze Ansprache, die damit schloß, daß er den Bildhauer, den Schöpfer der Schiller-Statue, vorstellte. Mendelssohn's Festgesang „An die Künstler", gesungen von den Vereinigten Sängern, war die nächste Programmnummer. Festredner waren der frühere Bürgermeister von Philadelphia, Herr Richard Vaux, der in Englisch Schiller's Bedeutung für die gesamte Welt-Literatur hervorhob, und Dr. G. Kellner, der das Leben und die Werke des deutschen Dichterfürsten in beredten Worten schilderte. Er nahm Bezug auf das Humboldt-Denkmal, das einige Jahre früher im Fairmount Park errichtet worden war, und schloß mit Attenhofer's Mahnung zur Einigkeit aus Schiller's „Wilhelm Tell." Die Feier schloß mit dem Vortrage des Liedes „Old Hundred" mit deutschem Text. Nach derselben wurde im Schützenpark eine gesellige Festlichkeit veranstaltet.

Die Enthüllung des Schiller-Denkmals erfolgte am 25. Oktober 1886. Eine Parade unter General Vallier's Anführung, an der sich unter Anderen die Veteranen des von ihm im Bürgerkriege geführten 98. Pennsylvanischen Freiwilligen - Regiments beteiligten und in deren vier Divisionen die Deutsche Gesellschaft eine Stelle hatte, zog von der 41. Straße und Elm Avenue zum Denkmalplatze.

Die Vereinigten Sänger trugen mehrere Lieder vor. Die Eröffnungsansprache hielt Präsident Keebler von den Cannstattern, Festredner waren Dr. G. Kellner und Samuel W. Pennypacker. Das Denkmal hatte $12,000 gekostet. $10,000 waren bei einem Bazar erzielt worden, den die Cannstatter im April 1885 in der Industrial Hall abgehalten hatten.

Schiller's 100. Todestag am 9. Mai 1905 gab in Philadelphia Anlaß zu einer fünftägigen Gedenkfeier, die am Sonntag, den 7. Mai, mit einer großen Huldigung sämtlicher deutschen Vereine vor dem Denkmal des Dichterfürsten im Fairmount Park begann. Den Vorsitz führte der Präsident der Cannstatter, Herr Albert Schoenhut. Die deutsche Festrede hielt Prof. Dr. Karl Detlev Jessen von Bryn Mawr, die englische Prof. Dr. Daniel B. Shumway von der Universität von Pennsylvanien. Am 8. Mai fand die erste Festvorstellung in der „Academy of Music" unter Leitung Direktor Carl Saake's vom Deutschen Theater in Philadelphia statt. Es wurde „Wilhelm Tell" gegeben.

Am Nachmittag des 9. Mai wurde der erste Spatenstich zum neuen **Deutschen Theater** an Franklin Straße und Girard Avenue getan, der unter Victor Angerer's Leitung zu einer eindrucksvollen Feier sich gestaltete. Die Anregung zum Bau eines eigenen deutschen Theaters war von Dr. Hexamer, dem Präsidenten der Deutschen Gesellschaft, gegeben worden. In ihrer Halle wurde die „German Theatre Realty Company" gegründet, und im April 1905 auf Antrag Dr Hexamer's der Beschluß gefaßt, sofort zu bauen. Bei der Feier des ersten Spatenstichs sprach Frau L. L. Leser einen von ihr gedichteten Prolog. Die Vereinigten Sänger sangen, ein größeres Orchester wirkte mit, und Dr. Hexamer hielt eine schwungvolle Festrede. Der deutsche Botschafter Baron Speck von Sternburg, sandte nachstehende Glückwunsch-Depesche:

„Den hochverehrten Bürgern deutscher Abkunft sende ich zu dem heute begonnenen patriotischen Werke meinen aufrichtigsten Glückwunsch. Möge dasselbe die Traditionen des Vaterlandes heilig hüten, nach Wahrheit und nach Schönheit ringen, nur das Göttliche und Hehre erstreben und den Kampf aufnehmen mit dem Schlechten und Gemeinen."

Die feierliche Grundsteinlegung wurde unter geeigneten Feierlichkeiten am Geburtstage der amerikanischen Nation, am 4. Juli 1905, abgehalten. Die Eröffnung des Deutschen Theaters, dessen Errichtung in der Halle der Deutschen Gesellschaft geplant und ihrer Verwirklichung entgegengeführt wurde, fand am 15. September 1906 statt. Botschaftsrat Graf Hatzfeldt war zu derselben erschienen. Er hielt eine kurze Ansprache und versicherte, daß der Kaiser an dem vollendeten Werke die freudigste Teilnahme nehme. Der Deutschen Gesellschaft aber gebührt das Verdienst, daß sie diese großartige Errungenschaft ermöglicht hatte. Das Theater hatte eine Viertel-Million Dollars gekostet.

Die kleine Abschweifung von der Schiller-Feier in Philadelphia erschien um so mehr gerechtfertigt, als sie einer der vielen Betätigungen der Deutschen Gesellschaft auf deutsch-kulturellem Gebiete in kurzen Worten gedenkt. Am Abend nach der Spatenstich-Feier am 9. Mai fand in der Academy of Music ein großer Festakt statt. „Das Lied von der Glocke", komponiert von Andreas Romberg, gelangte unter Louis Koemmenich's Leitung zur Aufführung. Die deutsche Festrede wurde von Prof. Dr. Kuno Francke von der Har-

bard-Universität, die englische von Prof. Dr. Marion D. Learned
von der Pennsylvania-Universität gehalten. Am 10. Mai wurde in
der Academy Schiller's „Wallenstein's Lager" und die „Piccolo-
mini" gegeben. Die Turngemeinde stellte ein Tableau nach dem
Schiller'schen Gedicht „Der Taucher". Am 11. Mai fand mit der
Aufführung von „Wallenstein's Tod" die Schiller-Feier ihren Abschluß.

Am 150. **Geburtstage Schiller's** veranstaltete die Gesellschaft
eine Feier in ihrer Halle am 10. November 1909, bei welcher Dr.
Julius Hofmann aus Baltimore die Festrede hielt und der Junge
Männerchor sang.

Auch dem anderen großen Dichterfürsten, **Johann Wolfgang
von Goethe,** versagte die deutsche Gesellschaft niemals den Zoll
pietätvoller Anerkennung und Verehrung. Als der Goethe-Denk-
mal-Verein, der sich die Errichtung eines Monuments zur Erinnerung an den weltberühmten Heros deutscher Poesie zur Aufgabe
gemacht hatte, gegründet war, stellte ihm die Deutsche Gesellschaft
ihre Halle für einen Bazar, der die fehlenden Mittel aufbringen
sollte, zur Verfügung. Er fand daselbst in den Tagen vom 7. bis
18. April 1890 statt. Die Enthüllung des Goethe-Denkmals im
Park wurde am 30. Mai 1891 feierlich vollzogen. Der Grundstein
zur Goethe-Statue war bereits am 14. November 1887 gelegt worden. Die Goethe-Statue ist künstlerisch hervorragender als diejenige Schiller's. Der Bildhauer Heinrich Manger hatte sich mehr
an große Vorbilder angelehnt. Er hatte freier und weniger gezwungen gearbeitet. Trotzdem ist die Schiller-Statue eine wertvolle Bereicherung der Denkmäler im Park.

Die Grundsteinlegung hatte am Nachmittag stattgefunden. Sie
vollzog sich in ähnlicher Weise wie beim Schiller-Denkmal mit Parade zu und Rede-Aktus auf dem Denkmal-Platze, sowie nach freimaurerischem Ritus. Die Vereinigten Sänger trugen „Das deutsche Lied" vor, sowie „Das treue deutsche Herz". Herr File, der
Präsident des Goethe-Denkmal-Vereins, hielt eine kurze Ansprache.
Reden wurden gehalten von Herrn Otto Schättle, deutsch, und Richter M. Arnold, englisch. Ein von Prof. J. B. Hertzog verfaßtes
Festgedicht wurde vom Männerchor gesungen.

An der Spitze des Goethe-Denkmal-Vereins standen der Präsident der Deutschen Gesellschaft, Herr John C. File, Präsident:

August Kaufmann, Sekretär; Wm. Gerlach, John Lankenau, J. G.
Rosengarten, Dr. Adolph Fellger, G. Keebler, Otto Schättle, M. R.
Muckle, Carl Edelheim, Konsul Chas. H. Meyer, General John F.
Ballier und Emil Wahl.

Die Enthüllung des Denkmals fand am 30. Mai 1891, am
Gräber-Schmückungstage, unter Beteiligung zahlreicher deutscher
Vereine nach einer Parade statt. Herr John R. Rau, der inzwischen Präsident des Goethe-Denkmals-Vereins geworden war, sprach
in englischer Sprache. Er teilte mit, daß die Anregung zur Errichtung einer Goethe-Statue bei der Enthüllung der Schiller-Statue
gegeben wurde. Am 17. Dezember 1886 bildete sich der Goethe-
Denkmal-Verein. Die Aufbringung der Kosten des Denkmals,
dessen Ausführung dem Bildhauer Heinrich Manger übertragen
worden war, bereitete große Schwierigkeiten. Der Bazar in der
Halle der Deutschen Gesellschaft ergab die nötigen Fonds. Die Enthüllung der Goethe-Statue vollzog General Ballier. Die Sänger
sangen unter Künzels Leitung. Herr Samuel G. Thompson übernahm das Denkmal namens der Park-Kommission. Er erklärte,
die Mitglieder derselben wären stolz darauf, daß der deutsche Geist
durch Denkmäler Schiller's und Goethe's im Park verherrlicht worden sei. Der Präsident der Deutschen Gesellschaft, Herr Rudolph
Blankenburg, hielt die deutsche Festrede. Richter Arnold feierte den
deutschen Dichterfürsten in englischer Sprache. Ein Hoch auf Heinrich Manger brachte Park-Kommissär Thompson aus. Das Goethe-
Denkmal hatte fast ausschließlich der Anregung und Unterstützung
der Deutschen Gesellschaft sein Entstehen zu verdanken.

.. Goethe's 150. Geburtstag am 28. August 1899 wurde auf Veranlassung der Deutschen Gesellschaft vom gesamten Deutschtum der
Stadt gefeiert. Sein Denkmal im Fairmount Park wurde geschmückt. Der Vereinigten Sänger brachten das deutsche Lied zur
Ehre, und Reden wurden gehalten von Henry Detreux, dem Präsidenten der Vereinigten Sänger, Konsul Marheinecke und dem bekannten Anwalt und Bewunderer Goethe's, Herrn Dwight M
Lowry.

Und nochmals fand die Deutsche Gesellschaft Gelegenheit, das
Andenken des großen deutschen Dichters zu feiern. Anlaß dazu gab
das 100jährige Jubiläum des Erscheinens des ersten Teiles von
„Faust". Dr. Julius Hofmann aus Baltimore war der Festredner.

Andere Gedenkfeiern, welche von der Deutschen Gesellschaft veranstaltet wurden, waren das **hundertjährige Jubiläum der Fichteschen „Reden an die deutsche Nation"**, welche in Deutschland den Funken entzündeten zum großen Befreiungskampfe von Napoleonischer Knechtschaft, und der hundertste Geburtstag des großen deutschen Musik-Dramen-Schöpfers, **Richard Wagner**. Die Fichte-Feier fand am 12. Januar 1908 in der Halle statt. Prof. Dr. Julius Goebel hielt die Festrede.

Der 100. Geburtstag **Richard Wagner's**, der am 22. Mai 1813 das Licht der Welt erblickt hatte, wurde mit einer Feier begangen, bei welcher Dr. Julius Hoffmann eine mit Begeisterung aufgenommene Rede hielt und hervorragende Solisten mitwirkten Sie fand im Januar 1913 in der Halle statt.

Zahlreich beteiligten sich die Mitglieder der Deutschen Gesellschaft an der vom Plattdeutschen Volksfest-Verein am 100. Geburtstage **Fritz Reuter's** am 7. November 1910 veranstalteten Feier. Die Gesellschaft hatte ihre Halle zur Verfügung gestellt. Festredner war Prof. Dr. Karl Detlev Jessen vom Bryn Mawr. Die Herren F. Völcker und Saul trugen Gedichte Reuter's vor, und der Junge Männerchor sang.

———::———

Mühlenberg-Denkmal.

————

Ein Denkmal, welches auf Veranlassung der Deutschen Gesellschaft von Pennsylvanien errichtet worden ist und durch Sammlungen ihrer Mitglieder ermöglicht wurde ist das am 6. Oktober 1910 auf der Südseite der Stadthalle enthüllte Monument General Peter Mühlenberg's, des berühmten Truppenführers im Unabhängigkeits-Kriege und eines Freundes George Washington's. General Mühlenberg war in dem Jahre 1788 und von 1802 bis zu seinem am 1. Oktober 1807 erfolgten Tode Präsident der Deutschen Gesellschaft gewesen.

Die Anregung zur Errichtung des Denkmals war von Dr. C. J. Hexamer ausgegangen, der bereits am 17. Januar 1895 einen diesbezüglichen Antrag gestellt hatte. Präsident Wagner überwies die Sache einem Komitee; aber damit hatte es sein Bewenden. Am 20. Juli 1905 trat Dr. Hexamer abermals für das Denkmal ein. Er erklärte, die Puritaner hätten kürzlich ein Denkmal vor der Stadthalle errichtet. Einem Mühlenberg, der jahrelang Präsident der Deutschen Gesellschaft gewesen und eine so bedeutende Rolle in der Geschichte der Vereinigten Staaten gespielt habe, gebühre eine nicht mindere Anerkennung. Die Versammlung ermächtigte ihren Präsidenten zur Ernennung eines „Mühlenberg-Denkmal-Komitee." Vorsitzer desselben wurde General Louis Wagner, Sekretär Herr John B. Mayer. Demselben gehörten ferner an die Herren Dr. Hexamer ex officio, Hermann Heyl, Victor Angerer, C. J. Braun und Hans Weniger.

Mit den Sammlungen für das Denkmal wurde anfangs des Jahres 1906 begonnen. Die Hauptarbeit an dem schwierigen und undankbaren Werke fiel dem Sekretär des Komitees, Herrn J. B. Mayer, zu, dem vor allen Dingen das schließliche Gelingen zu verdanken war. Die Sammlungen waren so weit gediehen, daß der hiesige Bildhauer, Herr J. O. Schweizer, am 7. Juni 1909 mit der Ausführung der Statue betraut werden konnte. Es wurde beschlossen, die Enthüllung des Denkmals am Deutschen Tage, am 6. Oktober 1910, stattfinden zu lassen. Eine Versammlung sämtlicher deutscher Vereins-Präsidenten hatte am 8. September 1910 in der Halle der Deutschen Gesellschaft stattgefunden. Sie hatten ihre Beteiligung an der Enthüllungsfeier zugesagt, aber den Antrag Sekretär Mayer's, ihr eine Parade voraus gehen zu lassen, abgelehnt. Er setzte sich darauf mit Dr. Hexamer und einer Anzahl einflußreicher Deutsch-Amerikaner in Verbindung; in einer nochmaligen Versammlung am 22. September wurde die Parade beschlossen, und Kapt. Louis H. Schmidt zum Chef-Marschall derselben erkoren. Der Energie und dem organisatorischen Talent desselben gelang es, kräftig unterstützt durch die rastlose Agitation des unermüdlichen Sekretärs des Denkmal-Komitees, die Parade zu einer der eindrucksvollsten Kundgebung des Deutschtums in der Geschichte Philadelphias zu machen.

Am Nachmittag des 6. Oktober 1910 formierte sich der Zug vor der Halle der Deutschen Gesellschaft. Bundes- und Staats-Militär, die Kadetten des Wanamaker Instituts, fast sämtliche deutschen Vereine und eine stattliche Abteilung von Jrisch-Ameri-

kanern, letztere mit eigener Musikkapelle, beteiligten sich an der Parade. Sie marschierte die 6. Straße hinab bis zur Vine, zur Franklin, an der Zions-Kirche vorbei zur Race, zur 6., zur Cheſtnut
Straße, zur Unabhängigkeits-Halle, woselbst ein Kranz am Denkmal George Waſhington's niedergelegt wurde, zur 5., zur Market,
zur City Hall und um die Nordseite derselben herum zum Denkmal.
An jedem Monument vor der Stadthalle wurde ein Kranz niederge-
gelegt.

Die Iriſch-Amerikaner und die deutſchen Teilnehmer an der
Parade wurden überall mit großer Herzlichkeit von den Menſchen-
maſſen, welche auf den Seitenwegen der Straßen Spalier gebildet
hatten, begrüßt. Die Verbrüderung der amerikaniſchen Bürger
deutſcher und iriſcher Abſtammung, die ſo viel zur Entwicklung des
Landes und zu ſeiner Verteidigung beigetragen hatten, machte den
beſten Eindruck auf alle Beteiligten. Die Geſchäftsleute entlang der
Route der Parade waren durch Sekretär Mayer erſucht worden, für
Flaggenſchmuck ihrer Gebäude zu sorgen, und waren der Aufforderung nachgekommen.

Herrliches Wetter begünſtigte die Enthüllungs-Feier. Tauſende
und Abertauſende hatten ſich eingefunden, und als unter den Klän-
gen des Präſentier-Marſches die Hülle von der Statue fiel, durch-
brauſte ein begeiſtertes Hoch die Lüfte. Das Militär präſentierte
das Gewehr, und bewundernd hingen aller Blicke an dem herrlichen
Denkmal. Es iſt ein Meiſterwerk. Das gilt nicht allein von der
Statue ſelbſt, ſondern auch von dem Bronze-Relief, welches die denk-
würdige Szene in Mühlenberg's Kirche in Woodſtock, Va., darſtellt,
als der jugendliche Pfarrherr den Talar fallen läßt, ſich in Ober-
ſten-Uniform der Kontinental-Armee ſeiner Gemeinde vorſtellt und
die Worte ſpricht: „Es giebt eine Zeit zum Beten und eine Zeit
zum Kämpfen; die Zeit zum Kämpfen iſt jetzt gekommen." Das
Monument iſt eines der ſchönſten Denkmäler in Philadelphia.

Die Enthüllungs-Feier ſpielte ſich nach folgendem, vom Sekretär aufgeſtellten Programm, ab:

1. Orchestra, Municipal Band of Philadelphia, A. Frank Bergey,
Director.

2. Introduction of the Presiding Officer, Dr. C. J. Hexamer,
President of the German Society of Pennsylvania, by General Louis
Wagner, Chairman of the Monument Committee.

3. Mass Chorus: "Der Tag des Herrn" ("The Lord's Day") by Kreutzer, United Singers of Philadelphia, H. G. Kumme, Director.

4. Invocation, Rev. W. O. Fegeley, Pastor of "Augustus Lutheran Church", of Trappe, Pa. (Henry Melchior Mühlenberg, father of General Mühlenberg, was Pastor of this church in Colonial times. General Mühlenberg was born in Trappe.)

5. Address by the President of the German Society of Pennsylvania.

6. Unveiling, Miss Dorothy Elizabeth Marshall and Master Louis Wagner Marshall.

7. Mass Chorus: "Dankgebet" (Thanksgiving) by Kremser, United Singers of Philadelphia.

8. English Oration, the Honorable William H. Staake.

9. The Presentation of the Monument to the City of Philadelphia by the President of the German Society of Pennsylvania.

10. Acceptance by the Hon. John E. Reyburn, Mayor of Philadelphia.

12. "The Star=Spangled Banner", the Municipal Band and United Singers.

Die Vereinigten Sänger von Philadelphia hatten bereitwilligst sich erboten, die Enthüllungsfeier durch den Vortrag einiger Lieder zu verschönern. Der Sekretär erlangte vom Direktor of Public Safety Clay die kostenfreie Mitwirkung der Municipal Band und die Errichtung einer Tribüne für dieselbe. Die Tribüne vor dem Denkmal selbst wurde auf Kosten des Komitees errichtet.

Das Komitee hatte beschlossen, in Anerkennung der Verdienste von General Wagner um das Zustandekommen des Monuments, zwei seiner Enkelkinder, nämlich Dorothy Elizabeth Marshall und Louis Wagner Marshall, mit der Ehre der Enthüllung zu betrauen. General Wagner hatte für das Denkmal im Ganzen $4,150 gesammelt, der Rest der $7,938.75 betragenden Gesamtsumme, war durch die Bemühungen Sekretär Mayer's aufgebracht worden. Beisteuern waren von 321 Personen gemacht worden, welche von 10 Cents bis $1,000 gegeben hatten. Die Ausgaben betrugen $6,500.00 für das Monument, $663.75 für die Enthüllungsfeier, $375.00 für Bronzetafeln und $400 für die Parade. Von der Veranstaltung eines Banketts nach der Feier war Abstand genommen worden.

Die Enthüllungsfeier war ein Triumph des Deutschtums Philadelphia's, ein Ruhmesblatt in seiner Geschichte. In der am 20. Oktober abgehaltenen Versammlung der Deutschen Gesellschaft berichtete Herr Conrad Boecker über die Feier. Er bezeichnete sie als großen Erfolg und eine Ehre für das Deutschtum und seine Geschichte. Dem Denkmal-Komitee, seinem Vorsitzer und namentlich Sekretär Mayer wurde der Dank der Deutschen Gesellschaft ausgesprochen.

In Anbetracht des Umstandes, daß die in den Granitsockel des Denkmals eingehauenen Namen der Schlachten, an denen General Mühlenberg teilgenommen, und die öffentlichen Aemter, die er nach dem Kriege bekleidet hatte, nicht leserlich genug waren, wurde beschlossen, sie auf Bronzetafeln zu verewigen und letztere dem Denkmal einzufügen. Ferner stiftete das Denkmal-Komitee der Deutschen Gesellschaft eine Bronze-Tafel mit den Namen ihrer Präsidenten von der Gründung an. Die Uebergabe erfolgte beim Stiftungsfeste am 26. Dezember 1911.

————::————

Andere Ereignisse aus der Geschichte der Deutschen Gesellschaft.

————

Nachstehend folgt eine Zusammenstellung, welche einen weiteren Beweis dafür liefert, daß die Halle der Deutschen Gesellschaft der Mittelpunkt des geistigen Lebens der Stadt Philadelphia ist, und welche zeigt, wie mannigfach sie sich betätigt hat:

1876: Der Verwaltungsrat beteiligte sich an der Bewillkommnung der deutschen Arbeiter-Delegation zur Weltausstellung. Ein Vorschlag, die Räumlichkeiten der Gesellschaft während der Welt-Ausstellung für Besucher aus Deutschland offen zu halten und zu deren Benutzung einzuladen, wurde abgelehnt.

Als am 4. Oktober 1884 die Deutsche Gesellschaft von New York ihr 100jähriges Bestehen feierte, ließ ihre hiesige ältere Schwester-Vereinigung ihr durch eine Delegation, bestehend aus den Herren File, Ehrlich, Dr. Kellner und Dr. Seidensticker, ihre Glückwünsche überbringen.

Gleichfalls Gratulantin war die Deutsche Gesellschaft von Pennsylvanien beim fünfzigjährigen Jubiläum des hiesigen Männerchors, des ältesten deutschen Gesangvereins auf amerikanischem Boden, der von Philipp Mathias Wolsieffer am 15. Dezember 1835 gegründet

worden war, am 15. Dezember 1885, und am 50. Stiftungsfeste
des hiesigen Jungen Männerchors am 22. Februar 1902.

1888: Tagung der zweitägigen Konvention des National-Verbandes der deutschen Journalisten und Schriftsteller in der Halle der
Gesellschaft.

1889: Konzert zum Besten der durch die Ueberschwemmung
von Johnstown, Pa., so schwer heimgesuchten Bewohner, veranstaltet
von Frl. J. F. Rau, der Tochter eines der Direktoren der Deutschen
Gesellschaft, in der Halle; Ueberschuß $425.

1893: Am 20. Juni faßt der Verwaltungsrat Beileidsbeschlüsse
anläßlich des Ablebens des großen Financiers, Anthony J. Drexel,
der ihre wohltätigen Bestrebungen jederzeit in liberalster Weise unterstützt hatte.

1897: Die Halle wird den Vereinigten Sängern von Phila-
delpiha für das 17. National-Sängerfest des Nordöstlichen Sängerbundes zur Verfügung gestellt. — Am 15. Juli erhebt Richard
Strohm Protest gegen die Vetoierung der von der Legislatur des
Staates passierten Vorlage, welche die Veröffentlichung amtlicher
Anzeigen in deutschen Zeitungen verfügte in Counties, die über
70,000 deutsche Bürger zählen, seitens Gouverneur Hastings'.

1899: Im September wurde die Benutzung des großen Saales
des Gesellschaftsgebäudes der Grand Army of the Republic gestattet, als sie hier ihr „Encampment" abhielt Die Veteranen, die
bei der Deutschen Gesellschaft zu Gast waren, dankten herzlich für
die gute Aufnahme und Einquartierung.

1900: Am 5. Juni fand in der Halle ein Empfang zu Ehren
der Delegaten des National-Verbandes Deutschamerikanischer Lehrer
statt, der vom 5 bis 8. Juli in Philadelphia tagte. — An dem
50jährigen Jubiläum des Nordamerikanischen Turnerbundes, das in
Philadelphia mit einem Bundes-Turnfest begangen wurde, nahm die
Deutsche Gesellschaft regen Anteil.

1901: Unentgeltlich wurde die Halle dem Boeren-Pastor van
Brockhuizen zur Verfügung gestellt, der einen Vortrag über die
Schrecken der britischen Konzentrations-Lager, in die die Boeren-
Frauen und Kinder eingepfercht wurden und in denen Tausende
starben, hielt und von anderen Boeren-Delegaten begleitet war. Es
wurde die Bildung eines Komitees vorgeschlagen, um Sammlungen

für die Opfer britischer Brutalität zu veranstalten. — Der erste Konvent des Deutschamerikanischen Nationalbundes am 6. Oktober wurde in der Halle abgehalten.

1902: Als anfangs des Jahres der Besuch des Prinzen Heinrich von Preußen bevorstand, wandte sich der Verwaltungsrat der Deutschen Gesellschaft an die deutsche Gesandtschaft in Washington mit dem Gesuch, sie möge den Bruder des deutschen Kaisers veranlassen, auch Philadelphia nicht zu vergessen. Der Prinz traf am 23. Februar an Bord des Lloyd-Dampfers „Kronprinz Wilhelm" in New York ein. An seinem Empfange in hiesiger Stadt beteiligten sich der Präsident, die beiden Vize-Präsidenten, die beiden Sekretäre und der Schatzmeister der Deutschen Gesellschaft.

1904: Auf Antrag Richard Strohm's wurde am 21. Januar folgender Beschluß gefaßt: „Für die am 20. Januar 1904 vor dem Justiz-Komitee des Repräsentanten-Hauses zu Washington trefflich ausgearbeiteten und geführten Argumente gegen die vorliegende Hepburn-Dolliver Bill sprechen wir in dieser Versammlung unserem Präsidenten, Dr. C. J. Hexamer, für seine humane Stellungnahme im Interesse aller Deutschamerikaner unseren verbindlichsten Dank aus." — Im Mai fand für den trefflichen Führer im Bürgerkriege, General Peter Osterhaus, den bedeutendsten General deutscher Abstammung in der Unions-Armee, der hier zum Besuche bei seinem früheren Kriegskameraden und Adjutanten, Herrn Friedrich Leser, weilte, ein Empfang statt.

1905: Am 5. November erste Pilgerfahrt nach der Trappe zur ältesten deutschen Kirche Amerika's, die noch erhalten ist.

1908: Am 2. Juni Bankett mit Damen in der Halle zu Ehren der Offiziere des deutschen Kreuzers „Bremen." Der Kommandant. Kapt. zur See Albers, sandte ein Dankschreiben.

1910: Beteiligung an dem Konzert des „Wiener Akademischen Gesang-Vereins", das am 29. August in der Academy stattfand.

1911: Am 30. Oktober Empfang für die Offiziere und Kadetten des deutschen Schulschiffes „Hansa."

1912: Am 25. Oktober Empfang für die „Hansa"-Offiziere und Kadetten bei ihrem zweiten Besuche in Philadelphia.

1914: Am 9. August Gründung des Hilfsfonds für die Kriegsnotleidenden in der Heimat.

Das Stiftungsfest der Deutschen Gesellschaft am 26. Dezember gab fast in jedem Jahre Anlaß zu einer Feier; in früheren Jahren pflegte es mit einem Bankett in Gemeinschaft mit den Damen in der Halle festlich begangen zu werden. Nur einmal, im Jahre 1894, wurde das Stiftungsfest im Bullitt Gebäude gefeiert. Im Jahre 1909 fiel das Stiftungsfest-Bankett aus und zwar des Schnee-sturmes wegen, der den Straßenbahn-Verkehr fast ganz unterbrochen hatte. Ueber das 125jährige Jubiläum der Gesellschaft berichtet der damalige Sekretär, Herr Franz Ehrlich, wie folgt:

„Das zur Feier des 125. Jahrestages der Stiftung unserer Gesellschaft, am 26. Dezember 1889, auf Ihren Beschluß veranstal-tete Festessen, erfreute sich einer zahlreichen Beteiligung, verlief zur allgemeinen Zufriedenheit und erfüllte durch Beteiligung der Damen den damit verbundenen Zweck, die Mitglieder einander näher zu bringen, in vollem Maße."

In den letzten Jahren während des Krieges wurde von einem Festessen Abstand genommen und das Stiftungsfest mit einem Rede-aktus in der Halle begangen. Im Jahre 1916 waren, und zwar am 28. Dezember, Dr. C. J. Hexamer, der Präsident der Gesellschaft, und Pastor Dr. G. C. Berkemeier aus Mount Vernon, N. Y., die Festredner.

Das 10jährige Jubiläum der Verleihung des Freibriefes an die Deutsche Gesellschaft, die in den ersten Jahren ihres Bestehens eine Zeitlang durch einen Rede-Aktus am 20. September, dem Tage der Ausstellung des Charters, gefeiert worden war, wurde im Jahre 1881 durch ein Festbankett in der St. George's Hall an 13. und Arch Straße festlich begangen. Es war auf den 20. September an-gesetzt worden, wurde aber auf den 11. Oktober verschoben, weil am Abend des 19. September Präsident James A. Garfield dem Attentat vom 2. Juli zum Opfer gefallen war. Die St. George's Halle hatte für das Jubiläum festlichen Schmuck erhalten. Auf der Bühne stand auf hohem Postament mit einem Lorbeerkranze gekrönt die Büste des verstorbenen Präsidenten der Gesellschaft, des Herrn Wm. J. Horstmann. Ein Orchester unter Leitung Wm. Stoll's lie-ferte die musikalische Unterhaltung. Für Festessen und Weine hatte

Philipp J. Lauber gesorgt. Als Ehrengäste geladen waren Henry
M. Hoyt, Gouverneur von Pennsylvanien; Samuel G. King, Mayor
von Philadelphia; Wm. H. Ley, Präsident des Common Council;
J. Theophilus Plate, früher Präsident der Deutschen Gesellschaft;
die Präsidenten der Deutschen Einwanderer-Fürsorge-Gesellschaft in
New York, Baltimore, Pittsburg, Cincinnati, Chicago, Milwaukee,
Charleston und Allentown; die Präsidenten der St. George's Society, der St. Andrew's Society, der Hibernian Society, der So-
ciete Francaise de Bienfaisance, der Schweizer Unterstützungs-Gesellschaft, der Hebrew Society, des Deutschen Hospitals, des Cann-
statter, Bayerischen und Schweizer Volksfest-Vereins, Ehrenmitglied
Wm. J. Mullen und Vertreter der deutschen und englischen Zeitungen. Anwesend waren Ex-Gouverneur Hartranft, Wm. H. Ley,
Willy Wallach von der Deutschen Gesellschaft in New York, William
Waterall, Präsident der St. George's Society, Daniel Hendrick,
Präsident der St. Andrew's Society, Godfrey Keebler von den Cannstattern und Andrew C. Craig, Präsident der Hibernian Society.
Die anderen eingeladenen Gäste hatten schriftlich ihre Glückwünsche
dargebracht. Herr Lankenau hatte seinem Schreiben einen Scheck
über $100 beigelegt. An Stelle des durch ein Augenleiden am Er-
scheinen verhinderten Präsidenten Joseph Kinike führte Vize-Präsident E. F. Moelling den Vorsitz beim Bankett und begrüßte die
Gäste. Den Toast auf die Vereinigten Staaten beantwortete Rudolph Blankenburg mit einer Rede in englischer Sprache, in welcher er des tragischen Endes des Präsidenten Garfield gedachte.
Konsul Charles H. Meyer ließ das alte Vaterland hochleben, Prof.
Oswald Seidensticker gab eine Geschichte der Verleihung des Freibriefes in einem Toast auf den „Tag, den wir feiern." Ex-Gouverneur John F. Hartranft, ein Mitglied der Deutschen Gesellschaft,
wies in seinem in englischer Sprache auf den Staat Pennsylvanien
ausgebrachten Trinkspruche mit Stolz darauf hin, daß seine im
Jahre 1730 eingewanderten Vorfahren Deutsche waren. Seiner
Schätzung nach hätten neunzig Prozent der Bewohner Pennsylvanien's deutsches Blut in ihren Adern. General Louis Wagner
toastierte auf die Stadt Philadelphia. Dr. G. Kellner rühmte das
Wirken der Deutschen Gesellschaft. Für die New Yorker Schwester-
Vereinigung sprach Herr Wallach. „Unsere Vorfahren in der Deutschen Gesellschaft" war das Thema der Rede Dr. Peter D. Kayser's,
in welcher er die bedeutendsten Männer, welche ihr angehört, Revue

paffieren ließ. Dem Wirken des Präsidenten, Herrn Joseph Kinike, für die Gesellschaft und auf dem Gebiete der Wohltätigkeit ließ Herr Rudolph Koradi die gebührende Würdigung zuteil werden. Den letzten Toast, den auf die Damen, brachte Dr. Ferdinand H. Groß aus. Die Gesellschaft aber ließ eine Gedenkschrift verfassen und drucken, in welcher die gehaltenen Reden ganz oder im Auszuge Aufnahme gefunden haben, sowie eine Abhandlung Dr. Seidensticker's, betitelt „Zur Geschichte der Inkorporation der Deutschen Gesellschaft."

———::———

Das 150jährige Jubiläum der Deutschen Gesellschaft und seine Feier.

Die Feier des 150jährigen Jubiläums der Deutschen Gesellschaft von Pennsylvanien fand am Sonntag Nachmittag, den 27. Dezember 1914, in der festlich geschmückten Halle statt.

Verschönt wurde die Feier durch Vorträge eines großen Orchesters, das aus deutschen Musikern des Philadelphia SymphonieOrchesters bestand, die ihre Dienste kostenfrei zur Verfügung gestellt hatten und unter Alfred Lorenz's Leitung spielten.

In seiner Eröffnungsansprache erklärte Dr. Hexamer, daß dem alten ciceronischen Ausspruch „Necessitati parendum est'" — „Der Notwendigkeit muß gehorcht werden," welcher für die Gründung der Deutschen Gesellschaft von Pennsylvanien maßgebend war, auch jetzt gefolgt und der entwürdigenden Behandlung deutscher Stammesgenossen entgegenzutreten werden müsse.

Dr. Hexamer's Rede.

Meine Damen und Herren!

Wir finden uns zusammen heute in dieser Halle unserer Deutschen Gesellschaft zur Feier ihres 150. Geburtstages. Vor 150 Jahren fand in den Herzen der Gründer unserer ehrwürdigen Institution der alte ciceronische Ausspruch „necessitati parendum est" — „Der Notwendigkeit muß nachgegeben werden", den Widerhall der Tat! Damals waren es schamvolle, unwürdige Zustände, welche in der Behandlung der einwandernden Deutschen sie eine Notwendigkeit erblicken ließen, der unbedingt nachgegeben werden mußte. Wie diese Tat der Menschen- und Nächstenliebe gelang, ist historisch, und ich brauche dieses nicht weiter auszuführen. Auch brauche ich nicht die langen Jahre großer Werke und Erfolge unserer Gesellschaft Ihnen Schritt für Schritt vor die Augen zu führen, wie sie im Wohltun und zum allgemeinen Besten des ganzen Landes vorbildlich war und die besten deutschen Ideale für Gemütskraft und für wahre Kultur vertrat. In diesem Sinne steht es vor uns klar, daß

"Hoch ist der Doppelgewinn zu schätzen,
Barmherzig sein und sich zugleich ergötzen."

Das alte Vaterland, aus dem die Ideale stammen, die zur Gründung der Deutschen Gesellschaft von Pennsylvanien führten und die unser in dieser Halle gegründete Deutschamerikanische Nationalbund über unser ganzes Land hinaus verbreitet und vertritt, befindet sich im schweren Kampfe um seine Existenz. Es ziemt dem Ernste der Stunde gemäß, wiederum wie vor einhundertundfünfzig Jahren "der Notwendigkeit nachzugeben." Wie die Väter damals sich zur Gesellschaft zusammenschlossen, der unwürdigen, entehrenden Behandlung unserer deutschen Stammesgenossen zu steuern, so müssen wir das Banner unserer Einigkeit heute im ganzen Lande gegen die Verunglimpfung und entehrende Besudelung des hellen Schildes erheben, denen unser Stammesvolk unterworfen ist. Wir müssen das von nativistischer und ignoranter Seite gewirkte perfide Lügengewebe zerreißen. Dieses Jubiläumsfest unserer Deutschen Gesellschaft von Pennsylvanien feiern wir nicht mit Fanfaren und mit Festesjubel, wie es geplant und vor dem Kriegsausbruche fest beschlossen war, wir feiern es mit stillem aber festem Stolze, in dem Gedanken der edelsten Wohltätigkeit, die da heißt: P f l i c h t e r f ü l l u n g an unseren deutschen großen Idealen, auf daß unseren Vereinigten Staaten deren Segen zuteil werde. Wir hoffen mit der festesten Zuversicht, daß wir unser geliebtes altes Vaterland, das große deutsche Reich, nicht in den Staub getreten, sondern zum glänzenden Bestehen aus dem titanenhaften Kampfe hervorgehen sehen werden. Es ist notwendig, daß der deutsche Geist und Gedanke und deutsche Kultur drüben in Europa, und der deutschamerikanische Geist, Gedanke und deutschamerikanische Kultur in unseren Vereinigten Staaten durchdringen. Also "Necessitati parendum est". Dieser Notwendigkeit muß nachgegeben werden. Unser Wahrspruch für das Gedeihen unseres Wirkens für Freiheit und Wahrheit muß sein:

Patria cara
Carior Libertas
Veritas Carissima!"

Die Vertreter Deutschlands, Oesterreich-Ungarns und der Schweiz, die Herren Dr. W. Müller, deutscher Konsul, Georg Ritter von Grivicic, österreichisch-ungarischer General-Konsul, und Pastor Chas. Vuilleumier, der Konsul der Schweiz, überbrachten die Grüße und Glückwünsche der Heimat.

Die Ansprache des deutschen Konsuls.

Konsul Dr. W. Müller ergriff als Erster das Wort und hielt folgende Ansprache an die Versammelten:

Hochgeehrte Festversammlung!

Mit Stolz und Freude muß es hüben und drüben alle deutschen Herzen erfüllen, daß die Deutsche Gesellschaft von Pennsylvanien, eine Heimstätte des Deutschtums und ein Hort deutscher Ideale, heute auf eine einhundertundfünfzigjährige Wirksamkeit zurückblicken kann, auf eine Wirksamkeit, die erfüllt ist mit Werken edelster Menschenliebe und warmer Humanität.

Anderthalb Jahrhunderte! Fast unglaublich klang es meinen Ohren, als ich, ein Fremder in diesem Lande, erst vor kurzer Zeit Näheres hierüber vernahm, und Rührung ergriff mich angesichts der schlichten Worte der Gründungsurkunde vom Jahre 1764:

„Dies hat uns zum Schlusse gebracht, so wir hier zusammengekommen sind, eine Gesellschaft zu Hilfe und Beistand der armen Fremdlinge teutscher Nation in Pennsylvanien zu errichten."

Indem jene edlen Männer dies vornehme Werk unternahmen und die Wahrung deutschen Wesens und deutscher Gesittung auf ihre Fahne schrieben, haben sie fürwahr zwischen dem Lande ihrer Väter und ihrer neuen Heimat eine Brücke geschlagen, wie sie fester kaum gedacht werden kann. Und freuen wir uns; die Saat, die sie dem Boden anvertrauten, ist herrlich aufgegangen, und der Früchte köstlichste sind gereift! Denn wer kann sich in diesem Augenblick des Gedankens an die wundersame Schicksalsfügung erwehren, die dieses seltene Fest in eine Zeit fallen ließ, in der unser aller Vaterland in todesmutigem Kampfe einer Welt von Feinden gegenüber steht, und wer ist nicht von aufrichtiger Freude über die Einmütigkeit ergriffen, mit der die Deutschen dieses Landes, gleichviel, ob sie auf deutscher oder amerikanischer Erde geboren sind, bei aller unverbrüchlicher Treue gegen das große, vom Sternenbanner umstrahlte Land für ihre Stammesbrüder eintreten! „Der Hauch des Heldengeistes" — so läßt sich einer der Ihrigen vernehmen — „der heute durch Deutschland schreitet, hat auch uns ergriffen. Nie ist es uns klarer gewesen, was unser deutsches Volkstum und seine Kultur in der Welt bedeuten, nie haben wir tiefer empfunden, wie mit allen Fasern unseres Fühlens und Denkens wir mit ihnen verwachsen sind, und nie zuvor waren wir fester und ernster gewillt, für die Erhaltung des Deutschtums unser Letztes und Bestes einzusetzen." Hier und dort ein einig Volk von Brüdern! Und dieses neue Erwachen des Stammesgefühls, das wie eine Offenbarung von etwas Großem und Heiligem Alle ergriffen hat, ist wohl die schönste Jubiläumsgabe, die Ihrer Vereinigung am heutigen Festtage dargebracht werden kann; sie ist um so schöner und wertvoller, als der deutschen Vereinigung Pennsylvaniens, die für den Zusammenschluß der Deutschen in allen übrigen Teilen dieses Landes vorbildlich gewesen ist, der unvergängliche Ruhm gebührt, der Pionier des Deutschtums Amerikas zu sein. Zu diesem gewaltigsten Ihrer Erfolge und in dankbarem Gedenken all des Großen und Guten, was die Deutsche Gesellschaft sonst geschaffen, bringe ich als der hiesige amtliche Vertreter des deutschen Reiches Ihrer Gesellschaft meine aufrichtigsten und herzlichsten Glück- und Segenswünsche dar."

Reden der Vertreter Oesterreich-Ungarns und der Schweiz.

Auch Generalkonsul von Grivicic wies in seiner Ansprache auf die in der langen Dauer des Bestehens von der Gesellschaft erreichten Erfolge hin und betonte, daß eine Zeitspanne von 150 Jahren in der Geschichte eines Staates eine sehr lange Periode bilde, in der für denselben oft die Existenz bedrohende Stürme heraufbeschworen würden. Wenn nun eine private Gesellschaft Dank ihres guten Aufbaus und der Opferwilligkeit und wahren Begeisterung der Mitglieder für die Sache auf eine so lange Dauer des Bestehens zurückblicken könne, dies um so erfreulicher sei und desto größere Anerkennung verdiene.

Der Herr Generalkonsul von Grivicie dankte am Schlusse seiner
Ansprache in warmen Worten dem Präsidenten und den Mitgliedern
der Gesellschaft für die Hilfe, die die Gesellschaft den Einwanderern
deutscher Zunge aus den Gebieten der Doppelmonarchie habe angedeihen lassen, und knüpfte daran die Hoffnung, daß die Gesellschaft
auch weiterhin blühen und gedeihen möge, um speziell nach einem
für Deutschland und seine Verbündeten siegreich verlaufenen Kriege
deutsche Sitte und Kultur in Amerika zu verbreiten.

Als Dritter hielt Pastor Vuilleumier im Namen seiner Schweizer Mitbürger eine Ansprache, in welcher er die innige Stammes-
Verwandtschaft zwischen den Schweizern und dem deutschen Volke
hervorhob. Ein Verfolgen der gleichen Ideale in Kunst, Wissenschaft
und Kultur, ein friedlicher Wettbewerb auf dem Gebiete menschlicher
Errungenschaften habe im Laufe der Jahre nicht nur drüben in
Europa, sondern auch hier in Amerika die Bande zwischen Schweizern
und Deutschen immer enger geflochten. Pastor Vuilleumier wies
darauf hin, daß unter den vielen Mitgliedern der Deutschen Gesellschaft aller Wahrscheinlichkeit nach auch viele Schweizer gewesen seien,
die auf diese Art ihr Teil zu dem Werke beigetragen hätten. Auch
er schloß mit Dankesworten im Namen seiner Landsleute.

Die deutsche Festrede Pastor Georg von Bosse's.

In der deutschen Festrede ging Pastor Georg von Bosse von
dem Merkspruch der Gründer der Deutschen Gesellschaft aus:
„Religione, Industria et Fortitudine Germana Proles Florebit"
— „Durch Religion, Fleiß und Tapferkeit wird der deutsche Stamm
blühen". Er gab einen geschichtlichen Ueberblick über die Tätigkeit
der Deutschen Gesellschaft, sowie Ursachen, die zu ihrer Gründung
führten, und schilderte in begeisterten Worten, wie auch heute noch
Glaube, Fleiß und Tapferkeit die Haupttugenden und charakteristi-
schen Eigenschaften des deutschen Volkes sind.

Die Rede hatte folgenden Wortlaut:

„Werter Herr Präsident! Werte Glieder der Deutschen Gesellschaft
und Werte Festversammlung!

Hinein in die Zeit des furchtbarsten Kampfes, den die Welt je
gesehen, eines Kampfes, in dem es sich um nichts Geringeres als
das Fortbestehen des Deutschen Reiches handelt, fällt eine friedlich-

schöne Feier, die Feier des 150jährigen Bestehens der Deutschen Gesellschaft von Pennsylvanien, der ältesten aller derartigen Gesellschaften in Amerika. Und diese Feier zu dieser Zeit wächst über ihre
engeren Grenzen hinaus, denn sie gibt uns und der ganzen Welt
Kunde von der Erfüllung des prophetischen Wortes, das als Inschrift
des Siegels der Deutschen Gesellschaft erwählt ist — Religione,
industria et fortitude germana proles florebit — durch Frömmigkeit, Fleiß und Tapferkeit wird der deutsche Stamm blühen.
Wie ein graniter Felsen steht heute diese Erfüllung im Völkermeer.
und die Wogen der Lüge und Verleumdung zerschellen an ihm.

Für die Gründung der Deutschen Gesellschaft war bezeichnend
der T a g und der O r t. Es wird uns berichtet, daß, um den
grauenhaften Zuständen auf den Schiffen und der gen Himmel
schreienden Ausbeutung der armen Einwanderer abzuhelfen, sich am
zweiten Christtag 1764, nachmittags 4 Uhr, 65 deutsche Männer in
dem lutherischen Schulhause an der 4. und Cherry Straße versammelten und nach einer Ansprache des Rechtsgelehrten Ludwig Weiß
und Erwählung von Beamten eine Verfassung annahmen, deren
Eingang lautete:

In nomine Domini nostri Jesu Christi. Amen.
„Wir, Seiner Königlichen Majestät von Großbritanien
Deutsche Untertanen von Pennsylvanien, sind bei Gelegenheit der Mitleidswürdigen Umstände vieler unserer Landsleute, die in den letzten Schiffen von Europa in dem Hafen
von Philadelphia angekommen sind, bewogen worden, auf
Mittel zu denken, um diesen Fremdlingen einige Erleichterung zu verschaffen, und haben mit unserem Fürsprechen
und einem geringen Beitrage in Geld manchem Neuan-
kommern ihre Noth etwas erträglicher gemacht.

Dies hat uns zum Schluß gebracht, so wie wir zusammengekommen sind, eine Gesellschaft zur Hilfe und Beistand der armen Fremdlinge deutscher Nation in Penna zu
errichten und einige Regeln festzusetzen, wie dieselbe Gesellschaft von Zeit zu Zeit sich vermehren und ihre Guttätigkeit
weiter und weiter ausbreiten möge.“

Fürwahr ein edler Zweck, und Ehre jenen deutschen Männern,
von denen sich wohl die meisten selbst erst eine neue Heimat in der

neuen Welt gegründet hatten, deren Sinnen und Trachten sich aber
nicht nur um das eigene Ich drehte und die nicht kamen mit dem
Kains-Wort: „Soll ich meines Bruders Hüter sein?", sondern die mit
warmen Herzen der Not ihrer deutschen Brüder gedachten und sie
abzustellen suchten. Und ist es nicht bezeichnend, daß sie gerade den
Christtag zur Gründung der Deutschen Gesellschaft erwählten, das
Fest, das uns kund tut die Liebe des Allmächtigen Gottes zu den
Menschen und das die Forderung an die Menschen stellt, um der
Gottesliebe willen auch Liebe an dem Nächsten zu üben, ein Fest,
das einst die Puritaner zu feiern verboten, das durch die Deutschen
aber auch hier in Amerika eingeführt wurde? Bezeichnend ist ferner
auch der Ort der Gründung — das lutherische Schulhaus — die
Stätte der Erziehung, da man von Jugend auf lernt, welches die
Regel und Richtschnur des Lebens sein soll, wo man herangebildet
wird zu einem festen Charakter, der später in all den Kämpfen des
Lebens standhält und wo der Grund zu wahrer Bildung und Gesittung gelegt wird. Es ist nicht möglich, in einer kurzbemessenen
Rede auf die Geschichte der Deutschen Gesellschaft von Pennsylvanien
während der 150 Jahre ihres Bestehens einzugehen. Sie ist von
Oswald Seidensticker bis zum Jahre 1876 geschrieben und wird, bis
in unsere Tage von berufener Feder geschildert, demnächst erscheinen.
Hervorzuheben aber ist, daß die Deutsche Gesellschaft all die 150
Jahre hindurch dem Zwecke ihrer Gründung treu geblieben ist, und
wenn sich die Verhältnisse auch im Laufe der Zeit geändert haben
und von den damaligen menschenunwürdigen Zuständen nicht mehr
die Rede sein kann, so gilt es doch auch heute noch, so mancherlei Not
unter den eingewanderten Deutschen zu steuern und den Schwachen
im Kampf ums Dasein beizustehen. Als im Jahre 1781 der Wirkungskreis der Deutschen Gesellschaft durch die Erlaubnis erweitert
wurde, einen Teil der Einkünfte für Unterrichtsanstalten, Bibliotheken usw. zu verwenden, fühlte man sich bis auf den heutigen Tag
verpflichtet, auch auf diesem Gebiete stets fördernd einzutreten.

Die neue Zeit brachte dann immer neue Aufgaben, aber auch
die neuen Aufgaben dienten stets in edelster Weise der Pflege des
Deutschtums. Die Halle der Deutschen Gesellschaft ist die Stätte geworden, da nun alljährlich am 6. Oktober der Deutsche Tag gefeiert
wird. Hier ist die Wiege des Deutsch-Amerikanischen Nationalbundes, hier wurde die Feier der Grundsteinlegung des Pastorius-Denk-

mals zur Erinnerung an den 225. Jahrestag der Gründung der
ersten deutschen Ansiedlung in Amerika entworfen und vorbereitet,
hier die Errichtung des Mühlenberg- und Steuben-Denkmals in die
Wege geleitet, hier wurden die mancherlei Gedenktage großer Männer und großer Ereignisse Deutschlands festlich begangen, und hier
durften in allerneuester Zeit die Deutschen so manchmal den Worten
berühmter geistiger Größen aus der neuen und alten Heimat lauschen.
So bilden die 150 Jahre der Deutschen Gesellschaft eines der schönsten Ruhmesblätter in der Geschichte des Deutschtums unseres Landes, und Namen von gutem Klang hatten auch die Präsidenten der
Deutschen Gesellschaft, von dem mit irdischen Gütern reichgesegneten,
dabei aber doch warmherzig gebliebenen ersten Präsidenten Johann
Heinrich Keppele an bis zu einem Peter Mühlenberg, dem lutherischen Pfarrer und tapferen General, einem W. J. Horstmann, dem
Sohne des Begründers der Seiden-Posamenterie-Industrie in Amerika, Rudolph Blankenburg, unserem jetzigen Bürgermeister von Philadelphia, dem erst kürzlich verstorbenen General Louis Wagner und
unserm jetzigen wertgeschätzten allbekannten J. C. Hexamer, unter
dessen Leitung sich die Deutsche Gesellschaft ganz besonderer Blüte
erfreut.

Die Geschichte der Deutschen Gesellschaft ist aber auch geradezu
vorbildlich für alle anderen deutschen Vereinigungen und Bestrebungen, indem sie an sich selbst die Wahrheit der Siegelinschrift bestätigt.
In einem Lande, wo zu allen Zeiten der Ruf vom Niedergang des
Deutschtums erhoben ist und wo in der Tat auch weite Kreise dem
Deutschtum verloren gegangen sind, da hat die Deutsche Gesellschaft
sich 150 Jahre hindurch erhalten, und zwar nicht als schwaches Pflänz-
lein, sondern als ein starker Stamm, an dem ein Zweig zu sein jeder
Deutsch-Amerikaner sich zur Ehre anrechnen kann. Und warum ist
sie geblieben und blüht heute noch?

Weil sie stets die drei Tugenden, die dem Deutschen ureigen sind,
gepflegt hat — Frömmigkeit, Fleiß und Tapferkeit.

Deutsche Frömmigkeit, sie ist anders, als die anderer
Völker, sie ist inniger und innerlicher, der Deutsche betrachtet sie nicht
als ein Prunkstück. Deutsche Künstler haben es verstanden, in einfach schlichter Weise deutsche Frömmigkeit im Bilde uns zu veran-
schaulichen. Ein Großmütterlein mit der großen Brille in stiller
Andacht gebeugt über dem Buche der Bücher, eine Mutter, knieend

an dem Bette ihres Kindleins, daß die Hände gefaltet hat zum
Gebet, eine deutsche Frau in Engelsgestalt, Leid in Freude verkehrend
eingedenk des Wortes des Heilandes: Was ihr getan habt Einem
unter diesen meinen geringsten Brüdern, das habt ihr mir getan.
Diese Blüte ist in der Deutschen Gesellschaft bis auf den heutigen
Tag nicht verwelkt, ja sie hat sich noch lieblicher entfaltet, als im
Jahre 1900 deutsche Frauen den Frauen-Hilfsverein gründeten, um
auch an ihrem Teil sich der Hilfsbedürftigen anzunehmen und zur
Weihnachtszeit Licht und Freude in dunkle Herzen zu bringen.

Deutscher Fleiß, soll ich darüber noch ein Wort verlieren?
Er ist bekannt in aller Welt. Schau hinüber nach Deutschland, welche
Wunder da deutscher Fleiß aus dem sonst so stiefmütterlich behandelten Lande geschaffen, schaue hinein in deutsche Bücherverzeichnisse,
und Du mußt staunen über deutschen Fleiß auf allen Gebieten menschlichen Wissens, blicke hin nach Tsingtau, dieser Perle deutschen Fleißes,
nun besudelt von räuberischen Händen, wandle durch die weiten
Strecken des Westens unseres Landes, durcheile Pennsylvanien's
Fluren, siehe hier in unserer Stadt Dich um, siehe hier diese prächtige Halle und darüber die reichhaltige Bibliothek, wohin Du blickest,
Segen des deutschen Fleißes, die uns künden: Unvergänglich wird
der Stamm sein, der solche Blüten treibt und solche Früchte zeitigt.

Deutsche Tapferkeit, wie leuchtet gerade auch sie in
diesen Tagen. Das Wort Bismarck's: „Wir Deutschen fürchten
Gott, sonst nichts auf der Welt", findet seine volle und ganze Wahrheit in dem Riesenkampfe, den unsere deutschen Brüder drüben aus-
fechten. Tapferkeit haben sich auch die Deutschamerikaner bewahrt,
sie haben sie bewiesen im Kampf um die Unabhängigkeit und im
Kampf um die Einheit unseres Landes, sie haben sie bewiesen auch
im Kampf gegen Unduldsamkeit, Engherzigkeit und Ungerechtigkeit,
denn, meine Freunde, es erfordert Tapferkeit und Mut, gegen eine
landläufige Meinung hier aufzutreten, es gehört Mut dazu, ein
freies mannhaftes Wort zu äußern. Doch der Deutsche läßt sich
durch keine Schmähungen und Verdächtigungen in dem, was er für
recht hält, beirren, denn lauter als bei anderen redet bei ihm die
Stimme des Gewissens, und diese Stimme ist auch stets gehört worden im Kreise der Deutschen Gesellschaft.

Einhundertundfünfzig Jahre sind dahingeschwunden, seit die
Deutsche Gesellschaft gegründet wurde. Vieles ist im Laufe dieser

Zeit zugrunde gegangen, was nicht lauter und echt war — aber wie ein alter und doch starker Stamm festgewurzelt im amerikanischen Boden, steht die Deutsche Gesellschaft heute da. Deutsch nicht nur dem Namen, sondern auch dem innersten Wesen nach, zagenden Gemütern zum Troste und ruchlosen Feinden zum Trotze, verkündend die Wahrheit des prophetischen Wortes:

Religione, industria et fortitudine germana proles florebit — durch Frömmigkeit, Fleiß und Tapferkeit wird der deutsche Stamm blühen."

Ex-Gouverneur Pennypacker's englische Festrede.

Die englische Festrede anläßlich des Jubiläums hielt der frühere Gouverneur von Pennsylvanien, Herr Samuel W. Pennypacker, ein amerikanischer Geschichtsforscher von Ruf, der in längerer Ansprache mit der rücksichtslosen Ehrlichkeit und Gründlichkeit des Historikers seinen Zuhörern die Ursachen des europäischen Krieges auseinandersetzte. In seiner Rede betonte der Ex-Gouverneur vor allem, daß er nicht dieselbe Meinung wie Präsident Wilson hege, der der Nation anempfohlen habe, nicht über den Krieg, seine Ursachen und Wirkungen zu sprechen.

„Ich bin anderer Meinung als Präsident Wilson", bemerkte Herr Pennypacker, „besonders da es sich hier um eine Bewegung unter dem Volke handelt, die einschneidende Wirkungen für spätere Zeiten haben wird. Es ist deshalb für alle gut, zu denken und ohne Furcht die Gedanken auszusprechen, die wir hegen."

Der Redner anerkannte in warmen Worten die Verdienste, die sich die deutschen Einwanderer um die Entwicklung von Pennsylvanien erwarben, und hob hervor, daß von den Gouverneuren, die seit dem Jahre 1790 die Geschicke des Staates leiteten, sechs englischer, sieben schottischer und irischer Abstammung, zehn aber von jener Abstammung gewesen seien, die man gewöhnlich als „Pennsylvania Dutch" bezeichne. Der Provost der Pennsylvania Universität, der Bürgermeister der Stadt Philadelphia und der neuerwählte Gouverneur des Staates seien alle von dieser Abstammung.

Herr Pennypacker berührte hierauf kurz die Tätigkeit der Deutschen Gesellschaft und wies darauf hin, daß sie sieben Jahre vor

der Gründung der „English Sons of St. George" bestanden habe.
Er griff hierauf auf seine obige Bemerkung über die Wilson'sche
Mahnung zurück und äußerte sich, wie folgt: „Seit der Präsident
seine Erklärung erließ, in der er die Unterlassung von Debatten
über den Krieg und seine Ursachen anriet, haben Charles W. Eliot,
früherer Präsident jener Universität, an der ein Hugo Münsterberg
lehrt, James M. Beck von New York und Joseph C. Fraley von
Philadelphia Artikel geschrieben, in welchen sie Deutschland angriffen.
Mein kampflustiger und kriegerischer, ehemaliger Kollege unter den
Trustees der Universität von Pennsylvanien, Dr. William White, hat
ein Pamphlet geschrieben, in welchem er hervorhebt, daß dieses Land
sich auf die Seite der Alliierten stellen solle."

„In einer Hinsicht," fuhr der Sprecher fort, „stimme ich mit
den angeführten Herren überein und will Ihnen nun meine Ansicht
über den Krieg und seine Ursachen sagen:

„England, in der Furcht, sein Handelsprestige zu verlieren, hat
ein in seiner früheren Geschichte bewährtes Mittel wieder angewendet,
um einen mächtigen Rivalen, Deutschland, aus dem Wege zu räumen,
genau so, wie es mit Holland der früheren Beherrscherin des Meeres,
geschah. Mit der Hilfe Frankreichs wurde die holländische Kolonial-
macht von England zerschmettert.

„Vor fünfzig Jahren hatten auch wir eine Handelsmarine. Da
kam aber der Bürgerkrieg, und England machte sich diese Gelegenheit
zu Nutzen und fegte unsere Handelsflotte von den Meeren. Deutschland ist für England ein gefährlicher Konkurrent geworden. Als ich
vor Jahren einmal Coventry in England besuchte und mir ein Andenken kaufen wollte, fand ich auf der Rückseite des Gegenstandes
die Worte eingeprägt: „Made in Germany". Tatsache ist, daß
Deutschland den von ihm angestrebten Platz an der Sonne erreicht
hat, daß es eine Stellung in der Welt und vor allem im Handel einnimmt. Es war für England zu einer Gefahr geworden, und
Deutschland ist deshalb auch vollkommen im Rechte, anzunehmen,
daß sein eigentlicher Feind in diesem Kriege England ist."

Der frühere Gouverneur berührte hierauf kurz, daß er auch
für das belgische Volk Sympathie hege, dessen Land durch den Krieg
verwüstet worden sei. Seine Sympathien gingen aber noch weiter.

So bedauere er die Ungarn, deren Heimat von Kosaken über-
flutet worden sei, er bedauere desgleichen die Frauen der Boeren,
die in dem Kriege der Letzteren mit England in menschenunwürdigen
Konzentrationslagern eingepfercht gewesen seien, damit die kleinen
Republiken um ihr Gold und ihre Diamanten bestohlen werden
konnten.

„Vor allem aber sympathisiere ich mit dem Volke", sagte der
Redner, „das von allen Seiten von Japanern, Algeriern, Hindus,
Marokkanern, Serben, Russen, Montenegrinern, Franzosen und
Engländern angegriffen wird."

„Der Kaiser," bemerkte der Redner, „wird als „War-Lord"
hingestellt, aber es gibt auch noch einen „Sea Lord". Wenn der
Kaiser diesen Krieg gewinnt, wird er immerhin noch 4,000 Meilen
von uns entfernt sein. Nicht so aber ist das mit dem „Sea Lord".
Die See umgibt uns von allen Seiten, sie trägt unsere Schiffe und
brandet an unserern Küsten. Und Deutschland war uns niemals
feindlich gesinnt. England hingegen war stets unser
ärgster Feind!"

„Wenn es nach England gegangen wäre, wären wir eine Kolonie, wie es Canada heute ist. Alles, was der Kaiser unseren Befürchtungen nach in der Zukunft tun wird, hat England schon längst
in der Vergangenheit getan. Schaut hin nach Indien, schauet nach
Afrika. Wo immer die Völker zu schwach zur Selbstregierung waren,
fiel ihr Land an England."

„Englische Schiffe liegen vor dem New Yorker Hafen und ver-
krüppeln unsern Handel. Immer und immer wieder werden neue
Handelsartikel als Konterbande erklärt, die es früher niemals gewesen waren. Wir sollten dazu sehen, daß wir unseren Seehandel
erhalten. Wir sollten in der gegenwärtigen Krisis auf das achten,
was der Welt von Nutzen sein kann.

„Was mich betrifft, so habe ich in das deutsche Volk Vertrauen.
Die größte Schandtat Englands ist die Loslassung der mongolischen
Rasse auf die weiße, ohne Rücksicht auf die Zukunft. Zu allem Ueberfluß haben die Alliierten unter sich ein Abkommen getroffen, keinen
Separatfrieden zu schließen, sondern auf die Erfüllung der Forderungen Aller zu bestehen. Das heißt mit anderen Worten, zu warten,
bis Japan befriedigt ist. Und dieses Japan war allezeit ein schwie-

riges Problem unserer westlichsten Staaten. Bedeutet dieser Vertrag zwischen England und Japan, daß Japan jetzt England seine
Hilfe leisten soll, und England als Gegenleistung Japan seine Hilfe
angedeihen lassen will, wenn Japan einmal in Schwierigkeiten
kommt? Es war ein rücksichtsloses, gefährliches Ding, diese Asiaten
in den großen Konflikt hineinzuzerren. Wir Amerikaner müssen
den anglo-japanischen Vertrag beachten, denn er bedroht unsere Interessen.

„Ich weiß allerdings nicht, wie dieser Krieg für Deutschland
ausgehen wird, aber lasset uns hoffen, daß Deutschland siegen wird.

„Die Sünden von Nationen finden wie die Sünden der Einzel-
individuen ihre Vergeltung. Die Verbrennung der Jungfrau von
Orleans, die Bestialitäten, die in Indien begangen wurden, die
Frauen-Massakres im Wyoming-Tale, die Politik eines Cecil Rhodes
— alles das erwartet Vergeltung. Möglicherweise ist für England
die Stunde der Vergeltung, die Stunde des Endes gekommen. Ich
kann für Deutschland nur geringe Sieges-Chancen sehen, aber man
kann niemals sagen, wie etwas enden wird. Deshalb nochmals —
Lasset uns hoffen, daß Deutschland siegen wird.”

Der Beifall, der den Redner an verschiedenen Stellen seiner
Ausführungen unterbrochen hatte, setzte auch hier wieder ein, begeisterter und stärker als zuvor.

Die Rede des Ex-Gouverneurs Pennypacker wird aus der Geschichte der Deutschen Gesellschaft in die Geschichte des Deutsch-Ameri-
kanertums übergehen und bestehen bleiben. Als interessantes Ge-
schichts-Dokument wird sie noch lange Jahre nach Beendigung des
Krieges von neuen und wieder neuen Generationen, welche die Geschichte des Deutschtums in Amerika studieren, gelesen werden und als
Meinungsäußerung eines amerikanischen Historikers von Ruf bleibenden Wert haben.

Das Jubiläums-Geschenk des Deutschamerikanischen Nationalbundes.

Ein herrliches Geschenk wurde der Deutschen Gesellschaft von
dem Deutschamerikanischen Nationalbund dargebracht, nämlich ein
Bronzeabguß des mit dem ersten Preis gekrönten Pastorius-Denk-
malsentwurfs, dessen Schöpfer der Bildhauer J. Otto Schweizer in

Philadelphia ist. Der Sekretär der Denkmals-Kommission, Herr J. B. Mayer, hielt die mit großem Beifall aufgenommene Ueber-reichungs-Ansprache.

Rede des Herrn John B. Mayer.

Geehrter Herr Präsident, Mitglieder der Deutschen Gesellschaft!

Als im Jahre 1683 das kleine Häuflein deutscher Männer unter der Führung von Franz Daniel Pastorius an den Ufern des Delaware landete, da kam es wohl keinem derselben in den Sinn, wenn er die ferne Zukunft vor dem geistigen Auge vorüberziehen ließ, eine blühende Stadt, ein reiches Land da zu erspähen, wo Wild-nis war, und noch weniger wäre einer dieser bescheidenen Männer so anmaßend gewesen, zu denken, daß dieser Reichtum zum großen Teil ihnen, den eben Gelandeten und deren Nachkommen zu danken sei. Und doch ist das so. Diese kleine Schar Ansiedler — dreizehn Fa-milien — war auf Veranlassung von William Penn, der drei Mal dieserhalb Deutschland besucht hatte und dessen Agenten der Frank-furter Compagnie 25,000 Acker Land verkauft hätten, nach der klei-nen Niederlassung Philadelphia gekommen und gründete einige Meilen davon die deutsche Stadt Germantown, die bald zu einer der angesehensten Ansiedlungen zählte. In dem Siegel, das sich die neue „Stadt" bald anfertigte und das aus einem dreiblättrigen Klee-blatt mit den Worten „Vinum, Linum et Textrimum" bestand, spie-gelte sich wieder, was sich diese Ansiedler zum Lebensprinzip gesetzt hatten: Vinum, der heitere Lebensgenuß; Linum, die emsige Haus-frau, die die Kasten mit den Leinen füllt; Textrinum, der arbeitsame Mann in seinem Gewerbefleiß.

Pastorius, der Führer, war der Typus eines echten Deutschen; er plante in gründlicher, durchdachter Weise für die Zukunft, für das Wohl des Gemeinwesens, das erst entstehen sollte, und sein Name wird von der Nachwelt geehrt und geachtet.

Als das Komitee des Nationalbundes für die Errichtung eines Pastorius-Denkmals seine Arbeit begann, legte es in einem aus-führlichen Preisausschreiben für die Künstler die Gedanken nieder, nach welchen Pastorius, seine Nachkommen und die Erfolge derselben auf jedem Gebiete in dem Denkmal wiedergegeben werden sollten.

Die Errungenschaften und Personen konnten wohl idealisiert werden,
doch war es der Wunsch des Komitees, daß der Allegorie nicht zu
freien Spielraum gegeben werde, damit auch dem Manne des einfachen Bildungsgrades die Idee des Denkmals ohne besondere Erklärung verständlich sei. Es gingen 15 herrliche Modelle ein, und
schwer war die Auswahl. Aber den gestellten Anforderungen wurde
nach unserer Ansicht nur eines vollständig gerecht, und diesem sprachen
wir den ersten Preis zu. Es war uns eine große Freude, als wir
beim Oeffnen der Couverts fanden, daß es von einem deutschen
Künstler, Herrn J. Otto Schweizer, von Philadelphia stammte; und
ich glaube, daß ein so herrliches Meisterwerk auch nur aus den Händen eines deutschen Meisters entstehen konnte; denn ihm sind
die höchsten Ideale deutscher Art und deutschen Wesens eingeprägt,
welche nicht Durchschnittsmittelmäßigkeit produzieren, sondern große
Intellekte, große Forscher und große Meister. Und wie Sie sehen —
es macht deutscher Kunst alle Ehre! Herr Präsident, im Namen
des Deutschamerikanischen Nationalbundes übergebe ich Ihnen als
dem Präsidenten der Deutschen Gesellschaft zu deren 150. Geburtstage
diesen Abguß des herrlichen Denkmals; auch heute noch gilt das
Motto der ersten Ansiedler von Germantown in deutschen Kreisen:
Vinum — in Mäßigkeit im Kreise lieber Freunde genossener Wein;
Linum — die Vorräte der Frau, die das Heim verschönern; Textrinum — Achtung vor deutschem Fleiß und deutscher, gründlicher Arbeit. Durch dieses Geschenk sei die Achtung und Verehrung ausge-
drückt, die der Deutschamerikanische Nationalbund für Ihre ehrwürdige Deutsche Gesellschaft hegt."

Der Ehren-Pokal für Robert Blum.

Eine vollständige Ueberraschung, nicht nur für die Anwesenden,
sondern auch für die Mitglieder der Deutschen Gesellschaft, war die
Ueberreichung eines kostbaren Pokales durch Dr. C. J Hexamer.
In einer Ansprache, die der Präsident der Gesellschaft bei Ueberreichung des Geschenkes hielt, gab Dr. Hexamer die Geschichte dieses
Pokales bekannt. Wiener Studenten hatten den Becher im Revolu-
tionsjahre 1848 ihrem allverehrten Führer Robert Blum, der nach
der Einnahme von Wien durch den Feldmarschall Windischgrätz stand-
rechtlich erschossen wurde, gestiftet. Nach dem Tode Blums ging der

Pokal in den Besitz von N. Schmid, „Diktator der Pfalz", über, der
ihn an Charles Borm, gleichfalls einen Achtundvierziger, der dann
später als Lehrer der hiesigen Schule der Freien Deutschen Gemeinde
tätig war, weitergab. Herr Borm vermachte das Wertstück Dr. Hexamer. mit der Bestimmung, daß der Pokal einst in den Besitz der
Deutschen Gesellschaft kommen solle. In seiner Rede betonte nun
Dr. Hexamer, daß wohl kaum ein passenderer Zeitpunkt kommen
werde, als das gegenwärtige Jubiläum, weshalb er sich entschlossen
habe, den Pokal der jubilierenden Gesellschaft an ihrem 150. Geburtstage zu übergeben.

Glückwunsch-Schreiben und Depeschen für das Jubiläum.

Es ist noch zu erwähnen, daß zahlreiche Glückwunschschreiben
und Depeschen eingingen; unter diesen befand sich ein Schreiben von
Richter Michael F. Girten von der Deutschen Gesellschaft in Chicago,
ein Schreiben von der Deutschen Gesellschaft in New York, ein Schreiben von der Deutschen Gesellschaft in New Haven, vom Frauen-Hilfs-
Verein der Jubilarin, von Rudolf Cronau und ein Telegramm des
deutschen Botschafters.

Das Schreiben der Schwester-Gesellschaft in New York hatte
folgenden Wortlaut:

New York, den 24. Dezember 1914.

Herrn J. C. Hexamer, Präsident,
    Die Deutsche Gesellschaft von Pennsylvanien,
        Spring Garden und Marshall Str.,
            Philadelphia, Pa.

Geehrter Herr!

Ihrer um zwanzig Jahre älteren Schwester beehrt sich die
Deutsche Gesellschaft der Stadt New York zum 150. Jubiläum
ihrer Gründung die wärmsten Glückwünsche darzubringen.

Mit neidloser Bewunderung und Anerkennung für ihre viel-
seitige und in allen Betätigungen erfolgreiche Wirksamkeit in der
Förderung patriotischer Unternehmungen, menschenfreundlicher
Wohltätigkeit — worauf sich unsere eigene Gesellschaft hat beschränken müssen — der Beschützung deutscher Ideale und der Verteidigung deutscher Interessen, in diesen schweren Zeiten von be-

sonderer Wichtigkeit, können wir uns nicht versagen, unserer
Schwestergesellschaft gerade jetzt mit wahrhafter Herzlichkeit ungezählte weitere Jahrzehnte erfolgreicher Tätigkeit zu wünschen
und damit die Zusicherung unserer tätigen Mithilfe zu verbinden.

Mit vorzüglicher Hochachtung und schwesterlichem Gruß

Die Deutsche Gesellschaft der Stadt New York.

Rudolf Cronau schrieb:

New York, 26. Dezember 1914.

Der Deutschen Gesellschaft von Pennsylvanien, deren Gründung und segensreiches Wirken eines der erhebendsten Kapitel in
der Geschichte des Deutschtums in den Vereinigten Staaten bilden,
sendet zur Feier ihres 150jährigen Bestehens die herzlichsten
Glückwünsche

Rudolf Cronau.

Ein anderes Schreiben hatten die Damen des Frauen-Hilfs-
vereins der Deutschen Gesellschaft von Pennsylvanien geschickt, das
wie folgt lautet:

„Philadelphia, Pa., 27. Dezember 1914.

Zu dem 150. Geburtstag der ehrwürdigen Deutschen Gesellschaft sendet der Frauen-Hilfsverein die herzlichsten Glückwünsche.
Möge die Deutsche Gesellschaft ihre segensreiche Tätigkeit in un-
eingeschränkter Weise fortführen und möge es dem Frauen-Hilfs-
Verein vergönnt sein, sie in ihrem edlen Werke auch in Zukunft
treu zu unterstützen.

Antonie Ehrlich, Präsidentin.

Die Deutsche Gesellschaft von Chicago und die Deutsche Gesellschaft der Stadt New Haven hatten desgleichen Glückwunschschreiben,
bezw. Depeschen gesandt.

———

Die Feier war von dem Komitee für Vorlesungen und Unterhaltungen veranstaltet worden, dem die Herren Hermann Heyl, Vorsitzender; Franz Ehrlich, jr., Frank Sima und Louis H. Schmidt
als Mitglieder angehörten. Herr Sima hatte die geschmackvollen
Dekorationen entworfen, die unter seiner Aufsicht angebracht wurden.
Diesem Komitee ist vor allem das Gelingen der Veranstaltung zu

danken, die in jeder Hinsicht der Jubilarin würdig war. Wie die Feier den Anwesenden wohl für immerdar in der Erinnerung haften bleiben wird, so wird sie auch in der Geschichte der Deutschen Gesellschaft von Pennsylvanien für bleibende Zeiten als Merkstein verzeichnet sein, auf den die Gesellschaft, die älter ist als selbst die amerikanische Union, stets mit Stolz zurückblicken wird.

Mit der Absingung der Lieder „Heimatklänge" und „America" schloß die erhebende Feier, die in ihrer einfachen Würde, durchdrungen von dem Bewußtsein der Erringung eines hohen Zieles, ungemein eindrucksvoll verlaufen war.

Schlußwort.

Fast die ganze Geschichte des Deutschtums von Philadelphia zieht in der Deutschen Gesellschaft von Pennsylvanien an uns vorüber. Was immer in deutschen Kreisen sich eines besonderen Ansehens erfreute und Gewicht und Bedeutung hatte, gehörte und gehört zu ihren Mitgliedern. Charakteristisch für die lange Reihe deutscher Männer, die der Gesellschaft angehörten und sich die Achtung ihrer Mitbürger auch anderer Abstammung erworben hatten, ist ihr unerschütterliches Hochhalten der Aufgabe, welche ihre Gründer festgelegt hatten, ist ihr treues Wirken und ihr nie ermüdendes Streben, geistige Anregung und Bildung durch die Bibliothek und Vorlesungen in weite Kreise des Deutschtums zu tragen. Selbstverständlich haben nicht alle in gleicher Weise zur Förderung der Zwecke und Ziele der Deutschen Gesellschaft beigetragen, aber ein jeder war bemüht, dem guten Namen der ältesten deutschen Vereinigung hierzulande Ehre zu machen und ihren Prinzipien Geltung zu verschaffen.

Wie einst bei der Gründung der Deutschen Gesellschaft von Pennsylvanien die besten Männer deutschen Stammes es sich zur Ehre anrechneten, ihr als Mitglieder beizutreten, so auch jetzt. Die äußere Form hat im Laufe von mehr als 150 Jahren ihres Bestehens natürlich eine andere Gestalt angenommen, in ihrem innersten Wesen aber ist die Deutsche Gesellschaft von Pennsylvanien sich treu geblieben bis auf den heutigen Tag. Sie will heute wie vor anderthalb Jahrhunderten das Beste des Deutschtums und fordert mit aufrichtiger Hingabe seine materiellen und geistigen Interessen, beseelt von echter Ergebenheit den Vereinigten Staaten gegenüber, an deren Gründung Mitglieder der Deutschen Gesellschaft von Pennsylvanien so hervorragenden Anteil hatten.

Anhang,

1. Verzeichnis der Mitglieder des Verwaltungsrates von
   1765—1917.

2. Biographische Notizen über die Beamten der Gesellschaft.

3. Verzeichnis der Mitglieder der Gesellschaft vom Anfange bis auf die Gegenwart.

Mitglieder des Verwaltungsraths für

	1765.	1766.	1767.	1768.	1769.	1770.
Präsident	Heinrich Keppele, sr.	Heinrich Keppele, sr.	Heinrich Keppele, sr.	Heinrich Keppele, sr.	Heinrich Keppele, sr.	Heinrich Keppele, sr.
Vicepräsident	Peter Miller	Peter Miller	Peter Miller	Peter Miller	Peter Miller	Peter Miller
Secretäre*)	Blasius D. Mackinet	Blasius D. Mackinet	Blasius D. Mackinet	Blasius D. Mackinet	Blasius D. Mackinet	Blasius D. Mackinet
	Joh. W. Hoffmann	Joh. W. Hoffmann	Joh. W. Hoffmann	Joh. W. Hoffmann	Joh. W. Hoffmann	Joh. W. Hoffmann
Schatzmeister	Jacob Winey,	Jacob Winey †	H. Keppele, jr.	H. Keppele, jr.	H. Keppele, jr.	H. Keppele, jr.
Anwalt	Ludwig Weiß	Ludwig Weiß	Ludwig Weiß	Ludwig Weiß	Ludwig Weiß	Ludwig Weiß
Aufseher	David Schäffer	David Schäffer	David Schäffer	David Schäffer	David Schäffer	David Schäffer
"	Christian Schneider	Christian Schneider	Jacob Gräff	Jacob Gräff	Jacob Gräff	Jacob Gräff
"	Philipp Ulrich	Leonard Melcher	Leonard Melcher	Georg Reinhold	Georg Reinhold	Georg Reinhold
"	Joseph Kaufmann	Joseph Kaufmann	Peter Paris	Peter Paris	Peter Paris	Christoph Ludwig
"	Jacob Bärtsch	Jacob Bärtsch	Jacob Bärtsch	Bern. Lauersweiler	Bern. Lauersweiler	Bern. Lauersweiler
"	Joh. Obenheimer	Joh. Obenheimer	Fried. Becker	Valentin Schallus	Valentin Schallus ‡)	G. David Seckel
Diaconus			Peter Dick	Peter Dick	Peter Dick, jr.	Peter Dick

*) Der erstgenannte ist der Secretär des Verwaltungsraths, der zweitgenannte der der Gesellschaft.   †) Seit Juni H. Keppele, jr.   ‡) Seit Juli H. D. Seckel.

	1771.	1772.	1773.	1774.	1775.	1776.
Präsident	Heinrich Keppele, sr.	Heinrich Keppele, sr.	Heinrich Keppele, sr.	Heinrich Keppele, sr.	Heinrich Keppele, sr.	Heinrich Keppele, sr.
Vicepräsident	Peter Miller	Peter Miller	J. W. Hoffmann	J. W. Hoffmann	Christoph Ludwig	Georg Chr. Reinhold
Secretäre	Blasius D. Mackinet	Blasius D. Mackinet	B. D. Mackinet	B. D. Mackinet	Georg Chr. Reinhold	Heinrich Schubart
	Joh. W. Hoffmann	Michael Schubart	Michael Schubart	Michael Schubart	Michael Schubart	Michael Schubart
Schatzmeister	H. Keppele, jr.	H. Keppele, jr.	H. Keppele, jr.	H. Keppele, jr.	H. Keppele, jr.	H. Keppele, jr.
Anwalt	Ludwig Weiß	Ludwig Weiß	Ludwig Weiß	Ludwig Weiß	Ludwig Weiß	Ludwig Weiß
Aufseher	David Schäffer	David Schäffer	David Schäffer	David Schäffer	Adam Fould (Bold)	Adam Fould (Bold)
"	Jacob Gräff	Jacob Gräff	v. Melcher	v. Melcher	L. Melcher	Christoph Ludwig
"	Georg Reinhold	G. Reinhold	Georg Chr. Reinhold	Georg Chr. Reinhold	Heinrich Kämmerer	Andreas Burckhart
"	Christoph Ludwig	Christoph Ludwig	Christoph Ludwig	Christoph Ludwig	Andreas Burckhart	Georg Walder
"	Bern. Lauersweiler	Job Bonner	Georg Walder	Georg Walder	Georg Walder	Friedrich Dagner
"	G. David Seckel	David Seckel	Friedrich Dagner	Friedrich Dagner	Friedrich Dagner	Peter Dick
Diaconus	Peter Dick	...ter Dick	Peter Dick	Peter Dick	Peter Dick	

Mitglieder des Verwaltungsraths für

	1777.	1778.	1779.	1780.	1781.	1782.
Präsident	Heinrich Keppele, sr.		ich Keppele, sr. el Schubart	Heinrich Keppele, sr Michael Schubart	Heinrich Keppele, sr. L. Weiß	Ludwig Weiß Christoph Ludwig
Vicepräsident	Georg Chr. Reinhold			Friedrich Hailer	Ludwig Farmer	Ludwig Farmer
Secretäre	Michael Schubart		h Leuthäuser	Heinrich Kämmerer	Fr. Hailer	Fr. Hailer
"	Heinrich Leuthäuser		Reinhold	Georg Reinhold	Mich. Schubart	Mich. Schubart
"	H. Keppele, jr.		(Tist	Carl Tist	H. Kämmerer	H. Kämmerer
Schatzmeister	Ludwig Weiß		Gould (Bold	Adam Gould (Bold	Joh. Frik	Joh. Frik
Anwalt	Adam Gould (Bold	Occupation von Philadelphia durch die englische Armee. Keine Versammlungen und Wahlen.	Djeas	Peter Djeas	Peter Djeas	Peter Djeas
Aufseher	Christian Schneider		oph Ludwig	Christoph Ludwig	Christoph Ludwig	Philipp Deßa
"	Christoph Ludwig		eas Burckhart	Andreas Burckhart	Andreas Burckhart	Andreas Burckhart
"	Andreas Burckhart		b Reehmle	Jacob Reehmle	Melchior Steiner	Jac. Reehmle
"	Georg Walder		rich Hagner		Peter Kraft	Jac. Hitzheimer
Diaconus	Friedrich Hagner Peter Dick		Dick	Geor ner	Wilhelm Lehmann	Wilhelm Lehman

	1783.	1784.	1785.	1786.	1787.	1788.
Präsident	L. Farmer	L. Farmer	Christ. Wegman	L. Farmer	L. Farmer	Peter Mühlenberg
Vicepräsident	L. Weiß	Christ. Wegman	L. Farmer	Joh. Steinmetz	Peter Mühlenberg	H. Kämmerer
Secretäre	Fr. Hailer	Fr. Hailer	Fr. Hailer	Fr. Hailer	Melchior Steiner	Melchior Steiner
"	Christ. Becker	Christ. Becker	Christ. Becker	Melchior Steiner	Fr. Hailer	Leonh. Rühmle
Schatzmeister	Mich. Schubart	Mich. Schubart	Mich. Schubart	Mich. Schubart	Leonh. Rühmle	Joh. Steinmetz
Anwalt	H. Kämmerer	H. Kämmerer	L. Weiß	Hilarius Becker	Joh. Steinmetz	Peter Miller
Aufseher	Melchior Steiner	Melchior Steiner	Melchior Steiner	Jac. Rübsam	H. Wyntoop*)	Jac. Rübsam
"	Philipp Heyl	Peter Djeas	Peter Djeas	Georg Vogel	W. von Pful	Peter Djeas
"	Peter Kraft	Peter Kraft	Peter Krait	Peter Kraft	Peter Kraft	Conrad Haas
"	Fried. Wederly	Fried. Wederly	Fried. Wederly	Fried. Wederly	Georg Reinhardt	Georg Reinhardt
"	Georg Walder	Georg Walder	Jacob Reehmle	H. Kämmerer	Caspar Geyer	Georg Wölpper
"	Jac. Hitzheimer	Carl Rußhag	Carl W. Rußhag	Carl Rußhag	C. Christ. Bölder	C. Christ. Bölder
Diaconus	Georg Vogel	Georg Vogel	Georg Boyel	Jacob Mayer	Jac. Mayer	Jacob Mayer

*) Dietrich Heinrich Wyntoop starb im Juni. — Peter Miller erwählt.

Mitglieder des Verwaltungsraths für

	1789.	1790.	1791.	1792.	1793.	1794.
Präsident	H. Kämmerer	F. A. Mühlenberg	F. A. Mühlenberg	F. A. Mühlenberg	F. A. Mühlenberg	F. A. Mühlenberg
Vicepräsident	Jacob Hitzheimer	Peter Miller	Jacob Hitzheimer	Jacob Hitzheimer	Jacob Hitzheimer	L. Farmer
Secretäre	Leonhard Kühmle	Melchior Steiner	Melchior Steiner	Carl Tift	Carl Tift	Andreas Geyer
"	Joh. Welbert	Leonhard Kühmle	Leonhard Kühmle	Leonhard Kühmle	Leonhard Kühmle	Leonhard Kühmle
Schatzmeister	Joh. Steinmetz	Joh. Steinmetz	Joh. Steinmetz	Joh. Steinmetz	Joh. Steinmetz	Joh. Steinmetz
Anwalt	Peter Miller	H. Kämmerer	H. Kämmerer	H. Kämmerer	H. Kämmerer	H. Kämmerer
Aufseher	Leonhard Jacoby	Leonhard Jacoby	Peter Kraft	W. Lehmann	W. Lehmann	W. Lehmann
"	Philipp Hall	Philipp Hall	Philipp Hall	Philipp Hall	Christoph Rucker	Jacob Mühlam
"	Conrad Haas	Conrad Haas	Conrad Haas	Conrad Haas	Conrad Haas	Conrad Haas
"	Daniel Bräutigam	Jacob Mayer	Christoph Rauch	Christ. Rauch	Johann Stock	Johann Stock
"	Georg Wölpper	Georg Wölpper	Georg Wölpper	Georg Wölpper	Peter Djeas	Peter Djeas
"	Joh. Adam Stock	Friedrich Hailer	Friedrich Hailer	Friedrich Hailer	Friedrich Frähle	Friedrich Frähle
Diaconus	Jacob Mayer	Daniel Bräutigam	Daniel Bräutigam	Johann Stock	Joh. Ertz	Joh. Ertz

	1795.	1796.	1797.	1798.	1799.	1800.
Präsident	F. A. Mühlenberg	F. A. Mühlenberg	F. A. Mühlenberg	L. Jacoby	L. Jacoby	L. Jacoby
Vicepräsident	Leonhard Jacoby	Leonh. Jacoby	L. Jacoby	Hilarius Becker	Jac. Lauersweiler	Jac. Lauersweiler
Secretäre	Andreas Geyer	Andreas Geyer	Leonh. Kühmle	Isaac Wambolt	Georg Honig *)	H. Wambolt
"	Isaac Wambolt	Isaac Wambolt	Isaac Wambolt	Georg Klähr	Georg Klähr	Heinr. Schweiger
Schatzmeister	Joh. Steinmetz	Joh. Steinmetz	Joh. Steinmetz	Joh. Steinmetz	Joh. Steinmetz	Johann Greimer
Anwalt	Michael Keppele	Mich. Keppele	Mich. Keppele	Joh. Singer	Joh. Singer	Joh. Singer
Aufseher	W. Lehmann	Georg Honig	Michael Ritz	Conrad Haas	Conrad Haas	Conrad Haas
"	Michael Schlützmann	Johann Singer	Gottfried Gößler	Jac. Eckeld	Andreas Whiller	Abraham Stein
"	Conrad Haas	Johann Wucherer	Johann Wucherer	Jac. Klages	Jacob Ebenborn	Jacob Ebenborn
"	Philipp Obenheimer	Johann Hay	Jac. Lauersweiler	Jac. Lauersweiler	Andreas Lauersweiler	Andreas Leinau
"	Mich. Ritz	Mich. Ritz	Heinr. Wießenbach	Heinr. Wießenbach	Jacob Beninghoff	Johann R. Becker
"	Gottfried Gößler	Gottfried Gößler	Friedr. Frähle	Adam Händel	Karl Kugler	Karl Kugler
Diaconus	Karl Kugler	Abraham Stein	Adam Händel	Melchior Lehrer	Joh. Kreß	Fr. Boller

*) Resignirte und J. Wambolt wurde an seine Stelle gewählt.

Mitglieder des Verwaltungsraths für

	1801.	1802.	1803.	1804.	1805.	1806.
Präsident	Peter Kraft	Peter Mühlenberg	Peter Mühlenberg	Peter Mühlenberg	Peter Mühlenberg	Peter Mühlenberg
Vicepräsident	Georg A. Becker	G. A. Becker	G. A. Becker	G. A. Becker	G. A. Becker	G. A. Becker
Secretäre	Joh. A. Ludwig	Carl J. Krauth	Leonh. Kühmle	Leonh. Kühmle	Caspar Rehn	Adolph Ehringhaus
„	Andreas Geyer, jr.	Andreas Geyer, jr.	Caspar Rehn	Caspar Rehn	A. G. Treichel	A. G. Treichel
Schatzmeister	Johann Greiner	Johann Greiner	Johann Greiner	Johann Greiner	Johann Greiner	Johann Greiner
Anwalt	Mich. Ritz	Leonh. Kühmle	Andreas Geyer, jr.	Joh. L. Leib	Joh. Singer	Thom. B. Banzinger
Aufseher	Conrad Haas	Jacob Beninghoff	Karl Rugler	Karl Rugler	Conrad Haas	Conrad Haas
„	Abraham Stein	Andreas Burckhardt	Joh. A. Becker	Joh. A. Becker	Andreas Leinau	Andreas Leinau
„	Jacob Ebenborn	Jacob Ebenborn	Jacob Ebenborn	Jacob Ebenborn	Joh. Hay	Joh. Hay
„	Andreas Leinau	Andreas Leinau	Andreas Leinau	Andreas Leinau	Johann Lange	Peter Gräffenstein
„	Adam Brimmer	Adam Brimmer	Johann Lange	Johann Lange	Karl Rugler	Adam Hay
„	Peter Gräffenstein	Peter Gräffenstein	Michael Ritz	Michael Ritz	Joh. Geyer	Joh. Geyer
Diaconus	Jacob Thomeßen	Jacob Thomeßen	Jacob Beller	Jacob Beller	Carl Hupfeld	Joh. Muffer

*) B. Mühlenberg ftarb den 1. October.

	1807.	1808.	1809.	1810.	1811.	1812.
Präsident	Pet. Mühlenberg*)	Georg A. Becker	Georg A. Becker	Georg A. Becker	Georg A. Becker	Georg A. Becker
Vicepräsident	Georg A. Becker	Peter Deas	Jacob Sperry	Jacob Sperry	Jacob Sperry	Jacob Sperry
Secretäre	J. A. Frieblein	J. A. Holzbecher	Jacob R. Harmes	Jacob Sulzer	J. R. Harmes	J. R. Harmes
„	A. G. Treichel	Ludwig Krumbhaar	Ludwig Krumbhaar	Ludwig Krumbhaar	Ludwig Krumbhaar	C. Dannenberg
Schatzmeister	Johann Geyer	Johann Geyer	Johann Geyer	Caspar Rehn	David Seeger	David Seeger
Anwalt	R. Schäffer	Phil. Hagner	Caspar Rehn	Caspar Rehn	Andreas Leinau	Andreas Leinau
Aufseher	Karl Rugler	Karl Rugler	Georg Baftian	Georg Honig	Georg Honig	Georg Honig
„	Andreas Leinau	Andreas Leinau	Andreas Leinau	Andreas Leinau	Fr. Gaul	Mel. Larer (Lehrer)
„	Joh. Hay	Joh. Hay	Abraham Stein	Abraham Stein	Abraham Stein	Abraham Stein
„	Joh. Muffer	Joh. Muffer	Joh. Muffer	Joh. Muffer	Joh. Muffer	Conrad Hanfe
„	Adam Hay	Adam Hay	Adam May	Gottfried Schmidt	Gottfried Schmidt	Gottfried Schmidt
„	Phil. Hagner	Johann Stock	Johann Stock	Johann Stock	Carl Richards	Peter Field
Diaconus	Jol. Kuper	Georg Baftian	C. J. Würtie	J. L. Koch		

*) Reßignirte im Würtl. — David Seeger gewählt.
†) Johann Geyer †.

Mitglieder des Verwaltungsraths für

	1813.	1814.	1815.	1816.	1817.	1818.
Präsident	Georg A. Becker	Georg A. Becker	Georg A. Becker	Georg A. Becker †)	Jsaac Wampole	Jsaac Wampole
Vicepräsident	Jacob Sperry	Jacob Sperry	Jacob Sperry	Jsaac Wampole	Jacob R. Harmes	Jacob R. Harmes
Secretäre	C. Dannenberg	C. Dannenberg *)	H. L. Birghaug †)	C. Dannenberg	F. R. Ribba	C. Begin
„	J. R. Harmes	J. R. Harmes	J. R. Harmes	H. L. Birghaug	H. L. Birghaug	H. L. Birghaug
Schatzmeister	David Seeger	David Seeger	David Seeger	David Seeger	Johann Roland	Johann Roland
Anwalt	Andreas Leinau	Andreas Leinau	Andreas Leinau	Andreas Leinau	Samuel Reemle	Samuel Reemle
Aufseher	Georg Honig	Georg Honig	Georg Honig	Georg Honig	Jacob Ritter	Wilhelm Spohn
„	Melchior Lehrer	Melchior Lehrer	Johann Roland	Johann Roland	J. Bräutigam ?)	F. Erringer
„	Abraham Stein	Abraham Stein	Abraham Stein	Abraham Stein	W. B. Menz	W. B. Menz
„	Conrad Hanle	Conrad Wederle	Conrad Wederle	Conrad Wederle	Carl Kugler ‖)	J. U. Fraley
„	Gottfried Schmidt	Gottfried Schmidt	Carl Graff	Carl Graff	Carl Graff	Jacob Fißler
„	Peter Field	Georg L. Koch	Georg L. Koch	Georg L. Koch	Georg L. Koch	Georg L. Koch ¶)

*) Seit Juni H. L. Birghaug. †) Seit Nov. C. Dannenberg. — *) Seit März Frieb. Erringer. †) Starb den 8. Dez. — ?) Seit März J. U. Fraley. — ¶) Seit März J. G. Harber.

	1819.	1820.	1821.	1822.	1823.	1824.
Präsident	Jsaac Wampole	Jsaac Wampole	Jsaac Wampole	Jsaac Wampole	Jsaac Wampole	Jsaac Wampole
Vicepräsident	J. R. Harmes	J. R. Harmes	J. R. Harmes	R. R. Harmes	R. Harmes *)	Ludwig Krumbhaar
Secretäre	C. L. Lomber	C. L. Lomber	C. L. Lomber	C. L. Lomber	C. L. Lomber	C. L. Lomber
„	C. Schwarz	C. Schwarz	C. Begin	C. Begin	C. Begin	H. Dußring
Schatzmeister	David Seeger	David Seeger	David Seeger	David Seeger	David Seeger	David Seeger
Anwalt	Samuel Reemle	Samuel Reemle	Samuel Reemle	Samuel Reemle	Samuel Reemle	Samuel Reemle
Aufseher	Wm. Montelius	Wm. Montelius	W. Montelius	W. Montelius	W. Montelius	W. Montelius
„	F. Erringer	F. Erringer	F. Erringer	F. Erringer	F. Erringer	F. Erringer
„	H. Rothhaus	H. Rothhaus	H. Rothhaus	H. Rothhaus	H. Rothhaus	H. Rothhaus
„	Wm. Haverstic, jr.	Wm. Haverstic, jr.	Wm. Haverstic, jr.	Wm. Haverstic, jr.	Jacob Leg	Jacob Leg
„	Jacob Fißler	Jacob Fißler	Jacob Fißler	Jacob Fißler	Jacob Fißler	Jacob Fißler
„	J. G. Harber, jr.	J. G. Harber, jr.	J. G. Harber, jr.	J. G. Harber, jr.	J. G. Harber, jr.	J. G. Harber, jr.

*) Seit September Ludw. g Krumbaar.

Mitglieder des Verwaltungsraths für

	1825.	1826.	1827.	1828.	1829.	1830.
Präsident	Isaac Wampole	Isaac Wampole	Isaac Wampole	Isaac Wampole	Isaac Wampole	Isaac Wampole
Vicepräsident	W. Spohn	W. Spohn	W. Spohn	W. Spohn	W. Spohn	W. Spohn*)
Secretäre	H. T. Lomber	H. T. Lomber	H. T. Lomber	H. T. Lomber	H. T. Lomber	H. T. Lomber
"	H. Duhring	H. Duhring	H. Duhring	Georg Fox	Georg Fox	Georg Fox
Schatzmeister	John Roland	A. Rothhaus	A. Rothhaus	A. Rothhaus	A. Rothhaus	A. Rothhaus
Anwalt	Samuel Reemle	Samuel Reemle	Samuel Reemle	Samuel Reemle	Samuel Reemle	Samuel Reemle
Aufseher	W. Montelius	W. Montelius	W. Montelius	W. Montelius	W. Montelius	W. Montelius
"	F. Erringer	F. Erringer	F. Erringer	F. Erringer	F. Erringer	F. Erringer
"	H. Rothhaus	H. Rothhaus	K. H. Gebhart	Friedrich Schober	Friedrich Schober	Friedrich Schober
"	H. Ley	H. Alter	H. Alter	H. Alter	H. Alter	H. Alter
"	Jacob Fiёler	Jacob Fiёler	Jacob Fiёler	Jacob Fiёler	Jacob Fiёler	Jacob Fiёler
"	Louis Mayer	Louis Mayer	Louis Mayer	Louis Mayer	Louis Mayer	Joseph H. Schreiner

(* Starb im März. — L. Krumbhaar wurde an seine Stelle gewählt.

	1831.	1832.	1833.	1834.	1835.	1836.
Präsident	Isaac Wampole	Isaac Wampole	Ludwig Krumbhaar	Ludwig Krumbhaar	Ludwig Krumbhaar	Lud. Krumbhaar†)
Vicepräsident	Ludwig Krumbhaar	Ludwig Krumbhaar	Jacob Fiёler	Jacob Fiёler	Jacob Fiёler	Jacob Fiёler
Secretäre	(H. T. Lomber*)	John Kern	John Kern	John Kern	John Kern	John Kern
"	Georg Fox	Georg Fox	Georg Fox	Georg Fox	Georg Fox	Georg Fox
Schatzmeister	A. Rothhaus	A. Rothhaus	A. Rothhaus	A. Rothhaus	A. Rothhaus	A. Rothhaus
Anwalt	Samuel Reemle	Samuel Reemle	Samuel Reemle	Samuel Reemle	Samuel Reemle	Samuel Reemle
Aufseher	W. Montelius	W. Montelius	W. Montelius	W. Montelius	Mark H. Schively	Mark H. Schively
"	F. Erringer	Michael Reeb	Michael Reeb	G. W. Tryon	G. W. Tryon	G. C. Blumner
"	Friedrich Schober	Friedrich Schober	Friedrich Schober	Friedrich Schober	G. C. Blumner	H. Duhring
"	Wm. Muffer	Wm. Muffer	Wm. Muffer	Wm. Muffer	H. Duhring	Tobias Bühler
"	Jacob Fiёler	Jacob Fiёler	Samuel Heinemann	Samuel Heinemann	Tobias Bühler	James A. Donath
"	Joseph H. Schreiner*)	Daniel Schneck	Daniel Schneck	Daniel Schneck	James A. Donath	Thomas C. Lübers
"	Daniel Schneck				Thomas C. Lübers	

• Resignirte im März; John Kern gewählt.   † Starb im September; Reemle an seine Stelle gewählt.

Mitglieder des Verwaltungsraths für

	1837.	1838.	1839.	1840.	1841.	1842.
Präsident	Samuel Reemle	Samuel Reemle	Samuel Reemle	Samuel Reemle	Samuel Reemle	Samuel Reemle
Vicepräsident	Jacob H. Fißler	Jacob H. Fißler	Jacob H. Fißler	Jacob H. Fißler	Jacob H. Fißler	Jacob H. Fißler
Sekretäre	John Kern	John Kern	John Kern	John Kern	John Kern	John Kern
	Georg Fox	Chas. Schaffer	Chas. Schaffer	H. Dühring	H. Dühring	H. Dühring
Schatzmeister	A. Korthaus	A. Korthaus	A. Korthaus	A. Korthaus	A. Korthaus	A. Korthaus
Anwalt	James A. Donath	James A. Donath	James A. Donath	James A. Donath	James A. Donath	James A. Donath
Aufseher	Carl H. Schively	H. Schively	H. Schively	Fr. Schober	Heinrich Tilge	Heinrich Tilge
"	C. G. Blumner	C. G. Blumner	C. G. Blumner	Johann Haas	Samuel Epang	Samuel Epang
"	H. Dühring	H. Dühring	H. Dühring	Peter A. Emmerich	Peter A. Emmerich	Peter A. Emmerich
"	Tobias Bühler	Tobias Bühler	Tobias Bühler	Tobias Bühler	Wm. Menß	Fr. Schober
"	Chas. Schaffer	H. Burckhart	H. Burckhart	H. Burckhart	H. Burckhart	H. Burckhart
"	Thomas C. Lüders	K. Koons	K. Koons	G. H. Huber	G. H. Huber	G. H. Huber

	1843.	1844.	1845.	1846.	1847.	1848.
Präsident	Friedrich Erringer	Friedrich Erringer	Friedrich Erringer	Friedrich Erringer	Friedrich Erringer	J. H. Fißler
Vicepräsident	H. Bohlen	H. Bohlen	H. Bohlen	H. Bohlen	A. A. Klemm	A. A. Klemm
Sekretäre	Charles H. Kert	Charles H. Kert	Charles H. Kert	Charles H. Kert	M. Th. Chur	M. Th. Chur
Schatzmeister	H. Dühring	H. Dühring	Gottfried Freytag	Gottfried Freytag	Gottfried Freytag }	Gottfried Freytag
Anwalt	Wm. Menß	Wm. Menß	James A. Donath	Wm. Menß	Wm. Menß	Wm. Menß
Aufseher	James A. Donath	James A. Donath	Wm. Menß	James A. Donath	James A. Donath	James A. Donath
"	Heinrich Tilge	Heinrich Tilge	Heinrich Tilge	Heinrich Tilge	Heinrich Tilge	Heinrich Tilge
"	Samuel Epang	Samuel Epang	Samuel Epang	Samuel Epang	Samuel Epang	Samuel Epang
"	Peter A. Emmerich*)	J. Herman	J. Herman	J. Herman	J. Herman	J. Herman
"	J. H. Fißler	H. H. Fißler	H. H. Fißler	H. H. Fißler	H. H. Fißler	G. H. Bickighaus
"	H. Burckhart	H. Burckhart	H. Burckhart	H. Burckhart	Louis Bremer	Louis Bremer
"	Andreas Flick	Andreas Flick	Charles Lehman	Charles Lehman	Chr. Hahn	Chr. Hahn

*) Starb im April. — G. Hahn gewählt.

	1849.	1850.	1851.	1852.	1853.	1854.
Präsident	J. H. Fisler	H. Fisler	H. Fisler	H. Fisler	H. Fisler	H. Fisler
Vicepräsident	A. Klemm	A. Klemm	A. Klemm	A. Klemm	A. Klemm	A. Klemm
Setretäre	A. Th. Chur	A. Th. Chur	A. Th. Chur	A. Th. Chur	A. Th. Chu	A. Th. Chur
	G. Freytag	G. Freytag	G. Freytag	G. Freytag	G. Freytag	G. Freytag
Schatzmeister	Wm. Menz	Wm. Menz	Wm. Menz	Wm. Menz	Wm. Menz	Wm. Menz
Anwalt	James M. Donath	James M. Donath	James M. Donath	Chas. G. Ley	Chas. G. Ley	Chas. Goepp
Aufseher	H. Tilge	H. Tilge	H. Tilge	H. Tilge	H. Tilge	H. Tilge
"	Lorenz Herbert	Samuel Spang	Samuel Spang	Samuel Spang	Lorenz Her	Lorenz Herbert
"	Joh. Herman	Joh. Herman	Joh. Herman	Frank	Frank	Frank
"	H. H. Bibighaus	H. H. Bibighaus	H. H. Bibighaus	H. H. Bibighaus	H. H. Bibighaus	H. H. Bibighaus
"	Louis Bremer	Louis Bremer	Louis Bremer	Louis Bremer	Louis Br	Louis Bremer
"	Chas. Birnbaum	Chr. Hahn	John Seiler	Chas. Birnbaum	Chas. Bi um	Chas. Birnbaum

	1855.	1856.	1857.	1858.	1859.	1860.
Präsident	J. H. Fisler	H. Fisler	H. Fisler	Wm. W. Wicht	J. H. Fisler	A. Kohlenkamp
Vicepräsident	A. Klemm	A. Klemm	A. Klemm	A. Th. Chur	Wm. W. Wicht	G. R. Ziegler
Setretäre	A. Th. Chur	A. Th. Chur	A. Th. Chur	Theoph. Plate	A. Th. Chur	Julius Hein
	G. Freytag	Theoph. Plate	Theoph. Plate	Louis Bremer	Theoph. Plate	Theoph. Plate
Schatzmeister	Wm. Menz	Wm. Menz	Wm. Menz	J. A. Philips	Louis Bremer	Louis Bremer
Anwalt	J. A. Philips	J. A. Philips	J. A. Philips	J. A. Philips	J. A. Philips	Friedrich Heyer
Aufseher	H. Tilge	H. Tilge	H. Tilge	H. Tilge	H. Tilge	H. Tilge
"	Lorenz Herbert	Lorenz Herbert	Lorenz Herbert	Lorenz Herbert	Lorenz Herbert	Lorenz Herbert
"	Frank	Frank	Frank	Frank	Frank	Frank
"	H. H. Bibighaus	H. H. Bibighaus	H. H. Bibighaus	Conrad Steiner	H. H. Bibighaus	H. H. Bibighaus
"	Louis Bremer	Louis Bremer	Louis Bremer	H. H. Bibighaus	Conrad Steiner	Conrad Steiner
"	Chas. Birnbaum	Chas. Birnbaum	Chas. Birnbaum	Chas. Birnbaum	C. Liebrich	Jacob Schanbein

Mitglieder des Verwaltungsraths für

	1861.	1862.	1863.	1864.	1865.	1866.	1867.	1868.	1869.	1870.
Präsident	W. Kohlentanp	A. Kohlentanp	J. Theoph. Plate	J. Theoph. Plate	J. Theoph. Plate	W. J. Horstmann	W. J. Horstmann	W. J. Horstmann	W. J. Horstmann	W. J. Horstmann
Vicepräsident	G. R. Ziegler	G. R. Ziegler	G. R. Ziegler	M. R. Mudle	M. R. Mudle	L. Herbert	L. Herbert	L. Herbert	M. R. Mudle	M. R. Mudle
Secretäre	Julius Hein	Julius Hein	Julius Hein	Julius Hein	Julius Hein	A. Rulenberg	A. Rulenberg	A. Rulenberg	A. Rulenberg	A. Rulenberg
"	J. Theoph. Plate	J. Theoph. Plate	A. Rulenberg	A. Rulenberg	A. Rulenberg	Julius Hein	Julius Hein	Julius Hein	H. R. Belman	H. R. Beuncr
Schatzmeister	Louis Bremer	Louis Bremer	Louis Bremer	Louis Bremer	L. Großholz	L. Großholz	L. Großholz	L. Großholz	G. Belman	G. Belman
Anwalt	Fr. Heyer	Fr. Heyer	Fr. Heyer	Fr. Heyer	Fr. Heyer	Fr. Heyer	Fr. Heyer	Fr. Heyer	Fr. Dittmann	Fr. Heyer
Aufseher	H. Tilge	H. Tilge	H. Tilge	H. Tilge	Chas. Cramer	Georg Doll	Georg Doll	Georg Doll	Georg Doll	Georg Doll
"	H. Herbert	V. Herbert	H. Herbert	H. Herbert	J. H. Choemaler	J. C. Steiner	J. C. Steiner	Fr. Steeb	L. Herbert	M. R. Thomas
"	H. Krant	H. Krant	H. Krant	Jacob Raun	Jacob Raun	Jacob Raun	Jacob Raun	Jacob Raun	Jacob Schanbein	Jacob Schanbein
"	G. H. Bibighaus	G. H. Bibighaus	G. H. Bibighaus	G. Schäfer	G. Schäfer	G. Schäfer	G. Schäfer	G. Schäfer	G. Schäfer	G. Schäfer
"	Conrad Steiner	Conrad Steiner	Conrad Steiner	Conrad Steiner	P. J. Wilbberger	Joseph Rinite	Joseph Rinite	Joseph Rinite	Joseph Rinite	Joseph Rinite
"	Jacob Schanbein	Jacob Schanbein	Jacob Schanbein	Jacob Schanbein	Jacob Schanbein	Jacob Schanbein	Jacob Schanbein	J. M. Reichard	J. M. Reichard	J. M. Reichard

Mitglieder des Verwaltungsrathes für

	1871.	1872.	1873.	1874.	1875.	1876.
Präsident	W. J. Horstmann	W. J. Horstmann	Geo. M. Ziegler	G. M. Ziegler	G. M. Ziegler	G. M. Ziegler
Vicepräsiden=ten	M. A. Muckle	M. A. Muckle	M. A. Muckle	M. A. Muckle	M. A. Muckle	Lorenz Herbert
Secretäre	L. Herbert	L. Herbert	L. Herbert	Francis Funk	Francis Funk	Joseph Kinike
"	Franz Ehrlich	Franz Ehrlich	Franz Ehrlich	Franz Ehrlich	Franz Ehrlich	Franz Ehrlich
Schatzmeister	H. P. Zenner	L. Schnarr*)	H. P. Zenner	H. P. Zenner	H. P. Zenner	Julius Siebrecht
Anwalt	G. Belman	G. Belman	G. Belman†)	Charles Plotta	Friedrich Liebemann	Friedrich Liebemann
Aufseher	F. Deyer	Jos. G. Rosengarten	Jos. G. Rosengarten	J. G. Rosengarten	J. G. Rosengarten	Henry D. Wireman
"	Georg Doll	Georg Doll	Georg Doll	Georg Doll	Georg Doll	Georg Doll
"	K. W. Thomas, sr.	K. W. Thomas, sr.	K. W. Thomas, sr.	K. W. Thomas, sr.	K. W. Thomas, sr.	Friedrich Dibach
"	Jacob Schanbein	Jacob Schanbein	Jacob Schanbein	Jacob Schanbein	Jacob Schanbein	Jacob Schanbein
"	C. Schäfer	C. Schäfer	C. Schäfer	C. Schäfer	C. Schäfer	C. Schäfer
"	Joseph Kinike	Joseph Kinike	Joseph Kinike	Joseph Kinike	Joseph Kinike	John Weil
"	J. M. Reichard	J. M. Reichard	G. Keebler	G. Keebler	Otto Martin	A. M. Heintzelmann
"	C. Benkert	Chas. Plotta	Chas. Plotta	C. F. Rumpp	C. F. Rumpp	C. F. Rumpp
"	J. C. Camp	J. C. Bile	J. C. Bile	J. C. Bile	J. C. Bile	J. C. Bile
"	Francis Funk	Francis Funk	J. M. Maisch	J. M. Maisch	Ignaz Roßler	Ignaz Roßler
"	Dr. L. Gruel	Jacob Zaun	Jacob Zaun	Jacob Zaun	C. F. Rieser	C. F. Rieser
"	Dr. W. Zastrow	Wm. Ostheimer	C. F. Mölling	C. F. Mölling	C. F. Mölling	C. F. Mölling
"	Wm. Langenheim	Wm. Langenheim	Wm. Langenheim	Wm. Langenheim	Caspar Benkert	Caspar Benkert
Vorsitzende der Stehenden Committees	Ehrw. W. J. Mann	Ehrw. W. J. Mann	Ehrw. W. J. Mann	Ehrw. W. J. Mann	Ehrw. W. J. Mann	Ehrw. W. J. Mann
	Dr. H. Engel	Dr. J. W. Trau, sr.	Dr. J. W. Trau, sr.	Dr. J. W. Trau, sr.	Dr. J. W. Trau, sr.	Dr. J. W. Trau, sr.
	Dr. D. Seibenficker	Dr. D. Seibenficker	Dr. C. Kellner	Dr. C. Kellner	Dr. C. Kellner	Dr. C. Kellner
			Dr. D. Seibenficker	Dr. D. Seibenficker	Dr. D. Seibenficker	Dr. D. Seibenficker
				Lorenz Herbert	Lorenz Herbert	

*) Herr Schnarr resignirte wegen Uebersiedelung nach New York im Februar. — Herr Zenner wurde statt seiner gewählt.

†) Herr Belman starb im April. — Herr Chas. Plotta gewählt.

Mitglieder des Verwaltungs-Rats für

	1877	1878	1879	1880	1881
Präsident	Geo. R. Ziegler	Joseph Kinike	Joseph Kinike	Joseph Kinike	Joseph Kinike
Vice-Präsid.	Geo. Doll	C. F. Mölling	C. F. Mölling	C. F. Mölling	C. F. Mölling
Sekretär des Ver.=Rats	Jacob Schandein	Jacob Schandein	Jacob Schandein	Jacob Schandein	Jacob Schandein
	Franz Ehrlich	Franz Ehrlich	Franz Ehrlich	Franz Ehrlich	Franz Ehrlich
Sekretär der Gesellschaft	Julius Siebrecht	Alwin Hageborn	Alwin Hageborn	Alwin Hageborn	Dr. Jos. Bernt
Schatzmeister	Friedr. Liedemann	C. C. Eberhardt	C. C. Eberhardt	C. C. Eberhardt	C. C. Eberhardt
Anwalt	H. D. Wireman	H. D. Wireman	H. D. Wireman	H. D. Wireman	H. D. Wireman
Direktoren	C. Benkert	M. Blankenburg	M. Bayersdorfer	M. Bayersdorfer	M. Bayersdorfer
	John Doll	Thas. Denneler	C. Benkert	Dr. Jos. Bernt	Caspar Benkert
	John C. File	John C. File	Jacob Berges	Thas. Denneler	Thas. Denneler
	H. A. Heinkelmann	Carl Garbeide	Thas. Denneler	John C. File	M. Eichholz
	Lorenz Herbert	H. A. Heinkelmann	John Doll	Bm. Gerlach	John C. File
	C. F. Kiefer	Lorenz Herbert	John C. File	H. A. Heinkelmann	W. N. Fled
	Joseph Kinike	C. F. Kiefer	H. A. Heinkelmann	Holstein	H. A. Heinkelmann
	Ignaz Kohler	Ignaz Kohler	Bm. Mende	Bm. Mende	Holstein
	C. F. Mölling	Bm. Mende	Mau	Mau	Charles Beeler
	C. F. Qbach	Mau	C. F. Rumpp	C. F. Rumpp	Mau
	C. F. Rumpp	C. F. Rumpp	Q. Schaetle	Q. Schaetle	C. F. Rumpp
	John Weit	C. A. Schwarz	C. A. Schwarz		Q. Schaetle
Vorsitzende der stehenden Komitees	Chrn. W. J. Mann	Chrn. Wm. Mann	Chrn. W. J. Mann	Chrn. W. J. Mann	Chrn. W. J. Mann
	Dr. F. P. Frau, jr.	H. D. Wireman	H. D. Wireman	H. D. Wireman	H. D. Wireman
	Dr. G. Kellner	Dr. F. P. Frau jr.	Dr. F. P. Frau jr.	Dr. A. Fride	Dr. A. Fride
	Dr. O. Seibenstider	Dr G. Kellner	Gen. L. Wagner	Gen. L. Wagner	Gen. L. Wagner
		Dr. O. Seibenstider	Dr. O. Seibenstider	Dr. O. Seibenstider	Dr. O. Seibenstider
		Geo. Doll	Georg Doll	Georg Doll	R. A. E. Jacobson
				A. Rape	A. Rape

Mitglieder des Verwaltungs-Rats für

	1882	1883	1884	1885	1886
Präsident	Joseph Kinike	Joseph Kinike	A. C. File	A. C. File	A. C. File
Vice-Präsid.	A. C. File	A. C. File	C. H. Mölling	C. H. Mölling	E. H. Mölling
Sekretär des Ver.-Rats	C. H. Mölling	C. H. Mölling	Dr. G. Kellner	Dr. G. Kellner	B. Gerlach
	Franz Ehrlich	Franz Ehrlich	Franz Ehrlich	Franz Ehrlich	Franz Ehrlich
Sekretär der Gesellschaft	Dr. Jos. Bernt	Dr. Jos. Bernt	Dr. Jos. Bernt	Dr. Jos. Bernt	Dr. Jos. Bernt
Schatzmeister	A. C. Eberhardt	C. Eberhardt	C. H. Rumpp	C. H. Rumpp	C. H. Rumpp
Anwalt	H. D. Wireman	H. D. Wireman	H. D. Wireman	H. D. Wireman	H. D. Wireman
Direktoren	H. Cramer	H. Cramer	Berkhaus	R. Blankenburg	R. Blankenburg
	Chas. Denneler	Chas. Denneler	Cramer	M. Eichholz	Ch. H. Ehrenpfort
	M. Eichholz	M. Eichholz	Chas. Denneler	C. H. Mende	Fr. Leser
	Wm. Eisenlohr	Wm. Eisenlohr	John Doll	John Doll	Ch. Keeler
	W. A. Fled	O. Holstein	M. Eichheim	B. Gerlach	Th. Bergner
	O. Holstein	C. Kohler	W. A. Fled	F. Olbach	O. Holstein
	C. H. Mende	H. Runzig	C. H. Mende	C. Schaette	C. H. Mende
	Fr. Olbach	C. H. Mende	Fr. Holstein	Chas. Denneler	F. H. Mau
	H. H. Mau	Fr. Olbach	Chas. Keeler	Fr. Leser	Ch. Denneler
	C. O. Schaette	Chas. Keeler	H. H. Mau	Chas. Keeler	Fr. Kohler
		H. H. Mau			R. Olbach
Vorsitzende der stehenden Komitees	G. A. Schwarz	C. H. Rumpp	C. Wolfieffer	H. Weiler	Otto Schaette
	Ehrw. W. J. Mann	Ehrw. W. J. Mann	Ehrw. W. H. Mann	Ehrw. W. J. Mann	Ehrw. W. H. Mann
	H. D. Wireman	H. D. Wireman	H. D. Wireman	H. D. Wireman	H. D. Wireman
	Dr. A. Fride	Dr. A. Fride	Dr. A. Fride	Dr. A. Fride	Dr. A. Fride
	Gen. L. Wagner	Gen. L. Wagner	Gen. L. Wagner	Gen. L. Wagner	Gen. L. Wagner
	Dr. O. Seidenstider	Dr. O. Seidenstider	Dr. O. Seidenstider	Dr. O. Seidenstider	Dr. O. Seidenstider
	H. Cramer	H. Cramer	H. Cramer	H. Cramer	Fr. Ehrlich
	A. Rape	A. Rape	A. Rape	A. Rape	A. Rape

Mitglieder des Verwaltungs-Rats für

	1887	1888	1889	1890	1891
Präsident	J. E. File	J. E. File	J. E. File	J. E. File	Rud. Blankenburg
Vice-Präsid.	W. Gerlach	Wm. Gerlach	Wm. Gerlach	Wm. Gerlach	Franz Ehrlich
Sekretär des Ver.-Rats	Dr. G. Kellner	Dr. G. Kellner	Dr. G. Kellner	Dr. G. Kellner	F. Olbach
Sekretär der Gesellschaft	Franz Ehrlich	Franz Ehrlich	Franz Ehrlich	Franz Ehrlich	Heinrich Auer
Schatzmeister	Dr. Jos. Bernt	Dr. Jos. Bernt	Dr. Jos. Bernt	Dr. Jos. Bernt	Dr. Jos. Bernt
Anwalt	E. K. Rumpp	E. K. Rumpp	E. K. Rumpp	E. K. Rumpp	Fr. Lefer
Direktoren	H. D. Wireman	H. D. Wireman	H. D. Wireman	H. D. Wireman	H. D. Wireman
	R. Blankenburg	Fr. Bauer	Cramer	Wm. Höfel	Wm. Höfel
	Holstein	J. Adler	H. G. Harjes	G. H. Harjes	Dr. E. J. Heramer
	Fr. Lefer	Th. Leupold	Fr. Lefer	Fr. Lefer	B. Kald
	Th. Wende	E. Orleman	E. Wende	E. Wende	E. Wende
	E. Denneler	E. Denneler	E. Denneler	E. Denneler	E. Denneler
	J. Adler	B. Kald	J. Adler	B. Kald	M. Pot
	Theo. Leupold	G. L. Lutz	Th. Leupold	Theo. Leupold	Theo. Leupold
	Fr. Mau	F. F. Mau	F. F. Mau	Fr. Weynen	Fr. Weynen
	Ch. K. Ehrenpfort	Dr. Th. H.E. Gruel	Dr. Th. H.E. Gruel	Dr. Th. H.E. Gruel	Dr. Th. H.E. Gruel
	A. Katz	Fr. Lefer	B. Kald	G. Kohler	A. E. Hungerbühler
	G. L. Lutz	E. K. Wende	G. L. Lutz	G. L. Lutz	E. Lubede
	Otto Schaettle	Otto Schaettle	Otto Schaettle	F. F. Mau	F. F. Mau
Vorsitzende der stehenden Komitees	Ehrn. W. H. Mann	Dr. D. Seidenstider	Dr. G. Kellner	Dr. G. Kellner	Dr. E. J. Heramer
	H. D. Wireman	H. D. Wireman	H. D. Wireman	H. D. Wireman	H. D. Wireman
	Dr. A. Fride	Dr. A. Fride	Dr. A. Fride	Dr. A. Fride	Dr. A. Fride
	Gen. L. Wagner	Gen. L. Wagner	Gen. L. Wagner	Gen. L. Wagner	Gen. L. Wagner
	Dr. D. Seidenstider	R. Morabi	R. Morabi	R. Morabi	R. Morabi
	Thos. Keeler	Gobfr. Keebler	Gobfr. Keebler	Gobfr. Keebler	Gobfr. Keebler
	A. Bape	Otto Schaettle	Otto Schaettle	Otto Schaettle	E. F. Rumpp

Mitglieder des Verwaltungs-Rat für

	1892	1893	1894	1895	1896
Präsident	Rud. Blankenburg	Rud. Blankenburg	Louis Wagner	Louis Wagner	Louis Wagner
Vice-Präsid.	Franz Ehrlich	Franz Ehrlich	Franz Ehrlich	F. Ehrlich	Franz Ehrlich
	F. Olbach	F. Olbach	Georg Doll	Georg Doll	Georg Doll
Sekretär des Ver.-Rats	Heinrich Auer	Heinr. Auer	F. H. Harjes	F. H. Harjes	F. H. Harjes
Sekretär der Gesellschaft	Dr. Jos. Bernt	Dr. Jos. Bernt	Dr. Jos. Bernt	Dr. J. Bernt	Dr. J. Bernt
Schatzmeister	Fr. Leser	Fr. Leser	Hans Beniger	Hans Beniger	Hans Beniger
Anwalt	H. D. Wireman	H. D. Wireman	M. Dittmann	M. Dittmann	M. Dittmann
Direktoren	Fr. Braun	Wm. Bölel	Bed	Bed	Wm. Boetel
	A. C. Hungerbühler	K. Haltermann	Dr. Th. H.C. Gruel	Dr. Th. H.C. Gruel	Dr. Th. H.C. Gruel
	Theo. Leupold	B. Kald	E. Jungmann	E. Jungmann	Adam Knapp
	Fr. Meynen	Kar. Idler	C. Mende	E. Meynen	Geo. C. Newman
	B. Kald	Th. Leupold	B. Bölel	B. Bölel	E. Dömple
	E. Lübecke	Fr. Meynen	K. Haltermann	K. Haltermann	E. Haltermann
	Geo. C. Newman	M. Hot	B. Kald	B. Kald	Rich. Sundig
	Reinh. R. Ledig	E. G. Jungmann	Fr. Meynen	G. C. Newman	Geo. C. Neukauff
	M. Hot	E. Lübecke	B. Braun	B. Braun	John G. Eisele
	E. G. Mende	Geo. C. Newman	M. Hot	M. Hot	Victor Kald
	R. R. Mau	Dr. Th. H.C. Gruel	Th. Leupold	N. Knapp	Fr. Meynen
			G. C. Newman	E. J. Sühnel	Rich. Strohm
Vorsitzende der stehenden Komitees	Dr. E. J. Zegamer	Dr. E. J. Zegamer	Dr. E. J. Zegamer	Dr. E. J. Zegamer	Dr. E. J. Zegamer
	H. D. Wireman	H. D. Wireman	M. Dittmann	M. Dittmann	M. Dittmann
	Gen. L. Wagner	Gen. L. G. Wagner	Dr. L. G. Bauer	Dr. H. W. Vollmer	Dr. Th. H.C. Gruel
	Dr. D. Seidensticker	Dr. D. Seidensticker	Hy. Auer	Henry Auer	Hy. Auer
	Gobfr. Mecbler	R. H. Harjes	M. Morabi	R. Korabi	R. Korabi
	C. F. Rumpp	Wm. Bölel	R. H. Harjes	C. Theo. Eben	C. Olbach
			C. Olbach	C. Olbach	C. Theo. Eben
			C. J. Rybolm	C. J. Rybolm	C. J. Rybolm

Mitglieder des Verwaltungs-Rats für

	1897	1898	1899	1900	1901
Präsident	Louis Wagner	Louis Wagner	Louis Wagner	Dr. C. J. Hexamer	r ..J. Hexamer
Vice-Präsid.	Franz Ehrlich	Franz Ehrlich	Fr. Ehrlich	Fr. Ehrlich	rlich
Sekretär des Ver.-Rats	Georg Doll	Georg Doll	G. A. Schwarz	G. A. Schwarz	Schwarz
Sekretär der Gesellschaft	F. H. Harjes	F. H. Harjes	F. H. Harjes	F. H. Harjes	Harjes
Schatzmeister	A. B. Mayer	A. B. Mayer	A. B. Mayer	A. B. Mayer	Mayer
Anwalt	Hans Weniger	Hans Weniger	Hans Weniger	Hans Weniger	Weniger
Direktoren	M. Dittmann	M. Dittmann	M. Dittmann	M. Dittmann	M. Dittmann
	John Jos. Alter	Wm. Bötel	Wm. Boetel	Wm. Boetel	Heinbelmann
	Dr. Th. H.C.Gruel	John G. Eisele	M. Hoß	Chas. A. Hexamer	Bötel
	Adam Knapp	Victor Kald	Geo. C. Newman	Adam Knapp	Hexamer
	H. Presser	Georg C. Newman	Mathew Schmid	Mathew Schmid	el
	Wm. Bötel	Wm. Braun	John G. Eisele	John G. Eisele	artin Hoß
	C. O. Häuptner	Dr. Th. H.C.Gruel	Victor Kald	M. Hoß	ewen
	Henry Schimpf	C. H. Brede	Chas. Ripka	Chas. Ripka	C. Newman
	John G. Eisele	C. A. Heinbelmann	Rich. Strohm	Rich. Strohm	h Schmid
	Victor Kald	R. Mehnen	C. A. Heinbelmann	C. A. Heinbelmann	Schwemmer
	Geo. C. Newman	Adam Knapp	Adam Knapp	Victor Kald	Strohm
	Rich. Strohm	Rich. Strohm	Henry Schimpf	Henry Schimpf	Karlo
			Robert Karlo	Robert Karlo	
Vorsitzende der stehenden Komitees	Dr. C. J. Hexamer	Dr. C. J. Hexamer	Dr. C. J. Hexamer	Dr. W.H. König	efer
	M. Dittmann	M. Dittmann	M. Dittmann	M. Dittmann	Dittmann
	Dr. Th. H.C.Gruel	Dr. H. H. Freund	Dr. A. G. Bauer	Dr. R. Leser	R. Leser
	Sp. Auer	Sp. Auer	Sp. Auer	Sp. Auer	v. Auer
	R. Korabi	R. Korabi	R. Korabi	R. Korabi	. Korabi
	C. Theo. Eben	C. Theo. Eben	C. Theo. Eben	C. Theo. Eben	Theo Eben
	C. Olbach	C. Olbach	C. Olbach	Victor Angerer	ictor Angerer
	C. J. Ryholm	Jos. C. Baulus	Jos. C. Baulus	A. Wagner	Wagner

Mitglieder des Verwaltungs-Rats für

	1902	1903	1904	1905	1906
Präsident	Dr. C. J. Hexamer	Dr. C. J. Hexamer	Dr. C. J. Hexamer	Dr. C. J. Hexamer	Dr. C. J. Hexamer
Vice-Präsid.	F. Ehrlich	F. Ehrlich	F. Ehrlich	G. A. Schwarz	G. A. Schwarz
	G. A. Schwarz	G. A. Schwarz	G. A. Schwarz	Wm. Boetel	Wm. Boetel
Sekretär des Ver.-Rats	F. H. Harjes	F. H. Harjes	F. H. Harjes	F. H. Harjes	F. H. Harjes
Sekretär der Gesellschaft	A. B. Mayer	A. B. Mayer	A. B. Mayer	A. B. Mayer	A. B. Mayer
Schatzmeister	Hans Weniger	Hans Weniger	Hans Weniger	Hans Weniger	Hans Weniger
Anwalt	M. Dittmann	M. Dittmann	M. Dittmann	M. Dittmann	Frz. Ehrlich jr.
Direktoren	Wm. Boetel	Wm. Boetel	Wm. Boetel	C. A. Braun	C. A. Braun
	C. A. Heinbelmann	C. A. Heinbelmann	C. A. Heinbelmann	F. Ehrlich jr.	O. Frotscher
	C. J. Hexamer	C. J. Hexamer	C. J. Hexamer	C. A. Heinbelmann	Gottl. Dammer
	Hermann Heyl	Hermann Heyl	Hermann Heyl	Dr. C. J. Hexamer	C. A. Heinbelmann
	Martin Hoß	Martin Hoß	Martin Hoß	Herm. Heyl	C. J. Hexamer
	F. Mehnen	G. A. Kirchner	G. A. Kirchner	Mart. Hoß	Herm. Heyl
	Geo. C. Newman	Henry Schimpf	Ch. Schimpf	G. A. Kirchner	Mart. Hoß
	Henry Schimpf	M. Schmid	Ch. Schwemmer	Ch. Schimpf	G. A. Kirchner
	Math. Schmid	Ch. Schwemmer	Frank Sima	Ch. Schwemmer	Ch. Schimpf
	Ch. Schwemmer	Frank Sima	Mich. Strohm	Frank Sima	Ch. Schwemmer
	Mich. Strohm	Mich. Strohm	Rob. Tarlo	Mich. Strohm	Frank Sima
	Rob. Tarlo	Robert Tarlo			Mich. Strohm
Vorsitzende der stehenden Komitees—	F. Lefer	F. Lefer	F. Lefer	F. Lefer	F. Lefer
	M. Dittmann	M. Dittmann	M. Dittmann	M. Dittmann	Frz. Ehrlich jr.
	Dr. W. Lefer	Dr. W. Lefer	Dr. W. Lefer	Dr. W. Ruoff	Dr. Wm. Ruoff
	Max Brückmann	Max Brückmann	Adolph Timm	Adolph Timm	Adolph Timm
	A. Moradi	A. Moradi	A. Moradi	A. Moradi	A. Moradi
	C. Theo. Eben	C. Theo. Eben	C. Theo. Eben	C. Theo. Eben	C. Theo. Eben
	Vict. Augerer	Vict. Augerer	Vict. Augerer	Vict. Augerer	Vict. Augerer
	L. Wagner	L. Wagner	L. Wagner	L. Wagner	Louis Wagner
			C. H. Breitbarth	C. H. Breitbarth	Mich. Strohm
			Prof. M.D. Learned	Prof. M.D. Learned	Prof. M.D. Learned

Mitglieder des Verwaltungs-Rats für

	1907	1908	1909	1910	1911
Präsident	Dr. C. A. Hexamer	Dr. C. A. Hexamer	Dr. C. A. Hexamer	Dr. C. A. Hexamer	Dr. C. A. Hexamer
Vice-Präsid.	G. A. Schwarz	G. A. Schwarz	G. A. Schwarz	G. A. Schwarz	G. A. Schwarz
Sekretär des Ver.-Rats	Arno Leonhardt	Arno Leonhardt	Hh. Schwemmer	Hh. Schwemmer	Hh. Schwemmer
Sekretär der Gesellschaft	F. H. Harjes	F. H. Harjes	F. H. Harjes	Har	F. H. Harjes
Schatzmeister	C. B. Mayer	C. B. Mayer	C. B. Mayer	Ma	C. B. Mayer
Anwalt	Hans Weniger	Hans Weniger	Hans Weniger	We	Hans Weniger
Direktoren	Franz Ehrlich jr.	Fra. Ehrlich jr.	Fra. Ehrlich jr.	Ehrlich jr.	Franz Ehrlich jr.
	C. B. Berger	C. B. Berger	C. B. Berger	Berger	C. B. Berger
	C. F. Braun	C. F. Braun	C. F. Braun	Braun	C. F. Braun
	O. Kroischer	O. Kroischer	O. Kroischer		
	Gottlob Hammer	Gottlob Hammer	Gottlob Hammer	ttlob Hammer	Gottlob Hammer
	A. A. Heinkelmann	A. A. Heinkelmann	A. A. Heinkelmann	A. A. Heinkelmann	A. A. Heinkelmann
	C. A. Hexamer	Herm. Heyl	Herm. Heyl	Hermann Heyl	n Heyl
	Herm. Heyl	Mart. Hotz	Mart. Hotz	Martin Hotz	Martin Hotz
	Martin Hotz	G. A. Kirdner	G. A. Kirdner	Kirdn	G. A. Kirdner
	G. A. Kirdner	Hh. Schimpf	Von C. Peters		John C. Peters
	Hh. Schimpf	Hh. Schwemmer	Schimpf	C.	Henry Schimpf
	Hh. Schwemmer	Frank Eima	Frank Eima	Strohm	Frank Eima
	Frank Eima	Rich. Strohm	Rich. Strohm	Walther	Rich. Strohm
	Rich. Strohm				G. A. Walther
Vorsitzende der stehenden Komitee	Dr. H. Müller	Dr. H. Müller	Dr. H. Müller		Dr. Heinr Müller
	Fra. Ehrlich jr.	Fra. Ehrlich jr.	Franz Ehrlich jr.		Franz Ehrlich jr.
	Dr. Wm. Ruoff	Dr. G. F. Mößler	Dr. G. F. Mößler		Dr. Victor Lefer
	Adolph Timm	Adolph Timm	Adolph Timm	Adolph	Adolph Timm
	C. R. Buch	C. R. Buch	C. R. Buch	C. R. Buch	C. R. Buch
	C. Theo. Eben	C. Theo. Eben	C. Theo. Eben	Eb. Buchholz	Eb. Buchholz
	Bict. Angerer	Bict. Angerer		Victor Angerer	Victor Angerer
	L. Wagner	L. Wagner	Louis	Louis	Louis Wagner
	Rich. Strohm	Rich. Strohm	Rich.		Richard Strohm
	Prof. Dr. Learned	Prof. D. Learned	Prof. Dr. Learn	Prof. Learned	Prof. Dr. Learned

Mitglieder des Verwaltungs-Rats für

	1912	1913	1914	1915	1916	1917
Präsident	Dr. T. J. Hexamer	Dr. T. J. Hexamer	Dr. T. J. Hexamer	Dr. T. J. Hexamer	Dr. T. J. Hexamer	John B. Mayer
Vice-Präsid.	C. A. Schwarz	C. A. Schwarz	C. A. Schwarz	C. A. Schwarz	C. A. Schwarz	C. A. Schwarz
Sekretär des Ver.-Rats	Hn. Schwemmer	J. A. Heinzelmann	J. A. Heinzelmann	J. A. Heinzelmann	Franz Ehrlich jr.	Franz Ehrlich jr.
Sekretär der Gesellschaft	F. H. Harjes	F. H. Harjes	F. H. Harjes	F. H. Harjes	F. H. Harjes	F. H. Harjes
Schatzmeister						Pastor G.
Anwalt						
Direktoren	J. B. Mayer	J. B. Mayer	J. B. Mayer	J. B. Mayer	J. B. Mayer	Hermann Heyl
	Hans Beniger	Hans Beniger	Hans Beniger	Hermann Heyl	Hermann Heyl	Louis R. Schad
	Fra. Ehrlich jr.	Fra. Ehrlich jr.	Franz Ehrlich jr.	Fra. Ehrlich jr.	Louis R. Schad	Carl B. Berger
	C. B. Berger	C. B. Berger	C. B. Berger	C. B. Berger	C. B. Berger	Conrad
	C. J. Braun	C. J. Braun	C. J. Braun	C. J. Braun	C. J. Braun	Gottlieb
	Gottl. Hammer	Gottlob Hammer	Gottlob Hammer	Gottlob Hammer	Gottlob Hammer	A. Farenwald
	J. A. Heinzelmann	Hermann Heyl	Hermann Heyl	A. Farenwald	Martin Hotz	Felix Haar
	Hermann Heyl	Martin Hotz	Martin Hotz	Martin Hotz	A. Farenwald	Gottlob Ham
	Martin Hotz	G. A. Kirchner	G. A. Kirchner	G. A. Kirchner	G. A. Kirchner	
	G. A. Kirchner	Adolph Newman	E. Michelbach	E. Michelbach	E. Michelbach	
	John C. Peters	John C. Peters	Arno B. Morwitz	Adolph Newman	Adolph Newman	Harry Müngel
	Henry Schimpf	Henry Schimpf	Adolph Newman	John C. Peters	John C. Peters	Emil Michelbach
	Frank Sima	Frank Sima	John C. Peters	Louis H. Schmidt	Louis H. Schmidt	Adolph Newman
	Rich. Strohm	Rich. Strohm	Ph. Schimpf	Frank Sima	Frank Sima	J. Otto Schwerger
	G. A. Walther	G. A. Walther	Frank Sima			
Vorsitzende der stehenden Komitees	Dr. Heinr. Müller	Dr.D.B. Thumbach	Dr. D.B. Thumbach	Dr. D.B. Thumbach	Dr.D.B. Thumbach	Dr.D.B. Thumbach
	Franz Ehrlich jr.	Franz Ehrlich jr.	Franz Ehrlich	Franz Ehrlich jr.	L. B. Schad	Louis B. Schad
	Dr. Victor Leser	Dr John A. Fischer	Dr. John A.F.	Dr. J. A. Fischer	Dr. J. A. Fischer	Dr. J. A. Fischer
	Adolph Timm	Adolph Timm		Adolph Timm	Adolph Timm	Adolph Timm
	C. B. Buch	C. B. Buch		Rev Geo. v. Bosse		Rev. A. v. Bosse
	Ed. Buchholz	Ed. Buchholz	Ed. Buchholz	Ed Buchholz	Rev.E.C.Wetzenthin	Rev. E. C. Wetzenthin
	Victor Ungerer	Victor Ungerer		Vict. Ungerer	Victor Ungerer	Rev. E. Wetzenthin
	Louis Wagner	Louis Wagner		Jos. C. Paulus	Jos. C. Paulus	Frank Sima
	Rich. Strohm	Rich. Strohm	Herm. Heyl	Hermann Heyl	Hermann Heyl	Prof. C. Paulus
	Prof. Dr. Learned	Prof. Dr. Learned	Prof. Dr. Learned	Prof. Dr. Learned	Prof.M.D. Learned	Prof.M.D. Learned

Biographische Notizen

über die

Beamten der Deutschen Gesellschaft.

————— :: —————

Vorbemerkung. — Die größere oder geringere Ausdeh-
nung dieser Biographien ist hauptsächlich durch das zustehende Material bedingt gewesen. Die Schwierigkeit, dieses zu beschaffen, war
größer, als man hätte erwarten können. Oft zeigte es sich,
daß über Männer, die vor einem Menschenalter in großem
Ansehen standen, kaum weitere Auskunft, als die in den Protokollen enthaltene, zu erlangen war. Ja selbst Angehörige,
welche um Auskunft ersucht wurden, antworteten trotz mehrfacher
Anfragen überhaupt nicht, oder vermochten keine biographischen Angaben' zu machen. In vielen Fäller wurden Mitteilungen in Aussicht gestellt, aber sie waren offenbar in Briefen abgesandt worden,
die uns nicht erreichten. Das erklärt die vorhandenen, allerdings
nicht zahlreichen Lücken in diesen biographischen Notizen. Es war
anfangs die Absicht, auch Andere als die Beamten und Vorsitzer der
einzelnen Ausschüsse zu berücksichtigen, aber da sich bei der Ueber-
schreitung dieses Kreises keine Grenzlinie finden ließ, die nicht will-
kürlich gewesen wäre, und das Datensammeln ohnehin eine mühevolle, wenig lohnende Arbeit ist, so sind, mit wenigen Ausnahmen,
die bezeichneten Schranken eingehalten worden.

Ackermann, Robert W., Mitglied 1873, geboren am 10. Februar
1823 in Elterlein im Königreich Sachsen. In Amerika landete er am
1. Mai 1849. Er war Pianomacher von Beruf. Im Jahre 1873
wurde er Agent der Deutschen Gesellschaft und bekleidete das Amt bis
zum Oktober 1884. Sekretär der Deutschen Hospital-Gesellschaft
war er in der Zeit, als das Krankenhaus sich noch an 20. und Norris
Straße befand. Er war 1871 Meister der Hermann-Loge. Außerdem war er Ober-Groß-Barde der Groß-Loge des Unabhängigen
Ordens der Harugari. Er starb am 28. September 1885.

Alter, John J., geboren am 30. Dezember 1850 als Sohn deutscher Eltern in Philadelphia. Alter, der eine gute Erziehung genossen hatte, arbeitete unermüdlich an seiner Weiterbildung und brachte es vom Buchhalter bis zum Präsidenten der Bergdoll Brewing Co. Sein gemeinnütziger Sinn, seine Liberalität, besonders aber seine Bereitwilligkeit, deutsche Bestrebungen mit Rat und Tat jederzeit auf das eifrigste zu unterstützen, erwarben ihm viele Freunde. Er war einer jener Männer, die sich ihrer deutschen Herkunft rühmten und stolz waren, die Sprache der Mutter sprechen zu können. Als Mitglied, das er im Jahre 1885 wurde, sowie auch als Direktor, welches Ehrenamt er im Jahre 1897 bekleidete, wirkte John Alter bis zu seinem am 5. August 1905 eingetretenen Tode unermüdlich und eifrig im Interesse der Deutschen Gesellschaft, der er, sowie später seine Witwe, häufig größere Summen, namentlich für die Weihnachtsbescheerungen für arme Familien, überwiesen.

Angerer, Victor, geboren am 4. Juni 1861 in Wien, Niederösterreich, kam im Jahre 1878 nach Amerika, wo er sich in Philadelphia niederließ. Herr Angerer gehört der Deutschen Gesellschaft seit dem Jahre 1894 als Mitglied an und war von der Zeit seines Beitrittes bis zum Jahre 1901 als Mitglied des Bibliotheks-Komitees tätig. Im Jahre 1902 stand er an der Spitze des Komitees, das die Vorarbeiten für den Umbau der Halle der Deutschen Gesellschaft erledigte, und leitete auch denselben. In Anerkennung seines unermüdlichen, uneigennützigen Wirkens erhielt Herr Angerer von der Deutschen Gesellschaft ein Anerkennungs-Diplom. Bis 1917 wirkte er als Vorsitzender des Haus-Komitees; es obliegt diesem die Aufsicht über die Instandhaltung der Halle.

Auer, Heinrich, Mitglied 1872, Sekretär des Verwaltungsrats 1891—1893, Vorsitzer des Schulkomitees von 1894—1901, geboren am 22. Juni 1840 in Fürth, Bayern, Goldschläger von Beruf, kam 1870 nach Amerika, etablierte sich in Philadelphia, schloß sich der Deutschen Gesellschaft und der Philadelphia Turngemeinde an, deren erster Sprecher er von 1891 bis 1896 war, nachdem er längere Zeit das Amt des Schriftwarts bekleidet hatte. Im Jahre 1900 war er Festpräsident des in Philadelphia abgehaltenen Bundes-Turnfestes. Er starb am 25. Februar 1901 am Typhus; am 1. März fand in der Halle der Turngemeinde eine ergreifende Trauerfeier statt. Der Verwaltungsrat der Deutschen Gesellschaft faßte Beileids-Beschlüsse, in welchen es heißt: „Die Gesellschaft beklagt den Heimgang eines bewährten, braven Mannes; stets eifrig und selbstlos bestrebt für ihre Wohlfahrt und besonders verdient um sie durch sein reges Interesse für die Abendschule. Der Vorstand bedauert tief und aufrichtig den Verlust eines lieben, geachteten Mitarbeiters; männlich und gerad' in seinem Auftreten, Denken und Handeln — bieder im Charakter — treu und gewissenhaft in der Erfüllung seiner Pflicht — so wird sein Andenken dauernd erhalten bleiben in den Herzen seiner Kollegen."

Bachmann, Ernst Friedrich, Mitglied 1906, Vorsitzer des Archiv-Ausschusses 1917. Er wurde im Jahre 1870 in Witten, Westphalen, geboren als Sohn der Bürgersleute Ernst Bachmann und Helene, geb. Naumann. Am 4. August 1881 kam die Familie nach Amerika und ließ sich in Troy, N. Y., nieder, wo Ernst Friedrich die Volksschule besuchte. Im September 1884 bezog er das Wagner-College in Rochester, N. Y., um sich auf das theologische Studium vorzubereiten, und trat fünf Jahre später in das Seminar in Mt. Airy, Philadelphia, ein. Vom Ministerium in New York ordiniert, wurde er am 3. Juli 1892 als Pastor der eben gegründeten ev.-luth. Concordia-Gemeinde in Buffalo, N. Y., eingeführt, die sich erfreulich entwickelte und in 1903 ein neues Gotteshaus erbaute. Zu Ostern des folgenden Jahres erhielt er einen Ruf als Pastor und Leiter des Mary J. Drexel Heims und Philadelphia Diakonissen-Mutterhauses, den er aber mit Rücksicht auf seine Gemeinde ablehnte. Dem zwei Jahre später erneuten Ruf konnte er jedoch Folge leisten und trat sein Amt als Diakonissenpfarrer am 4. August 1906 an, das ihn schon im nächsten Sommer zu einer längeren Reise nach Deutschland führte, begleitet von seiner Gattin, der ältesten Tochter des verstorbenen Pastors J. Brezing, derzeitigen Pfarrers der St. Johannes-Gemeinde.

Bayersdoerfer, Moses M., Mitglied 1865, Direktor 1879 bis 1881. Er war am 4. November 1825 in Forchheim in Bayern geboren. Als 18jähriger kam er nach Amerika. Nach kurzem Aufenthalt in Kentucky machte er sich in Philadelphia ansäßig. Er fabrizierte als Erster Papier für photographische Aufnahmen, das sogenannte Albumin. Später gründete er eine Fabrik künstlicher Blumen, verbunden mit einem bedeutenden Importgeschäft. Er kreuzte 78 Mal den Ozean, um Einkäufe zu machen. Das von ihm gegründete Geschäft besteht heute noch unter dem Namen Harry Bayersdorfer & Co.

Er starb am 21. November 1896. Er spielte in Freimaurer-Kreisen eine große Rolle und war Meister der Humboldt-Loge im Jahre 1871, sowie lange Jahre Repräsentant bei der Groß-Loge von Pennsylvanien.

Bauer, Louis Gustav, Doctor Medicinae, geboren in Kocherssteinsfeld, Württemberg, im Jahre 1846, kam im Jahre 1860 nach Absolvierung seiner Studien nach Amerika, wo er sich in Philadelphia niederließ. Er trat der Deutschen Gesellschaft als Mitglied bei und bekleidete verschiedene Ehrenämter, wie das Amt eines Vorsitzenden des ärztlichen Ausschusses u. s. w. Dr. Bauer war einer der angesehensten deutschen Aerzte Philadelphias und tat als solcher, besonders aber als Arzt der Deutschen Gesellschaft, viel Gutes. Er nahm an deutschen Bestrebungen und Veranstaltungen den regsten Anteil und spielte im Vereinsleben eine hervorragende Rolle. Er gehörte unter anderem mehreren Logen als Mitglied an. Dr. Bauer verschied im Jahre 1910.

Beck, Charles, geboren im Jahre 1837 in Amerika als Sohn deutscher Eltern, die aus Hettesheim bei Kreuznach, Rheinpfalz, nach Amerika einwanderten. Er kam im Jahre 1860 nach Philadelphia, wo er eine Buntpapier- und Maschinenfabrik und Handlung gründete, die gegenwärtig noch in No. 609 Chestnut Str. besteht. Herr Beck gehörte der Deutschen Gesellschaft von Pennsylvanien als Mitglied an und bekleidete unter anderem längere Zeit das Amt eines Direktors. Deutsche Veranstaltungen jeder Art fanden in Herrn Beck allezeit einen eifrigen Förderer, der mit Eifer und Hingabe im Interesse des Deutschtums in seinem Geburtslande arbeitete.

Becker (Baker), Georg Adam; Vize-Präsident 1801—1807, Präsident 1808—1816, geb. in Germantown am 27. Juli 1736, gest. den 8. Dezember 1816. Er war der Sohn des Lehrers an der Germantown Akademie, Hilarius Becker (geb. 1705 in Bernheim bei Frankfurt, gest. 23. Juni 1783); betrieb um 1786 einen Handel mit Weinen, Spezereien, Salz, Thee, Papier, Schuhen, Gläsern, Töpfen, Getreide u. s. w. bei der Fähre an der Archstraße, war später Conveyancer (N.-O. Ecke der Vierten und Cherry Str.), Mitglied des Stadtrates 1801—1803, Schatzmeister der Stadt 1802—3, 1807—9, 1811—13. In seinem Aeußern blieb er den

alten Sitten treu, trug Kniehofen, seidene Strümpfe, Schnallen-
schuhe, Zopf und gepudertes Haar. Er war ein allgemein bekannter
und geachteter Mann; Großsekretär der Freimaurer. Das Ehrengeleit, das ihm die Freimaurer bei seinem Begräbnis gaben, war
sehr imposant und verursachte viel Aufsehen. Er hinterließ drei
Söhne, J. Hilary (geb. 1779, gest. 1852), John Louis (geb. 1781,
gest. 1847), und Georg Adam (geb. 1783, gest. 1823), sowie mehrere Töchter.

Becker (Baker), Hilary, ein Bruder des vorigen, Anwalt der
Gesellschaft 1786, Vize-Präsident 1798, war 1779 Clerk am Ge-
richt der Quarter Sessions, 1787 Mitglied der Pennsylvanischen
Konvention zur Entwerfung einer Verfassung, trieb in der Market,
zwischen der 2. und 3. Straße, einen Handel mit Eisenwaren, Oel,
Teer, Zucker, Rum, Wein u. s. w. und beschäftigte sich zu gleicher
Zeit mit der Abfassung von Kaufbriefen, Lehrbriefen und anderen
gesetzlichen Instrumenten in deutscher und englischer Sprache; war
Alderman 1789—1796, Mayor der Stadt Philadelphia 1796 bis
1798. Er starb 1798 am gelben Fieber und wurde auf dem Kirchhofe der Zionskirche, in der Achten Straße über der Race Straße,
begraben.

Becker, Christoph, Sekretär 1783—86, war Conveyancer und
hatte sein Geschäft (1785) an der Ecke der Zweiten und Vine Straße.
Wahrscheinlich 1793 gestorben.

Becker, Christoph, Sekretär 1783—86, war Conveyancer und
hatte sein Geschäft (1785) an der Ecke der 2. und Vine Str. Wahrscheinlich im Jahre 1793 gestorben.

Beckhaus, Joseph, Mitglied 1868, Direktor 1884. Er war am 21.
September 1811 in Erbach am Rhein geboren. Im Jahre 1849 kam
er nach Amerika. Seine Eltern blieben in der alten Heimat. Nachdem er in Bridgeport, Conn., beschäftigt gewesen war, kam er im
Jahre 1853 nach Philadelphia und gründete eine Wagenfabrik,
welche zu einem bedeutenden Betrieb sich ausgestaltete. Er zog sich
im Jahre 1880 vom Geschäft zurück. Er gehörte viele Jahre der
Deutschen Hospital-Gesellschaft als Direktor an und nahm lebhaften
Anteil an dessen Gedeihen. Er starb im März 1889.

Benkert, Caspar, Mitglied 1863, Direktor 1875—1877, 1879
und 1881. Er betrieb in der Chestnut Straße einen Schuhladen, der

fich besonders der Kundschaft der wohlhabenden Klasse erfreute. Er starb im Februar 1881. Der Verwaltungsrat ehrte sein Andenken durch Beileidsbeschlüsse, welche seinen Verdiensten um die Gesellschaft und seinem biederen Charakter das beste Zeugnis ausstellten.

Berger, Carl P., Architekt, geboren am 15. Juni 1873 in Philadelphia als Sohn des Dekorations- und Theatermalers Carl Berger aus Breslau. Widmete sich schon frühzeitig seinem jetzigen Beruf. Er nahm an bedeutenden Bauten in Philadelphia hervorragenden Anteil. Er gehört der Deutschen Gesellschaft seit dem Jahre 1902 als Mitglied an, bekleidete von 1906 bis 1908 das Amt eines Armenpflegers und gehört dem Verwaltungsrat an. Ganz besonders trat Herr Berger dadurch in den Vordergrund, daß er die Pläne für das neue deutsche Theater entwarf und als Architekt der „German Theatre Realty Co." der deutschen Schauspielkunst ein Heim in Philadelphia errichtete, das leider nur zu bald verödete. Herr Berger leitete unter anderem auch den Hallenumbau des Gebäudes der Deutschen Gesellschaft, den Bau der Sängerfest-Halle in 1912 und der Liederkranzhalle. Er bekleidete das Amt eines Mitglieds des Verwaltungsrates der German Theatre Realty Co. Herr Berger verkehrt vornehmlich in deutschen Kreisen und ist Mitglied des „Männerchor", des „Junger Männerchor", des Cannstatter Volksfestvereins, des „Liederkranz" und mehrerer anderer deutschen Vereine. Um die im Jahre 1913 begonnene Agitation zur Werbung neuer Mitglieder für die Deutsche Gesellschaft hat er sich besondere Verdienste erworben.

Berges, Jacob, Mitglied 1867, Direktor 1879. Er war zu Anraff im Fürstentum Waldeck am 23. April 1819 geboren. Er erlernte die Färberei in Barmen, zog als Handwerksbursch durch Sachsen und Oesterreich und kam anfangs des Jahres 1849 nach Philadelphia. Zwei Jahre später gründete er eine eigene Färberei. Im Jahre 1877 zog sich Herr Berges vom Geschäft zurück, dessen Führung er seinem Schwager, Herrn Carl Herbst, und seinen Söhnen überließ. Er starb am 24. August 1885 in seiner Sommerwohnung in Atlantic City. Er war einer der Gründer der National Security Bank und einer der Direktoren der Deutschen Hospital-Gesellschaft.

Bernt, Josef, Dr., geboren im Jahre 1841 in Wien. Kam im Jahre 1871 nach Amerika, wo er sich in Philadelphia niederließ und

sich der Journalistik zuwandte. Im Jahre 1876 trat er der Deut-
schen Gesellschaft als Mitglied bei und wurde im Jahre 1880 in den
Direktorenrat gewählt. Vom Jahre 1881 bis 1895 bekleidete er
das Amt eines Sekretärs und wurde im Jahre 1896 Agent der
Deutschen Gesellschaft, welches verantwortungsvolle und arbeitsreiche
Amt er bis zum 29. August 1916, seinem Todestage, inne hatte.
Dr. Bernt wirkte 24 Jahre lang als Redakteur am „Philadelphia
Volksblatt" und stand als solcher inmitten der deutschen Bewegung,
an der er stets innigen Anteil genommen hatte. Das Direktorium
der Gesellschaft widmete dem dahingeschiedenen treuen Beamten einen
ehrenden Nachruf; Dr. Heramer hielt beim Begräbnis die Leichenrede.

Blankenburg, Rudolph, geboren im Jahre 1843 in Lippe-Det-
mold, kam am 1. März 1865 nach Amerika, wo er einige Jahre
später in Philadelphia ein eigenes Seide-Importgeschäft gründete.
Blankenburgs Name ist mit der Politik Philadelphias auf das innigste verknüpft. Er leistete auf diesem Gebiete Hervorragendes und
erwarb sich um die Reinigung und Säuberung des politischen Lebens der Stadt Verdienste. Rudolph Blankenburg gehört der Deutschen Gesellschaft von Pennsylvanien seit 1877 als Mitglied an,
wurde 1878 Direktor, fungierte als solcher 1885, 1886, 1887
und bekleidete in den Jahren 1891 bis 1893 incl. das Amt des
Präsidenten. Blankenburg erreichte den Gipfel seiner politischen
Laufbahn, als er im Jahre 1911 auf vier Jahre zum Mayor der
Stadt Philadelphia gewählt wurde. Rudolph Blankenburg ist
lebenslängliches Mitglied der Deutschen Gesellschaft. Während
seiner Präsidentschaft, und zwar anfangs des Jahres 1892, begab sich
Herr Rudolph Blankenburg nach Rußland, um im Namen der Stadt
Philadelphia Nahrungsmittel und andere Bedarfsartikel den von
einer Hungersnot Heimgesuchten zu überbringen. Als er Ende Mai
zurückkehrte, fand er seine einzige Tochter dem Sterben nahe. Er
kam von seiner im Interesse der Humanität ausgeführten Mission
noch rechtzeitig zurück, um ihr die Augen zuzudrücken.

Boecker, Conrad L., geboren am 13. Februar 1849 in Hannover,
Provinz Hannover. Kam am 6. August 1865 nach Amerika und ließ
sich im gleichen Jahre in Philadelphia nieder. Herr Boecker ist seit
vielen Jahren eine der bekanntesten Gestalten des Deutschtums der
Quakerstadt und gehört der Deutschen Gesellschaft seit dem Jahre
1904 als Mitglied an. Das Ehrenamt eines Direktors bekleidet

Herr Boecker seit dem Jahre 1914. Seit nahezu 50 Jahren ist Herr Boecker Mitglied der Philadelphia Turngemeinde. Er ist Mitglied des Deutschamerikanischen Nationalbundes seit der Gründung desselben. Alle Bewegungen und Veranstaltungen deutschen Charakters fanden in Herrn Boecker einen tätigen Förderer, der stets, wenn es galt, für Freiheit und Recht einzutreten, in den vordersten Reihen jener Männer stand, die unermüdlich deutsche Bestrebungen unterstützten.

Boekel, William, geboren am 1. Oktober 1825 in Göppingen, Württemberg, kam im Jahre 1848 nach Amerika und ließ sich in Philadelphia nieder, wo er in der Metallwarenfabrik von Cornelius & Baker Anstellung fand. Nachdem er längere Zeit in diesem Etablissement tätig war, machte sich Boekel selbstständig und brachte die von ihm gegründete und geleitete Firma Wm. Boekel & Co. zur Blüte. Herr Boekel, der stets an deutschen Angelegenheiten den regsten Anteil nahm, trat im Jahre 1860 der Deutschen Gesellschaft als Mitglied bei und war 1890—1891 und 1893—1904 Direktor. Auch fungierte er in den Jahren 1905 und 1906 als 2. Vize-Präsident der Gesellschaft. Herr Boekel gehörte zu den Gründern der Philadelphia Turngemeinde, deren treues Mitglied er bis zu seinem Lebensende war. Er starb im Jahre 1906.

Bohlen, Henry, Vize-Präsident der Deutschen Gesellschaft von 1843 bis 1846, wurde den 12. Oktober 1810 in Bremen geboren, während seine in Philadelphia domizilierten Eltern auf einer europäischen Vergnügungsreise begriffen waren. Sein Vater war Bohl Bohlen, der Gründer des wohlberufenen Handelshauses B. & J. Bohlen. Auch der Sohn widmete sich dem Kaufmannsstande, zeigte dabei aber von früh auf eine entschiedene Neigung für das Militärwesen, wie er denn auch in Deutschland eine Kriegsschule besuchte. Im Jahre 1831 erhielt er auf Lafayette's Empfehlung die Stelle eines aide de camp in General Gerard's Stabe und nahm unter diesem an der Belagerung von Antwerpen Teil. Im nächsten Jahre kehrte er nach Philadelphia zurück, heiratete die älteste Tochter des Herrn J. J. Borie und trat in das von seinem Vater gegründete Geschäft, das später unter der Firma Henry Bohlen & Co. seiner Leitung anheimfiel.

Er entsagte auch jetzt nicht seiner Passion für Wehrhaftigkeit und schuf sich selbst die Gelegenheit, sie zu befriedigen. Es hatte sich in 1836 in Philadelphia eine Miliz-Kompagnie, die Washington Guards, gebildet, deren Hauptmann der aus der Ludwigsburger Militärverschwörung bekannte Ernst Ludwig Koseritz war.

Herr H. Bohlen war beim Exerzieren der Washington Guards nicht selten ein Zuschauer, zuweilen zu Fuß, zuweilen zu Pferde. Bei seiner Freigebigkeit und Lust zur Sache ward es ihm ein Leichtes, eine zweite Kompagnie zu sammeln, die ein Musikkorps von 32 Mann hatte und — auf Bohlen's Kosten — stattlich ausstaffiert war. Der alte Feldwebel Leh, der Mitverschwörer von Koseritz, war der Exerziermeister, Bohlen der Kapitän. Es war ein munteres Völkchen, und die, welche dabei waren, bewahrten manche heitere Geschichte im Gedächtnis, wie z. B. die Sonntags-Parade in Wilmington. Die steifen Quäker waren über das unerschrockene und ungenierte Treiben der deutschen Garden mit Musik und Tambour-Major nicht wenig verwundert; aber Bohlen's savoir faire beschwichtigte die empörten Gemüter, sodaß am Ende der Mayor der Stadt, statt den nächsten Tag die wilde Schar in Verhaft zu nehmen, mit ihr zu einem friedlichen und fröhlichen Bankett niedersaß.

Das Spiel vertauschte H. Bohlen mit dem Ernst der Waffen, als der Krieg mit Mexiko ausbrach. Während der Kampagne befand sich Bohlen im Stabe des mit ihm befreundeten Generals Worth und nahm an vielen Schlachten, sowie an dem feierlichen Einzuge in die eroberte Hauptstadt Mexiko Teil. Nach dem Friedensschluß kehrte er ins ruhige Geschäftsleben zurück.

Er hielt sich mit seiner Familie gerade in Europa auf, als der Krieg gegen Rußland erklärt wurde. Auch dieser Versuchung, großer, gewaltiger Kriegstaten Zeuge und Teilnehmer zu sein, widerstand er nicht. Sich der französischen Armee anschließend, machte er die Hauptschlachten in der Krim, sowie die Belagerung von Sebastopol mit. Als diese Feste erstürmt und übergeben war, kehrte er zu seiner Familie in Holland zurück und genoß eine kurze Zeit der Ruhe und des häuslichen Glückes. Da kam die Nachricht, daß der Süden den Kampf gegen die Union aufgenommen, und Fort Sumter zur Uebergabe gezwungen habe. Sogleich schiffte sich H. Bohlen ein, um dem Vaterlande seine Dienste und sein Leben zu Gebote zu stellen. Nachdem er vom Kriegsministerium die Erlaubnis erhalten, organisierte er in Philadelphia ein deutsches Regiment, (das 75ste der Pennsylvanischen Freiwilligen); mit gewohnter

Liberalität deckte er alle Rekrutierungs-Kosten aus eigener Tasche. Am 27. September 1861 ging das Regiment nach Washington ab, im Oktober erhielt Bohlen den Befehl über die dritte Brigade in General Blenker's Division und im April des nächsten Jahres die Ernennung zum Brigade-General der Freiwilligen. In der Schlacht bei Croß Keys zeichnete er sich rühmlichst aus. Bis dahin hatte ihn das Glück bei allen Begegnungen mit dem Feinde begünstigt; er hatte nie eine Wunde erhalten; aber bei dem nächsten Treffen durchbohrte eine feindliche Kugel seine Brust. Es war dies am Rappahannock, den er am 22. August überschritt, um zu rekognoszieren. Seine Brigade wurde von vier feindlichen Regimentern mit einem mörderischen Feuer empfangen; während er die Seinigen zum Angriff führte, fiel er tödlich getroffen.

Wir können diese kleine Skizze nicht passender schließen, als mit den Versen, die wir dem „Gesangbuch für Col. H. Bohlen's Regiment, Philadelphia 1861" entnehmen:

Und opferst du dich auch, wohlan!
Vergebens stirbt kein Ehrenmann.

Bosse, Georg von, Pastor, geboren am 3. November 1862 in Helmstedt, Herzogtum Braunschweig. Besuchte in Braunschweig und Blankenburg am Harz das Gymnasium, um sich schließlich dem Studium der Theologie zuzuwenden. Im Jahre 1889 kam Pastor von Bosse nach Amerika, wo er einen Ruf als Hilfsgeistlicher an die St. Paulus-Kirche, Philadelphia, annahm. Dann war er in Egg Harbor City, N. J., Harrisburg, Pa., und Liverpool, N. Y., tätig. Drei Jahre lang wirkte Pastor von Bosse ferner als Superintendent eines Waisenhauses in Buffalo. Im Jahre 1905 folgte er einem Rufe als Pastor an die St. Paulus-Gemeinde in Philadelphia, wo er der Nachfolger des Pastors Wischan wurde. Seit 1906 gehört Pastor von Bosse der Gesellschaft als Mitglied an, war Mitglied des Schulausschusses und bis 1917 Vorsitzender des Archiv-Ausschusses. Pastor von Bosse ist in deutschen Kreisen eine bekannte Persönlichkeit und hat bei zahlreichen Gelegenheiten eine hervorragende Rolle gespielt. In Wort und Schrift tritt er für deutsche Interessen und Ideale ein. Pastor von Bosse genießt auch den Ruf eines hervorragenden deutschamerikanischen Schriftstellers. Seine bedeutendsten Werke sind „Das deutsche Element in den Vereinigten Staaten" (preisgekrönt), „Das heutige Deutschtum

in den Vereinigten Staaten", „Karl Schurz, Deutschlands beste
Gabe an Amerika" und andere mehr. Bei öffentlichen Ereignissen
trat Pastor von Bosse oft in hervorragender Weise in den Vordergrund. So hielt er bei der Grundsteinlegung zum Pastoriusdenk-
mal in Germantown die Festrede. · Auch hielt er die deutsche Festrede
bei der Feier des 150. Jubiläums der Deutschen Gesellschaft am 27.
Dezember 1914. Im Jahre 1917 wurde er Sekretär der Deutschen
Gesellschaft.

Braun, Karl J., geboren am 27. Dezember 1846 in Michel-
stadt bei Darmstadt, kam im Jahre 1867 nach Amerika, wo er sich
in Philadelphia ansässig machte. Er war Besitzer einer großen Ger-
berei und Fabrikant von Lohleder. Im Jahre 1895 trat Herr Braun
der Deutschen Gesellschaft als Mitglied bei, war lange Jahre Armenpfleger und gehörte dem Direktorium derselben an. Herr Braun wirkte
eifrig für die Deutsche Gesellschaft, obwohl er bei großen Veranstaltungen nur selten in die Oeffentlichkeit trat. Er zog ein Wirken im Stillen vor, welches aber umso erfolgreicher war. Herr Braun
zählte zu den angesehensten Mitgliedern der Gesellschaft. Er starb
im März 1916. Der Vorstand faßte tiefempfundene Beileidsbeschlüsse.

Brede, Karl Friedrich, geboren in London, England, den 26. Mai
1857 von deutschen Eltern. Nach dem frühen Ableben der Eltern
im Hause des Onkels, Oberlands-gerichtsrat Wedekind im Großherzogtum Baden, erzogen. Kam 1871 nach Detroit, Mich., zu einem
Bruder des Vaters, Jacob Brede. Mit guter deutscher Gymnasial-
bildung ausgestattet, wurde er 1877 in Haverford College, Pa.,
zugelassen, graduierte 1880 mit A. B. und erhielt einige Jahre
später das A. M., wählte die Lehrerlaufbahn, unterrichtete bis 1888
in Baltimore, Md., und setzte zu gleicher Zeit seine Studien an der
Johns Hopkins Universität fort. War Professor der alten und neuen
Sprachen an der Friends' School, Germantown, von 1888—1898.
Von 1890—1900 Ersatz-Professor der neuen Sprachen am Pennsyl-
bania College, Gettysburg, Pa. Während der folgenden fünf Jahre
widmete er sich dem Studium der Germanischen und Romanischen
Philologie an der Universität von Pennsylvanien und unterrichtete
zur gleichen Zeit im französischen Departement der Universität. Seit
1905 ist er tätig an der Northeast High School, Philadelphia, als
Professor der deutschen Sprache. Auch tätig an Sommerschulen,

besonders vor 1900 als Professor der deutschen Sprache an der Law-
rence Sommer-Schule in Amherst, Mass.; Burlington, Vt. und
Rockford, Ill. Mitglied der Deutschen Gesellschaft von Pennsylvanien
seit 1892, Mitglied des Bibliothek-Komitees seit 1897 und Sekretär
dieses Komitees seit 1902.

Verschiedene Vorträge über deutsche Kultur und Literatur, unter
anderm Vortrag im Hörsaal der Deutschen Gesellschaft. Mitglied der
Conestoga-Expedition im Sommer 1892; veröffentlichte mehrere Artikel in „German American Annals", darunter in der Schiller-Num-
mer 1905 „Schiller on the Philadelphia Stage" und veröffentlicht
gegenwärtig ein größeres Werk „German Drama in English on the
Philadelphia Stage", das seit 1912 in den „German American Annals" erscheint. Mitglied vieler wissenschaftlichen Gesellschaften:
American Academy of Political and Social Science, Modern Language Association of America, National Geographical Society,
Schoolmen's Club of Philadelphia, American Scandinavian Found-
ation, etc.

Bremer, Ludwig, Schatzmeister von 1858—1864, wurde den
8. Oktober 1797 in Wetzlar geboren und starb im Mai 1866 in Philadelphia. Die Kriegsläufte zu Anfang des Jahrhunderts veranlaßten
ihn und seinen Bruder zur Auswanderung. Anfangs beschäftigten
sie sich in der Nachbarschaft von Philadelphia mit Landbau, später
erlernte Ludwig Bremer das Tabaksgeschäft, das er seit seinem
30. Jahre auf eigene Rechnung betrieb und seinen Söhnen in blühen-
dem Zustande hinterließ. Von seinem 17. Jahre an war er Mitglied der Zions- und Michaeliskirche, gehörte auch 30 Jahre zum
Kirchenrate, war mehrere Jahre Vorsitzer der Trustees, auch Präsident des Waisenhauses in Germantown seit der Gründung desselben
bis zu seinem Tode.

Brückmann, Max, geboren am 20. Januar 1844 in Cassel.
Kam im Jahre 1861 nach Philadelphia und ließ sich hier nieder, wo
er später ein Juweliergeschäft gründete. Seit dem Jahre 1881 gehört Herr Brückmann der Deutschen Gesellschaft als Mitglied an und
war im Jahre 1902 und 1903 Vorsitzer des Schulkomitees derselben.
Brückmann war eine bekannte Gestalt im deutschen Leben Philadelphias. Als Ehrenmitglied und ehemaliger Präsident des Männerchors gehörte Herr Brückmann zu den ältesten Sängern der Stadt

und konnte als solcher am 4. April 1914 sein 50jähriges Jubiläum als Mitglied des Männerchors begehen. Herr Brückmann erwies sich stets als eifriger Förderer aller deutschen Bestrebungen und stand wiederholt bei feierlichen Anlässen im Vordergrund des Interesses. So gehörte er dem Finanz-Komitee für das Goethe-Monument an, wie er auch Mitglied des Finanz-Komitees für die Schiller-Feier und das Schillerdenkmal war.

Buchholz, Eduard, geboren am 21. Juni 1843 in Ludenscheidt, Kreis Altena in Westfalen,, kam am 29. März 1864 nach Amerika, seit welcher Zeit er auch in Philadelphia ansässig ist. Er betrieb eine Schuhhandlung. In späteren Jahren wandte er sich der Politik zu und gehört seit Jahren dem Select Council an. Im Jahre 1899 wurde er zum Real Estate Assessor gewählt. Im Jahre 1903 erfolgte seine Wiedererwählung für einen zweiten Termin für die Dauer von fünf Jahren. Seit dem Jahre 1901 gehört Herr Buchholz der Deutschen Gesellschaft an und war innerhalb derselben als Vorsitzender des Einwanderungskomitees erfolgreich tätig. Auch um die Agitation für Werbung neuer Mitglieder hat er sich bedeutende Verdienste erworben.

Cist, Carl, Sekretär im Jahre 1792, wurde 1738 in St. Petersburg geboren. In Amerika schloß er sich den Herrnhutern an und heiratete eine Schwester von Oberst Weiß. Obschon kein Buchdrucker von Haus aus, wählte er diesen Beruf in Philadelphia und associierte sich mit Melchior Steiner. Während der Revolution publizierten Steiner und Cist mehrere, auf die Zeitereignisse bezügliche Schriften, unter andern: Thomas Paine's American Crisis. Nach 1781 betrieb Jeder wieder sein eigenes Geschäft. Carl Cist war in der Zweiten Straße, südlich von der Race Straße etabliert, wo ihm später Conrad Zentler folgte. Er druckte und verlegte eine Anzahl religiöser, politischer und pädagogischer Bücher, darunter 1783 „Wahrheit und guter Rat an die Einwohner Deutschlands, besonders in Hessen." Im Jahre 1784 gab er mit Andern eine Monatsschrift, den American Herald, 1786 das gleichfalls monatlich erscheinende Columbian Magazine heraus. Im Jahre 1792 war er Teilhaber an einer Steinkohlen-Gesellschaft (Lehigh Coal Company), aber die Anthracit-Kohlen konnten damals keinen Markt finden. Er war auch Sekretär der Fame Fire Association und machte im Mai 1793 bekannt, daß diese Gesellschaft einen Apparat ange-

schafft habe, um Leute aus brennenden Häusern zu retten. Es geschah dies durch einen heraufgezogenen Korb. Unter der Administration des ältern Adams erhielt er den Kontrakt für den Druck
öffentlicher Dokumente u. s. w. Er richtete in Washington eine
Druckerei und Binderei mit großen Unkosten her, kaufte dort Grundeigentum und glaubte eine recht einträgliche Stelle zu haben. Aber
mit dem Siege der demokratischen Partei unter Jefferson (1800)
ging ihm sein Privileg verloren, und er kehrte nach Philadelphia
ärmer zurück, als er gegangen. C. Cist starb im Dezember 1805
und liegt in Bethlehem begraben. Sein Sohn, Charles Cist, gab die
Annalen von Cincinnati in drei Bänden (1841—1859) heraus und
sein Enkel, Lewis J. Cist, war der Verfasser englischer Gedichte unter
dem Titel: „Trifles in verse."

Cramer, Heinrich, Mitglied 1860, Direktor 1882—1884, 1889.
Als Vorsitzer des Bau-Komitees bei Errichtung der neuen Halle der
Gesellschaft an Marshall und Spring Garden Straße im Jahre 1888
erwarb sich Herr Cramer besondere Verdienste. In seinem Bericht
nach Beendigung des Baus gab das Komitee der Hoffnung Ausdruck, daß „das prachtvolle Gebäude, welches unter seinen Händen emporwuchs, lange dastehen möge, zum Trost der würdigen Hilfsbedürftigen und Arbeitslosen, welche dort Hilfe, Schutz und Rat suchen,
und zum Stolze derer, welche mit mildtätiger Hand ihr Scherflein
dazu beitragen, diese Wohltätigkeit zu unterstützen und zu unterhalten, und daß die alte Deutsche Gesellschaft noch lange fortarbeiten
möge mit verdoppeltem Segen in ihrem neuen Heim." Dem Bau-
Komitee und seinem Vorsitzer — als Sekretär fungierte Herr John
F. Rau — wurde von der Gesellschaft volle Anerkennung gezollt.

Herr Cramer wurde im Jahre 1824 geboren. Er studierte in
Gießen im Großherzogtum Hessen Arzneimittelkunde. Das Sturm-
jahr 1848 verschlug ihn nach Amerika, da er an politischen Kämpfen
beteiligt war und die Heimat verlassen mußte. An Herrn Carl Berg,
einen Onkel General Wagner's, empfohlen, erhielt er hier durch
dessen Vermittlung in einer Apotheke Anstellung. Durch Fleiß und
Ausdauer gelang es ihm, sich emporzuarbeiten. Seine gründlichen
Kenntnisse sicherten ihm schließlich Teilhaberschaft an der Apotheke
an Race zwischen 3. und 4. Straße, deren alleiniger Inhaber er später wurde. Die Apotheke wurde von den bedeutendsten Aerzten der
Stadt patronisiert. Herr Cramer gelangte zu Wohlstand und zog

sich vom Geschäft zurück, um seine alten Tage in seinem Heim an Walnut Lane und Morton Str. in Germantwo zu verleben, in dem er sich besonders seiner Liebhaberei, der Blumenzucht, widmete. Namentlich an Sonntagen war sein Haus das Stelldichein zahlreicher Freunde, welche ihn liebten und verehrten. Verheiratet war Herr Cramer mit einer Schwester Herrn Justis, die jedoch nach kurzer Ehe starb. Seine einzige Tochter war mit Herrn W. Lebrenz verheiratet, ist aber inzwischen gestorben. Herr Cramer starb am 28. Juli 1905, aufrichtig betrauert von einem zahlreichen Freundeskreise.

Dannenberg, Christian, 1812, 1813 und 1816 Sekretär. Ein geborener Deutscher, etablierte sich in Philadelphia als Kaufmann, fallierte und ernährte sich sodann als Lehrer im Flötenspiel. Er starb ums Jahr 1831.

Denneler, Charles, Mitglied 1869, Direktor von 1878—1891, eifrig tätig im Interesse der Deutschen Gesellschaft. Er wurde im Jahre 1826 in Deutschland geboren, wanderte nach Erlernung des Kürschnerhandwerks nach Amerika aus, ließ sich in Philadelphia nieder und begründete ein Pelzwaarengeschäft, das noch heute besteht. Er war ein hochangesehener deutscher Geschäftsmann und einer der bedeutendsten Kürschner in hiesiger Stadt. Er starb im Alter von 76 Jahren am 2. Dezember 1901.

Dittmann, Matthew, geboren am 4. September 1857 in Philadelphia als Sohn deutscher Eltern; der Vater, Friedrich Dittmann, war aus Schleswig-Holstein, die Mutter Mathilde Dittmann, geb. Bauer, aus Württemberg, im Jahre 1852 eingewandert. Das Paar heiratete im Jahre 1852. Herr Friedrich Dittmann starb am 12. September 1876. Seine Witwe überlebte ihn noch lange. Matthew Dittmann studierte die Rechte und etablierte sich nach Absolvierung seiner Studien in Philadelphia. Er trat der Deutschen Gesellschaft als Mitglied im Jahre 1880 bei und war von 1894 bis zu seinem Ableben Anwalt derselben. Er nahm, wiewohl in Philadelphia geboren, den regsten Anteil an deutschen Bestrebungen und unterstützte diese bei jeder sich ihm bietenden Gelegenheit. Er starb im Jahre 1905. Sein Tod rief aufrichtige Trauer hervor. In einem Nachruf erklärte das Rechtsschutz-Komitee, dessen Vorsitzer er so lange Jahre gewesen war: „Er war unserer Gesellschaft ein treuer Berater und den um legalen Rat und um Hilfe Nachsuchenden ein selbstloser, energischer Beistand."

Doll, Georg, geboren in Bretten, Baden, am 7. Dezember 1813. Kam im April des Jahres 1832 in Baltimore an und begab sich von dort nach Philadelphia, wo er am 12. Mai 1837 eintraf und wo er sich niederließ. Er gründete später ein eigenes Geschäft. Er importierte Spielsachen, Novitäten, Meerschaumpfeifen und Spazierstöcke. Im Jahre 1859 trat Herr Doll der Deutschen Gesellschaft als Mitglied bei und bekleidete mehrere Ehrenämter, darunter das eines Direktors von 1866 bis 1876. Zweiter Vizepräsident der Deutschen Gesellschaft war er von 1894 bis 1898. Herr Doll, der an den Bestrebungen des Deutschtums regen Anteil nahm, starb im Jahre 1898. Er war im Jahre 1892 einer der Direktoren des Männerchors.

Donath, James A., Anwalt von 1837—1851; geboren in Nicetown Lane, bei Philadelphia, den 18. Oktober 1803. Sein Vater, Joseph Donath, aus Deutschland gebürtig, war ein hervorragender Kaufmann in Philadelphia (28 Süd Front Straße). James Donath besuchte die Universität von Pennsylvania, graduierte 1823, studierte die Rechte unter Samuel Chew's Leitung und trat 1826 die Advokaten-Praxis an. Mehrere Jahre (bis 1833) hatte er seine Office im nördlichen Seitenflügel der früheren Gesellschaftshalle; war 27 Jahre (1829—1856) Bibliothekar und lieferte als Rechtsanwalt viele Gutachten und Berichte. Einige Zeit vor seinem Tode gab er seine Praxis auf und 1860 zog er nach Germantown, um bei etwas gestörter Gesundheit der Ruhe zu pflegen. Er starb den 27. März 1868.

Duhring, Heinrich, Sekretär von 1840—1844; geboren in Mecklenburg-Schwerin den 7. Januar 1797. Er verlor seine Eltern während seiner Kindheit, kam 1818 nach Philadelphia, wo er in dem Hause Buck & Krumbhaar eine Stelle antrat. Vier Jahre später verband er sich mit Herrn W. H. Horstmann, zur Fabrikation von Posamentierwaren; führte das Geschäft 1827 allein unter der Firma W. H. Horstmann & Co., und nach Ablauf eines Jahres unter seinem eigenen Namen. Im Jahre 1836 verlegte er Fabrik und Niederlage aus der Dritten Straße nach No. 22 Nord Vierte Straße, wo das Geschäft nahezu 40 Jahre betrieben worden ist. Im Jahre

1829 verheiratete sich Herr Duhring mit Caroline Obertäuffer, einer Tochter Jacob Obertäuffer's aus St. Gallen. Wohlhabend und im Genuß allgemeiner Achtung, zog er sich 1852 vom Geschäfte zurück, das er seinen Söhnen überließ, und verlebte sein Alter in behaglicher Ruhe. Er starb den 3. März 1871 mit Hinterlassung von fünf Kindern, Caspar H., William T., Henry A., Julia und Louis A. Duhring.

Eben, Carl Theodor, Professor, geboren am 5. Februar 1836 in Ravensburg, Württemberg, besuchte in Stuttgart das Gymnasium und kam nach ausgedehnten Reisen im Jahre 1853 nach Amerika, wo er sich in Philadelphia niederließ. Professor Eben gehörte zu den deutschamerikanischen Literaten und Sprachforschern und hat als solcher eine große Anzahl englischer Werke in die deutsche Sprache übersetzt. Er bekleidete vier Jahre lang das Amt eines Dolmetschers und Uebersetzers im Oyer and Terminergericht in Philadelphia, in welcher Eigenschaft er sich die Anerkennung seiner Vorgesetzten im weitesten Maße erwarb. Im Jahre 1869 legte Professor Eben sein Amt nieder, um sich ganz seiner literarischen Tätigkeit zu widmen. Er begab sich nach New York, wo er außer wissenschaftlichen Arbeiten sich auch mit dem Sprachunterricht beschäftigte. Er übernahm eine Professur am Polytechnikum in Brooklyn, die er längere Zeit innehatte. Auch als Journalist war Professor Eben in hervorragender Weise tätig und lieferte unter anderem wertvolle Beiträge für die N. Y. Staatszeitung wie für das Philadelphia Sonntags-Journal. Im Jahre 1886 kehrte Professor Eben nach Philadelphia zurück. Er trat der Deutschen Gesellschaft im Jahre 1888 als Mitglied bei und bekleidete das Ehrenamt eines Sekretärs, später auch das eines Vorsitzenden des Einwanderungskomitees, welches er bis zu seinem Tode innehatte. Seine Vorträge, die er in der Halle der Deutschen Gesellschaft hielt, zeugten, wie seine Werke, von den hohen geistigen Qualitäten Professor Eben's. An allen deutschen Bestrebungen nahm er zu jeder Zeit regsten Antil und trat stets für Freiheit und deutsche Geistesideale ein. Seine Bildung und seine hervorragende unermüdliche Arbeitskraft stellten Professor Eben in die Reihe der hervorragenden Deutschamerikaner; er war seinen Landsleuten Jahre lang ein geistiger Führer, und sein am 11. Dezember 1909 erfolgter Tod hinterließ eine Lücke in den Reihen des Deutschtums in Amerika.

Eberhardt, J. C., Mitglied 1864, Schatzmeister 1878—1883. Er erreichte das hohe Alter von 99 Jahren. Er starb am 11. April 1905. Er hatte sich als Schatzmeister der Deutschen Gesellschaft hohe Verdienste erworben. Als er anfangs des Jahres 1884 aus dem Amte schied, wurden ihm herzliche Dankesbeschlüsse gewidmet, die ihm in kalligraphischer Ausführung, unterzeichnet von den Mitgliedern des Verwaltungsrates, überreicht wurden. Er hatte seines hohen Alters wegen auf weitere Führung des Amtes Verzicht geleistet. Als Herr Eberhardt gestorben war, widmete ihm der damalige Präsident der Deutschen Gesellschaft, Dr. Hexamer, einen ehrenden Nachruf in der deutschen Presse.

Ehrenpfort, Charles F., geboren am 15. Januar 1831 in Hannover, kam Anfang der sechziger Jahre nach Amerika, wo er sich in Philadelphia niederließ und sich deutschen Vereinen und Logen anschloß. Er trat im Jahre 1866 der Deutschen Gesellschaft als Mitglied bei und bekleidete 1886 und 1887 das Amt eines Direktors. Sein Wirken im Interesse des Deutschtums und der Gesellschaft wurde wiederholt anerkannt. Ehrenpfort war Besitzer des wunderschön gelegenen Mineral Spring Hotels in Willow Grove.

Ehringhaus, Adolph, Sekretär im Jahre 1806; war ein geborener Deutscher, Kaufmann und später Broker in Philadelphia. Er scheint bis 1829 hier gelebt zu haben und dann entweder gestorben oder fortgezogen zu sein. Aeltere Leute entsinnen sich, schreibt Herr Prof. Seidensticker, daß er am Militärwesen viel Vergnügen fand und eine Kompagnie Husaren befehligte. Bei der hiesigen Feier der Leipziger Schlacht gehörte Ehr.nghaus zum Arrangements-Komitee.

Eichholz, Mayer, Mitglied 1875, Direktor 1881—1885. Er war im Jahre 1825 in Willebadessen, Westphalen, geboren, erlernte die Färberei, diente im Dortmunder Infanterie-Regiment zwei Jahre lang, wurde 1848 als Reservist zum Dienst eingezogen, kam 1851 nach Amerika, gründete in Philadelphia unter der Firma Eichholz Brothers eine Engros-Tabak- und Cigarren-Handlung und brachte es zu Wohlstand. Eine seiner Töchter ist mit Herrn Samuel Snellenburg verheiratet. Er war Meister vom Stuhl der Humboldt-Loge im Jahre 1868. Er starb am 22. November 1889.

Ehrlich, Franz, Mitglied 1870, Sekretär des Verwaltungsrates 1871—1890, erster Vize-Präsident 1891—1904, eines der eifrigsten

Mitglieder und einer der pflichttreuesten Beamten der Deutschen Gesellschaft. Er war am 21. März 1836 in Crossen im preußischen Regierungsbezirk Frankfurt an der Oder geboren. Er trat am 1. April 1858 als Einjährig-Freiwilliger in die preußische Armee ein. Am 13. November 1860 ward er zum Seconde-Leutnant im 12. Landwehr-Regiment befördert und wurde zu einer dreimonatlichen Offiziers-Uebung eingezogen. Im September 1861 nahm er seinen Abschied aus der preußischen Armee, um nach den Vereinigten Staaten auszuwandern und der Union seine Dienste anzubieten, nachdem sie durch die Beschießung von Fort Sumter an der Hafeneinfahrt von Charleston in Süd-Carolina am 13. April 1861 durch süd-carolinische Truppen zum Kriege gegen die Südstaaten gedrängt worden war. Im Dezember 1861 trat Herr Ehrlich als Seconde-Leutnant in das 75. Pennsylvanische Freiwilligen-Regiment ein, dessen Befehlshaber Oberst Henry Bohlen war, der als·General am 22. August 1862 am Rappahannock, als er die Seinen zum Angriff führte, von einer feindlichen Kugel getroffen und getötet wurde. Leutnant Ehrlich wurde bald nach seinem Eintritt zum Regiments-Adjutanten ernannt. Während der Schlacht von Gettysburg am 2. Juli 1863 fungierte Ehrlich als Hilfs-Generaladjutant der Krzyzanowski'schen Brigade und blieb in der Stellung bis zum Dezember des Jahres. Am 15. September 1863 war er zum Hauptmann befördert worden. Von Oktober 1864 bis März 1865 fungierte Ehrlich als Provost Marshall in Franklin, Tenn., worauf sein Regiment nach Murfreesboro, Tenn., transferiert wurde. Am 27. Mai 1865 wurde er zum Hilfs-General-Inspektor der Division von Mittel-Tennessee unter General Van Cleve ernannt. Er bekleidete den Posten, bis sein Regiment am 1. September 1865 ausgemustert wurde. Er machte mit dem 75. Pennsylvanischen Freiwilligen-Regiment die Feldzüge der Army of the Potomac, der Army of Virginia und der Army of the Cumberland mit und nahm an folgenden Gefechten und Schlachten teil: Croß Keys, Fremont's Ford, Waterloo Bridge, Manassas Plains, Bull Run, Chancellorsville (wurde daselbst mit einem Teil seines Regiments gefangen genommen und lernte zwei Wochen lang das berüchtigte Libby Gefängnis kennen), Gettysburg, Wauhatchi, Missionary Ridge, Franklin, Tenn., und Nashville, Tenn. Ehrlich's im Kriege geleistete Dienste wurden von seinen Vorgesetzten anerkannt. Commodore T. Turner von der hiesigen Navy Yard empfahl ihn sehr warm in einem vom 20. September 1866 datierten Briefe

General-Major Christoph C. Augar von der B. St. Armee für
einen Offiziers-Posten in der regulären Armee. Aber schließlich zog
Herr Ehrlich, der sich mit Frl. Antonie Ruelius, der Tochter des Be-
sitzers des City Hotels, in welchem fast sämtliche deutsche Offiziere der
Unions-Armee, darunter Schurz, Sigel u. a. bei ihrem Aufenthalt
in Philadelphia zu verkehren pflegten, verheiratet hatte, den kauf-
männischen Beruf dem Kriegshandwerk vor. Er ließ sich dauernd in
Philadephia nieder und gründete eine Buchhandlung. Er erfreute
sich des höchsten Ansehens. Seine Protokolle als Sekretär der Verwaltungsrates der Deutschen Gesellschaft waren stets musterhaft geführt. Als er am 20. November 1904 gestorben war, wurde am
Abend des folgenden Tages eine Sonder-Versammlung vom Verwaltungsrate der Deutschen Gesellschaft abgehalten. Präsident Dr.
Hexamer gedachte in warmen Worten des Entschlafenen, seiner Verdienste um die Deutsche Gesellschaft, seiner Pflichttreue als Beamter
und seiner Vorzüge als Mensch. Es wurde beschlossen, der Leichenfeier am 23. November beizuwohnen, und ferner wurden geeignete
Beileidsbeschlüsse gefaßt.

Eitle, Gottlieb, 1912, Direktor 1917. Er wurde am 1. April
1857 im Amt Göppingen, Württemberg, geboren und erlernte das
Bäcker-Handwerk. Im Juli 1873 kam er nach den Vereinigten Staaten und ließ sich in Philadelphia nieder. Er gründete hier eine
Bäckerei, die eines großen Erfolges sich erfreute. Vor einiger Zeit
setzte sich Herr Eitle zur Ruhe. Er ist an Bauvereinen lebhaft beteiligt. An der Armenpflege der Deutschen Gesellschaft nimmt er
regen Anteil.

Ehrlich, Franz jr., geboren am 1. August 1878 als Sohn des
langjährigen Vize-Präsidenten der Deutschen Gesellschaft Franz Ehrlich sr. Herr Ehrlich erblickte in Philadelphia das Licht der Welt und
widmete sich nach Absolvierung der Schulen dem Studium der Rechts-
wissenschaften. Seit dem Jahre 1901 ist Herr Ehrlich als Anwalt
tätig und hat im Laufe der Zeit bedeutende Erfolge errungen, die ihm
eine weitere glänzende Zukunft prophezeien. Seine gründlichen juristischen Kenntnisse haben ihm viele Ehrenämter eingetragen. So
war er Anwalt der Deutschen Gesellschaft und der German Theatre
Realty Co. Er gehört seit dem Jahre 1901 der Deutschen Gesellschaft
als Mitglied an und wurde nach Ableben Herrn Matthew Dittmann's

im Jahre 1905 deren Rechtsanwalt und Vorsitzender ihres Rechtsschutz-Komitees, als welcher er bis zum Jahre 1915 incl. fungierte.
Er wurde im Jahre 1916 zum Vizepräsidenten gewählt.

Eisele, Johann Gottlieb, geboren am 17. Februar 1840 in Hedel-
fingen in Württemberg. Kam im Jahre 1869 nach Amerika, trat
im Jahre 1870 der Deutschen Gesellschaft als Mitglied bei und bekleidete mehrere Ehrenämter, u. a. das eines Armenpflegers, das er
mit größter Gewissenhaftigkeit verwaltete. Auch als Direktor wirkte
Eisele im Interesse der Gesellschaft. Er ist einer der Gründer des
Deutschamerikanischen Zentralbundes von Pennsylvanien und war
mehrere Jahre lang Mitglied des Exekutiv-Komitees.

Eisenlohr, William, Mitglied 1863, Direktor 1882, 1883; geboren in Ellwangen, Württemberg, am 25. Dezember 1825, kam
nach Amerika und begründete in Philadelphia ein Tabak-Geschäft.
Aus der Blatttabak-Handlung wurde später eine Cigarren-Fabrik,
welche von seinen Söhnen fortgeführt wurde und eine der bedeutendsten in den Vereinigten Staaten ist. Der Deutschen Gesellschaft war
Herr Eisenlohr ein eifriger Freund. Er starb am 13. Januar 1887.

Erringer, Friedrich, Präsident der Deutschen Gesellschaft von
1843—47; wurde den 25. Januar 1771 in Philadelphia geboren,
war von deutscher Abkunft und sprach das Deutsche geläufig. Wie
mancher Handwerker (er war Schuhmacher) in unserer Mitte, erwarb
er sich durch seine Befähigung und seinen schätzenswerten Charakter
das hohe Zutrauen seiner Mitbürger; er war Mitglied des Select
Council 1815—17 (damals eine hohe Ehre), Präsident von Will's
Augenhospital, Präsident der Sonntagsschulen-Gesellschaft, Vize-Präsident der Sonntagsschulen-Union. Er gehörte zu den Gründern der
der deutschen reformierten Kirche in der CrownStr. und war Mitglied
ihres Konsistoriums. Mit Wohltätigkeitssinn ein gesundes Urteil
verbindend, erwies er sich der Deutschen Gesellschaft und andern Wohl-
tätigkeitsanstalten sehr nützlich, während er unbedächtiges Almosen-
geben als gemeinschädlich verwarf. Schon 1831 hatte er sich von geschäftlicher Tätigkeit zurückgezogen. Er starb in seinem 85. Jahre,
am 22. Oktober 1855.

Farenwald, Adolph, Mitglied 1911, Direktor 1915, 1916, 1917.
Er wurde am 23. Dezember 186? in Stettin, Pommern, geboren.
Rosenzüchter von Beruf, kam er im Jahre 1885 nach Amerika und

gründete im Jahre 1898 in Roslyn, Pa., ein eigenes Geschäft. Seiner glücklichen Ehe mit einer echt deutschen Frau sind vier Söhne entsprossen, welche deutsch erzogen worden sind, deutsch sprechen und deutsch fühlen. Er war einer der Direktoren des Amerikanischen Rosen-Vereins, dann dessen Vice-Präsident und zwei Jahre dessen Präsident. Er ist Direktor des Amerikanischen Floristen-Vereins und leitete als Vorsitzer des Ausstellungs-Komitees desselben die große Blumen-Ausstellung, welche im März 1916 in der städtischen Konventions-Halle in Philadelphia stattfand. Im Oktober 1916 wurde Herr Farenwald zum Präsidenten des hiesigen Floristen-Vereins gewählt. Im März 1917 leitete er im Auftrage der Amerikanischen Rosen-Gesellschaft die von ihr in Philadelphia veranstaltete Rosen-Ausstellung. Die Vertrauensposten, welche Herr Farenwald bekleidet hat, sind der beste Beweis seines Könnens und des Ansehens, welches er sich in Fachkreisen zu erringen wußte.

Farmer, Ludwig, Sekretär 1781—82, Vize-Präsident 1785, 1793 und 1794, Präsident 1783, 1784, 1786 und 1787. Vor dem Revolutionskriege hielt er das Gasthaus „Zum Hirschen" in der Zweiten Straße. Als der Krieg ausbrach, trat er in die Armee; am 1. Juli 1776 zählte seine Kompagnie 102 Mann. Den Winter von 1777—78 befand er sich in Washington's Lager zu Valley Forge. Im Jahre 1778 avancierte er zum Oberst-Leutnant, 1779 zum Obersten; zugleich war er Armee-Kommissionär und überwachte den Einkauf von Proviant, Kleidung, Zelten usw. Nach Beendigung des Krieges übernahm er das Gasthaus „Zum König von Preußen" in der Market Straße. Er gehörte zur Reformierten Kirche in der Race Straße, war 1769 Diakonus und 1771—1776 Sekretär des Kirchenrats. Als 1785 die Registratur deutscher Passagiere errichtet wurde, erhielt L. Farmer die Ernennung zu diesem Amte. Er starb 1805.

Fischer, John A., Dr., geboren am 8. Februar 1872 in Philadelphia. Trat der Deutschen Gesellschaft im Jahre 1911 als Mitglied bei und wurde im Jahre 1913 zum Vorsitzenden des ärztlichen Ausschusses gewählt, welches Amt er seither bekleidete. Die Gewissenhaftigkeit, mit welcher Dr. Fischer sein Amt verwaltet, hat ihm reiche Anerkennung seitens der Gesellschaft eingetragen.

Fisler, Jacob H., Mitglied der Deutschen Gesellschaft seit 1817, Ehrenmitglied seit 1871, Direktor von 1819—1832 und 1843—

1847, Vize-Präsident von 1833—1842, Präsident von 1848—1859, wurde den 4. Juli 1787 in New York geboren und kam mit seinen Eltern 1789 nach Philadelphia, wo sein Vater 1793 am gelben Fieber starb. Er erlernte das Schneiderhandwerk und eröffnete in seinem 23. Jahre ein eigenes Geschäft in der zweiten Straße, nördlich von der Race Straße. Er diente im Kriege von 1812, zuerst als Kapitän einer von ihm mit anderen jungen Männern organisierten Kompagnie (Junior Artillerists), und später als erster Leutnant der dritten Kompagnie der State Guards. Im Jahre 1825 erhielt er unter der demokratischen Administration eine Stelle im Zollhause, die er fünfzehn Jahre einnahm, aber aufgeben mußte, als die Whigs die Oberhand erhielten. Im Jahre 1846 wurde er zum Registrator der Springgarden und Northern Liberty Wasserwerke gewählt. Später war er Agent des Girard Estate und Aufseher der Independence Halle.

Mit der Deutschen Gesellschaft von Pennsylvanien ist Jacob H. Fisler über sechzig Jahre auf's Innigste verknüpft gewesen; 41 Jahre war er Mitglied des Verwaltungsrates als Direktor, Vize-Präsident und Präsident. Sein Name erscheint häufig in Komitees, denen eine Arbeit übertragen wurde; eben so bereitwillig wie er sich finden ließ, Pflichten zu übernehmen, so getreulich erledigte er sich derselben. In Anbetracht seiner langjährigen Dienste erwählte ihn die Gesellschaft 1871 zum Ehrenmitgliede. Er war der erste, dem diese Auszeichnung zuteil wurde. Ihm wurden ferner in der Sitzung vom 15. März 1877 in Anbetracht seiner mehr als 60jährigen hervorragenden Wirksamkeit im Interesse der Gesellschaft auf Antrag Prof. Seidenstickers Dankesbeschlüsse der Gesellschaft übermittelt. Er starb am 14. Oktober 1878.

Fleck, Geo. M., in Deutschland geboren. Direktor der Deutschen Gesellschaft. Gründer eines „Plumbing, Steam and Gas Supplies" Geschäfts. Hinterließ fünf Söhne, die sämtlich in den Vereinigten Staaten geboren sind. Er starb im März 1911. Am 26. Dezember 1882 ward ihm der Dank der Gesellschaft für seine getreue Pflichterfüllung ausgesprochen worden.

Fox, Georg, Sekretär von 1829—1837, der älteste Sohn von Michael und Margarethe Fox, wurde den 1. August 1801 in Philadelphia geboren. Er erhielt seine Bildung in Harvard College, studierte die Rechte unter Leitung des Herrn Peter A. Brown, wurde zur Advokatur den 15. Januar 1825 zugelassen und hatte seine Office im südlichen Flügel des Gebäudes der Deutschen Gesellschaft. Er war einige Zeit Clerk im Common Council. Hr. Fox starb den 19. April 1839 und hinterließ der Deutschen Gesellschaft die Interessen von $1000 für die Dauer von zehn Jahren zur Vergrößerung der Bibliothek.

Freytag, Gottfried, Sekretär von 1845—1855, wurde 1810 in Bremen geboren, besuchte die dortige Vor- und Handelsschule, trat 1826 in ein Bremer Handelshaus und arbeitete nach beendeter Lehrzeit noch einige Jahre als Gehilfe in verschiedenen Häusern. Im Jahre 1833 begab er sich nach Baltimore und nahm eine Stelle in dem deutschen Hause C. A. Heinecken & Schumacher an. Nach dreijährigem Aufenthalte siedelte er nach Philadelphia über und betrieb ein Importgeschäft als Teilhaber der Firma Fred. Thorspecken & Co. Im Jahre 1852 ward das Geschäft von der Firma Oberteuffer & Freytag fortgesetzt bis zu deren Erlöschen Ende 1861. Im Jahre 1871 kehrte Herr Freytag nach seiner Vaterstadt Bremen zurück, wo er gestorben ist.

Herr Freytag trat sein Sekretariat in der Deutschen Gesellschaft an, als die englische Sprache noch die Oberhand hatte, doch führte er die Protokolle in beiden Sprachen, und so erscheint denn in seinen Aufzeichnungen das deutsche Wort wieder zum ersten Male nach langer Verbannung.

Frotscher, O., geboren im Jahre 1850 in Zeulenroda im Fürstentum Reuß. Kam im Jahre 1880 nach Amerika und ließ sich im gleichen Jahre in Philadelphia nieder. Im Jahre 1901 trat Frotscher der Deutschen Gesellschaft als Mitglied bei und gehörte dem Verwaltungsrate von 1905—1909 an. Durch und durch Deutscher, stand Frotscher bei allen Veranstaltungen des Deutschtums und der Deutschen Gesellschaft im Besonderen immer in erster Reihe und wirkte auf allen Gebieten ersprießlich, unermüdlich und unverdrossen zum Besten der Gesellschaft, der er als eines der eifrigsten Mitglieder angehörte. Er starb im Jahre 1915.

Funk, Francis, Direktor 1871—1872, Vize-Präsident 1874—1875, wurde im Jahre 1818 zu Rostock in Mecklenburg-Schwerin geboren, wo sein Vater Advokat war. Er besuchte die Bürgerschule in Stargard und später die Realschule zu Neu-Strelitz, wurde dann

Oekonom und wanderte im Jahre 1836 nach den Vereinigten Staaten aus. In New York angelangt, wandte er sich ohne Verzug dem fernen Westen zu. Hier machte er mannigfaltige und oft sehr bittere Erfahrungen, da die damals herrschende Geschäftskrisis schwer auf das ganze Land und besonders auf den Westen drückte. Zu Anfang der vierziger Jahre kehrte er nach dem Osten zurück, und im Jahre 1844 wählte er Philadelphia zu seinem bleibenden Wohnsitz. Er erhielt eine Stellung als Passage-Agent in dem Transportations-Geschäft der Firma Bingham & Dock und verblieb in dieser Stellung bis zum Jahre 1851, seit wann er eine gleiche Stellung bei der Penn. R. R. einnahm. Im Jahre 1851 organisierte F. F. das Emigranten-Department der Pennsylv. Eisenbahn, und, unterstützt von dem damals so tätigen Agenten der Deutschen Gesellschaft, Herrn Lorenz Herbert, beseitigte er alte Mißbräuche und führte in der Emigranten-Beförderung humanere Einrichtungen ein. Dies wurde von der Pennsylvania Eisenbahn-Gesellschaft in einer eben so ungewöhnlichen wie ehrenden Weise dadurch anerkannt, daß zwei der Passagierwagen im Jahre 1851 die Namen Franz Funk und Lorenz Herbert erhielten. Eine erfreuliche Anerkennung seiner Dienste ward ihm dadurch zuteil, daß auch die amerikanische Dampfschiff-Linie zwischen Philadelphia und Liverpool, so wie die Red Star-Linie, zwischen Philadelphia und Antwerpen, ihre Emigranten-Departements unter seine Oberaufsicht stellten. Der Deutschen Gesellschaft hat Herr Funk als Direktor und Vize-Präsident gedient; gleichfalls war er deren Delegat bei den Konventionen deutscher Gesellschaften in New York (1858) und Baltimore (1868). Er legte sein Amt als Direktor im Jahre 1880 nieder. Er starb im Jahre 1886.

Geyer, Andreas jr., Sekretär 1793 und 1794, 1801 und 1802, Anwalt 1803, war als ältester Sohn von Andreas Geyer sen., am 8. September 1772 in Philadelphia geboren. Als Gen. Peter Mühlenberg Hafenkollektor in Philadelphia war, erhielt A. Geyer die Stelle eines Zollinspektors, die er von 1803—1829 bekleidete, und verlor dieselbe, als Präsident Jackson die Beamten ihrer politischen Farbe wegen entsetzte. Im Jahre 1829 ernannte ihn Gouverneur J. A. Schulze zum Alderman, und er führte dies Amt bis zu seinem Ende (29. August 1838). Bei der Republikanischen Gesellschaft (1793) war er Sekretär, viele Jahre auch Kapitän einer Freiwilligen-Kompagnie, (State Guards), die zu General Patterson's Regimente

gehörte. In letzterem erhielt A. Geyer die Stelle eines Oberstleut-
nants.

Geyer, John, Schatzmeister der Deutschen Gesellschaft von 1807
bis 1810, wurde den 19. April 1778 in Philadelphia geboren. Er
war ein Bruder von Andrew Geyer jr., hatte eine Druckerei und gab
mit Conrad Zentler um 1810 den „Amerikanischen Beobachter" heraus. Gouverneur Simon Snyder ernannte ihn am 24. Februar
1809 zum Richter am Gerichte der Common Pleas, und am 11.
August 1811 zum Alderman für die Stadt. Im Jahre 1813 war
er Mayor, erhielt am 21. März 1825 vom Gouverneur J. A. Schulze
die Anstellung als Testaments-Registrator und zog sich zu Anfang
von 1830 ins Privatleben zurück. Sein Landsitz befand sich an der
Kreuzung von Lehigh und Ridge Avenue. Das Grundstück, das
den lutherischen Kirchhof bildete, war einst sein Eigentum. Er starb
im Oktober 1835.

Greiner, Johann, Schatzmeister 1800—1806, wurde den 27.
August 1765 in Philadelphia geboren und starb etwa 1845. Er
betrieb einen Großhandel mit Produkten und Spezereien und war
ein tätiges Mitglied der englisch-lutherischen Kirche unter Dr. Ph.
F. Mayer.

Großholz, Louis, Schatzmeister der Deutschen Gesellschaft 1865
bis 1868, wurde 1813 in Schwarzach, Großherzogtum Baden, geboren, erhielt eine kaufmännische Erziehung, wanderte 1830 nach
Pennsylvanien aus, handelte mit importierten Waren im Innern
des Staates, eröffnete 1836 das Schiller Hotel in der Race Straße
und verband damit einen Weinhandel im Großen. Der Umstand,
daß er dem Oberländer Weine hier einen Markt eröffnete, wurde von
der badischen Regierung als verdienstvoll anerkannt, und der Groß-
herzog Leopold war geneigt, Herrn Großholz den Zähringer Löwen-
orden zu verleihen; dieser glaubte jedoch, ihn als Republikaner nicht
annehmen zu dürfen. Im Jahre 1845 verband sich Herr Großholz
mit seinem Bruder Philipp in Paris und gründete ein Importgeschäft mit Bijouterien und anderen Waren. Nach der Auflösung
der Firma im Jahre 1867 zog sich Herr Großholz ins Privatleben
zurück. Er starb den 2. Oktober 1872. Eine Zeitlang war er ein
tätiges Mitglied des Freimaurer-Ordens. Auch gehörte er zu der
ersten deutschen Militär-Kompagnie, den Washington Guards.

Gruel, Theodore H. E., Med. Dr., geboren in Kirchheim unter Teck, Württemberg, am 3. November 1846, gestorben am 1. August 1898 in Philadelphia. Dr. Gruel kam im Jahre 1864 nach Amerika, wo er sich in Philadelphia niederließ und sich hier eine Praxis gründete. Seit dem Jahre 1868 gehörte Dr. Gruel der Deutschen Gesellschaft an. Er bekleidete in den Jahren 1888 bis 1897 das Amt eines Direktors der Gesellschaft und fungierte 1896 und 1897 als Vorsitzender des ärztlichen Komitees und als Arzt derselben, in welcher Eigenschaft er viel für die Notleidendenden tat.

Als Arzt war Dr. Gruel eine Kapazität auf dem Gebiete der Diabetes. Um seine Studien zu vervollkommnen, reiste er im Jahre 1895 nach Karlsbad, Böhmen, wo er mit Dr. Schnee, einem der bekanntesten Spezialärzte für Zuckerkranke, zusammen Studien betrieb. Nach seiner Rückkehr hielt er unter den Auspizien der Deutschen Gesellschaft einen Vortrag über das Thema, der in deutscher und englischer Sprache veröffentlicht wurde.

Dr. Gruel gehörte unter anderem auch dem Jungen Männerchor und verschiedenen anderen deutschen Vereinen als Mitglied an. Die „Legion of Honor”, welches eines ihrer Councils nach Dr. Gruel benannte, zählte ihn unter ihre hervorragendsten Mitglieder. Dr. Gruel war ferner Mitglied der County Medical Association.

Haac, Felix, Mitglied 1912, Direktor 1916, 1917. Herr Haac wurde in Berlin am 12. August 1849 geboren. Im Jahre 1887 begründete er in St. Louis die American Silk Manufacturing Co., die er später nach Philadelphia verlegte und als deren Vice-Präsident er heute fungiert. Er gehört seit Jahren dem Männerchor als Mitglied an, war Mitglied des Verwaltungsrats des Deutschen Hauses und war auch Mitglied der Deutschwehr. In der Turngemeinde ist er ebenfalls Mitglied. Durch seinen inzwischen verstorbenen Freund, den Schweizer Konsul Gustav Walther, wurde er zum Anschluß an die Deutsche Gesellschaft veranlaßt. An allen deutschen Bestrebungen nimmt Herr Haac regen Anteil.

Hagedorn, Alwin, Mitglied 1871, Sekretär der Gesellschaft 1878, 1879, 1880; legte am 28. April 1880 sein Amt nieder. Der Verwaltungsrat sprach ihm für seine treugeleisteten Dienste seinen Dank aus.

Hagner, Philipp, Sachwalter 1808, Aufseher 1772—1780, hatte eine Senf- und Schokolade-Fabrik in Schuhlkill Falls. Er starb um 1822.

Hailer, Friedrich, Sekretär 1779, 1780, 1782—1786, war Chirurg und Bader. Während der Revolution gehörte er zu Kapitän Peale's Kompagnie im 4. Bataillon der Staatsmiliz. In der Zions-Kirche versah er das Amt eines Aufsehers. Er starb etwa 1810.

Haltermann, Friedrich, geboren im Oktober des Jahres 1831 in Vegesack bei Bremen, kam im September 1849 nach Amerika und ließ sich in Philadelphia nieder, wo er ein Grocer-Geschäft etablierte. Er trat der Deutschen Gesellschaft 1863 bei und bekleidete 1893—1895 das Amt eines Direktors, als welcher er unermüdlich im Interesse der Deutschen Gesellschaft tätig war. Haltermann betätigte sich auch in hervorragender Weise in der Politik und wurde im Jahre 1894 in den Kongreß der Vereinigten Staaten gewählt, wo er sich durch seine Ehrenhaftigkeit und sein gesundes Urteil zahlreiche Freunde erwarb. Haltermann war bis zu seinem Tode ein eifriger Förderer aller Bestrebungen des Deutschtums seiner Adoptivheimat und trat stets in erster Reihe für die Interessen des Deutschtums ein. Er starb am 22. März 1907.

Hammer, Gottlob, geboren am 22. Juli 1863 in Reutlingen, Württemberg. Kam als Kind von zwei Jahren mit seinen Eltern nach Amerika, wo er in Philadelphia aufwuchs. Er bekleidet gegenwärtig das Amt eines Fabrikinspektors des staatlichen Arbeitsdepartments. Er trat im Jahre 1900 der Deutschen Gesellschaft bei und wurde 1906 in den Verwaltungsrat gewählt. Herr Hammer ist Mitglied vieler deutscher Vereine. Dem Deutschamerikanischen National-bund gehört er als lebenslängliches Mitglied an. Er ist unter anderem auch Schatzmeister des Nationalbundes, sowie des Zentralbundes von Pennsylvanien und bekleidet andere Ehrenämter in deutschen Vereinen und Logen.

Harjes, Friedrich Hannes, Mitglied 1886, Vorsitzer des Einwanderungs-Ausschusses von 1887—1890, Schriftführer des Verwaltungsrates seit April 1894. Geboren am 13. November 1844 in Bremen, widmete er sich dem Kaufmannsstande. Im Juli 1865 kam er nach Amerika und ließ sich in Philadelphia nieder. Im Jahre 1874 kehrte er nach Bremen zurück und blieb dort bis 1886, um sich alsdann zu bleibendem Aufenthalt wieder nach Philadelphia zu begeben. Der Deutschen Gesellschaft ist er eine treue Stütze geworden. Seine vortrefflichen Protokollführung und seine pflichtgetreue Erledigung der anderen Geschäfte des Sekretärs des Verwaltungsrates wurden wiederholt von Präsident Dr. Hexamer lobend anerkannt. Er erfreut sich der Achtung und Wertschätzung nicht allein seiner Kollegen im Vorstande der Deutschen Gesellschaft, sondern der gesamten Bürgerschaft der Stadt. Sein Heim hat Herr Harjes seit Jahren in Narberth, Pa.

Harmes, Jacob Nicolaus, Sekretär 1809, 1813—1815, Vize-Präsident 1817—1823; wurde den 27. März 1772 in Bremen geboren, lebte in Philadelphia als Kaufmann und war eine Zeitlang mit G. F. Holtzbecher später mit Heinrich Pratt associiert. Er war ein Mann von gewecktem Geist, einnehmendem Aeußern und vorzüglicher Bildung. Seine Frau, geborene Sarah Siddons, war ihrer Schönheit und Grazie halber in weiten Kreisen bekannt und erfreute sich in Europa, das sie mit Herrn Harmes bereiste, der Aufmerksamkeit von Talleyrand, Prinz Esterhazy und anderen hochgestellten Personen. Herr Harmes gehörte zu der lutherischen Kirche des Dr. Mayer in der Race Straße. Er starb den 27. Juni 1838.

Haußmann, Carl Friedrich, Mitglied 1915, Direktor 1917, geboren den 8. August 1871 in Brooklyn, N. Y., ältester Sohn von Pastor C. F. Haußmann. Aufgewachsen und erzogen in Adrian, Mich., 1892 von der Universität von Pennsylvanien graduiert. Von 1893-1895 als Lehrer in Detroit, Mich., tätig. 1895—1908 Lehrer an der Gemeindeschule der Zions-Gemeinde in Philadelphia, Pa. 1909 deutscher Lehrer an der Central High School, Philadelphia. 1916 Ph. D. an der Universität von Pennsylvanien. Seit September deutscher Lehrer an der Germantown High School. Vorsitzer des Schul-Komitees des Philadelphia Zweiges des Deutschamerikanischen Zentralbundes von Pennsylvanien und Leiter des Preis-Examens.

Künzel, Harry, lebenslängliches Mitglied 1912, Direktor 1917. Er wurde als Sohn des Dirigenten William Künzel, der nahezu fünfzig Jahre lang im deutschen Gesangvereins-Leben der Stadt Philadelphia eine so hervorragende Rolle spielte, am 10. August 1861 in Dana Straße, nahe 2. und Green Straße, Philadelphia, geboren. Er besuchte die Volksschule und trat dann in das Leichen-

beforger-Geschäft von Schuyler & Armstrong an 6. und Diamond
Straße und später in das von Henry Schneider, 1739 Germantown
Avenue. Im 30. Lebensjahre erhielt er eine Anstellung im Büro
der County-Kommissäre, später City Commissioners. Seine Pflicht-
treue sicherte ihm Beförderung. Am 24. Mai 1916 wurde er von
dem Richter-Collegium zum City Commissioner ernannt an Stelle
des verstorbenen Herrn David Scott. Sein Amtstermin erlischt im
Januar 1920. Herr Künzel gehört den Freimaurern, den Knights
Templars, dem Order Nobles of the Mystic Shrine, den Pythias-
Rittern und anderen Vereinigungen an. Er ist Ehren-Mitglied der
Harmonie, der Allemania und des Beethoven Männerchors. Er ist
der deutschen Sprache mächtig und stets bereit, seinen wertvollen Rat
deutschen Vereinen und Mitbürgern zuteil werden zu lassen.

Hein, Julius, Sekretär von 1860—1868. Geboren den 6. November 1826 zu Lyck in Ostpreußen, erhielt seine Ausbildung auf dem
Collegium Fridericianum und dem Kneiphofischen Gymnasium in
Königsberg; ging 1843 von dem letzteren als Primaner ab; widmete
sich dem Zivilingenieur-Fach, machte in 1845 sein Examen als Geo-
meter und war von da ab bis 1849 von der General-Kommission zu
Stargard in Pommern bei der Auseinandersetzung der gutsherr-
lichen und bäuerlichen Verhältnisse, Teilung von Gemeindebesitz, Um-
legung von Aeckern usw., beschäftigt. Ging 1849 nach Berlin, wurde
auf der Bauakademie immatrikuliert und widmete sich gleichzeitig dem
Studium der Mathematik. Vom Herbst 1849 bis 1850 diente er sein
Jahr im Gardepionier-Bataillon in Berlin ab und bestand bei Ablauf
der Dienstzeit die Examina als Landwehr-Infanterie- und als Land-
wehr-Pionier-Offizier. Verließ 1853 Berlin und wanderte nach den
Vereinigten Staaten aus. Gab zuerst in Philadelphia Unterricht,
führte in 1854 die topographische Vermessung von Wayne County,
Ohio, aus und trat 1855 in den „Philadelphia Demokrat" ein, zuerst
als Lokal-Redakteur und später als Finanz-Redakteur. Er nahm lebhaften Anteil an allen Bewegungen für Förderung deutschen Wesens,
war Sekretär der Deutschen Gesellschaft, Direktor der Realschule,
Präsident (und Ehrenmitglied) des Jungen Männerchors usw. Er
war ferner einer der Gründer und erster Vize-Präsident des Philadelphia Preß-Klubs und ein Ehrenmitglied desselben.

Als Sekretär der Deutschen Gesellschaft um die Zeit, als diese
in ihr neues Stadium trat, war Herr Hein einer der Hauptführer

und Agitatoren, denen der Umschwung zu frischerem Leben zu verdanken ist. Er brachte die Gesellschaft vor die Oeffentlichkeit, führte
ihr hunderte von neuen Mitgliedern zu und erwirkte eine Menge nützlicher Reformen. Er starb im Jahre 1892. Die Deutsche Gesellschaft
ehrte sein Andenken durch Annahme von Beileidsbeschlüssen, in denen
seiner Verdienste gebührend gedacht wird.

Heintzelmann, Joseph A., geboren am 7. April 1834 in Biberach,
Königreich Württemberg. Heintzelmann kam auf dem Segelschiff
„William Nelson” im Jahre 1854 nach Amerika und ließ sich wenige
Monate später in Philadelphia nieder. Im Jahre 1861 trat Heintzelmann der Deutschen Gesellschaft bei, nachdem es ihm gelungen war,
sich eine Position in Philadelphia zu schaffen. Sein Wirken im Interesse der Gesellschaft war von jeher das denkbar ersprießlichste gewesen, was die Deutsche Gesellschaft dadurch anerkannte, daß sie ihr
überaus verdienstvolles Mitglied, das dem Verwaltungsrat seit vielen
Jahren angehörte, anläßlich des 50. Jubiläums der Mitgliedschaft
zum Ehrenmitgliede ernannte und ihm ein Diplom überreichte.
Heintzelmann's Name war mit allen deutschen Bewegungen und Veranstaltungen, mochten sie gesellschaftlicher, wohltätiger oder wissenschaftlicher Natur sein, auf das Innigste verknüpft. Als Inhaber
einer der bekanntesten Apotheker der Stadt war Heintzelmann
viele Jahren der Apotheker der Gesellschaft und hatte als solcher viel
Gutes gewirkt. Heintzelmann zog sich im Laufe der Jahre von vielen
anderen Vereinen zurück, da er in seinem hohen Alter dringend der
Ruhe und Schonung bedurfte. Der Deutschen Gesellschaft aber blieb
er treu und wirkte, trotz seines hohen Alters, als Verwaltungsrat
unermüdlich und rastlos zum Besten derselben. Er starb am 16.
Oktober 1915.

Herbert, Lorenz, Direktor der Deutschen Gesellschaft von 1853
bis 1864 und 1869. Vize-Präsident 1866—1868; 1871—1873 und
1876. Agent 1847—1852; Vorsitzer der Einwanderungs-Kommission seit 1874, wurde 1811 in Germack bei Würzburg geboren und
erlernte in letzterer Stadt die Kaufmannschaft. Von seinen Freunden
nach Frankfurt eingeladen, als das bekannte „Attentat” (1833) verübt wurde, mußte er gewärtigen, wie so viele Andere, in die Händ'
der Untersuchungs Kommission zu fallen, und schiffte sich daher nach
Amerika ein. Bald nach seiner Ankunft in Philadelphia, dem Schau
platz seiner jugendlichen Leiden und Freuden, legte er sich auf das

Tabaksgeschäft, dem er mit ansehnlichem Erfolge bis zu seinem Tode treu blieb.

Herr Herbert hat viele Jahre für das Wohl und die Ehre der eingewanderten Deutschen mit nie erschlaffendem Eifer gewirkt. Er war eines der ersten Mitglieder der Washington Guards unter dem Hauptmann E. Koseritz; zu seinen persönlichen Erlebnissen gehörte die kurze Kampagne des sogenannten Buck-shot Krieges (Dezember 1838). Besondere Aufmerksamkeit und Tätigkeit wandte er dem Einwanderungswesen zu. Seiner Wirksamkeit als Agent bei der 1843 gestifteten Einwanderungsgesellschaft und bei der Deutschen Gesellschaft, 1847—1854, ist auf Seite 50, 160 und 161 gedacht worden. Damals verschaffte er Tausenden, die hier mittellos landeten, lohnende Beschäftigung und hatte später, als Aufseher und Beamter der Deutschen Gesellschaft, deren Nützlichkeit und Gedeihen unablässig im Auge gehabt. Seit der Einsetzung der Einwanderungs-Kommission war er deren Vorsitzer, besuchte die hier landenden Dampfschiffe und überwachte die Interessen der deutschen Passagiere. Vielen anderen Vereinen hatte sich Herr Herbert nützlich erwiesen. Als Mitglied des Männerchors war er besonders tätig, dem großen allgemeinen Sängerfeste (13.—18. Juli 1867) einen glänzenden Erfolg zu sichern. Er gehörte zum Sängerbunde, zum Schützenverein, zum Verwaltungsrat des Deutschen Hospitals, zur Concordialloge der Freimaurer, zur Franconia-Loge der Odd Fellows. Bei Empfangs-Komitees, der Anordnung von Festen und dergl. ließ er sich immer bereitwillig finden, durch Sammlungen und liberale Beisteuer für den nervus rerum zu sorgen. In besonders erfolgreicher Weise entfaltete er diese Tätigkeit als Mitglied und Vize-Präsident der Humboldt-Association, die es sich zur Aufgabe machte, dem großen deutschen Naturforscher Humboldt ein Standbild im Fairmount Park zu setzen. Auch in der flauesten Zeit verlor er nicht Mut und guten Willen. Noch ist daran zu erinnern, daß Herr Herbert bereits im Jahre 1855 als einer der Schuldirektoren die Errichtung einer Abend-schulklasse für den Unterricht Deutscher in der englischen Sprache durchsetzte. Herr Louis Wagner (später als General, als Mitglied des Stadtrates etc. bekannt geworden) war damals der Lehrer. Lorenz Herbert starb am 18. März 1879. Der damalige Präsident der Deutschen Gesellschaft, Herr Joseph Kinike, widmete ihm in seinem Jahresbericht folgenden Nachruf: „Von Lorenz Herbert, den wir durch den Tod verloren, darf gesagt werden, ohne Befürchtung, irgend

Jemand zu verletzen, daß er während einer länger als 30jährigen Tätigkeit in der Gesellschaft, mehr für die Entwickelung derselben aus bescheidenen und beengten Verhältnissen und zur Erreichung ihrer jetzigen Stellung gewirkt hat, als irgend ein anderes Mitglied seiner Zeit. Dieses Verdienst und die Lauterkeit seiner Beweggründe sichern ihm einen Ehrenplatz in der langen Reihe der Mitglieder der Gesellschaft, der ihm bleiben wird, solange diese selbst Bestand hat." Ein Bild des verdienten Mannes schmückt seit dem Jahre 1882 die Halle.

Hering, Constantin, der Vater der Homöopathie in Amerika, geboren am 1. Januar 1800 in Oschatz, Sachsen; studierte Medizin. Er war ein enthusiastischer Forscher, weswegen ihn seine Regierung schon 1826 nach Südamerika sandte, um das Pflanzen- und Tierreich wissenschaftlich zu erforschen. Sechs Jahre später löste er sein Verhältnis zur Regierung, zumal ihm der Auftrag geworden war, ein Buch gegen die eben aufgekommene Homöopathie, speziell gegen Hahnemann's Werke, zu schreiben. Saulus wurde zum Paulus, Hering ein begeisterter Anhänger Hahnemannscher Lehren. In Paramaribo wurde Hering mit Dr. Bute, einem Arzt und Missionär, bekannt, der ihn veranlaßte, 1832 nach Philadelphia zu reisen. Er gründete zuerst in Allentown, Pa., ein homöopathisches Kollegium. Dann verpflanzte er die Lehre Hahnemann's, die schließlich viele Anhänger fand, auch nach Philadelphia. Er starb daselbst am 23. Juli 1880 in hohem Alter, geachtet und hochgeehrt. Nach seinen Ableben nahm der Verwaltungsrat der Deutschen Gesellschaft folgende Beschlüsse an:

„Der Verwaltungsrat der Deutschen Gesellschaft hat mit Betrübnis vernommen, daß Dr. Constantin Hering, seit 1834 Mitglied der Gesellschaft, uns durch den Tod entrissen worden ist. Der Dahingeschiedene, der fast ein halbes Jahrhundert in unserer Stadt als Arzt und Schriftsteller aufs Erfolgreichste gewirkt hat, dessen Ruhm weit über die Grenzen unserer Stadt und unseres Staates hinausreicht, der mit seltener geistiger Spannkraft eine herrliche Tiefe des Gemüts verband und noch im höchsten Alter die Verwirklichung idealer Ziele mit rastlosem Eifer erstrebte, Dr. Hering, dessen Gedächtnisse wir in Gemeinschaft mit unseren Mitbürgern den Zoll der Achtung und Ehrerbietung schulden, hat auch als Mitglied unserer Gesellschaft Anspruch auf warme Anerkennung. Er schloß sich derselben vor 46 Jahren an, bald nachdem er Philadelphia zu seiner Heimat erkor und

stand treu zu ihr bis zu seinem Tode, nicht nur äußerlich mit ihr verknüpft, sondern aufs Freudigste ihre Zwecke und nützlichen Veranstaltungen fördernd, wie auch seine Pflege deutschen Sinnes, seine
Bemühungen um deutsche Bildung und seine tätige Menschenliebe eine
innige Sympathie mit den besten Bestrebungen unserer Gesellschaft
bekundeten. So bleibt denn sein Name bei uns in liebender Erinnerung. Seiner schwer betroffenen Familie aber bezeugen wir bei dem
bitteren Verluste, der sie betroffen hat, unsere aufrichtige Teilnahme.
Möge sie Trost in dem Gedanken finden, daß der Segen eines so reichen und tätigen Lebens in schrankenloser Dauer fortbesteht."

Herzog, Johann B., Bibliothekar der Deutschen Gesellschaft.
Er wurde im Jahre 1865 als Mitglied derselben aufgenommen und
am 29. Oktober 1877 zum Bibliothekar gewählt. Am 3. November
wurde er in sein Amt eingeführt, das er bis zu seinem am 12. September 1901 erfolgten Ableben bekleidete. Er war viele Jahre hindurch Leiter der deutsch-englischen Abendschule und Vorsteher einer
deutschen Privatschule, die sich zahlreicher Schüler erfreute. Er war im
Jahre 1831 in Bechtheim bei Worms geboren. In 1856 wanderte er,
nachdem er in Gießen Philologie studiert hatte, aus und erwählte
Philadelphia zu seinem dauernden Wohnsitz. Er zeichnete sich als
Dichter aus und schrieb mehrere Lehrbücher. Als Bibliothekar der
Deutschen Gesellschaft erwarb er sich dadurch große Verdienste, daß
er einen neuen Katalog anlegte und eine neue Bibliothek-Ordnung
einführte, welche den bis zu seiner Amtstätigkeit üblichen Verlust
zahlreicher wertvoller Werke verhinderte. Seine Tochter, Frl. Lina
Herzog, wurde seine Nachfolgerin und leitet jetzt die Bibliothek der
Gesellschaft.

Hexamer, Charles Adolph, geboren in Hoboken, N. J., im Jahre
1852. Ließ sich im Jahre 1874 als Ingenieur in Philadelphia
nieder und trat der Deutschen Gesellschaft als Mitglied bei. Herr
Hexamer bekleidete von 1900 bis zu dem Jahre 1907 inkl. das
Ehrenamt eines Direktors der Gesellschaft. Er ist Mitglied des Stadtrates.

Hexamer, C. J., Dr., Präsident der Deutschen Gesellschaft und
Gründer des D. A. Nationalbundes, sowie Präsident desselben, geboren in Philadelphia am 9. Mai 1862 als Sohn eines Mannes, in
dessen Jugend der Freiheitskampf Deutschlands und seiner engeren

Heimat, Baden, hineinspielte, und der dadurch eine gewisse Groß-
zügigkeit und einen idealen Charakterzug erhielt. Die Mutter C. J.
Hexamer's war eine echt deutsche Frau, welche ihrem Sohne die herr-
lichste Gabe des deutschen Volkes, das deutsche Gemüt, und damit
die Liebe zur deutschen Sprache mit auf den Lebensweg gab. Der
deutsche Grundton im Charakter Dr. Hexamer's betätigte sich in
seinem Wirken. Seit 1883 gehört dieser um das Deutschtum in ganz
Amerika hoch verdiente Mann der Deutschen Gesellschaft an und bekleidete nacheinander die Aemter eines Armenpflegers, Vorsitzers des
Bibliotheks-Komitees und von 1900—1916 das Amt des Präsidenten. Als solcher hat Dr. Hexamer Großes für die deutsche Sache
im Allgemeinen und die Deutsche Gesellschaft im Besonderen geleistet.
Die letztere nahm unter seiner Leitung einen wesentlichen Aufschwung.
Dr. Hexamer machte sie vor allem in den weitesten Kreisen populär
und schuf in ihr den Mittelpunkt der deutschen Bestrebungen in der
Stadt Philadelphia. Hier vereinte er das Deutschtum zu Festlichkeiten und ernsten Beratungen, immer und überall unermüdlich im
Interesse des Volkes wirkend, dem er entstammt und auf das er stolz
ist. Er gilt heute in ganz Amerika als Vorkämpfer deutscher Art,
Recht und Freiheit. Erfüllt von dem Idealismus der Besten des
deutschen Stammes, trägt er das Banner der deutschen Kultur und
Sitte und wirkt unermüdlich mit hingebendem Opfermut für die
deutsche Sache.

Dr. Hexamer sieht den schönsten Lohn seines Wirkens in den Erfolgen, welche die deutsche Bewegung zeitigt. Ein Idealist im edelsten Sinne des Wortes, rechnet er niemals auf Lohn oder Dank für
das Gute, was er für das amerikanische Deutschtum tun konnte.
Und mit diesem deutschen Idealismus, der niemals verzagt und niemals versagt, vereint Dr. Hexamer echte Liebe zur Freiheit, für die
er unermüdlich eintritt. Das Deutschtum folgt ihm mit opferwilliger
Begeisterung auf dem Pfade, der immer weiter hinauf leitet, und die
beständig sich mehrende Verehrung, die Dr. Hexamer von den Deutschen des Landes erwiesen wird, und die Begeisterung, mit der er
überall empfangen wird, sind untrügliche Zeichen, daß man das
wahre Wesen des Mannes zu erkennen beginnt, eines Edelmenschen,
der wie kein zweiter zur Führerrolle berufen ist, weil er nichts für
sich selbst verlangt, aber alles für den Ruhm und die Anerkennung
seines Stammes.

Der zähen Hartnäckigkeit seines Charakters ist es gelungen, ein Ziel zu erreichen, das den gewiegtesten Kennern des deutschen Elementes in Amerika ein unerreichbares erschien und das in das Bereich der Träume verwiesen wurde. Ihm ist die Gründung des Nationalbundes, die Einigung und Zusammenfassung des deutschen Elementes in den Vereinigten Staaten gelungen. Unermüdliche Arbeit brachte ihn an das Ziel, und selbst einige von denen, die ihm behilflich waren und ihn unterstützten, sahen schließlich hinter seinen hochstrebenden Plänen ehrgeizige und selbstsüchtige Absichten. Viele Jahre sind seit der Gründung des Bundes vergangen. Dr. Hexamer spielte bei den größten Veranstaltungen und Ereignissen stets eine führende Rolle, ohne daß auch nur die leiseste Spur des vermuteten politischen Ehrgeizes hervorgetreten wäre. Ebenso wenig stichhaltig war die Annahme, daß Dr. Hexamer um geschäftlicher oder finanzieller Vorteile halber seine Zeit, seine Kraft und Energie dem Mühen und Gedeihen der deutschen Bewegung gewidmet habe, denn er ist finanziell vollständig unabhängig und hat stets nur Opfer gebracht, ohne einen Entgelt zu beanspruchen. Im Gegenteil hat er alle persönlichen Interessen den für ihn höheren seines Volkstums untergeordnet. So selten es vorkommen mag, in diesem Falle ist der Beweis dafür erbracht worden, daß ein ideal veranlagter Charakter, beseelt von Liebe für seine Stammesgenossen, in uneigennützigster Weise für sie wirken und immer nur einzig und allein ihr Wohl im Auge haben kann.

Als der Krieg in Europa ausbrach, richtete Dr. Hexamer sein Augenmerk auf das Hilfswerk für die Kriegsnotleidenden der Heimat. Es wurde in der Halle der Deutschen Gesellschaft bereits am 9. August 1914 eingeleitet, wenige Tage nachdem der Krieg erklärt war. In Wort und Schrift trat er für die Wahrheit und für Deutschlands gute Sache ein, die er mit gewohnter Energie und mit unverzagtem Mute verteidigte. Seine Bestrebungen wandten sich außerdem der Herbeiführung eines Waffen- und Munitions-Ausfuhrverbots, der Sicherung wahrer Neutralität und der Unterstützung von solchen dem Kongreß unterbreiteten Maßnahmen zu, welche auf Erhaltung friedlicher Beziehungen zwischen den Vereinigten Staaten und Deutschland hinzielten. Infolgedessen wurde der furchtlose Vorkämpfer der Wahrheit über den Krieg von der angloamerikanischen Presse in schmachvollster Weise angegriffen und verleumdet. Schließlich wurde ihm von Regierungswegen bedeutet, er dürfe als Präsident einer vom Kongreß inkorporierten Vereinigung, wie der Deutschamerikanische Nationalbund es ist, nicht am politischen Leben sich beteiligen. Das hinderte aber Dr. Hexamer nicht, sich als Bürger der Vereinigten Staaten daran zu beteiligen und seine Ansichten seinen Mitbürgern deutschen Stammes kundzutun.

Die Leitung der Geschäfte der Deutschen Gesellschaft wollte er schon am Schluß des Jahres 1915 niederlegen, ließ sich aber bewegen, die Präsidentenwürde auch im Jahre 1916 zu bekleiden. Ende des Jahres erklärte er seinen Rücktrittsentschluß für unerschütterlich und empfahl Herrn John B. Mayer als Nachfolger. Letzterer wurde darauf nominiert. Die Deutsche Gesellschaft hatte Dr. Hexamer im Jahre 1907 durch Ernennung zum Ehrenmitgliede geehrt. Das Diplom wurde ihm bei einem ihm zu Ehren veranstalteten Bankett überreicht, das am 1. Juni des genannten Jahres stattfand. An seinem fünfzigsten Geburtstage wurde Dr. Hexamer durch ein Bankett in der Halle der Deutschen Gesellschaft vom Deutschtum des ganzen Landes geehrt. An demselben, das am 9. Mai 1912 stattfand, nahm außer Vertretern des Deutschtums aus allen Staaten auch der deutsche Botschafter, Graf Bernstorff, teil. Dr. Hexamer wurde beim Niederlegen des Präsidenten-Amtes zum Ehren-Präsidenten der Deutschen Gesellschaft einstimmig erwählt.

Heyer, Frederick, Anwalt 1860—1868, 1870, 1871, wurde den 16. November 1834 in Helmstädt geboren. Sein Vater, der Kürschner Karl A. Heyer, wanderte wenige Jahre darauf mit seiner Familie aus und ließ sich in Philadelphia nieder, wo Hr. F. H. seine Erziehung erhielt und 1850 in der Hochschule graduierte. Er widmete sich dem Studium der Rechte, ward 1855 zur Advokatur zugelassen und erwarb sich bei seinem zuverlässigen Charakter und seinen gediegenen Kenntnissen bald eine ausgedehnte Praxis. Leider war Herr Heyer infolge schweren Siechtums seit 1871 ans Haus gefesselt gewesen. Er starb im Jahre 1877.

Heyl, Hermann, geboren am 5. Oktober 1857 in Ulm a. d. Donau, kam im Jahre 1881 nach Philadelphia, wo er in das Bankgeschäft von Narr & Gerlach trat. Im Jahre 1890 machte er sich selbständig. Sein Bank- und Passage-Geschäft befindet sich zurzeit an 6. und Arch Straße. Seit dem Jahre 1899 gehört Herr Heyl der Deutschen Gesellschaft an und zählt zu den verdienstvollsten Mitgliedern derselben. Von 1901—1914 war er als Direktor derselben tätig und versah gleichzeitig von 1905—1914 das Amt eines Sekretärs des Komitees für Vorlesungen usw. Im Mai 1914 wurde er zum Schatzmeister der Gesellschaft gewählt, eine Wahl, die den besten Beweis dafür erbringt, wie hoch Herr Heyl von den Mitgliedern geschätzt wird. Seit Januar 1914 ist Herr Heyl auch Vorsitzender des Komitees für Vorlesungen und Unterhaltungen und hatte als solcher die Leitung der Arrangements bei der denkwürdigen Feier des 150. Jubiläums der Deutschen Gesellschaft sowie der Feier des hundertsten Geburtstags Otto von Bismarck's in Händen. Im Laufe der langen Jahre, die Herr Heyl in Philadelphia ansässig ist, nahm er an allen Veranstaltungen und Bestrebungen den regsten Anteil und war immer dort in erster Linie tätig, wo er dem Deutschtum am besten nützen konnte. Er fungierte zwei Jahre lang als Schatzmeister des deutsch-österreichisch-ungarischen Hilfsfonds für die Kriegsnotleidenden. Seit Dr. Bernt's Ableben ist er Agent der Deutschen Gesellschaft.

Hilßheimer, Jacob, Aufseher 1782 und 1783; Vize-Präsident 1789, 1791 und 1792, war zur Zeit der Revolution ein angesehener und beliebter Mann. Er hielt Stallung und Pferde (am 13. Oktober 1779 bekam er den Auftrag, für die Pferde der Kongreßmitglieder zu sorgen), war 1778 Mitglied der patriotischen Association, gehörte zum ersten Bataillon der Pennsylvanischen Staatsmiliz und saß von 1786—1797 in der Assembly. Als 1791 gegen die zwei deutschen Kandidaten Jacob Hilßheimer und Heinrich Kämmerer intriguiert wurde, erschien in der Philadelphia Correspondenz folgender Nachtwächterruf:

Hört! ihr Leute, laßt's euch sagen,
Die Glocke hat schon Eilf geschlagen;
Erwacht der deutsche Geist nun nicht,
So klagt nicht, wenn euch Leids geschicht.

Und mit Rücksicht auf die Opposition gegen die Deutschen ruft der Zeitungsschreiber: Brüder, deutsche Brüder, ist das recht? Kann ein deutscher Mut solchen Schimpf ertragen? — Hilßheimer wurde erwählt, Kämmerer nicht. Hilßheimer bewohnte 1791 das Haus an der S.-W. Ecke der Market und 7. Straße, wo Jefferson die Unabhängigkeitserklärung geschrieben hat, war 1778 ein Trustee der Reformierten Kirche und starb 1798.

Hoffmann, Joh. Wilhelm. Einer der Gründer und der erste Sekretär der Deutschen Gesellschaft (1764—1771), war ein Zuckersieder und eine Zeitlang mit J. Kornmann associiert, von dem er sich 1767 trennte. Er war ein angesehenes Mitglied der Reformierten Kirche in der Race Str., 1764 ein Trustee derselben. Er starb den 19. September 1775 und hinterließ eine Wittwe, Mary, aber keine Kinder. Sein Neffe war der Kaufmann Leonhard Jacoby, einer der Präsidenten der Deutschen Gesellschaft, dem er unter Anderem seinen Paradedegen mit silbernem Griff vermachte.

Holstein, Otto, Mitglied 1868, Direktor 1880—1884 und 1886 bis 1887. Er war am 16. Januar 1821 in Glogau, Schlesien, geboren. Er studierte Jurisprudenz. Im Jahre 1854 kam er nach Amerika. Nach kurzem Aufenthalt in New Orleans und dann in Arkansas ließ er sich im Jahre 1857 dauernd in Philadelphia nieder. Er gründete als erster in hiesiger Stadt eine Handlung in aetherischen Oelen und Vanilla-Bohnen. Er nahm an deutschen Bestrebungen sowie solchen wohltätiger Art hervorragenden Anteil. Er starb am 20. August 1913. Seine Asche wurde im West Laurel Hill-Friedhofe beigesetzt.

Holtzbecher, G. F., 1808 Sekretär, war aus Schlesien gebürtig. Er kam 1795 nach Philadelphia, etablierte sich als Importeur und war mehrere Jahre mit J. N. Harmes associiert. Aus Gesundheitsrücksichten gab er 1808 sein Geschäft auf und legte sich in Delaware, wo er eine Farm von 300 Ackern kaufte, auf den Landbau. Obschon nur mit theoretischen Kenntnissen ausgerüstet, war er sehr erfolgreich, und die Agricultural Society von Pennsylvanien erwählte ihn zum Ehrenmitgliede. Er starb im Alter von 62 Jahren am 13. Dezember 1832.

Horstmann, William J., Präsident 1866—1872, war der älteste Sohn des Herrn Wm. H. Horstmann und 1819 in Philadelphia geboren.

Gedenken wir zuerst mit einigen Worten des Vaters, eines Mannes von großem Unternehmungsgeist und stark ausgeprägter Individualität. Aus Hessen-Cassel gebürtig, wo er die Litzen- und Fransenweberei erlernte, unternahm er nach Ablauf seiner Lehrjahre eine Wanderung im großen Stile. Der rastlose Drang, seine Kunstfertigkeit auszubilden und die Welt kennen zu lernen, führte ihn in viele Länder, und mit scharfer Beobachtungsgabe sammelte er einen reichen Schatz von Erfahrungen. In Paris war er mehrere Jahre der Vormann eines bedeutenden Geschäfts; in seinen dortigen Aufenthalt fallen die „hundert Tage" zwischen Elba und Waterloo. Im Jahre 1815 kam er nach Philadelphia, etablierte mit geringem Kapital eine Litzen- und Fransenweberei, 1824 führte er Maschinerie zum Bortenwirken ein, 1826 den Jacquard Webestuhl, 1838 Webemaschinen eigener Erfindung, vermittelst deren er bessere Posamentierarbeit lieferte, als die importierte. Im Jahre 1831 baute er eine Fabrik an der Germantown Road und Columbia Avenue, welche bis 1852 benutzt wurde. Besatzartikel und Ausrüstungsgegenstände fürs Militär (Epauletten, Schnüre, Knöpfe, Trommeln, Handhaben und Scheiden für Schwerter, Fahnen u. s. w.), sowie Posamentierarbeiten für Kutschen waren die hauptsächlichen, aber nicht einzigen Fabrikate seines ausgedehnten Etablissements, das unbedingt das größte der Art in den Ver. Staaten war und geblieben ist.

Persönlich war Herr W. H. Horstmann ein Mann von einfachem geradem Wesen, hellem Verstand und warmem Herzen. Seine Unterhaltung war lebhaft und launig, der Schatz seiner Erinnerungen unerschöpflich; gern verkehrte er mit gewählten deutschen Freunden, war auch stets bereit, zu helfen und zu dienen. An den Ereignissen von 1848 nahm er den lebhaftesten Anteil, und vielen politischen Flüchtlingen erwies er sich gefällig. Er starb im Jahre 1850.

Aus der 1817 mit Frl. Hoedley eingegangenen Ehe entsprossen drei Söhne und zwei Töchter. Der älteste Sohn, William J. Horstmann, wurde 1819 geboren, erhielt seine erste Erziehung mit seinem Bruder Sigismund in Litiz von Herrn J. Beck, seine weitere Ausbildung in Deutschland und Frankreich. Beide Brüder traten 1840 in Teilhaberschaft mit ihrem Vater, und als dieser sich 1845 zurückzog, übernahmen sie das Geschäft, das an Ausdehnung und an Mannigfaltigkeit gewobener und gewirkter Fabrikate rascher als je zunahm. Im Jahre 1852 errichteten sie das große Fabrikgebäude an der Ecke der Fünften und Cherry Straße, wo vordem der Begräbnisplatz der Michaelis-Kirche gewesen war.

Aber wir haben es hier nicht mit dem erfolgreichen Fabrikherrn, sondern mit dem Menschenfreunde Horstmann zu tun. Er verwandte seine reichlichen Mittel in liberalster Weise, und zwar so, daß außer den zunächst Beteiligten kaum Jemand davon erfuhr.

Manche benötigte Familien erhielten durch ihn Hülfe, ohne ihren Wohltäter zu kennen.

In Amerika geboren und an der Spitze eines großartigen Geschäftes stehend, dessen tausend Fäden durch seine Hand liefen, blieb Hr. W. J. Horstmann, vor seiner Erwählung zur Präsidentschaft der Deutschen Gesellschaft, dem hiesigen deutschen Leben einigermaßen fremd. Aber einmal gewählt, führte er das Steuer, als wäre das Gedeihen der Gesellschaft die Hauptaufgabe seines Lebens. Mit dem durchdringenden Auge des Geschäftsmannes war er, sozusagen, überall gegenwärtig und überschaute das Detail aller Gesellschaftsinteressen. Dabei entledigte er sich seiner Pflichten mit Bescheidenheit und Takt und erzielte ein frohes selbstständiges Zusammenwirken aller Kräfte. Es ward ihm wohl unter den Deutschen, deren heitere Geselligkeit seinem Wesen zusagte.

Auch andern gemeinnützigen Unternehmungen lieh er bereitwillig seine Hülfe: Dem Deutschen Hospital, dem Humboldt-Verein, der School of Design for Women, Preston Retreat, Nurses' Home, der Teutonia Feuer-Versicherungs-Gesellschaft. An allen diesen Vereinen war er als Präsident oder Direktor beteiligt. Er war ferner Ehrenmitglied der Gesangvereine Männerchor und Sängerbund, Mitglied des Jungen Männerchors, Schützen-Vereins und verschiedener anderer sozialer und wohltätiger Gesellschaften.

Herr Horstmann starb am 10. Mai 1872 in San Francisco, wohin er mit einem Teil seiner Familie eine Erholungsreise unternommen hatte. Während derselben verschlimmerten sich seine Lungenbeschwerden, und er verschied wenige Tage nach seiner Ankunft. Er wurde in Philadelphia den 25. Mai auf Laurel Hill Cemetery begraben; eine würdevolle Leichenfeier in der Halle der Deutschen Gesellschaft ging der Beerdigung voraus.

Hotz, Martin, geboren in Brensbach, Hessen-Darmstadt, im Jahre 1830. Kam am 14. August 1856 nach Amerika und ließ als Drechsler sich in Philadelphia nieder. Im Jahre 1868 trat Herr Hotz der Deutschen Gesellschaft als Mitglied bei und wurde im Jahre 1899 zum Direktor gewählt, als welcher er an allen Bestrebungen der Gesellschaft, namentlich der Armenpflege, und des Deutschtums im Allgemeinen regen Anteil nahm. In Anbetracht seiner Verdienste wurde er im Jahre 1910 zum Ehrenmitglied der Deutschen Gesellschaft ernannt.

Huch, Carl Friedrich, wurde am 5. September 1830 in der Stadt Braunschweig geboren, wo er bis zu seinem vierzehnten Jahre die Garnisonschule besuchte. Als dann sein Vater als Zolleinnehmer nach einem braunschweigischen Dorfe, Merzhausen, versetzt wurde, erhielt er noch Unterricht bei dem Pastor des benachbarten hannöverischen Dorfes Mackensen und wurde dort konfirmiert. Im Jahre 1846 kam er als Schriftsetzerlehrling in eine Buchdruckerei in Braunschweig, verließ sie jedoch Ostern 1848, um im dortigen Collegium Carolinum Ingenieurwissenschaften zu studieren. Er nahm regen Anteil an der damaligen freiheitlichen Bewegung und wurde Mitglied der von den Collegianern und Turnern gebildeten Volkswehrkompagnie. Im September 1850 wanderte er, als erster seiner Familie, nach Amerika aus und kam am 6. November mit dem Schiffe „Louise Marie", Kapitän Wencke, als Zwischendeckspassagier mit einem Barvermögen von fünf Dollars in Philadelphia an.

Da es ihm nicht gelang, in seinem Studienfache Beschäftigung zu finden, so nahm er nach einigen Wochen eine Stelle als Setzer an einer englischen Wochenzeitung an, da ihm die englische Sprache schon geläufig war. Er durchreiste Amerika bis nach St. Louis und arbeitete als Setzer, fast immer in Tageszeitungs-Druckereien, in Philadelphia, New York, Norfolk und Cincinnati. Im Januar 1854 erhielt er eine Stelle im Kontor der größten und ältesten Schriftgießerei in Philadelphia, wurde 1856 zum Buchhalter und Kassierer befördert und als nach dem Tode eines der Teilhaber die Ueberlebenden anfangs 1885 das Geschäft unter dem Namen The MacKellar, Smith and Jordan Company inkorporieren ließen, erwarb er einen Anteil und wurde einer der Inkorporatoren und Direktoren. Als im Jahre 1889 der Schatzmeister John F. Smith starb, wurde er zu dessen Nachfolger erwählt und verwaltete dieses Amt noch, als die Kompagnie im November 1892 ihre im Jahre 1796 gegründete Schrift- und Stereotypen-Gießerei an die American Type Founders Company verkaufte.

Huch zog sich nun ganz vom Geschäft zurück und behielt seinen Wohnsitz in Philadelphia, verbrachte aber jedes Jahr die Sommermonate mit seiner Familie auf seinem Landsitze in den Allegheny-Bergen. Er verheiratete sich im Jahre 1873 mit einer hier geborenen Deutschamerikanerin, Anna Creutz, die ihn mit einer Tochter und drei Söhnen beschenkte. Im Jahre 1902 besuchte er mit Frau und Tochter das alte Vaterland zum ersten Male wieder und sandte

im Jahre 1906 seine beiden jüngsten Söhne dorthin, damit sie deutsches Leben aus eigener Anschauung kennen lernten.

Einen großen Teil seiner freien Zeit verwandte Huch auf das
deutsche Vereinsleben. Er beteiligte sich an fast allen Sängerfesten
des Nordöstlichen Sängerbundes, sowie an vielen kleineren in pennsylvanischen Landstädten. Er vertrat seinen Verein, die Harmonie,
als Delegat bei den Vereinigten Sängern Philadelphias. Im Jahre
1866 wurde er Mitglied der Deutschen Gesellschaft. In 1880 wurde
er Mitgründer des Deutschen Pionier-Vereins, einer zur Förderung
deutschamerikanischer Geschichtsforschung von Professor Oswald
Seidensticker in's Leben gerufenen Gesellschaft. Als Sekretär desselben leitete er die Herausgabe seiner „Mitteilungen." Er war
Mitglied der Deutsch-Amerikanischen Historischen Gesellschaft und
war ihr erster Vize-Präsident. Auch der Historical Society of
Pennsylvania gehörte er an.

Obgleich Huch schon in den Jahren 1848-50 Artikel für die
„Blätter der Zeit" in Braunschweig schrieb, so hatte er doch, während er in Amerika geschäftlich tätig war, weder Lust noch Zeit zu
literarischen Arbeiten, die er deshalb nur sehr selten unternahm.
In der letzten Zeit seines Lebens hatte er sich aber anhaltend mit
deutschamerikanischer Geschichtsforschung beschäftigt und das Ergeb-
nis zum Teil in den "German-American Annals" und den „Mitteilungen des Deutschen Pionier-Vereins" veröffentlicht. Er war
Jahre lang Vorsitzender des Archiv-Komitees der Deutschen Gesellschaft und Mitglied des Verwaltungsrates. Er starb am 20.
März 1914.

Hungerbühler, J. C., Mitglied 1873, Direktor 1891 und 1892.
Er war in Dozweil im Kanton Thurgau in der Schweiz am 20. April
1819 geboren. Im Jahre 1853 wanderte er nach Amerika aus.
Nachdem er mehrere Jahre in anderen Geschäften tätig gewesen war,
gründete er im Jahre 1866 eine Spirituosen-Engroshandlung in No.
636 Callowhill Straße, die er bis zu seinem am 3. September 1898
erfolgten Tode betrieb. Er spielte in Sängerkreisen eine bedeutende
Rolle. Das Amt des Schatzmeisters der Schweizer Wohltätigkeits-
Gesellschaft legte er nach jahrelanger Verwaltung erst in der letzten
Jahresversammlung, der er beiwohnte, nieder.

Ikler, Jacob, Mitglied 1867, Direktor 1887, 1888, 1889,
1893. Er war im Jahre 1835 in Süddeutschland geboren, erlernte

die Tischlerei, betätigte sich in seinem Handwerk, nachdem er sich hier niedergelassen hatte, und übernahm die später Collmar'sche Wirtschaft an der Vine zwischen der 8. und 9. Straße, welche er zum Sammelpunkte des Deutschtums machte. Im Jahre 1879 zog er sich vom Geschäft zurück. Er starb am 4. Juni 1894. Er nahm besonders regen Anteil am Jungen Männerchor. Er war Vorsitzer des Bau-Komitees, als der Junge Männerchor seine Halle baute, und war Mitglied des Bau-Komitees, als die Deutsche Gesellschaft ihr jetziges Heim errichtete.

Jacoby, Leonhard, Aufseher 1789 und 1790, Vizepräsident 1795—1797 und Präsident 1798—1800, war aus Crefeld gebürtig und kam auf Veranlassung seines Onkels, des Zuckersieders J. W. Hoffmann, nach Amerika. Er etablierte an der Nordost-Ecke der 2. und Race Straße ein Import- und Handelsgeschäft mit deutschen und holländischen Waren; diese bestanden nach der Sitte der Zeit aus sehr verschiedenartigen Artikeln, Beuteltüchern, Saffran, Muskatnüssen, Sensen, Dolchen, Gebetbüchern etc. — Er erwarb sich ein ansehnliches Vermögen, und nach ihm ist die Jacoby Straße benannt worden. Während des Unabhängigkeits-Krieges stand er beim dritten Bataillon der Pennsylvanischen Miliz in Kapitän Benj. Armbrusters Kompagnie. Am 17. September 1778 verheiratete er sich mit Frl. Margarethe Eppele und hatte mit ihr mehrere Söhne und Töchter. Durch die Nachkommen seines Sohnes Franz (geb. 1783) hat sich Jacoby's Name in unserer Stadt erhalten. Er starb den 5. September 1822 im Alter von 81 Jahren; seine Frau überlebte ihn geraume Zeit; sie starb im Alter von 85 Jahren am 11. Januar 1832.

Im Besitze der Familie befindet sich ein Stammbaum, der die Linie bis zu einem Förster Georg Jacoby zu Durchwaldorf im Voigtlande (geb. 1510) zurückführt. Auch die meisten Zwischenglieder waren Förster und Jäger; doch Leonhard's Vater, Christoph Jacoby, ein Kaufmann.

Kald, Victor, Mitglied 1869, Direktor 1888, 1889, 1890, 1891, 1892, 1893, 1894, 1895, 1896, 1897, 1898, 1899, 1900. Das Ableben des wackeren Mannes, der auch in Freimaurer- und Turner-Kreisen eine hervorragende Rolle spielte, am 31. März 1900 rief allgemeine Trauer hervor. Er war dreimal Sprecher der Philadelphia Zungemeinde. Er bekleidete das Amt während des Bundes-

Turnfestes im Jahre 1879 in Philadelphia. Für das Bundes-Turnfest, das im Jahre 1900 hier stattfand, das er aber nicht mehr
erlebte, war er zum Vorsitzenden des Dekorations-Komitees ernannt
worden. Victor Kalck war am 18. Januar 1838 in Speier in der
Rheinpfalz geboren. Als er 16 Jahre zählte, kam er mit seinem
Vater und seinen Geschwistern nach den Vereinigten Staaten. Die
Familie ließ sich in Philadelphia nieder. Bei seinem Vater erlernte
Victor Kalck das Maler-Handwerk. Beim Ausbruch des Bürgerkrieges trat er in das Turner-Bataillon des 29. New Yorker Frei-
willigen-Regiments ein und wurde während seiner 3 Jahre und 4
Monate währenden Dienstzeit zum ersten Leutnant befördert. Er
war in zweiter Ehe vermählt mit einer Tochter des bekannten freireligiösen Predigers Schuenemann-Pott. Frau Minna Kalck war
eine geistig bedeutende Frau, die vereint mit ihrem Gatten in deutschen Kreisen eine große Rolle spielte und sich große Verdienste um
das gesellige Leben erwarb. Die Deutsche Gesellschaft ehrte das
Andenken des wackeren Mannes, dessen Bild ihre Halle schmückt, in
warm empfundenen Beileidsbeschlüssen.

Kämmerer, H., Aufseher 1775, 1786, Sekretär 1776, 1780;
Anwalt 1781—1784 und 1790—1794. Vize-Präsident 1788.
Präsident 1789; war ein Papier- und Buchhändler, in der Nord 3.
Straße wohnhaft. In der Revolution war er Kapitän; 1776 Sekretär der deutschen Associators (Freiwilligen), 1793 Präsident der
deutschen republikanischen Gesellschaft; von 1792—1794 Mitglied
der Assembly. Am 6. November 1792 associierte er sich mit dem
Buchdrucker und Zeitungsherausgeber Melchior Steiner; sie publizierten die Philadelphische Correspondenz und eine Anzahl deutscher
Bücher unter der Firma Steiner und Kämmerer. Letzterer scheint
1797 gestorben zu sein.

Katz, Arnold, geboren in Bobenhausen, Oberhessen, am 7. September 1857. Kam im Jahre 1876 nach Amerika und ließ sich im
gleichen Jahre in Philadelphia nieder, wo er ein Bank- und Passage-
Geschäft gründete, dessen Leitung er heute noch in Händen hat. Herr
Katz, der unter anderem auch das Amt eines österreichisch-ungarischen
Vize-Konsuls, später das eines holländischen Konsuls bekleidete, gehört der Deutschen Gesellschaft seit dem Jahre 1877 als Mitglied
an. Herr Katz bekleidete im Jahre 1887 in der Deutschen Gesell-

schaft das Amt eines Direktors. Er war unter anderem auch Mitglied des Einwanderungskomitees, des Schulkomitees und des Finanzkomitees. Auch als Sekretär des Finanzkomitees wirkte Herr Katz, der an allen deutschen Bestrebungen den regsten Anteil nahm, im Interesse der Gesellschaft. Für seine Dienste als österreichischer Vizekonsul erhielt Herr Katz von Kaiser Franz Josef das Ritterkreuz des Franz Josef Ordens und als holländischer Konsul den Oranje-Nassau-Orden.

Keebler, Godfrey, Mitglied 1867, Aufseher 1873 und 1874, Vorsitzender des Einwanderungs-Komitees von 1888 bis 1892. Er war am 17. Februar 1822 in Hüttenberg, Oberamt Backnang, Württemberg, geboren. Im Jahre 1824 siedelten seine Eltern nach Schloß Reichenberg im Murrtale über, und hier verlebte er seine Kinderjahre. Im Jahre 1832 wanderten Keebler's Eltern nach Amerika aus. In den ersten Jahren ihres Hierseins hatte die Familie schwer zu kämpfen. Der junge Keebler hatte ein Unterkommen und Arbeit bei einem Verwandten des späteren Gouverneurs Pennypacker bei Valley Forge, Pa., gefunden. Er war jahrelang in amerikanischen Häusern beschäftigt und vergaß zum Teil die deutsche Muttersprache. Aus jener Zeit stammt die Englisierung seines deutschen Namens Gottfried Kübler in den dem Amerikanern mundgerechteren Namen Godfrey Keebler, den er beibehielt. Als er später in deutsche Kreise kam, eignete er sich schnell wieder die Kenntnis der deutschen Muttersprache an, doch bediente er sich in seinen Reden mit Vorliebe des Englischen, das ihm geläufiger war. Er kam 1850 nach Philadelphia, erlernte die Bäckerei und gründete eine Groß-Bäckerei an der 22. und Vine Straße. Er war einer der Gründer des Cannstatter Volksfest-Vereins, dessen Präsident er im Jahre 1875 wurde. Er bekleidete das Amt achtzehn Jahre lang. Er war Mitglied des Schützen-Vereins und der Deutschen Hospital-Gesellschaft. Er war ein wackerer, ehrenhafter, echt deutscher Mann. Er starb am 8. September 1893.

Keemle, Samuel, Anwalt der Deutschen Gesellschaft 1817 bis 1836, Präsident 1837—1842, der Sohn des Dr. Keemle wurde den 2. November 1787 in Philadelphia geboren. Er starb den 20. Juli 1847. Herr Samuel Keemle studierte die Rechte unter Charles Chauncey, Esq., und war einer der angesehensten Advokaten in Philadelphia. Seine vorzügliche Rechtskenntnis und makellose

Ehrenhaftigkeit erwarben ihm allgemeine Achtung. Er beteiligte sich lebhaft an der Politik und präsidierte 1808 bei einem Feste der jungen Demokraten im Shakespeare Hotel. Verschiedene Mitglieder der Familie schreiben sich Kühmle, Keehmle, Keemle und Keimle.

Kellner, Gottlieb Theodor, wurde am 27. August 1819 zu Kassel im ehemaligen Kurhessen geboren, wo sein Vater Finanzbeamter war. Er studierte von 1840 bis 1845 Rechts- und Staatswissenschaften, Geschichte und Philosophie in Marburg und Heidelberg und lieferte Gedichte, belletristische und politische Skizzen für Dingelstedt's „Salon" und Gutzkow's „Telegraph". Als Rechtskandidat 1845 in Kassel mit literarischen und journalistischen Arbeiten beschäftigt, wurde er wegen Teilnahme an der Stiftung deutsch-katholischer Gemeinden nebst Professor Bayrhoffer von Marburg und wegen verschiedener Aufsätze in Biedermann's „Monatsschrift" über die Ständeversammlung in Kurhessen, in Untersuchung gezogen und habilitierte sich infolgedessen 1846 an der Universität Göttingen, nachdem er dort Doktor der Philosophie geworden, als Privatdozent für Politik und Staatswissenschaften. Seine Habilitationsschrift lautete „Zur Geschichte des Physiokratismus", und seine Vorlesungen hielt er über Politik, französische Staats- und Rechtsgeschichte, sowie über die Systeme des Sozialismus und Kommunismus.

Beim Ausbruch der Revolution im Jahre 1848 kehrte Kellner nach Kassel zurück und stiftete dort mit Heinrich Heyse, seinem Vetter und Jugendfreunde, den demokratisch-sozialen Verein. Zu gleicher Zeit gab er „Hessenlieder" und mit Heinrich Heyse ein demokratisch-soziales Programm heraus. Auch gründete er „Die Hornisse", die zuerst wöchentlich, dann täglich erschien, und bei ihrer Unterdrückung an 9000 Subskribenten hatte. Im Jahre 1850 wurde Kellner von Bockenheim in den kurhessischen Landtag gewählt und war Mitglied des permanenten landständischen Ausschusses.

Als nach dem Gefechte bei Bronzell (8. November 1850) die Bundestruppen, Bayern und Oesterreicher, am 22. Dezember 1850 in Kassel einrückten, waren die beiden Redakteure der Hornisse, Kellner und Heyse, am meisten gefährdet, da der Groll des Feldmarschall-Leutnants von Leiningen sich besonders gegen diese richtete, so daß er an der Gasthoftafel zu Fulda öffentlich erklärte: „Sobald ich nach Kassel gekommen bin, lasse ich die Redakteure der Hornisse an die Kanonen binden und todtschießen." Die beiden Redakteure verließen Kassel noch vor dem Einrücken der Bundestruppen, welche die Druckerei der Hornisse zerstörten. Kellner begab sich zunächst nach Bremen und dann nach dem Klostergute Wormeln bei Warburg (Paderborn), wo er und Heyse im Hause des ihnen befreundeten und gesinnungsverwandten Gutsbesitzers Blomeyer gastliche Aufnahme fanden. Doch während Heyse nur kurze Zeit dort blieb, vermochte Kellner sich nicht von seiner Gattin zu trennen und blieb in seinem abgelegenen Zufluchtsorte, um hier ihre öfteren Besuche zu empfangen. Sein Versteck wurde entdeckt, Kellner verhaftet und an die kurfürstliche Regierung ausgeliefert, worauf er in der Nacht vom 13. auf den 14. August 1851 als Gefangener in das Kastell zu Kassel abgeführt wurde, dessen Festigkeit und Lage hart am Fuldaflusse jeden Fluchtversuch unmöglich zu machen schien.

Dennoch gelang es am Abend des 13. Februar 1852, gerade sechs Monate nach seiner Einkerkerung, Kellner aus seiner Haft zu befreien. Es war nämlich seiner Gattin Regina, geborene Heß, mit der er sich nach seiner Rückkehr von Göttingen verheiratet hatte, und ihren beiden Brüdern gelungen, den Gefreiten Friedrich Zinn und einige andere Freunde und Gesinnungsgenossen für den Fluchtplan zu gewinnen. Zinn benutzte seine öftere Wache im Kastell, um sich Wachsabdrücke des Schlüssels zur Zelle Kellners zu verschaffen, und konnte so, wenn er vor der Zelle auf Posten stand, mit ihrem Insassen in unmittelbare Verbindung treten. Am Morgen des 13. Februar gelang es ihm, durch Tausch mit einem anderen Gefreiten, für diesen die Kastellwache zu beziehen. Dort wandte er sich an den wachthabenden Unteroffizier mit der Bitte, ihm zu gestatten, zur Feier seines Geburtstages seine Kameraden auf der Wache zu bewirten, was dieser auch erlaubte. Es wurde weidlich gezecht, und man fand es nicht auffallend, als Zinn vorschlug, auch die auf Posten stehenden Kameraden an der Geburtstagsfeier teilnehmen zu lassen. Zinn erbot sich, selbst auf Posten zu stehen. Darauf schloß er die Zelle Kellners auf und führte ihn zum Walle. Ein Boot ruderte heran. Kellner ließ sich hinunter, und mit wenig Ruderschlägen war das gegenüberliegende Ufer erreicht. Hier warteten zwei Männer, von denen der eine Architekt Heß, Kellner's Schwager, war, und führten ihn nach einem Wagen, der in vollem Jagen zum Tore hinaus in der Richtung nach Paderborn fuhr, wo Kellner gerade noch zeitig genug ankam, um mit dem Eisenbahnzug nach Belgien zu fahren.

Zinn ging zu einer befreundeten Wittwe, die ihm sechs Wochen lang in ihrer Wohnung ein sicheres und verschwiegenes Versteck gewährte, von wo er sich dann nach Hamburg und von dort nach einiger Zeit nach London begab, wo er in der Druckerei für Staatsnoten eine Stelle als Drucker fand.

Die Kunde von der glücklichen Flucht der beiden verbreitete sich wie ein Lauffeuer durch die Stadt. An demselben Morgen um neun Uhr hatte sich das Kriegsgericht versammelt, um gegen Kellner kriegsgerichtlich zu verhandeln, ihn wegen Hochverrats zu vernehmen und zu lebenslänglicher Festungsstrafe zu verurteilen. Er kam jedoch nicht, aber statt dessen die Nachricht von der Flucht. Reiterpatrouillen jagten bald zu allen Toren hinaus. Die Telegraphendrähte nach Frankfurt und Eisenach waren zerschnitten, so daß der Telegraph an jenem Morgen völlig versagte. Man erließ sofort zwei Steckbriefe, worin für die Ergreifung Kellners 500 und für die Zinns 300 Thaler ausgesetzt waren. Wie grimmig erbost der Kasseler Hof über die gelungene Flucht des verhaßten „Aufrührers" war, geht daraus hervor, daß er seine Frau verhaften ließ, und daß der Komiker Birnbaum, der auf der Bühne, einen Gastwirt darstellend, verzweiflungsvoll in die Worte ausgebrochen war: „Jetzt ist mir auch der Kellner durchgegangen und hat für 300 Thaler Zinn mitgenommen!" für seinen Theaterwitz brummen mußte. Kellner blieb auf Drängen der kurhessischen Regierung, die von der preußischen unterstützt wurde, eine Zeit lang in Antwerpen interniert. „Es war die trübste Zeit meines Lebens", pflegte er zu sagen, „da zu der Sorge um meine persönliche Zukunft auch die Ungewißheit über das Schicksal von Frau und Kindern kam." Als endlich seine Freilassung erfolgte, ging er mit seiner Frau, die inzwischen aus Kassel entflohen war, und seinen Kindern nach Amerika. In New York hielt Kellner zuerst Vorlesungen, gründete dann die Wochen- und spätere Tageszeitung „Reform", in der er mit Eifer demokratische Grundsätze verfocht. Im Jahre 1856 kam er nach Philadelphia und übernahm die Redaktion des „Philadelphia Demokrat". Im Jahre 1859 wurde er Mitglied der Deutschen Gesellschaft von Pennsylvanien. Er war in den Jahren 1884, 85, 87, 88, 89 und 90 einer der Vize-Präsidenten der Gesellschaft.

Er beteiligte sich eifrig an allen deutschen Bestrebungen. Der Männerchor ernannte ihn am 9. November 1881 zu seinem Ehrenmitgliede. Dr. Kellner bekleidete mehrere Jahre das Präsidenten-amt. In seinen Reden betonte er, daß durch Musik und Gesang die Gesittung gefördert und die Zeit angebahnt werde, wo kein Polizei-, kein Temperenz- und Sonntagszwang mehr, sondern nur edle, humane Herzensbildung die Geselligkeit und den durch die Kunst ge-feiten mäßigen, heiteren Lebensgenuß regeln würde.

Als der Deutsche Pionier-Verein am 28. Dezember 1882 be-schloß, im Jahre 1883 zur Erinnerung an die vor zweihundert Jah-ren stattgefundene erste deutsche Einwanderung ein Fest zu feiern, das Präsident Oswald Seidensticker schon in der Jahresversammlung am 27. Januar 1882 befürwortet hatte, war Kellner Berichterstatter des zu diesem Zwecke ernannten Ausschusses. Auch bei den Vorarbei-ten für das Fest, das vom 6. bis zum 9. Oktober 1883 in großartiger Weise gefeiert wurde und dem englisch redenden Amerikanertum die Gleichberechtigung der Deutschen durch den historischen Umzug glän-zend vor Augen führte, war er äußerst tätig. Er war deutscher Fest-redner bei der Feier in der Musikakademie. Dieses Fest wird als die erste Feier des „Deutschen Tages" betrachtet, der auf Anregung Kellners und durch die Bemühungen des Nationalbundes zur Jah-resfeier der Deutschen geworden ist, nicht blos in Philadelphia, son-dern in den ganzen Vereinigten Staaten. Kellner war für große Volksfeste begeistert, wie überhaupt für die Betätigung der Bedeu-tung des hiesigen Deutschtums in großen öffentlichen Kundgebungen.

Auch für die Gründung eines ständigen deutschen Theaters trat Kellner entschieden ein. In der Tat befürwortete er alle Unterneh-men, die zur Aufrechterhaltung und Verbreitung deutschen Wesens beitrugen. Er ließ keine Gelegenheit vorübergehen, dem eingewan-derten Element die Wichtigkeit einzuprägen, treu zu deutscher Sprache, deutschem Sang und deutschen Sitten zu halten. Aber bei alledem war er ein begeisterter Bürger seiner neuen Heimat, deren freiheitliche Institutionen er in überzeugungstreuer Weise ver-teidigte.

Am 27. August 1889 vollendete Kellner, noch tatkräftig und jugendlich im Geiste, sein siebzigstes Lebensjahr, und in Anerkennung seiner vielfachen Verdienste um das Deutschtum wurde ihm von seinen Freunden ein Ehrengeschenk überreicht, bestehend in einer goldenen Uhr mit Kette und einem Diplom in Goldrahmen. Ferner brachten ihm die Turner und Sänger am 12. Dezember einen Fackelzug und eine Serenade.

Noch am 12. Mai 1898 wohnte Kellner einer Sitzung des Män-
nerchors bei. Am 14. Mai erkrankte er plötzlich, und am Nachmittag
des nächsten Tages trat Lähmung mit Bewußtlosigkeit ein. Zwei
Stunden später entschlief Gottlieb Kellner sanft und schmerzlos.
Sein Begräbnis fand am 19. Mai statt. Einer schlichten Feier im
Trauerhause folgte unter äußerst zahlreicher Beteiligung eine öffentliche in der Halle der Deutschen Gesellschaft, bei der die Herren C. J.
Hexamer, J. B. Hertzog, Edmund Wolsieffer, Mayor Charles F.
Warwick, Louis Holler und John Weber ergreifende Ansprachen
hielten, und die durch Gesang des Männerchors und des Jungen
Männerchors erhöht wurde. Dann ging der großartige Leichenzug
nach dem Mount Vernon Friedhofe, der letzten Ruhestätte des
wackeren deutschen Mannes. Eine Ehrung wurde ihm noch nach
seinem Tode zu teil; auf Anregung des Männerchors wurde über
seinem Grabe ein Denkmal gesetzt und am 6. Oktober 1906 unter
großer Beteiligung von Vereinen und Freunden enthüllt.

Keppele, Johann Heinrich, erster Präsident der Deutschen Gesellschaft, wurde den 1. August 1716 in Treschklingen (Baden) geboren. Sein Vater, Leonhard Keppele, war ritterschaftlicher Amt-
mann daselbst, seine Mutter, Eva Dorothea, die Tochter des Amt-
manns Heinrich Schuhmann in Ittlingen. Er wanderte 1738 aus,
also im Alter von 22 Jahren. Der Jammer, welchen er auf der
Ueberfahrt erlebte, machte auf ihn einen unauslöschlichen Eindruck,
und als er zur Gründung der Deutschen Gesellschaft die Hand bot,
um das Los der Einwanderer erträglicher zu gestalten, durfte er wohl
von sich sagen: Non ignarus mali miseris succurrere disco.

Das Schiff, nämlich „Charming Molly", Kapitän Charles
Stedman, worauf er im Oktober*) des genannten Jahres von Rotterdam in Philadelphia eintraf, war 25 Wochen unterwegs und verlor etwa drei Viertel seiner Passagiere, sowie einen Teil der Schiffs-
mannschaft an dem schrecklichen Schiffs-Typhus. Es waren, wie
man sich damals ausdrückte, 312½ Frachten (ein Kind zählte als
halbe Fracht an Bord, und der Tod raffte nicht weniger als 250
Seelen hinweg, ohne die zu rechnen, welche nach ihrer Landung der
Krankheit erlagen.

---

*) Bei Rupp (Dreißigtausend Namen, zweite Auflage p. 129), ist als
Datum der Ankunft der 9. November 1738 angegeben, und dies ist vermut-
lich richtig, da sich Keppele selbst nicht so genau erinnert haben mag.

In Philadelphia betrat Herr Keppele mit bestem Erfolge die
Laufbahn eines Kaufmannes und Importeurs. Sein Lager, Laden,
und Wohnhaus befand sich in der Market Straße, auf der Südseite,
zwischen der Dritten und Vierten Straße. Aus Zeitungs-Annoncen
sehen wir, daß er, in Uebereinstimmung mit der damaligen Sitte,
Gegenstände sehr verschiedener Art feil hatte, wahrscheinlich Alles,
was er importierte; dahin gehörten aber Weine, Spirituosen, Farbe-
stoffe, Zucker, Pulver, Blei, Schwefel, Papier, Spezereien, Zinn-
geschirr u. s. w. Mit der Zeit wurde er auch Schiffseigentümer;
ihm gehörte die „Catharina'', Kapitän Sutton, die wohl nach seiner
Frau benannt war. Herr Keppele war ein angesehener Mann; sein
Name hatte Gewicht. Im Jahre 1764 war er Mitglied der Assembly; er gehörte, wie Ludwig Weiß, zur Partei der Erbeigentümer,
und man hatte ihn seines achtbaren Charakters halber auf den Wahl-
zettel gesetzt. Im nächsten Jahre unterzeichnete er mit vielen andern
Philadelphier Kaufleuten den Beschluß, keine englischen Waren zu
importieren.

Im Juni des Jahres 1741 verehelichte er sich mit Anna Catharina Barbara Bauer. (Sie war eine Enkelin des churpfälzischen
Jägers, Caspar Wüster, zu Hilspach, von dem die in Philadelphia
so verbreitete Familie Wister und Wistar abstammt.) Da noch kein
regelmäßiger deutsch-lutherischer Pfarrer hier war, vollzog der Pastor
der schwedischen Kirche, Joh. Dylander, die Trauung. Die 33½ jäh-
rige Ehe war mit acht Söhnen und sieben Töchtern gesegnet. Zur
Zeit seines Todes (1797) lebte von seinen Söhnen nur noch Georg;
von seinen Töchtern waren die überlebenden alle verheiratet, nämlich Catharina mit Johann Steinmetz, Maria mit Herrn Odenheimer.
Barbara mit Pastor J. H. Ch. Helmuth, Susanna mit Adam
Zantzinger und Elisabeth mit Peter Kuhn. Außerdem lebten von
seinem 1782 verstorbenen Sohne Heinrich drei Kinder, Michael.
Heinrich und Catharina. Zwar hat sich Keppele's Name nicht auf
unsere Zeiten erhalten, da der Mannesstamm erloschen ist, aber durch
die weibliche Nachkommenschaft ist er ein Vorfahr vieler angesehenen
Familien, worunter die folgenden: Meredith, McClellan, Odenheimer, Biddle (James C. und Cadwalader), Latimer, Hall (John,
in Trenton).

Herr Keppele gehörte zu den ersten und tätigsten Mitgliedern
der Michaelis- und Zionskirche. An der ersten bekleidete er 1743

das Amt eines Aeltesten; im Charter ist sein Name der erste unter den Trustees von 1765; viele Jahre war er Schatzmeister und betrieb den Bau der Zionskirche mit redlichem Eifer. (Siehe Hall. Nachrichten p. 1249). Pastor J. F. Handschuh nennt ihn und den Kaufmann Schleydorn die wichtigsten und vornehmsten Mitglieder des Kirchenrates (daselbst p. 708). — Von seiner Frömmigkeit geben seine eigenhändigen Aufzeichnungen Kunde; diese enthalten, mit Ausnahme weniger persönlicher Notizen, Nichts als erbauliche Betrachtungen, nicht einmal die Deutsche Gesellschaft und seine eigene langjährige Wirksamkeit, als deren Präsident, sind erwähnt. Die Aufschrift seines Memorandumbuchs ist: Geburtsregister meiner und meiner ganzen Familie, wie auch Gebete und Seufzer in unterschiedlichen Zeiten. Den Schluß bildet ein „letzter und zwar herzdringender Zuruf und Ermahnung an alle meine hinterlassenen Kinder". Nachdem er diesen für alles Liebreiche, das sie ihm getan, herzlich gedankt, ermahnt er sie,

1. In Einigkeit mit einander zu leben.

2. Den Gottesdienst fleißig zu besuchen.

3. Ihre Kinder in der wahren einen Religion unterweisen und konfirmieren zu lassen.

4. Die Töchter insbesondere, daß sie sich ihren Männern als friedsame gute Ehegenossinnen erweisen.

Während der letzten zwanzig Jahre seines Lebens war Herr Keppele kränklich und zuletzt sehr hinfällig. Der Verlust seiner Frau, die den 10. November 1774 starb, war für ihn ein harter Schlag, den er nie verschmerzte. Der Tod hatte für ihn nichts Bitteres, er erwartete ihn als eine Erlösung von langen Leiden. „Meine Lebenszeit in dieser jammervollen Welt", sagte er, „wird bald am Ende sein, wozu ich mich täglich bereite, als ein armer Sünder selig abzuscheiden und in die ewige Ruhe einzugehen." Dieser Wunsch ging am 1. Juli 1797 in Erfüllung.

Herr Keppele hinterließ drei Häuser (zwei in der Market Straße und eins in Frankford-Road) und Wiesenland am Wissahickon. Es war sein Wunsch, daß das liegende Eigentum im Besitz der Familie bleiben möge. — Wie stark das Band des Vertrauens und der Liebe war, welches Heinrich Keppele mit der Deutschen Gesellschaft verknüpfte, geht daraus hervor, daß er von 1764 bis 1780 jährlich zum

Präsidenten erwählt wurde. Im Jahre 1781 lehnte er es wegen schwankender Gesundheit ab, nochmals Kandidat zu sein.

Keppele, Heinrich, jr., Sohn des vorigen, in Philadelphia den 27. März 1745 geboren; war Schatzmeister der Deutschen Gesellschaft von 1767 bis 1777. Er hatte ein Geschäft mit Schnittwaren und andern Artikeln an der Ecke der Vierten und Arch Straße. Als die Revolution ausbrach, wurde er in den Sicherheitsrat gewählt (23. Juli 1776). Auch gehörte er zum 3. Bataillon der Staatstruppen. — H. Keppele starb den 7. August 1782 mit Hinterlassung dreier Kinder, Michael, Henry und Catharina.

Keppele, Michael, Anwalt der Deutschen Gesellschaft von 1795 bis 1797, war ein Sohn Heinrich Keppele's, jr., und in Philadelphia geboren. Er erhielt seine Erziehung an der hiesigen Universität, graduierte 1788, hielt bei dieser Gelegenheit eine Rede über die Geschichte und den Nutzen von Universitäten. Er war Mitglied des Common-Council 1798—1800, Mitglied der Assembly 1798—1799 und Mayor der Stadt im Jahre 1811. Als Anwalt der Gesellschaft befürwortete er Schritte zur Durchsetzung eines Gesetzes, das die „verbundenen Knechte" (Käuflinge) gegen Mißhandlung durch ihre Herren schützen und ihre Uebertragung an einen andern Herrn, im Falle erlittener Unbill, erleichtern sollte.

Kerk, Charles H., Sekretär von 1843—1846, wurde den 9. März 1791 in Philadelphia geboren und blieb daselbst ansässig. Er war ein Elfenbeindrechsler und Maschinist, vertrat seinen Distrikt 1830—1834 in der Legislatur von Pennsylvanien und starb den 3. Mai 1850.

Kern, John, Sekretär von März 1831—1842, wurde den 2. März 1782 in Philadelphia geboren. Sein Vater, Johann Kern, jr., war aus Westphalen gebürtig. Er erlernte das Druckerhandwerk, betrieb es aber nicht, sondern nahm verschiedene Stellen in Banken u. s. w. ein, bis er 1824 zum Deputy-Kollektor im Philadelphier Zollhause ernannt wurde. Seine vorzügliche Befähigung und Pflichttreue fanden dadurch Anerkennung, daß ihm bei dem Wechsel der Administrationen und politischen Parteien die Anstellung bis zu seinem am 6. Juli 1842 erfolgten Tode verblieb. Drei seiner Söhne (Benjamin, Richard und Eduard) schlossen sich den Entdeckungsreisen Fremont's durch die westlichen Territorien an und werden in den

Berichten häufig genannt. Benjamin wurde 1849 von Indianern in Neu-Mexiko, Richard 1853 von Indianern in Utah, getödtet. Einer seiner Söhne, Herr John Kern, bekleidete eine Professur an der Central High School.

Kiefer, Christian J., Mitglied 1850, Direktor 1875—77, machte sich besonders verdient um die Weihnachts-Bescheerungen für arme Frauen und Kinder seitens der Deutschen Gesellschaft. Er starb am 12. April 1878. Der Verwaltungsrat ehrte in herzlichen Beileidsbeschlüssen sein Andenken.

Kinike, Joseph, Vize-Präsident 1876, Mitglied des Verwaltungsrates seit 1866, wurde 1811 in Erkeln bei Brakel, Westfalen, geboren und kam 1836 nach Amerika. Hier hatte er anfangs mit allen Schwierigkeiten zu kämpfen, die sich dem unbefreundeten Einwanderer in einem fremden Lande entgegen stellen, aber vor keiner Arbeit, auch der gröbsten nicht, zurückscheuend, überwand er alles Ungemach und kam, nach mancherlei Erlebnissen, 1845 in den Besitz eines einträglichen Großhandels mit Spirituosen. Im Jahre 1867 verkaufte er sein Geschäft und widmete nunmehr seine Muße der Ausübung systematischer Wohltätigkeit. Dem Deutschen Hospital-Verein gehörte er seit dessen Entstehen an, und hat er als Mitglied des Verwaltungsrats, als Schatzmeister und Sekretär (bis 1875) für das Beste dieser Anstalt eifrig gewirkt. Er war mehrere Jahre lang Präsident des Realschul-Vereins, lebenslängliches Mitglied der Nördlichen Heimat für verwahrloste Kinder, war längere Zeit Vize-Präsident, dann (1873) Präsident des Jungen Männerchors, Mitglied der Humboldt-Association und von 1868 ein Direktor der Gesellschaft, welche die Gefangenen und das Gefängniswesen zum Gegenstande ihrer humanen Bestrebungen machte. In letzter Eigenschaft hat er sich mit hingebender Liebe der Unglücklichen — namentlich der deutschen — angenommen, die in den Zellen des Moyamensing-Gefängnisses eingesperrt waren, den Einen zur Wiedererlangung ihrer Freiheit und ihres guten Namens verhelfend, den Andern nach ihrer Entlassung zu ehrlichem Fortkommen die Hand bietend. In der Deutschen Gesellschaft hatte Herr Kinike im Verwaltungsrat durch zweckmäßige Vorschläge und als Direktor und Präsident durch gewissenhafte Ausübung seiner Obliegenheiten, sowie durch Uebernahme freiwilliger Pflichten, auf's segensreichste gewirkt. Als

Vorfitzer des Komitees für die Weihnachtsbescheerung armer deutscher Kinder hatte er nicht wenig zum Erfolge dieser Wohltätigkeits-
leistungen beigetragen. Er war mehrere Jahre lang von 1878 bis
1883 inkl. Präsident der Deutschen Gesellschaft. Joseph Kinike starb
am 22. Juli 1887. Er hinterließ der Gesellschaft ein Legat von
$2000.

In seinem Bericht über die Ereignisse im Leben der Deutschen
Gesellschaft im Jahre 1887 widmete der Präsident derselben, Herr
J. C. File, dem Verstorbenen folgende Worte:

„Joseph Kinike, der am 22. Juli aus diesem Leben schied, ist
so eng mit der Geschichte der Gesellschaft verknüpft, wie wenige Mitglieder seit ihrem Bestehen. Ein alter Bewohner unserer Stadt,
trat er verhältnismäßig spät unserer Gesellschaft bei; es war zur
Zeit, als vor etwa dreißig Jahren ein neuer Geist sich in derselben
regte. Bald aber wurde er der tätigsten einer, wurde nach einander
Direktor, Leiter der Weihnachts-Bescheerungen, Agent für den Besuch
der Gefängnisse, Vizepräsident, Präsident, bis schwere körperliche
Leiden ihn zum Aufgeben seines rastlosen Wirkens nötigten. Und
auch dann noch nahm er an Allem, was die Gesellschaft anging, den
regsten Anteil; so war er bis zu seinem Tode Vorsitzender des Komitees für die Errichtung einer neuen Halle, für deren glänzende
Ausführung er mit jugendlicher Begeisterung sprach.

„Nach einer erfolgreichen geschäftlichen Laufbahn war aus-
übende Menschenliebe, man kann sagen, die Deutsche Gesellschaft,
Lebenszweck für Joseph Kinike geworden. In seiner Stellung als
Besucher der Gefängnisse, zu welcher er vom Gouverneur des Staates ernannt worden war, entfaltete er eine segensreiche Tätigkeit,
deren voller Umfang selbst seinen Mitarbeitern nicht bekannt geworden ist. Es bedürfte der Aufzählung und Geschichte eines jeden
Falles, um ein richtiges Bild dieses seines Wirkens zu entwerfen,
ein solches würde dann aber auch den glänzendsten Beweis dafür
liefern, daß unsere Gesellschaft unendlich viel Gutes leistet, über das
die Zahlen-Beweise in Unkenntnis lassen müssen.

„Im Umgange teilnehmend und von immer gleicher Liebenswürdigkeit, wußte er seine Mitarbeiter durch Freundschaft an sich
zu fesseln. Möge es unserer Gesellschaft nie an Männern gleicher
Denkungsart und gleichem Eifer fehlen, und möge das Andenken an
Joseph Kinike immerdar hochgehalten werden.

„Der Verwaltungsrat beteiligte sich in corpore an seiner Beerdigung und verfügte die Zustellung geeigneter Beileidsbeschlüsse an
die Hinterbliebenen, ebenso eines Dank-Votums an Frau Kinike für
die sofortige Auszahlung des Legats von $2000, mit welchem der
Verstorbene unsere Gesellschaft bedacht hatte."

Kirchner, Gustav A., geboren am 24. Oktober 1850 in Vilbel,
Hessen-Darmstadt. Kam im Jahre 1868 nach Amerika und siedelte
sich im gleichen Jahre in Philadelphia an, wo er nach zeitweiliger
journalistischer Tätigkeit ein Leichenbestattergeschäft gründete. Er
nahm regen Anteil an der damaligen freiheitlichen Bewegung und
trat der Deutschen Gesellschaft von Pennsylvanien als Mitglied bei
und gehört seit dem Jahre 1900 dem Direktorium der Gesellschaft
an. Kirchner gehört zu den bekanntesten Turnern Philadelphias
und war längere Zeit erster Sprecher der Turngemeinde. Er ist
ein eifriger Verfechter deutscher Bestrebungen und hervorragender
Redner.

Kitz, Michael, Aufseher von 1795—1797, 1803 und 1804, Anwalt 1801, hielt das im besten Ruf stehende Wirtshaus zum „In-
dianer-König" in der Market Straße. Während der Revolution beteiligte er sich an mancherlei aktiven Maßregeln und gehörte zu
Kapitän Schaffer's Kompagnie im 4. Bataillon der Pennsylvanischen Miliz. Er starb 1805.

Klähr, Georg, Sekretär 1798 und 1799, war Kaufmann und
starb im Jahre 1800.

Klemm, Friedrich A., Vize-Präsident 1847—1857, wurde am
30. November 1797 in Markneukirchen, Königreich Sachsen, geboren,
wanderte mit seinem Bruder Georg 1815 aus und gründete in demselben Jahre eine lange bestehende Handlung mit Musikalien, Saiten
und Instrumenten. Er trat 1838 in die Deutsche Gesellschaft und
beteiligte sich auch an andern wohltätigen Vereinen. Bald nach dem
Entstehen der Musical Fund Society wurde er ein lebenslängliches
Mitglied derselben. Er starb in Deutschland.

Knapp, Adam, Mitglied 1862, Direktor 1895—1900. Er war
im Jahre 1830 in Neuhütten, Württemberg, geboren. Im Jahre
1848 war er an der Revolution beteiligt. In dem Werke „Württemberg wie es war und ist" wird der Aufstand in diesem Dorfe
unter dem Titel „Der Barchentweber von Neuhütten" in drastischer
Weise beschrieben. Er wanderte 1853 aus und langte nach 57tägiger

Fahrt in New York an. Im Jahre 1854 kam Adam Knapp nach
Philadelphia. Er verheiratete sich im Jahre 1856 mit Katharine
Reinhardt. Er betrieb seit 1858 eine Schuhfabrik. Seine Haupt-
kunden wohnten in der Kohlen-Region und im westlichen Pennsylvanien. Er war Gründer und Präsident mehrerer Bauvereine.
Lange Jahre war er Schatzmeister der Philadelphia Turngemeinde.
Auch dem Jungen Männerchor gehörte er an. Während seiner 38-
jährigen Mitgliedschaft in der Deutschen Gesellschaft ließ er sich be-
sonders angelegen sein, neue Mitglieder für dieselbe zu werben. Er
verkehrte mit Vorliebe an der Tafelrunde in der Bierstube von John
Helbling an York Avenue und Noble Straße, einer Vereinigung,
welche sich „Die blaue Zwiebel" nannte und zu ihren Mitgliedern
Schauspieler vom alten Germania Theater in der 3. Straße, Künstler, Gelehrte und geistig angeregte Deutsche zählte. Der fröhliche
Kreis ließ sich mit der heutigen „Schlaraffia" vergleichen. Adam
Knapp starb am 15. November 1900. Was ihn besonders kennzeichnete, waren seine strenge Pflichttreue, seine unbedingte Gewissenhaftigkeit und Zuverlässigkeit, seine unbeugsame Ehrenhaftigkeit,
sein stark ausgeprägtes Gerechtigkeitsgefühl und sein wohltätiger
Sinn. Im Jahre 1891 hatte er sich ins Privatleben zurückgezogen.

Koenig, Walter F., Dr., geboren in Lausanne, Schweiz, im
Jahre 1860. Dr. Koenig wurde in Leipzig erzogen und kam im
Jahre 1888 nach Amerika. Dr. Koenig trat der Deutschen Gesellschaft bei und bekleidete während seiner Mitgliedschaft vom Jahre
1895 bis 1901 das Amt eines Vorsitzenden des Bibliothekausschusses.
Als solcher hat sich Dr. Koenig besondere Verdienste um die Ausge-
staltung der großen Bücherei der Gesellschaft erworben. Dr. Koenig
ist gegenwärtig als Bibliothekar der Kongreß-Bibliothek in Washington, D. C., tätig.

Kohler, Ignatius, geboren in Trochtelfingen, Fürstentum
Hohenzollern, am 30. Januar 1817. Kam am 20. Juni 1846 nach
Amerika und machte sich in Philadelphia ansässig, wo er eine Buch-
und Verlagshandlung gründete. Seit dem Jahre 1859 gehörte er
der Deutschen Gesellschaft als Mitglied an und bekleidete mehrere
Ehrenämter. Kohler nahm an deutschen Veranstaltungen und Bestrebungen den regsten Anteil und wirkte in uneigennützigster Weise
für seine Landsleute. Er machte sich um die deutschamerikanische

Geschichtsforschung durch Herausgabe mehrerer historischer Schriften, wie der „Geschichte der Deutschen Gesellschaft" und Rupp's „30,000 Namen deutscher Einwanderer in Pennsylvanien aus Deutschland, der Schweiz, Holland, Frankreich und anderen Staaten von 1727 bis 1776" verdient. Ferner publizierte er verschiedene große Werke. Kohler verschied am 23. Mai 1901.

Kohlenkamp, Nicolas, Präsident von 1860—1862, wurde den 22. Juli 1797 in Deutschland geboren und kam mit seinen Eltern sehr jung nach Amerika. Er erlernte und betrieb in Philadelphia das Geschäft eines Klempners; während einer Reihe von Jahren fertigte er für die Stadt Straßenlampen und Gasmeter an. Er nahm an Fragen und Maßregeln, welche das öffentliche Wohl betreffen, leb- haften Anteil, gehörte zu den Stiftern des Einwanderungs-Vereins (1843), dessen Präsident er wurde, und bekleidete mehrere Ver- trauensämter in der Zions-Kirche. Als Mitglied der letztern stand er für die Erhaltung des Gottesdienstes in d e u t s c h e r Sprache ein und war 1825 der Vorsitzende eines Komitees, welches der Ge- meinde in diesem Sinne Ratschläge erteilte.

Als im Jahre 1859 der damalige Präsident der Deutschen Gesell- schaft, Herr J. H. Fisler, die Kandidatur für dasselbe Amt ab- lehnte, und ein Mann gesucht wurde, die wachsende Gesellschaft auf der Bahn des Fortschritts und der Neugestaltung weiter zu führen, fiel die Wahl auf Herrn Kohlenkamp. Auch in den beiden folgenden Jahren (1861 und 1862) übertrug ihm die Gesellschaft dasselbe Amt, worauf er freiwillig zurücktrat. Ungefähr um dieselbe Zeit gab er sein Geschäft auf, um die Bürde des Alters leichter zu tragen. Mehrere Schlaganfälle, von denen er sich nur teilweise erholte, gin- gen seinem am 7. November 1869 erfolgten Tode voraus.

Koradi, Rudolph, geboren am 24. Dezember 1824 in Zürich, Kam im Jahre 1850 nach Amerika und ließ sich im Jahre 1851 in Philadelphia nieder, wo er mit dem Leipziger Buchhändler Schäfer eine Buchhandlung eröffnete. Im Jahre 1857 wurde Herr Koradi zum Schweizer Konsul ernannt, welches Amt er über fünfzig Jahre bekleidete. Herr Koradi war Mitglied der Deutschen Gesellschaft und bekleidete das Amt eines Direktors, in welchem er zum Besten des Deutschtums und der Deutschen Gesellschaft unermüdlich tätig war. Unter seinen Landsleuten genoß Herr Koradi großes Ansehen, das dadurch noch gesteigert wurde, daß er stets bereit war, sich der in Not befindlichen Deutschen und Schweizer anzunehmen. Herr Koradi, der unter anderem auch Präsident der Schweizer Wohltätigkeitsgesellschaft war, starb im Jahre 1907, von seinen Landsleuten betrauert. Sein Tod riß eine Lücke in die geschlossenen Reihen des Deutschtums, die nur schwer zu füllen war.

Korkhaus, Andreas, Aufseher von 1819—1825, Schatzmeister von 1826—1842, war aus Hessen-Cassel gebürtig, der Onkel des Herrn W. H. Horstmann, und betrieb einen Pelzhandel in Philadelphia. Er associierte sich um 1836 mit Herrn W. Geisse; die Firma importierte vorzugsweise Spiegelglas. Herr Korkhaus war verheiratet, aber hinterließ keine Kinder. Er starb etwa 1846.

Kraft, Peter, geboren 1743, gestorben den 21. September 1807, war Aufseher der Deutschen Gesellschaft 1781 und 1792, Präsident 1801. Er betrieb das Handwerk eines Schneiders, bezeigte ernsten Sinn für's allgemeine Wohl und erwies sich für verantwortliche Stellungen tauglich und vertrauenswert. Während der Revolution gehörte er zu dem 3. Bataillon der Pennsylvanischen Miliz und 1781 war er einer der Kollektoren von Philadelphia, die für den leeren Seckel des Kriegsdepartements Geldbeiträge bei der Bürgerschaft sammelten. In der Zions-Kirche war er von 1799—1803 Vorsitzer des Kirchenrats. Als solcher unterzeichnete er 1799 das Schreiben an den Kongreß, welches diesem die Zions-Kirche für Washington's Todesfeier zur Verfügung stellte. Von 1803—1807 bekleidete er die Stelle des City-Commissioners von Philadelphia.

Krumbhaar, Ludwig, Präsident der Deutschen Gesellschaft von 1833 bis zu seinem Tode in 1836, wurde den 26. September 1777 in Leipzig geboren. Sein Vater, Johann G. Krumbhaar, war durch kaufmännische Geschäfte zum Wohlstand gelangt und brachte die letzten Jahre seines Lebens unweit Leipzig in ländlicher Zurückgezogenheit zu. Als er 1787 starb, kam der zehnjährige Ludwig Krumbhaar unter die Aufsicht seines mütterlichen Oheims, Christian Gottlieb Frege, eines angesehenen Bankiers. Dieser ließ ihm eine gründliche Erziehung geben und schickte ihn, da sich der junge Mann für eine kaufmännische Laufbahn entschied, nach Birmingham in das Kontor des berühmten Maschinenbauers Matthew Boulton,*) wo

*) Wegen seiner Verdienste um das Münzwesen, ward Matthew Boulton in den Ritterstand erhoben. Auch war er Mitglied der Firma Boulton & Watts, die wegen Verbesserungen der Dampfmaschine weltbekannt ist.

sich vorzügliche Gelegenheit bot, den Großhandel und die Methode eines weitverzweigten Geschäftes kennen zu lernen.

Um die Zeit, als Ludwig Krumbhaar volljährig wurde, kaufte sein Onkel beträchtliche Ländereien in Pennsylvanien und veranlaßte seinen Neffen, in Gesellschaft Anderer sich an Ort und Stelle zu begeben, um Besitz zu ergreifen. Im Sommer 1797 langte er in Philadelphia an. Es fand sich aber, daß das gekaufte Land in einem fernen, fast unzugänglichen Teile Pennsylvaniens gelegen war und vorläufig unbenutzt bleiben mußte. Ludwig Krumbhaar richtete sein Augenmerk sogleich auf die Gründung eines eigenen Geschäftes, associierte sich mit Herrn Buck, und bald gehörte die Firma Buck und Krumbhaar zu den geachtetsten der Stadt.

Nicht lange nachdem er Philadelphia zu seinem bleibenden Wohnsitz gemacht hatte, schloß er sich der Deutschen Gesellschaft an, die ihn 1808—1811 zum Sekretär, 1824, 1831 und 1832 zum Vizepräsidenten und 1833—1836 zum Präsidenten erwählte. Er bekleidete dies Amt, als ihn der Tod abrief.

Auch anderen wohltätigen Gesellschaften wandte er seine Aufmerksamkeit zu. Die Philadelphia Saving Fund Society fand in ihm einen ebenso eifrigen wie nützlichen Freund, und die hervorragende Stellung dieses Instituts unter ähnlichen der Art ist den weisen Maßregeln seiner früheren Leiter, zu denen Ludwig Krumbhaar gehörte, zu verdanken.

Zum Bau der englisch-lutherischen Kirche in der Race Straße trug er freiwillig bei, blieb bis zu seinem Tode ein Mitglied der Gemeinde und gehörte während einer Reihe von Jahren zum Kirchenrate.

Im Jahre 1835 ließ er sich bewegen, seinen Mitbürgern als Vertreter in der Legislatur des Staates zu dienen. Am 1. Dezember nahm er seinen Sitz, ward zum Mitglied mehrerer wichtigen Komitees ernannt, mußte aber im Januar wegen Krankheit nach Hause zurückkehren. Noch nicht ganz genesen, ging er, um seinen Pflichten nachzukommen, wieder nach Harrisburg, hatte einen Rückfall und starb den 1. Februar 1836.

Die Deutsche Gesellschaft drückte in geeigneter Weise ihr Beileid aus und stellte der Familie des Verstorbenen eine Abschrift der Beschlüsse zu.

Herr Ludwig Krumbhaar war mit einer Tochter des Herrn Wm. Turnbull verheiratet und hatte drei Söhne und vier Töchter.

Kühmle, Dr. Johann, Sekretär im Jahre 1804, war Chirurg und hielt eine Apotheke in der Race Straße, zwischen der Zweiten und Dritten Str. Er stand während der Revolution im 3. Bataillon und machte die Schlacht bei Trenton mit. Bei einer Versammlung der Offiziere der Revolutions-Armee im Shakespeare-Hotel, 25. Dezember 1809, präsidierte er. Sein Sohn war Samuel Krenle.

Kühmle, Leonhard, Sekretär 1787—1797, 1803, 1804, Anwalt 1802; geboren in Philadelphia 1767, war Schullehrer der lutherischen Gemeinde. Er widmete der Deutschen Gesellschaft viele Aufmerksamkeit und machte sich sehr nützlich. Gestorben den 17. November 1813. Sein Sohn war Herr William C. Kechmle in der Arch Straße.

Kunzig, Henry, geboren am 18. August 1830 in Tiefenbach, Regierungsbezirk Koblenz, kam am 17. September 1852 im Alter von 22 Jahren nach Amerika, wo er sich nach wenigen Jahren in Philadelphia selbstständig machte, indem er die heute noch bestehende, bekannte Leichenbestatter-Firma gründete. Kunzig nahm von allem Anfange an an den deutschen Bestrebungen in seiner Adoptivheimat eifrigen Anteil. So trat er der Deutschen Gesellschaft als Mitglied bei und bekleidete im Laufe der Jahre mehrere Ehrenämter, die er stets mit größter Gewissenhaftigkeit und Unermüdlichkeit verwaltete. Kunzig fungierte auch mehrere Jahre lang als Präsident des Schulrats der 12. Ward. Er verschied im Jahre 1904.

Kusenberg, Alfred, Sekretär 1863—1870, geboren den 26. Februar 1824, widmete sich dem Maschinenfache, wanderte nach Erfüllung der Militärpflicht aus, landete in New York den 5. Juli 1849 und arbeitete in seinem Fache ein Jahr in Philadelphia, dann neun Jahre in Louisiana und auf Cuba. Nach seiner Rückkehr nach Philadelphia im Jahre 1859 beteiligte er sich an einer Zuckerfabrik. Im Jahre 1870 zog er sich von den Geschäften zurück und nahm seinen bleibenden Wohnsitz in Deutschland. Als im Frühjahr 1871 ein von den Gebrüdern Horstmann angefertigter und dem Hülfsbazar geschenkter Prachtdegen die Bestimmung erhielt, dem Kronprinzen, „Unserm Fritz”, als Ehrengabe der Philadelphier Deutschen zugestellt zu werden, übernahm Herr Kusenberg, auf Ansuchen seiner hiesigen Freunde, die Ueberreichung, zu welchem Behuf er sich nach Versailles begab. Herr Kusenberg ließ sich das Gedeihen der Deutschen Gesellschaft stets am Herzen liegen, unterzog sich seinen amtlichen Pflichten mit rührigem Eifer und verstand es daneben, bei passenden Gelegenheiten seinen gesunden Humor drastisch zu gebrauchen.

Der Bericht des Verwaltungsrates für 1870 zollt dem ausgeschiedenen Kollegen in folgenden Worten einen verdienten Tribut:

„Ein wahrer deutscher Mann von klarem Kopf und offenem Herzen, im Stande, für die höheren Güter der Menschheit sich warm zu begeistern, war Alfred Kusenberg stets bereit, mit seinen vielseitigen, gründlichen Kenntnissen, seiner reichen Erfahrung und seinem warmen Herzen den Interessen der Gesellschaft zu dienen. Mit jedem Fortschritt, den die Gesellschaft während der Zeit seiner Amtsführung gemacht, ist sein Name auf das engste verknüpft. Der Verwaltungsrat fühlt seinen Verlust und so lange die Deutsche Gesellschaft von Pennsylvanien bestehen wird, wird sein Name unter den Besten mit Liebe und Hochachtung genannt werden." Herr Kusenberg ist in Deutschland gestorben.

Künzel, Harry, siehe Seite 485.

Langenheim, Wilhelm, Mitglied 1863, Aufseher 1871—74, geb. am 23. Februar 1807 in Braunschweig, studirte Rechtswissenschaft in Göttingen, ließ sich in seiner Geburtsstadt als Rechtsanwalt nieder, reiste 1834 nach Amerika, landete in Baltimore, schloß sich einer aus Irländern und Deutschen bestehenden Gesellschaft an, die im südlichen Texas, das damals noch zu Mexico gehörte, eine Kolonie gründen wollte. Am Aransas Paß erlitten sie Schiffbruch. Endlich gelang es, zwischen Goliad und San Patricio die Kolonie zu gründen. Der Krieg zwischen Mexico und Texas, das seine Unabhängigkeit erklärt hatte, rief auch Langenheim zu der Fahne der jungen Republik. Er zeichnete sich bei Bedienung des einzigen Geschützes der Texaner aus und wurde zum Leutnant befördert. Er geriet mit Oberst Grant in Gefangenschaft, wurde nach Matamoras geschleppt, aber im Jahre 1836 ausgeliefert, nachdem General Sam Houston Santa Anna geschlagen und gefangen genommen hatte. Mexico's Präsident wurde entlassen, nachdem er die Gefangenen freigegeben. Langenheim wandte sich nach New Orleans, dann nach St. Louis, zog mit dem zweiten Dragoner-Regiment in den Seminolen-Krieg und siedelte sich 1840 in Philadelphia an, wo sein Bruder Friedrich gleich nach seiner Landung ein Daguerreotypen-Geschäft begonnen hatte, d. h. Lichtbilder nach dem Verfahren Daguerre's herstellte. Wilhelm Langenheim war eine Zeit lang Redakteur der „Alten und Neuen Welt" und des von Wollenweber herausgegebenen „Demokrat". Dann trat er in das von seinem Bruder Friedrich gegründete Geschäft, das unter dem Firma-Namen W. und F. Langenheim betrieben wurde. Es erfreute sich eines ausgezeichneten Rufes. Die Firma nahm 1845 Lichtbilder von den Niagarafällen, die sie der Königin Victoria von England und den Königen Friedrich Wilhelm III. von Preußen, Friedrich August II. von Sachsen und Wilhelm von Württemberg sandte, wofür sie von den Königen als Anerkennung goldene Medaillen und einen Brief von Lord Aberdeen im Namen der Königin Victoria erhielt. Auf der Londoner Ausstellung 1851 wurden der Firma Preise zuerkannt. Sie zeichnete sich aus durch Herstellung höchst vollkommener daguer-reotypischer Porträts, begann 1849 Lichtbilder auf Papier zu machen, verfertigte später stereoskopische Bilder, ferner mikroskopische Darstellung auf Glas von Gemälden, Lithographien, Stahlstichen usw., und nach Ausbruch des Bürgerkrieges, Bilder von Kriegsereignissen auf Glas für die Laterna magica.

Wilhelm Langenheim vergaß über seinem Geschäfte nicht, sich an allen verdienstvollen deutschen Unternehmungen und an dem deutschen Vereinsleben zu beteiligen. So war er mit dabei, als im Jahre 1841 deutsche Bürger in Philadelphia bei dem Tode Karl von Rottecks Beileidsbeschlüsse faßten und der Familie zuschickten. Er wurde als Mitglied des Männerchors am 20. Oktober 1841 aufgenommen. Der Deutschen Gesellschaft trat er im Jahre 1863 bei und diente als Armenpfleger in ihrem Verwaltungsrate von 1871 bis 1874. Auch zum Schützenvereine gehörte er und war von 1867 bis 1870 dessen Präsident.

Die alte Heimat besuchte er von 1842 bis 1844, ferner 1849, 1865 und 1866. Sein Wohnort blieb jedoch Philadelphia, wo er sich 1847 verheiratete, aber schon 1852 seine Gattin durch den Tod verlor. Er starb am 4. Mai 1874. Sein Bruder Friedrich, der am 5. Mai 1809 in Braunschweig geboren wurde, folgte ihm im Tode am 10. Januar 1879.

Lauber, Carl F., geboren 2. Januar 1857 in Worms, kam am 28. Juni 1873 nach Amerika und ließ sich zuerst in Watertown, Wis., nieder, um dann später nach Philadelphia zu kommen, wo er in das Geschäft seines Oheims eintrat. Später eröffnete Herr Lauber

in der Nord 9. Straße mit seinem Vetter Georg Schleicher ein Restaurant und Wein - Engros - Geschäft, das er zu besonderer
Blüte brachte. Er verkaufte später das Restaurant und führte nach
dem Tode seines Vetters und Kompagnons im Jahre 1900 das Im-
port-Geschäft allein. Er ist gegenwärtig einer der bedeutendsten
Weinimporteure. Herr Lauber gehört der Deutschen Gesellschaft seit
dem Jahre 1888 als Mitglied an. Er hat sich trotzdem er in frühester
Jugend nach Amerika kam, die Liebe zur Heimat bewahrt und ist
kerndeutsch geblieben. Er gehört dem Komitee an, welches die
Schleicher-Stiftung verwaltet.

Lawersweiler, Jacob L., Aufseher 1797 und 1798, Vize-Präsident 1799 und 1800, war Zuckerraffinierer, 1793 mit F. A. Mühlenberg associiert. Das Geschäft war hinter seinem Wohnhause in
der Zweiten Straße, nahe bei Race Straße. Während der Revolution stand J. Lawersweiler im dritten Bataillon der Pennsylvanischen Truppen; 1777 war er Zahlmeister seines Regiments.
Er gehörte zu der deutschen reformierten Kirche in Race Straße und
starb im Jahre 1800

Learned, Marion Dexter, Professor der deutschen Sprache an
der Universität von Pennsylvanien, Vorsitzender des Ausschusses für
den Schleicher-Fond der Deutschen Gesellschaft und Mitglied des Verwaltungsrates, geboren am 10. Juli 1857 in Dover, Del., stammte
aus einer alten englischen Emigrantenfamilie. Graduierte im
Jahre 1876 in Wilmington, Delaware, und promovierte im
Jahre 1887 zum Dr. phil. an der Johns Hopkins Universität. War
seit 1895 als Leiter der deutschen Abteilung der Universität von
Pennsylvanien tätig und veröffentlichte als solcher eine Reihe von
Abhandlungen in Bezug auf deutsch-amerikanische Geschichtsforschung; sein letztes Werk „Das Leben von Franz Daniel Pastorius,
dem Gründer Germantowns", ist besonders bekannt geworden. Dieser
hervorragende deutschamerikanische Geschichtsforscher und Gelehrte
gehörte der Deutschen Gesellschaft seit 1895 als Mitglied an. Bei
größeren Festlichkeiten deutscher Art trat Professor Learned wiederholt als Festredner hervor. Er starb am 1. August 1917.

Leinau, Andreas, Aufseher von 1799—1810, Sachwalter von
1811—1816, wurde den 15. September 1770 in Philadelphia geboren und starb daselbst den 25. Dezember 1842. Er war ein Hut-

macher und hatte sein Geschäft an der Ecke der Dritten und Quarry Straße. Um das Jahr 1814 oder 1815 erhielt er die Stelle als Registrator der deutschen hier anlangenden Passagiere, welche immer einem hervorragenden Mitgliede der Deutschen Gesellschaft übertragen wurde. Er gehörte zum Vorstande der Zionskirche und schloß sich der Gemeinde der Johanneskirche unter Ehrw. P. F. Meyer an, als sich diese bildete.

Leonhardt, Arno, geboren am 21. Oktober 1850 als Sohn deutscher Eltern in Philadelphia. Er gehörte zu den Abkömmlingen deutscher Eltern, die Zeit ihres Lebens dem Deutschtum treu geblieben sind. Er besuchte in seiner Vaterstadt deutsche und englische Schulen und erlernte in dem Geschäfte seines Vaters das Lithographenhandwerk. Im deutschen Leben Philadelphias spielte Leonhardt eine hervorragende Rolle. Er gehörte der Deutschen Gesellschaft seit dem Jahre 1888 als lebenslängliches Mitglied an und bekleidete das Amt des 2. Vizepräsidenten. Er war einer der Mitbegründer des Deutschamerikanischen Nationalbundes und langjähriger Vizepräsident desselben. In Sängerkreisen war Herr Leonhardt eine bekannte Persönlichkeit, da er dem „Junger Männerchor" 25 Jahre lang als Mitglied angehörte und auch viele Jahre hindurch dessen Präsident war. Er war im Jahre 1897 Festpräsident des 18. National-Sängerfestes gewesen. Er nahm an allen deutschen Bestrebungen den regsten Anteil und stand überall in erster Linie, wo es galt, das Deutschtum in würdiger Weise zu repräsentieren. Seine Liebenswürdigkeit und Zuvorkommenheit erwarben ihm ungezählte Freunde und als er im Januar des Jahres 1909 starb, rief sein Tod in allen deutschen Kreisen in Philadelphia, ja im ganzen Staate tiefe Trauer hervor.

Leser, Friedrich, geboren am 1. Februar 1837, in Lahr, Baden, kam am 27. Mai 1853 nach Amerika und ließ sich im April des Jahres 1880 in Philadelphia nieder. In dem gleichen Jahre trat Friedrich Leser der Deutschen Gesellschaft als Mitglied bei. Mehr als 25 Jahre gehörte Herr Friedrich Leser dem Direktorenrat der Deutschen Gesellschaft an und bekleidete zweimal das Amt eines Schatzmeisters der Gesellschaft. Friedrich Leser hat allezeit an den Bestrebungen des Deutschtums in den Vereinigten Staaten den regsten Anteil genommen und bewahrte sich, wiewohl er als junger Mann nach Amerika kam, die Liebe für deutsche Sitten und Ge-

bräuche, für deutsches Wesen und Kultur, und wußte, was mehr ist,
seinen Kindern die Anhänglichkeit für alles, was deutsch ist, einzu-
pflanzen. Friedrich Leser ist einer der Veteranen des Bürgerkrieges,
den er im 17. Missouri Western Turner Rifle Regiment als Adjutant mitmachte, bis ihn eine schwere Verwundung zwang, den Abschied zu nehmen.

Leser, Victor, Dr., geboren am 4. August 1864 in St. Louis,
Mo. Studierte in Amerika und Europa, unter anderem in Wien,
Straßburg, Freiburg und Bonn, von wo er im Jahre 1887 nach
Amerika zurückkehrte, nachdem er sich in Deutschland verehelicht hatte.
Seit seiner Rückkehr ist Dr. Leser in Philadelphia ansässig. Er trat
der Deutschen Gesellschaft im Jahre November 1892 als Mitglied bei
und wirkte viele Jahre lang als Vorsitzender des ärztlichen Komitees
der Deutschen Gesellschaft, als welcher er vielen armen deutschen Familien seine Hilfe zuteil werden ließ. Er nahm an dem Gedeihen
der Deutschen Gesellschaft besonders regen Anteil und ist, obwohl in Amerika geboren, ein Deutscher im wahrsten Sinne des Wortes—einer der wenigen Söhne deutscher Eltern, die ohne Zaudern
und Bedenken jederzeit für das Volk, dem sie entstammen, eintreten.

Leupold, Theodor J., geboren in Lichtenberg in Bayern am 13.
April 1827. Leupold kam im Jahre 1847 nach Amerika, wo er sich
in Philadelphia niederließ und ein Schneidergeschäft gründete. Er
trat der Deutschen Gesellschaft im Jahre 1867 als Mitglied bei und
bekleidete das Ehrenamt eines Direktors im Jahre 1888. Viele
deutsche Vereinigungen zählten Herrn Leupold, der sich aller deutschen
Bestrebungen auf das regste annahm, zu ihrem Mitglied. Er starb
im Jahre 1904.

Leuthäuser, Heinrich, Sekretär 1777—1779 und 1781, war
Schullehrer und Organist an der Zionskirche. Seine Anstellung erhielt er daselbst 1767. Während der Revolution stand er in Picke-
rings Kompagnie des dritten Pennsylvanischen Milizregiments.

Lex, Charles E., Anwalt in den Jahren 1852 und 1853, war
der Sohn deutscher Eltern und am 3. Dezember 1812 in Philadelphia geboren. Er erhielt seine Bildung auf der Universität von
Pennsylvanien, die er 1832 mit ehrenvollem Zeugnis verließ, studierte Rechtsgelehrsamkeit unter der Leitung von Joseph R. Inger-

soll, wurde 1834 zur Praxis zugelassen und gewann durch die Ge-
diegenheit seiner Kenntnisse und gewissenhaften Führung der ihm
anvertrauten Fälle bald eine hervorragende Stellung. Auch der
öffentliche Dienst suchte ihn; er vertrat seinen Bezirk im Stadtrat
und bekleidete das Amt eines Stadt-Anwaltes (City Solicitor).
Er wurde in die Verwaltung der Universität von Pennsylvanien und
des Girard-College gewählt; bei letzterem war er viele Jahre Vorsitzender des Direktoriums. Auch im Vorstande anderer wohltätiger
Anstalten (Lincoln Institution, Blinden-Asyl, Musical Fund Society
u. a.) war er tätig. Er gehörte zur bischöflichen Kirche und war
öfters ein Delegat zu den Conventionen, sowie Mitglied des Diö-
cesen-Komitees.

Seine Kenntnisse erstreckten sich, abgesehen von seinem eigenen
Fache, über das Gebiet einer vielseitigen Bildung, Sprachen, Geschichte, Theologie, Kunst. Das rege Interesse, das er für alle Elemente der Kultur bezeigte, die Reinheit seines Charakters und sein
humanes, liebreiches Wesen gaben ihm eine seltene Anziehungskraft.

Kurze Zeit vor seinem Ableben hatte er die Genugtuung,
Deutschland, das Land seiner Vorfahren, wonach er sich stets gesehnt
hatte, in Gesellschaft seiner Familie zu besuchen. Er starb plötzlich
an Brustbeklemmung am 16. Mai 1872.

Loos, Alexander, Mitglied 1872, sieben Jahre Bibliothekar;
gestorben am 15. September 1877. Der Vorstand der Deutschen
Gesellschaft widmete ihm einen ehrenden Nachruf. Er wurde am 11.
August 1821 in Jauer in Schlesien geboren, studierte Theologie und
Philologie, wandte sich der freireligiösen Richtung zu, wirkte als
Sprecher einer freien Gemeinde in Jauer und dann in Striegau,
geriet in Konflikt mit der Regierung und wanderte 1852 nach Amerika aus. Nach manchen Wanderfahrten als Sprach- und Musik-
lehrer ließ sich Loos 1868 in Phildelphia nieder. Hier spielte er in
der freien Gemeinde eine bedeutende Rolle. Er war schriftstellerisch
und als Uebersetzer tätig. Er starb am 15. September 1877.

Lowber, John Cole, Sekretär der Deutschen Gesellschaft von
1819—1831, wurde den 3. Juni 1789 geboren, studierte Jurisprudenz, wurde 1809 zur Advokaten-Praxis zugelassen und starb den
4. März 1834. Er stammte von Mathias Lowber, einem Holländer,
ab, der zu den ersten Ansiedlern von West-Maryland gehört haben
soll.

Ludwig, Christoph, bekannt als Washington's General-Armee-Bäcker, war einer der Gründer der Deutschen Gesellschaft, viele Jahre deren tätiges Mitglied, von 1770—1774 und 1776—1781 Aufseher, 1775 und 1782 Vize-Präsident. Ein derber, biederer Charakter, echt wie Gold, für edle Zwecke leicht erwärmbar und mit Selbstaufopferung wirksam. Im Unabhängigkeitskriege bewies er, daß nicht allein das Schwert, sondern auch der Backofen, mit einem ehrlichen Bäcker davor, dem Vaterlande erfprießlich sein kann.

Christoph Ludwig wurde am 17. Oktober 1720 zu Gießen geboren und von seinem Vater, einem Bäcker, schon als Knabe zum Handwerk angehalten. Er hatte sein vierzehntes Jahr bereits angetreten, als er in einer Freischule seiner Vaterstadt den vernachlässigten Unterricht nachholte, und sein ganzes Leben lang behielt er diesen Umstand in dankbarer Erinnerung. Im Alter von 17 Jahren ging er unter die Soldaten und machte den Krieg mit, den damals Oesterreich, als Rußlands Bundesgenosse, gegen die Türkei führte. Nach dem Friedensschluß von Belgrad, im Jahre 1739, marschierte der Haufen, zu dem Ch. Ludwig gehörte, auf Wien zurück; von den 100 Mann kamen 75 auf dem Wege durch Hunger und Kälte ums Leben. Als im nächsten Jahre der österreichische Erbfolgekrieg nach Karl's VI. Ableben und Maria Theresia's Thronbesteigung ausbrach, folgte der junge Christoph wiederum dem Kalbsfell, und er befand sich unter der Besatzung von Prag, die nach 17 Wochen langer Belagerung im November 1741 kapitulierte. Er hatte nun genug am österreichischen Kriegsdienst und verfuchte es unter den Fahnen des großen Friedrich, der damals freilich diesen Beinamen noch nicht erworben hatte. Mit dem Breslauer Frieden 1742 schied Chr. Ludwig aus der Armee, ging nach London, wurde Bäcker an Bord des Ostindienfahrers Duke of Cumberland und verblieb im fernen Morgenlande 3½ Jahr. Im Jahre 1745 kam er nach London zurück, erhielt 111 Guineen und 1 Krone für seine Dienste ausbezahlt und begab sich dann nach Deutschland, um seinen Vater zu besuchen. Dieser war aber mittlerweile gestorben, und Christoph verkaufte das ihm erblich zugefallene Besitztum für 500 Gulden. Nach London zurückgekehrt, lebte der junge Mann mit der Tasche voll Geld auf hohem Fuß. Als nach wenigen Monaten der letzte Schilling dahin war, wurde er Matrose (1745) und befuhr als solcher sieben Jahre lang die See auf Reisen nach Irland, Holland und Westindien. Er legte während dieser Zeit nicht viel, aber doch 25 Pfund Sterling zurück, wofür er einen Vorrat fertiger Kleidungsstücke kaufte. Hiermit kam er 1753 nach Philadelphia und schlug seine Ware für das Dreifache des angelegten Geldes los. Es gefiel ihm in Philadelphia so gut, daß er beschloß, sich hier seine zukünftige Heimat zu wählen. Nur besuchte er London noch einmal, um die höhern Branchen seines Geschäfts, die Konfekt- und Gingerbäckerei, besser zu erlernen. Damit waren denn seine Lehr- und Wanderjahre zu Ende. Im Jahre 1754 ließ er sich in Philadelphia gut bürgerlich nieder, legte in Laetitia Court seine Bäckerei an und verheiratete sich im Jahre darauf mit einer achtbaren Wittfrau, Namens Catharine England. Der deutsche Bäcker, der ein so abenteuerliches Leben hinter sich hatte und nun allen Ernstes und mit bestem Erfolg seinem Handwerke nachging, wurde unter seinen Landsleuten bald eine hervorragende Persönlichkeit. Sein hoher Wuchs und seine stramme Haltung, die an den alten Soldaten erinnerte, gaben ihm etwas Imponierendes, man nannte ihn wohl scherzweise den Gouverneur von Laetitia Court. Sein Gemüt ist mit der Meeresfläche, die er so lange befahren, verglichen worden, bald ruhig und milde, bald ungestüm und zornig wogend. Aber es gab Niemand, der nicht gesagt hätte, daß Christoph Ludwig das Herz auf dem rechten Flecke trug. Man hatte ihn gern, sein grader Sinn, seine Rechtlichkeit und ein humaner Zug gaben seinem ganzen Wesen einen sittlichen Hintergrund. Wie freuten sich seine Nachbarn und Bekannten, wenn er des Abends im Goldnen Schwan bei Martin Kreuder oder im König von Preußen bei Ludwig Farmer seine Erinnerungen auftischte; von den Türkenkriegen und der Schlesischen Kampagne unter dem berühmten Friedrich erzählte, Hindus, Chinesen und Malaien aus eigener Anschauung beschrieb, über Calcutta und London, Canton und Antwerpen, Prag und Havanna plauderte. Wen gab es in Philadelphia, der so viel zu Wasser und zu Lande gereist, so vieler Menschen Länder gesehen hatte, wie der Bäcker Ludwig? Dabei versah er sein Geschäft mit unverdrossenem Eifer und nahm als guter Bürger an allen Angelegenheiten Anteil, welche das Wohl der Stadt und der Kolonie betrafen.

So finden wir ihn denn auch unter den Gründern der Deutschen Gesellschaft. War Arbeit zu verrichten, mußten Schiffe, das Hospital, das Gefängnis besucht werden, oder gab es sonst einen verantwortlichen Komiteedienst, er lehnte nie ab, wenn er dazu berufen wurde. Sein Fleiß und seine Rechtlichkeit blieben nicht ohne Früchte.

Nach zwanzigjähriger Arbeit war er Besitzer von neun Häusern in Philadelphia, einer Farm bei Germantown und einem Barvermögen von 3500 Pfd. Pennsylvanischen Geldes. Um 1775 war er Direktor einer industriellen Gesellschaft für die Fabrikation von gewobenen Stoffen.

Nun brach die Revolution aus. Christoph Ludwig war damals ein Mann von 55 Jahren, aber der kräftige Pulsschlag der Zeit und sein unbegrenzter Enthusiasmus machten ihn wieder zum Jüngling. Er gehörte mit Leib und Seele zu den Patrioten, zu der Partei der Freiheit. Als 1774 auf Anlaß der Sperrung des Bostoner Hafens ein Komitee von 43 in öffentlicher Versammlung der Bürger von Philadelphia (Stadt und County) ernannt wurde, um mit den Schwesterkolonien über gemeinschaftliche Maßregeln in Verhandlung zu treten, vergaß man nicht den deutschen Bäcker in Laetitia Court in dieser Musterrolle der geachtetsten und einflußreichsten Bürger. So erscheint er öfter als Mitglied von Konventionen und Ausschüssen, denen die wichtigsten Geschäfte in jener verhängnisvollen Periode oblagen. (Provinzial-Konferenz von 1774—1775 und die Konvention von 1776.)

Ludwig wußte recht wohl, daß es gegen die Schäden der Zeit keine andere Panacee gebe, als Pulver. Ohne Schwefel und Salpeter keine Freiheit! Eine Anzeige, die im Staatsboten vom 14. Mai 1776 steht, gehört nicht nur zur Signatur der Zeit, sondern auch des Mannes. Sie lautet:

„Christoph Ludwig in Laetitia Court sucht einen Mann, der rohen Schwefel so herrichten kann, daß derselbe für Anfertigung von Pulver kann gebraucht werden."

Als Gouverneur Mifflin in der Konvention den Vorschlag machte, zum Ankauf von Waffen eine Geldsammlung zu veranstalten und entmutigende Stimmen dagegen laut wurden, erhob sich Ludwig und sagte: Herr Präsident, ich bin freilich nur ein armer Gingerbrod-Bäcker, aber schreiben Sie mich auf mit 200 Pfund. Das schloß die Debatte.

Im Sommer 1776 trat er als Freiwilliger in die Miliz, indem er auf Sold und Rationen verzichtete. Als eines Tages eine Anzahl seiner Kameraden, unzufrieden mit der elenden Kost, das Lager verlassen und nach Hause zurückkehren wollten, ging Ludwig, der davon gehört, auf sie zu und warf sich, angesichts Aller, auf die

Kniee. Es entstand eine lautlose Stille; man wunderte sich, was das zu bedeuten habe. Da sagte er: Kameraden, hört einen Augenblick Christoph Ludwig an. Wenn wir Feuerlärm in Philadelphia aus der Ferne hören, so eilen wir mit Löscheimern hin, um das eigene Haus vor dem Feuer zu wahren. Haltet das große Feuer der britischen Armee von unserer Stadt ab. In wenigen Tagen sollt ihr gutes Brot und eine Menge davon haben. Seine ernsten Worte machten auf die Unzufriedenen einen tiefen Eindruck, und sie ließen sich beschwichtigen.

Daß deutsche Fürsten ihre Untertanen an England verkauften, um gegen die amerikanische Unabhängigkeit zu kämpfen, empörte das freiheitsliebende Herz Ludwigs aufs Höchste. Aber er hegte keinen Groll gegen die willenlosen Opfer fürstlicher Habgier. „Bringt die gefangenen Hessen", sagte er bei einer Gelegenheit, „nach Philadelphia, zeigt ihnen unsere schönen deutschen Kirchen, laßt sie unseren Rindsbraten kosten und unseren Hausrat sehen, dann schickt sie wieder fort zu den Ihrigen, und ihr sollt sehen, wie viele uns zulaufen werden."

Zu dieser Erzählung stimmt sehr wohl der am 9. April 1778 vom Kongreß passierte Beschluß, an Christoph Ludwig die Summe von $128.84 zu bezahlen, die derselbe für Unterhalt hessischer Gefangener und bar an hessische Ueberläufer mit Waffen ausgelegt hatte. Hiernach bekamen die desertierten Hessen nur dann Geld, wenn sie auch ihre Waffen mitbrachten. — Sehr weise.

Es wird weiter von dem verwegenen Patrioten erzählt, daß er mit Vorwissen des kommandierenden Generals einst als angeblicher Ueberläufer ins Lager der Hessen auf Staten Island gegangen sei und seinen Landsleuten eine so reizende Schilderung vom Leben der Deutsch-Pennsylvanier gemacht habe, daß Hunderte derselben von Sehnsucht nach den Fleischtöpfen Pennsylvaniens und den Segnungen der Freiheit ergriffen, bei erster Gelegenheit ihren Fahnen Ade gesagt hätten.*)

Noch in anderer Weise sollte Ludwig der guten Sache, für die sein Herz erglühte, dienstbar werden, nämlich als Bäcker. Am 3. Mai 1777 beschloß der Kongreß:

*) Ueber einen Vorschlag, die Hessen auf Staten Island zum Desertieren zu bewegen, und zwar durch deutsche Zirkulare, die auf der einen Seite Tabakszeichen hatten, so daß sie zu Tabakspaketen dienen und an den Mann gebracht werden konnten, siehe B. Franklin's Brief an Gen. Gates. American Archives, Series V., vol. I., p. 1193.

„Daß Chriſtoph Ludwig als Oberaufſeher der Bäcker und Back-
direktor (Superintendent of Bakers and Director of Baking) in
der Armee der Vereinigten Staaten angeſtellt werde, daß er mit Bewilligung des Chefs oder des kommandierenden Generals alle in
dieſem Geſchäft anzuſtellenden Perſonen engagiere, deren Lohn feſt-
ſetze, darüber rapportiere, Mißbräuche abſtelle uſw., wofür er einen
monatlichen Gehalt von 75 Dollars und tägliche Lieferung von zwei
Rationen erhalten ſoll.‟

Der Mißbräuche, über welche häufige und laute Klage geführt
war, gab es viele; Ludwig ſorgte mit ſeiner gewohnten Energie
dafür, daß die Soldaten fortan mit gutem und reichlichem Brot ver-
ſorgt wurden. Ueber eine bisher gebräuchliche Betrügerei, von der
die Verwaltung keine Ahnung hatte, öffnete er ſeinen Vorgeſetzten
die Augen. Es wurde ihm nämlich aufgegeben, für jede hundert
Pfund Mehl hundert Pfund Brot zu liefern. Nein, ſagte er, Chriſtoph Ludwig will nicht durch den Krieg reich werden, er hat genug.
Aus hundert Pfund Mehl bäckt man 135 Pfund Brot, und ſo viel
werde ich auch abliefern. Von dem Waſſer, das vom Mehl abſorbiert
wird und das Gewicht vermehrt, hatten ſeine durchtriebenen Vorgänger geſchwiegen, und niemand hatte daran gedacht.

Mit Waſhington kam er oft zuſammen und gewann deſſen volles
Vertrauen. Der General hatte ſtundenlange Konferenzen mit ihm
über Proviantangelegenheiten, zog ihn nicht ſelten zur Tafel und
hieß ihn gern ſeinen „ehrlichen Freund‟.

Mit den Offizieren der Armee verkehrte der deutſche Bäcker
in der ungezwungenſten Weiſe, ſprach immer, wie ihm der Schnabel
gewachſen war, und verſtand es vortrefflich, die Unterhaltung mit
geſundem Humor zu würzen. Seine reiche Lebenserfahrung bot
ſtets neuen Stoff zu Geſprächen.

Der Krieg verurſachte Chriſtoph Ludwig mancherlei Verluſte.
Während der britiſchen Okkupation von Philadelphia war ſein Haus
vom Feinde geplündert worden; die Entwertung des Papiergeldes
war gleichfalls ein empfindlicher Schlag für ihn. Doch wußte er ſich
darüber zu tröſten. Recht glücklich machte ihn ein Beweis von Waſh-
ingtons Wohlwollen und Achtung, nämlich ein von dieſem ausge-
ſtelltes Zertifikat, das hübſch eingerahmt ſein Zimmer ſchmückte. Es
befindet ſich jetzt in der Halle der hiſtoriſchen Geſellſchaft von Pennſylvanien.

Im Jahre 1795 verlor Ch. Ludwig seine Frau. Bald darauf
verkaufte er seine liegende Habe mit Ausnahme eines Hauses und
zog nach Philadelphia zu Friedrich Fraley, einem seiner ehemaligen
Gesellen. Im Jahre 1798 verehelichte er sich mit einer Matrone,
Frau Sophia Binder, die ihm während der letzten Jahre seines
Lebens eine hilfreiche Gefährtin war. Er starb den 17. Juni 1801,
in seinem 80. Jahre, und ist in Germantown auf dem lutherischen
Kirchhofe begraben, wo ein großer horizontaler Denkstein seine Erlebnisse und Verdienste inschriftlich zusammenfaßt.

Wie er während seines Lebens beflissen war, die Not seiner
Mitmenschen zu lindern und das Erziehungswesen zu heben, so sorgte
er auch noch durch die Bestimmungen seines Testamentes für dieselben
edlen Zwecke. Er vermachte der Deutschen Gesellschaft, der Universität von Pennsylvanien und zwei Kirchen 500 Pfund in gleichen
Teilen, behufs der Erziehung armer Kinder. Das nach Verteilung
der Legate übrig bleibende Vermögen, welches er auf 3000 Pfund
schätzte, hinterließ er als Stiftungskapital für eine Freischule, zu
welcher arme Kinder, ohne Unterschied des Glaubens und der Abstammung, Zutritt haben sollten. Es hatte sich eben eine Gesellschaft
gerade für diesen Zweck gebildet (Society for the establishment and
support of Charity Schools), und diese übernahm die Erbschaft
mit den sich daran knüpfenden Verpflichtungen. Im Jahre 1872
veränderte sie ihren Namen, zu Ehren ihres Wohltäters, in Ludwick
Institute. Die Schule befand sich 1876 in der Catharine Straße,
über der Sechsten Straße, während das früher dazu benutzte Gebäude in der Walnut Straße, zwischen der Sechsten und Siebenten
(Ludwick Buildings), nach einem Umbau, zu zahlreichen Bureaus
eingerichtet wurde und eine gute Einnahme zum Unterhalt der
Schule abwarf.

Luedecke, Ernst, geboren am 10. März 1851 in Wittenberg,
Provinz Sachsen, kam im Jahre 1873 nach Amerika und ließ sich
im gleichen Jahre in Philadelphia nieder. Luedecke war an allen
Bestrebungen des Deutschtums in hervorragender Weise beteiligt,
und wirkte insbesondere viel Gutes als Direktor der Deutschen Gesellschaft, welches Ehrenamt er in den Jahren 1891 bis 1893 bekleidete, nachdem er im Jahre 1889 der Gesellschaft beigetreten war.
Luedecke gehörte zu den eifrigsten Mitgliedern des Männerchors
und der Hermann-Loge. Er hatte an der Pflege des deutschen Liedes

und deutschen Gesanges in Amerika großen Anteil, ebenso an der Freimaurerei. Er starb am 9. Juni 1909.

Mackinet, Daniel Blasius, Sekretär der Gesellschaft von 1764—1774, wurde 1690 geboren und 1730 als Bürger der Kolonie Pennsylvanien naturalisiert. Um 1762 hielt er einen Laden, vielleicht auch ein Wirtshaus, an der Südwest-Ecke der Zweiten und Race Straße. In Germantown hatte er ein Wirtshaus, das zu seiner Zeit wohl berufen war. In seinem Hause versammelten sich am 6. Dezember 1759 die Gründer der Germantown Academy, welche beschlossen, eine Schule für den Unterricht im Hochdeutschen und Englischen zu errichten, auch passende Wohnhäuser für die Lehrer zu bauen. (Die Unterzeichner waren Christ. Saur, Christ. Meng, Balthasar Reser, D. B. Mackinet, John Jones und Christ. Bensell.) Mackinet gehörte zu den Aufsehern, die 1760 gewählt wurden. — Als die Deutsche Gesellschaft entstand, war er ein Greis von 75 Jahren, doch übernahm er das Sekretariat und führte es bis 1774. Am 20. Juni 1775 verschied er im Alter von 85 Jahren. Er hatte zwei Töchter, Maria Magdalena und Susannah (letztere heiratete seinen Pflegesohn Galliday) und einen Sohn, Daniel, der vor ihm starb. Durch diesen hat sich Mackinet's Stamm und Name (verändert in Macknet) in Philadelphia und in Newark erhalten.

Maisch, Johann Michael, Mitglied 1867, später lebenslängliches Mitglied. Aufseher 1873 und 1874. Geboren am 30. Januar 1831 in Hanau als Sohn eines Bäckermeisters, nahm er an der revolutionären Bewegung teil, verließ am 13. August 1849 Hanau. wanderte nach Amerika aus, erlernte das Apothekergeschäft, ließ sich 1856 dauernd in Philadelphia nieder, wurde Leiter der praktischen Abteilung der Parrish's School of Pharmacy, von 1861—1863 Professor der Materia Medica und Pharmacie am College of Pharmacy in New York, kam nach Philadelphia als Leiter des „Army Medical Laboratory", in welchem die Arzneien für die Bundes-Armee hergestellt wurden, im Jahre 1866 wurde er Professor der Pharmacie am Philadelphia College of Pharmacy und dann Professor der Materia Medica und Botanik. Mit Dr. Alfred Stillé zusammen war Professor Maisch Verfasser des „National Dispensatory". Seine „Organic Materia Medica" hat mehrere Auflagen erlebt. Das Maryland College of Pharmacy ernannte ihn 1871 zum Doctor Pharmaceutiac. Er war Ehrenmitglied zahlreicher fachwissenschaftlicher

Gesellschaften hier und in Europa. Ihm wurde die Hamburg Medaille verliehen. Maisch war einer der bedeutendsten Pharmaceuten und Botaniker Amerikas. Er wurde 1890 Präsident des Deutschen Pionier-Vereins. Maisch starb am 10. September 1893.

Mann, Wilhelm Julius, Mitglied 1848, Vorsitzer des Bibliothek-Ausschusses von 1871—1887, Ehrenmitglied am 15. April 1889, hervorragender deutschamerikanischer Theologe, geb. am 29. Mai 1819 in Stuttgart, bezog im Herbst 1837 zum Studium der Theologie die Universität Tübingen, wurde nach bestandenem Examen Lehrer an einer Privatschule in Bönnigheim, verband damit 1844 das Amt eines Vikars, Pfarrgehilfen, übernahm im Dezember das Vikariat in Neuhausen, entschloß sich im Juli 1845 einem Rufe seines Freundes, Philipp Schaff, als Lehrer der deutschen Sprache an das reformierte Seminar in Mercersburg, Pa., zu folgen, verließ am 16. August 1845 sein Vaterhaus in Stuttgart, fuhr über Paris nach Havre und von dort an Bord des neuen Klipperschiffs „Havre" am 9. September nach Amerika. Schon am 9. Oktober erreichte das Schiff New York. Am 24. Oktober erreichte Mann Mercersburg. Im Dezember 1845 wurde er als Assistent des betagten Pastors G. Vibighaus an die Salems-Gemeinde in Philadelphia berufen, wo er am 18. Januar 1846 seine Antrittspredigt hielt. Am 17. Mai erhielt er seine Ordination. Er wirkte vier Jahre an der Gemeinde. Er wurde Mitarbeiter und später Redakteur des von Dr. Schaff 1848 gegründeten „Deutschen Kirchenfreundes". Im Jahre 1850 legte Dr. Mann sein Amt nieder und wurde, nachdem er seine Verbindung mit der reformierten Kirche gelöst, Hilfs-Pastor der evangelisch-lutherischen St. Michaelis- und Zions-Gemeinde in Philadelphia. 1854 wurde er ordentlicher Pastor der Gemeinde neben Pastor Dr. Rudolf Demme. Drei Kirchen gehörten zu der Gemeinde: die St. Michaelis-, die Zions- und die St. Paulus-Kirche. Cholera und Gelbes Fieber forderten in den fünfziger Jahren in Philadelphia viele Opfer. Pastor Mann hatte einmal in einer Woche sechszehn Beerdigungen und mußte vier andere abweisen.

Im Jahre 1864 wurde von der Synode beschlossen, in Philadelphia das evangelisch-lutherische Prediger-Seminar zu errichten, und Pastor Mann wurde zum Professor an demselben berufen. Die große Gemeinde wurde in 1867 geteilt. Der alte Friedhof der St. Michaelis-Kirche an 5. und Cherry Straße wurde verkauft, ebenso die alte Michaelis- und die alte Zions-Kirche. Auf dem Friedhof der letzteren, der zwischen der Franklin und Achten, sowie Race und Vine Straße lag, wurde die neue Zions-Kirche errichtet, die am 11. September 1870 feierlich bezogen wurde. Die Gemeinde und namentlich die Sonntagsschule nahmen beständig an Mitgliedern, resp. Schülern und Schülerinnen zu. Im Jahre 1867 hatte Dr. Mann eine Deutschlandreise zum Besuche seiner betagten Mutter angetreten. Pastor Adolf Späth vertrat ihn. Bei seiner Rückkehr wurde Pastor Mann auf das Herzlichste empfangen. Die Gemeindeteilung vollzog sich in bester Weise. Es entstanden, nachdem schon in den fünfziger Jahren die St. Jakobus-Kirche als selbständige Gemeinde gegründet worden war, die Emanuels-Gemeinde im Southwark und die St. Johannis-Gemeinde an 15. und Ogden Straße. Auch die St. Paulus-Gemeinde, die ein Teil der Mutter-Gemeinde geblieben war, nachdem sie im Jahre 1840 eine Kirche in den Northern Liberties erbaut, machte sich unabhängig.

Am 8. Januar 1883 reichte Dr. Mann dem Kirchenrat der Zions-Gemeinde nach 33jähriger Wirksamkeit sein Rücktrittsgesuch ein. Das Abschiedsgesuch wurde am 23. Januar angenommen und Dr. Mann zum „Ehren-Pastor" ernannt. Er mußte indessen noch bis zum Mai 1884 weiter fungieren. Dann wurde der Hilfsprediger J. E. Rideker zum Pastor ernannt. Die Abschiedspredigt hielt Dr. Mann im November 1884. In den lutherischen Kirchen des Landes hat Dr. Mann eine große Rolle gespielt. An dem theologischen Seminar wirkte Dr. Mann vom Jahre 1864—1891. Er war eine Zeitlang auch Hausvater des Seminars, das an der Franklin Straße sich befand. Bei einer Blattern-Epidemie im Jahre 1875 sorgte er furchtlos für seine Kranken. Am 15. Dezember 1891 reichte Dr. Mann seines Herzleidens wegen der Fakultät sein Rücktrittsgesuch ein.

Der Deutschen Gesellschaft von Pennsylvanien und der Deutschen Hospital-Gesellschaft hat Dr. Mann bedeutende Dienste geleistet. Die Heimat und Europa besuchte Dr. Mann in den Jahren 1867, 1875, 1889, und 1890. Dr. Mann starb am 20. Juni 1892. Er war auf der Fahrt von Philadelphia nach Massachusetts, wo er in Pigeon Cove Erholung suchen wollte, auf dem Dampfer, der ihn, seine Frau und zwei Töchter von New York nach Fall River führen sollte, schwer erkrankt. In einem Hotel in Boston ist er gestorben. Das Begräbnis am 24. Juni fand auf dem West Laurel Hill Kirchhof statt. Die

Trauerfeier wurde, da in der Zions-Kirche zur Zeit Reparaturen vorgenommen wurden, in der „Holy Communion"-Kirche abgehalten. Zwölf Pastoren, frühere Seminar-Schüler des Verstorbenen, trugen den Sarg mit der Leiche in die Kirche. Etwa zweihundert Pastoren wohnten außer zahlreichen anderen Leidtragenden der Trauerfeier bei. Dr. A. Späth hielt die deutsche und Dr. J. A. Seiß, Präsident des Seminar-Direktoriums, die englische Ansprache. Der Verstorbene war auch schriftstellerisch in hervorragender Weise tätig gewesen. Er gilt als einer der bedeutendsten deutschamerikanischen Theologen.

Mayer, John B., geboren am 1. Juni 1864 in Frankfurt am Main, seit 1886 in Philadelphia ansässig, trat im Jahre 1896 der Deutschen Gesellschaft bei und wurde im gleichen Jahre zum Sekretär erwählt, welches Amt es bis 1916 bekleidete. Gründete im Jahre 1886 den ersten Kinderchor, nämlich den des Southwark Turn- und Sonntagschulvereins, mit welchem er wiederholt Konzerte gab. War Delegat des Philadelphia Turn-Bezirks zu den Bundestagsitzungen des Nordamerikanischen Turnerbundes, Vorsitzender des geistigen Komitees des Turnbezirks und Turnlehrer im Southwark Turn- und Sonntagsschulverein und der Turngemeinde in Wilmington. Del. Wurde zum ersten Sprecher des Philadelphia Turnbezirks erwählt. Wirkte ferner von 1890 bis 1896 als Lehrer der englischen Sprache in der deutsch-englischen Abendschule an 3. und Green Str. Erwarb sich als Mitglied des Mühlenberg-Denkmal-Komitees besondere Verdienste um die Aufstellung des Denkmals und leitete die Enthüllungsfeierlichkeiten desselben. Machte sich desgleichen als Sekretär des Pastorius-Denkmal-Komitees des D. A. Nationalbundes sehr verdient und war Mitglied des Preis-Ausschusses für die Auswahl des Denkmals. Bekleidet gegenwärtig das Amt des Präsidenten der Vereinigten Sänger von Philadelphia, war Dirigent in verschiedenen Vereinen dieser Organisation und ist Bundes-Direktor des Nordöstlichen Sängerbundes, war ferner Vorsitzender des Kinderchor-Komitees des Zentralbundes von Penna, Vorsitzender des Legislativ-Komitees desselben und Vorsitzender des Komitees für Propaganda für die deutsche Sache bis Ende 1916. Im Jahre 1915 wurde er an Stelle Dr. Hexamer's Präsident des Deutschamerikanischen Zentralbundes von Pennsylvanien und des Zweiges Philadelphia. Anerkennung verdienen seine Bestrebungen um die Errichtung von Bürgerrechtsschulen in Philadelphia und im Staate. Im April 1916 beriefen er und Herr Adolf Timm die Konferenz der Deutſchamerikaner des Landes für den 28. und 29. Mai nach Chicago ein, welche hiſtoriſch bedeutend wurde. Herr Mayer wurde dort zum Präſidenten des Nationalen Konferenz-Ausſchuſſes erwählt. Als im Oktober 1916 Dr. Hexamer auf Wiedererwählung zum Präſidenten der Deutſchen Geſellſchaft verzichtete, ſchlug er Herrn Mayer zu ſeinem Nachfolger vor, der auch nominiert und im Januar 1917 einſtimmig erwählt wurde.

Melbeck, Johann, Sekretär 1789, war um jene Zeit Porzellanhändler in der Nord Zweiten Straße, ſpäter, etwa ſeit 1803, Kommiſſionskaufmann.

Mende, C. F., Mitglied 1868, Direktor 1880 und von 1882 bis 1894. Er war Mitinhaber der Käſefabrikanten-Firma Mende Brothers. Nach dem Tode Mende's ging das Geſchäft ein. Er war im Verwaltungsrat der Deutſchen Geſellſchaft ſeines beſcheidenen und liebenswürdigen Auftretens wegen allgemein beliebt. Er ſtarb im Jahre 1894.

Metzenthin, Dr. E. C., Mitglied 1907, Vorſitzer des Einwanderungs-Ausſchuſſes 1915, 1916, 1917, Schriftführer des Verwaltungsrates während der Deutſchlandreiſe Herrn Harjes' in 1914 bis 1915. Dr. Metzenthin wurde am 11. Mai in Diſſen bei Kottbus, Provinz Brandenburg, geboren. Er beſuchte das Kaiſerin Auguſta-Gymnaſium in Charlottenburg bei Berlin, war von 1881 bis 1885 Inhaber eines Stipendiums der Kaiſerin, 1884 Empfänger eines Ehren-Geſchenks, ſtudierte 1885 bis 1888 Theologie und Philologie auf den Univerſitäten Leipzig und Berlin, diente 1889—1890 ſein Jahr im 24. Brandenburgiſchen Infanterie-Regiment ab, aus deſſen Verbande er als Offiziers-Aſpirant entlaſſen wurde, war 1891 bis 1903 als Gymnaſiallehrer und Prediger in Preußen tätig, war in dieſer Zeit, nämlich in 1898, offizieller Teilnehmer an der Einweihung der Erlöſer-Kirche in Jeruſalem durch das deutſche Kaiſerpaar, wurde 1905 Paſtor in Egg Harbor, N. J., 1907 deutſcher Seemanns- und Einwanderer-Paſtor für den Hafen von Philadelphia, gründete 1909 daſelbſt das Deutſche Seemannsheim, fungierte von 1912 bis 1914 als Lehrer der deutſchen Abteilung des „Pennſylvania State College", wurde 1914 Lehrer in der deutſchen Abteilung der Univerſität von Pennſylvanien, erwarb daſelbſt 1915 den Doktor-Grad und ist seit dem 1. November 1915 Pfarrer der deutschen Evangelisch-Lutherischen Kreuz-Gemeinde in Philadelphia. Dr. Metzenthin ist Ehren-Mitglied des Plattdeutschen Volksfest-Vereins und des Verwaltungsrates des Deutschen Seemannsheims.

Meynen, Franz, Mitglied 1878, Direktor 1890—1898. Herr Meynen war in Köln am Rhein geboren. In München und in Rom widmete er sich dem Studium der Bildhauerkunst, in welcher er Hervorragendes zu leisten berufen war. In den Jahren 1869 bis 1875 schuf er unter Anderem die Mittelfigur im Nordportal des Kölner Doms, die Statue des St. Michael, ferner die Kolossalbüste von Peter Paul Rubens für das Museum seiner Vaterstadt. Aufträge für die Weltausstellung in Philadelphia im Jahre 1876 veranlaßten Herrn Meynen zur Uebersiedlung nach Philadelphia. Zwei Jahre später wurde ihm der Preis für die schon damals geplante Penn-Statue für den Turm der City Hall zuerkannt. Fünfzehn Jahre darauf wurde jedoch die Ausführung der Statue, ohne jedes vorherige Konkurrenz-Ausschreiben, einem anderen Bildhauer übergeben. Er wandte sich später der Photographie zu und erfreute sich seiner trefflichen photographischen Aufnahmen wegen eines großen Rufes. Nicht minder bedeutend war er als Portraitmaler. In Sänger- und Freimaurer-Kreisen spielte Herr Meynen eine hervorragende Rolle. Er war aktives Mitglied des Jungen Männerchors. Er starb am 12. August 1915.

Michelbach, Emil. Geboren in Karlsruhe am 10. Mai 1845. Kam im Jahre 1866 nach Amerika und ließ sich in demselben Jahre in Philadelphia nieder. Trat im Jahre 1899 der Deutschen Gesellschaft bei und bekleidet das Amt eines Direktors. Nahm an allen Bestrebungen des Deutschtums den regsten Anteil und trat wiederholt bei größeren Gelegenheiten in den Vordergrund des allgemeinen Interesses. Er ist Besitzer einer großen Konfitüren-Fabrik.

Miller, Peter, Vize-Präsident der Deutschen Gesellschaft seit ihrer Gründung bis 1772, Anwalt von 1787 bis 1789, war aus Neu-Saarweden, in Nassau-Weilburgischen gebürtig, und betrieb das Geschäft eines Notars. Er zeigt seinen Umzug aus der Zweiten in die Dritte Straße 1769 an, „allwo er das Notariatamt fortführt und allerlei Schriften, wie gewöhnlich, verfertiget". Er hielt auch Bücher zum Verkauf. Am 1. Januar 1772 erhielt er die Ernennung zum

Friedensrichter von Stadt und County von Philadelphia. Während der Revolution stand er in Kapitän Burckhard's Kompagnie des 3. Bataillons. Mehrere Jahre war er Registrator der deutschen Einwanderer. Als er 1794 starb, überlebten ihn seine Frau Elisabeth, sein Sohn Richard, seine Töchter Susannah Pater, Sarah Wilson. und die unverheirateten Anna und Juliana, sowie zwei Enkel, Franz und Stephan Beyerly. — Ob er identisch mit dem Drucker Peter Miller war, ist fraglich.

Moelling, E. F., Mitglied 1867, Direktor 1873—1877, Vice-Präsident von 1878—1886. Er war in Eutin im oldenburgischen Fürstentum Lübeck geboren. Nachdem er nach Amerika gekommen und sich in Philadelphia niedergelassen hatte, erhielt er eine Anstellung in dem bekannten Bankhaus Drexel & Co. In den achtziger Jahren machte er sich selbständig und übernahm mit Herrn Autenrieth zusammen das Bankgeschäft von Gebrüder Harjes, welches sie unter der Firma Moelling & Autenrieth weiterführten und das nach dem Ableben der beiden Inhaber erlosch. Herrn Moelling's Familie in Amerika ist ausgestorben. Eine Adoptivtochter ist mit einem New Yorker Arzt verheiratet. Herr Moelling starb im Jahre 1894. An der Deutschen Gesellschaft, der er viele Jahre angehörte, hatte er stets ein besonders lebhaftes Interesse genommen.

Mowitz, Arno P. Geboren am 31. Oktober 1879 in Poesseneck in Sachsen. Kam vor 34 Jahren mit seinen Eltern Albert C. und Maria, geb. Straßburger, nach Amerika, wurde hier sowie in Berlin erzogen. Seit mehreren Jahren ist Herr Mowitz als Rechtsanwalt in Philadelphia tätig und gehört der Deutschen Gesellschaft seit dem Jahre 1912 als Mitglied und in 1914 als Direktor an. Als Vorsitzer des Legislativkomitees des Zentralbundes und des Deutschamerikanischen Nationalbundes bekämpfte Herr Mowitz mit Erfolg die berüchtigte Club Licens-Vorlage, welche den deutschen Vereinen im Staate den Lebensnerv zu unterbinden drohte. Er bekleidet unter anderem auch das Amt eines Bundesdirektors des Nordöstlichen Sängerbundes und ist in den deutschen Kreisen des Staates eine wohlbekannte, allgemein geachtete Persönlichkeit.

Muckle, Mark Richards, Vize-Präsident der Deutschen Gesellschaft in den Jahren 1864, 1865, 1869—1875, wurde den 10. September 1825 in Philadelphia geboren. Sein Vater, wie seine Mut-

ter waren aus dem Schwarzwalde, ersterer aus Neukirch, einem
Orte, wo bereits vor beinahe zweihundert Jahren Schwarzwälder
Wanduhren gemacht wurden.

Im November 1842 trat Herr Muckle in das Geschäftsbureau
des Public Ledger und widmete demselben die Berufstätigkeit seines
Lebens, längere Zeit als Schatzmeister und Superintendent der Zeitung. Die Regelmäßigkeit und gewissenhafte Treue, womit Herr
Muckle die aus seiner Stellung sich ergebenden Geschäfte versah,
hatten ihn nicht verhindert, einer großen Anzahl wohltätiger Vereine und nützlicher Unternehmungen seine fördernde Wirksamkeit
zuzuwenden. Herr Muckle wurde von Gouverneur Bigler von Pennsylvanien zum Oberst in seinem Stabe ernannt.

In den Unabhängigen Orden der Odd-Fellows trat er 1846
als Mitglied der Excelsior-Loge No. 46, worin er zu den höchsten
Graden gelangte; 1850 ward er in die Groß-Loge von Pennsylvanien aufgenommen, und 1856 zum Groß-Schatzmeister derselben
gewählt, welchen Posten er bis kurz vor seinem Tode bekleidete.
Er war auch der Grand-Repräsentative der Groß-Loge Pennsylvaniens bei der Groß-Loge der Vereinigten Staaten. In andern
Odd-Fellows-Instituten, z. B. dem Palestina-Encampment, nahm
er hervorragende und ehrenvolle Stellen ein. Daß die Verhandlungen der Groß-Loge auch in deutscher Sprache veröffentlicht wurden, war Herrn Muckle's Anregung zu verdanken. Am 26. April
1850 ward er Freimaurer, als Mitglied der Hermann-Loge No. 125,
in welcher er das Sekretariat führte und hohe Würden erlangte. Er
war Mitglied und Groß-Schatzmeister der Tempelritter, und in andern freimaurerischen Zirkeln wirksam.

Der Deutschen Gesellschaft hat Herr Muckle als Mitglied und
Beamter besondere Aufmerksamkeit zugewendet und ist derselben
in mancherlei Weise nützlich gewesen. Die Ausstattung der alten
Halle an der 7. Straße geschah unter seiner Leitung. Als die westlichen Gouverneure im November 1870 eine Konvention im Interesse der Einwanderer nach Indianapolis beriefen, vertrat Herr
Muckle mit Dr. Morwitz zusammen in derselben die Deutsche Gesellschaft.

Beim deutschen Hospital, zu dessen Gründern er gehörte, war
Herr Muckle seit vielen Jahren Vize-Präsident und eines der tätigsten Mitglieder. Als andere Vereine, bei denen er beteiligt war.

sind noch zu nennen: Das Franklin Institut, die Historische Gesell-
schaft von Pennsylvanien, der Schützenverein, mehrere musikalische
Gesellschaften, der Verein gegen Tierquälerei, den er gleichfalls ins
Leben rief, das Franklin Reformatory-Home u. s. w. Auch für
Deutschland's Wohl und Fortschritt hatte Herr Muckle stets ein reges
Interesse an den Tag gelegt, bereits 1848 als Sekretär des Frei-
heitsvereins, der es politischen Flüchtlingen, wie Dr. Tiedemann, Dr.
Seidensticker, Hecker, Schurz und anderen ermöglichte, nach Amerika
auszuwandern, 1870 und 1871 als Schatzmeister des Patriotischen
Hülfsvereins, der für die Unterstützung der Wittwen und Waisen
gefallener Soldaten etwa $50,000 aufbrachte und an das Berliner
Komitee sandte, ferner beim Friedensfeste im Mai 1871, dessen
Festzug den ganzen Tag gebrauchte, um einen gegebenen Punkt an
Broad Straße zu passieren, und als amerikanischer Kommissionär
für die Straßburger Bibliothek. Als solcher konnte er 13,000 Bände
nach Straßburg schicken. Seine Bemühungen fanden höchsten Orts
die gebührende Anerkennung, indem ihm von Kaiser Wilhelm dem
Ersten der Kronenorden verliehen wurde.

An der Arrangierung der viertägigen Feier des zweihundert-
jährigen Bestehens der Stadt Philadelphia im Oktober 1882 nahm
Herr Muckle regen Anteil. Er war Vorsitzender der am dritten
Tage stattfindenden Festlichkeiten.

Im Jahre 1884 dachte Präsident Arthur ernstlich daran, ihn
als Gesandten nach Berlin zu schicken. Er sollte der Nachfolger
des Gesandten Sargent werden. Seine Freundschaft zu Bismarck,
dem Kanzler des deutschen Reichs, war dafür bestimmend. Man
glaubte in Washington, daß es Col. Muckle leichter als irgend einem
anderen Vertreter der Vereinigten Staaten gelingen würde, die ge-
spannten Beziehungen, die damals zwischen beiden Ländern bestanden, zu besseren zu gestalten.

Ein Brief des Fürsten Bismarck zeigt, wie wohlgesinnt er Col.
Muckle war. Der Brief lautet:

Varzin, 4. Juli 1875.

Col. M. Richards Muckle,

Philadelphia.

Werter Herr:—Sie hatten die Güte, mir, wie ich vermute,
als Stütze für meine alten Tage, einen Stock zu übersenden, der aus
dem Holze des Glockenturms geschnitzt ist, von dessen Höhe heute

vor 99 Jahren die alte Glocke zum ersten Male zur Ehre des großen Staates läutete, dessen Schiffsglocken heute in allen Wassern der Erde vollen und willkommenen Klang ertönen lassen.

Nehmen Sie gefälligst meinen herzlichsten Dank für diese historischen Reminiscenz entgegen, welche ich in Ehren halten und mit anderen Reliquien denkwürdiger Tage meinen Kindern hinterlassen werde. Der heutige Tag verfehlt nie, mir die glücklichsten Stunden in's Gedächtnis zurückzurufen, die ich an manchem 4. Juli mit amerikanischen Freunden verlebte, zuerst mit John Lathrop Motley in Göttingen im Jahre 1832, dann wieder mit ihm und mit Mitchell C. King und Amory Coffin.

Ich wünschte, daß Sie, mein lieber Oberst, und ich immer so gesund und zufrieden sein möchten, wie wir vier junge Burschen es heute vor dreiundvierzig Jahren in Göttingen waren, als wir den 4. Juli feierten.

v. Bismarck.

Früher war Col. Muckle als Festredner sehr gesucht. Er hielt die englische Festrede bei der Eröffnung des Schützen-Parks und bei vielen anderen Gelegenheiten. Er war stets in den ersten Reihen zu finden, wenn es die Förderung des Deutschtums in Amerika galt. Im Jahre 1898 konnte er sich rühmen, von den 25 Präsidenten der Union achtzehn gesehen, zu ihnen gesprochen und mit ihnen die Hand geschüttelt zu haben. Er starb im März (22.) des Jahres 1915.

Mühlenberg, Friedrich August, Präsident der Deutschen Gesellschaft von 1790—1797, war der zweite Sohn des Ehrw. Heinrich Melchior Mühlenberg, der ihn, wie seine beiden anderen Söhne, von Kindes Beinen an für den geistlichen Stand bestimmte. In Trappe, Montgomery County, am 2. Januar 1750 geboren, erhielt er seine erste Erziehung im väterlichen Hause und seine weitere Fortbildung in Halle, wohin er im Frühjahr 1763 mit seinen Brüdern gesandt wurde. Im Herbst 1770 kehrte er in Gesellschaft des Pastor Kunze nach Philadelphia zurück und übernahm als Adjunkt des Pastor Schulze das Predigeramt bei einigen zu Tulpehocken gehörigen Filialen. Von einer Reise über die blauen Berge von Tulpehocken nach Shamokin, die er im Sommer 1771 zu Pferde machte, hat er einen ausführlichen Bericht (abgedruckt in den Hallischen Nachrichten, p. 1385—1393) geliefert. — Der Ritt durch die stille Wildnis, das

Erklimmen steiler Höhen auf selten betretenen Pfaden, das geheim-
nisvolle leise Geflüster der Natur und die Ueberwindung mancher
Fährlichkeit, weckte im Gemüte des jungen Mannes eine entsprechende
Stimmung, einen seligen Schauer. Doch blieb ihm der Schritt vom
Erhabenen zum Lächerlichen nicht erspart, als er in Caspar Riedt's
Blockhause Nachtquartier fand. Caspar nämlich übte ein hinter-
wäldisches „Völkerrecht", das darin bestand, weder schmutzigen Ir-
ländern noch ungekämmten Hunden die Gastfreundschaft zu versagen.
Die Folge war, daß F. A. Mühlenberg beim Morgengrauen eine
zoologische Entdeckung machte, die ihn veranlaßte, sich eiligst in die
Büsche zu schlagen, um das Hemd zu wechseln und im Bache —
Wäsche zu halten.

Einige Jahre später finden wir ihn als Prediger einer Gemeinde
in der Stadt New York. Wegen seiner offen ausgesprochenen politischen Gesinnung war hier seines Bleibens nicht länger, sobald die
Engländer einrückten, und er begab sich nach New-Hannover in Montgomery County, wo er die zerrüttete deutsche Gemeinde wieder vereinigte (1778). Von dort aus besorgte er kleinere Gemeinden in
Oley, in Neu-Goschehoppen, einige Zeit auch die deutsche Kirche in
Reading, bis diese zum Lazaret für Verwundete verwandt wurde.
Wie sein Bruder Peter von der Kanzel aufs Kampfroß stieg, so
vertauschte Friedrich August M. den Kirchen- gegen den Staatsdienst.
In 1779 und 1780 wählte ihn die Legislatur als Vertreter Pennsylvaniens in den Kontinental-Kongreß, 1781 und 1782 war er Mitglied und Sprecher der Staatslegislatur von Pennsylvanien, 1781—
1783 Präsident des damals bestehenden Zensorenrats. In den folgenden Jahren bekleidete er lokale Aemter in Philadelphia und Montgomery County. Er war Friedensrichter, Archivar (Recorder of
Deeds), Registrator; zu gleicher Zeit betrieb er ein kaufmännisches
Geschäft in Philadelphia (Mühlenberg und Wegmann, Ecke der Zweiten und Race Straße) und in Trappe.

Aus diesen bescheidenen Verhältnissen ward er 1787 zu einem
sehr wichtigen Posten berufen, nämlich in die Konvention, welche
für Pennsylvanien über die Annahme oder Verwerfung der Konstitution der Ver. Staaten entscheiden sollte. Seine Kollegen wählten
ihn zum Vorsitzenden. Sowohl er, wie sein Bruder, General Peter
Mühlenberg, der auch in der Konvention saß, waren entschieden für
die Ratifikation der Ver. Staaten Konstitution.

F. A. Mühlenberg war ein Repräsentant unseres Staates im ersten, zweiten, dritten und vierten Kongresse (1789—1798). Im ersten und dritten wurde er zum Sprecher des Hauses gewählt. Als solcher hatte er 1796 einen Akt sehr verantwortlicher Art zu vollziehen. Zwischen England und den Ver. Staaten waren Streitfragen entstanden, welche das gute Einvernehmen ernstlich bedrohten. Hr. John Jay schloß, als Bevollmächtigter der Ver. Staaten, zur Erledigung dieser Streitpunkte einen Vertrag ab, dessen Ratifikation im Senat nach sehr aufgeregten Debatten erfolgte. Im Repräsentantenhause wiederholten sich diese, als es sich um die Geldbewilligungen zur Ausführung des Vertrages handelte. Am 29. April 1796 kam es darüber zur Abstimmung; 49 Stimmen waren für, eben so viele gegen die Bewilligung, und der Sprecher mußte sein entscheidendes Votum abgeben. F. A. Mühlenberg stimmte „Ja" und verhütete damit vielleicht den Ausbruch eines neuen Krieges, aber zog sich auch den Groll blinder Parteigänger zu. Seiner politischen Farbe nach gehörte er zu den Anti-Federalisten oder Demokraten, die damals Republikaner hießen.

Bei den Deutschen war er sehr beliebt; sie sahen ihn, obschon er hier geboren war, als einen Landsmann an. So enthält die „Philadelphia Correspondenz" 1791 eine Aufforderung an die Deutschen, die deutschen Kandidaten für den Kongreß, F. A. Mühlenberg, Peter Mühlenberg und Daniel Hiester, kräftig zu unterstützen. Alle drei wurden gewählt.

In die Deutsche Gesellschaft trat er 1778. Er war ihr zur Erlangung ihres Freibriefs behilflich und unterzeichnete denselben als Sprecher der Assembly. Für den Eifer, den er bei dieser Gelegenheit bewiesen, ward ihm der Dank der Gesellschaft votiert. Er wurde ihr Präsident im Dezember 1789 und blieb es bis zu Ende 1797. Alsdann zeigte er schriftlich an, daß er sein Amt niederzulegen wünsche, auch jetzt außerhalb der Stadt wohne und nicht mehr wählbar sei. Der Gesellschaft blieb keine andere Wahl, als sich in seinen Entschluß mit Bedauern zu fügen. Sie ließ ihm ein Schreiben zugehen, worin sie den unermüdeten und uneigennützigen Pflichteifer Mühlenberg's, während seiner achtjährigen Verwaltung des Präsidentenamtes, dankend anerkennt und ihm die liebevolle Erinnerung aller Mitglieder zusichert.

Hierauf antwortete er d. d. 1. Januar 1798.

Geehrte Herren und sehr werte Freunde:

„Mit dem lebhaftesten Gefühl der Dankbarkeit erkenne ich die Ehre, die mir die inkorporierte Deutsche Gesellschaft durch Sie erwiesen, und ich schätze mich äußerst glücklich, daß mein wohlgemeinter achtjähriger Dienst als Präsident derselben den Beifall biederer und patriotisch denkender Männer gefunden hat. Versichern Sie die Gesellschaft meiner beständigen und ganz besonderen Ergebenheit. Ihre geneigte Gesinnung gegen mich wird mir als ein immerwährendes Denkmal Ihrer Freundschaft schätzbar bleiben, und mit Vergnügen werde ich jeder Zeit das meinige beitragen, die löblichen Absichten derselben nach Möglichkeit zu befördern.

„Die gütige und freundschaftliche Art, womit Sie das Ihnen von der Gesellschaft aufgetragene Geschäft vollzogen haben, erkenne ich mit gerührtem Herzen. Erlauben Sie mir dafür Ihnen meinen besonderen Dank abzustatten und zugleich die ungeheuchelte Gesinnung auszudrücken, mit welcher ich die Ehre habe zu sein

Ihr treu ergebener Freund

F. A. Mühlenberg."

Hr. Mühlenberg war mit Catharine Schäffer, einer Tochter des Zuckersieders Schäffer, verheiratet und hatte sechs Kinder. 1. Maria, verehlicht mit John S. Hiester. 2. Heinrich Wilhelm. 3. Elisabeth, verehlicht mit John H. Swain. 4. Margareth, verehlicht mit Jacob Sperry. 5. John Peter David. 6. Catharine, verehlicht mit Georg Schieff. In den letzten Jahren seines Lebens war er Registrator im Landbureau von Pennsylvanien. Er starb in Lancaster den 4. Juni 1801.

Mühlenberg, General Joh. Peter Gabriel, Präsident der Deutschen Gesellschaft 1788 und von 1802 bis 1807, war der älteste Sohn des Ehrw. Heinrich Melchior Mühlenberg. Er wurde den 1. Oktober 1746 in Trappe, Montgomery County, geboren und erhielt, wie seine Brüder, Friedrich und Ernst, den ersten Unterricht von seinem Vater, der alle drei Söhne für den geistlichen Stand bestimmte. Aber der lustige Wald, der so zauberisch auf allen Seiten winkte, die schroffe Felswand und der rauschende Bach wirkten auf das lebhafte Gemüt des Knaben am Ende mehr, als die enge Studierstube. Vergebens stemmte sich der gestrenge Vater gegen des Knaben Hang zum Jagen und Fischen. Als die Familie 1761 nach Philadelphia zog, besuchten die drei Söhne die „Akademie", damals unter der Leitung des Provost Dr. Wm. Smith; 1763 schickte sie der Vater nach Halle mit einem Begleitschreiben an Dr. Ziegenhagen, worin er Peter's schwache Seite andeutet mit dem Zusatze, wenn der Junge nicht einschlüge, solle man ihn unter dem Namen Peter Weiser in die Soldatenjacke stecken. Das ihm angedrohte Schicksal wählte er aus freien Stücken. Als er sich nämlich gegen einen seiner Lehrer vergangen hatte und üble Folgen erwarten durfte, vollzog er das consilium abeundi selber, indem er sich einem Regiment Dragoner, das durch die Stadt gezogen war, anschloß. Von seinen Fahrten und Abenteuern unter deutschen Fahnen wissen wir nichts. Ein ziemlich wilder Bursche muß er wohl gewesen sein, denn als ein Dutzend Jahre später die Schlacht am Brandywine geschlagen wurde, in welcher Peter eine Brigade kommandierte, erkannten ihn einige seiner früheren Kameraden, die als „Hessen" auf feindlicher Seite standen, wieder, und es entfuhr ihnen das Wort: „Da kommt ja der Teufel Piet".

Ein englischer Oberst, der während seines Aufenthaltes in Pennsylvanien im Mühlenbergischen Hause ein- und ausgegangen war, damals aber in Deutschland reiste, fand den Sohn seines ehrwürdigen Freundes als Söldner in einer norddeutschen Stadt und führte den geprüften jungen Mann in die Arme seiner angsterfüllten Eltern zurück (1766). In Pennsylvanien legte sich Peter eifrig auf die Theologie, wurde 1768 ordiniert (noch einmal 1772 in England nach dem Ritus der bischöflichen Kirche) und predigte mehrere Jahre für deutsche Gemeinden in New Jersey, wobei es ihm unbenommen blieb, Jagd und Fischfang nach Herzenslust auszuüben. In dieser Zeit verheiratete er sich (1770) mit Frl. Anna Barbara Meyer.

Im Jahre 1772 erhielt er einen Ruf an die deutsche lutherische Kirche zu Woodstock im Shenandoah Tale. Das Shenandoah Tal in Virginien hatte seine deutsche Bevölkerung vornehmlich von Pennsylvanien aus bekommen. Sein offenes männliches Wesen machte ihn zu einem Liebling der Gemeinde und der ganzen Nachbarschaft. Auch trat er schon damals mit Patrick Henry und Col. George Washington in freundschaftliche Beziehungen. In Gesellschaft des letzteren soll er auf den waldigen Höhen der Blauen Berge manchen Rehbock geschossen haben.

Der junge Geistliche nahm den tätigsten Anteil an den großen Tagesfragen, welche das Volk der Kolonien erregten. Im öffentlichen Versammlungen sprach er sich entschieden für die Politik des bewaffneten Widerstandes aus. Als das County, worin Woodstock gelegen ist, ein Sicherheits- und Korrespondenz-Komitee ernannte, ward Peter Mühlenberg dessen Vorsitzer. Er war anwesend, als Patrick Henry vor dem denkwürdigen Konvent von Richmond am 22. März 1775 seine geharnischte Rede für die Bewaffnung Virginiens hielt und unterstützte mit hinreißender Beredtsamkeit diesen entscheidenden Schritt gegen die zaghaften Bedenken vieler Andern.

Infolge dieses Beschlusses machte sich Virginien kriegsbereit, und zu den vorhandenen zwei Regimentern wurden sechs neue berufen. Mühlenberg, immer noch Pastor bei seiner Gemeinde, erhielt das Kommando des achten. Nun aber war die Zeit gekommen, den friedlichen Pflichten des Seelsorgers Lebewohl zu sagen. Noch einmal wollte er zu seiner Gemeinde reden, um Abschied von ihr zu nehmen. Die Nachricht, daß der Oberst Pastor Mühlenberg seine letzte Predigt halten werde (Mitte Januar 1776), brachte eine ungewöhnlich große Zuhörerschaft zusammen, und selbst der Friedhof um die Kirche war mit Menschen gefüllt. In eindringlicher Weise sprach Mühlenberg über die Pflichten, welche die gute Sache des Vaterlandes allen auferlegte, und schloß mit den klangvoll und kräftig ausgesprochenen Worten, daß es eine Zeit zum Beten und Predigen. aber auch eine solche zum Kämpfen gebe, und diese Zeit sei nun gekommen. Dann sprach er den Segen. — Seine Laufbahn als Prediger war geschlossen. Es folgte darauf die Szene, die wohl einzig in ihrer Art dasteht. Er entledigte sich des Chorrocks, der ihn einhüllte, und stand da im vollen Schmuck des gewappneten Kriegsmannes.

Nun stieg er von der Kanzel herab und ließ die Trommeln rühren. Die Begeisterung loderte in hellen Flammen auf. Nahezu dreihundert Mann stellten sich an jenem Tage unter Mühlenberg's Fahne.

Die Laufbahn dieses ausgezeichneten Mannes ist von nun an aufs genaueste mit der Geschichte des Unabhängigkeitskrieges verwoben, welche nicht wiederholt werden kann. Wir können nur die Ereignisse andeuten, bei welchen Peter Mühlenberg im Dienste seines Vaterlandes und der Freiheit zu handeln berufen war.

An der Spitze seines „deutschen Regimentes", das vollzähliger als die anderen war, nahm er zuerst an Lee's Kampagne gegen Lord

Dunmore in Virginien teil. Nach Süd-Carolina beordert, kam er gerade zur rechten Zeit, um mit seiner tapferen Schar in der Schlacht
bei Sullivan's Insel oder Fort Moultrie wirksame Dienste zu leisten.
Am 21. Februar 1777 machte ihn der Kongreß zum Brigade-General.
Nachdem er die Regimenter, die unter sein Kommando gestellt waren,
vervollständigt und ausgerüstet hatte, erhielt er Befehl, sich der Haupt-
armee im Norden anzuschließen, und so finden wir ihn im Mai 1777
in Middlebrook, New Jersey. Hier wurde seiner Brigade auch das
deutsche Regiment, das aus Pennsylvaniern und Maryländern bestand, zugeteilt. Mühlenberg's und Weedon's Brigaden bildeten General Greene's Division, die in den unglücklichen Schlachten am
Brandywine und bei Germantown durch ihre Tapferkeit und gute
Disziplin Ehre einlegte. Nach der Schlacht am Brandywine (am
11. August 1777), leistete Mühlenberg's Brigade den verfolgenden
Truppen des General Cornwallis hartnäckigen Widerstand und deckte
erfolgreich den Rückzug des amerikanischen Heeres. In der Schlacht
bei Germantown tat Mühlenberg seine volle Schuldigkeit. An der
Spitze seiner Brigade brachte er den rechten Flügel des Feindes durch
einen glänzenden Bajonettangriff zum Weichen. Aber er konnte das
Geschick des Tages nicht wenden.

Während der trüben Zeit der Winterquartiere bei Valley
Forge teilte er mit der übrigen Armee unter General Washington die
Leiden, welche Kälte, Entbehrung und Mißmut über die heldenmütige
Schar verhängten.

Am 18. Juni 1778 gaben die Engländer Philadelphia auf, um
durch New Jersey auf New York zu marschieren. Washington verließ den nächsten Tag Valley Forge, und es folgte die Schlacht bei
Monmouth, an dem heißen 28. Juni, woran Mühlenberg teilnahm.
Wir übergehen die Zeit, die er in White Plains am Hudson und in
Middlebrook in New Jersey verbrachte. Während des Jahres 1779
kam es zu keiner wichtigen Aktion.

Im Jahre 1780 war General Mühlenberg in Virginien mit
der Reorganisation der Staatstruppen beschäftigt. Es fehlte nicht
allein an Mannschaft, sondern auch an Waffen, Kleidungsstücken und
anderm Kriegsbedarf. Nach der Kapitulation von Charlestown (12.
März 1780) war ein kleines Kommando die einzige organisierte
Kriegsmacht in den südlichen Staaten, und die verantwortliche Pflicht,
eine neue Armee aufzubringen, fiel auf seine Schultern. Als im

nächsten Jahre General Greene, mit größeren Streitkräften ausgerüstet, das südliche Departement übernahm und der Baron von
Steuben den Oberbefehl in Virginien führte, operierte Mühlenberg
vorzüglich gegen Benedict Arnold, den Verräter, bei Portsmouth.
Der Versuch, diesen gefangen zu nehmen, scheiterte an dessen Wach-
samkeit. In einem Treffen bei City Point, unweit Petersburg, am
25. April 1781, schlug sich Mühlenberg gegen Arnold's überlegene
Macht mit solcher Bravour, daß General Steuben ihm aufs wärmste
dankte und seine Verdienste in dem offiziellen Bericht besonders hervorhob.

Es war Peter Mühlenberg vergönnt, bei dem Hauptschlage, der
die englische Macht in Amerika lähmte und den Frieden herbeiführte,
eine hervorragende Rolle zu spielen. Bei dem Angriff auf die Schan-
zen von Yorktown (15. Oktober 1781) befehligte er die Brigade
leichter Infanterie, welche die linke Redoute der Festungswerke mit
dem Bajonett erstürmte, eine Heldentat, die zu den glorreichsten des
Krieges gehörte.

Ehe er die Armee verließ, ward er zum General-Major befördert, eine von ihm reichlich verdiente Auszeichnung (Sept. 1783).
Einige Monate später begab er sich nach Woodstock, wo seine Familie
während der Kriegsjahre verblieben war. Seine alte Gemeinde hätte
ihn gern wieder auf der Kanzel gesehen und machte ihm dahin gehende Anträge, aber wer sieben Jahre lang das Schwert geführt,
ist kaum in der Verfassung, die Lämmer der christlichen Herde zu
hüten. Der General-Major ist nicht wieder Pfarrer geworden.

Eine Zeitlang trug er sich mit dem Gedanken, ein kaufmännisches
Geschäft zu begründen und zu diesem Behuf nach Philadelphia über-
zusiedeln. Der Plan zerschlug sich aber wieder, und er blieb den
Winter von 1783—1784 zum Besuch bei seinem betagten Vater, in
Trappe. Im nächsten Frühling unternahm er eine lange und beschwerliche Reise nach dem Westen, um für sich und andere virginische
Offiziere die vom Kongreß verwilligten Ländereien zu wählen. Am
22. Februar 1784 brach er zu Pferde von Trappe auf, von Kapitän
Paske begleitet. Seine äußere Erscheinung, die er in seinem Tage-
buche mit Robinson Crusoe's vergleicht, hatte viel von einem Nimrod
und Hinterwäldler; er trug vier Gürtel, ein Paar Pistolen, an der
Seite einen Säbel, von der Schulter hängend eine Büchse, dazu eine
mächtige Pfeife mit zugehörigem Tabaksbeutel. Das sonnengebräunte

Gesicht paßte gut zu dieser malerischen Ausstafficrung. Bei Fort
Pitt schlossen sich noch andere an und, sobald das Eis aufbrach,
segelte die Gesellschaft, die ihren Proviant in Wald und Fluß fand,
den Ohio hinauf bis zu den Fällen, wo jetzt Louisville steht. Gegen
Ueberfälle der Indianer mußten sie stets auf der Hut sein, aber General Mühlenberg benutzte die Gelegenheit auch, sich mit den Zuständen und Wünschen der verschiedenen Stämme vertraut zu machen
und die Regierung davon zu unterrichten.

Im Juni 1784 kam er endlich wieder in Trappe an und begab
sich von da nach Philadelphia.

Der General muß es wohl verstanden haben, sich die Herzen des
Volkes gleichsam im Sturm zu erobern, denn obschon erst ein Jahr
im Staate ansässig erhielt er 1785 den wichtigen Posten eines Vize-
Präsidenten von Pennsylvanien. (Präsident, wie man damals statt
Gouverneur sagte, wurde Benjamin Franklin.)

In den zwei folgenden Jahren ward er zu demselben Amte
wiedergewählt; 1787 war er mit seinem Bruder ernstlich bemüht,
Pennsylvanien zur Annahme der vorgelegten Konstitution der Vereinigten Staaten zu bestimmen. In den ersten Kongreß gewählt,
leistete er ausgezeichnete Dienste, namentlich in allen Angelegenheiten,
die das Heer und die Landesverteidigung betrafen.

Obwohl seit langer Zeit auf dem besten Fuße mit Washington,
war er weit davon entfernt, seiner eigenen Ueberzeugung aus persönlichen Rücksichten Gewalt anzutun. Dies bewies er, als die offi-
zielle Titulatur der Präsidenten in Frage kam. Der Vorschlag war
gemacht, dem obersten Beamten den Titel der holländischen Statt-
halter „Hochmächtigkeit" zu verleihen. Washington selbst war nicht
abgeneigt. Eines Tages hatte er Gäste bei sich zu Tisch, unter ihnen
den General Mühlenberg. Die Rede kam auf die obschwebende Frage,
und Washington war neugierig, die Ansicht des Generals zu erfahren.
„Nun", sagte dieser, „wären Präsidenten immer so große Leute, wie
Sie oder mein Freund Wynkoop (ein langer Pennsylvanier), so ver-
schlüge es nichts, aber ein so kurzer Präsident, wie der Herr gegenüber würde den Titel Hochmächtigkeit zur Burleske machen". Die
Antwort gefiel Washington nicht besonders.

General Mühlenberg saß im Repräsentantenhause des ersten,
zweiten und sechsten Kongresses, und zwar immer als entschiedener
Anhänger der republikanischen (d. h. demokratischen) Partei. Als

die Präsidentenwahl infolge gleicher Stimmenzahl für Jefferson und Burr, dem Hause zufiel, stimmte Mühlenberg für Jefferson.

Im Jahre 1801 wählte ihn die Legislatur von Pennsylvanien in den Senat der Vereinigten Staaten; aber er resignierte wenige Monate, nachdem er seinen Sitz genommen, um das ihm angebotene Amt eines Supervisors der inneren Steuern in Pennsylvanien anzutreten. Im nächsten Jahre erhielt er die Stelle als Steuereinnehmer im Philadelphier Zollhause, die er bis zu seinem Tode (1. Oktober 1807) bekleidete.

In diesen letzten sechs Jahren, wo es ihm vergönnt war, einigermaßen in Ruhe und Behaglichkeit zu leben, stand er der Deutschen Gesellschaft, deren Präsident er bereits 1788 gewesen, wiederum als erster Beamter vor. Bei den Versammlungen im lutherischen Schulhause in der Cherry Straße, erschien er mit ziemlicher Regelmäßigkeit. Während seines letzten Lebensjahres jedoch war er, infolge seiner gestörten Gesundheit, nur selten anwesend. Zur Einweihung der neuen Halle am 9. April 1807 raffte er sich noch einmal auf und nahm an den Feierlichkeiten teil. Es war das erste und das letzte Mal, daß er das Haus, das unter seinen Auspizien gebaut war, als Präsident betreten sollte.

Mit betrübten Mienen kamen an General Mühlenberg's Geburtstage, dem 1. Oktober 1807, die Mitglieder der Gesellschaft zu ungewöhnlicher Stunde, nämlich 5 Uhr nachmittags, auf besonderen Ruf zusammen. Die Trauerkunde, daß ihr Präsident während des Tages verschieden sei, traf sie mit doppelter Schwere; sie verloren in ihm nicht allein, wie alle Bürger, den gefeierten Freiheitshelden, sondern auch den biedern Freund und Rater, der sich nicht für zu gut hielt, nachdem er mit Männern wie Washington, Jefferson, Gallatin, Madison, Monroe, im engsten Bunde gewesen, nunmehr mit seinen deutschen Freunden über Schutz und Beistand armer Einwanderer zu beraten.

Die Versammlung nahm folgenden Beschluß an:

„Daß die Halle wegen des durch die Gesellschaft erlittenen Verlustes, auf 12 Monate in Trauer gesetzt werde und die Glieder 30 Tage einen Flor um den linken Arm tragen. Ferner

„Daß die Glieder der Gesellschaft die Leiche morgen früh um 6 Uhr bei Annäherung der Halle empfangen und sodann in Prozession mit derselben bis zur Ecke der Vierten und Vine Straße gehen, woselbst solche Glieder, die sie zur Ruhestätte auf der Trappe zu begleiten wünschen, ersucht werden, dem Leichenbegängnis nach Belieben zu folgen."

Dort in dem ruhigen Dorfe, in Trappe, wo er geboren war und seine wilden Knabenjahre verlebte, wo sein ehrwürdiger Vater begraben liegt, hat auch Peter Mühlenberg die letzte Ruhestätte gefunden.

Er hinterließ eine Tochter, Esther, und drei Söhne, Francis, Peter und Henry. Die ihm verliehenen 11,000 Acker Land in Ohio und Kentucky machten den bedeutendsten Teil seines Vermögens aus. Sein Haus befand sich in der Nähe des Schuylkill Flusses.

Peter Mühlenberg war von hoher Statur, rüstig und lebhaft. Er war von der Natur gewissermaßen zum Soldaten geschaffen, und glitt in seine Bestimmung hinein, sobald sich die Gelegenheit bot. Sein Mut und seine Entschlossenheit paarten sich mit kühler Ueberlegung, welche die Situation richtig erfaßt, und so fand Washington in ihm nicht allein einen vortrefflichen Offizier, sondern auch einen zuverlässigen Ratgeber. In seinem Auftreten war er offen, liebenswürdig, ohne allen Dünkel. Soll aber ein Zug genannt werden, der seine Lebensrichtung, seine politischen Grundsätze, sein Handeln bestimmte, der sein innerstes Wesen kennzeichnete, so war es die Liebe zur Freiheit.

Müller, Dr. Heinrich. Wurde am 13. April 1841 zu Rockenhausen in der Pfalz geboren. Im Alter von 18 Jahren wanderte er mit Eltern und Geschwistern nach Cleveland, Ohio, aus. Er studierte zuerst Pharmazie und später am Jefferson College in Philadelphia und an der Universität zu Wien Medizin. Er praktizierte als Arzt in Cleveland, doch nach seiner Vermählung mit Josephine Bona aus Oldenburg etablierte er sich 1872 als Arzt und Apotheker in Philadelphia. 1883 trat er der Deutschen Gesellschaft bei, und 1907 wurde er zum Vorsitzenden des Bibliothek-Ausschusses gewählt. welches Amt er bis zu seinem Tode bekleidete. Er starb am 20. September 1912 an einem Herzleiden und hinterließ Witwe und eine Tochter.

Mullen, Wm. J., Ehrenmitglied der Deutschen Gesellschaft seit 1871. Er war Gefängnis-Inspektor und erwarb sich dadurch ihren Dank, daß er sich gefangener Deutscher annahm, ihre Freilassung erwirkte, wenn es sich um Bagatell-Vergehen handelte, und andere mit Rat und Tat unterstützte. Bei seinem Ableben im Jahre 1882 erkannte der Verwaltungsrat in seinen Beileidsbeschlüssen die langjährigen (seit 1867), uneigennützigen Dienste, die er geleistet, in ehrender Weise an.

Naumann, O. R., nahezu 8 Jahre lang Agent der Deutschen Gesellschaft. Gestorben am 1. Juni 1893. Der Verwaltungsrat faßte Beileidsbeschlüsse und beteiligte sich an der Beerdigung. Er war ein eifriger und gewissenhafter Beamter, der sich volle Zufriedenheit des Vorstandes erwarb.

Newman, Adolph, geboren am 11. September 1845 zu Wiesbaden, kam mit seinen Eltern im Jahre 1856 nach Amerika, wo sie sich in New York niederließen. Im Jahre 1862 kam Neuman nach Philadelphia, wo er eine Kunsthandlung gründete. Bereits im Jahre 1878 trat Newman der Deutschen Gesellschaft als Mitglied bei und war seit dieser Zeit eifrig im Interesse des Deutschtums, zu dessen prominentesten Gestalten er zählt, tätig. Im Jahre 1911 wurde er in den Direktorenrat der Gesellschaft gewählt und förderte als solcher die Zwecke und Ziele derselben in jeder Weise. Herr Newman ist unter anderem auch Mitglied der Hermann Loge No. 125, zu deren Meister er im Jahre 1880 gewählt wurde. Seit 1884 gehört er der Loge als Ehrenmitglied an.

Nibba, F. R., Sekretär 1817 und Bibliothekar von 1818—1828, war Kaufmann. Er kehrte um 1828 nach Deutschland zurück, weil es ihm in den Vereinigten Staaten nicht zusagte. Er war ein Mann von Bildung und feinen Sitten.

Nyholm, Karl Julius, geboren im Jahre 1838 in Rockenhausen, Bayern, kam am 1. Juli 1856 nach Amerika und ließ sich im November des Jahres 1859 in Philadelphia nieder. Im Jahre 1886 trat Herr Nyholm der Deutschen Gesellschaft als Mitglied bei und bekleidete während mehrerer Jahre verschiedene Ehrenämter, darunter das des Vorsitzers des Finanzkomitees der Gesellschaft in den Jahren 1894—1897. Herr Nyholm war im Interesse der Gesellschaft stets eifrig tätig und nahm auch an allen deutschen Bestrebungen regen Anteil.

Oeters, John C., geboren am 6. März 1846 in Hamburg. Kam am 1. März 1866 nach Amerika und ist seit dieser Zeit in Phila-

delphia ansässig. Im Jahre 1885 trat Herr Oeters der Deutschen
Gesellschaft bei und wirkte unermüdlich für dieselbe, bis er im Jahre
1909 in das Direktorium der Gesellschaft gewählt wurde, dem er
bis Ende 1916 angehörte. Herr Oeters beteiligte sich an allen
deutschen Unternehmungen in hervorragender Weise und stand immer
in den ersten Reihen der Kämpfer für deutsche Ideale. Auch im
deutschen Vereinsleben spielte er eine große Rolle. So war er unter
anderem 10 Jahre lang der Präsident des Männerchores und eine
lange Reihe von Jahren Vorsitzer des von dem hiesigen Zweig des
Deutschamerikanischen Zentralbundes von Pennsylvanien veranstalteten deutschen Pfingstfestes.

Olbach, Friedrich Johann Martin, Mitglied 1860, Direktor
1876—77, 1882—83, 1885—1886, Mitglied des Schulkomitees
1871—1881, Vice-Präsident 1891—93, Vorsitzender des Haus-Komitees 1894—98. Er starb am 12. September 1907 im 84. Lebensjahre. Er war der Gründer der „freien Abendschulen für Eingewanderte". Er rief die erste im Jahre 1854 ins Leben, wenige Jahre
nach seiner Niederlassung in hiesiger Stadt. Eingewanderte erhielten
in derselben freien Unterricht in der englischen Sprache. Herr Louis
Wagner nahm später sich der Sache an, und die Deutsche Gesellschaft
machte die „freien Abendschulen für Eingewanderte" zu einer bleibenden Institution. Herr Olbach war Präsident der von ihm ins Leben
gerufenen „Olbach Company", der größten und bedeutendsten Buchbinderei im Staate. Er gehörte zu den Gründern der Samariter-
Herberge und war einige Jahre hindurch Vice-Präsident des Verwaltungsrates derselben. Um die Deutsche Gesellschaft erwarb er sich
viele und bedeutende Verdienste. Sein Ableben rief große Trauer
hervor. In einem Nachrufe des Verwaltungsrates derselben wird
Friedrich Olbach das Zeugnis ausgestellt, daß er ein „biederer deutscher Mann von echtem Schrot und Korn" war. Friedrich Olbach
war am 4. Oktober 1823 als Sohn eines Lehrers in Neu Brandenburg in Mecklenburg-Strelitz geboren. Nachdem er die Volksschule
seiner Vaterstadt besucht und die Buchbinderei erlernt hatte, ging er
1845 auf die Wanderschaft und kam schließlich 1848 nach Amerika.
Zunächst arbeitete er bei einem Farmer in den Catskills, N. Y.; im
Jahre 1851 kam er nach Philadephia, wo er 1854 sein Geschäft begründete. Er war viele Jahre lang Präsident des Bush Hill Bau-
Vereins und Mitglied der Philadelphia Turngemeinde.

Orlemann, Friedrich, geboren am 18. Oktober 1842 in Pirma-
sens, Rheinpfalz, kam im Alter von kaum 16 Jahren im Jahre 1858
nach Amerika. Hier ließ er sich in Philadelphia nieder und gelangte
durch Tüchtigkeit, Geschäftskenntnis und Ehrlichkeit rasch zu Ansehen
und Wohlstand. Er hat sein Interesse an deutschen Bestrebungen
bei vielen Gelegenheiten wirksam bekundet. Er gehört der Deutschen
Gesellschaft seit Jahren als Mitglied an und bekleidete mehrere Ehrenämter.

Ozeas, Peter, Aufseher 1784, 1785, 1788, 1793 und 1794,
Vize-Präsident 1808, war den 2. Juli 1738 zu Dürrmenz in Württemberg geboren, wanderte früh aus und ließ sich in Philadelphia
nieder. Ehe er sein zwanzigstes Jahr zurücklegte, verheiratete er sich
(den 28. April 1758) mit Maria Magdalena Herger aus Germantown. Einen Hinweis auf sein Geschäft und zu gleicher Zeit ein
charakteristisches Zeugnis für die Maßnahmen der Revolutionspe-
riode gibt folgende, den 2. April 1776 von Peter Ozeas abgelegte
Erklärung.

„An das Komitee of Inspection and Observation.

Meine Herren, der Irrtum, den ich begangen, indem ich zwei
Faß Kaffee teurer als zu dem von Ihnen festgesetzten Preise gekauft
und verkauft habe, verursacht mir tiefen Schmerz. Hätte ich die
verderblichen Folgen dieses Verfahrens überlegt, so würde Rücksicht
auf die öffentliche Wohlfahrt und das Interesse, das ich an dem gegenwärtigen Kampf für die Freiheit nehme, mich von einer so unheil-
vollen Handlungsweise abgehalten haben. Freiwillig und aufrichtig
erkenne ich vor dem Publikum meinen Irrtum an usw."

Solche Abbitten, nicht immer freiwillige, erschienen damals unter dem Druck der Volksstimmung und vigilierender Komitees in
großer Menge. Uebrigens war Peter Ozeas in der Tat ein ge-
sinnungstüchtiger Anhänger der Revolutionspartei und diente während des Unabhängigkeitskrieges in der Miliz von Pennsylvanien.
Seine Kommission als Leutnant im dritten Bataillon ist vom 15.
April 1780 datiert. Sein Geschäft hatte er 1782 in der Race Straße,
zwischen der Zweiten und Dritten Straße; er zeigt zum Verkauf an
Rum und andere Spirituosen, Stärke, Fensterglas, Gerberöl, Stahl,
Sargbeschläge usw. Im Jahre 1786 war er Straßen-Kommissionär
und bald darauf erhielt er die Anstellung als Zollinspektor der Vereinigten Staaten, die ihm unter dem wechselnden Regime entgegen-

gefeßter Parteien verblieb. Er war ein Mitglied der deutfchen reformierten Kirche in der Race Straße. Alle feine Kinder überlebend, erreichte er das hohe Alter von 85 Jahren. Er ftarb den 25. April 1824.

Peter Ozeas war ein behäbiger, wohlbeleibter Mann, deffen Herzensgüte fich in feinen offenen, freundlichen Zügen ausdrückte. Er war zu feiner Zeit eines der tätigften Mitglieder der Deutfchen Gefellfchaft. Ein Oelbild des wackeren Mannes wurde im Jahre 1888 von drei Ur-Urenkelkindern desfelben der Gefellfchaft zum Gefchenk gemacht.

Pape, Anton, wurde im Jahre 1836 in dem weftphälifchen Dorfe Eslohe geboren und widmete fich dem Apothekerberufe. Pape kam im Jahre 1855 nach Amerika und machte fich im Jahre 1867 in Philadelphia felbftändig, nachdem er als Teilhaber in die Firma Wiehler und Pape aufgenommen worden war. Der Deutfchen Gefellfchaft gehörte Pape feit dem Jahre 1873 als Mitgied an und bekleidete während feiner Mitgliedfchaft auch mehrere Ehrenämter. Herr Pape war in den weiteften Kreifen des Deutfchtums außerordentlich beliebt und geachtet, was nicht zuletzt auf den Umftand zurückzuführen war, daß er einer der eifrigften Befürworter und Verfechter deutfcher Beftrebungen zeit feines Lebens war. Er ftarb im Jahre 1898.

Paulus, Jofeph C., geboren am 30. März 1847 in Aachen, feit dem Jahre 1866 in Amerika, ließ er fich im Jahre 1881 in Philadelphia nieder, wo er eine Fabrik gründete, die fich mit der Erzeugung von Treibriemen für Mafchinen befaßt. Seit dem Jahre 1894 gehört Herr Paulus der Deutfchen Gefellfchaft als Mitglied an und wirkte in mehreren Ehrenämtern, unter anderem auch als Vorfitzender des Finanzausfchuffes, welches Amt er in den Jahren 1898 und 1899, fowie von 1914 bis jetzt bekleidet hat. Herr Paulus war an allen deutfchen Unternehmungen in hervorragendem Maße beteiligt und ift unermüdlich im Intereffe des Deutfchtums tätig.

Pelman, Guftav, Schatzmeifter von 1869—1873, wurde den 23. März 1823 in Bonn geboren und kam 1848 nach Philadelphia. Hier etablierte er ein Gefchäft als Vergolder und Rahmenfabrikant, das von Jahr zu Jahr an Ausdehnung gewann. Unmittelbar nach der Feier seines 50. Geburtstages erkrankte Herr Pelman und starb den 28. April 1873. Was er der Gesellschaft und seinen Freunden war, ist in dem Nachruf des Verwaltungsrates kurz und wahrheitsgetreu zusammengefaßt. „Die Gesellschaft verliert in dem Geschiedenen einen treuen und gewissenhaften Verwalter ihres Vermögens, einen Beamten von großer Umsicht und Erfahrung und ein für ihre Ausbreitung unablässig tätiges Mitglied; die Mitglieder des Verwaltungsrates aber, denen allen er durch die Liebenswürdigkeit seines Charakters nahe getreten war, betrauern in ihm einen Kollegen und Freund, der ihnen durch die vortrefflichen Eigenschaften seines Herzens, die heitere Anmut seines Umgangs und durch seinen immer regen Gemeinsinn unvergeßlich bleiben wird."

Phillips, J. Altamond, Anwalt von 1855—1859, war der Sohn von Herrn Zaligman Phillips und stand in Philadelphia als Rechtskundiger in hohem Ansehen. Er trat 1826 die Advokatenpraxis an; er war mit John R. Vodges associiert, 1842—1851, 1853 und 1854 der Rechtsanwalt für die Gesundheitsbehörde und starb anfangs Oktober 1862.

Plate, J. Theophilus, Sekretär von 1856—1862, Präsident von 1863 bis 1865, wurde den 5. Juni 1830 in Bremen geboren und kam im Mai 1848 nach Philadelphia. Hier gründete er 1854 ein Engros- und Importgeschäft in Schnittwaren und bekleidete das Konsulat für Sachsen, Hamburg und Bremen. Im Jahre 1865 siedelte er nach New York über und war deshalb genötigt, sein Amt als Präsident der Deutschen Gesellschaft niederzulegen. Die Gesellschaft nahm mit Bezug darauf am 26. Dezember 1865 Beschlüsse an, wie folgt:

Da Herr J. Th. Plate seit mehr als zehn Jahren, zuerst als Sekretär und dann als Präsident der Deutschen Gesellschaft, mit Eifer, Pflichttreue und bestem Erfolge für das Interesse der Gesellschaft wirkte, deshalb

B e s c h l o s s e n , daß die Deutsche Gesellschaft ihr Bedauern darüber ausspricht, daß Herr J. Th. Plate durch seinen Umzug nach New York genötigt war, das Präsidentenamt, zu welchem er wiederholt einstimmig erwählt wurde, niederzulegen.

B e s c h l o s s e n , daß die Deutsche Gesellschaft Herrn J. Th. Plate ihren Dank und ihre Anerkennung ausspricht für die fähige und gewissenhafte Ausübung aller Pflichten, die ihm als Präsidenten der Gesellschaft oblagen.

Herrn Plate's Verwaltung des Präsidentenamtes fiel gerade in die kritische Zeit, als es sich zeigen mußte, ob der neue Aufschwung, den die Gesellschaft genommen, nur ein kurzer Hochflug sei, oder ein normales Steigen bedeute. Daß sich die günstigere Alternative verwirklichte, dazu hat die Amtsführung des Herrn J. Th. Plate redlich mitgeholfen. Er starb in Deutschland im Jahre 1890; seine Erben veranlaßten die Ueberweisung eines Legates in Höhe von $1000 an die Deutsche Gesellschaft.

Rademacher, Carl L., Mitglied 1846, hinterließ der Gesellschaft $1000; war am 17. Dezember 1814 in Bremen geboren. Er starb am 13. März 1861; er betrieb einen Buchladen und eine homöopathische Apotheke; die Gesellschaft ehrte im Jahre 1882 sein Andenken, indem sie seinem Bilde einen Platz in ihrer Halle einräumte.

'**Rau,** John F., Mitglied 1871, Direktor 1878—1892. Er war von deutschen Eltern in Philadelphia am 4. Dezember 1841 geboren. Im Jahre 1870 etablierte er eine Kohlenhandlung in der Nord 3. Straße, die er bis zu seinem am 1. Mai 1910 erfolgten Tode betrieb. Er hielt die Ueberreichungs-Ansprache bei der Enthüllung des Goethe-Denkmals im Fairmount Park. Herr Rau war einer der Gründer des Freimaurer-Heims an Nord Broad Straße und Almosenier des Wohltätigkeits-Fonds der Großloge von Pennsylvanien. An der Deutschen Gesellschaft und namentlich an den wohltätigen Bestrebungen derselben nahm er hervorragenden Anteil.

Rehn, Caspar, Sekretär 1803—1805 und Anwalt 1809 und 1810, wurde den 9. Oktober 1780 in Philadelphia geboren. Seine Eltern waren Deutsche, und er selbst erhielt eine sehr achtsame deutsche Erziehung, wie die von ihm geführten Protokolle bezeugen, die beiläufig an Schönheit und Zierlichkeit der Handschrift unübertroffen sind. Sein Vater starb 1793 am gelben Fieber. Caspar Rehn besuchte die Universität von Pennsylvanien, wählte nach einigem Schwanken zwischen Advokatenstand und Kaufmannsfach das letztere, blieb aber sein Leben lang ein Freund literarischer und ästhetischer Genüsse. Er war mit Pastor Kunze befreundet und korrespondierte mit ihm. Ums Jahr 1820 (?) wurde er in den Select Council gewählt, damals eine ehrende Auszeichnung. Er gehörte anfangs zu der lutherischen Kirche. Als Zwistigkeiten ausbrachen, ging er zu den Herrnhutern über. Verheiratet war Herr Rehn mit einer Tochter von Peter Ley. Er starb am 3. Oktober 1854. Zwei seiner Söhne, William L. und Caspar L. Rehn, lebten in Philadelphia.

Reichard, Joseph Martin, Mitglied 1858, Aufseher 1868—72, geboren im September 1803, in Gankertweiler in der Rheinpfalz, besuchte in Speier das Gymnasium, studierte in Heidelberg, Würzburg und Erlangen. Er wurde im Jahre 1831 Notar in Kusel, verheiratete sich dort, verzog nach Speier, nahm 1848 an der politischen Bewegung teil, wurde in das deutsche Parlament gewählt, war 1849 Präsident der revolutionären provisorischen Regierung der Pfalz, floh mit der unter Willich's Kommando stehenden Revolutionsarmee vor den einrückenden Preußen nach Baden, von da nach der Schweiz und dann nach den Vereinigten Staaten, wo er mittellos anlangte. Er wurde in Philadelphia Notar und Rechtsanwalt und wurde später außerdem General-Agent der Germania Lebens-Versicherung. Er war Mitglied der freireligiösen Gemeinde und Mitglied der Exekutive des Bundes der freien Gemeinden des Landes. Er war einer der Gründer und erster Präsident der Deutschen Hospital-Gesellschaft. An den Verhandlungen und Bestrebungen der Deutschen Gesellschaft von Pennsylvanien nahm er regen Anteil. Er starb am 14. Mai 1872.

Reinhold, Georg Christian, Aufseher von 1768—1771, Sekretär 1775, Vize-Präsident 1776 und 1777, Schatzmeister 1779 und 1780, einer der Gründer der Gesellschaft. Er war Buchbinder und Buchhändler und hatte sein Geschäft in der Market Straße, zwischen der Fünften und Sechsten Straße. Er hinterließ, als er 1793 starb, eine Witwe Mary und sechs Kinder, Elisabeth Wynkoop, Georg, Rebecca, Heinrich, Daniel und Friedrich. In seinem Testament spricht er den Wunsch aus, daß er auf dem Potters Felde, dem öffentlichen Begräbnisplatze, wo jetzt Washington Square ist, beerdigt werde, sein Leichenbegängnis durchaus schlicht sei und die Seinigen keine Trauerkleider anlegen möchten.

Ripka, Charles, Mitglied 1893, Direktor 1899 und 1900. Er wurde am 15. August 1846 in Wigstadtl in Oesterreichisch-Schlesien geboren. Im Jahre 1866 kam er nach Amerika, nachdem vorher zwei ältere Brüder dorthin ausgewandert waren. Er verheiratete fich mit Margarete Kneipp. Er gründete ein Maler-Utenfilien-Geschäft in No. 121 Süd 13. Straße unter der Firma Ripka & Weil. Er verlegte, nachdem sein Partner ausgeschieden war, sein Geschäft nach 1125 Chestnut Straße und associierte sich später mit Herrn F. Weber, der das Geschäft unter der Firma F. Weber & Co. nach seinem Tode weiterführte. Herr Charles Ripka starb am 28. April 1900 im 54. Lebensjahre.

Rosengarten, George D., wurde in Cassel, Kurfürstentum Hessen, am 11. Februar 1801 geboren. Seine Gattin war Elisabeth Bennett, welche im gleichen Jahre, wie er, nämlich 1819, von Hamburg nach Amerika gekommen war. Die Hochzeit hatte in Philadelphia am 31. Dezember 1826 stattgefunden. Herr Rosengarten war Fabrikant von Chemikalien und Gründer der Firma, Powers, Weightman & Rosengarten, welcher sein Sohn, Harry B., und seine Enkel, Dr. George D., Adolph G., Frederick und Joseph G. Rosengarten Jr., angehören. George D. Rosengarten war Ehren-Mitglied der Deutschen Gesellschaft, welcher er seit dem Jahre 1832 angehörte. Seine Ernennung dazu erfolgte in der Jahres-Versammlung in 1882, als er 50 Jahre Mitglied war. In seinem Dankschreiben erklärte Herr Rosengarten, das Wirken der Deutschen Gesellschaft werde hier und in Deutschland anerkannt. Sie sei eine Zierde der Stadt. Er starb am 18. März 1890 im 90. Lebensjahre. Er hatte in seinem Testament die Deutsche Gesellschaft bedacht.

Rosengarten, Joseph G., Anwalt 1872—1875, ist der Sohn von Herrn Georg D. Rosengarten (aus Hessen-Cassel) und Elisabeth Bennett (aus Hamburg). Er wurde in Philadelphia am 14. Juli 1835 geboren. Er besuchte die Universität von Pennsylvanien, studierte die Rechte in Philadelphia unter Leitung des Herrn Henry M. Phillips, später in Heidelberg, wo er die Vorlesungen Vangerow's, Häusser's und anderer hervorragender Professoren besuchte. Nach seiner Rückkehr trat er in die Armee, diente im Felde und im Stabe des Generals John F. Reynolds, der bei Gettysburg fiel. Nach dem Kriege widmete er sich der Rechtspraxis in Philadephia. Als Anwalt der Deutschen Gesellschaft und des Deutschen Hospitals hat er beiden Anstalten häufige und wertvolle Dienste geleistet, der ersteren namentlich durch die Führung des Prozesses gegen die Stadt Philadelphia wegen der Taxen, so wie durch den bereitwilligen Bei-

stand, den benötigte Einwanderer in Fällen von Rechtskränkung bei
ihm fanden. Herr Rosengarten ist Verfasser des Buches „The German Soldiers in the Wars of the United States". Er war einer
der Trustees der Universität von Pennsylvanien, Mitglied der American Philosophical Society, Präsident der Free Library of Philadelphia, Präsident der Glen Mills Schools, Mitglied der Historical Society of Pennsylvania. Er ist lebenslängliches Mitglied der Deutschen Gesellschaft.

Rumpp, Friedrich Carl, geboren 21. Juli 1828 in Nürtingen,
Württemberg. Kam im Jahre 1849 nach Amerika und ließ sich in
Philadelphia nieder, wo er eine Lederwarenfabrik gründete, die er
durch Fleiß, Umsicht und strenge Reellität aus bescheidenen Anfängen
zu einem großen Etablissement brachte, das noch heute von seinen
Söhnen weitergeführt wird. Herr Rumpp war gewissermaßen der
Pionier der Lederwarenindustrie in Amerika, da seine Fabrik eine
der ersten dieser Art in den Vereinigten Staaten war. Rumpp trat
der Deutschen Gesellschaft im Jahre 1865 als Mitglied bei und bekleidete mehrere Ehrenämter, darunter auch das eines Direktors, als
welcher er eifrig im Interesse der Gesellschaft und des Deutschtums im
Allgemeinen tätig war. Deutsche Bestrebungen und Veranstaltungen
jeder Art fanden an Herrn Rumpp einen eifrigen Förderer, der selbstlos und höchst uneigennützig im Interesse seines Stammes wirkte.
Er starb am 3. Mai 1897.

Schäfer, Ernst Karl, wurde am 22. Juli 1821 in Großenhain
bei Leipzig in Sachsen geboren. Er verlor seinen Vater in frühester
Jugend.

Schon in seinem zehnten Lebensjahre fühlte er den Trieb zum
Buchhändler in sich. Im Jahre 1840, als er noch nicht ganz volljährig war, gründete er in Leipzig auf eigene Rechnung ein Verlagsgeschäft und vergrößerte dieses durch Ankauf einer älteren Firma.
Später führte er größere buchhändlerische Unternehmungen mit gutem Erfolge aus.

Im Jahre 1848 siedelte er nach Philadelphia über, etablierte
zuerst an der Nordostecke der Achten und Market Straße einen Buchladen, verlegte aber schon nach einigen Monaten, am 20. Oktober
1848, sein Geschäft nach 167 (259) Nord Dritte Straße. Im Jahre
1849 verheiratete er sich und associierte sich im Jahre 1851 mit Herrn

Rudolph Koradi. Im November 1852 wurde das Geschäft, welches seitdem eine der bedeutendsten deutschen Buchhandlungen geworden ist, nach der Südwestecke der Vierten und Woodstraße verlegt.

Für alle deutschen Bestrebungen, ob sie der Linderung von Not und Elend, oder der Kunst und Wissenschaft galten, hatte Herr Schäfer ein warmes Herz und eine offene Hand. Jahrelang war er Direktor der Deutschen Gesellschaft und half oft aus eigenen Mitteln, wenn die Mittel der Gesellschaft nicht für die vielen an sie gestellten Anforderungen ausreichten. Als für die Notleidenden in Ostpreußen und später für die im Kriege mit Frankreich verwundeten deutschen Soldaten gesammelt wurde, nahmen er und Herr Koradi an der Bewegung den lebhaftesten Anteil, und dasselbe war der Fall bei dem Steuben-, Schiller-, Shakespeare- und Friedensfeste, der Errichtung des Humboldt-Denkmals usw. Er war auch einer der Gründer der deutsch-englischen Abendschule, welche Jahre lang von Oktober bis März in dem öffentlichen Schulgebäude in der Dritten oberhalb der Buttonwood Straße abgehalten wurde.

Herrn Schäfers biederes und leutseliges Wesen machten ihn allgemein beliebt. Er starb am 12. November 1878 in seiner Wohnung 1526 Nord Gratzstraße an einem Schlaganfall.

Das Geschäft wurde bis zum 11. Januar 1907 von Herrn Rudolph Koradi weitergeführt und nach dessen Tode von dem einzigen Sohn des Gründers, Herrn Walter R. Schäfer, übernommen.

Schäffer, Charles jr., Anwalt im Jahre 1807, wurde den 12. Februar 1771 geboren und starb den 14. April 1836. Er war, wie sein Vater, David Schäffer jr. und Großvater David Schäffer sr., Zuckersieder in Philadelphia, nahm an öffentlichen Angelegenheiten lebhaften Anteil, trat als Freiwilliger in die Kavallerie, als Washington Truppen zur Unterdrückung der Whiskey-Rebellion aufrief, und wurde später Kapitän seiner Kompagnie. Er war Mitglied des Stadtrats, Bankdirektor, einer der Gründer der lutherischen St. John's Kirche, im Bau-Komitee und Verwaltungsrat derselben. Seine Schwester. Catharine, war mit Fr. A. Mühlenberg verheiratet. Sein Vater, David Schäffer (Aufseher der Deutschen Gesellschaft von 1764 bis 1774), zog sich infolge seiner Parteinahme und verwandtschaftlichen Beziehungen zu Mühlenberg die Verfolgung der Engländer zu, als diese Philadelphia besetzten. Sie ließen von den beiden Zuckerfiedereien, welche er und sein Vater besaßen, nur die Außenmauern stehen.

Schäffer, Charles jr., Aufseher 1837, Sekretär 1838 und 1839, wurde den 20. Dezember 1803 in Philadelphia geboren und starb den 11. April 1855. Er betrieb viele Jahre den Droguenhandel an der Nordostecke der Sechsten und Market Straße, erfreute sich der Achtung und des Vertrauens seiner Mitbürger in hohem Grade und wurde mit Ehrenämtern mancherlei Art betraut. Er war Direktor der Handelskammer, einer Feuerversicherung, Präsident einer Feuerkompagnie, des Apotheker-Kollegiums, im Vorstande der St. John's Gemeinde usw.

Schättle, Otto, geboren am 24. August 1834 in Stuttgart, kam im Jahre 1864 nach Amerika, wo er sich, da er schon in Deutschland als Freimaurer hervorragend tätig war, sofort einer Loge zuwendete. Während seines Aufenthaltes in Amerika wirkte Schättle unermüdlich im Interesse des Deutschtums und gehörte außer zahlreichen Logen auch der Deutschen Gesellschaft als Mitglied an. Während seiner Mitgliedschaft bekleidete Schättle mehrere Ehrenämter, darunter auch das eines Direktors. Er nahm an allen Bestrebungen des Deutschtums regsten Anteil und wirkte besonders eifrig im Interesse des sogenannten Goethe-Bazars, der von ihm zur Tilgung einer Ehrenschuld des Deutschtums, nämlich der Bezahlung für das bereits fertiggestellte Goethe-Denkmal, veranstaltet wurde. Der Bazar allein ergab ein finanzielles Resultat im Betrage von $5000, während Herr Schättle weitere $3000 unter Mitwirkung des Präsidenten der Deutschen Gesellschaft, General Louis Wagner, aufbrachte, so daß die Schuld gänzlich getilgt wurde. Dies war Schättle's letztes Wirken im Interesse des Deutschtums. Im Jahre 1889 kehrte er unmittelbar nach dem Tode seiner Gattin wegen seiner angegriffenen Gesundheit nach Deutschland zurück und lebt gegenwärtig in Stuttgart.

Schandein, Jacob, Mitglied 1859, Aufseher von 1860—67 und von 1869—76; zweiter Vice-Präsident von 1877—1881. Er war am 11. September 1810 in Kaiserslautern geboren und kam anfangs der vierziger Jahre nach Philadelphia, wo er zuerst ein Schneider-Geschäft und später ein sehr bedeutendes Tuchgeschäft betrieb. Im Jahre 1876 zog er sich vom Geschäft zurück, erhielt sich aber die nötige Frische und Spannkraft. Er nahm regen Anteil an allen deutschen gemeinnützigen und wohltätigen Bestrebungen; Altmeister der Hermann-Loge No. 125, F. u. A. M., Direktor der Jefferson Feuer-Versicherungs-Gesellschaft und der Northwestern National-Bank. Er gehörte zu den ältesten Mitgliedern des „Männerchor", des am 15. Dezember 1835 gegründeten ersten deutschen Gesangvereins der Vereinigten Staaten. Er war ein wackerer deutscher Bürger und wegen seiner Grabheit und Rechtschaffenheit allgemein geachtet. Er starb, allgemein betrauert, am 25. September 1893.

Schimpf, Heinrich, Mitglied 1890, Direktor 1897 bis zu seinem im Jahre 1914 erfolgten Tode. Er war am 6. April 1846 in Bietigheim, Württemberg, geboren. Er erlernte in Heilbronn die Photographie und kam im neunzehnten Lebensjahre nach Amerika. Er schlug in Philadelphia seinen dauernden Wohnsitz auf. Er wurde Teilhaber an den „Shovel Works" von John Pfeiffer & Co. Im Jahre 1868 verheiratete er sich mit Frl. Sophie Brauch. Er hatte sich gleich nach seiner Niederlassung der Philadelphia Turngemeinde angeschlossen, der er fünfzig Jahre lang als Mitglied und in verschiedenen Ehrenstellen angehörte. Er hinterließ, als er tiefbetrauert am 29. August 1914 starb, seine Witwe, vier Söhne und drei Töchter.

Schmid, Mathew, geboren am 15. August 1854 im Kanton Aargau in der Schweiz. Studierte an der Bauschule in München Bautechnik und kam nach Vollendung seiner Studien im Jahre 1882 nach Amerika, wo er sich in Philadelphia niederließ. Hier gelang es ihm rasch, infolge seiner gediegenen Kenntnisse, in die Höhe zu kommen. Gleich nach seiner Landung suchte Schmid mit seinen Landsleuten in engere Fühlung zu treten. So trat er unter anderem im Jahre 1893 der Deutschen Gesellschaft bei und bekleidete im Jahre 1904 das Amt eines Direktors der Gesellschaft. Bei allen deutschen Veranstaltungen war Schmid stets der erste einer, desgleichen teilte er alle kulturellen Interessen des Deutschtums in seiner neuen Heimat, so daß sein Name unter den Deutschen Philadelphias einen besonders guten Klang hat.

Schmidt, Louis Heinrich, geboren am 6. September 1868 in Essen a. d. Ruhr. Kam im Jahre 1887 nach Amerika und ließ sich im gleichen Jahre in Philadelphia nieder. Der Deutschen Gesellschaft gehört Herr Schmidt seit dem Jahre 1893 als Mitglied an und war in den Jahren 1913 und 1914 Mitglied des Vergnügungsausschusses, welches Amt er jetzt noch bekleidet. Herr Schmidt gehörte ferner der

Nationalgarde von Pennsylvania an, in welcher er den Rang eines
Kapitäns bekleidete. Das Deutschtum Philadelphias zählt Kapitän
Schmidt zu seinen prominentesten Mitgliedern und mit Recht. Wo
immer eine deutsche Veranstaltung geplant und durchgeführt wurde,
war Herr Schmidt immer einer der ersten, der seine Dienste in selbst-
losester Weise zur Verfügung stellte und unermüdlich und mit regstem
Interesse für die Sache arbeitete, der er sich angenommen hatte. Unter
seiner Leitung wurden viele Veranstaltungen des Deutschtums von
Erfolg gekrönt, und in der Kriegs-Zeit, in der für die Opfer
des europäischen Krieges unzählige Veranstaltungen wohltätigen
Charakters eingeleitet wurden, war es fast immer Kapitän Schmidt,
dem der Löwenanteil an dem Erfolge zuzumessen war, den diese Veranstaltungen erzielten. Besondere Anerkennung gebührt Herrn
Schmidt für seine Tätigkeit als Schatzmeister der deutschen Roten
Kreuz Vorstellung im Metropolitan Opernhaus, die einen sehr erfreulichen finanziellen Reingewinn aufzuweisen hatte, was wiederum der
unermüdlichen Agitationsarbeit weniger Leute, unter ihnen vor Allen Kapt. Schmidt, zuzumessen war. Später war er Präsident des
hiesigen Deutschwehrzweiges und einer der eifrigsten Mitarbeiter und
Leiter des Hilfs-Basars für die Kriegsnotleidenden, der über
.$220,000 einbrachte. Direktor der Gesellschaft war er 1915 und 1916.
Er ist Geschäftsführer des bekannten Ostendorff'schen Restaurants.

Schubart, Michael, Sekretär 1772—1777, Vize-Präsident 1779
bis 1780, Schatzmeister 1781—1786, unter den ältern Mitgliedern
der Deutschen Gesellschaft eines der tätigsten. Er wurde den 28.
März 1737 geboren, hatte eine Destillerie in der Siebenten Straße,
zwischen der Market und Arch, war 1768 Vorsteher, 1772 und die
folgenden Jahre Aeltester in der Zions-Kirche. Während der Revolution war er ein eifriger Patriot, Vorsitzender der deutschen
Associators und wurde 1775 in die Assembly gewählt. Als die
Engländer Philadelphia besetzt hielten, raubten sie ihm sein Haus
aus; die Schriften von Caspar von Schwenkfeld, die dabei verloren
gingen, scheint er schmerzlich vermißt zu haben. Er starb den 23. Oktober 1793.

Schuck, Louis F., Mitglied 1901, Anwalt der Gesellschaft 1916.
Schuck wurde am 4. Juli 1870 in Omaha, Neb., geboren. Seine
Eltern siedelten sechs Jahre später nach Philadelphia über. Er be-
suchte drei Jahre lang die Schule der deutschen St. Michaels-Ge-

meinde, darauf die Central High School und studierte Jurisprudenz
an der Universität von Pennsylvanien und im Büro General John
O. Lane's. Am 19. November 1894 wurde er zur Ausübung der
Advokatur zugelassen. An deutschen Vereinen nahm Herr Schuck
regen Anteil. Er war zweiter Sprecher der Turngemeinde von
1899 bis 1903. Er wurde von ihrem Vorstande beauftragt, eine
Vorlage zur Einführung des Turnunterrichts in den Volksschulen
der Städte erster und zweiter Klasse im Staate auszuarbeiten, welche
der Legislatur unterbreitet und am 8. März 1901 Gesetz wurde.
Er war Mitglied der Exekutive des Bundes-Turnfestes, welches im
Jahre 1900 in Philadelphia abgehalten wurde, Anwalt derselben,
sowie Hilfs - Sekretär der in Verbindung mit dem Turn-
feste abgehaltenen Tagsatzung des Nordamerikanischen Tur-
ner-Bundes. Er war Vorsitzer des Rechtsschutz-Komitees
und Sekretär des Finanz-Komitees des 23. National-Sängerfestes des Nordöstlichen Sängerbundes, das in 1912 in Philadelphia
stattfand. Im Jahre 1901 und 1902 war er Präsident der Pennsylvania Anti-Blue Law Association, welche für eine Amendierung der
veralteten Sonntagsgesetze vor der Legislatur eintrat. Als Vize-
Vorsitzer des Legislativ-Ausschusses des Deutschamerikanischen Zentralbundes von Pennsylvanien legte er dem Senats-Ausschuß der
Legislatur für Gesetz und Ordnung im Jahre 1913 die juristischen
Gründe dar, welche gegen die Vorlage sprachen, die Lizensierung der
Clubs und Vereine einführen sollte und unter dem Namen „Club
License Bill" bekannt war. Die Vorlage wurde nicht passiert. Herr
Schuck war von 1909 bis 1914 Sekretär des Jungen Männerchors
und ist seither Präsident desselben. Er ist Vice-Präsident und Anwalt
des Tabor Waisenhauses, Mitglied der Law Academy und zahlreicher
deutscher und amerikanischer gesellliger und Unterstützungs-Vereine.

Schwarz, Gustav A., geboren am 2. März 1832 in Herford,
Westphalen. Kam im Jahre 1854 auf dem Radbampfer „Germania"
nach Amerika und landete in New York, von wo er sich nach Baltimore, Md., begab. Im Jahre 1862 übersiedelte Herr Schwarz nach
Philadelphia, wo er am 20. Sept. in No. 1006 Chestnut Straße das
Spielwarengeschäft gründete, das heute eines der ersten dieser Branche
ist. Seit 19. März 1874 gehört Herr Schwarz der Deutschen Gesellschaft als Mitglied an und bekleidete mehrere Ehrenämter, wie das
eines Direktors. Im Jahre 1899 wurde Herr Schwarz zum Vize-

Präsidenten der Gesellschaft gewählt, welches Amt er, gewissenhaft und unermüdlich im Interesse der Gesellschaft tätig, ausfüllte. Welchen Vertrauens sich Herr Schwarz in den Kreisen seiner Mitbürger erfreut, beweist der Umstand, daß er Präsident der Deutschen Hospital-Gesellschaft gewesen ist, der er seit dem Jahre 1876 als Mitglied angehört. Herr Schwarz, dessen Anteilnahme an allen deutschen Bestrebungen kultureller und gesellschaftlicher Natur allgemein bekannt ist, war im Jahre 1887 Trustee des Mary J. Drexel Heimes und bekleidete das Amt eines Vizepräsidenten derselben.

Schweitzer, Heinrich, Sekretär 1800, war Buchdrucker und Verleger, und bildet als solcher das verbindende Glied zwischen Steiner & Kämmerer, die der Revolutionszeit angehören, und Conrad Zentler, der seinerzeit allgemein bekannt war. Sein Verlag enthielt größtenteils Erbauungswerke. Den „Pennsylvanischen Correspondenten" veröffentlichte er 1799 an der Südwestecke der Vierten und Race Straße. Er starb 1810.

Schweizer, J. Otto, Mitglied 1901, Direktor 1917. Geboren im Jahre 1865 in Zürich in der Schweiz, widmete sich Schweizer nach Absolvierung des Gymnasiums der Bildhauerkunst. Nach dekorativ-künstlerischer Lehrzeit und gründlicher Schulung in allen Zweigen der bildenden Künste bezog er die königliche Akademie der schönen Künste in Dresden. Schon nach einjährigem Studium wurde er in das akademische Atelier von Prof. Dr. Johannes Schilling aufgenommen, in welchem er unter des Meisters direkter Leitung sechs weitere Jahre ernsten Studien oblag. Von Dresden ging es nach Italien. Herr Schweizer schlug sein Atelier in Florenz auf und hatte das Glück, in Verkehr zu dem berühmten Maler der „Toteninsel" und anderer hochgeschätzter Werke, Arnold Boecklin, zu treten. Nach fünf Jahren ging der Weg aus dem paradiesischen Lande hinaus in die rauhe Wirklichkeit. Im Herbst 1894 siedelte Herr Schweizer nach den Vereinigten Staaten über. In New York widmete er sich ein Jahr lang dekorativen Skulpturen für die Congressional Library in Washington. Die Zeiten waren schlecht, und lange Jahre schwerer Kämpfe standen dem Künstler bevor. Im Herbst 1895 siedelte Herr Schweizer nach Philadelphia über.

In den folgenden Jahren entstanden, neben vielen Kleinkunstarbeiten, Medaillons, Portraits etc., das H. Clay-Denkmal in Georgia;

das bekannte Peter Mühlenberg-Monument in Philadelphia; die Statuen von Lincoln, General Pleasanton und General Gregg für das Pennsylvania State Memorial in Gettysburg; ebenda die Monumente für Gen. Humphrey, Gen. Hays, Gen. Geary, für die Pennsylvania Staats-Kommission; die Kavallerie-Attacke des 1. Vermont Kavallerie-Regiments, Gen. Wells, Burlington, Vt., die Steuben-Monumente in Utica, N. Y., und Valley Forge, Pa.; in den letzten Jahren ein Lincoln-Monument mit allegorischen Reliefs für die Union League von Philadelphia. Der Vollendung gehen entgegen das Denkmal für den Patriarchen der lutherischen Kirche in Amerika, Heinrich Melchior Mühlenberg, für Philadelphia, und das große Reiter-Standbild Friedrich von Steubens für Milwaukee, Wis., sowie das Monument Molly Pitcher (Mary Ludwig) in Carlisle, Pa., für den Staat.

Nicht zu vergessen ist der Bronzeguß des Entwurfes für das Pastorius-Monument, welcher als Geschenk des Nationalbundes der Deutschen Gesellschaft an ihrem 150jährigen Stiftungsfeste verehrt wurde. Ein anderer Bronzeguß des Entwurfes wird dem Museum in Crefeld gestiftet werden.

Schwemmer, Henry, geboren am 30. Juni 1849 in Mainz, landete im Jahre 1867 in Amerika und ließ sich im gleichen Jahre in Philadelphia dauernd nieder, wo er eine Eisenwarenhandlung gründete, die er durch Fleiß, Umsicht und Ausdauer zur Blüte brachte. An den deutschen Bestrebungen nahm Herr Schwemmer den regsten Anteil. So gehört Herr Schwemmer der Deutschen Gesellschaft seit dem Jahre 1895 als Mitglied an und bekleidete mehrere Ehrenämter, unter anderem auch das Amt eines zweiten Vize-Präsidenten in den Jahren 1909 bis 1911. Er war außerdem viele Jahre lang Mitglied des Ausschusses für Vorlesungen und Unterhaltungen, sowie des Hallen-Komitees. In deutschen Kreisen erfreut sich Herr Schwemmer großen Ansehens. Als Präsident der Philadelphia Turngemeinde erwarb sich Herr Schwemmer während seiner zehnjährigen Amtsperiode Anerkennung durch seine rastlose Arbeit auf dem Gebiete des deutschen Turnwesens. Der Bau der neuen Turnhalle ist zum großen Teile sein Verdienst, da er unermüdlich dafür Propaganda machte. Auch an der Erbauung des Deutschen Theaters in Philadelphia war Herr Schwemmer als Mitglied des Baukomitees beteiligt und leitete die Spatenstichfeier bei der Grundsteinlegung am 9. Mai 1905. Außerdem war er Vorsitzender des Rednerkomitees bei der Pastoriusfeier am 6. Oktober 1908.

Seeger, David, Schatzmeister 1813—1816, 1819—1824. Mehlhändler in der Market Straße (Seeger & Heyl). Er starb 1829.

Seidensticker, Oswald, der Historiker der Deutschen Gesellschaft und Vater der deutschamerikanischen Geschichtsschreibung, wurde am 3. Mai 1825 zu Göttingen im ehemaligen Königreich Hannover geboren. Sein Vater war der Rechtsanwalt Dr. Georg Friedrich Seidensticker, der im Jahre 1831 in Göttingen an der Spitze der Bewegung stand, die eine freiere Verfassung und Errichtung einer Bürgerwehr verlangte. Eine solche wurde dort auch errichtet, und Seidensticker zu ihrem Befehlshaber erwählt. Die Bewegung wurde aber durch ein Heer von 8000 Mann bald unterdrückt, und Seidensticker, nebst anderen Führern, verhaftet. Ueber fünf Jahre zog sich die Untersuchung hin und endete am 10. Mai 1836 mit seiner Verurteilung zu lebenslänglicher Zuchthausstrafe wegen „Empörung mit bewaffneter Hand". Das Zuchthaus von Celle, wo er schon während der Untersuchungshaft gesessen hatte, nahm ihn nun auf, und erst im Spätherbst 1845 wurde er begnadigt, unter der Bedingung, sofort, ohne seine Familie zu sehen, sich an Bord eines Schiffes zu begeben und nach Amerika auszuwandern. Er landete im März 1846 in New York, schlug aber seinen bleibenden Wohnsitz in Philadelphia auf, nachdem er sich endlich auch mit den Seinigen wieder vereinigt hatte, die im Spätherbst 1846 in Baltimore angekommen waren.

Während der langen Haft lebte Seidensticker's junge Gattin einer Witwe gleich im stillen Heim der kleinen Universitätsstadt, ohne den Ernährer betraut mit der Sorge für fünf kleine Kinder, deren zartes Alter nicht das Unglück der Verwaisung zu fassen vermochte. Nur der älteste Knabe Oswald fühlte den Verlust des Vaters und den Gram der Mutter. Sinnigen und ernsten Gemüts teilte er ihre Sorgen und versuchte, die erziehende väterliche Hand bei den jüngeren Geschwistern nach Kräften zu ersetzen.

Im achtzehnten Jahre machte Oswald Seidensticker das Abiturienten-Examen mit Auszeichnung und bezog, mit dem Maturitäts-Zeugnis erster Klasse, zu Ostern 1843 die Universität als „Studiosus der Philologie und Philosophie".

Göttingen besaß damals eine ungewöhnlich große Anzahl berühmter Professoren und in der geistigen Atmosphäre, die ihn dort umgab, erschloß sich dem jungen Seidenſticker eine neue Welt. Als sein Vater endlich aus der Haft entlaſſen wurde, ſtand der Abschluß seiner akademischen Studien mit der Doktorwürde in naher Ausſicht, und ſie wurde ihm auch im Sommer 1846 mit höchſtem Lob erteilt.

In Amerika ſchien das Leben Oswald Seidenſtickers, der anfangs das höhere Lehrfach als Lebensberuf gewählt hatte, eine Wendung zu nehmen, die ſeinen Fähigkeiten und Neigungen keineswegs entſprach. Freunde des Vaters, unter denen beſonders Dr. W. Schmöle, ein angeſehener homöopathiſcher Arzt, großen Einfluß ausübte, drängten ihn, eine Laufbahn zu wählen, in der man nicht nur ſein Brot, ſondern auch die Butter dazu finden könne, kurz, Oswald ſollte ein „wirklicher" Doktor werden. So ließ ſich denn der junge deutsche Gelehrte bereden, nochmals in eine amerikaniſche Schule zu gehen; und fleißig und gewiſſenhaft wie immer, beendete er nach zwei Jahren ſeine Studien und begann ſeine neue Laufbahn als Arzt.

Jedoch noch zeitig genug, ehe bittere Reue ſich einſtellte, entſagte Seidenſticker dem ihm nicht zuſagenden Beruf und verließ Philadelphia, um eine beſcheidene Stellung als Lehrer der alten und neueren Sprachen in der Privatſchule eines Herrn Weld zu Jamaica Plains in Maſſachuſetts anzunehmen, für die ihn Boſtoner Freunde warm empfohlen hatten. Hier verweilte er drei Jahre und erwarb ſich Kenntnis der Landesſprache und pädagogiſche Erfahrung, die ihn befähigten, von Juni 1852 bis 1855 die Leitung einer Privatſchule in der Nähe von Boſton (Bayridge) zu übernehmen, und als die Verhältniſſe ſich dort änderten, ein ſolches Inſtitut im Brooklyn, N. Y., zu gründen.

Der Aufenthalt daſelbſt führte zu einem neuen Wendepunkt im Leben des jungen Gelehrten. Er verheiratete ſich; und da Familienbande beide Gatten an Philadelphia knüpften, zog Seidenſticker im Sommer 1858 wieder nach dieſer Stadt und gründete hier eine Privatſchule, die er zehn Jahre, anfangs allein, zuletzt in Verbindung mit J. B. Langton als „The Classical Academy" mit unermüdlichem Eifer und großem Erfolg leitete.

Seine Kenntniſſe, ſeine Lehrfähigkeit und Berufstreue fanden bald in weiteren Kreiſen, unter gebildeten Amerikanern, Beachtung und Anerkennung. Der Beschluß des Vorſtandes der Univerſität von

Pennsylvanien, der Revision des Lehrplanes im Jahre 1867 gemäß, eine Professur für deutsche Sprache und Literatur zu gründen, ward nicht wenig durch die Gewißheit gefördert, dafür den geeigneten Mann zu haben, und so wurde in demselben Jahre Dr. Oswald Seidensticker zu dieser ehrenvollen Stelle berufen.

Es war eine mühevolle Arbeit. Von Vorträgen über Literatur konnte überhaupt nicht die Rede sein, da die einzig zulässigen „literarischen Werke" in den Klassen des Kollegs die „Elemente der Grammatik" und das „Lesebuch für Anfänger" waren. Die Musensöhne kannten die Sprache Goethe's und Schiller's nur aus dem Munde pennsylvanischer Bauern. So galt die „Deutsche Klasse" als das Aschenbrödel des Kollegs.

Seidensticker's Geduld und Treue, sein reiches Wissen, von der Universitäts-Behörde und den Kollegen längst anerkannt, imponierten schließlich der studierenden Jugend. Das Vorurteil schwand dahin. Deutsch wurde im Lehrplan des Kollegs dem Griechischen und Lateinischen gleichgesetzt und in den Fachschulen nur dem Englischen nachgestellt. Für den erweiterten Unterricht wurde ein Hilfslehrer berufen, und in der „nach deutschem Muster" neu eingerichteten Philosophischen Fakultät ward dem Senior-Professor für deutsche Sprache und Literatur die Stellung angewiesen, die ihm zukam, und die keiner so gut ausfüllen konnte wie Oswald Seidensticker.

Er war Lehrer im höheren, fortschrittlichen Sinne. Lehren war in seiner Vorstellung nur der Sporn zum weiteren Streben. Daheim unter seinen Büchern fühlte er sich selber als Lerner, vor dem ein noch unbetretenes Feld zur Forschung und Erkenntnis sich ausbreitet. Und mit dem Entschluß, das geistige Pfand, das ihm anvertraut worden, zum Nutzen seiner Mitbürger und, in erster Linie, seiner Landsleute in der Neuen Welt zu verwerten, ging er an die Arbeit, die er als Aufgabe seines Lebens betrachtete.

Die Anregung hiezu war ihm von außen gekommen, nämlich in der Beteiligung an geistigen Bestrebungen außerhalb der Schule. Seine Stellung als deutscher Professor an der Universität von Pennsylvanien hatte es ihm, dem gewissenhaften Lehrer, zur Pflicht gemacht, sich mit der Geschichte des Staates vertraut zu machen, an dessen Gründung und materieller Entwicklung die Deutschen einen so wesentlichen, wenn nicht den meisten Anteil hatten. Was davon die

Geſchichtsbücher lehrten, befriedigte ihn nicht. Es fehlte die kundige
deutſche Hand, um das im Lande zerſtreute reiche deutſche Material
aus der Kolonialzeit zu ſammeln, zu ſichten und nutzbar zu machen.
Da die Bibliothek der Deutſchen Geſellſchaft damals ſo gut wie nichts
an hiſtoriſchem Material aus dem eigenen Lande enthielt, ſo ging er
zunächſt an die Erforſchung des in den amerikaniſchen Bücherſamm-
lungen vergrabenen Schatzes. Von dieſen ſind beſonders zu erwähnen
die Sammlungen der im Jahre 1743 gegründeten „Amerikaniſchen
Philoſophiſchen Geſellſchaft”, deren Mitglied Seidenſticker im Jahre
1870 wurde, ferner die der „Hiſtoriſchen Geſellſchaft von Pennſylvanien”, die ihn ebenfalls als Mitglied aufnahm, und der im Jahre
1824 gegründeten „Philadelphia Library”. Das dort befindliche
reiche Material wurde zwar von Nachkommen deutſcher Pioniere zu
gelegentlichen Erinnerungsſchriften benutzt, aber ſeine gründliche
ſyſtematiſche Erforſchung hat zuerſt Seidenſticker unternommen.

Die erſte Frucht ſeiner Forſchungen war eine hiſtoriſche Skizze,
die unter dem Titel „Johann Kelpius, der Einſiedler am Wiſſahickon”, im Jahre 1870 im „Deutſchen Pionier” veröffentlicht wurde.
Nun folgten in jedem Jahre hiſtoriſche Abhandlungen verſchiedenen
Inhalts, von denen hier nur die vorzüglichſten erwähnt werden mögen,
nämlich: 1870—71, Franz Daniel Paſtorius und die Gründung von
Germantown in 1683. — 1872, William Penn’s Reiſen in Holland
und Deutſchland in 1677. — 1875, Die Beziehungen der Deutſchen
zu den Schweden in Pennſylvanien. — 1876, Geſchichte der Deutſchen
Geſellſchaft von Pennſylvanien von 1764—1876. — Die Deutſchen
von Philadephia im Jahre 1776. — 1877, Die Deutſchen Incuna-
beln. — 1877—78, Deutſchamerikaniſche Bibliographie bis zum
Schluß des vorigen Jahrhunderts. — 1878, William Penn’s Trav-
els in Holland and Germany in 1677. — 1880—81, Die beiden Chriſtoph Sauer in Germantown. —1883, Die erſte deutſche Einwanderung in Germantown in 1683. — 1883—84, Ephrata, eine amerikaniſche Kloſtergeſchichte. — 1885, Bilder aus der deutſch-pennſylva-
niſchen Geſchichte. — Geſchichte des Männerchors von Philadelphia.
— 1886, Die Deutſchamerikaniſche Zeitungspreſſe während des vorigen Jahrhunderts. — 1887, The Hermits of the Wiſſahickon. —
1889, Fred. Aug. Conrad Mühlenberg, Speaker of the Houſe of
Repreſentatives in the firſt Congreß 1789. — 1890, Memoir of
Israel Daniel Rupp, the Hiſtorian. — 1893, The firſt Century of

German Printing in America, 1728—1830. — Viele dieser Abhandlungen erschienen im Deutschen Pionier, einige in The Pennsylvania
Magazine of History and Biography, und andere in Buchform; doch
lieferte Seidensticker außerdem vielfache Beiträge für verschiedene
Zeitschriften in Philadelphia, New York, Baltimore und anderen Orten, darunter auch gehaltvolle Dichtungen, ernste und humoristische,
die O. S. unterschrieben waren.

Seidensticker's schriftstellerische Tätigkeit war die Erholung seiner Mußestunden, die er, seinem Genius folgend, in der liebgewon-
nenen Beschäftigung mit seinen Büchern fand. Die Aussicht auf pe-
kuniären Gewinn blieb von vornherein ausgeschlossen, und der Ehrgeiz des Gelehrten war selbst ohne öffentliche Anerkennung befriedigt, wenn er das Unternommene zu einem glücklichen Ende geführt hatte. Er benutzte seine Ferien häufig zu Wanderungen nach
Orten, die ein historisches Interesse für ihn hatten, und war dabei so
glücklich, in Montgomery County Abraham S. Cassel kennen zu
lernen, der die Sammlung von Büchern, Kalendern, Broschüren
und Manuskripten, die sich auf die Deutschen in Pennsylvanien bezogen, zu seiner Lebensaufgabe gemacht hatte. Ueberall forschte Seidensticker nach Urkunden und Dokumenten, durchsuchte Kirchenregister,
sammelte lokale Erinnerungen und unterließ nicht, selbst die Leichen-
steine zu befragen, wenn es galt, die Richtigkeit von Personennamen
und Daten festzustellen. Als er im Jahre 1874, nach fast dreißig-
jähriger Abwesenheit, seine alte Heimat wieder besuchte, wählte er
den Umweg nach der Pfalz, um noch genaueres über William Penn
zu ermitteln.

Daß Seidensticker bei einer so unverdrossenen und fast peinlichen
Sorgfalt in der Feststellung von Tatsachen Werke geschaffen hat, die
sich durch vollständige Beherrschung des Stoffes, Uebersichtlichkeit und
leichte, höchst gefällige Behandlung auszeichnen, ist ein Beweis seiner
hohen historischen Begabung, die Größeres hätte leisten können, wäre
ihm, wie seinen Kollegen an deutschen Universitäten, die nötige Muße
gewährt gewesen. Aber die durch seine amtliche Stellung bedingte
Mitwirkung bei der Umgestaltung eines großartigen Instituts, seine
Beteiligung an den Sitzungen wissenschaftlicher Vereine, seine Tätigkeit in der Deutschen Gesellschaft und im Deutschen Pionier-Verein
nahmen seine Zeit und Kraft vielfach in Anspruch und beschränkten
die literarische Tätigkeit in den knapp zugemessenen Mußestunden.

Dazu kamen noch die mannigfachen Zusammenkünfte von geselligen und literarischen Zirkeln, von denen er sich nicht ausschließen konnte, und die sich gewöhnlich bis in die Nachtzeit verlängerten.

Im Jahre 1858 wurde Seidensticker als Mitglied der Deutschen Gesellschaft aufgenommen, die ihm im Jahre 1863 das Bibliothekaramt übertrug, das er bis zum Jahre 1870 bekleidete. Später wurde er Mitglied des Bibliothekskomitees und dessen Vorsitzer. Auf seine Anregung wurde im Jahre 1867 das Archiv gegründet, als eine Abteilung der Bibliothek, aber von vorherein unter einem selbständigen Komitee mit ihm als Vorsitzer. Mit diesem Archiv, für das er unermüdlich tätig war, wollte er eine zuverlässige Quelle für deutsch-amerikanische Geschichtsforschung schaffen. Als dessen Vorsitzer gehörte er seit 1870 dem Verwaltungsrate an und ist in dieser Eigenschaft und als Vertreter der Bibliothek mit einer ganz kurzen Unterbrechung bis zu seinem Tode dessen Mitglied gewesen. Auch an allen anderen Bestrebungen und Aufgaben der Gesellschaft nahm er regen Anteil und war so bei den Vorlesungen, den Weihnachtsbescherungen und bei der Feier des Deutschen Tages stets einer der tätigsten. Im persönlichen Verkehr von gewinnender Liebenswürdigkeit, erwarb und erhielt er sich durch die Anspruchslosigkeit seines Auftretens und die Herzlichkeit seines Umgangs die Hochachtung und Zuneigung aller seiner Kollegen. Sein von Ludwig E. Faber gemaltes Bildnis nimmt noch jetzt einen Ehrenplatz in der Halle der Deutschen Gesellschaft ein.

Wie das Archiv, so rief Seidensticker auch den Deutschen Pionier-Verein zur Förderung deutschamerikanischer Geschichtsforschung ins Leben, indem er am 13. November 1880 eine Anzahl angesehener deutscher Bürger zu einer am 18. November abzuhaltenden Versammlung einlud, um die Gründung eines deutschen historischen Vereins in Erwägung zu ziehen. Die Eingeladenen gaben dem Plane ihre Bestimmung, und so entstand der Deutsche Pionier-Verein, der Seidensticker zu seinem Präsidenten erwählte. Schon in der ersten Versammlung des jungen Vereins hielt er einen Vortrag über Germantown in den Jahren von 1691 bis 1708, dem noch viele andere folgten, und in der ersten Jahres-Versammlung am 27. Januar 1882 machte er auf das 100jährige Jubiläum der ersten deutschen Einwanderung aufmerksam. Die Abhaltung einer Feier wurde dann vom Pionier-Verein am 28. Dezember 1882 beschlossen und ein Aus-

ſchuß dafür ernannt, der einen Plan ausarbeitete und einer Verſammlung vorlegte, zu der Vertreter der deutſchen Vereine Philadelphias
eingeladen waren. In einer ſpäteren Verſammlung gaben dieſe ihre
Zuſtimmung; es kam eine Organiſation zuſtande; das Feſt wurde
vom 6. bis 9. Oktober 1883 in großartiger Weiſe gefeiert und führte
zur jährlichen Feier des 6. Oktober als „Deutſcher Tag".

Obgleich im vorgerückten Alter dem Anſcheine nach kräftig und
geſund, war Seidenſticker doch in den letzten Jahren häufig von
aſthmatiſchen Beſchwerden befallen. Eine Reiſe, die er mit ſeiner
Tochter im Jahre 1891 nach Deutſchland und der Schweiz unternahm, hatte Körper und Gemüt erfriſcht und dem alternden Manne
ſcheinbar die Spannkraft der Jugend wiedergegeben; aber bald traten
die früheren Beſchwerden wieder ein. Die unbeſtändige Witterung
des Winters 1893—94 verſchlimmerte das Uebel; doch hinderte es
ihn nicht, den gewohnten Beſchäftigungen ohne Klage nachzugehen
und die letzte mühſame, wiſſenſchaftliche Arbeit zum glücklichen Ende
zu führen. Auch das Weihnachtsfeſt feierte er im Kreiſe der Seinen
nach gewohnter deutſcher Sitte, fühlte ſich jedoch ſchon in den erſten
Tagen des neuen Jahres ernſtlich krank und pflegte während der
Ferienzeit der nötigen Ruhe. Als aber der akademiſche Kurſus wieder begann, ließ es ihn nicht länger zu Hauſe, und dem Wunſche der
Seinigen, ſich doch zu ſchonen, ſetzte er den Einwand entgegen, daß
ſeine Schüler ihn erwarteten und daß verlorene Zeit nicht wieder einzubringen ſei. Völlig erſchöpft kehrte er am Nachmittag heim, beſuchte nach gepflogener Ruhe noch den Hausarzt, der ihn ſchleunigſt
heimſandte mit der Mahnung, das Bett nicht zu verlaſſen. So lag
der Kranke mehrere Tage lang, ſchmerzlos und ſtill, unter der Pflege
der Gattin und Tochter, bis er am 10. Januar 1894 leicht und ſanft
entſchlief.

Seine Aſche wurde am 13. Januar auf dem Monument Friedhof
neben der Ruheſtätte ſeiner Eltern beigeſetzt. Die Beerdigung ging
am Vormittag des 13 Januar eine Totenfeier in der Erſten Uni-
tarier-Kirche voraus. Es hatten ſich außer den leidtragenden Hinterbliebenen und Verwandten viele Freunde des Verſtorbenen eingefunden —Profeſſoren und Studierende der Univerſität, Mitglieder
der gelehrten Geſellſchaften, zu denen er gehört hatte, der Verwaltungsrat der Deutſchen Geſellſchaft und der des Pionier-Vereins in
ihrer Geſamtheit, ſowie viele Andere. Vor dem Sarge hielt der zwei-

undneunzigjährige Pastor Emeritus jener Kirche, W. H. Furneß, die Leichenrede. Ihm folgten Professor H. V. Hilprecht mit einer deutschen und Professor G. S. Fullerton mit einer englischen Ansprache. Die ergreifende Feier schloß mit dem Gesang des Philadelphia Männerchors „Wie sie so sanft ruhn” und dem stillen Abschied der Ueberlebenden von dem im offenen Sarge gebetteten Toten.

Im Betracht der großen Verdienste, die Oswald Seidensticker sich um die Deutsche Gesellschaft erworben, veranstaltete sie am 25. Februar eine öffentliche Gedächtnisfeier, bei der ihre geräumige, mit Zierpflanzen geschmückte Halle nicht für alle Teilnehmer Platz hatte. Nach einem Trauermarsche der Sentz'schen Kapelle stellte Dr. C. J. Heramer den Präsidenten der Deutschen Gesellschaft, General Louis Wagner, als Leiter der Feier vor. Nachdem dieser eine Anrede gehalten, trug Ferdinand Moras vom Pionier-Verein zum Andenken des verstorbenen Freundes ein Sonett vor.

Hierauf sang der Philadelphia Quartett Club die „Vesper” von Beethoven. Es folgte Franz Ehrlich mit einem Vortrag über Seidensticker's Wirken als Mitglied der Deutschen Gesellschaft, worauf Richter S. W. Pennypacker ihn in englischer Sprache als Geschichtsschreiber schilderte. Nachdem der Gemischte Chor des Jungen Männerchors das „Ave Verum” von Mozart mit Orgelbegleitung vorgetragen hatte, sprach Dr. G. Kellner über Seidensticker als den Gründer und Leiter des Pionier-Vereins, und Professor E. J. James in englischer Sprache über sein Wirken und seine Bedeutung als Lehrer. An Stelle des Professors Hilprecht, der durch Krankheit verhindert war, schilderte Hermann Faber den Verewigten als Menschen und Freund. Den letzten Vortrag hielt der verdienstvolle Geschichtsschreiber H. A. Rattermann aus Cincinnati, der eigens zur Gedächtnisfeier des Freundes und Mitarbeiters am „Deutschen Pionier” nach Philadelphia gekommen war. Ihm war der Tod Seidensticker's ein besonders schmerzlicher Verlust, da er ihm Lehrer und Freund zugleich gewesen war. Man betrachtet Seidensticker als den Begründer der eigentlichen Geschichtsschreibung des deutschen Elements in diesem Lande, denn obgleich er schon Vorgänger gehabt hatte, wie Brauns, Rupp, Löher, Klauprecht, Kapp und andere, so waren ihre Forschungen nicht tiefgehend und deshalb nicht zuverlässig genug. Seidensticker dagegen machte die Geschichte des hiesigen Deutschtums erst zur vollendeten Tat, weil er unbefangen und klar, rein und wahr nur das, und zwar in streng objektiver Form, mit der größten Sorgsamkeit und Gewissenhaftigkeit niederschrieb, wofür er die mit unendlichen Mühen selbst gesammelten, vollgültigen Beweise in Händen hatte. — Den Schluß der erhebenden Feier bildete der vom Quartett-Club vorgetragene Chor „Vale carissima".

(Hauptquelle: Das vom Pionier-Verein herausgegebene Heft „Dr. Oswald Seidensticker", aus dem besonders die großenteils nach Mitteilungen der Familie Seidensticker's verfaßte „Biographische Skizze von Ernst Reinhold Schmidt" benutzt wurde).

Shumway, Daniel B., Professor der deutschen Philologie an der Universität von Pennsylvanien, geboren in Philadelphia am 5. Mai 1865, gehört der Deutschen Gesellschaft seit dem Jahre 1905 als Mitglied an und bekleidet seit dem Jahre 1911 das Amt eines Vorsitzenden des Bibliothek-Komitees. Obwohl aus einer alten französischen Emigrantenfamilie stammend, hat Professor Shumway stets für die Bestrebungen des Deutschtums in Philadelphia reges Interesse an den Tag gelegt. So trat er im Jahre 1905 bei der großen deutschen Schillerfeier in Philadelphia, wie auch bei der Goethefeier im Jahre 1907 als Festredner auf. Als Vorsitzender des Bibliothek-Komitees hat sich Prof. Shumway besondere Verdienste um die Deutsche Gesellschaft erworben.

Siebrecht, Julius, Sekretär von 1875—77, in 1864 Mitglied der Deutschen Gesellschaft, wurde am 30. September 1844 in Hessen-Cassel geboren, wanderte 1862 nach Amerika aus, starb 1915.

Singer, John, Arnold, 1798—1800 und 1805 Schatzmeister, Kaufmann, starb 1838 im Alter von 65 Jahren.

Sima, Frank, geboren am 31. Januar 1853 in Lodz, Russisch-Polen, kam im Jahre 1874 nach Amerika, nachdem er sich in Deutschland zum Dekorationsmaler ausgebildet hatte. Er ließ sich gleich nach seiner Ankunft in Amerika in Philadelphia nieder und erwarb sich durch seine prächtigen Dekorationen der größten Theater hiesiger Stadt einen Namen. Im Jahre 1890 trat er der Deutschen Gesellschaft als Mitglied bei und förderte, wo er immer nur konnte, die Sache der Gesellschaft und des Deutschtums. Seit dem Jahre 1902 gehörte er auch dem Direktorenrat der Gesellschaft an. Außerdem gehört er noch zahlreichen anderen Vereinen an und ist einer der eifrigsten Sänger Philadelphias. Stets bereit, für das Deutschtum jedes Opfer zu bringen, nahm er an allen kulturellen und anderen Bestrebungen des Deutschtums regsten Anteil und unterstützte diese mit all seinen Kräften. Im Jahre 1917 erhielt er das verantwortungsvolle Amt des Vorsitzers des Haus-Komitees.

Spaeth, Philipp Friedrich Adolph Theodor, beliebter deutscher Festredner bei größeren Feierlichkeiten in der Halle der Deutschen Gesellschaft, so am Deutschen Tage etc.; nahm an derselben den lebhaftesten Anteil. Geboren in Eßlingen, Württemberg, am 29. Oktober 1839, absolvierte er 1861 die Universität Tübingen. Er hatte Theologie und Philologie studiert. Er wurde Hauslehrer in der Familie des Herzogs von Argyle in Schottland und verheiratete sich dort mit Maria Dorothea Duncan, der Tochter eines schottischen Geistlichen. Sie starb nach drei Jahren. Er wurde 1863 als Assistent Pastor Mann's an die Zions- und Michaelis-Kirche in Philadelphia berufen. Als im Jahre 1867 die St. Johannis-Gemeinde gegründet wurde, wurde er deren Seelsorger. Er wurde 1873 Professor am Lutherischen Theologischen Seminar. In zweiter Ehe war er mit Harriet R. Krauth verheiratet. Sein Pastorat behielt er bis zu seinem Tode bei. Acht Jahre lang war er Präsident des General-Konzils der evangelisch-lutherischen Kirche in Amerika. Er war Redakteur des „Jugendfreund", Mitarbeiter der „Lutheran Encyclopaedia", der „Protestant Real-Encyclopaedia", der „Lutheran Church Review", Verfasser theologischer Abhandlungen, schrieb „Dr. Wilhelm Julius Mann, ein deutschamerikanischer Theologe", „Lieberluft" und „Saatkörner" und komponierte Kirchenlieder. Er gehörte zu den festesten Stützen des Deutschtums in Amerika und besonders in Philadelphia. Als Festredner, der seine Zuhörer zu begeistern und hinzureißen verstand, hatte er kaum seines Gleichen. Er hielt unter Anderem die Festrede am Abend des 6. Oktober 1908, an welchem Tage der Eckstein zum Pastorius-Denkmal enthüllt wurde. Die Feier am Abend fand in der Academy of Music statt. Er starb am 25. Juni 1910. Der Verwaltungsrat der Deutschen Gesellschaft gedachte seiner in Beileidsbeschlüssen, welche in herzlichem Tone gehalten waren.

Sperry, Jacob, Vize-Präsident von 1809—1815, wurde am 2. November 1770 in New York geboren, wo sein Vater, ein Blumengärtner, den Castle Garden Platz besaß. Herr J. Sperry betrieb

in Philadelphia das Geschäft eines Importeurs und Rheeders in der
Süd Vierten Straße. Seine Frau war Margareth Catharine Mühlenberg, eine Tochter F. A. Mühlenberg's. Er starb den 2. Januar
1830, seine Frau den 1. Dezember 1874, im Alter von 97 Jahren.

Spohn, William, Vize-Präsident 1825—1830, war hier geboren,
hatte eine Spezerei-Handlung an der Ecke der Zweiten und Race
Straße (Hahn & Spohn). Er gehörte zu Dr. Mayer's Kirche und
starb 1830.

Steiner, Melchior, Aufseher 1781—1785, Sekretär 1786 bis
1788, 1790—1791, Er associirte sich 1775 mit Carl Cist als Drucker
und Verleger, und ihre Firma scheint die Heinrich Miller's abgelöst
zu haben. Wenigstens erschien bei Miller seit 1776 nichts von Bedeutung. Steiner und Cist verlegten eine Anzahl von Pamphleten,
die durch die Revolution veranlaßt wurden. Nach 1782 kommen ihre
Namen auf Büchertiteln wieder getrennt vor. Steiner war ein Mitglied der Reformierten Kirche in der Race Straße; während der Revolution stand er in Kapitän Peters Kompagnie des 3. Bataillons.

Steinmetz, Johann, Schatzmeister von 1787—1799, Vize-Präsident 1786, war Kaufmann, hatte sein Geschäft in der Market
Straße, oberhalb der Vierten. Er war der Schwiegersohn H. Keppele's, mit welchem er seit 1783 associirt war. Während der Revolution diente er im 1. Bataillon der Pennsylvanischen Miliz. Er
starb im September 1803, mit Hinterlassung eines Sohnes, Johann,
und zweier Töchter, Sally Brinton und Elisabeth. Durch die Revolution kam sein Geschäft herunter, und er versuchte, seinem „Pennsylvanischen Tee" Eingang zu verschaffen.

Stiegel, H. W., als Baron Stiegel bekannt, einer der Gründer
der Deutschen Gesellschaft, durchschneidet unseren Gesichtskreis kome-
tenartig; wir wissen nicht, von wannen er kam und was aus ihm
geworden; zu einer Zeit war er ein Original und in jedermanns
Munde. Er kam mit ziemlich bedeutendem Vermögen nach Pennsylvanien, hatte Unternehmungsgeist, dabei gute technische Kenntnisse,
war aber leichtsinnig und eitel. Im Jahre 1762 beteiligte er sich
bei einem Landankauf in Lancaster County; von 900 Acker Landes,
die im Markte waren, nahm er 300, Carl und Alexander Stedman
nahmen die übrigen 600. Auf dieser Strecke gründeten die Genannten Manheim, damals wohl auch Stiegelstown geheißen, wo

sie Schmelzöfen und eine Glasfabrik errichteten. Eine Anzeige im Pennsylvania Packet (18. November 1771) zeigt, daß Stiegel damals Flintglas fabrizierte.

Er hatte, als „Baron", zwei Schlösser, das eine fünf Meilen nordwestlich von Ephrata, das andere bei Schäfferstädtle im Lebanon-Thale. Auf jedem befanden sich zwei Kanonen, die ihn salutirten, wenn er mit Gästen eintraf. Seine rußigen Arbeiter wuschen sich dann rein, holten sich ihre musikalischen Instrumente und waren Kapelle, bis des Barons Abreise sie dem Hochofen zurückgab. Das Schloß bei Schäfferstädtle nannten die nüchternen Bauern Stiegel's Folly. Ueberreste der verschwundenen Pracht finden sich hie und da als Curiosa aufbewahrt. Die Historische Gesellschaft von Pennsylvanien hat eine Arras-Tapete von Leinwand (19 Fuß lang und 9 Fuß breit) mit dem Gemälde einer Jagdpartie, emaillirte Ziegel u. dgl. Die Revolution ruinirte Stiegel's Geschäft, indem sie seine Hülfsquellen aus Deutschland abschnitt, und er soll bei seiner leichtsinnigen Lebensweise sehr herabgekommen sein. Seine Fabrik ging in die Hände Coleman's über, der ihn bei den Eisenwerken als Vormann anstellte.

Der Deutschen Gesellschaft gehörte er, wie gesagt, von Anfang an; sein Name steht unter den Ankäufern des ersten Grundstückes, und er war es, der die Lotterie zur Abtragung des Kaufpreises in Vorschlag brachte. In ähnlicher Weise entwarf er 1769 einen Lotterieplan, um die reformierte und lutherische Kirche zu Yorktown schuldenfrei zu machen. (Staatsbote, 18. April 1769.)

Strohm, Richard, Mitglied 1894, Direktor 1896—1913, Vorsitzender des Komitees für Vergnügungen und Unterhaltungen von 1906—1913. Er starb am 4. Januar 1915 im Deutschen Hospital, wo er ein halbes Jahr lang als Patient gelegen hatte. Sein Leiden war von Anfang an von den Aerzten für hoffnungslos erklärt worden.

Der Verstorbene, welcher ein Alter von 63 Jahren erreichte, hatte lange Jahre in No. 920 Walnut Straße ein Herrenschneider-Geschäft betrieben. Seine Familienwohnung befand sich No. 731 Bellevue Avenue. Er war ein eifriges Mitglied der Philadelphia Turngemeinde, deren Direktorenrat er viele Jahre angehörte, ebenso der Deutschen Gesellschaft. Strohm's irdische Hülle wurde am 8. Januar im Krematorium in Asche verwandelt.

Sulger, Jakob, Sekretär 1810, wurde den 22. Februar 1874 geboren und starb den 7. Mai 1855. Er bekleidete bei der Marine Insurance Company verschiedene Beamtenstellen, zuletzt die des Präsidenten. Seine Frau, Anna, war die Tochter Peter Kraft's, der 1805 Präsident der Deutschen Gesellschaft war.

Thomas, Friedrich Wilhelm; als Mitglied aufgenommen im Jahre 1850; Direktor 1870—75; gestorben am 7. September 1877. In den Beileidsbeschlüssen des Vorstandes wurden seine Wohltätigkeit und Menschenliebe, sein grader Bürgersinn, sein ehrenhafter Lebenswandel, seine erfolgreichen Bemühungen für Verbreitung deutscher Bildung und nützlicher Kenntnisse besonders hervorgehoben.

Thomas wurde am 10. Juni 1808 in Seebach, Thüringen, geboren, nach dem Tode seiner Eltern im Waisenhause in Nordhausen erzogen und im 14. Lebensjahre einem Druckereibesitzer als Lehrling überwiesen. Nach mehreren Wanderjahren in Deutschland, trat er im Jahre 1837 mit seiner jungen Frau und seinem Freunde Friedrich Worch die Fahrt nach Amerika an. Er erhielt Beschäftigung im „Philadelphia Demokrat", gab 1839 mit Samuel Ludwigh die Wochenschrift „Der Wahrheitssucher" heraus, etablierte 1840 eine musikalische Monatsschrift „Auswahl beliebter deutscher Arien" (Popular Airs of Germany) mit deutschem und englischem Text und Klavierbegleitung, etablierte 1842 eine tägliche deutsche Zeitung „Allgemeiner Anzeiger der Deutschen", der 1843 von L. A. Wollenweber käuflich erworben und mit dem „Demokrat" vereinigt wurde, begann bald darauf mit der Herausgabe der „Minerva", einem Wochenblatt für Literatur, Kunst, Wissenschaft und Weltereignisse, publicierte lieferungsweise eine „Volks-Bibliothek deutscher Klassiker", gab eine treffliche Uebersetzung der theologischen Werke von Thomas Paine heraus und seit 1848 die „Freie Presse". Sie vertrat anfangs die Interessen der sogenannten Arbeiter-Partei und seit 1856 diejenigen der republikanischen Partei.

Besonders bekannt und verdient machte sich Thomas durch die Herausgabe deutscher Klassiker; er hat dadurch zur Hebung und Bildung des deutschamerikanischen Elements wesentlich beigetragen. Es entwickelte sich daraus ein bedeutender Verlag. Besonderen Erfolg hatte er mit der 1869 erscheinenden Jubiläums-Ausgabe von Humboldt's „Kosmos". Er soll davon mehr Exemplare in Amerika abgesetzt haben, wie der Cotta'sche Verlag in Deutschland. Um die Werke auch den weniger Bemittelten zugänglich zu machen, setzte er sie lieferungsweise ab. Die von F. W. Thomas gegründete „Freie Presse" ging im Jahre 1886 ein.

In Thomas verlor das Deutschtum in Amerika einen seiner bedeutendsten Vertreter. Durch Einführung der billigen Klassiker-Ausgaben, als deren Pionier er zu betrachten ist, wurde der Erhaltung der deutschen Sprache und Literatur in Amerika ein wesentlicher Dienst geleistet. Sein Andenken verdient deshalb in Ehren gehalten zu werden.

Tiedemann, Friedrich, Schatzmeister von 1875—1877 incl., wurde den 18. Januar 1840 in Dixon, Illinois, geboren. Er erhielt, da die Familie 1841 nach Deutschland zurückkehrte, seine erste Schulerziehung in Mannheim und Schwetzingen. Im Jahre 1848 beteiligte sich sein Vater, Dr. Heinrich Tiedemann, am Badener Aufstande unter Fr. Hecker, seinem Schwager, wurde zum Tode verurteilt, entzog sich aber dem über ihn verhängten Schicksale durch die Flucht und zweite Auswanderung nach den Vereinigten Staaten. Er ließ sich mit seiner Familie in Philadelphia nieder, und Friedrich Tiedemann widmete sich nach Absolvierung der Schule dem Kaufmannssache, indem er zuerst (1855) in das Geschäft von Wesendonk & Co., später (1858) in das von Ridgeway, Heußner & Co. trat.

Beim Ausbruch des Bürgerkrieges ließ er sich sogleich als Freiwilliger anwerben (den 14. April 1861 auf drei Monate, nach Ablauf seiner Dienstzeit auf drei Jahre) und diente im Bohlen'schen Regimente, zuerst als Gemeiner, vom 12. Oktober 1861 an als zweiter Leutnant. Nach dem Tode zweier seiner Brüder resignierte er, schloß sich aber bald wieder der Armee als Aid-de-Camp des Generals Carl Schurz an. Als solcher nahm er an vielen Schlachten der ersten Kriegsjahre teil. Er resignierte den 15. September 1863 und kehrte nach Philadelphia zurück. Hier nahm er zuerst seine frühere Stelle bei Ridgeway, Heußer & Co. wieder ein, etablierte den 1. Januar 1868 ein eigenes Geschäft, in welches sein Freund Oelbermann im Oktober desselben Jahres als Partner trat.

An öffentlichen Angelegenheiten, hüben und drüben, hat Herr Friedrich Tiedemann immer das wärmste Interesse bezeigt; so war er z. B. bei dem großen deutschen Bazar (1870—1871) sehr tätig;

durch Konzerte, die er arrangierte und in denen er selbst mitwirkte, hat er zu verschiedenen Malen dem Deutschen Hospital Mittel zugeführt. Friedr. Tiedemann starb im Oktober 1887 in New York.

Timm, Adolph, Sekretär des Deutschamerikanischen Nationalbundes, geboren am 2. Mai 1861 in Rawitsch, Provinz Posen. Kam im Jahre 1881 nach Amerika und siedelte sich in Philadelphia an. Trat der Deutschen Gesellschaft im Jahre 1900 bei und ist seit dem Jahre 1902 Vorsitzender des Schul-Komitees derselben. Als solcher hat er sich große Verdienste erworben. Seiner besonderen Aufmerksamkeit erfreuten sich die Abendschulen, wie die deutsch-englische an 3. und Green Straße und die zweite an 4. und Dauphin Straße. Als Vorsitzer des Schul-Komitees förderte er auch die Heranbildung junger deutscher Lehrkräfte, zu welchem Zwecke die Deutsche Gesellschaft auf Anempfehlung des Schul-Komitees Stipendien für den Besuch des deutschen Lehrer-Seminares in Milwaukee gewährt. Seiner Anregung ist die Verleihung von Medaillen an Schüler und Schülerinnen der Hochschulen zu verdanken, welche sich durch besonders gute Leistungen im Deutschen ausgezeichnet haben. Auch in anderer Weise fördert er das Interesse am Deutschunterricht. Seit Gründung des Deutschamerikanischen Nationalbundes, an welcher er in hervorragender Weise Anteil hatte, ist der Genannte Sekretär des Bundes und hat sich als solcher um die deutsche Sache bleibende Verdienste erworben. Mehrere Jahre bekleidete er auch das Amt eines Schriftwartes des Turnbezirks von Philadelphia und war als solcher ein eifriger Förderer der Turnerei. Außerdem war Adolph Timm Sekretär der Historischen Gesellschaft von Pennsylvanien.

Trau, Johann P., Dr., geboren am 20. September 1814 in Lammersheim in der Rheinpfalz. Dr. Trau studierte an mehreren Hochschulen Deutschlands Medizin und beteiligte sich auch an den revolutionären Bestrebungen des Jahres 1848, so daß er fliehen mußte. Es gelang ihm, nach Amerika zu entkommen, wo er sich in Philadelphia niederließ. Nach einigen Jahren ließ er seine Familie nachkommen und machte sich hier dauernd seßhaft. Hier nahm Dr. Trau am deutschen Leben und an den Bestrebungen des Deutschtums lebhaften Anteil. So trat er der Deutschen Gesellschaft als Mitglied im Jahre 1859 bei und bekleidete mehrere Ehrenämter. Er gehörte ferner zu dem Aerztestabe des Deutschen Hospitals und war Mitglied mehrerer Vereine. Er verschied am 25. Januar 1883.

Vezin, Carl, Sekretär der Deutschen Gesellschaft 1818, 1821 bis 1823, wurde den 7. März 1782 in Osnabrück geboren und stammte wahrscheinlich von Hugenotten ab. Im Jahre 1802 begab er sich nach Bordeaux, wo er zehn Jahre im Kontor eines Handlungshauses beschäftigt war und sich von seinem Gehalt 1500 Franken ersparte. Damit ging er 1812 nach Amerika, unvorsichtiger Weise in einem amerikanischen Schiffe, das denn auch von einem englischen Kreuzer abgefangen wurde. Nach unfreiwilligem Aufenthalt von mehreren Wochen in England kam er endlich nach Baltimore und von dort nach Philadelphia. Im Jahre 1815 begründete er mit George Wadsworth ein Kommissionsgeschäft. Sein Associé starb im nächsten Jahre; 1818 verband er sich mit Herrn H. F. Lengerke und betrieb ein Importgeschäft mit deutschen, belgischen und französischen Waren. Herr Lengerke kehrte 1834 nach Deutschland zurück, worauf Herr Vezin das Geschäft bis zu seinem Tode allein fortführte. Er war mit Emilie Kalisky verheiratet (10. Dezember 1821) und hatte mit ihr vierzehn Kinder. Er starb den 8. April 1853 und ist in Laurel Hill begraben. Seine Frau und die beiden jüngsten Töchter kamen bei dem Brande der „Austria", den 15. September 1858, ums Leben. Herr Vezin genoß hier und überall, wo er bekannt war, hohe Achtung, die er durch seine Ehrenhaftigkeit, vorzügliche Bildung und feinen Takt im vollsten Maße verdiente. In weiten Kreisen bekannt war er durch seine Meisterschaft im Schachspiel. Erst seit seiner Ankunft in Philadelphia entstanden hier Schach-Clubs, zunächst einer im Athenäum, als dessen Patriarch Hr. Vezin genannt wird. Er fand seinen Meister nur in Professor Vethake. Als Mälzel mit seiner Schachmaschine nach Philadelphia kam, ersuchte er Herrn Vezin, von dessen gefährlicher Meisterschaft er sich bald überzeugte, mit der Seele der Maschine, dem liebenswürdigen Schlumberger, privatim zu spielen. Das geschah auch. Uebrigens war Schlumberger stärker im Schachspiel als Vezin und auch Prof. Vethake. Einem Abdruck von Korrespondenz-Spielen, zwischen dem Athenäum-Club mit dem New York Schach-Club, ist folgende Widmung vorgesetzt:

Friend, their Master and Model in Chess, the late lamented Charles Vezin these Games are inscribed by the Athenaeum Committee. (Siehe Incidents in the History of American Chess in "The Book of the Great American Chess Congress," pp. 349—364, 467.)

Vollmer, U. Wm., Vorsitzender des ärztlichen Komitees im Jahre 1895. Dr. Vollmer wurde am 16. Februar 1852 als Sohn von Wm. und Anna Vollmer in Philadelphia geboren. Seine Mutter war eine geborene Lindenmayer. Er ist seit seiner Geburt in Philadelphia wohnhaft. Seit dem Jahre 1875 praktiziert er als Arzt in Philadelphia. Er war und ist noch jetzt ein treues Mitglied des Jungen Männerchors.

Wagner, Louis, Mitglied 1869, Vorsitzender des Schulkomitees 1879—1893, Präsident 1894—1899, Vorsitzender des Finanz-Komitees 1900—1913, Ehren-Mitglied 1907. Er war am 4. August 1838 in Gießen, der bekannten Universitätsstadt im Großherzogtum Hessen, geboren. Als elfjähriger Knabe kam er mit seinen Eltern nach Amerika. Er erlernte in Philadelphia die Lithographie und war beständig bestrebt, an seiner Weiterbildung zu arbeiten. Das gelang ihm auch in außergewöhnlichem Maße dank seiner eisernen Ausdauer und seiner ungewöhnlichen Begabung. Als Vorsitzender des Komitees für die deutsch-englische Abendschule machte er sich besonders verdient. Er war einer der ersten Lehrer derselben und bewahrte bis zu seinem Tode eine silberne Taschenuhr als Andenken an die Zeit auf. Sie war ein Geschenk seiner Schüler gewesen. Unter seiner Präsidentschaft bewahrte die Deutsche Gesellschaft ihren vornehmen Charakter. Er war vor allen Dingen bestrebt, die Hilfstätigkeit der Deutschen Gesellschaft zu erhöhen. Als Vorsitzer des Finanz-Komitees wußte er die Interessen derselben in bester Weise zu wahren. Die Ernennung General Wagner's zum Ehren-Mitgliede war in der Vierteljahres-Versammlung der Gesellschaft am 18. April 1907 erfolgt. Das Ehrenmitglieds-Diplom, welches kalligraphisch ausgeführt war, wurde ihm in der Vorstands-Sitzung am 27. Mai überreicht. Dr. Hexamer überreichte dasselbe. Er sowie andere Vorstandsmitglieder sprachen General Wagner ihre Anerkennung und Bewunderung aus für sein langjähriges, eifriges und zielbewußtes Wirken für das Wohl der Deutschen Gesellschaft. General Wagner dankte in herzlichen und bewegten Worten für die erwiesene Ehrung. Am 17. Januar 1914 fand anläßlich des Ablebens von General Wagner eine Sonder-Versammlung des Verwaltungsrates statt. Da Dr. Hexamer als einer der Ehrenbahrtuchträger der Beerdigung beiwohnte, führte der erste Vice-Präsident, Herr G. A. Schwarz, den Vorsitz in der Sitzung, welche um 12.30 nachmittags begann. Er gedachte der Verdienste des Verstorbenen um die Gesellschaft in herzlichen Worten. Sekretär F. H. Harjes unterbreitete den Beileidsbeschluß, der wie folgt lautete:

„Am 14. Januar entschlief plötzlich im Alter von 76 Jahren Herr General Louis Wagner, seit 1869 ein Mitglied unserer Gesellschaft, von 1879 bis 1893 Vorsitzender ihres Ausschusses für die Deutsch-Englische Abendschule, einer der Gründer dieser Schule, sowie mehrjähriger Lehrer an derselben, von 1894 bis 1899 Präsident der Gesellschaft, seit 1900 bis zu seinem Ableben Vorsitzender des Finanz-Ausschusses und seit 1907 Ehren-Mitglied.

„Beredter als Worte spricht für den entschlafenen Freund die obige Aufzählung. Still und getreu schildert sie, was er unserer Gesellschaft war und wie er ihr in ununterbrochener Folge 35 Jahre treu und redlich in seinen Aemtern gedient hat. Mit ihm scheidet eines ihrer ältesten und hervorragendsten Mitglieder. Empfindlich ist der Verlust. An dem Deutschtum unserer Stadt und über dieselbe hinaus, betätigte er sich nach seiner Auffassung und in seiner Weise. Auch dort wird man ihn vermissen. Der Vorstand betrauert den Heimgang eines geschätzten Kollegen und bewährten Freundes. Aufrichtig, grad und offen in Wort und Tat. Kurz und bündig im Entschluß und Handeln. Stets ein Mann seines Wortes. Gewissenhaft und pünktlich in der Erledigung seiner Obliegenheiten. Geräuschlos und einfach. Für ihn war strikte Pflichterfüllung selbstverständlich, nie besonderen Lobes bedürfend. So wird er im Geiste weiter unter uns weilen und sein Andenken unauslöschlich bleiben. Ruhe in Frieden.''

Es wurde beschlossen, der Witwe des Verstorbenen und durch sie seinen Kindern herzliches Beileid und aufrichtige Teilnahme an dem herben Verlust auszusprechen und eine Abschrift des Beileids-Beschlusses zuzustellen, sowie ihn in das Protokollbuch aufzunehmen.

Herr Wagner war beim Ausbruch des Bürgerkrieges dem Aufrufe des Präsidenten Lincoln gefolgt und zur Verteidigung der Union zu den Fahnen geeilt. Er wurde Oberst des 88. Pennsylvania-Regiments und im Jahre 1865 zum Titular-Brigade-General befördert. In der zweiten Schlacht von Bull Run am 29. und 30. August 1862, welche durch die völlige Unfähigkeit des Führers der Unions-Armee, General John Pope, verloren ging, war Oberst

Wagner schwer verwundet worden. Vom Feinde auf dem Schlacht-
felde aufgelesen, geriet er in Gefangenschaft. Nachdem er ausge-
wechselt war, übernahm er wieder die Führung des 88. Regiments
und kämpfte bei Chancellorsville. Dann brach die schlecht behandelte Wunde wieder auf, und Wagner wurde zum Kommandanten
des Kriegslagers William, Pa., berufen, wo er die farbigen Truppen
ausbildete und binnen kurzer Zeit 14,000 Mann ins Feld stellte.
1865 übernahm Wagner eine Brigade im 5. Armeekorps. Den Ge-
neralstitel erhielt er im Alter von 27 Jahren.

Nach dem Kriege kehrte General Wagner nach Philadelphia zurück. Im Stadtrat entfaltete er als Vorsitzer des Common Council
eine segensreiche Tätigkeit, war Mitglied des Schulrats, Besitztitel-
Registrar und unter Mayor Fitler der erste Direktor des Departements der öffentlichen Werke. Dann wurde er Präsident der Dritten National-Bank, die er zu einem Finanz-Institut ersten Ranges
erhob. Eines wie großen Vertrauens und wie hoher Achtung in den
weitesten Kreisen der Bürgerschaft er sich erfreute, geht daraus hervor, daß er Jahre lang Präsident der City Trusts war, welche den
Nachlaß von Stephen Girard, dessen Wert $40,000,000 über-
steigt, und andere der Stadt gemachte Stiftungen verwalten. In der
Grand Army of the Republic spielte General Wagner eine hervor-
vorragende Rolle.

Walther, Gustav A., geboren am 18. August 1848 in München
als Sohn Schweizer Eltern. Kam im Jahre 1866 nach Amerika, wo
er sich im gleichen Jahre in Philadelphia niederließ. Trat der Deutschen Gesellschaft als Mitglied bei und bekleidete unter anderem auch
das Amt eines Direktors. Herr Walther war an allen deutschen
Bestrebungen in hervorragendem Maßstabe beteiligt und machte sich
besonders um die Pfingstfeste des Philadelphia Zweiges des Zentralbundes verdient. Er bekleidete unter anderem auch das Amt eines
Schweizer Konsuls für Pennsylvania, New Jersey und Delaware.
Herr Walther starb am 8. Dezember 1913, von seinen Mitbürgern
betrauert. Die Deutsche Gesellschaft verlor in ihm eines ihrer eifrigsten und tätigsten Mitglieder.

Wamboldt oder **Wampole,** Isaac, Sekretär 1795—1798, 1800
und Präsident von 1817—1832, wurde den 23. September 1767
geboren und starb den 9. August 1837. Er trieb das Geschäft eines

Conveyancer und erfreute sich allgemeiner Achtung. Als dem Herzog von Weimar bei seiner Durchreise durch Philadelphia ein Bankett gegeben wurde, präsidierte Herr Wamboldt bei demselben. Der Lutherischen Kirche in Towamensing Township, Montgomery Co., schenkte er das Land, worauf sie gebaut ist, und gab auch reichlich zu ihrem Baue. Auf dem dazu gehörigen Friedhofe ruhen seine Gebeine. Ein Portrait des verdienten Mannes wurde im Jahre 1892 der Deutschen Gesellschaft von einer Nachkommin desselben zum Geschenk gemacht.

Wegmann, Christ. Fr., Vize-Präsident 1784, Präsident 1785, war Kaufmann und einige Zeit (um 1781) mit F. A. Mühlenberg in einem Spezerei- und Spirituosengeschäft (Zweite Str., zwischen Race und Arch Straße) associiert. Er starb im Alter von 53 Jahren, den 30. Dezember 1786 und wurde auf dem St. Michaelis Kirchhofe begraben. — Er machte sich durch seine Bemühungen um eine Registratur deutscher Einwanderer im Jahre 1785 verdient.

Weiß, Ludwig, Anwalt von 1765—1777, 1785, Vize-Präsident 1781, Präsident 1782, wurde den 28. Dezember 1717 in Berlin geboren, kam den 13. Dezember 1755 mit seiner Frau, Christine, in Philadelphia an und ließ sich hier als Rechtsanwalt und Conveyancer nieder (Arch Straße, zwischen der Vierten und Fünften). Um's Jahr 1760 verband er sich mit Heinrich Miller, dem Drucker und Verleger, scheint auch zu dessen seit 1762 erschienenem „Staatsboten" Beiträge geliefert zu haben. Im Jahre 1772 druckten Peter Miller und Ludwig Weiß die Acts of Assembly. In dem heftigen Streite, den die Anhänger und Gegner der Erbeigentümer 1764 führten, nahm er (mit H. Keppele, sen.) Partei für die ersten und griff Franklin in einer Flugschrift scharf an. Beim Ausbruch der Revolution stand er entschieden für die Sache der Freiheit und Unabhängigkeit ein. Als die deutschen Kirchen und die Deutsche Gesellschaft 1775 die Herausgabe eines Pamphlets im Sinne der Widerstands-Partei autorisierten, war Ludwig Weiß der Vorsitzende des dazu berufenen Ausschusses (Siehe Seite 228) und ist wahrscheinlich der Verfasser der eindringlich geschriebenen Vorrede zu der deutschen Uebersetzung der Kongreß-Manifeste.

Ludwig Weiß gehörte zu den Herrnhutern und war deren Anwalt in Philadelphia. Es ist bekannt, daß diese Sekte sich besonders der Indianer annahm, sie zum Christentum zu bekehren und vor Gewalttätigkeiten des rohen Pöbels zu schützen suchte. Dazu lieh Ludwig Weiß bereitwilligst die Hand. Wir finden seinen Namen bei den blutigen Vorfällen von 1764 und 1782 öfter erwähnt.*) Nach dem grauenvollen Blutbade zu Muskingum im März 1782, richtete er ein Schreiben an den Sekretär des Kongresses, Charles Thompson, und forderte zu einer Untersuchung dieser Untat auf, die einen Schandfleck in den Annalen Pennsylvaniens bildet.†) Der Brief schließt:

„Ihr menschliches Gefühl, mein Herr, wird meine Freiheit rechtfertigen, Sie an diesem Tage, der dem Dienste des Herrn geweihet ist, mit einer Sache zu behelligen, welche im eigentlichsten Sinne eine Sache des Herrn ist. Die brutale Szene, die Errichtung zweier Schlächterbuden und der kaltblütige Mord der dunkelfarbigen Lämmer Jesu Christi, eins nach dem andern, ist nicht verborgen dem Hirten, ihrem Schöpfer und Erlöser."

Ein vom Kongreß eingesetztes Komitee stigmatisierte die Schlächterei als schandbar und unheilvoll, aber auch schon damals begnügte man sich, Verbrechen, an Indianern verübt, mit klangvollen Worten zu sühnen.

Im Jahre 1786 bekleidete Ludwig Weiß das Amt eines Friedensrichters für die Stadt und das County Philadelphia.

In der Deutschen Gesellschaft nahm er von Anfang an eine leitende Stellung ein. Er war es, der am 26. Dezember 1764 die Männer, welche sich im lutherischen Schulhause versammelt hatten, um die Gesellschaft zu gründen, mit einer Anrede zu dem edeln Werke anfeuerte, und unter den Namensunterschriften in der Rolle der Mitglieder ist seine die erste. Die Hauptaufgabe der Gesellschaft zu jener Zeit war, dem Einwanderer Rechtsschutz zu verleihen, und die Stelle des Anwalts, die ihm übertragen wurde, daher eine sehr verantwortliche und mühevolle. Im Jahre 1774 richtete er an den Gouverneur, John Penn, ein Memorial, worin er die systematische Ausplünderung der Passagiere während der Ueberfahrt aufdeckt und zugleich darum ansucht, einen zur Abstellung dieses Uebels dienenden Zusatz dem Gesetze über infizierte Schiffe einzuverleiben (Siehe Seite 33).

---

*) Siehe Life and Times of David Zeisberger, by Edmund de Schweinitz, p. 284 und 573.
†) Siehe Pennsylvania Archives, IX., p. 523.

Ludwig Weiß verlor seine Frau, die ihn aus Deutschland hierher begleitete, den 28. Juli 1758; er verheiratete sich zum zweiten Male 1761 und hatte aus dieser Ehe elf Kinder, die, mit Ausnahme von zwei Töchtern, alle jung starben. Zwei Kinder wurden ihm durch das im Herbst 1793 grassierende gelbe Fieber entrissen. Er selbst starb hochbetagt am 22. Oktober 1796.

Weniger, Hans, geboren am 25. September 1845 in Hannover, kam er im Jahre 1866 nach Amerika, wo er von 1868 bis 1884 eine Apotheke betrieb. Im Jahre 1879 übernahm er das Passage- und Bank-Geschäft von C. F. Elwert, dessen Tochter er zur Gattin hat. Hans Weniger hat es, wie nicht viele, verstanden, durch Beharrlichkeit und strenge Gewissenhaftigkeit sich in den breitesten Schichten das Vertrauen des Publikums zu erwerben. Die Förderung deutscher Ziele und Interessen fand in ihm stets einen eifrigen Verfechter, der immer bereit war, seine Dienste und Zeit edlen Bestrebungen zu widmen. Vom Jahre 1894 bis zum Mai 1914 war er Schatzmeister der Deutschen Gesellschaft, Schatzmeister des D. A. Nationalbundes und des Zentralbundes, des Staatsverbandes von Pennsylvanien des D. A. Nationalbundes. Dasselbe Amt bekleidete er auch in der deutschen Theaterbaugesellschaft und in der Deutsch-Amerikanischen Historischen Gesellschaft. In allen diesen Aemtern hat Hans Weniger stets das in ihn gesetzte Vertrauen gerechtfertigt und eine hervorragende Rolle in den Bestrebungen zur Hebung des deutschen Einflusses gespielt. Das Deutschtum Philadelphias sieht mit Recht in ihm einen Führer und wendet sich stets an ihn, wenn es gilt, einer größeren Sache zum Erfolg zu verhelfen.

Winey, (Weinig) Jacob, der erste Schatzmeister der Deutschen Gesellschaft, war Kaufmann und mit Andreas Bonner associiert, hatte sein Lager in der Front Straße, südlich von der Chestnut Straße; gehörte zu dem am 18. Juni 1775 erwählten Korrespondenz-Komitee (mit Keppele, Ludwig und Schlosser), und war (1764) ein Trustee der deutschen reformierten Kirche, die er auch in seinem Testamente bedachte.

Wireman, Henry T., Anwalt vom 16. Dezember 1875 bis zum Jahre 1893, wurde den 15. April 1845 in Philadelphia geboren, erhielt daselbst seine Erziehung in Privatschulen, studierte die Rechte unter Edward Hopper's Anleitung, hörte einen Kurs juristischer Vor-

lesungen an der Universität von Pennsylvanien und wurde den 14.
April 1865, nach bestandenem Examen, zur Advokatur zugelassen.
Im Jahre 1866 unternahm er eine Reise nach Deutschland und anderen Ländern Europas, hörte in Heidelberg Vorlesungen bei Vangerow, Mittermaier und Häusser und trat nach seiner Rückkehr die
Rechtspraxis in seiner Vaterstadt an. Des Deutschen und Englischen
gleich mächtig, hat Herr Wireman mehrere deutsche Dichtungen geschmackvoll ins Englische übersetzt. (Gems of German Lyrics,
Philadelphia, 1869. Lenore, a Ballad, etc., Philadelphia,
1870.) Er starb im Jahre 1896.

Wischan, Friedrich, Mitglied 1894, Mitglied des Archiv-Ausschusses; geb. 5. März 1845 in Wallhalben, Bayern, studierte am
Prediger-Seminar in Krischona, kam 1868 nach Amerika, absolvierte
das damals in Philadelphia befindliche Lutherische Seminar, wurde
1870 Pastor der St. Paulus-Gemeinde, welche er zu einer der stärksten der Stadt zu machen verstand, und erwarb sich besondere Verdienste um die Gemeindeschule, die im Jahre 1904 von 310 Kindern
besucht wurde, die von vier Lehrern unterrichtet wurden. Pastor
Wischan war 23 Jahre Mitglied des Verwaltungsrates des Deutschen Hospitals und zwölf Jahre lang dessen Sekretär. 25 Jahre
lang war er der deutsche Sekretär des Waisenhauses in Germantown und Gründer der Samariter-Herberge. Er gehörte dem Pionier-Verein, dem Nationalbunde und der Deutsch-Amerikanischen
Historischen Gesellschaft an. Er machte weite Reisen, so auch ins
Heilige Land. Das Doppelfest seines sechzigsten Geburtstages und
seines silbernen Amtsjubiläums wurde am 5. März 1905 von seiner
Gemeinde gefeiert. Er starb am 28. April 1905 im Deutschen Hospital, betrauert vom Deutschtum der Stadt.

Wolsieffer, Edmund, Mitglied 1867, Direktor 1884. Er war
am 13. September 1844 in Baltimore als der Sohn von Mathias
Wolsieffer geboren, der im Dezember 1835 den „Männerchor" in
Philadelphia gegründet hatte, den ältesten deutschamerikanischen Gesangverein. Er wurde in Philadelphia, wohin seine Eltern im Jahre
1845 wieder übersiedelten, und in Egg Harbor City, N. J., zu dessen
Gründern sein Vater gehörte, erzogen. Im Jahre 1861 kehrte
Edmund Wolsieffer, der im Elternhause eine gute Erziehung erhalten hatte, nach Philadelphia zurück, wo er im Spielwaaren-Geschäft

von John Doll an 2. und Arch Straße und später in der Handlung mit künstlichen Blumen von Chas. Schaller an Arch nahe 4. Straße als Verkäufer und Buchhalter Beschäftigung fand. Seine Liebe zur Musik veranlaßte ihn, sich dem Berufe eines Musiklehrers zu widmen. den er im Jahre 1874 eines Halsleidens wegen aufgab. Er trat in das Piano-Geschäft von Albrecht & Co. ein und später in das von C. J. Heppe & Son. Im Jahre 1891 gründete er das Piano-Club-System. Er verheiratete sich im Jahre 1875 mit Frl. Anna Neher. In Sängerkreisen spielte Herr Wolfieffer eine große Rolle. Er war lange Jahre Präsident des Männerchors und der Vereinigten Sänger. An den Sängerfesten in hiesiger Stadt nahm er hervorragenden Anteil. Seit 1886 ist er Ehren-Mitglied des ältesten Gesangvereins. Auch in Freimaurerkreisen spielte er in früheren Jahren eine große Rolle.

Wynkoop, Heinrich, Anwalt 1787; war Major im dritten Bataillon der Pennsylvanischen Miliz; Mitglied der Provinzial-Konvention von 1774, des Sicherheitsausschusses für Bucks County in 1775. Er starb 1787.

Zeuner, Heinrich P., Sekretär von 1869—1874, wurde 1838 in Hanau geboren, erhielt seine Erziehung in der Bürgerschule und trat darauf in ein Weißwarengeschäft. Nachdem er in Zürich und in Triest Stellen in Geschäftshäusern versehen, kam er (um 1860) nach Philadelphia und associierte sich mit Herrn H. Männel zu einem Weißwaren- und Band-Geschäft, das er später auf eigene Rechnung betrieb. Als Sekretär des Verwaltungsrats erwarb er sich besondere Verdienste durch Reformen in der Geschäftsführung und durch die pünktliche Gewissenhaftigkeit, womit er ohne Rücksicht auf Zeitaufwand und Beschwerde seinen Dienst versah. Er begab sich 1875 nach Californien und starb nach längerem Krankenlager in St. Francisco am 17. Februar 1876. In einer Versammlung der Gesellschaft wurden infolge des Ablebens des verdienstvollen Mitgliedes Trauerbeschlüsse gefaßt, die, wie folgt, lauteten:

„Beschlossen, daß wir dem Andenken des Verewigten den wohlverdienten Tribut unserer Achtung und Dankbarkeit zollen, für das warme Interesse, das er durch lange Jahre allen Bestrebungen der Deutschen Gesellschaft gewidmet, für den aufopfernden Fleiß, mit welchem er den Pflichten als Sekretär der Gesellschaft obgelegen und mit der Verwaltung seines Amtes das Gepräge einer wahrhaft musterhaften Ordnung gegeben hat."

Ziegler, Georg Kalenbach; Mitglied 1856, Vice-Präsident 1860 bis 1863, Präsident vom 19. Dezember 1872—1877. Die Gesellschaft stattete ihm ihren besonderen Dank für die Dienste ab, die er ihr während seiner Präsidentschaft geleistet. Er starb am 21. September 1878. Der Vorstand der Gesellschaft ehrte sein Andenken durch Beileidsbeschlüsse.

Er wurde am 1. November 1822 in Philadelphia geboren, wo er zeitlebens ansässig war. Er war einer der angesehensten Kaufleute und Financiers der Stadt. Im Alter von 15 Jahren erhielt er in dem bekannten Handels- und Importhause Bohlen & Co., dessen Chef der in der Schlacht am Rappahannock am 22. August 1862 gefallene General Henry Bohlen war, eine Anstellung als Clerk, wurde, von Stufe zu Stufe steigend, Teilhaber am Geschäft und später Chef der Firma. Seit dem Jahre 1860 war er Präsident der Bank of Commerce, Direktor in der Versicherungs-Gesellschaft des Staates Pennsylvanien und der Teutonia Feuer-Versicherungs-Gesellschaft und Präsident der Hannis Distilling Co. Auch bekleidete er von 1856 bis 1866 das Amt eines niederländischen Konsuls.

Als die Beamten und Mitglieder der Deutschen Gesellschaft nach dem Tode des Präsidenten Horstmann ernstlich zu Rate gingen, wem das wichtige Amt zu übertragen sei, entschied sich die überwiegende Mehrheit für Herrn Ziegler. Viermal wurde er wiedererwählt. Auch in der Präsidentschaft der Humboldt-Monument-Association folgte er Herrn Horstmann. Der endliche Erfolg des Unternehmens war in nicht geringem Maße seiner Liberalität und geschäftlichen Energie zu verdanken. Er war Meister vom Stuhl der deutschen Hermann-Loge No. 125 der Freimaurer. Der Deutschen Gesellschaft vermachte er $500.

Namens-Verzeichnis

der

Ehren-, lebenslaenglichen und beisteuernden Mitglieder der Deutschen Gesellschaft.

Mit Angabe des Aufnahmejahres der lebenslaenglichen
und beisteuernden Mitglieder.

Verstorbene Ehren-Mitglieder.

Kinike, Joseph
Lankenau, John D.
Fisler, Jacob A.
Heinzelmann, Jos. A.
Mann, Wm. J. Rev., D. D.
Muckle, M. Richards

Mullen, Wm. J.
Rosengarten, G. D.
Schurz, Carl
Seidensticker, O., Dr.
Steuben, Baron Arnt von
Wagner, Louis

Verstorbene lebenslängliche Mitglieder.

Alter, John J.
Bäder, Charles
Baker, Washington, Dr.
Benkert, Caspar
Berges, Henry
Berges, Jacob
Bergner, Charles W.
Betz, John F.
Bournonville, A. C., Dr.
Braun, Karl J.
Bremer, Theodor
Doll, George
Dreer, F. J.
Drexel, Anthony J.
Drexel, Joseph W.
Duhring, Caspar H.
Ehrlich, Franz, jr.
File, John C.
Fitler, Edwin H.
Fouse, Levi G.
Fralen, Frederick
Freytag, Godfrey
Frohmann, August

Gindele, George
Glaß, Adam G.
Großholz, Louis
Hahn, C. H.
Helff, Godfrey
Herzog, A. E.
Hessenbruch, Chas. E.
Hessenbruch, Hermann
Hoffmann, Jacob
Hoffmann, John S.
Hohenadel, John
Horstmann, F. Oben
Jordan, John jr.
Jüngerich, William
Julius, Theodor
Keinath, William F.
Kiesewetter, August
Kretschmar, C.
Kopp, Friedrich
Kusenberg, Alfred
Ladner, Louis J.
Ladner, W. T.
Lang, John

Leibrand, Friedrich
Leonhardt, Arno
Lex, Wm. H.
Maisch, John M.
Mencke, Wm. N.
Narr, Fr.
Neff, Charles
Nefferdorf, Moritz
Plate, Hermann T.
Reyenthaler, E. G.
Riebenack, Max.
Roeper, John J.
Rommel, J. Martin
Rosengarten, M. G.
Runge, George
Rumpp, C. F.
Santee, Carl
Schaudein, Jacob A.
Schemm, Peter
Schemm, Peter, jr.

Schepeler, S. A.
Seiß, J. A. Rev.
Smith, Alfred
Sower, Ch. G.
Steiner, Frank
Theiß, Charles
Tiedemann, Fr.
Tilge, Henry
Uhlmann, John
Wagner, Louis
Walther, G. A.
Weihenmeyer, Albert
Wenzig, Carl
Wicht, W. B.
Widmayer, E. August.
Winters, A.
Wischan, F. Rev.
Wittmann, Jos. F.
Womrath, B.

Lebenslängliche Mitglieder.

Abdids, J. E.	1869	Künzel, Harry	1912
Alter, Frau J. J.	1895	Lind, Monroe P.	1891
Baker, Anna Kehser	1874	Link, William	1913
Baltz, Harry R.	1890	McElroy, Cecilia, Frl., Bald-	
Bauer, Friedrich	1878	win,	1912
Baumann, G. F.	1870	Mueller, Frederick	1899
Berger, Carl P.	1912	Müller, Gustavus A.	1909
Berges, Wm.	1881	Newman, Geo. C.	1899
Blankenburg, Rudolph	1890	Plate, C. F.	1899
Bloch, S. L.	1900	Raff, A. Raymond	1899
Borsch, J. L.	1886	Reyenthaler, Eugene K.	1888
Bremer, Geo. W.	1878	Reyenthaler, E. G. jr.	1888
Buchholtz, Edward	1912	Rosengarten, Joseph G.	1870
Burk, A. E.	1912	Sautter, Christian	1878
Burk, Louis	1912	Schättle, Otto	1890
Cannstatter Volksfestverein	1888	Schandein, Henry	1891
Capp, Seth Bunker	1912	Schandein, John W.	1898
Deaver, Dr. John B.	1904	Schmitt, John	1915
Dreer, Edward Greeble	1897	Scholl, Joseph	1898
Dreer, W. F.	1888	Schwarz, G. A.	1877
Gaidas, Joseph	1911	Schwarz, H. G.	1903
Helff, Gustav A.	1909	Seidel, G. C.	1891
Hermann, Max	1913	Smith, Alfred P.	1892
Hermann Loge, F. u. A. M.	1889	Smith, Horace E.	1899
Herzog, Geo.	1885	Smith, William B.	1880
Hexamer, Dr. C. J.	1898	Snellenburg, S.	1900
Horstmann, Walter	1902	Spießler, Theodore, Dr.	1902
Hoß, Martin	1910	Tarlo, Albert	1900
Kahle, Henry	1885	Tarlo, Robert	1899
Janentzky, Charles	1886	Weber, Fr.	1901
Jordan, John W.	1869	Wilhelm, Carl	1890
Justi, M. H.	1888	Wolters, Chas. A.	1913
Justi, M. D.	1894	Zimmermann, W. H.	1900
Kretschmar, Ernst E.	1904		

Jährlich beitragende Mitglieder.

Abel, Mathias	1765		Appel, Simon	1868
Abeles, B.	1866		Appenzeller, G.	1891
Abeles, Seligman	1866		Armbruster, Otto	1903
Abendroth, Henry	1896		Armhold, Wilhelm	1866
Adenhausen, John C.	1836		Arnholt, Caroline, Frau	1895
Ader, Geo.	1909		Arnholt, Geo. A. W.	1891
Ackermann, W. R.	1878		Arnholt, Geo.	1888
Adams, F. W. C.	1863		Arndt, Jacob	1766
Abbicks, J. Edward	1809		Arnold, August	1914
Addison, Wm. B.	1893		Arnold, Ferdinand	1840
Adler, Abraham	1869		Arnold, H. W.	1869
Abbena, W.	1898		Arnold, M.	1893
Afflerbach, Henry	1860		Arnold, Jos. J.	1867
Ahlbach, John	1914		Arnold, Simon W.	1867
Aicher, Jacob	1861		Aron, David	1890
Albehyll, Carl	1865		Artelt Hy. Dr.	1903
Alber, Albert	1865		Arßt, Carl G.	1872
Alber, G.	1895		Aschenbach, Friedrich	1869
Alberger, Joh.	1803		Aschenbach, Friedrich A.	1889
Albert, Charles F.	1893		Asch, Jos. M.	1841
Albert, Johann	1869		Ashbridge, S. H.	1900
Albrecht, Carl	1872		Aßmann, F. W.	1907
Albrecht, C. F. L.	1831		Aub, Jacob	1864
Albrecht, Heinrich L.	1870		Baal, Karl	1915
Albrecht, Hermann	1876		Bach, Johann	1886
Albrecht, Otto	1876		Bacharach, Salomon	1868
Albürger, Johann	1795		Bachmann, David	1876
Alexander, J.	1867		Bachmann, A. H. F	1868
Allburger, W. H.	1874		Bachmann, Ernst F. Rev.	1906
Alleck, Geo.	1884		Bachmann, Friedrich	1894
Allendorf, Julius	1888		Bachmann, Heinr. G.	1863
Allgaier, Charles	1876		Badey, J Henry	1874
Allgaier, J. O.	1875		Baeder, Charles	1838
Alljenz, G	1766		Bäder, Charles	1860
Altmeier, H. E.	1901		Baeder, Charles	1873
Alteneder, Theo.	1889		Bätes, Friedrich	1792
Alteneder Theo. Jr.	1893		Bahnert, Louis	1868
Alter, Jacob	1825		Baker, C. H.	1830
Altmaier, Geo.	1879		Baker, Georg R.	1851
Altmeyer, John	1863		Baker, Henry S.	1838
Altschul, Rudolph	1910		Baker, John C. Rev.	1819
Ammann, O. H.	1912		Baker, Michael	1822
Ammann, Ulrich	1909		Baker, Samuel	1821
Amon, Frank	1909		Baker, Washington H. Dr.	1876
Amsberg, Victor v.	1862		Baker, William S.	1888
Andraee, Carl	1891		Balde, Anton	1795
Andreas, John H.	1911		Ballier, Johann F.	1870
Andrews, Thomas W.	1802		Ballier, J T.	1885
Angele, Ludwig	1860		Balz, Albert	1895
Angerer, Victor	1893		Balz, Christian	1869
Anschütz, E	1880		Balz, Friedrich	1866
Antes, Friederich	1764		Balz, Jacob	1870
Apel, Geo.	1874		Balz, Peter	1862

Balzereit, Leo.	1901	Becker, Carl	1779
Bamberger, E. S.	1870	Becker, Christoph	1780
Bamberger, J. S.	1866	Becker, Friedrich	1764
Bamberger, L.	1863	Becker, F. T.	1900
Bamberger, Max	1900	Becker, Geo. Adam	1784
Bandols, A. H.	1865	Becker, George A.	1794
Bantleon, Georg	1800	Becker, George A., jr.	1809
Baertling, Christlieb	1774	Becker, G. H.	1868
Barbenwerper, Otto	1860	Becker, Georg	1879
Bargh, William	1819	Becker Hermann	1907
Bargh Wm.	1848	Becker, H.	1865
Barre de la, Wm.	1870	Becker, Henry	1869
Barreus, William E.	1902	Becker, Hilarius	1780
Barring, Hermann	1908	Becker, Hilarius	1812
Bartsch, Arthur	1906	Becker, Joh. R.	1796
Bartalot Geo.	1847	Becker, Johann L.	1808
Bartalott, Geo.	1860	Becker, Moses	1860
Barth, John F.	1843	Becker, Philip	1860
Barth, von, Joh Jos.	1791	Beckhaus, Jos.	1868
Bärtholt, David, de	1791	Beckler, Ignaz	1869
Bartwig, Jacob	1872	Beckmann, Aug.	1864
Basse, Johann H.	1788	Beelen, Dr. Carl	1866
Bassing, F.	1901	Beckhaus, Josef	1889
Bastert, William D.	1894	Beenken, Joh.	1859
Bastian, Georg	1795	Beer, Paul	1895
Bastian, Georg	1806	Beez, John	1883
Baur, A. C.	1862	Behre, Emil F.	1904
Bauer, Charles	1878	Beigel, Adolph	1856
Bauer, Christian	1897	Bein, August	1887
Bauer, F.	1862	Beiner, Wilhelm	1872
Bauer, Friedrich	1897	Beinhauer, Albert B.	1870
Bauer, John A	1859	Beitelman, Abraham	1819
Bauer, Leonhard	1864	Beitler, A. M.	1892
Bauer, L. G.	1869	Bell, Frank F.	1897
Bauer, Michael	1780	Bellem, Jos.	1888
Bauer, Rudolf F.	1894	Belsterling, Jacob	1798
Bauersachs, Joh. R.	1826	Belsterling, John C.	1847
Baum, Dr. Andreas	1796	Belz, Adam	1868
Baumann, Carl	1796	Bender, F. P.	1879
Baumann, C. M.	1867	Bender, Jacob	1791
Baumann, G. F.	1870	Benedikt, Christ.	1885
Baumann, John A.	1860	Benecke, Chas. H.	1845
Baumann, Karl	1793	Beneke, Geo. H.	1870
Baumblatt, Emil	1873	Benkert, Caspar	1863
Bayersdörfer, Harry	1900	Benkert, Geo. F.	1867
Bayersdörfer, M. M.	1865	Benkert, John	1873
Beates, Henry	1848	Benkert, Leonhard	1859
Beates, Henry Jr. Dr.	1895	Benkert, W. J.	1869
Becher, Adolph	1865	Benninghoff, Jacob	1785
Beck, Adolph	1907	Benswanger, E.	1879
Beck, Charles	1877	Bentz, Jacob	1766
Beck, Frank	1913	Bentz, Jacob	1867
Beck, Frank	1907	Bentz, Valentin	1866
Beck, James M. Hon.	1896	Bepperling, Hy.	1913
Beck, Paul	1813	Berens, Dr. Bernh.	1867
Becke, E.	1897	Berens, Dr. Jos.	1874
Beckel, Georg	1813	Bergdoll, Elise Frau	1895
Becker, Bernh.	1868	Bergdoll, Louis	1873

Boericke, Oskar	1886	Brandt, Friedr. August	1893
Boerning, H. C., Dr.	1887	Brandt, Hermann	1870
Bogen, Adam	1795	Brandt, Jacob	1874
Bogner, Peter	1889	Brant, Josiah	1868
Bohl, Gustav	1912	Braselmann, Julius	1872
Bohlen, Henry	1832	Brauer, J. Georg	1794
Bohlen, Johann	1808	Braun, C. August	1869
Bohnacker, M.	1914	Braun, Christian	1796
Bockum, Hermann	1831	Braun, Friedrich	1869
Bold, Franz	1866	Braun, Georg	1796
Boldt, Georg C.	1882	Braun, Wilhelm	1862
Bolenius, A. W.	1841	Brecher, Moritz	1874
Boller, Friederich	1795	Brecht, August	1867
Boller, Henry J	1840	Brecht, Friedrich	1866
Boller, Will.	1838	Brecht, P.	1861
Bomeisler, Louis	1824	Brecker, G. W.	1864
Bomeisler, Michael	1824	Brede, C. F.	1892
Bond, Mathilda	1899	Brehm, Franz L.	1863
Bonner, Johann	1766	Brehmer, Hugo	1877
Bonsael, Edwin H.	1895	Breidenbach, Conrad	1870
Boom, Theod.	1785	Breidenhart, Georg	1814
Borgenski, J. S.	1870	Breining, Georg	1795
Borger, Peter	1796	Breisch, Michael	1787
Borm, C.	1868	Breitbarth, Carl A.	1902
Borm, Louis	1898	Breiter, A. Robert	1845
Bormann, Ed	1860	Breitinger, J.	1868
Bormann, John Sr.	1819	Breitinger, Friedr. L.	1886
Born, Ferdinand	1872	Breitinger. Ludw.	1882
Born John H.	1865	Bremer, Adam	1793
Born, Paul	1879	Bremer, Charles	1865
Bornemann, Wilhelm	1872	Bremer, Charles	1889
Borsch, John L.	1882	Bremer, Georg W.	1862
Bornemann, Wilhelm	1872	Bremer, Jos. A.	1860
Bosch, Chs.	1869	Bremer, Ludwig	1840
Bosch, Conrad	1870	Bremer, Theodor	1879
Bosin, Theodor	1873	Breneiß, Valentin	1785
Boß, Louis	1889	Brenner, Charles	1889
Bosse, Pastor Geo. von	1906	Brennecke. Theodor	1910
Bosse, Pastor S. von	1913	Breton, Paul Caspar	1784
Boßhardt, Andreas	1765	Brieg, Jacob	1885
Bourguignon, Carl L.	1860	Briegel, Nicholas	1873
Bourguignon, Carl F.	1884	Brinkman, Dr. M.	1865
Bournonville, Dr. A. C.	1868	Brob, Ehrw. S. K.	1865
Bournonville, A.	1907	Brobst, Ehrw. S. K.	1865
Bournonville, Dr. Anthony	1838	Broeg, William	1892
Bower, Charles	1877	Brom, Carl	1901
Bower, Frank	1873	Bronstrup, Frederic	1869
Bower, John	1868	Brook, Martin	1915
Bower, W. H.	1878	Brosius, Nicholas	1765
Boyer, A. H. Dr.	1888	Brpes, Peter	1815
Boyer, Henry	1838	Broßmann, Arthur	1873
Bracher, Wilhelm	1850	Broßmann, Carl	1872
Brachet, L.	1867	Brown, Lewis	1860
Bradeis, Leopold	1865	Brown, Thomas	1844
Bräutigam, Daniel	1788	Browning, Georg G.	1875
Brandes, Dr. Theodor	1868	Bru , J. Paul	1862

Bruder, Georg	1859	Celce, Wm.	1894
Brückmann, C. F.	1869	Cettle, A. C.	1846
Brückmann, Max	1889	Chamberlin, Th.	1885
Brueggemann, Wilh.	1901	Christern, Fr. W.	1857
Brueren, Paul	1913	Christmann, Charles	1868
Bruner, David P.	1896	Chur, A. Theodor	1836
Bruns, Johann	1868	Chur, Jacob jr.	1819
Bubna, K. de	1873	Clad, Didier	1865
Buch, Balthasar M.	1869	Clages, Johann	1796
Buchhalter, G Fred.	1821	Clamer, Francis J.	1888
Buch, C. N.	1810	Claudius, A.	1811
Buchholz, Arthur E.	1918	Clampffer, Adam	1797
Buchholz, Eduard	1899	Clampffer, Wilh.	1764
Buchmann, Gottlieb	1881	Clarenbach, Louis	1880
Büchse, A.	1913	Claß, Chas.	1876
Buehl, Heinrich	1900	Clah, Geo. F.	1859
Buehle, John	1882	Clemens, J	1886
Buehler, Adolf	1914	Clod, Henry	1866
Bühler, Martin	1834	Cludius, C.	1867
Bühler, Max	1872	Clymer, John	1869
Bühler, Tobias	1819	Cohen, Bernhard	1863
Bühler, Wm.	1834	Cohen, Eleasar	1812
Bürdle, C. J.	1809	Cohen, Jacob C.	1810
Büttenklepper, Karl	1892	Cohen, S.	1875
Büttger, Oscar E.	1913	Cohen, Moritz	1872
Bulo, Carl	1796	Collins, Ed. E.	1854
Bunner, Rudolph	1764	Collins, Ed. jr.	1895
Burger, G. Albert	1894	Collitz, Herm Dr.	1888
Burger, J. A.	1863	Colmar, C. F.	1881
Burchard, Andreas	1773	Conhagen, Fred.	1911
Burchard, Samuel	1796	Conrad, Jacob	1870
Burckhardt, Geo. J.	1846	Conrad, Peter	1859
Burckhardt, Henry	1818	Cope, Charles	1835
Burkhardt, John	1877	Cope, F.	1834
Burr, Lorenz	1879	Cope, Jacob G.	1818
Burger, J. A	1863	Cope, John G.	1878
Burmeister, Dr. F. F.	1868	Cordes, Rev. A.	1888
Busch, Aug.	1863	Correa, G. A.	1853
Busch, Edward	1869	Cooc, Carl A.	1871
Buß, Edward	1874	Cramer, Heinrich	1860
Buschbeck, A.	1854	Cramp, Carl H.	1908
Bussinger, Isaac M.	1862	Creßmann, Henry	1882
Buttenwieser, M.	1871	Creutzberg, Johann A.	1863
Cadwallader, Dr. W	1887	Cromelin, Alfred	1859
Calladah, Wilhelm	1796	Cronemaher, W.	1911
Callman, Salomon	1879	Crones, William	1868
Calman, Bernhard	1870	Cruse, Christian F	1819
Cammerer, Robert	1863	Crhstler, Jacob	1764
Camp, J. Heinrich	1862	Cuertis, Anton	1880
Camp, J. H. jr	1880	Culp, Clark	1839
Cantator, L.	1855	Curiel, H. A.	1868
Carben, Theodor	1764	Daehnert, Hermann	1894
Carels, Wm.	1833	Dahl, Henry C.	1886
Carsteus, Henry	1876	Dahlem, Moritz	1868
Cassel, J K. Dr.	1888	Dahm, Alfred	1893
Cassel, Carl F.	1873	Dahm, John G.	1896
Castle, Charles B.	1891	Dannenbaum, H., Dr.	1893
Cathereh, Christian	1900	Dannenbaum, W., Dr.	1886

Dannenberg, Christian	1811	Dimmig, Chs.	1857 und	1865
Dannenberg, John Dan.	1798	Dippel, Rev. P. H.		1907
Darrach, Henry	1899	Dirck, Christian		1764
Datt, Joh. Georg	1797	Dietz, G. A.		1881
Datz, William P.	1874	Dissel, Carl F.		1882
Dauben, Ferdinand	1868	Ditmann, Heinrich		1909
Daum, Georg	1779	Dittrich, Friedrich		1881
Daum, Johann	1802	Ditrich, Georg		1886
Dahle, James B.	1894	Dittmann, Friedrich		1864
De Bergen, Dr. G.	1867	Dittrich, Chas. C.		1881
Decher, Johann	1869	Divers, Joseph		1818
Dechert, Henry M.	1873	Dizinger, Ehrw. J. C.		1867
Decius, Joh Heinrich	1869	Dobbeler, A. de		1869
Decker, Johann	1869	Doberer, G. H.		1873
Deckel, William A.	1910	Dock, Jacob		1848
Dedrick, Georg W.	1879	Döflein, Philipp		1870
Degen, Adolf	1881	Dönges, John		1905
Degenhardt, Hermann	1913	Dörr, Johann		1869
Deißler, Wm.	1867	Dörr, Ralph		1893
De la Croix, C. F.	1860	Dörr, Dr. Theodor		1877
Dell, John C.	1867	Dohrmann, Joh. Chr.		1854
Deloigne, Fred	1892	Dolgener, Conrad		1870
Demme, Dr. Carl	1894	Doll, Friedrich		1873
Demme, Ehrw. K. R.	1824	Doll, Georg		1859
Demme, Dr. Theodor	1855	Doll, Johann		1863
Dendla, Aug. H	1817	Donath, James A.		1828
Dendla Christ. Heinrich	1792	Donath, Joseph		1831
Dendla, Christian C.	1825	Dorfner, Anton		1895
Dendla, Heinrich	1797	Dorfner, John		1888
Denneler, Karl	1869	Dormitzer, Moritz		1864
Dennehr, Carl jr.	1900	Dornbusch, Albert		1901
Dercum, Ernst	1874	Dorneck, Heinrich P.		1794
Dercum, Ernst jr.	1896	Dornemann, Heinrich		1869
Dercum, Franz X., Dr.	1887	Dornhofer, Hans		1913
Dercum, H	1863	Dorschheimer, H. M.		1874
Deringer, Johann	1873	Dotger, Andrew J.		1872
Deschong, Christian	1786	Dowig, Georg		1779
Detreux, Heinrich	1873	Draiß, Daniel		1775
Devennh, Chas. D.	1836	Draiß, Peter		1775
Dewees, Dr. Wm. P.	1810	Dreer, Edwin P.		1897
Deuble, Friedrich	1905	Dreer, Ferdin. J.		1854
Deutsch, Ehrw. Dr.	1858	Dreer, Wm. F.		1873
Dehle, Friedrich	1872	Drehmann, Joh.		1875
Dick, Peter	1765	Driwes, Wm. F.		1881
Dick, Philipp	1797	Dremel, Charles		1873
Died, Hermann	1867	Dreßler, F. J.		1847
Diehl, Nicolas	1797	Drebes, Fred.		1840
Diel, Mathias	1892	Drexel, Anth. J.		1851
Diel, Peter	1792	Drexel, Anthony J. jr.		1888
Diemling, Franz Christ.	1793	Drexel, Francis A.		1866
Diese, Dr. Ernst	1894	Drexel, Francis M.		1822
Diesinger, Franz Jos.	1872	Drexel, Jos. W.		1866
Diesinger, A.	1865	Drexel, John R.		1888
Dietmann, Hh.	1909	Dreydoppel, Wm.		1879
Dietrich, Daniel F.	1874	Drollmann, Heinrich		1796
Dill, Philipp Heinrich	1791	Dubo, John A.		1900
Dillmann, Francis J.	1894	Dubs, Martin		1809
		Dubois, Joh. Jos.		1794

Name	Year	Name	Year
Dürr, Carl	1871	Eichholz, M.	1875
Dufour, Geo.	1846	Eichholz, Simon	1867
Duhring, Andrew	1881	Eichhorn, N.	1902
Dundooe, Franklin	1877	Eichhoff, Louis	1877
Duhring, Caspar H.	1889	Eick, Friedr	1906
Duhring, Dr. Geo.	1837	Einhart, John	1900
Dull, Charles	1883	Einfehn, Christ.	1894
Dutt, Friedrich	1881	Eisele, Christ.	1874
Dur, S. M.	1854	Eisele, Gottlieb	1879
Duhring, Henry	1819	Eisenbrown, N.	1906
Duringer, Henry	1833	Eisenbrey, Peter	1802
Du Solle, John S.	1847	Eisenhart, Jacob	1867
Ebeling, Geo W.	1906	Eisenhauer A. J.	1896
Ebeling, F. W.	1901	Eisenlohr, Aug. C.	1894
Eberhardt, J. C.	1864	Eisenlohr, Charl. J.	1894
Eberhardt, Joh	1790	Eisenlohr, Louis H.	1894
Eberle, Carl	1813	Eisenlohr, Wm.	1863
Ebert, Carl	1903	Eisemann, H. B.	1885
Ebert, Joh.	1865	Eitel, Joseph	1870
Ebert, Joseph	1792	Eitel, Louis	1875
Eberts, Joseph	1803	Eitle, Gottlieb	1912
Eberwein, F.	1908	Eckardt, Friedr.	1898
Ebinger, S.	1880	Elbert, Henry J.	1914
Eble, Max	1869	Elfeld, Sigmund	1907
Eckardt, N.	1905	Ellenbogen, Abraham	1867
Eckert, Adam	1764	Ellenbogen, Elias	1869
Eckert, Joh.	1862	Elling, Wilhelm	1796
Eckert, Valentin	1877	Ellis, Joseph D.	1865
Eckfeld, Adam	1796	Ellerman, Samuel	1866
Eckfeld, Jacob	1776	Ellinger, Dr. G.	1871
Eckhard, Joh.	1852	Elsenhans, L. F.	1889
Eckstein, Friedrich	1916	Elser, John	1894
Ecke, Johann	1791	Eltzbacher, Simon	1871
Edelheim, Carl	1879	Elwert, C. F.	1866
Ebenborn, Jacob	1798	Elwert, D. M.	1883
Edward, Andr	1880	Elwert, Max B.	1905
Egenhafer, Georg	1863	Emerich, Balthasar	1794
Egert, Georg	1791	Emerid, Peter K	1839
Eggeling, H.	1860	Enax, Dr. Joh. Gottfr.	1765
Egner, Charles	1835	Enders, Jacob	1893
Egner, Heinrich	1778	Endres, Zacharias	1774
Egner, Joh.	1778	Endreß, Christian	1794
Egolf, August L.	1894	Endriß, Georg	1870
Ehebald, Julius	1881	Endriß, Georg jr.	1895
Ehinger, Julius	1881	Engel, Carl	1869
Ehlers, John	1818	Engel, Dr. H.	1867
Ehlers, Peter	1875	Engel, Leon	1904
Ehlers, Peter jr.	1900	Engel, Theob. C.	1863
Ehrenpfort, C. F.	1866	Engelhardt, W	1865
Ehrenpfort, G. F.	1883	Engelke, Ludwig	1867
Ehrenzeller, Georg	1816	Engelkraut, Conrad	1872
Ehringhaus, Adolph	1800	Engler, C. E.	1895
Ehrlich, Franz	1870	Engler, Paul	1906
Ehrlich, Franz, Jr.	1901	Englhofer, Th.	1860
Ehrlicher, J. Heinrich	1860	Enfer, Georg	1873
Ehrmann, Heinrich	1887	Entenmann, Wm.	1868
Ehrismann, Ad. B.	1902	Epner, Gustav	1868

Flüß, T.	1871	Freyer, H. L.	1866
Föhl, John G.	1871	Freytag, Godfrey	1837
Föller, Georg	1877	Freytag, Wm.	1887
Förderer, Eduard	1881	Frid, Chr L.	1859
Fohmann, F.	1870	Frid, Gotthardt	1872
Fontain, Wilh.	1852	Frid, Louis	1885
Forbach, Georg (Forepaugh)	1775	Frid, Wilhelm	1860
Forbach, Georg	1792	Fride, Dr. Albert	1846
Forbach, Friedr.	1807	Fride, Aug.	1799
Fordner, Hermann	1874	Fride, Heinrich	1876
Forst, John K. Dr.	1900	Fride, H. W.	1914
Forster, Adolf	1862	Friebele, Urban	1765
Forster, Ferdinand	1876	Friebes, Georg	1876
Forster, Friedrich	1900	Friedel, Valentin	1887
Forster, Wm. H.	1897	Friedgen, Friedrich	1887
Foud, David	1887	Friedländer, Robert	1867
Fox, Carl	1905	Friedlein, Joh. N. A.	1802
Fox, Daniel M.	1860	Friedmann, Max	1886
Fox, George	1825	Friedrich, Geo	1906
Fox, John	1843	Friend, Albert M.	1899
Fox, Henry C.	1864	Fries, Edgar	1900
Fox, John M.	1829	Frischmuth, Daniel	1785
Fox, Michael	1818	Frischmuth, Wilhelm	1881
Fox, Samuel	1818	Fritsch, Heinrich	1868
Fox, Wm. L.	1837	Fritz, Emil	1916
Frankel, Louis	1868	Fritz, Horace	1870
Fraley, Friederich	1791	Fritz, Jacob	1830
Fraley, John U.	1813	Fritz, Johann	1765
Frank, August	1897	Fritz, Peter	1797
Frank, Gottlieb	1868	Fritz, Peter	1827
Frank, Henry	1844	Fritz, M.	1877
Frank, Jacob	1773	Froehlig, N.	1877
Frank Jacob	1865	Frohmann, August	1863
Frank, Prof. L. G.	1861	Frohmann, Eduard	1881
Frank, M.	1864	Frohsinn, Louis	1867
Frank, Philipp	1872	Fromberger, Johann	1792
Frank, Salomo	1868	Fromhagen, Julius	1899
Franke, Heinrich (Lancaster)	1873	Frost, Rembold	1916
Frankel, N.	1865	Frost, W. Milton	1906
Frankenhoff, Carl	1872	Frotscher, Oskar	1900
Frankfurt, Johann	1797	Früh, Dr. Carl	1901
Frankfurter, Martin	1898	Fry, S. Groß	1870
Franksen, Aug. Dr.	1888	Fryer, H. L.	1866
Fransiz, David	1871	Fuchs, Carl	1869
Franssen, E.	1862	Fuchs, Georg	1798
Franz, Heinrich	1877	Fuchs, Karl	1901
Fraser, Persifer	1877	Fuchs, A. F.	1884
Frawley, H. D. Edw.	1892	Fuchsluger, Ludwig	1884
Freese, Carl Dr.	1899	Fürst Moritz	1813
Freihofer, Carl	1897	Fürstenberg, David	1864
Freihofer, Wm	1895	Fuller, Wilhelm M.	1864
Freitag, Robert J.	1909	Funk, Chas. W.	1855
Frust, Henry C.	1879	Funk, Francis	1858
Freschel, Geo.	1895	Funk, Frank A.	1876
Freschie, A. M.	1869	Funk, Joh. W.	1875
Freund, Joh.	1791	Furneß, Hor. H.	1868
Freund, Heinrich Dr.	1882	Furt, Frank jr.	1881
		Fygner, Andr.	1767

Gaab, Georg Adam	1764		Gerne, Christian	1869
Gädler, Friedrich	1892		Gerlach, Dr. Rich.	1908
Gärtner, Carl	1863		Gerlach, R. F.	1898
Gärtner, Heinrich	1870		Gerney, Johann	1860
Gaibas, J. P.	1906		Gerth, Hermann	1866
Gaissenbainer, Ehrw. A. T.	1871		Gette Wm.	1888
Gall, Johann	1869		Getz, Franz	1907
Gans, J.	1860		Geuer, Anton	1869
Gans, Meyer	1859		Geyer, Andreas	1775
Ganzel, Adolph	1874		Geyer, Andreas	1789
Gardeicke, Carl	1875		Geyer, Andreas, jr.	1796
Garson, A. R.	1882		Geyer, Caspar	1764
Gartzle, C. R.	1901		Geyer, G A.	1910
Gastel, Carl E.	1870		Geyer, Johannes	1776
Gattmann, M.	1897		Geyer, Johann	1802
Gaul, Friederich	1807		Geyer, Simon	1808
Gaul, Fried.	1833		Gidean, A.	1868
Gaul, Martin	1793		Giesel Georg	1914
Gaumer, Heinrich	1778		Gießler, C. A.	1881
Gaumer, Matth.	1778		Gillardon, J. H.	1891
Gautz, Jacob S	1835		Gilpert, Wm J.	1859
Gebauer, H.	1868		Gilmann, Ed. J.	1898
Gebhard, Friedrich	1808		Gillmet, Jacob	1902
Gebhard, Dr. Louis P.	1818		Gimbel, Benedict	1900
Gehring, Heinrich	1865		Gimbel, Carl	1901
Gehrung, Charles	1895		Gimbel, Daniel	1900
Geiger, Fred. J.	1894		Ginal, Heinrich	1868
Geiger, Heinrich	1778		Gingenbach, Heinrich	1872
Geiger, Jacob	1775		Gladfelter, Rob. Dr.	1897
Geiger, Josef	1905		Gläfer, John L.	1817
Genninger, Emil	1905		Glaß, Adam J.	1863
Genzel, Friedrich	1901		Glaß, Franz	1863
Geipel, Friedrich	1881		Gleim, G. W.	1894
Geisheimer, Friedrich	1877		Glentworth, James	1835
Geiß, Heinrich	1861		Gluck, G. J	1897
Geiß, Wilhelm	1784		Godsho, Albert	1913
Geisse, George W.	1821		Goebbels, L. G.	1910
Geisse, Hermann C.	1869		Goebel, Aug. J. C.	1894
Geisse, Lewis	1829		Goebel, Georg	1860
Geisse, Phil.	1812		Goebel, Gustav	1885
Geisse, Wm.	1822		Göbler, Gottfried	1791
Geissel, August	1884		Göhmann, Carl	1860
Geißler, Karl J.	1916		Göhring, Johann	1873
Gelbach, Georg	1872		Göte, Georg	1866
Gelzer, Peter	1871		Gönner, Michael	1782
Gelzer, Wilhelm	1875		Göntz, Gust. Fried.	1798
Gemrig, Jacob H.	1859		Goepp, Charles	1852
Genth, Friederich	1807		Gößling, C. J	1871
Genth, Dr. F. A.	1864		Goetz, Frank	1911
Gentner, Fried.	1838		Goetz, Joh. R.	1796
Gentzsch, Aug.	1868		Goetz, Louis jr.	1900
Gerdan, Hermann	1900		Goerlach, Daniel	1887
Gerhard, Benjamin	1832		Goldbeck, Heinrich L.	1864
Gerhard, Conrad	1913		Goldbeck, Joh. H.	1870
Gerhard, Dr Wm.	1830		Goldmann, Markus	1860
Gerker, Henry	1852		Goldschmidt, Theo G.	1885
Gerlach, Gustav	1865		Goldsmit , A.	1867

Goldſmith, Levy	1870	Grimm, Louis B.	1867
Goldſtein, Jacob	1870	Grimm, Ludwig	1893
Goll, J. Fried.	1865	Grindale, Caſpar	1764
Goodman, Charles	1823	Griſelli, Louis	1867
Goodman, James	1844	Grobel, Ewald	1913
Goodman, James	1875	Gröbe, Wilhelm	1877
Goodman, John R.	1818	Gröling, C. Wm.	1903
Goodman, Samuel B.	1870	Groff, Anton	1764
Goodmann, J.	1906	Gropengießer, John L.	1863
Goos, Louis	1900	Grosholz, Heinrich	1867
Goſewiſch, Wilh.	1897	Grosholz, Leopold	1866
Goßler, J.	1828	Groß, Chriſtian	1868
Gottlieb, Fred.	1863	Groß, Dr. F. H.	1867
Gottlieb, Henry	1863	Groß, Gottfried	1869•
Gottſchalkſon, Solomon	1796	Groß, L.	1886
Gräffenſtein, Peter	1793	Groß, Louis	1872
Gräfflein, Chriſtoph	1764	Groß, Peter	1869
Grämer, Carl	1859	Großmann, Carl	1866
Graf, Wm. B.	1914	Groth, Auguſt M.	1900
Graff, Carl	1809	Grotjan, Peter A	1809
Graff, Caſpar	1764	Groß, L.	1901
Graff, Chriſtoph	1831	Groves, Daniel	1807
Graff, Emil	1886	Grube, Wm. C.	1870
Graff, Heinrich	1796	Gruber, Jacob	1866
Graff, Jacob	1832	Gruber, Joſef	1888
Graff, Joh.	1796	Grübell, Johann	1784
Grahn, Ehrw. Hugo	1869	Grübnau, Carl	1880
Gramm, Ehrw. G. E.	1866	Gruel, Dr. L.	1865
Granebaum, Joh.	1909	Gruel, Dr. Theod.	1868
Graut, Adolph	1900	Gruenbaum, Hermann	1883
Graßmück, Henry	1894	Grumbrecht, Philipp	1867
Graß, Georg	1790	Gründner, Max	1895
Graß, Hyman	1808	Gruner, Philipp	1863
Graß, Jacob	1825	Grupp, Otto	1914
Graß, R. H.	1859	Gudes, Phil.	1869
Graß, Simon	1808	Günther, Carl M.	1897
Graß, Simon	1894	Günther, Emil	1895
Gravenſtein, Joh.	1796	Günther, Joh. Heinr.	1795
Gravenſtein, Joh R.	1817	Günther, Julius	1897
Grebe, Joh. Fried.	1795	Günther, Richard	1901
Greene, C. W. C.	1868	Gütter, Julius	1913
Greenhaus, M. C.	1908	Guggenheimer, Iſ.	1869
Greiner, J. F.	1868	Gumpert, Guſtav	1868
Greiner, Johann	1796	Gumpper, Albert L.	1874
Greiner, Ludwig	1870	Gundelach, Chs. H.	1817
Gremſe, Chriſt.	1869	Gußmann, C. F.	1869
Greinner, Joſ. R.	1877	Gutekunſt, Fr., jr.	1870
Greß, Georg	1913	Gutekunſt, Louis	1868
Greyer, Wm. A.	1900	Guthmann, Louis L.	1869
Grieb, John A.	1895	Guthoff, Carl F.	1868
Griel, Wilhelmine	1894	Gutman, Johann	1791
Griepenkerl, Wilhelm	1878	Gwinner, Chriſtian	1914
Griesniger, Wm.	1863	Gwinner, Heinr. B.	1869
Grieß, Frank J.	1894	Haac, Felix	1912
Grill, Karl	1865	Haad, G. A.	1915
Grimm, Wilhelm	1861	Haas, A. F.	1867
Grimm, J. D.	1868	Haas, Conrad	1781
Grimm, Joſeph	1854	Haas, Frank J.	1869

Haas, Johann N.	1872	Halstead, John A.	1895
Haas, John	1834	Haltermann, Friedr.	1863
Haas, John C.	1865	Hamberger, Wm. F.	1867
Haas, Louis	1879	Hammer, Gottlob	1900
Haas, Philipp de	1765	Hammer, Ludwig	1793
Haas, Richard	1872	Hanauer, Simon W.	1874
Haas, Salom. L.	1867	Handschuh, Heinrich	1779
Habacker, Philipp	1807	Hanel, Theodor	1864
Habermeier, Balthasar	1863	Hanifen, John E.	1894
Hack, Michael	1804	Hanline, Alfred	1868
Hackel, Daniel	1872	Hano, S.	1867
Hacker, Leonhardt	1793	Hanold, Johann	1866
Hädrich, Henry G.	1878	Hanse (Hanß), Conrad	1796
Hägner, Friederich	1764	Hanse, Ruben	1860
Hähnlen, Jacob	1859	Hantzsch, Rudolf	1895
Hähnlen, Louis	1855	Happel, Georg	1794
Hänchen, T. E.	1867	Happich, Ernst	1894
Händel, Adam	1793	Hardenberg, Herm.	1894
Hänsch, Leo	1880	Hardenberg, Rev. J. B.	1838
Härtrich, Friedrich	1869	Hardock, Benjamin	1864
Häußer, Henry	1900	Harjes, Fried. H. 1860 und	1867
Häußermann, L. G.	1900	Harjes, Joh. H.	1855
Hafner, Georg	1791	Harjes, Fr. H.	1886
Hafner, Phil.	1787	Harjes, Fr. H. jr.	1908
Hafner, Friedrich	1868	Harmes, Jacob Nicol.	1808
Hafner, Jacob	1790	Harnisch, Julius	1870
Hagedorn, Alwin	1871	Hart, Abraham	1852
Hagedorn, C. F.	1831	Hart, J.	1863
Hagedorn, John G.	1885	Hartel, Andrew	1869
Hagedorn, John J.	1897	Hartel, Charles	1898
Hageman, Johann N.	1784	Hartel, Josef	1878
Hagemann, Jacob	1869	Hartmann, J. P.	1863
Hagen, Claus von	1895	Hartmann, Philipp	1811
Hagmeyer, Ferd.	1867	Hartmann, Stephan	1888
Hagner, Philipp	1804	Hartung, Albin H.	1892
Hahn, Charles	1879	Hartung, Adolph	1906
Hahn, Christian	1791	Hartung, Gottlieb	1863
Hahn Christ.	1835	Hartung, Hermann	1869
Hahn, Fr. H.	1888	Hartwig, Friedrich	1808
Hahn, Georg	1798	Hasenclever, Franz Caspar	1771
Hahn, J. F.	1868	Hasenfus, Friedrich	1869
Hahn, John H.	1912	Hasenfus, Wm. H.	1869
Hahn, Justus	1872	Hassenforder, C.	1868
Hahn, Otto	1911	Hassinger, David S	1819
Hahn, Peter	1821	Hassinger, Jonathan K.	1819
Hahn, Rudolph E.	1915	Haßler, Simon	1863
Hahne, Heinr	1884	Hassold, Friedrich	1863
Haibach, Philipp	1894	Hatfield, Dr. N. L.	1847
Hailer, Friederich	1779	Hauck, Johannes	1782
Hailer, David	1791	Haug, August	1873
Haimbach, Philipp	1863	Haug, Johannes	1874
Haisch, Christ.	1877	Haug, G. A	1915
Haist, Richard	1873	Haug, John	1895
Halbach, Arnold	1816	Haug, Theodor	1883
Halbach, Georg	1828	Hauger, Wm. S.	1894
Halbach, Joh. Franz	1796	Haugg, Ludwig	1862
Hall, Philipp	1766	Haupt, Hermann	1870

Haupt, Jacob	1809	Helden van Hedrian	1900
Hausmann, Carl	1865	Helfenstein, Albert	1780
Hausmann, Peter	1870	Helfenstein, E.	1837
Haußer, Adolph	1913	Helfenstein Ehrw. Samuel	1799
Haußmann, C. J.	1915	Helff, Godfrey	1879
Haußmann, F. W.	1911	Hellbling, John	1891
Haußmann, Geo.	1905	Heller, Adolph	1863
Haußmann, Otto	1905	Heller, Hermann	1867
Haußmann, Wm. A. H.	1905	Heller, Hermann, Dr.	1908
Haverstick, Wm.	1818	Hellmich, Max	1878
Hay, Johann	1792	Hellner, Magnus	1897
Hay, Michael	1879	Hellwege A. Rev.	1905
Hecht, Georg	1884	Hellwig, Albert	1883
Hecht, Samuel	1868	Helmbold, Georg	1780
Heck, Julius	1869	Helmbold, Georg, jr.	1800
Heck, Joseph Rev.	1889	Helmold, Louis V.	1869
Hecksch, Alfred	1897	Helmuth, Ehrw. J Heinr. Ch.	1779
Heermann, Fred.	1895	Helmuth, Heinrich R	1792
Heermann, John	1835	Helmuth, Dr. Wm. S.	1828
Hees, Johann Georg	1886	Helwig, Wilhelm	1866
Heid, Capt Johann	1798	Hemberger, W. F.	1867
Heidel, Friedrich	1885	Hendel, Ehrw. Joh. Wilhelm	1794
Heidler, Hugo	1883	Hendricks, Isaac	1816
Heil, Joh. B.	1872	Hengen, Daniel	1888
Heilbronn, Alexander	1885	Henis, John W.	1888
Heim, Carl Anton	1796	Henkel, Paul	1900
Heim, Christian	1895	Henly, David	1868
Heimberger, Dr. Fried.	1785	Henly, Leopold	1868
Heimberger, Richard	1807	Henn, Georg	1870
Hein, Julius	1859	Hennig, Rudolph	1871
Hein, Max	1863	Henschen, E.	1839
Heinemann, Carl	1864	Hentzel, Georg F.	1896
Heinemann, Georg A.	1868	Heppe, Florence J.	1897
Heinemann, Georg	1900	Heppe, C. Julius	1869
Heinemann, L. G.	1899	Heppe, P. H.	1861
Heinemann, L. G.	1859	Heppe, Philipp	1874
Heinemann, Otto W.	1902	Herbert, Carl	1867
Heinicke, Georg	1900	Herbert, John Jacob	1863
Heinicke, Joh H. Christian	1783	Herbert, Lorenz	1779
Heininger, W. F.	1873	Herbert, Lorenz	1844
Heinold, Joh. M.	1869	Herberg, J. Friedrich	1900
Heins, Adam	1798	Herbst, Albert	1905
Heins, Andreas	1797	Herbst, Carl	1892
Heins, Heinrich Andreas	1795	Herbst, Charles	1867
Heins, Hermann	1858	Herder, Charles	1877
Heins, Theodor	1862	Herder, Joh. Gottfried	1816
Heins, Wm. F.	1848	Hergesoll, Fritz von	1913
Heintzelmann, Gustav	1911	Hering, Dr Constantin	1834
Heintzelmann, Jos. A.	1861	Hering, Fritz	1898
Heintzelmann, J. A. jr.	1911	Hering, Rudolf	1873
Heintzelmann, Samuel	1830	Hering, W. E.	1879
Heinze, Hermann	1873	Herline, Edward	1860
Heinze, Louis G.	1897	Herman, Friedrich	1792
Heister, Dr. Isaak	1811	Herman, Heinrich	1845
Helbron, Ehrw. Joh. Carl	1791	Hermann, Charles sr.	1873
Helbron, Peter	1796	Hermann, Ernest W.	1883
Held Christian	1894	Hermann, M	1907
Held, Hermann	1912	Hermanns, Alfred	1912

Hermanns, Alexander	1894	Hildebrand, Christ	1902
Hermanns Carl	1862	Hildebrand, G. A.	1909
Herold, Chr. P.	1881	Hildebrand,, Phil.	1885
Herold, Jakob	1870	Hildebrandt, Th.	1891
Herrlein, Gust.	1879	Hilberich, Phil.	1868
Herrmann, Carl	1883	Hilgenberg, H.	1877
Herrmann, Theobald	1868	Hilger, L.	1817
Hertel, Paul	1905	Hilgert, Peter	1877
Hertling, Georg	1873	Hillebrand, Louis	1868
Hertzog, Alfred Edw.	1894	Hillemann, Louis	1898
Hertzog, Franz C. F.	1882	Hiller, Fritz von Gäririn-	
Hertzog, Julius H.	1898	gen, Baron	1914
Hertzog, Johann B.	1865	Hiltermann, Ernst O.	1888
Herwig, Emil	1860	Hiltzheimer,, Jacob	1765
Herzberg, Abraham	1885	Himmelein, John	1886
Herzberg, G.	1862	Himmelsbach, Johann F.	1871
Herzberg, Herz	1885	Himmelsbach, Johann	1884
Herzberg, J.	1868	Himmelwright, C. S.	1868
Herzger, Wilhelm	1870	Hinckel, Johannes	1779
Herzig. Louis	1886	Hinkeldey, Wilhelm, Rev.	1918
Herzog, Georg	1874	Hirsch, Charles	1885
Heß, Christ.	1899	Hirsch, Johann	1878
Heß, Georg	1877	Hirsch, John	1880
Heß, G.	1882	Hirsch. Leon	1872
Heß, Jacob	1879	Hirsch, Leopold	1868
Heß, J.	1822	Hirsch, M. C.	1870
Heß, John	1855	Hirsch, Mason	1868
Heß, John J.	1840	Hirsch, Dr. Samuel	1867
Hessen, Johann	1873	Hirsch. Simon	1879
Hessenbruch, Hermann	1896	Hirschberg, H.	1867
Hessenbruch, Th.	1808	Hirschfeld, Jul. J	1899
Heßhausen, Franz Jac.	1785	Hitner, Georg jr.	1104
Hester, Conrad	1779	Hochgesang, J	1868
Heußner, Carl	1858	Hochheimer, Simon	1877
Hexamer, Charles	1888	Hochstädter, Ad. F.	1809
Hexamer, C. J.	1884	Hochstädter, Joh. Dav.	1798
Hexamer, Ernst	1862	Höchner, Joh. Jacob	1794
Hexamer, Wm. C.	1900	Höfler, Thom.	1869
Hey, John M jr.	1900	Höhling, Adolph A.	1868
Heyberger, Jacob	1805	Höltzel, Johann	1784
Heydel, Georg	1775	Hönes, Philipp	1863
Heyer, Fred.	1858	Höpfner, Christ.	1869
Heyl, Georg jr.	1809	Hörsch, Gottlieb	1888
Heyl, Hermann	1899	Hofer, A C. Rev.	1895
Heyl, Johann	1782	Hofer, Friederich	1864
Heyl, Philipp	1768	Hoffbauer, Gust.	1854
Heyl, Wilhelm	1809	Hoffmann, Adam	1889
Heyl, Wm. M.	1848	Hoffmann, Charles G.	1879
Heyler, Friederich	1765	Hoffmann, Jacob	1864
Heymann, Leo	1896	Hoffmann, Jacob	1888
Heymann, Samuel	1898	Hofmann, J. W.	1869
Hieronymus, Carl	1855	Hoffmann, Heinrich	1915
Hiester, Daniel, General	1781	Hoffmann, J. S.	1860
Hietebrand, Emil	1884	Hoffmann, Joh. Wilhelm	1764
Hietel, Joh. W.	1865	Hoffmann, Louis M.	1873
Hietel, Julius	1863	Hoffmann, X.	1899
Hihn, John G.	1888	Hofmann, Wm. F.	1894

Hofheinz, A. R.	1916	Hübner, Prof.	1916
Hoh, J. P. Rev.	1903	Hügel, Adolph	1860
Hohenadel, Johann	1873	Hülsemann, W H.	1860
Hohenadel, John	1898	Hülsemann, Joh.	1860
Hohenfels, Hugo von	1905	Hüttenbrand, R.	1865
Hohl, A.	1878	Hüttner, A.	1862
Hohl, Philipp	1862	Hummel Louis	1892
Hohn, Wilhelm	1911	Hummel, J. Matth.	1860
Hohnes, Howard	1900	Hums, C. A.	1868
Holl, Edmund	1897	Huncker, John	1868
Holstein, Gustav	1875	Hundertpfund, Ferd. F.	1870
Hollkomb, Georg H.	1904	Hutt, Louis	1913
Holly, A. F.	1888	Hutter, R	1877
Holstein, Otto	1868	Ibach, Franklin	1907
Holzhausen, Georg	1895	Ickler, Johann	· 1873
Holthausen, H.	1857	Ickler, J.	1867
Holl, Sebastian	1869	Ide, Johann Heinrich	1805
Holm, Wilhelm	1912	Immel, Jacob	1805
Holzbecher, F. H.	1799	Immendörfer, Christ.	1834
Holweg, Peter	1870	Ingersoll, Charles Edw.	1894
Holzherr, Charles	1881	Ingersoll, J.	1843
Hommann, Christoph	1802	Ischner, Werner	1864
Hongler, A.	1868	Jacob, Friedrich	1894
Honig, Georg	1793 ·	Jacob, Joseph	1886
Hood, Johann P.	1801	Jacobsen, Nicolaus Gottfried	
Hope, Leffmann	1879	Christian	1876
Horlacher, Friedrich	1869	Jacobus, P. H.	1864
Horle, Frederick	1912	Jacoby, Edward	1869
Horn, Hermann	1895	Jacoby, Leonhard	1783
Horn, Hermann jr.	1913	Jacoby, Louis	1772
Horn, Henry J.	1846	Jäger, John	1845
Horn, Mich.	1868	Jäger, W. L.	1865
Horn, John	1833	Jagode, Paul	1863
Horne, Carl	1884	Jahle, Heinrich	1875
Horner, Jos.	1916	Jahn, Albrecht	1894
Hornung, Heinrich	1868	Jahn, Alfred	1897
Horr, Adam J.	1868	Jahn Gottfried	1894
Horsch, Charles	1900	Jahn, Franz	· 1803
Hossewitz, Julius von	1876	Zander, A. J.	1872
Horstmann, F. O.	1866	Janentzky, Carl	1865
Horstmann, Fr.	1860	Jansen, Dr Wm.	1863
Horstmann, Fr.	1860	Jantzen, Simon Chr.	1877
Horstmann, Siegm. H.	1850	Jastrow, Dr. Markus	1866
Horstmann, W. H.	1820	Jaquet, Frank A.	1908
Horstmann, Wm. F.	1850	Jeckel, Adolph	1894
Host, Philipp	1869	Jessen, Dr. Carl D.	1905
Hotz, Martin	1868	Jocher, Johann C.	1866
Hoyer, Charles	1878	Jocher, John C. jr.	1895
Hubele, Adam Jr.	1775	Joder, Karl	1893
Huber, Th. F	1881	Jöbjes, Ed.	1869
Huber, Fr. A.	1835	Joerger, Anton L.	1901
Huber, Gottfried F.	1835	Jörger, Erhard	1864
Huber, James S.	1818	John, Fred. L	1843
Hubley, Jacob	1841	John, F. L.	1873
Hublitz, Heinrich	1889	Johnsen, Waldemar	1871
Huch, C. F.	1866	Johnson, Wm. A.	1906
Hübner, Ernst	1862	Joly, Carl	1870
Hübner, Joh. Christ.	1794	Jones, Charles T.	1837

Keßler, Friedrich	1798	Klein, Isaac	1771
Keßler, Geo.	1895	Klein, Philipp J.	1872
Keßler, John	1900	Kleinert, Carl	1874
Keßler, Johann	1796	Kleinheinz, Wm.	1912
Keßler, Johann, jr.	1859	Kleintz, Christ.	1869
Keßler, Otto	1911	Kleintz, Henry	1863
Ketterlinus, Ab.	1860	Klemm, Adam Dr.	1895
Ketterlinus, E.	1859	Klemm, Carl	1866
Ketterlinus, J. L.	1877	Klemm, F. Aug.	1838
Ketterlinus, Paul	1868	Klemm, Felix	1863
Kettner, Eduard	1862	Klemm, John G.	1824
Keucher, Otto E.	1906	Klemmer, Joseph H.	1895
Keyser, Carl	1802	Klett, Frederick	1838
Keyser, John C.	1826	Kling, Johann L.	1802
Keyser, Peter A.	1847	Klinges, Peter J.	1885
Keyser, P. D.	1876	Klohr, Heinrich	1873
Kiderlen, W. L. J.	1837	Klopfer, Christian	1878
Kiefer, Christian F. 1850 u.	1868	Klopp, Peter Paul Dr.	1909
Kieffer, Eugen von	1870	Knabenberger, Georg	1778
Kieffer, Georg	1772	Knapp, Adam	1862
Kientzle, Alexander	1861	Knapp, J. C.	1871
Kienzle, Fried.	1854	Knapp, Eduard	1898
Kieper, Gustav Adolph	1861	Kneaß, Christian	1887
Kiesewetter, August	1868	Kneaß, Horn R.	1844
Kille, John T.	1867	Kneaß, Horn R.	1874
Kimmel, Dr. S.	1894	Knecht, Gabriel G.	1868
Kimmel, J. M.	1897	Kneipp, Philipp	1868
Kind, Samuel	1871	Kneer, Calvin, Dr.	1906
Kinike, Albert	1878	Kneer, Georg	1764
Kinike, Josef	1864	Knobelich, John	1877
Kinsey, John L.	1889	Knittel, Charles	1889
Kintzing, Benjamin H.	1817	Knobloch, Johann	1859
Kintzinger, Georg	1795	Knodel, Jacob	1905
Kipper, Wilhelm	1875	Knörr, Carl	1780
Kippler, Carl	1906	Knorr, Friedrich Hayes	1908
Kirberg, Ernst	1864	Knorr, Frederick	1836
Kirberg, Hermann	1864	Knorr, F. E.	1865
Kirchem, Jacob	1877	Knorr, Georg	1795
Kirchner, G. A.	1885	Knorr, Georg F.	1870
Kirchner, Paul	1894	Knowles, W. E.	1879
Kirschbaum, Bruno	1903	Knüppel, Arthur H.	1906
Kissermann, Friedr.	1796	Koch, Andreas	1869
Kitsee, Dr. Isidor	1909	Koch, Dr Aug. W.	1856
Kitt, Salomon	1784	Koch, Chas. Fr.	1869
Kitz, Georg	1792	Koch, Christoph	1901
Kitz, Michael	1791	Koch, Georg	1807
Klagholz, A.	1914	Koch, Hermann E.	1894
Klages, Friedrich	1868	Koch, Heinrich	1868
Klapp, Johann	1795	Koch, H. T.	1875
Klapp, Peter P.	1910	Koch, Jacob Gerard	1814
Klapproth, Albert	1903	Koch, John	1869
Klauder, Jacob	1865	Koch, Justus	1869
Klausse, Heinrich	1792	Koch, Ludwig	1860
Klee, Eugen	1894	Koch, Louis F.	1894
Kleeberg, C. W.	1859	Koch, Louis	1899
Klein, Christian	1833	Koch, Max	1913
Klein, David	1867	Köder, Leonard	1817
Klein, H. W.	1872	Köhl, G. Jacob	1867

Köhler, Christian	1893	Krause, G.	1859
Köhler, Geo. F.	1867	Krause, Louis	1897
Köhler, J. G.	1864	Krause, Otto	1894
Köhler, Dr. K.	1894	Krause, Wm.	1901
Köhler, F. W.	1912	Krauskopf, W.	1869
Köhler, O.	1867	Krauß, Daniel	1862
Köhn, C. F.	1867	Krauß, Wilhelm	1900
Köhne, Friederich	1817	Krauth, Carl	1882
Kölle, Rudolph	1892	Krauth, Carl Jacob	1799
Kölle, William	1888	Krauth, Ehrw. Chs. P.	1829
Kömmenich, Louis	1904	Krauth, Ehrw. C. P.	1860
Könemann, H. D.	1869	Krebs, Georg	1792
König, Dr. G.	1876	Krebs, Wilhelm	1862
König, Walter F. Dr.	1895	Kreider, Friederich	1794
König, W. M.	1893	Kreider, Wilhelm	1797
Königmacher, Adam	1815	Kreidenmeyer, J.	1864
Königsberg, Jos.	1869	Krell, Erich	1908
Koßte, Heinrich	1865	Krenzler, Theo.	1875
Kohlenberg, G.	1913	Krepp, Fr.	1895
Kohlenkamp, Rich.	1836	Kreß, Johann	1796
Kohler, Albert L.	1887	Kreß, Peter	1775
Kohler, Balthasar	1872	Kretschmann, Bernhard	1862
Kohler, Ignaz	1859	Kretschmar, C. W.	1895
Kohler, Jacob	1863	Kretschmar, Fred.	1883
Kohler, John B.	1847	Kretschmann, G. E.	1877
Kohlhaas, Peter	1865	Kretzmar, Ernst	1863
Kohn, A. M.	1900	Kreuder, Martin	1767
Kohn, Aug. Heinrich	1796	Krimmel, Geo. F.	1813
Kohn, David	1878	Krische, Aug.	1858
Kohn, Isaac	1863	Kreymberg, J. B.	1821
Kohn, Israel	1859	Kröh, Carl	1862
Kohn, Simon	1880	Kroll, Gottlieb	1870
Kohnle, Wm.	1914	Kronberger, J. G.	1897
Kolb, G. F.	1867	Kronmüller, Jacob	1869
Kolb, Johann	1872	Krotel, Ehrw. G. F.	1862
Konrad, Karl	1910	Krüger, August	1865
Koons, Isaac	1833	Krug, Friedrich	1810
Kopp, Friedrich	1863	Krüger, H.	1869
Kopp, Geo.	1860	Krug, Christian	1888
Koradi, Rudolph	1856	Krug, Friedrich	1907
Korchaus, Andrew	1820	Krug, Hy.	1898
Korchaus, Heinr.	1813	Krug, J. A., Dr.	1908
Kornbau, Daniel	1864	Krumbhaar, Alex.	1831
Korz, Carl H.	1906	Krumbhaar, Chr. H.	1887
Korth, F. L.	1877	Krumbhaar, Geo. D.	1859
Koß, Karl H.	1903	Krumbhaar, Ludw.	1799
Kothe, Carl	1913	Krumbhaar, Lewis, jr.	1831
Krämer, Leonhard	1779	Krumbhaar, L. R.	1859
Kräutler, Geo.	1867	Krumbhaar, Wm. F.	1831
Kraft, Carl A.	1873	Kruse, C.	1860
Kraft, Friederich G.	1868	Kruse, Joseph	1866
Kraft, Michael	1780	Kucher Christoph	1764
Kraft, Peter	1775	Kübler, Conrad	1861
Kragler, Sigismund	1869	Kübler, Roderich	1874
Krahn, Hugo	1870	Kühmle, Dr. Johann	1802
Krail, David	1880	Kühmle, Joh. Geo.	1766
Kramer, Jacob	1901	Kühmle, Leonhard	1780

Künerle, Martin	1850	Landenberger, Matthias,	1765
Kümmerle, G. A.	1899	Landenberger, Otto	1907
Kümmerlen, John U.	1835	Landenberger, Thomas	1783
Künzlen, Ferdinand	1876	Landsberg, Dr. M	1876
Kugler, Carl	1788	Landschütz, Josef	1865
Kugler, F. W.	1888	Lang, Henry	1877
Kugler, Ludwig	1819	Lang, Jacob	1869
Kuhl, Carl	1900	Lang, Johann	1799
Kuhn, Georg	1814	Lang, Louis	1864
Kuhn, Johann	1764	Lang, Wilhelm	1864
Kuhn, Johann	1796	Lange, August	1913
Kuhn, John	1853	Lange, F.	1913
Kuhn, John	1912	Lange, Johann	1875
Kuhn, Michael	1797	Lange, P. F.	1833
Kuhn, Moses	1868	Lange, Wilhelm	1843
Kuhnle, J. G.	1868	Langenberg, Joh. Fried.	1785
Kummerle, John C.	1914	Langenheim, Friedrich	1863
Kummerle, Wm.	1877	Langenheim, Dr. F.	1890
Kummerer, Carl	1873	Langenheim, F. D.	1904
Kunkel, Christian	1780	Langenheim, G. F.	1845
Kunkel, Johann	1780	Langenheim, Wilhelm	1863
Kunz, John	1869	Langenheim, M P.	1878
Kuntzmann, F. P.	1868	Langsdorf, Jacob	1859
Kunz, Gustav	1888	Langwitz, Theo.	1884
Kunze, Friedrich W.	1913	Lankenau, John D.	1851
Kunze, Gerhard	1913	Larer, Johann	1814
Kunze, Ehrw. Johann Ch	1778	Lau, Friedrich	1870
Kunzig, A. P.	1901	Laubach, William H.	1896
Kunzig, H.	1863	Lauber, Carl F.	1887
Kunzig, William H.	1895	Lauber, Philipp	1895
Kurtz, Daniel L.	1836	Lauber, Philipp J.	1863
Kurtz, Ernst	1765	Lauer, Felix	1869
Kurtz, W. W.	1869	Lauer, Friedrich (Reading)	1869
Kurzius, H.	1895	Lauman, Georg	1791
Kusenberg, Alfred	1860	Laurent, F. A.	1869
Khser, Louis	1874	Lawersweiler, Bernhard	1764
Labberton, Dr. Robert	1859	Lawersweiler, Jacob	1790
Lacmann, Jacob	1868	Lawser, Heinrich	1868
Ladner, A. H.	1868	Lawser, Jacob	1863
Ladner, Albert H.	1893	Learned, Prof., M D.	1895
Ladner, Albert H.	1907	Lebermann, L. J.	1860
Ladner, H.	1877	Lebrenz, W. Richard	1878
Ladner, Friedrich	1863	Lechleitner, P. G.	1811
Ladner, Louis F.	1863	Lederer, L.	1870
Ladner, Louis J.	1802	Ledig, Charles W.	1889
Ladner, W. F.	1865	Ledig, Conrad	1878
Lächler, Adam	1795	Ledig, H.	1878
Lächler, Georg	1796	Ledig, Reinhard G.	1885
Lahnen, Jacob von	1783	Ledhard, Wm. M.	1867
Laißly, Philip	1795	Lee, Charl. E.	1888
Lambader, Franz	1869	Lee, James D.	1872
Lambert, Aug.	1861	Lee, Julius	1858
Lammer, J. Franz	1869	Leefson, Maurits	1888
Lamor, Anton	1871	Leffmann, L. D.	1870
Lampater, Conrad	1767	Legrange, Hermann	1859
Laubauer, Leopold	1894	Lehmann, Charles	1840
Landenberger, Martin	1861	Lehmann, W.	1815

Lehmann, Wilhelm	1779	Liebetreu, Carl F.	1888
Lehrer, Melchior	1793	Lieber, Benjamin	1869
Leib, Georg	1793	Liebert, Peter J.	1897
Leib, Gottlieb	1865	Liebing, Hugo	1858
Leib, Joh. L.	1802	Liebrich, Conrad	1847
Leib, Dr. Michael	1788	Liedtke, F. W.	1905
Leibbrandt, Andreas	1817	Lierz, Henry	1892
Leibrandt, Friedrich	1872	Ließ, Heinrich	1790
Leidy, Dr. Joseph	1867	Lillich, Geo.	1912
Leinau, Andreas	1796	Linde, Carl	1867
Leiser, Friedrich	1913	Lindemann, Carl	1869
Leistner, Peter	1873	Lindemann, Fr.	1868
Lelar, Heinrich	1809	Lindenthal, Gustav	1877
Lelar, Henry, jr.	1837	Lindig, William	1909
Lemmel, L.	1860	Lingen, Dr. Georg	1838
Lemot, A.	1867	Linck, Carl W	1864
Lems, Christian	1761	Linck, Wilhelm G.	1864
Lengerke, Herm. Fried. von	1819	Lipp, Th. C.	1885
Lengert, Georg	1873	Lippe, Dr. A.	1865
Lennig, Nicholas	1832	Lippe, Georg Philipp	1870
Lentz, Chas., jr.	1893	Lipper, Wm. M.	1868
Lentz, Heinrich	1782	Lippert, Stephan A	1914
Lentz, Heinrich	1796	Lipps, Johann	1870
Lentz, Johann	1796	Lips, Carl	1860
Leon, A.	1913	Lisewskij, F. A.	1877
Leonhard, Friedr.	1842	Lishopsky, Florence	1874
Leonhardt, Jos.	1869	Lit, Jacob D.	1901
Leonhardt, Theodor	1864	Lit, Samuel D.	1897
Leppien, John	1845	Little, Wm.	1846
Leser, Friedrich	1880	Liveright, Morris	1900
Leser, Dr. Victor	1897	Liveright, Henry	1900
Leufer, Thom. Herm.	1787	Livingstone, Max	1894
Leuffer, Thom. Georg	1810	Lloyd, Samuel	1841
Leupold, Charles	1900	Lobernheimer, Frau · Rath.	1882
Leupold, George C.	1883	Lobeleng, A.	1873
Leupold, Joh.	1867	Lochner, Christoph	1774
Leopold, Julius	1832	Löb, Aug. B.	1869
Leupold, Theodor	1867	Löb, Josef	1878
Leuthäuser, Heinrich	1773	Löb, F. L.	1912
Letzgus, Anton	1888	Löb, Ferd.	1904
Levi, Aaron	1793	Löble, J. F.	1885
Levy, Salomon	1870	Loes, Franz	1863
Lewars, Charles	1845	Löffler, Franz	1875
Lewis, Edwin M.	1838	Löwe, Charles	1880
Lewis, F. Mortimer	1839	Löwengrund, M.	1869
Lewis, Heinrich	1864	Löwenthal, Bernhard	1864
Lewis, John F.	1818	Loewi, Oscar	1870
Ley, Charles	1885	Loewi, Ottomar	1860
Ley, Charles F.	1835	Logo, John	1851
Ley, Jacob	1821	Lohfeld, Julius G.	1898
Ley, Jacob H.	1838	Lohmann, Isaac	1824
Ley, John C.	1885	Long, Isaac	1867
Ley, Wm. H.	1872	Long, Thomas	1895
Leypoldt, Fried. C.	1867	Lonnerstadter, Wm.	1864
Leypoldt, Fritz	1859	Loos, Alexander	1873
Lichau, Dr. Eduard	1860	Loos, Friedrich	1886

Lorenz, Ferdinand	1851
Lorenz, Otto	1876
Lorenz, Wilhelm	1870
Losse, Friederich	1861
Lossen, Dr. H. C.	1901
Luthy, Otto	1874
Lotterloh, Emanuel	1779
Louis, Daniel	1863
Louis, Jean	1867
Lowber, Joh .C.	1817
Lowe, Alb C.	1878
Lucassen, Louis	1855
Ludascher, Wm.	1908
Ludwig, Carl Christoph	1795
Ludwig, Christoph	1764
Ludwig, Johann A.	1793
Ludn, Christian	1868
Lüders, Emil	1861
Lüders, Thomas C.	1821
Lüders, W.	1879
Luitlen, Louis	1885
Lupus, A. F.	1874
Luthy, Otto	1875
Lutz, A.	1869
Lutz, Christian	1885
Lutz, Georg L.	1863
Lutz, J. M	1877
Lutz, Wilhelm	1900
Lynd, James	1867
Maag, Adam	1843
Maak, Joh. Ch.	1865
Maas, Otto	1858
MacBride, James H.	1874
Macher, Benedict	1867
Mack, C.	1868
Mack, John Christian	1868
Mackinet, Blasius Daniel	1764
Männel, Chs. F.	1845
Männel, Gustav	1862
Männel, Heinr.	1868
Mahn Theodor	1869
Mahr, Harry F.	1901
Maier, Ferdin.	1862
Maier, Joh. G.	1872
Maisch, Henry C. C.	1894
Maisch, Joh. M.	1867
Maiser, Casimir L.	1866
Maiser, Josef	1913
Maiweg, Wilhelm	1816
Majer, Karl	1913
Malundi, Hugo	1896
Mange, Mark Sam.	1826
Manger, Heinrich	1863
Mann, Bruno	1901
Mann, Frau Caroline	1879
Mann, Christ.	1861
Mann, Johann	1866
Mann, J. H.	1895
Mann, Philipp M.	1878
Mann, Theo.	1869
Mann, Chrw. Wm. J.	1848
Mann, Wiliam H.	1892
Mannal, Andreas	1835
Mannhardt, E.	1868
Manteh, Gustav	1867
Marianault, Joh. de	1765
Marion, Christian	1876
Marckleh, Johann	1805
Marckleh, Phil. S.	1828
Markmann, Robert	1883
Maron, Conrad	1867
Marquardt, Henry	1878
Marshall, Nik.	1905
Marliansen, C. R.	1886
Martin, David	1894
Martin, John W.	1900
Martin, Otto	1868
Marx, Gust. E.	1870
Marx, G. W.	1865
Marx, Leopold	1876
Marrsen, Heinrich	1863
Massa, John A	1883
Mathews, Frau M.	1887
Mattern, Andreas	1780
Mattern, John	1916
Mattern, Martin	1869
Maurer, J. W.	1865
Maurer, Geo W.	1895
Maus, John	1878
Mautz, A.	1894
May, Adam	1796
Mah, Carl Heinrich	1869
Mah, Jacob	1869
Mah, Isaac	1865
Maher, Carl Theodor	1885
Maher, Christian	1784
Maher, Eduard	1872
Maher, Fred. W.	1836
Maher, Friedrich	1884
Maher, Gottlieb	1878
Maher, Gustav	1901
Maher, Heinrich	1786
Maher, Henry	1862
Maher, Isaac	1912
Maher, Jacob Dr.	1879
Maher, John B.	1894
Maher, Julius	1881
Maher, Joh. Georg	1788
Maher, Louis	1824
Maher, Louis	1874
Maher, Chrw. Philipp A.	1807
Maher, Peter	1892
Maher, Rupert	1895
Maherle, Emil	1895

Mahr, E.	1866	Metz, Philipp	1869
Mahr, L. M., Dr.	1913	Metzenthin, Ernst Chr.	1908
Mahsenhölder, Carl	1817	Metzger, Anton	1785
McCleß, James E.	1895	Metzger, Charles	1883
Mealy, Ehrw. Stephen H.	1839	Metzger, Jacob	1867
Mechelle, Albert	1900	Metzger, Johann Gottlieb	1780
Mechelle, Wm.	1880	Metzger, Josef E.	1900
Mechlin, Samuel	1800	Metzger, Frau M. H.	
Mecke, G. H.	1837	Metzger, Reinhard	1894
Medicus, Josef	1896	Metzler, August J.	1894
Medtart, Ehrw. Jacob	1836	Mevius, C. W.	1876
Mees, J.	1893	Metzner, Dieterich	1764
Meeser, Philipp	1796	Meurer, Charles	1868
Mehl, Heinrich	1872	Meyer, Adolph	1872
Mehler, H.	1806	Meyer, Andreas	1765
Mehler, Wilhelm	1863	Meyer, Carl	1865
Mehnen, Adolf	1904	Meyer, Carl A.	1895
Mehrer, John E.	1882	Meyer, Charles	1900
Mehring, Heinrich C.	1873	Meyer, Charles H.	1860
Meier, Frank	1863	Meyer, Conrad	1855
Meier, Johann	1860	Meyer, C. P.	1901
Meier, Robert A.	1900	Meyer, Jacob	1784
Meilla, Ernst	1900	Meyer, Jacob	1813
Meißler, Conrad	1778	Meyer, Julius	1885
Meißler, Heinrich	1778	Meyer, Louis H.	1895
Melbeck, Joh.	1784	Meyer, Louis	1863
Melcher, Adam	1778	Meyer, Reinhold W.	1907
Melcher, Isaac	1771	Meyer, Robert	1895
Melcher, Leonhard	1764	Meyer, Siegmund	1867
Mellert, Sebastian	1869	Meyer Wilhelm	1897
Membölzler, Joh.	1869	Meyers, Frank	1872
Mense, Heinrich	1908	Meyers, Frank H.	1873
Mencke, John F.	1863	Meyers, John B.	1874
Mencke, Wilhelm	1860	Meyers, Jos.	1869
Mende, Franz C.	1863	Meyers, Leonhard	1863
Mende, F. F.	1869	Metzinger, Jacob	1785
Mende, Wm	1897	Meynen, Franz	1878
Menoth, Christian	1766	Meynen, Georg	1906
Menz, Georg W.	1810	Michel, Louis H.	1918
Menz, Wm. G.	1833	Michelbach, Emil	1874
Mercier, Carl	1813	Mickley, Joseph J.	1873
Mergenthaler, Adolph	1867	Middendorf, A. F.	1892
Meriam, Samuel	1787	Middendorf, Heinr.	1888
Merscher, Ed.	1880	Midnight, John T.	1868
Mertens, Frau	1881	Mieg, Karl	1908
Mertsch, Bernhard	1916	Mielke, Edward C.	1832
Mertz, John W.	1915	Migeod, J. M.	1861
Mertz, Oscar Ernst	1914	Mill, Jacob	1901
Mertz, Philipp	1765	Miller, Adam	1900
Merz, Georg	1877	Miller, A. C.	1859
Merz, Philipp	1914	Miller, Dr. C.	1860
Messer, Peter	1885	Miller, Charles	1901
Messerschmidt, John	1889	Miller, Chas. F.	1885
Metge, Dr. Peter	1872	Miller, Chas. W.	1886
Metz, Bernhard	1864	Miller, Daniel H.	1819
Metz, J.	1864	Miller, Dan. R.	1833
Metz, Nathan	1866	Miller, Fred. A.	1859

Miller, Georg	1867
Miller, Heinrich	1781
Miller, Henrich	1787
Miller, Heinrich	1789
Miller, Heinrich	1861
Miller, Heinrich	1887
Miller, Jacob	1883
Miller, John .	1864
Miller, John	1873
Miller, John Christian	1869
Miller, Peter	1764
Miller William	1829
Miller, William	1877
Miltenberger, Johann	1870
Mindel, Theob.	1861
Minnigerode, Charles	1842
Minßer, Peter	1837
Mirfalis, Julius	1871
	1873
	1876
Misken, W. J.	1848
Möhring, Dr. Gotthelf	1828
Moelling, Carl E.	1867
Moelling, E. F.	1867
Mölling, Fr.	1864
Mohr, Heinrich	1881
Moller, Joh. Christ.	1791
Mollerus, Wilhelm	1868
Monhof, Aug.	1907
Montelius, Wm.	1811
Montmollin, Fried.	1811
Moodie, Wm. J.	1871
Moore, Leopold	1873
Moore, Preston J.	1894
Moore, William	1868
Moras, Ferd.	1864
Morton, Paul	1914
Morwitz, David	1872
Morwitz, Dr. Ed.	1859
Morwitz, Josef	1886
Mosebach, Heinr.	1869
Moser, Gottfried	1868
Moser, Julius	1902
Moses, Otto	1908
Moß, Johann	1813
Moß, Joseph M.	1836
Moß, Samuel	1813
Moß, Wm. Dr.	1888
Mott, Edwin T.	1888
Motz, Albert H.	1839
Motz, Joh.	1859
Moyer, J. M.	1869
Moyer, Rich.	1869
Motwitz, A. P.	1912
Mozar, Ernst	1908
Muchle, M. R.	1858
Mudra, Dr. A. Konsul	1907
Mügge, John J. von	1884
Mühled, Christian	1869
Mühlenberg, Fried. A. Prof.	1877
Mühlenberg, Franz A.	1906
Mühlenberg, Fried. Aug.	1778
Mühlenberg, H. Melchior	1764
Mühlenberg, Heinr.	1793
Mühlenberg, Heinrich, jr.	1774
Mühlenberg, Dr. H. H.	1868
Mühlenberg, Heinrich M.	1807
Mühlenberg, J. P. D.	1810
Mühlenberg, Peter, Gen. Major	1783
Mühlenbruch, Ed.	1860
Müller, A.	1897
Müller, Adolf	1881
Müller, August	1895
Müller, August,	1871
Müller, Carl	1858
Müller, Christian	1866
Müller, Charles W.	1885
Müller, Daniel	1794
Müller, Franz L.	1913
Müller, Friedrich	1895
Müller, Friederich	1869
Müller, Fried. Ludwig	1793
Müller, Georg	1860
Müller, Georg	1865
Müller, G. J.	1873
Müer, Geo Phil.	1888
Müller, Gotthold	1895
Müller, Gust. A.	1895
Müller, Heinrich, Dr.	1882
Müller, Heinrich T.	1795
Müller, Henry	1913
Müller, Hermann	1914
Müller, Jacob	1860
Müller, Joh.	1796
Müller, Louis	1869
Müller, Michael	1796
Müller, Mathias	1913
Müller, Richard	1899
Müllerschön, C. H.	1883
Müllerschön, John C.	1906
Münch, Friedrich	1888
Münch, Jacob	1869
Münch, L. T.	1910
Muffler, Sebastian	1764
Muhle, Conrad	1873
Muhr, Heinrich	1868
Muhr, Simon	1867
Muhr, Simon	1884
Muhrjahn, Louis	1900
Mund, Philipp	1871
Mundt, Carl	1884
Mullen, Wm. (Ehrenmitgl.)	1871
Munzinger, Peter	1872

Muschert, Johann	1795	Newman, Richard	1885
Musser, Joh.	1804	Nicholas, Wm.	1885
Musser, John H.	1895	Nicond, Heinr. E.	1887
Musser, Wm.	1822	Nibba, Friedr. C.	1811
Nachob, Jul. E.	1870	Nibecker, J E. Rev.	1888
Rade, Arnold	1894	Niemann, Henry	1820
Nägele, Eugen	1869	Niemetz, John	1885
Nähr, J. P.	1877	Niedenthal, G. P.	1889
Nagel, Johann	1794	Nießen, Leo	1898
Nagel, Rudolph	1798	Noebing, Heinr.	1869
Nagle, James H.	1915	Nolde, Gustav	1895
Narr, Friedrich	1868	Noll, Henry	1869
Narr, Frau Berta	1897	Noll, Martin	1765
Natz, Georg	1869	Noppel, Emil	1895
Natz, Georg	1899	Norton, C. J.	1867
Nathan, Marcus	1893	Nuß, Heinrich	1862
Nathan, Samuel	1869	Nuß, Heinrich	1874
Nathanson, Harry M.	1900	Nusser, Albert	1916
Naumburg, L	1859	Nußhag, Carl Wilhelm	1874
Naumann, Richard	1885	Nußle, Johann	1875
Nax, Wm.	1892	Nyholm, C. J.	1885
Neath, Johann T.	1872	Oat, Georg R.	1867
Necker, Theodor	1882	Oberkirsch, H.	1875
Neder, Eduard	1882	Obersteuffer, Herm. A.	1892
Neebe, Louis W. H.	1870	Obert, Herm.	1897
Neff, Charles	1858	Oberteuffer, Geo. H.	1864
Neff, Jos.	1860	Oberteuffer, John H.	1887
Nefferdorf, Moritz F.	1894	O'Brien, P. J. O. Leutnant	1901
Nefferdorf, Wm. H.	1894	Ochs, John H.	1895
Neger, Carl J	1870	Odenheimer, Joh.	1764
Neher, Carl	1864	Odenheimer, Philip	1791
Neher, Jacob	1863	Odenthal, Jacob	1885
Nehlig, J. P.	1866	Oehlschläger, J. Chr.	1845
Neidhard, Dr. Charles	1844	Oehlschläger, Theod. W.	1860
Neiß, Jacob	1808	Oelbermann, Rudolph	1860
Nelson, Martin	1818	Oelbermann, Wm. D.	1912
Neßler, Alfred H.	1886	Oellers, Jacob	1796
Neßmann, C. H.	1817	Oerlein, Fr.	1910
Neu, John	1888	Oesterle, H. A.	1877
Neuffer, Hermann	1863	Oesterle, Jacob	1894
Neuhofer, Heinrich	1877	Oeters, Jean Paul	1897
Neumann, A.	1914	Oeters, J. C.	1886
Neumann, Joh Gotthelf	1795	Offermann, F., Rev.	1900
Neumann, Heinrich	1872	Offermann, John	1884
Neumann, Joseph	1869	Ohl, John F.	1824
Neurath, John M.	1885	Oldach, Friedr.	1860
Neurath, John N.	1888	Ohly, Dr. J.	1895
Neurath, Joh.	1868	Openheimer, Simon	1877
Newbourg, Fried. C.	1869	Oppermann, Adam	1797
Newhouse, Joseph	1863	Oppermann, R. F. M.	1869
Newhouse, Joseph	1863	Orlemann, Fr. F.	1894
Newburger, C	1872	Orth, Franz	1880
Newburger, Morris	1869	Orth, Heinrich	1808
Newkumet, Joh.	1865	Orth, Wilhelm C.	1860
Newman, Adolph	1885	Orthwein, Ernst	1916
Newman, Geor E.	1883	Orthwein, Heinr. J.	1872

Portner, Eduard	1866	Reed, Michael	1818
Pott, Rudolph	1875	Reeder, Georg A.	1894
Pra, Charles	1805	Reen, Charles	1867
Prager, Markus	1819	Rees, Dietrich	1764
Preis, Henry	1901	Rees, Fred. G.	1912
Preis, Martin	1915	Reese, Christian	1884
Preisendanz, Jacob	1869	Regenspurger, Wm.	1881
Presser, Friedrich	1863	Rege, Caspar	1866
Presser, Heinrich	1863	Rehfuß, E G.	1886
Preuscher, Carl	1894	Rehfuß, Georg	1885
Preuß, Georg W.	1851	Rehn, Caspar	1902
Price, Wm. H.	1873	Rehn, Georg	1784
Prince, August	1877	Reichard, A. L.	1875
Prinz, Emanuel	1897	Reichard, Francis H.	1872
Prinz, Ferdinand	1897	Reichard, Joseph M.	1858
Prinz, E.	1898	Reichart, Ehrw. G. R:	1838
Pröbsch, Frau Caroline	1897	Reichenbach, A. B	1862
Propfe, A	1879	Reichenbach, Charles	1863
Proskauer, Adolph	1867	Reichenbach, Fred.	1841
Psotta, Charles	1859	Reichert, G. A. jr.	1869
Pulaski, Ludwig	1881	Reichert, Christian	1869
Quenzer, Martin	1913	Reichert, Joh.	1791
Querner, Dr. E.	1869	Reigle, Carl	1873
Quirin, Nikolaus	1905	Reimer, Louis	1847
Rabbold, William	1888	Reimer, Louis	1866
Rabe, Peter,	1833	Reimers, John P.	1817
Radde, Wilhelm	1861	Reinecke, Heinr.	1882
Rademacher, Carl L.	1846	Reinecke, Louis L	1896
Rahn, Friedrich W.	1914	Reinhardt, C. W.	1868
Rahner, Jacob	1865	Reinhardt, Geo.	1784
Raisch, Georg	1876	Reinholdt, Georg	1811
Ransahoff, Nicholas S.	1867	Reinholdt, Geo. Christ.	1764
Rapp, Friedrich	1865	Reinstein, Dr. J.	1859
Rapp, Philipp	1881	Reinstine, Max	1887
Rapp, Philipp	1905	Reisky, James	1838
Rasch, Anton	1813	Reiß, Emanuel	1864
Rasche, Prof. Fred.	1848	Reiß, Johann	1796
Rasko, Franz	1869	Reißer, Carl H.	1879
Rathgeb, Harry G.	1912	Reitt, John	1872
Rathner, Charles Josef	1895	Reistle, Ernst	1867
Rau, Conrad F.	1869	Reiter, A.	1867
Rau, Edward H.	1837	Reith, Conrad	1869
Rau, Georg	1872	Reith, Wilhelm	1875
Rau, Joh. F.	1871	Reizenstein, H.	1871
Rauch, Christoph	1798	Reizenstein, Isaac	1869
Raue, Dr. Carl	1863	Reizenstein, J L.	1877
Raue, C. Sigm. Dr.	1898	Reizenstein, Louis	1872
Rauh, Martin	1764	Reizenstein, Wilhelm	1871
Raybold, Fred A.	1837	Remak, Gustav	1851
Rayer, Samuel	1764	Remak, Stephan S.	1872
Rebholz, J. N.	1864	Remmers, Bernhard	1913
Rebmann, Gottfried	1885	Rennert, Hugo H.	1885
Rech, Georg P.	1900	Rentschler, J. D.	1878
Rech, A. Edward	1915	Renz, Albert	1873
Reed, Albert H.	1894	Resag, Friederich	1872
Reed, Georg K.	1888	Reukauff, C. J.	1893
Reed, Henry H.	1857	Reukauff, Geo. C.	1872

Reuß, Wilhelm	1864	Röse, Fr. A.	1850
Reuß, William	1868	Rößler, Georg F. Dr.	1892
Reuter, Carl H.	1911	Röttger, Herman	1863
Reutlinger, Emil	1912	Roggenburger, Alb.	1864
Rex, Walter C.	1895	Rogner, Georg	1880
Richards, F. A.	1895	Rohner, Henry	1892
Richards, Mark	1807	Rohracher, Robert	1896
Richter, Alex.	1879	Rothand, Fried.	1796
Richter, Charles G.	1876	Roland, Johann	1812
Richter, Eugen L.	1906	Rollens, Joseph	1874
Riebenack, Max	1869	Rollmann, F. C.	1898
Riebenack, H. G.	1897	Roloff, Charles	1869
Riebenack, M	1897	Roman, M.	1860
Riedel, Heinrich	1881	Romberg, Friedrich	1869
Riedenhart, Hermann F.	1869	Romberg, Rudolph	1905
Riedt, Michael	1766	Romeis, Johann	1818
Rieger, Conrad	1874	Rommel, Gottlieb	1913
Rieger, Eduard	1904	Rommel, J. M.	1895
Rieger, Elise, Frau	1897	Rommel, Jacob M.	1870
Rieger, Georg	1897	Rommel, John	1838
Rieger, Harry	1897	Rommel, John, jr.	1866
Rieger, Harry G.	1913	Rondthaler, Ehrw. Emanuel	1845
Rieger, Josef	1884	Roper, J. W.	1880
Riemer, Jacob	1899	Roß, Dr. Joh	1793
Riesch, Heinrich	1812	Rose, Herm.	1897
Rieß, Georg	1796	Rosen, Heinrich	1766
Rinald, C. D.	1912	Rosenbaum, Jos.	1868
Ringe, Conrad	1870	Rosenbaum, M.	1865
Ringe, H	1885	Rosenberg, Carl J.K.	1873
Ringele, August	1894	Rosendale, James	1868
Ringele, Georg	1914	Rosengarten, Georg D.	1831
Rink, August	1894	Rosengarten, Geo. D. Dr	1863
Ripberg, Conrad	1800	Rosengarten, Jos. G.	1863
Ripka, Chas.	1893	Rosengarten, M. G.	1868
Ripka, Joseph	1827	Rosengarten, Samuel G.	1860
Ritschl, G. J. Ferd., Consul	1901	Rosenheim, David	1864
Ritter, Heinrich	1870	Rosenheimer, Rudolph	1908
Ritter, Jacob, jr.	1813	Rosenstein, Louis L.	1874
Ritter, Joh. Georg	1825	Rosenstwig, Elias	1873
Ritter, Ph. J.	1893	Rosenthal, Dav A. Dr.	1894
Ritter, W. H.	1893	Rosenthal, Elisa, Frau	1896
Ritz, Christian	1792	Rosenthal, L. N.	1865
Ritz, Christian	1803	Rosenthal, M.	1866
Rivinus, D C. F.	1857	Rosenthal, Paul H.	1907
Rivinus, Dr. Ed. F.	1831	Rosenthal, M.	1866
Robertson, Egb. Wm. Dr.	1893	Rosenthal, S.	1847
Rockey, Johann	1864	Rosenthal, Simon	1874
Rodel, Josef C.	1897	Roßkam, Wm. B.	1913
Roderfield, Wm.	1828	Roßmäßler, Berta, Frau	1907
Rödiger, Wm.	1778	Roßmäßler, Richard	1875
Röhm, Adam	1872	Roth, Charles	1889
Röhm, Joseph	1869	Roth, Carl J.	1864
Roehm, John	1894	Roth, Jacob	1880
Roeper, John J.	1877	Roth, Gottlieb	1900
Roesch, August R.	1910	Roth, Gustav	1901
Roesch, Georg J	1897	Roth, Julius A.	1865
Rösch, Louis	1860	Rothacker, G. F.	1867

Rothe, A.	1861	Sauber, Wilhelm	1867
Rothe, Carl	1865	Sauer, Henry	1904
Rothenhäusler, Joh. N.	1873	Sauer, W. F.	1870
Rothschild, S.	1869	Sauerwein, F. L.	1864
Row, Martin, jr.	1807	Sautter, Aug. Fr	1897
Rowouldt, Dr William	1800	Sautter, Christian	1868
Ruckbeschel, P. Charles	1861	Sautter, Paul F.	1870
Rubloff, H.	1879	Sautter, Rudolph	1868
Rudolph, Johann	1794	Sayen, Ed. M.	1864
Rübsamen, Jacob	1778	Sayen, Georg	1831
Ruegenberg, J. M.	1900—1916	Schaaf, Philipp	1862
Ruegenberg, J. M.	1881—1885	Schaal, Carl	1869
Ruhl, Georg	1810	Schab, Olmer G.	1895
Ruhl, John	1883	Schade, Anton	1863
Ruhland, Fred.	1888	Schade, Oscar E.	1863
Ruhland, Henry	1894	Schade, R. E.	1869
Rummel, Michael	1918	Schäble, Geo.	1918
Rumpp, Carl F.	1865	Schäfer, Adolph	1888
Rumpp, Charles	1868	Schäfer, Anton	1880
Rumpp, Edward	1877	Schäfer, Christian	1899
Rumpp, H. C.	1886	Schäfer, Christian	1780
Rumpp, Paul T.	1900	Schäfer, Ernst	1860
Rumpp, Wm. A.	1906	Schäfer, Heinrich	1888
Runge, Georg	1855	Schäfer, Johann	1778
Runge, Gustav	1853	Schäfer, Joh. C.	1864
Ruoff, Christian	1873	Schäfer, Joh. G	1900
Ruoff, John H.	1868	Schäfer, Walter R.	1896
Ruoff, M.	1872	Schäfer, Wm. F.	1895
Ruoff, Wilhelm, Dr.	1894	Schaffer, Andreas	1764
Rupp, Georg P. Prof.	1896	Schäffer, Anton	1878
Ruppmann, Joh.	1870	Schäffer, Bernhard	1791
Rusch, Jacob	1887	Schäffer, Carl	1794
Rusch, Stephan	1876	Schäffer, Charles	1835
Russel, Jacob	1859	Schaeffer, Dr. Caspar	1827
Ryan, Wm. J.	1893	Schaeffer, David, sen.	1764
Saake, Chas.	1901	Schäffer, David, jr.	1779
Saarbach, Louis	1864	Schäffer Ehrw. Fried D.	1813
Sachs, B.	1860	Schäffer, Georg	1870
Sachs, Robert Paul	1914	Schäffer, John	1824
Sachs, Wm.	1914	Schäffer (auch Shephard), P.	1766
Sachse, J. F	1882	Schaeffer, Theodor A.	1894
Sänger, Caspar	1778	Schaettle, Otto	1874
Sailor, Fred. J.	1894	Schaffer, Dr. Ch.	1894
Sailor, Henry	1841	Schaffhauser, Jacob	1887
Salabe, Sebastian	1813	Schaib, Johann	1780
Salinger, Bruno	1885	Schaible, Louis	1878
Samans, Carl	1900	Schall, Gottlieb	1869
Samulon, Julius	1873	Schaller, C.	1861
Sand, C. H.	1831	Schallus, Jacob	1770
Sand, Carl F.	1900	Schallus, Valentin	1764
Sander, August	1901	Schambacher, Joh.	1869
Santee, Charles	1872	Schandein, Jacob A.	1882
Sarnighaus, Dr. Wilh. P	1764	Schaffnit, Martin	1795
Sarnowski, Fred. W.	1915	Schandein, Jacob	1859
Sartori, A.	1863	Schantz, Christoph	1864
Sattlmayer, Gottlieb	1897	Schanz, Frank	1886

Schneider, Ernst A.	1894	Schreiber, Peter	1796
Schneider, Friederich	1765	Schreiner, Christian	1867
Schneider, Friederich	1869	Schreiner, Christoph	1788
Schneider, Georg	1779	Schreiner, Joseph H.	1827
Schneider, Gustav	1869	Schreyer, Friedrich	1764
Schneider, Harry	1907	Schreyer, Johann	1786
Schneider, Heinrich	1869	Schröder, Carl	1856
Schneider, Heinrich	1879	Schroeder, Edmund	1896
Schneider, H. C., Rev.	1888	Schroeder, Gustav	1883
Schneider, Joh	1796	Schröder, Ehrw. Olof	1869
Schneider, Joh. (II)	1796	Schröppel, Geo. Caspar	1788
Schneider, Joh. (III.)	1796	Schrot, Dr. Julius	1862
Schneider, Karl J.	1914	Schrupp, Heinr.	1794
Schneider, Paul, Rev.	1897	Schubart, Michael	1765
Schneider, Simon	1797	Schuck, Gustav	1900
Schnell, Emil	1912	Schuck, Louis F.	1894
Schnellenburg, Samuel	1881	Schülein, Charles	1895
Schniewind, August	1852	Schüler, Leonhard	1875
Schniepp, Joh. M.	1869	Schürmann, Eduard W.	1868
Schnorr, John	1900	Schüßler, Bernhard	1914
Schober, Georg	1838	Schütte, John	1867
Schober, Johann	1872	Schütz, Christian	1794
Schober, Samuel	1838	Schütz, Conrad	1796
Schoch, Georg	1813	Schütz, Fritz	1872
Schödler, Caspar	1860	Schütz, Heinrich	1786
Schöll, Wm. G.	1869	Schütz, Johannes	1782
Schölgens, Wm.	1887	Schütz, Joh. Heinrich	1794
Schömacker, H. C.	1866	Schuhmacher, Andreas	1863
Schönemann, Wilh.	1878	Schuhmacher, Paul	1916
Schönemann, Wm. C.	1897	Schuhmann, Otto	1913
Schönherr, John	1905	Schulte, Chas.	1885
Schönhut, A.	1890	Schultz, Henry	1894
Schönhut, Albert F.	1912	Schultz, Rob.	1869
Schöning, Jacob	1870	Schultz, Martin	1848
Schöning, Frl Katharina	1897	Schultz, Wilhelm	1908
Schöninger, Jos. A.	1867	Schultze, Georg	1872
Schöttle, Fried.	1869	Schulz, Carl	1876
Schöttler, C. C.	1855	Schulz, F. H.	1860
Schohay, Albert	1869	Schulz, Wm. H.	1877
Scholder, Harry	1895	Schulz, Wm.	1915
Scholl, Fried.	1791	Schulze, August	1883
Scholl, Dr. Heinrich	1845	Schulze, Wilhelm	1888
Schott, Dr. Arnold	1875	Schulze, Wilhelm	1867
Schott, Dr Georg S.	1817	Schumacher, Paul	1914
Schott, Johann P.	1808	Schumann, Ernst F.	1812
Schrack, Christian	1832	Schumann, Ferd.	1878
Schrack, Georg H.	1861	Schuhmann, Otto	1878
Schrack, Thomas L.	1859	Schumm, Hermann	1878
Schrader, Carl	1911	Schummann, Otto	1878
Schrader, Theodor	1883	Schurig, Robert	1899
Schrader, Wilhelm	1860	Schürmann, E. J.	1868
Schramm, Daniel	1874	Schuster, Adam	1796
Schramm, Matthew	1913	Schutte, Josef	1877
Schreiber, August	1869	Schuster, Lorenz	1828
Schreiber, Jacob	1901	Schwab, Nathan	1909
Schreiber, Theodor	1900	Schwabe, Siegmund	1840
Schreiber, August	1869	Schwacke, Joh. H.	1846

Schwalber, Karl J.	1870	Seifert, August E.	1869
Schwarz, Dr. Chas.	1845	Seiler, Karl	1915
Schwarz, Gustav	1860	Seifer, John	1837
Schwarz, J. E.	1817	Seiß, Ehrw. J. A.	1860
Schwarz, Albert	1870	Seiß, Georg	1776
Schwarz, C. Eugen	1904	Seiß, Joh. H.	1887
Schwarz, Ernst	1897	Sellers, Jesse	1833
Schwarz, Friedrich J. jr.	1913	Selzer, John H.	1871
Schwarz, Gustav A.	1874	Semper, Conrad	1867
Schwarzbach, Dr. B. B.	1875	Sensendorfer, J. P. J	1887
Schwarzkopf, F.	1868	Senz, Carl	1860
Schwarzwälder, Louis	1864	Serz, Johann	1860
Schweiß, Joh.	1793	Seuffert, Ernst	1870
Schweiß, Theodor C.	1894	Sewald, Emil	1870
Schweitzer, Hch.	1796	Seybert, Dr. Adam	1798
Schweitzer, Johann	1785	Seyberth, Conrad	1793
Schweizer, J. Otto	1900	Seyfert, John H.	1834
Schwemmer, Gottl.	1861	Sharp, Ludwig	1807
Schwemmer, Hy.	1895	Sharpnack, Benjamin	1818
Schwenk, A. K.	1907	Sheaff, Georg	1812
Schwenk, Carl	1873	Sheip, Heinr. B	1905
Schwenk, Dr. Peter K.	1907	Shober, Fred. (Schober)	1818
Schwenn, Friedr.	1877	Shomacker, J H.	1850
Schweppenheiser, Rich.	1824	Shively, William (Schively)	1832
Schwerdtfeger, Charles	1900	Shumwah, Daniel B., Dr.	1904
Schweyer, Jacob	1786	Sichel, Julius	1865
Schwietering, Gust.	1855	Siebert, Philipp	1900
Schwindt, Peter	1874	Siebrecht, Julius	1865
Schwinn, Geo.	1912	Siegel, Gustav	1872
Schwinz, Gottfried	1779	Siegert, J. F. E., Easton	1869
Scribia, Geo. Ludw. Chr.	1783	Siegfried, Paul	1865
Sebald, H.	1867	Siegmann, Edw. W.	1894
Sedel, G. David	1860	Siegmann, Georg	1869
Sedel, Geo. L.	1815	Sigel, Louis G.	1913
Sedel, Johann David	1764	Silbermann, Simon	1867
Sedel, Lorenz	1791	Sima, Frank	1899
Seebach, Jul.	1869	Sima, Frank A., jr.	1907
Seefeldt, Wilhelm	1870	Simon, Moses	1872
Seeger, Charles	1891	Simshauser, C	1913
Seeger, David	1809	Singer, Joh.	1798
Seeger, Friedrich	1840	Sinzheimer, Alexander	1867
Seeger, Roland	1860	Sinzheimer, M. M.	1863
Seeger, Samuel G.	1908	Small, Eduard	1863
Seelhorst, Fr.	1864	Small, Josef	1877
Seelos, Joh. C.	1862	Smith, Carl L.	1809
Seeger, Friedrich	1778	Smith, Charles	1810
Seher, Henry	1907	Smith, Charles C.	1908
Seibel, H. T.	1859	Smith, Henry G.	1845
Seibel, H. C	1884	Smith, Jesse	1828
Seidensticker, Dr. O.	1858	Smith, John F.	1867
Seidensticker, Frl. Clara	1896	Smith, Richard	1867
Seider, Chas.	1883	Snellenburg, Jos. N.	1900
Seider, Frau Caroline	1897	Snellenburg, Morton E.	1908
Seider, Michael	1907	Snellenburg, N	1878
Seidler, Anton	1831	Snellenburg, W. J.	1900
Seidler, Charles	1883	Snowden, Thomas	1838

Snyder, Fred. W.	1872
Snyder, J. M.	1894
Snyder, Dr. Oscar J.	1913
Sobernheimer, F. A.	1913
Sockel, Charles	1901
Soefing, Heinr.	1894
Soelle, Gustav	1895
Sönning, Arthur G.	1909
Sörger, Anton L.	1900
Soistmann, Charles	1868
Solomon, Samuel M.	1826
Sommer, Fred., jr.	1894
Sommer, G. H.	1864
Sommer, Louis	1914
Sommer, Joh. Jacob	1811
Sommer, Jacob H.	1868
Sonntag, Wilhelm Ludwig	1803
Sonntag, Wilhelm	1786
Sontheimer, Mathias	1912
Sopp, E. Conrad	1868
Sopp, Ernst	1870
Sopp, Ernst	1872
Sosna, Rudolf	1913
Souder, Johann	1796
Soulas, Charles W.	1880
Soulas, Gustav A.	1895
Soulas, Theodor H.	1909
Soyer, Abraham	1783
Später, Christian	1863
Später, Philipp	1871
Späth, Ehrw. Adolph	1864
Späth, Ernst	1914
Späth, Dr. Wm. L. C.	1911
Spahn, Georg P.	1872
Spang, Heinrich	1794
Spang, Samuel	1839
Spangler, J. L., Colonel	1895
Spannagel, Carl C.	1873
Speckmann, Heinrich	1880
Spellerberg E.	1869
Sperth, Jacob	1883
Sperrh, Fried. Wilh	1813
Sperrh, Jacob	1795
Sperrh, Johann	1813
Speth, Fred. R.	1914
Speyer, Georg W.	1903
Spicker, Ernst	1873
Spiecker, Friederich	1872
Spielmann, J.	1869
Spiese, L. D.	1894
Spieth, O C.	1907
Spohn, Wilhelm	1815
Sprenger, Joh. C.	1805
Springer, Aug.	1867
Springer, Emanuel	1867
Springer, J.	1887
Springhorn, Hermann	1915
Springmann, C. A.	1868
Sprungk, Bernh.	1859
Spurk, Peter	1898
Staake, Fred.	1959
Staake, Wm. H.	1879
Staarmann, Fr. Wilhelm	1788
Stackel, Daniel	1873
Stahl, Friederick	1806
Stahl, Gustav	1887
Stahl, Karl, Dr.	1880
Stahl, Heinrich	1889
Stahl, Herbert	1901
Stahl, Robert	1870
Stam, John R.	1801
Stankowitsch, Ant.	1869
Stansfelder, Philipp	1764
Stauch, Alfred	1883
Stauch, Charles	1878
Stecher, Wm. A.	1907
Steckhausen, Paul A.	1895
Steele, Fr	1859
Steeble, Ludwig	1886
Stefani, Ludwig	1899
Steffan, A. W.	1879
Steffan, Martin	1872
Stein, Abraham	1795
Stein, Carl	1855
Stein, Fred.	1913
Stein, Jacob	1867
Stein, Johann	1785
Stein, Johann	1863
Stein, Frau Katherina	1894
Stein, Philipp	1795
Stein, Rudolph	1868
Stein, Walter M.	1895
Steinbeißer, Herm.	1868
Steinbrecher, Dan.	1901
Steiner, Frank	1894
Steiner, F.	1873
Steiner, Jacob	1889
Steiner, John C.	1855
Steiner, Joseph B.	1900
Steiner, J. P.	1889
Steiner, Melchior	1777
Steinmüller, Chas.	1904
Steinwehr, A. von	1866
Steinmetz, Johann	1764
Stellwagen, Joh.	1764
Stellwagen, Valentin	1765
Steng, August	1874
Stenger, Adolph	1872

Thomassen, Jacob	1791	Tryon, Jacob G.	1815
Thorberg, Robert	1912	Tschan, Friedrich	1870
Thommen, Johann	1913	Tschirner, L. A.	1868
Thompson, J. Lewis	1811	Tschebull, Dr. A.	1908
Thorspecken, Friedrich	1832	Tuck, Heinrich	1870
Thudium, Christ. A.	1862	Thson, Joh. R.	1845
Thudium, John	1908	Ueberroth, A Geo.	1873
Thudium, Robert	1898	Uhle, Bernhard	1889
Thum, Dr. Georg	1817	Ullmann, J.	1881
Thumlert, Carl	1864	Ullmann, J. Heinrich	1860
Thuun, Daniel	1796	Ullmann, Mich.	1867
Tiedemann, Fried.	1868	Ulrich, Emil F.	1910
Tiedemann, Dr. H.	1858	Ulrich, Gustav	1900
Tiedemann, Henry	1895	Ulrich, Philipp	1764
Tierney, Thomas	1900	Ulmer, Jakob	1894
Tilge, F. A.	1872	Unger, Dr. Camille	1874
Tilge, Geo. E.	1906	Unger, Robert	1909
Tilge, Harry F.	1900	Unkart, Chas. G.	1841
Tilge, F. A.	1872	Urban, J. Otto	1869
Tilge, Henry	1836	Utterich, Jacob	1765
Tilge, Jesse A.	1860	Valer, Jacob	1868
Tilge, J. Henry	1860	Van Beil, A. C.	1868
Tillmes, August	1870	Van der Kemp, J. J.	1832
Timm, Adolph	1900	Vanderslice, Edw.	1857
Tinges, Peter	1766	Van der Sloot, Ehrw. F.W.	1822
Tölpe, Carl	1873	Van Hall, P. J.	1832
Töpfer, Gottlieb	1857	Beditz, Wilh.	1884
Tomlinson, Rowland G.	1870	Veil, Johann	1872
Tourney, Louis	1864	Veit, Charles	1913
Trau, Dr. J. Ph., sr.	1859	Veit, Emil	1894
Trau, Dr. J. Ph., sr.	1859	Veit, Heinrich	1900
Traub, Dr. med. Carl	1894	Vetterlein, T. H.	1845
Trautmann, Dr. Berthold	1880	Vezin, Charles, sr.	1817
Trautmann, Georg	1914	Vezin, Charles, jr.	1856
Trautmann, Peter	1782	Vezin Henry	1867
Trautmann, Carl	1872	Viereck, Fried.	1854
Trefz, Otto	1912	Viereck, Joh. Conrad	1847
Treichel, Carl Gottlieb	1792	Biermann, E. T.	1860
Treichel Elias Lud.	1764	Virchaur, Heinrich Theo.	1813
Tresch, Geo. P.	1873	Völker, Ferdinand	1899
Trewendt, Theodor	1863	Völker, Georg	1780
Trexeler, B. F.	1867	Völker, Christoph	1865
Triebner, Jacob W.	1872	Vogel, Friedrich	1791
Trölsch, G. Heinrich	1869	Vogel, Joh. Georg	1779
Trömmer, Heinrich	1867	Vogel, John	1840
Tronk, Hermann von	1866	Vogelbach, H. A.	1869
Troft, Reinhold	1914	Vogeler, John G.	1895
Trottmann, Heinrich	1874	Vogler, John G.	1888
Troutmann, David	1866	Vogt, F. G	1897
Troutman, Georg M.	1832	Vogt, Georg	1855
Troutmann, Georg W.	1888	Vogt, Wilh.	1895
Troutman, Salomon	1874	Voigt, Fr.	1868
Troutman, M.	1869	Voigt, Friedrich H.	1870
Trouttwein, Louis	1874	Voigt, Georg W.	1864
Trudenmüller, Carl	1783	Voigt, Heinrich	1870
Trucks, John	1844	Voigt, Hermann	1873

Voigt, Louis	1863	Walter, Theod.	1851
Voigt, Max	1913	Walz, S.	1821
Voigt, Paul Dr.	1904	Walzen, Hermann	1892
Volck, Adam	1773	Wamboldt, Isaac, sr.	1792
Volck, Caspar	1797	Wampole (Wamboldt),	
Vollmer, August	1872	Is, jr.	1829
Vollmer, Gottlieb	1853	Wanamaker, John	1869
Vollmer, Gottlieb	1870	Weinner, Carl	1874
Vollmer, Henry	1851	Weinner, Louis, jr.	1894
Vollmer, Jacob	1877	Wansbach, L. A.	1880
Vollmer, Reinhold	1860	Warlotsch, Karl	1913
Vollmer, Wilhelm	1860	Warner, Christ.	1871
Vollrath, Alfred John	1912	Warner, Louis	1880
Vollrath, Carl	1867	Warren, Allan R.	1894
Voß, Georg	1881	Wartmann, Abrah.	1806
Voß, Hermann F.	1914	Wartman, Adam	1793
Wachsmuth, Joh. Gottfr.	1808	Wartman, Michael	1793
Wächter, Anthon	1797	Wartmann, Mich.	1860
Wägenbauer, Andreas	1870	Warwich, Ludwig	1796
Wägenbauer, Christian F.	1892	Warwick, Chs. F.	1880
Wagenblast, Charles	1847	Wasmuth, Philipp J.	1894
Wager Peter	1819	Watres, L. A	1894
Wagner, Carl	1869	May, Andreas, jr.	1796
Wagner, Emil, Capt.	1894	Way, Georg	1795
Wagner Friedrich M.	1900	Wahden, Julius	1905
Wagner, Jacob	1794	Weaver, George	1821
Wagner, Johann	1792	Weaver, Henry	1811
Wagner Joh. C.	1803	Weaver, Michael	1830
Wagner, Louis	1869	Weber, Adam	1764
Wagner, Louis M.	1894	Weber, Carl J.	1901
Wagner, Joh. Nicholas	1778	Weber, Friedrich	1877
Wagner, Wilhelm	1817	Weber, Jacob	1869
Wahl Emil	1876	Weber, John	1868
Wahl, Georg L.	1895	Weber, John	1894
Wahl, J. L.	1868	Weber, Johann Nichol.	1765
Wahl, Joh. H.	1859	Weber, Louis	1914
Wahl L.	1879	Weber, Ludwig	1912
Wahl, Louis J.	1900	Weber, Paul	1859
Wahl, Wm.	1872	Weber, Philipp	1879
Walborn, C A.	1863	Weber, Reinhard	1887
Walborn, Rufus C.	1868	Weber, Wilhelm	1877
Waldmann, Geo.	1865	Weckerle, Conrad	1792
Waldmann Georg	1879	Weckerle, Emanuel	1765
Wall, Bruno	1879	Weder, Hermann	1910
Walliser, Emil R.	1914	Weger, Philipp	1779
Walther, C. G.	1914	Weglein, Richard	1913
Walther Louis	1914	Wegmann, Christoph	1780
Walther, Rudolf G.	1897	Wehmayer, F. A.	1910
Walter, Alexander	1905	Wehmeyer, Louis H.	1910
Walter, G.	1900	Weichmann, H.	1871
Walter, Georg	1764	Weicht, Adolf	1894
Walter, Aug.	1864	Weicke, Eduard	1871
Walter, Fried.	1869	Weidel, Jos.	1914
Walter, Heinrich	1871	Weidert, Ernst W.	1871
Walter, Jacob	1872	Weiblich, Johann	1900
Walter Simon	1911	Weidenbacher, John	1869
		Weigand, Karl August	1911

Wilhelm, Fred.	1855	Wölpper, Geo.	1859
Wille, Wm.	1892	Woertz, Georg H.	1905
Wilken, F. D.	1900	Woertz, Johann	1839
Will, J. J.	1873	Woertwag, Albert C.	1900
Will, Philipp	1780	Woertwag, C. F.	1867
Will, Wilhelm	1779	Woertwag, E. A.	1886
Willard, Robert	1872	Wohlgamuth, Franz F.	1862
Willers, Hermann	1873	Wolbert, Friederich	1797
Willig, George	1824	Wolbold, Henry	1878
Wilmans, Fried.	1811	Wolf, Adam	1869
Wilmsen, Bernard	1900	Wolf, C. C.	1859
Wiltberger, Peter	1766	Wolf, Georg J.	1910
Wimpfheimer, Jacob	1863	Wolf, Johann Jac.	1896
Winckhaus, Ehrw. Joh		Wolf, L.	1878
Herm.	1791	Wolf, Dr. Moritz Leo	1831
Wimpfheimer, Jos.	1869	Wolf, Otto	1877
Winkelmann, Fried. C	1875	Wolf, Otto C.	1894
Winey, Jacob	1764	Wolf, T	1869
Winkenbach, Wm.	1876	Wolff, Dietrich	1870
Winkler, Dr. Gust.	1854	Wolff, Otto	1914
Winner, Edw. R	1908	Wolffe, James H.	1901
Wing, Friederich	1785	Wolfieffer, Edm	1876
Winnig, August	1863	Wolters, Charles	1899
Winterer, Hermann	1904	Wolters, Carl	1912
Winterer, Wilh. A.	1872	Woltjen, J.	1877
Winterer, Wm.	1869	Wood, Josef	1888
Winter, Anton	1866	Wood, John B.	1901
Winterstein, Josef C.	1895	Woodruff, Christian R.	1895
Wiremann, Henry D.	1868	Worth, G. W.	1912
Wirz, Aug. H.	1869	Wrede, Guido von	1895
Wischan, Rev. F.	1894	Wunderle, Phil.	1889
Wischmann, Herm.	1888	Jaeger, John C.	1860
Wise, G. G.	1876	Young, Carl J.	1887
Wisemann, John	1890	Young, Dr. H. H. de	1895
Wiser, Edward	1895	Young, Bertram T. de	1912
Wister, Dr. Caspar	1849	Jaeger, John C.	1860
Wister Daniel	1779	Jungler, Johann	1868
Wister, Wm. M.	1853	Junker, Johann	1872
Wister, Wm Wynne	1849	Zabel, Julius	1872
Witmer, Henry	1822	Zacherle, Fr. Dr.	1907
Witte, Heinrich	1864	Zäunerle, Heinrich	1870
Wittenberg, Louis	1912	Zahn, Carl	1887
Witthoff, Carl	1870	Zaiß, Fried.	1862
Wittig, Rudolph	1864	Zakrzewsky, A.	1867
Wittig, Frl. Wilhelmine	1908	Zander, C. W.	1867
Wittkamp, A. L	1895	Zantzinger, Adam	1771
Wittmann, J. Geo. S.	1865	Zantzinger, B.	1804
Wittmann, Heinrich	1873	Zantzinger, Henry	1835
Wittmann, Jos. F.	1874	Zaun, Richard	1871
Wittmann, L.	1868	Zaun, Jacob	1871
Woelfel, Carl	1912	Zweckmer, Rich.	1888
Woelfel, Friedrich	1893	Zeh, A. C. F.	1868
Wolber, Georg	1773	Zeh, Michael	1868
Wölpper, Adam	1833	Zehender, Jacob	1868
Wölpper, David	1821	Zehender, John G.	1869
Wölpper, David	1849	Zehender, John T.	1869
Wöltjen, G L.	1863	Zeising, Albin F	1885

Zeiß, Charles W.	1900	Ziesche, Ernst	1913
Zeiße, Friedrich	1882	Zillinger, Andreas	1905
Zeiße, Siegmund	1872	Zilz, Jacob	1865
Zeitler, Georg	1869	Zimmermann, Gottlieb	1838
Zeiß, Charles	1850	Zimpelmann, Phil.	1914
Zellfelder, F.	1876	Zink, Charles H.	1885
Zell, Adolf	1895	Zipperlein, Louis	1874
Zeller, Jacob	1796	Zirnkilten, F. X.	1894
Zentler, Conrad	1814	Zinger, Jacob	1869
Zentmayer, Jos.	1865	Zipperlen, Louis	1874
Zenner, Heinrich P.	1868	Zöllner, Dr. Jos.	1864
Ziebler, Henry	1877	Zoller, Dr Carl	1863
Ziegler, Friedrich	1895	Zollikofer, J. C.	1779
Ziegler, Georg K.	1856	Zollikofer, Werner	1845
Ziegler, Henry D.	1873	Zollinger, Jacob	1795
Ziegler, J. A.	1869	Zschokke, Henry	1859
Ziegler, John G.	1833	Zürn, Louis	1867
Ziegler, Wm. F.	1874	Zweighaft, Simon	1882